8 Z 2223

Paris
1883

Filon, Augustin

istoire de la littérature anglaise depuis ses origines jusqu'à nos jours

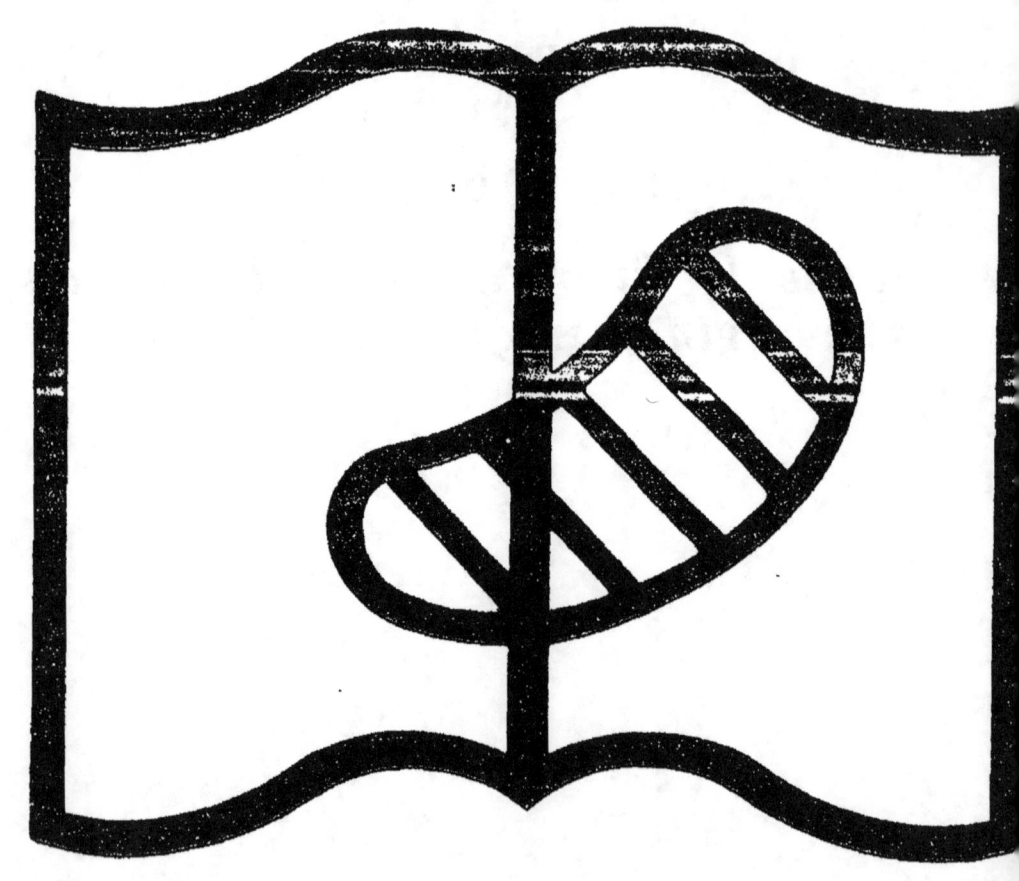

Symbole applicable
pour tout, ou partie
des documents microfilmés

Original illisible

NF Z 43-120-10

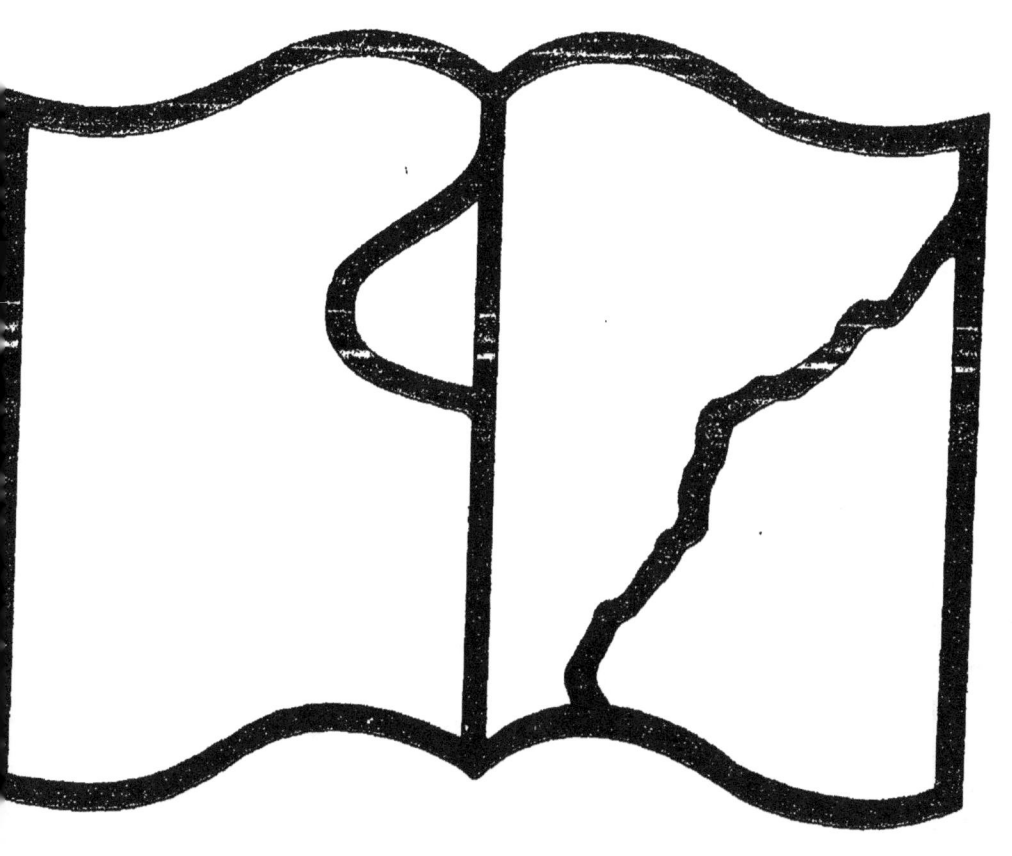

Symbole applicable
pour tout, ou partie
des documents microfilmés

Texte détérioré — reliure défectueuse

NF Z 43-120-11

BUSUSQUIN REL.

HISTOIRE

DE LA

LITTÉRATURE

ANGLAISE

DEPUIS SES ORIGINES JUSQU'A NOS JOURS

PAR

AUGUSTIN FILON

PARIS

LIBRAIRIE HACHETTE ET Cie

79, BOULEVARD SAINT-GERMAIN, 79

1883

Droits de propriété et de traduction réservés

HISTOIRE
DE LA
LITTÉRATURE ANGLAISE

CHAPITRE PREMIER

LES ORIGINES : PÉRIODE CELTIQUE

Les Cymris. Leur origine. Dialectes celtiques. — Conquête romaine et culture latine. — Écrivains latins d'origine bretonne. Les bardes du sixième siècle. — Les Celtes et le génie anglais.

Les Cymris. — Leur origine. — Dialectes celtiques.

L'histoire primitive raconte, sans pouvoir assigner au fait une date précise, que les Cimmériens furent chassés des bords du Pont-Euxin par les Scythes. Ces Cimmériens, — il est impossible d'en douter depuis les savantes recherches du Dr Pritchard et de M. Pictet, — appartenaient, comme leurs vainqueurs, à la grande famille indo-européenne. Qu'on place le point de départ de l'humanité dans la Bactriane, ou plus loin au nord-est, les Cimmériens n'étaient pas encore, comme on le voit, bien éloignés du berceau commun des langues et des civilisations antiques, lorsque leur défaite les força de chercher un autre établissement.

Ils se réfugièrent, partie en Asie Mineure, partie sur le rivage de la Baltique, où ils occupèrent le territoire appelé aujourd'hui le Jutland. Ce sont leurs descendants qui, plus tard, sous le nom de Cimbres, après avoir menacé la République romaine d'une terrible invasion, furent écrasés dans le sud de la Gaule et en Cisalpine par C. Marius et Q. Lutatius Catulus. Enfin, une partie du peuple passa en Angleterre. La tradition galloise les nomme Cymris, et leur donne pour chef un personnage légendaire, appelé Hu-Cadarn. Elle ajoute que deux colonies celtiques vinrent, de l'autre côté de la Manche, se mêler aux Cymris. La première appartenait à la tribu des Brythons, la seconde à celle des Loegrwys. Elles étaient, originairement, de la même race que les Cymris et parlaient le même langage, mais elles leur apportaient, semble-t-il, une culture plus avancée.

Successivement appelée par ses premiers possesseurs Clas-ed-dyn, le pays des falaises, puis Fel-ynys, l'île au miel, l'Angleterre porta enfin le nom d'Ynys-Prydain, l'île de Prydain. Clas-ed-dyn, traduit, devait donner Albion, et Prydain, latinisé, devait former Britannia, la Bretagne : c'est le nom que l'île garda jusqu'à l'invasion saxonne.

Les mœurs primitives des Cymris de la Grande-Bretagne nous sont peu connues. Leur culte druidique, leurs connaissances en astronomie, leur doctrine sur la transmigration des âmes, décèlent leur origine orientale. D'autre part, leur vie nomade, leurs brigandages, l'absence d'agriculture, pardessus tout, l'habitude universelle de se tatouer et de se peindre le corps, symptôme infaillible des mœurs sauvages, indiquent que leur état social, à l'époque où ils se heurtèrent contre les Romains, était de très peu supérieur à la barbarie.

Il semble à peine nécessaire de remarquer qu'on ne rencontre chez les Celtes aucun monument littéraire avant l'ère chrétienne, mais ce qu'il importe de constater, dès maintenant, c'est la division de cette langue en dialectes et en sous-dialectes. Cette division, qui subsiste encore, paraît être fort ancienne. On distingue d'abord le gaélique du cymrique. Le gaélique s'est parlé et se parle encore en Irlande et dans les Highlands d'Écosse. Le cymrique a sans doute régné sans partage dans toute l'Angleterre propre. Il est devenu la langue nationale des Cambriens, lorsque le pays des Logriens eut subi successivement la conquête romaine et la conquête saxonne. Le gaélique, à son tour, donne naissance à deux branches, le manks, originaire de la vénérable et antique Mona (île de Man), et l'erse ou irish, plus généralement répandu dans les autres pays gaéliques. Le cymrique a aussi deux formes principales : le cornish, langage du pays de Cornouailles, aujourd'hui disparu en tant qu'idiome parlé, et l'armorican, dont le nom indique l'origine, commun, sauf quelques différences, à nos Bretons et aux habitants du pays de Galles.

Certains philologues croient saisir, entre le gaélique et le cymrique, une différence plus tranchée que ces nuances grammaticales, ces variétés de formes et de terminaisons qui séparent deux dialectes. A les en croire, on noterait une parenté entre le cymrique et les langues touraniennes primitives, le gaélique se rapprocherait plutôt des langues synthétiques, issues de l'aryen. Néanmoins, l'expérience suivante nous paraît affirmer, d'une manière péremptoire, l'identité originelle du cymrique et du gaélique. Sur 270 mots monosyllabiques, pris dans la grammaire irlandaise de Neilson, on en trouve 140, — plus de la moitié, — qui sont semblables dans les deux dialectes; 40 mots présentent une affinité sensible; 40 viennent d'une source latine, saxonne, ou sont dérivés de quelque langue étrangère. Enfin, 50 seulement sont des mots gaéliques purs.

Si vingt-cinq siècles d'usage, parmi lesquels quinze, au moins, de barbarie et de vie indépendante, n'ont pas créé entre les deux idiomes une différence plus profonde, on peut en conclure à une similitude presque complète de langage entre les Cymris et les Gaëls. Il est donc probable qu'avant l'arrivée des Romains, les riverains de la Tamise, ceux de la Clyde et ceux du Shannon ne parlaient qu'une même langue.

Conquête romaine et culture latine.

« Le divin Jules est le premier des Romains qui ait pénétré en Bretagne avec une armée. Une bataille gagnée effraya les habitants et le rendit maître du rivage. Cependant, on peut dire qu'il a indiqué plutôt que transmis, cette conquête[1]. » Au milieu des guerres civiles, Rome cessa de songer à la Bretagne. Claude recommença l'œuvre de César, et confia la direction de l'entreprise à Vespasien. Plusieurs gouverneurs se succédèrent, dont Tacite rapporte les noms. Ils agrandirent peu à peu le territoire soumis aux Romains. Agricola acheva la conquête du pays, depuis l'embouchure de la Tamise jusqu'à celle du Tay. Dès la première année de son séjour, il s'appliqua à faire prévaloir l'éducation romaine, afin de préparer une génération assouplie aux idées et aux habitudes de la civilisation latine. « Il faisait, nous raconte Tacite, instruire les enfants des chefs dans les beaux-arts, et affectait de préférer l'esprit naturel des Bretons aux talents acquis des Gaulois : de sorte que ces peuples qui, naguère, dédaignaient la langue des Romains, se passionnèrent bientôt pour leur éloquence. »

On ne peut douter que des écoles régulières n'aient été plus tard établies en Bretagne, mais on ne saurait dire si ces écoles ont fleuri, ni à quel degré de culture s'éleva la population qui les fréquentait. Juvénal parle, dans une de ses satires, des habiles rhéteurs gaulois à l'école desquels se formaient les avocats bretons : car les gens de Thulé eux-mêmes parlaient d'engager des plaideurs mercenaires pour défendre leurs causes. Mais qu'était, au juste, l'*Ultima Thule*? Et, d'ailleurs, la boutade de Juvénal a-t-elle une valeur historique, ou faut-il n'y voir qu'une de ces exagérations qui lui sont familières? Ausone, le poète bordelais, qui vivait au quatrième siècle, mentionne à plusieurs reprises un écrivain breton contemporain, Sylvius Bonus, sur lequel il porte des jugements empreints de haine. Nous ne savons rien des sujets traités dans les ouvrages de Sylvius le Bon.

Le christianisme fut prêché en Bretagne dès le deuxième siècle. Mais les dissensions religieuses y éclatèrent plus vives que partout ailleurs, quand l'Église, cessant d'être persécutée, commença d'être divisée. La Bretagne fut le berceau du fameux Pélage, dont le véritable nom était Morgan (maritime). De là se répandit dans le monde chrétien l'hérésie

---

1. Tacite, *Vie d'Agricola*.

si ardemment combattue par saint Augustin. Les Bretons semblent avoir porté dans ces polémiques les passions belliqueuses dont ils faisaient un plus noble emploi, au temps de César et d'Agricola. Ils étaient livrés à ces disputes stériles, lorsque Rome, menacée dans le centre de son empire, rappela ses légions et abandonna les Bretons à eux-mêmes. De tout ce minutieux enchevêtrement de divisions territoriales et d'attributions administratives, que la Rome impériale avait imposé à la Bretagne, rien ne demeura, sauf quelques noms et quelques traditions municipales, qu'entretint l'esprit d'indépendance locale et qui se retrouvèrent plus tard intacts sous le limon de l'invasion germanique.

L'autorité des anciens chefs de tribu se releva, grâce aux généalogies poétiques que les bardes avaient conservées de bouche en bouche; mais ces Bretons du sud avaient été abâtardis par une longue sujétion : ils ne surent pas se défendre contre les invasions des Scots et des Pictes, qui, avec leur autonomie, avaient gardé leurs qualités guerrières. Ils appelèrent à leur secours des aventuriers de race germaine, auxquels ils abandonnèrent, en récompense, la petite île de Thanet, à la pointe sud-est de l'Angleterre. Ces faits se passaient en 449. Avant la fin du sixième siècle, l'heptarchie saxonne était constituée. L'Angleterre appartenait aux conquérants venus du Jutland et de la Nordalbingie, à l'exception des montagnes de l'ouest, que préservèrent le caractère énergique de leurs habitants et la vaillance des rois nationaux, parmi lesquels brille le nom, moitié historique, moitié fabuleux, d'Arthur. Trois États celtiques subsistaient au commencement du septième siècle, à savoir le Cornouailles, la Cambrie proprement dite, et le Cumberland. Au nord, le cours de la Tweed fut la barrière définitive qui sépara les royaumes anglo-saxons des Pictes et des Scots.

Écrivains latins d'origine bretonne.

Que devinrent les vaincus? Ceux qui ne purent ou ne voulurent se retirer dans les montagnes du Cornouailles et de la Cambrie, ou dans le pays au delà de la Mersey, émigrèrent en Armorique. La plupart des infortunés Logriens qui habitaient la Bretagne orientale, demeurèrent attachés au sol qui fut confisqué par les conquérants, et vécurent esclaves là où ils avaient été libres et maîtres. Ni Rome, ni le christianisme n'avaient élevé la race à un tel degré de culture qu'elle pût reconquérir, par les arts de la paix et les prestiges de l'intelligence, l'ascendant perdu dans les combats. Il ne s'était point formé en Bretagne, comme en Gaule, une de ces races mixtes, si connues pour leur souplesse, leurs ressources et leur esprit de domination. Aussi ne trouvons-nous ici rien d'analogue à ce spectacle, que nous donne la Gaule mérovingienne, d'une société germanique gouvernée par les évêques gallo-romains.

C'est à peine si nous découvrons, protégées par le froc et déguisant leur nationalité sous le mauvais latin qui est la langue universelle de l'époque, deux ou trois personnalités littéraires, appartenant à la race déchue. Encore se perdent-elles dans l'incertitude des traditions historiques comme dans un brouillard.

De Gildas, qui naquit à Dumbarton vers la fin du cinquième ou le commencement du sixième siècle, l'Église a fait un saint, et la légende populaire lui a donné par surcroît le surnom de Sage. Il était fils de Caw, prince de Strathclyde, et frère du fameux barde Aneurin, dont nous allons retrouver le nom, en nous occupant des débris de la littérature galloise. D'après certains récits, Aneurin et Gildas n'auraient formé qu'une seule et même personne. Instruit dans les écoles d'Irlande, où se trouvait alors le véritable foyer de l'intelligence celtique, Gildas fut d'abord un barde et chanta dans sa langue maternelle. Converti au christianisme, il se mit à prêcher la religion nouvelle. Il se retira vers la fin de sa vie en Armorique, où il a également laissé des souvenirs et où il mourut. Nous possédons de lui le *De excidio Britanniæ liber querulus*, et la lettre *De excidio Britanniæ et Britonum exulatione*. Dans ces deux écrits, il déplore l'invasion de la Bretagne par les conquérants étrangers et l'état misérable où se sont laissé réduire ses compatriotes.

Nennius, dont le nom celtique fut, à ce que l'on croit, Ninian, était un moine de Bangor. Cette fameuse abbaye était située sur le rivage qui regarde l'Irlande, dans un site magnifique et sévère, en vue de cette île de Mona que les Druides avaient entourée d'un prestige mystique. Bangor jouissait d'une renommée analogue chez les Celtes chrétiens, et conservait, parmi ses sept cents religieux, le dépôt de la science et la tradition de l'étude. Lorsqu'en 613 les Saxons détruisirent Bangor et massacrèrent ceux qui l'habitaient, Nennius fut un des rares survivants de cette mémorable catastrophe. On a publié sous son nom une histoire des Bretons, d'après un manuscrit découvert au Vatican ; mais il règne, sur la personne de l'auteur, une obscurité que la critique, jusqu'ici, n'a pas réussi à percer. On n'est même pas sûr que deux historiens du sixième siècle n'aient pas porté ce même nom.

Les bardes du sixième siècle.

Ce n'est pas dans les fragments douteux et mutilés qu'on nous propose sous le nom de saint Gildas et de Nennius qu'il faut chercher l'originalité de la race primitive : c'est dans les écrivains nationaux, chez qui l'esprit celtique a parlé la langue celtique. Ici, l'embarras ne provient plus de la rareté des manuscrits, mais de leur abondance. La difficulté consiste à les classer, à les interpréter, à leur assigner une date. Sans parler des collections particulières, Londres, Oxford et Dublin possèdent environ deux cents volumes de prose et de vers, dont une très grande partie est encore inédite. Si l'Irlande montre peu d'empressement à mettre en lumière ses trésors historiques, le patriotisme gallois n'a été que trop porté à exagérer la valeur et l'antiquité des siens. Tous les écrivains qui se sont voués à la résurrection des anciens monuments littéraires du pays de Galles, depuis Owen Jones, le premier et le plus enthousiaste, jusqu'à Stephens, le plus raisonnable et le plus laborieux, veulent que le génie celtique ait eu deux floraisons, l'une au sixième et l'autre au douzième siècle : la première, qui coïncide avec la lutte nationale des Cambriens contre les Saxons, et avec la renaissance du Druidisme ; la seconde, contemporaine du réveil des arts et des lettres dans l'Europe entière, au moyen âge. A la plus ancienne de ces deux époques on rattache, sans hésitation, de longs fragments et même des poèmes entiers, tels que le *Gododin*, qui raconte un épisode dramatique de la guerre des deux races. A défaut d'un Homère, on nous offre quatre grandes individualités poétiques : Aneurin, Taliesin, Llywarch-Hen et Myrdhinn. On nous donne, avec une précision inquiétante, l'année de leur naissance et celle de leur mort. On y joint mille détails, qui composent des biographies où le merveilleux s'entrecroise avec des noms et des évènements parfaitement connus. Un habile philologue, M. Zeuss, a fait justice de ces fictions, battues en brèche, d'autre part, par les savants sarcasmes de M. Nash. Il a établi, à ce qu'il semble, d'une façon irréfragable, l'âge des manuscrits : aucun d'eux, selon lui, n'est antérieur à l'an 1000.

Un fait survit aux découvertes des critiques que nous venons de nommer, c'est le goût passionné des Cymris primitifs pour la poésie. Comment douter de l'existence et de l'influence des bardes, lorsqu'on voit, dans les lois d'Howel-Dha, le *barde de famille* compté parmi les vingt-quatre officiers de la cour barbare, et prenant place à la table du roi, lorsqu'on constate le chiffre énorme de l'amende (1) infligée à ceux qui insultaient ou mettaient à mort un barde, lorsqu'on assiste à ces vastes concours nationaux (*eisteddfodds*), où le don de l'improvisation poétique était acclamé et récompensé des plus grands honneurs ! Il est vrai que le

1. Celui qui insultait un barde, devait une indemnité de neuf vaches et 180 pence ; celui qui tuait un barde, devait payer neuf cent neuf vaches, « livrables en trois échéances ». Le barde avait droit à une part de butin, à un animal, dans chaque razzia de bestiaux. Le roi lui fournissait un cheval. Le président des bardes prenait rang avant le barde domestique. A la maison royale était encore attaché un officier inférieur : le chef des chants, qui, à son entrée en fonctions, recevait du roi une harpe et de la reine un anneau d'or. On voit par là que les Celtes ne séparaient point la musique de la poésie.

premier *eisteddfodd* dont il soit fait mention remonte au neuvième siècle, et qu'Howel le Bon est un contemporain d'Alfred ; mais rien ne nous défend de supposer qu'il y a eu des *eisteddfodds* avant le neuvième siècle, et, quant aux lois d'Howel, elles semblent plutôt sanctionner des mœurs existantes que créer un nouvel ordre de choses. Il est même vraisemblable, — ce phénomène s'étant produit dans plus d'une littérature, — que l'organisation, pour ainsi dire officielle, de la poésie, et la consécration légale du prestige des bardes, ont suivi plutôt que précédé la grande époque littéraire.

Reste à déterminer les caractères du sentiment poétique qui anime les bardes du sixième siècle. Pourquoi, avec un ingénieux critique, M. Matthew Arnold, n'admettrions-nous pas les écrivains du douzième siècle, sinon comme les interprètes directs, du moins comme les échos affaiblis de ce sentiment ? Les Druides, — ce sont les écrivains latins qui nous l'apprennent, — soit méfiance commune aux castes sacerdotales, soit pour exercer la mémoire de leurs élèves, interdisaient à ces jeunes gens l'emploi de l'écriture. Cette prohibition s'était généralisée, et ce fut seulement au onzième siècle que l'on songea à recueillir les vers des maîtres du sixième, transmis de bouche en bouche, et d'autant plus altérés qu'ils avaient traversé des âges d'ignorance presque complète. Quelque profondes qu'aient été ces altérations, on devine combien le cas d'Aneurin et de Taliesin diffère de celui d'Ossian, et le lecteur le moins instruit de ces sortes de questions décidera sans peine laquelle a dû faire le plus de tort à la poésie primitive, de la paraphrase du rhéteur Macpherson ou de la traduction inhabile et naïve des copistes du douzième ou du treizième siècle. Ces copistes sont, en général, des moines qui mêlent la Vierge et les saints aux réminiscences druidiques. De leurs pieux enfantillages se dégage la pensée subtile et fantasque des vieux maîtres, comme ces débris de l'art grec qu'on retrouve sous un ciment grossier, encastrés dans le mur d'une cabane de pâtre.

Quand même on refuserait toute autorité aux poèmes gallois, en ce qui touche les traditions druidiques et le règne d'Arthur, ils n'en demeureraient pas moins l'expression du génie des Cymris. L'histoire de la littérature n'a pas les mêmes scrupules que l'histoire littéraire : elle s'inquiète bien moins de l'âge d'une œuvre que de sa signification. A ce titre, nous pouvons introduire ici deux fragments caractéristiques de vieux poèmes gallois, avec quelques-uns des traits dont la légende entoure la personne de leurs problématiques auteurs.

Suivant la tradition, Taliesin aurait vécu et chanté à la cour d'Arthur ; le lieu de sa mort serait la vieille et pittoresque cité d'Aberystwith. On montre encore, au pied du Plinlimmon, sa prétendue sépulture : *bedd Taliesin*. Le court morceau qui suit donnera une idée de la fantaisie répandue dans les œuvres de Taliesin, et rappellera la doctrine favorite des druides. C'est un magicien qui parle :

« J'ai déjà vécu sous bien des formes avant d'arriver à celle-ci. J'ai été l'étroit tranchant d'une épée. J'ai été une goutte de pluie dans l'air. J'ai été une étoile brillante. J'ai été un mot dans un livre. J'ai été un livre, au commencement. J'ai été une lumière dans une lanterne pendant un an et demi. J'ai été un pont pour passer sur soixante rivières. J'ai voyagé quand j'étais un aigle. J'ai été un bateau sur la mer. J'ai été un glaive dans la main. J'ai été le bouclier d'un soldat. J'ai été la corde d'une harpe. J'ai été enchanté pendant un an : j'étais l'écume d'une eau courante. »

Llywarch Hen était un prince des Cambriens. Sa seule infortune fut de vivre trop longtemps : il mourut à cent cinquante ans. Lorsque le brillant guerrier fut devenu l'ombre de lui-même, voici les vers, plus irrités que mélancoliques, qu'il adressait à sa béquille :

« O ma béquille, n'est-ce pas l'automne, la saison où la fougère rougit, où l'algue jaunit ? N'ai-je pas détesté ce que j'aime ?

« O ma béquille, n'est-ce pas l'hiver maintenant, le temps où les hommes parlent ensemble après boire ? N'y a-t-il pas un côté de ma couche qui reste solitaire ?

« O ma béquille, n'est-ce pas le printemps, quand le coucou passe dans l'air, quand l'écume brille sur la mer ? Les jeunes filles ne m'aiment plus.

« O ma béquille, n'est-ce pas le premier jour de mai ? Les sillons ne resplendissent-ils pas ? Le blé nouveau ne sort-il pas de terre ? Ah ! la vue de ta poignée me met en fureur.

« O ma béquille, tiens-toi droite, tu me soutiendras mieux. Comme il y a longtemps que j'étais Llywarch !

« Vois la vieillesse qui se joue de moi tout entier, depuis les cheveux de ma tête jusqu'à mes dents, jusqu'à mes yeux que les femmes aimaient.

« Les quatre choses que j'ai toute ma vie le plus détestées fondent sur moi toutes ensemble, la souffrance et la vieillesse, la maladie et le chagrin.

« Je suis vieux, je suis seul. Beauté, chaleur sont parties de mon corps. Le lit de gloire ne sera plus pour moi. Je suis misérable, je vis courbé sur ma béquille.

« Combien mauvais fut le sort échu à Llywarch dans la nuit où il a été enfanté ! Des soucis sans fin, un fardeau éternel. »

Les Celtes et le génie anglais.

Si l'on songe que l'Irlande tout entière, les trois quarts de l'Écosse, les Iles, le pays de Galles et le Cornouailles sont exclusivement peuplés par la race cymrique et gaélique ; que, dans les Lowlands d'Écosse, le Cumberland, l'ouest du Yorkshire, le Dorsetshire et le Devonshire, la majorité des habitants est d'origine celtique ; qu'enfin, dans tout le reste du pays, lors de la prise de possession des Saxons, la race vaincue n'a été ni exterminée ni expulsée, on comprendra que les conquérants, si réfractaires qu'ils fussent à tout mélange, ont dû, à la longue, confondre leur sang avec celui de leurs sujets, et s'assimiler quelques-unes de leurs qualités.

Ce qui n'est qu'une présomption deviendra une certitude lorsqu'on examinera les œuvres du génie britannique. Swift, Burke, Sheridan, Burns, Th. Moore, O'Connell, sont des Celtes purs. Un Anglais, M. Morley, croit pouvoir dire :

« Sans ce contact de vieille date et de tous-les jours avec la race qui, dans ses jours de demi-barbarie, inventa les dialogues d'Ossian et de saint Patrick, et qui, plus tard, réchauffa le sang des Normands français, l'Angleterre, purement germanique, n'aurait pas produit un Shakespeare. » C'est encore un Anglais, M. Matthew Arnold, qui, dans l'apostrophe de Llywarch Hen à sa béquille, reconnaît la note titanique de Byron. Shakespeare et Byron, la part faite aux Celtes est, on en conviendra, assez large et assez belle, surtout si l'on étend l'observation de M. Morley à toute la génération d'Elizabeth, en qui s'accusent les traits natifs de l'esprit celtique.

Quels sont ces traits? N'est-ce pas la prédominance du sentiment, la promptitude à réagir contre le fait, une sorte de spontanéité irrésistible et parfois aveugle, dans la pensée comme dans l'action? Enthousiaste et sensuel, irritable et gai, le Celte aime les femmes, la musique et les combats. Il ne prend pas au sérieux, comme le Teuton, le problème de sa destinée. Un vague instinct de révolte et d'irréligion gronde toujours en lui, et jamais la paisible contemplation de l'œuvre divine ne le rappelle à la foi. Là où lui a manqué l'éducation latine ou l'influence saxonne, il demeure, quoi qu'il fasse, incapable de se régler ou de se perfectionner. Un critique moderne a dit de cette race que, si elle n'avait pas produit de poètes, elle avait produit la poésie elle-même. Mot très fin, mais d'une partialité excessive et, par conséquent, d'une justice incomplète. Il a fallu, pour que la poésie naquît en Angleterre, que l'imagination saxonne vînt féconder le sentiment celtique.

CHAPITRE II

LES ORIGINES : PÉRIODE SAXONNE

Caractère des Saxons. — Langue saxonne. — Poésies primitives : *Le lai de Béowulf*. — Les Saxons chrétiens. — Cœdmon. — Le roi Alfred et son temps — Décadence après Alfred.

Caractère des Saxons.

On a vu, au chapitre précédent, les Bretons dépossédés par les tribus étrangères qu'ils avaient appelées à leur secours contre les Pictes et les Scots. Ces tribus, avons-nous dit, se confondaient sous le nom général de Saxons. D'où venaient ces Saxons? Grâce aux lumières de la philologie, on peut suivre leurs traces jusqu'au foyer commun des races antiques, et on les trouve, plusieurs siècles avant notre ère, campés sur les bords de l'Indus. Hérodote les nomme *Sacai*, et ils figurent sous ce nom parmi les belliqueuses peuplades qui habitaient les confins orientaux des possessions du grand roi. A une époque incertaine, une partie considérable de la nation remonta vers le nord-ouest et suivit la route déjà parcourue par les Cymris, et où devaient s'engager toutes les migrations asiatiques. Ils se fixèrent dans la région plate et marécageuse qui s'étend au nord de l'Elbe, et y menèrent une existence moitié nomade, moitié sédentaire, adonnés à la guerre et à la vie maritime.

Ce qui nous frappe dans le caractère primitif des Saxons, ce n'est pas le culte des exercices violents ni l'amour du carnage : ces goûts leur sont communs avec presque toutes les nations sauvages. Ce n'est pas non plus le penchant à l'ivresse ni la gloutonnerie bestiale : c'est une fatalité du climat, qui subsiste encore, sous les formes adoucies de la civilisation, chez les peuples voisins du pôle. Tous cherchent dans les boissons fermentées et dans la viande la chaleur nécessaire à l'entretien des forces vitales. On sait quel beau portrait Tacite a tracé des Germains : les principaux traits de cette peinture s'appliquent aux Saxons. Ils sont fiers, dignes et graves, même dans leur colère, qui, au lieu d'éclater en manifestations puériles et dégradantes, se traduit par des effets lents et durables. Le mariage est sacré, et l'adultère est puni de mort comme le lâche. L'un est brûlé, l'autre est noyé dans la boue. La femme est l'égale de l'homme. Jeune fille, elle ne donne son amour qu'aux braves ; mariée, elle saurait combattre, au besoin mourir, pour conserver son honneur. Point d'agriculture, point de commerce. Après la guerre, les seules occupations qui conviennent aux hommes libres sont la chasse, autre forme de la guerre, et la pêche, que relève le danger des luttes quotidiennes avec la tempête.

L'instinct de l'indépendance les pousse à bâtir leurs huttes à l'écart les unes des autres. La servitude leur est inconnue ; la seule forme de l'obéissance qu'ils admettent est la subordination volontaire à un chef acclamé par eux, la soumission féodale du vassal à son suzerain, le dévouement religieux, fondé sur un serment. Ils décident de la paix et de la guerre dans des assemblées où ils votent armés, ce qui a fait dire à Montesquieu, parlant du gouvernement parlementaire : « Ce beau système a été trouvé dans les bois. »

Le besoin d'adorer est puissant dans ce peuple. En jetant les yeux autour de lui, il avait été frappé du spectacle que présente ce monde, disputé par deux forces rivales, par deux principes opposés. Prompt à substituer l'image à l'idée, il avait donné à cette lutte du Bien et du Mal une forme concrète, en y substituant un autre dualisme : d'un côté, le soleil qui fortifie et réchauffe, les souffles tièdes qui viennent du midi, et dont la douce influence fait fondre la neige et éclore les fleurs ; de l'autre côté, l'hiver âpre et brumeux, qui, pendant huit mois, cache la terre, tourmente l'Océan et tient l'homme enfermé dans sa hutte. Donc, guerre éternelle entre les Ases et les Iotes, entre les génies lumineux et les monstres glacés de l'abime. D'après certaines traditions, un jour, Odin et sa famille seront vaincus ; le loup Fenris sera déchaîné et mangera la lune ; le chêne Ygdrassil, dont les racines plongent dans la terre et dont les rameaux ombragent le ciel, sera consumé par les flammes. Mais cette victoire de l'abime sera de courte durée ; elle sera suivie d'une pacification générale des éléments, après laquelle il n'y aura plus qu'harmonie et bonheur dans l'univers.

La religion scandinave promettait aussi au guerrier mort dans les combats une place au banquet d'Odin. Là, une Valkyrie, immortellement jeune, devait verser au héros, dans une coupe intarissable, l'ivresse sans fatigue et sans fin. Mais rien ne prouve que le Saxon, sévère et chaste, eût prêté l'oreille à ces fables sensuelles. Seul, de tous les peuples anciens, il avait regardé en face la mort hideuse et glacée, l'obscur au-delà, le grand trou noir et béant qu'aucune imagination humaine ne peut combler. Là, peut-être, était le secret de sa force.

Langue saxonne.

L'idiome parlé par cette race appartenait à la famille des langues teutoniques, et, en particulier, à cette variété classée par les linguistes sous le nom de bas-allemand. C'était une langue synthétique, comme le sanscrit, le grec ou le latin. Elle présentait déjà ce caractère monosyllabique, qui est un des traits de l'anglais moderne et qui en fait l'idiome le plus condensé et le plus énergique du globe. Elle n'avait pas encore accompli sur elle-même ce travail secondaire, qui est l'œuvre des siècles encore plus que celle des écrivains, et qui a doté le grec et l'allemand d'une si prodigieuse quantité de mots composés. Mais elle abondait en formes grammaticales. Outre un article à flexions multiples, elle possédait des cas, des genres et des nombres, et elle exprimait les rapports des mots entre eux, non à l'aide des prépositions, mais par des terminaisons différentes données aux mots eux-mêmes.

Le saxon est une langue riche, si l'on juge de la richesse d'une langue par le grand nombre des synonymes. Les Saxons ont dix mots pour désigner un homme, autant de mots pour désigner une femme, un grand nombre de termes différents pour exprimer les idées suivantes : Dieu, l'esprit, un bateau : symptôme du penchant à la rêverie religieuse et du génie maritime qui doivent distinguer cette race. Si l'on fait abstraction des mots composés, des mots de provenance grecque et latine, que le progrès des sciences et le développement de la vie moderne ont rendus nécessaires, l'anglais est plus pauvre que le saxon, puisqu'un cinquième des mots employés au temps d'Alfred a disparu du langage. Le saxon contient, avec toutes les racines de l'anglais et de l'allemand actuels, presque toutes les formes grammaticales de ces deux langues, et leur syntaxe à l'état rudimentaire. Enfin, dernier trait distinctif, le saxon est pur de tout alliage. Aucun mot étranger ne s'y mêle.

Poésie primitive. — Le lai de Béowulf.

L'idiome saxon présentait un caractère double et contradictoire : il était pratique et idéaliste. De là devait naître le divorce entre la langue du fait et celle de l'image, entre la langue poétique et la langue de la prose. Ce fut la poésie qui s'éveilla la première. Quatre sources peuvent l'alimenter : l'enthousiasme guerrier, l'inspiration religieuse, le sentiment de la nature et l'amour. Ces quatre sources étaient ouvertes dans le cœur des Saxons, et les deux premières jaillissaient à flots.

Les vers de leurs poètes étaient courts, martelés, abrupts, inégaux. Ils ne se distinguaient ni par l'alternance des longues et des brèves, ni par le retour régulier de l'assonance finale. Trois mots commençant par la même lettre, en deux vers, constituaient ce singulier système de poésie appelé l'allitération, et qui devait durer jusqu'à Chaucer.

HISTOIRE
UNIVERSELLE

PUBLIÉE
par une société de professeurs et de savants
SOUS LA DIRECTION
DE M. V. DURUY

HISTOIRE
DE LA
LITTÉRATURE ANGLAISE

7123. — PARIS, IMPRIMERIE A. LAHURE
9, Rue de Fleurus, 9

Étaient-ce bien des vers, ces lignes rudes, saccadées, rendues encore plus haletantes par l'allitération même ? A coup sûr, c'était de la poésie, si la poésie est, avant tout, la faculté de concevoir des images, de voir les objets au lieu de les penser. Dans leur langue, les flèches sont « les serpents de Héla, élancés des arcs de corne » ; les navires sont « les grands chevaux de la mer » ; la mer est « la coupe des vagues » ; le casque est « le château de la tête ». Non-seulement le Saxon possède le don de concevoir des images, mais il en est possédé. Un même objet éveille à la fois dans son cerveau plusieurs sensations, qui s'en échappent toutes ensemble en paroles tumultueuses et rapides. C'est ainsi qu'un de leurs poètes, songeant à l'arche de Noé, voit successivement, et peut-être à la fois, un monstre marin, un château, une caverne.

Parmi les poèmes ou les fragments de poèmes qui nous restent, trois paraissent appartenir à la période la plus ancienne de l'histoire des Saxons, à celle qui précéda chez eux l'établissement du Christianisme : le *Chant du Voyageur*, la *Bataille de Finnesburgh*, et le *Lai de Beowulf*. Le premier de ces chants trahit déjà la passion des lointains voyages, l'amour des récits fabuleux. Le second décrit une de ces furieuses mêlées où s'aiguisent et s'assouvissent à la fois les appétits belliqueux du Saxon. Le *Lai de Beowulf* offre un intérêt considérable. A lui seul, il suffirait à reconstituer l'état social aussi bien que l'idéal des hommes de cette époque et de cette race.

Pour obéir à l'ordre de son prince, Beowulf s'est rendu chez Hrothgar, roi de Durham, dont le peuple est décimé par un monstre. Ce monstre, appelé Grendel, sort chaque nuit d'un marécage, et vient, dans la grande salle du palais, dévorer les meilleurs serviteurs du roi. Voici Beowulf. Il est venu à travers les colères de l'Océan : les colères de l'Océan lui sont familières. Il attend le « Grendel » dans la salle où, chaque nuit, le démon des marais fait son apparition meurtrière. Ils se mesurent : le poète décrit le combat dans ses horribles détails. Enfin, Beowulf triomphe de son ennemi. Reste à vaincre la mère du Grendel, la redoutable ogresse ;

c'est dans son repaire humide que le vaillant Saxon ira la chercher. « Ils allèrent vers la bauge, dans un endroit désert, refuge des loups, près des promontoires où le vent souffle, où un torrent des montagnes, se précipitant sous l'obscurité des collines, faisait un flux sous la terre. Les bois, se tenant par leurs racines, avançaient leur ombre au-dessus de l'eau. La nuit, on y pouvait voir une merveille, du feu sur les vagues ; le cerf, lassé par les chiens, aurait plutôt laissé son âme sur le bord que d'y plonger pour y cacher sa tête. D'étranges dragons, des serpents y nageaient, et, de temps en temps, le cor y sonnait un chant de mort, un chant terrible. Beowulf se lança dans la vague... » Cette fois encore, le héros est vainqueur : les deux monstres gisent sans vie. A son tour, il devient prince et règne cinquante ans. Il donne sa vie dans un dernier acte de dévouement. Il tue le dragon qui vomit le feu et incendie les maisons ; mais, dans la lutte, le vieux roi a reçu une blessure mortelle. Sentant le poison couler dans ses veines, il s'assied sur une pierre. A quoi pense-t-il ? A sa vie qui s'échappe ? A ses compagnons qui l'ont abandonné dans le péril ? Non, sa dernière pensée, comme son existence entière, appartient à son devoir de roi. « J'ai tenu, dit-il, en ma garde, ce peuple — cinquante hivers. Il n'y avait pas un roi — de tous mes voisins — qui osât me rencontrer, — avec des hommes de guerre, — m'attaquer avec la peur. — J'ai bien tenu ma terre. — Je n'ai point cherché des embûches de traître ; — je n'ai point juré — injustement beaucoup de serments. — A cause de tout cela, je puis, — quoique malade de mortelles blessures, — avoir de la joie... — Maintenant, va tout de suite — voir le trésor — sous la pierre grise, cher Wiglaf... Ce monceau de trésors, — je l'ai acheté, — vieux que je suis, par ma mort. — Il pourra servir — dans les besoins de mon peuple... »

Ainsi vit et meurt le héros saxon. Ni le demi-dieu antique, dompteur de monstres, ni le paladin du moyen âge, pourfendeur de géants, ni Bellérophon, ni Lancelot, ne dépassent Beowulf en hardiesse, en générosité, en magnanime abnégation.

Les Saxons chrétiens. — Cœdmon.

Voici les Saxons établis en Bretagne, devenus maîtres et seigneurs de la terre et de ceux qui l'habitent. Depuis longtemps et de bien loin, le pontife romain les convoite. Une femme sera l'instrument de leur conversion. Appelé par Berthe, reine de Kent, Augustin vient en Bretagne. Beda a raconté cette solennelle apparition du christianisme au milieu des conquérants païens. Augustin s'était entouré de toute la pompe chrétienne. Devant lui, on portait une croix d'argent et un tableau où était représentée la figure du Christ. Le grand prêtre des Northumbres fut le premier à s'incliner devant la religion nouvelle. Il déclara ses dieux sans pouvoir, et renversa leurs idoles d'un coup de lance. Les choses se passèrent autrement qu'en Gaule. Le roi mérovingien était entré le premier dans la piscine sacrée; les leudes avaient suivi. Le roi saxon consulta ses thanes avant de se prononcer. Dans cette grave délibération, un des grands se leva et dit : « Tu te souviens peut-être, ô roi, d'une chose qui arrive quelquefois dans les jours d'hiver, lorsque tu es assis à table avec tes comtes et tes thanes. Ton feu est allumé et ta salle chauffée, et il y a de la pluie, de la neige et de l'orage au dehors. Vient alors un passereau qui traverse la salle à tire-d'aile ; il est entré par une porte, il sort par une autre ; ce petit moment, pendant lequel il est dedans, lui est doux ; il ne sent point la pluie ni le mauvais temps de l'hiver; mais cet instant est court, l'oiseau s'enfuit en un clin d'œil, et de l'hiver il repasse dans l'hiver. Telle me semble la vie des hommes sur la terre, en comparaison du temps incertain qui est au delà. Elle apparaît pour peu de temps; mais quel est le temps qui vient après, et le temps qui est avant? Nous ne le savons pas. Si donc cette nouvelle doctrine peut nous en apprendre quelque chose d'un peu plus sûr, elle mérite qu'on la suive. » Cet avis prévalut, et la conversion qui suivit fut en quelque sorte un acte national. Le septième siècle vit successivement tous les royaumes de l'Heptarchie abjurer le paganisme. Après le siège de Canterbury, qui garda l'autorité primatiale, furent créés les archevêchés d'York et de Lichfield. L'Angleterre se couvrit de monastères. Auprès des nouveaux évêchés et dans les couvents, naquirent des écoles. Malmesbury, Glastonbury, York, Oxford, Canterbury, devinrent des foyers de savoir, des dépôts de livres précieux : à ce point que, cent ans plus tard, Alcuin pouvait se plaindre à Charlemagne que la bibliothèque de son palais fût plus pauvre que celle d'Oxford. Là, comme partout ailleurs, l'Église chrétienne exerçait ses merveilleux talents pour l'éducation, talents auxquels elle a dû un si durable et si légitime empire sur les intelligences. Par là, en effet, elle formait à ses règles les maîtres futurs de la société civile et assurait le recrutement de sa milice d'orateurs et de théologiens.

Un Grec de Tarse avait été jeté en Angleterre par une de ces pieuses ambassades qui envoyaient un Irlandais évangéliser l'Helvétie, un Anglais conquérir les Germains à la foi, et qui faisaient voyager l'apôtre obéissant d'un pôle à l'autre du monde ecclésiastique. Théodore Bède, devenu archevêque de Canterbury, répandit dans sa nouvelle patrie le goût des études helléniques. Bientôt les écoles de la Grande-Bretagne éclipsèrent celles du continent, et les pays saxons fournirent leur contingent aux rangs de l'Église. Trois noms se distinguent de la foule et sont demeurés grands : Alcuin, Béda, Aldhelm.

Les deux premiers savent tout ce qu'il est permis de connaître au huitième siècle. Tous deux écrivent un latin aussi pur qu'on peut l'attendre d'hommes qui ont étudié l'éloquence dans Augustin, dans Lactance, dans Symmaque, la poésie dans Prudence et dans Ausone.

Béda, surnommé le Vénérable, est un exemple de l'immense autorité qu'un simple moine peut exercer sur le siècle, du fond de sa cellule. Le seul événement de sa vie est un voyage à Rome, mais la cause de ce voyage est significative : le pape l'appelait pour le consulter sur des points de dogme et de discipline. Que de labeur dans cette longue vie où il n'y a de place que pour la mortification et l'étude ! Les travaux de Béda embrassent le cercle entier des connaissances humaines. Son *De natura rerum* est une encyclopédie. Avant le douzième siècle, les sciences physiques et naturelles ne feront pas un pas de plus. Infiniment plus précieuse est pour nous l'*Histoire ecclésiastique des Anglo-Saxons*. Dans ce récit simple, austère, souvent poétique, ne revivent pas seulement les faits, mais l'âme de son temps. Le pieux et savant vieillard mourut à genoux dans sa cellule, en récitant les derniers mots de la prière *Gloria patri*. Cette année même (735) naissait Alcuin.

Alcuin est élève de l'école d'York, puis il en devient le chef. Envoyé en mission à Rome, il y rencontre Charlemagne, qui fait de lui le président de son Académie et quelque chose comme le grand-maître de son Université. Au milieu de cette hospitalité royale, où s'écoulent les vingt dernières années de sa vie, il reste le dévot fils de l'église d'York, dont il écrit l'histoire en un long poème latin, et dont il implante les traditions scolaires dans le palais mérovingien. Le *Trivium* et le *Quadrivium* d'York resteront la base des études en France pendant tout le moyen âge.

On ne calomnie pas l'Eglise romaine en remarquant qu'elle ne laisse subsister dans ses membres ni caractère propre, ni nationalité distincte. Elle remplace leur individualité native par son empreinte, par son sceau indélébile. Elle donne à ceux qu'elle absorbe une âme en même temps qu'une robe. Une fois tonsuré et encapuchonné, qui reconnaîtrait le Grec du Celte, l'Africain du Wisigoth? De tous les peuples barbares, le Saxon est le plus rebelle à cette métamorphose. Aujourd'hui encore, l'Anglais reste identique à lui-même, en dépit de tous les croisements et sous tous les climats. On ne peut ni l'entamer ni le fusionner. Épouse-t-il une étrangère? Il faut qu'il revive ou disparaisse tout entier dans sa postérité. Le mariage du génie saxon avec l'esprit religieux donne un résultat analogue. Dans Béda et dans Alcuin, le cosmopolitisme ecclésiastique a presque complètement effacé les instincts de la race. Dans Aldhelm, le Saxon demeure entier sous le vêtement épiscopal.

On devine confusément ce que dut être ce robuste athlète

de la foi. Il est le plus ancien de cette lignée des premiers prédicateurs de la Réforme, et surtout des prêcheurs en plein vent qui fanatisaient de leur brûlante parole les conventicules non-conformistes vers l'an 1680. Comme eux, il a de sombres peintures auxquelles succède une rude jovialité. Sur le pont de sa ville natale (Sherborne), il chantait de vieilles ballades profanes, puis, quand l'auditoire était gagné, il entonnait les psaumes de la pénitence. Dans un de ses hymnes, il s'adresse au mort couché dans sa bière, pendant que la voûte de l'église retentit du chant funèbre. Il regarde cette forme raide, allongée sous le suaire, cette face pâle sur laquelle glisse la lumière jaune des cierges. Il lui parle. Et de quoi? De cette maison froide, étroite et noire, qui sera bientôt la sienne, et pour jamais. « Cette maison fut bâtie pour toi avant que tu fusses né. Cette maison est basse, elle n'est point haute. Les côtés sont bas, le toit est tout près de ta poitrine. Cette maison est obscure et il est horrible d'y habiter. C'est là que tu habiteras en compagnie des vers, et, de peur que tu ne t'échappes, c'est la mort qui tiendra la clef. Nul ne s'enquerra si la demeure t'agrée, nul de tes amis n'y descendra avec toi, nul ne viendra t'y visiter : car tu seras bientôt hideux à voir..... » Comme Bossuet, décrivant le charnier royal où va descendre Henriette d'Angleterre, Aldhelm va faire luire sur cette désolation l'espérance, mieux encore, la pieuse certitude de l'immortalité. Mais il n'est pas maître de détruire l'impression qu'il a créée.

Un tel homme ne pouvait abdiquer complètement son idiome natif, si sincère et si vigoureux, pour l'élégance fleurie et efféminée du latin de la décadence. On chantait encore de lui des chansons saxonnes, au temps d'Alfred. « *Carmen triviale vulgo cantitatum* », dit Asser le biographe. Même quand Aldhelm composait des vers latins, le ressouvenir de la poésie saxonne le poursuivait. Au lieu de chercher à plier sa langue aux lois d'harmonie et de mesure qui régissent la prosodie des anciens, il s'efforçait d'introduire dans le latin l'allitération saxonne. Dans ses lettres même, on trouve jusqu'à quinze mots de suite commençant par la même lettre. Son plaisir était de former des acrostiches carrés, dont le premier et le dernier vers se relisaient encore sur les côté en réunissant les premières et les dernières lettres de chaque vers : sorte de jonglerie poétique, tour de force extraordinaire et puéril, amusement de barbare lettré.

L'inspiration nationale se conservait encore plus pure chez les ignorants. Cœdmon était si simple, si peu instruit, que, dans les réunions, lorsque venait son tour de chanter et qu'on lui mettait la harpe en main, humblement, il la passait aux autres. Une nuit, il eut un rêve. Dieu lui commandait de raconter au peuple les événements contenus dans l'Écriture sainte. Son rêve lui fournit même le prélude du poème. Cœdmon se mit à l'œuvre. On lui traduisait en langue vulgaire la version latine de l'Ancien Testament, et, suivant les paroles de Béda, « il les ruminait comme un animal pur, et les mettait en vers très doux. »

L'heure n'était pas encore venue pour les Saxons de sentir et d'exprimer l'exquise mansuétude de l'Évangile. Mais il existait une sorte d'harmonie préétablie entre leurs inclinations morales et l'esprit de l'Ancien Testament. Du premier jour, race exclusive et jalouse, ils comprirent le génie jaloux et exclusif des Hébreux. Leur imagination, plus profonde que variée, était d'avance monothéiste. Les hécatombes humaines, les sanglants holocaustes, les lentes et affreuses vengeances du *Deus Zelotes*, du *Deus Sabaoth*, ne les surprennent ni ne les effraient, et, sans effort, ils revêtent d'une sombre poésie les actes de cette sombre justice. Avec quelle ferveur Cœdmon et ses pareils noient les Égyptiens dans la mer Rouge, écrasent les Philistins sous les débris de Gaza, font rouler la tête d'Holopherne sur les genoux de Judith! Leur version est plus fidèle à l'original que la traduction qu'ils traduisent. Aucun des traits qu'ils y ajoutent n'est ridicule, insignifiant ou déplacé.

Le roi Alfred et son temps.

Cette brillante aurore du génie saxon dura peu et fut suivie d'une nouvelle obscurité. Dans les luttes contre les Danois, les églises, les abbayes, les écoles, tous les foyers du savoir eurent à souffrir. Le bien-être et les lumières décrurent. La nouvelle génération grandit dans l'ignorance. Les prêtres eux-mêmes ne comprenaient plus le sens de leurs prières. Un roi patriote et sage, supérieur à son temps, sinon par sa culture, du moins par ses intentions, essaya d'arrêter cette décadence d'une civilisation naissante, cette ruine d'un monument inachevé.

La destinée d'Alfred est singulière et touchante. Chassé du trône par les étrangers, il avait connu quelque chose de plus amer que la mauvaise fortune et l'exil, sort commun de tant de souverains modernes; il était descendu, pour sauver sa vie et gagner son pain, jusqu'à la domesticité. Lorsqu'il eut retrouvé des partisans et remporté la mémorable bataille d'Ethandun, qui affranchit l'Angleterre des Danois, il entreprit le bonheur et l'éducation de son peuple. En même temps qu'il encourageait les hommes savants, ravivait et dotait les écoles, il imaginait un vaste système de traductions qui devaient initier peu à peu les esprits barbares à la culture antique. Lui-même, pour donner l'exemple, mettait en saxon le *De consolatione* de Boèce et l'Histoire de Paul Orose. En réalité, ces traductions sont des paraphrases, ou plutôt, ce qu'on désigne aujourd'hui sous le nom d'adaptations. Suivant le besoin, Alfred ajoute ou retranche au texte. Il supprime les traits, les choses élégantes et ingénieuses, la coquetterie et la parure qui enjolivent la pensée de Boèce. Il remplace la métaphysique subtile par une morale palpable, aisée à saisir, immédiatement applicable. Il y a, dans l'auteur latin, des sous-entendus, des allusions mythologiques, historiques, géographiques, que le public lettré de Boèce comprenait à demi-mot : Alfred y joint une ligne d'explication et de commentaire. Le texte y perd toutes ses grâces, mais qu'importe, si le lecteur saxon y a gagné une notion utile? On dirait un pédagogue, au milieu de ses élèves, obligé d'insister, de répéter, de changer plusieurs fois sa phrase, pour faire pénétrer l'idée dans de jeunes cerveaux. Comme il arrive quelquefois au village, le maître est un demi-ignorant qui s'adresse à des ignorants. Il est, comme eux, sujet à l'erreur. C'est ainsi que, racontant la mort d'Eurydice, il prend les Furies pour les Parques et donne gratuitement trois têtes à Caron. En revanche, ses additions à Orose sont, pour nous, inestimables.

Décadence après Alfred.

Pas plus que celle de Charlemagne, l'œuvre d'Alfred ne devait survivre à son auteur. Comme une fleur du Midi, transportée sous le ciel du Nord, périt en une seule nuit de gelée, la culture latine disparut de nouveau presque subitement. Avec les guerres danoises revinrent l'ignorance et la misère. Le seul nom de ce temps qui jouisse encore de quelque notoriété est celui d'Aelfric, que l'esprit anglican a exhumé, à cause de ses démêlés avec Rome, pour en faire un précurseur de Wyclif et de Cranmer.

La poésie populaire continue à chanter les grands évènements nationaux, les hauts faits ou le couronnement des rois. Mais la fièvre, l'enthousiasme du premier âge est tombé. L'inspiration est devenue timide, presque machinale. A l'image originale a succédé l'épithète routinière. Et comment en serait-il autrement? La décadence est partout. Le couchant de la civilisation antique n'envoie plus qu'une faible lueur crépusculaire. L'imagination barbare semble fatiguée de ses propres excès. Les Scaldes deviennent prétentieux, inintelligibles. Né d'hier, le monde germain et scandinave donne déjà des signes de décrépitude. Les hommes s'abîment dans la prière, attendant l'an mille, la date fatale, la mort de l'univers.

CHAPITRE III

LES ORIGINES : PÉRIODE NORMANDE

La conquête. Caractère des Normands. — Culture normande. Les Universités. — Les Anglais et la scolastique. — Les chroniqueurs. — Les poètes. — Poèmes gallois du douzième et du treizième siècle.

La conquête. — Caractère des Normands.

Le 27 septembre 1066, une flotte quittait le petit port de Dives, en Normandie. Cette flotte se composait de plus de trois cents navires; soixante mille hommes la montaient. C'était le plus formidable armement que ce siècle eût encore vu. Sans autres titres qu'un testament douteux du roi Edouard, une parole imprudente du roi Harold, le duc Guillaume allait conquérir la couronne d'Angleterre. Ses droits étaient faibles, mais le Saint-Siége lui avait envoyé une bannière, accompagnée d'une bénédiction apostolique, et ce pavillon sacré suffisait à justifier et à sanctifier l'entreprise. Le pape promettait des indulgences, le duc promettait des terres. Non-seulement ses vassaux avaient répondu à l'appel, mais des milliers d'aventuriers flamands, wallons, frisons, lorrains, allemands et italiens, étaient accourus pour prendre part à la curée. Perdu dans la foule des barons et des évêques, le fidèle chapelain, Guillaume de Poitiers, s'apprêtait à chroniquer en mauvais vers les exploits de son maître.

Dix ans plus tard, l'Angleterre était normande. A peine, dans les marais d'Ely, dernier refuge de l'indépendance nationale, quelques Saxons s'obstinaient-ils à garder les armes à la main. Le reste de la nation s'était soumis ; le plus grand nombre étaient devenus serfs sur leur propre domaine ; quelques-uns avaient reçu leur terre à titre d'alleu. Pendant ce

temps, bouviers normands et pâtres bretons, bouchers et
valets de charrue, garçons brasseurs et apprentis drapiers,
venus du continent avec le conquérant, s'établissaient dans
les châteaux, et, épousant de force les plus belles et les
plus nobles Saxonnes, faisaient souche de grands seigneurs.
Guillaume avait commencé par cadastrer la terre. Le résultat
de ce grand travail existe : c'est le *Domesday boc*. Puis,
reconnaissant autant que méthodique, il avait divisé le
royaume en soixante mille parts. Chacun des chefs eut une
baronnie, proportionnée à son importance et à ses services;
chaque soldat reçut un fief. Ils étaient soixante mille : les
Saxons étaient sept ou huit fois plus nombreux. C'était une
race belliqueuse, incapable d'oublier, et redoutable encore,
quoique enchaînée. En présence de ce péril constant, il
importait qu'une étroite solidarité unît les conquérants.
Nulle part, la loi d'aide mutuelle et d'obéissance, qui est
l'âme du monde féodal, ne fut plus rigoureusement observée,
parce que, nulle part, elle n'était plus nécessaire. Comme
la langue est le principal organe de la vie nationale et le
plus puissant véhicule des aspirations autonomiques d'un
peuple, on proscrivit la langue des vaincus : on lui défendit d'exister. Les châteaux parlaient français; les cloîtres parlaient latin. L'idiome saxon se réfugia dans la chaumière du
paysan; il se cacha, avec l'*outlaw*, dans la forêt ou le marécage.

Qu'était, cependant, cette race qui venait imposer aux
Anglais, avec sa domination, ses mœurs, ses idées et son
langage? Originairement, elle appartenait à la même famille
scandinave que ces Danois, qui avaient plusieurs fois conquis l'Angleterre et l'avaient finalement possédée pendant
trois générations successives. Mais il y avait un siècle et
demi que les Normands étaient fixés en France, et ce long
séjour avait produit en eux des changements merveilleux.
Religion, costume, mœurs, idiomes, ils avaient rapidement
tout abjuré, et ne se distinguaient plus des autres Français
que par leur tempérament aventureux et pratique.

Ils aiment la guerre et les voyages, mais pour conquérir
et s'enrichir, et, comme le vieil Ulysse, ne séparent jamais
le profit de la gloire. Ils vont partout, en Italie, en Sicile,

en Palestine, en Portugal, en Livonie, en Angleterre, en Irlande; ils en rapportent des châtellenies, des baronnies, des duchés, des royaumes. C'est une race curieuse et sensuelle, qui aime à voir, à jouir, à briller. Tout ce que l'époque comporte d'élégance et de confort, ils se l'assimilent et le perfectionnent. La chevalerie déploie chez eux ses fastueux spectacles, son étiquette militaire. Le Saxon se battait par amour du carnage et par haine du voisin. Le Normand introduit dans la guerre la vanité, la galanterie et l'intérêt. Il a déjà une architecture qui tient du roman, dont elle rappelle la solidité, et du gothique, dont elle annonce la richesse. Il aura bientôt une littérature. Présentement, il bégaie un lourd patois qui n'est que du latin appauvri et décomposé. Malgré les apparences, ce patois, n'est pas la fin, mais le commencement d'un idiome. La langue d'Oïl va s'en dégager, et dans cent cinquante ans, la langue d'Oïl sera la langue française. Même avant cette date, elle aura des monuments, un caractère. La première qualité qui se montre dans ce français primitif, c'est la clarté. La grâce et la finesse viennent ensuite. La mesure et la méthode paraissent les dernières. La littérature du premier âge est, comme la race qu'elle reflète, conteuse, bavarde, raisonnable, dépourvue de sensibilité et d'imagination. En cent mille vers, elle ne laisse pas échapper une seule image, ne trahit pas une seule émotion. C'est l'œil sec et d'un cœur tranquille qu'elle raconte la mort des preux. De bonne heure, elle inclinera à la bouffonnerie et à la satire.

Culture normande. — Les universités.

Telle est la race à laquelle appartiennent les compagnons de Guillaume, et qui envahit avec lui l'Angleterre. L'instinct politique du nouveau roi lui révèle que l'éducation est le plus puissant moyen de gouvernement dont dispose la conquête, après la victoire matérielle, surtout s'il est placé dans les mains habiles de l'Église romaine.

L'ignorance du clergé saxon fournit un prétexte à Guillaume pour déposséder les natifs des évêchés et des abbayes. Ceux qu'il appelle pour remplir leur place sont des hommes d'un réel savoir. Lanfranc, saint Anselme, deux Italiens, occupent successivement le siége archiépiscopal de Canterbury. Un Français, Geoffroy, fonde une école à Dunstable et écrit, dit-on, le *Miracle de sainte Catherine* pour l'amusement de ses élèves. Devenu abbé de Saint-Albans, il fait de cette abbaye le foyer du savoir en Angleterre, et Saint-Albans conserve sa suprématie intellectuelle jusqu'au moment où les universités sont fondées. Il y avait déjà des écoles (*studia*) à Oxford et à Cambridge avant le douzième siècle. Mais la corporation universitaire, avec ses priviléges, ses règlements et ses différents colléges groupés autour d'elle, date du treizième et du quatorzième siècle. Oxford est une création de Richard Cœur de lion, jaloux de donner une rivale à l'université de Paris. A Cambridge, les écoles fondées au douzième siècle par le moine Ghislebert et ses compagnons, forment le noyau de l'université. Dans chaque diocèse, un dignitaire particulier, appelé le Scolastique, conformément aux prescriptions du concile de Latran, surveille les écoles et donne surtout ses soins à l'école supérieure diocésaine, qui est le type et le modèle des autres. Souvent, l'évêque remplit lui-même ces fonctions. Mais, d'ordinaire, il les délègue au plus savant de ses collaborateurs. Les Anglais vont aussi chercher la science sur le continent. Quelques-uns étudient la médecine à Salerne, d'autres, les mathématiques à Tolède. Ils sont nombreux à Paris, et forment une des *nations* de notre grande Université. Au milieu de cette foule étrange et bigarrée, où la misère et le vice coudoient la sainteté et le génie, ils font admirer la pureté de leurs mœurs, la beauté de leur visage, leur éloquence naturelle, leur intelligence et leur sagesse. Généreux, la main toujours ouverte, ils sont grands mangeurs et surtout grands buveurs :

Moribus egregii, verbis vultuque venusti,
  Ingenio pollent concilioque vigent.
Dona pluunt populis et detestantur avaros
  Fercula multiplicant et sine lege bibunt.

Plusieurs de ces écoliers deviennent maîtres à leur tour, témoin Robert de Melun et Robert White, qui mourut à Rome, cardinal et chancelier du Saint-Siège. Un d'entre eux, Breakspeare, était destiné à une fortune encore plus haute : il s'assit sur le trône pontifical sous le nom d'Adrien IV.

Les Anglais et la scolastique.

Une question se présente ici d'elle-même : qu'enseigne-t-on à Oxford et à Paris ?

A ce moment même, une révolution a lieu dans l'enseignement. Elle est due au progrès de la culture arabe, qui provoque, dans toute l'Europe, une sorte de renaissance anticipée. Les opulentes bibliothèques de Cordoue et du Caire rouvrent aux savants la source des études grecques. Aristote remplace Platon dans les écoles; du moins, un Aristote obscurci par les sophismes se substitue à un Platon corrompu par la barbarie et l'ignorance. Une nouvelle discipline commence pour l'esprit humain. Les Pères interprétaient, commentaient les Ecritures. Les Docteurs rebâtissent le système entier de la religion avec les instruments que fournit la logique. Saint Bernard est le dernier des Pères, Pierre Lombard est le premier des Docteurs. La théologie s'introduit dans le *trivium* et le *quadrivium*, pour les désorganiser. C'est d'elle qu'on peut dire à bon droit ce qu'un penseur célèbre a injustement écrit du scepticisme : on ne fait point à la théologie sa part; aussitôt qu'elle a pénétré dans l'entendement, elle l'envahit tout entier. A peine née, la théologie prétendit jouer, au moyen âge, le rôle qu'avait joué la philosophie dans le monde antique, embrassant toutes les sciences, dont elle voulait être l'unique racine et la fin dernière. En même temps que la théologie s'établissait dans l'école, la philosophie pénétra dans l'Eglise : double confusion, malheureux échange, funeste à l'une comme à l'autre, et dont nous subissons encore les conséquences. La théologie empêcha les sciences de grandir, la philosophie donna à l'Eglise les hérésies et leurs suites sanglantes.

Il semble que le bon sens anglais, en dépit de l'éducation normande, se prêtât avec répugnance à cette orgie de dialectique, faite au nom de la religion. Personne, avant Rabelais, n'a raillé plus finement les dangers, les abus et les ridicules de la scolastique que Jean de Salisbury. Il serait impossible de faire l'histoire de la pensée au moyen âge sans consulter son curieux livre, *De nugis curialium et vestigiis philosophorum.* Un autre Anglais cherche la vérité en dehors des voies de la scolastique ; un autre encore est un des grands docteurs de son temps, mais c'est un ennemi introduit dans la place : il se sert de la raison pour miner les principaux ouvrages du despotisme intellectuel. Le premier est Roger Bacon, le second Occam.

Peu importe que le moine Bacon ait été ou non l'inventeur de la poudre. Il a armé l'esprit humain d'un engin plus admirable et plus sûr. Il a fondé, plus de trois siècles avant son illustre homonyme, la science expérimentale. Cette cellule, d'où sortent des odeurs mystérieuses et des vapeurs d'une couleur étrange, où se poursuit jour et nuit une œuvre que le vulgaire appelle, en se signant, d'un vilain mot, est l'humble prototype des laboratoires où sont nées la chimie et la physique modernes. Un jour, à l'autorité de quelque stupide axiome, escorté des citations les plus imposantes que puissent fournir l'Écriture, les Conciles et les Pères, à une pieuse avalanche de textes, il répond : « J'ai essayé, et ce n'est pas vrai. » Paroles très simples, dans lesquelles se trouve résumée d'avance toute la doctrine du *Novum Organum.*

Si Bacon est un expérimentateur patient et sagace, Occam est un penseur hardi et profond. Qu'on ne le méprise pas parce qu'il appartient à la scolastique. On ne saurait condamner un homme pour avoir parlé la langue de son temps. Or, la scolastique n'est pas une philosophie, mais une langue philosophique. Sous la dispute, en apparence puérile, des réaux et des nominaux, reconnaissons l'éternel dualisme des doctrines qui se partagent les esprits, de Pythagore à Schopenhauer. Occam, élève de Duns Scot, renie et combat les doctrines de son maître; il devient le plus ardent champion de l'école nominaliste. Il ne craint pas de prendre parti dans la grande querelle qui divise le moyen âge. Il ne défend pas seulement l'empereur contre le pape, mais l'empire contre la papauté. Dans un premier ouvrage, il avait hardiment dénoncé les erreurs du pape Jean XXII. Dans un autre pamphlet, il essaie d'établir les droits respectifs du temporel et du spirituel. Moins amer, moins audacieux que Luther, son dédain de latiniste et de penseur pour la multitude, ne lui eût pas permis d'aborder, au quatorzième siècle, le rôle que joua, au seizième, le docteur de Wittenberg. D'ailleurs, les temps n'étaient pas venus.

La haine de la suprématie romaine est un des traits auxquels, dès le moyen âge, se reconnaît le véritable Anglais. Cette haine naît et s'alimente de deux sentiments profonds : l'individualisme religieux et l'aversion de l'étranger. Pour l'Anglais, le pape est un prince italien qui, de loin, prétend régner sur les consciences et lever des impôts. Occam attaquait le pontife romain sur le terrain des principes. Robert Grosthead, évêque de Lincoln, esprit moins élevé et plus pratique, resta sur le terrain de la discipline et des abus. L'étendue de sa science, la vigueur de son caractère, l'austérité de ses mœurs, lui donnaient une triple autorité et le rendaient inattaquable. Ce fut un puissant patron pour Roger Bacon, un rude adversaire pour Innocent IV. On l'appelait le contempteur, le marteau des Romains. Il mit sur pied une légion de scribes, pour dresser l'état authentique des sommes annuellement enlevées dans le royaume par la cupidité des agents du Saint-Siège. Le total atteignait le chiffre énorme de 70 000 marcs. Grosthead n'aurait pas écrit ses vers élégants et ses curieuses lettres, ce grand effort de statistique suffirait à lui assurer la reconnaissance des anglicans modernes. Comme Occam, il fut un des précurseurs de la Réforme, et par là même il annonça le réveil de l'esprit national.

Les chroniqueurs.

Qu'on s'imagine un des grands couvents du douzième ou du treizième siècle, Saint-Albans ou Malmesbury, vaste enceinte où tous ceux qu'effraie la vie tumultueuse et précaire du siècle viennent chercher, non-seulement un refuge, mais le paisible emploi de leurs facultés. Quel calme, et en même temps, quelle vie dans ce cloître, aussi grand qu'une cité! Là, toutes les forces s'utilisent, toutes les vocations s'exercent. Ceux qui sont nés pour gouverner ne manquent pas de besogne. L'abbaye, surtout si elle est chef d'ordre, a de grands revenus, de vastes domaines, des milliers de vassaux. Des villages, parfois de grandes villes, relèvent de son autorité. De temps à autre, un prince laïque, roi ou empereur, vient arracher un moine à sa cellule pour en faire son ambassadeur ou son conseiller. Un matin, la communauté apprend qu'un des Frères vient de recevoir la barrette cardinalice. Dans le réduit du grand théologien brûle une lampe jour et nuit. A sa lueur, il compose ces traités sublimes qui édifieraient les anges eux-mêmes, et qui font, dans le monde d'alors, plus de bruit que n'en aurait produit, il y a trente ans, un article de Macaulay ou une brochure de Carlyle. D'autres, esprits non moins cultivés, mais d'un tour moins sévère, recueillent les souvenirs des anciens règnes, continuent les chroniques commencées, rédigent l'histoire de leur abbaye. Celui-ci enseigne la jeunesse; celui-là marie la grave harmonie du chant grégorien à la riche poésie des hymnes. Tel autre s'amuse à tous les jeux de la versification latine tombée en enfance, construit avec ses mots des carrés, des volutes, des spirales, des girandoles et des escaliers. Tel autre, âme d'artiste, dont l'essor est entravé par mille gênes secrètes, borne le labeur et la joie de son humble existence à copier sur vélin un manuscrit des Écritures. Sur les marges, sa main, à la fois inspirée et timide, laisse tomber cent chefs-d'œuvre naïfs d'un art qui s'ignore et se contient. Celui-ci, plus simple encore, se contente de sarcler les allées et d'arroser les laitues du jardin. Quand la cloche sonne, il essuie son front couvert de sueur, tombe à genoux et envoie un *Pater noster* au Dieu tout-puissant qui a créé tout ce qu'il admire. Ainsi, le couvent est tout ensemble une école, un laboratoire, un atelier, un champ d'activité pour les uns, un lieu de repos pour les autres, pour tous un asile.

Quelques-uns des moines, avons-nous dit, rédigent les annales de leur époque ou complètent celles des époques précédentes. Cet usage existait déjà sous la domination saxonne. Même après la conquête, les moines de Peterborough continuèrent encore pendant quelque temps à tenir, en langue nationale, le journal des événements contemporains. Les chroniqueurs ecclésiastiques de la période normande se servent, en général, de la langue latine. Mais il importe de distinguer, parmi eux, deux groupes. Les uns, comme Guillaume de Malmesbury, Henry de Huntingdon, Orderic Vital, visent à continuer Béda le Vénérable, et imitent sa noble simplicité. Ils s'attachent à une période historique, voisine de celle où ils vivent, s'efforcent de bien connaître les faits et de les présenter sous leur vrai jour. Leurs erreurs sont inhérentes à leur foi et à leur temps : elles tiennent au défaut d'information et de critique. Le type le plus remarquable de l'autre école est Geoffroy de Monmouth. C'était un prêtre gallois, qui mourut évêque de Saint-Asaph. Il composa un livre des prophéties de Merlin. Puis, il entreprit d'écrire l'histoire de la Grande-Bretagne. Un moine armoricain lui avait apporté, prétendait-il, les traditions qui forment la trame fabuleuse de cette étrange histoire. Mais ce n'était là peut-être qu'une de ces fictions littéraires analogues à celles dont se servaient volontiers les romanciers d'autrefois, pour introduire leurs récits auprès du public. Comme plus tard Ronsard, dans sa *Franciade*, Geoffroy s'inspirait de l'*Énéide* et reprenait les choses où Virgile les avait laissées. Un petit-fils d'Anchise, Sylvius, colonisait l'île des Blanches Falaises et fondait la ville de Londres, alors dissimulée sous le pseudonyme de Troïnavan. Au septième livre, l'auteur avait inséré les prophéties de Merlin. Ensuite se déployait la merveilleuse histoire d'Arthur et des chevaliers de la Table-Ronde. Geoffroy s'arrêtait à la mort de Cadwallô et à l'avènement de Cadwallader, c'est-à-dire au seuil de l'histoire vraie.

De l'inventif et ingénieux menteur découla toute une littérature. Geoffroy Gaemar, et, après lui, Robert Wace, avec plus de succès encore, traduisirent en langue vulgaire l'histoire de l'évêque gallois. Un autre écrivain fécond et populaire du même temps, l'archidiacre Walter Mapes, rima à son tour, non-seulement l'épopée galloise, mais la Quête du Saint-Graal et les légendes qui se rapportent à Charlemagne et à ses douze pairs. Portés par la langue romane, ces contes se répandirent à travers l'Europe. Les notions bizarres et fausses qu'ils contenaient formèrent toute l'éducation de l'époque. Ils éveillaient l'imagination des poètes, amusaient le peuple à ses veillées, entretenaient l'esprit chevaleresque et superstitieux chez les hommes qui portaient l'épée. Le goût qui se forma d'après ces romans, monstrueux mélange du sacré et du profane, où se confondaient la mythologie païenne et la mythologie chrétienne, prévalut jusqu'à l'invention de l'artillerie, de la boussole et de l'imprimerie, jusqu'à la Renaissance.

Les poètes

La versification latine restait la récréation favorite des lettrés. Le latin, usité parmi les gens d'église, subissait les changements auxquels sont sujettes les langues vivantes, et se barbarisait chaque jour davantage. De même que les Saxons avaient introduit l'allitération dans la poésie latine, les Français y introduisirent la rime. Le vers léonin, dont Geoffroy de Winsauf a donné la prosodie dans son curieux traité *De nova poetria*, est fondé, non plus sur la quantité, mais sur l'accent. Bientôt l'Église en généralisait l'usage, et le vers léonin devint le vers des hymnes sacrées.

Aujourd'hui, après sept ou huit siècles, lorsque la puissante et mélancolique sonorité de l'orgue emplit l'église, lorsque l'unisson des voix graves et aiguës s'enfle et s'éteint, monte et s'abaisse comme un flot, martelant les lourdes syllabes latines, la pensée se reporte vers les pieux inconnus dont la foi a trouvé ces accents profonds, tantôt douloureux, tantôt triomphants, suivant les anniversaires de deuil ou de joie que ramène l'année religieuse. Comme la plupart des architectes du moyen âge, ils se dérobent à notre curiosité.

Nul ne pourrait donc dire aujourd'hui quelle a été la part des Anglo-Normands dans la composition de ces hymnes. Mais, lorsqu'on compare cette poésie, pleine de fortes images, avec la sécheresse des chroniques rimées, on ne peut croire aisément que la même race ait produit des choses si dissemblables, et l'on se demande si l'esprit du vieux Cœdmon ne se réveillait pas quelquefois chez les Saxons, francisés par la conquête et latinisés par l'éducation ecclésiastique.

La poésie en langue française était abandonnée aux laïques. Combien de poètes, Anglais de naissance et Français de langue, depuis Henri Beauclerc jusqu'à Gower, le dernier et le plus maladroit! Non-seulement ils écrivent, mais ils pensent dans notre idiome, et nous ne voyons pas trop à quel titre ils figureraient dans cette histoire. Certain historien de la littérature anglaise revendique sans sourciller, non-seulement Robert Wace, mais Guillaume de Lorris et Jean de Meung, non-seulement Mathieu Pâris, mais Froissart. Jacques II, s'intitulant jusque dans son exil roi de France et d'Angleterre, n'est guère moins plaisant. La liste des Anglo-Normands qui ont écrit en français est très longue et serait inutile à dresser. Leurs œuvres sont des œuvres d'emprunt et d'imitation. Elles ne reflètent aucun trait de la vie nationale; elles n'ont eu aucune influence sur la formation du caractère littéraire des Anglais. Il ne devait point y avoir de fusion entre les deux peuples. Excepté la passion des voyages qui animera Mandeville, et l'esprit juridique, l'amour des formes légales, qui s'annonce chez Raoul Glanvil et s'épanouit chez Fortescue, on ne parvient à découvrir, dans la race nouvelle et dans l'idiome définitif, aucune trace du passage des Normands. On va voir le génie saxon reparaître, pur de tout mélange et dans son originalité native, après sa longue éclipse.

Poëmes gallois du douzième et du treizième siècle.

Mais les Saxons devaient être les derniers à secouer la torpeur du dixième et du onzième siècle. Les Cymris, au contraire, avaient devancé le réveil littéraire du moyen âge. Nous les avons vus, avec Geoffroy de Monmouth et Walter Mapes, créer un cycle romanesque, bientôt accueilli et imité par les autres nations de l'Europe. Bien avant l'âge des trouvères et des troubadours, les Gallois avaient eu, dans les bardes, leurs poètes nationaux. Dans les combats, le barde, placé en avant du front de bataille, entonnait le chant de guerre. En temps ordinaire, il habitait la maison d'un prince, et y tenait à peu près la place dévolue plus tard au chapelain. Le barde était l'histoire vivante de la famille, dont sa mémoire constituait toutes les archives. Il élevait les enfants du prince, et gardait sur eux, lorsqu'à leur tour ils étaient en âge de commander, une certaine influence. Ces services étaient récompensés par des largesses proportionnées au talent du barde et à la richesse du chef qu'il servait. « Je possède, dit naïvement le vieux Meilir, des monceaux d'or et de velours que les princes m'ont donnés, à cause de l'amour que je leur ai montré. » Le roi mourait-il, le barde achevait de payer sa dette en composant une élégie. Tous les trois ans, il parcourait les châteaux, pour y chanter ses vers, et ces tournées poétiques étaient pour lui l'occasion de larges profits. Pendant ce temps, le barde d'un ordre inférieur courait les campagnes, prenant gîte chez les paysans, et payant de ses chants vulgaires une maigre hospitalité.

Les moines du temps ne tarissent pas en accusations contre ces bardes : « L'oiseau vole, — écrit un auteur ecclésiastique, — le poisson nage, le ver rampe et l'abeille va chercher son miel ; tous les animaux de la création s'agitent et travaillent pour gagner leur vie. Le barde est le seul qui prétende exister sans rien faire. » Les bardes ripostent par les sarcasmes ordinaires sur « l'ignorance, la luxure et la gloutonnerie monacales ». Simple jalousie de métier entre deux classes de mendiants, entre les chanteurs ambulants et les frères quêteurs. La querelle prenait un caractère plus grave entre les bardes de cour et les chefs du monachisme gallois. Les bardes traitaient les moines d'hérétiques, les moines considéraient les bardes comme des païens. Ce qui rendait cette dernière accusation presque plausible, c'était le mystère dont ceux-ci entouraient leur confrérie, et le culte qu'ils rendaient à la mémoire des bardes primitifs de l'époque druidique. Ces apparences, qui fournissaient un prétexte aux calomnies de leurs adversaires du treizième siècle, ont mis en frais d'imagination leurs modernes admirateurs. En réalité, le druidisme gallois du moyen âge n'est qu'une franc-maçonnerie littéraire, fortement imbue de l'esprit laïque, qui semble un trait distinctif des Cymris. L'amitié des rois n'aurait pas toujours suffi à les protéger contre le ressentiment de l'Eglise, s'ils ne s'étaient, à plusieurs reprises, vigoureusement défendus contre le soupçon d'impiété. Nombre de passages, dans leurs poèmes, protestent contre les tendances antichrétiennes qu'on leur prête. Meilir, désignant le lieu où il veut être enterré, s'écrie : « Que ce soit une solitude vierge de pas humains, une île au sein des flots salés, entre l'île de Marie et l'île des Saints : c'est là que Christ viendra me chercher au jour du jugement. » Llywarch-ab-Llewellyn (fin du douzième siècle), au lieu d'appeler la Muse à son aide, à la façon des anciens, invoque Christ, « qui a ouvert en lui la source mystérieuse et profonde des vers ». Mais les bardes repoussent tout intermédiaire entre le Créateur et la créature. Kyndlw, le plus âpre de tous, celui qui, dans ses vers affectés et obscurs, enferme le plus de pensées, dit nettement : « Je ne recevrai pas le sacrement des mains de ces moines ; c'est avec Dieu seul que je communierai. »

Rarement le sentiment de la nature inspire les bardes. Il est vrai que Rhys Goch chante un hymne au printemps. Pour lui, la forêt est la paroisse des oiseaux, et, « dans cette verte église de feuilles », le rossignol « célèbre l'office divin ». Il est vrai que Gwalch-Mai, entre deux émotions guerrières, s'arrête aussi pour prêter l'oreille au chant du rossignol et « aux sereines harmonies des bois »; mais il semble plutôt écouter en lui-même une lointaine réminiscence virgilienne que traduire une impression sincère et personnelle. Les seules beautés naturelles qui frappent ces âmes avides de mouvement et de bruit, ce sont les tumultes de la mer, le fracas de l'orage, les assauts du vent et de la vague contre les promontoires de rochers. Ces combats des éléments leur rappellent d'autres batailles, dont la description ne les lasse point. La plus grande partie de leurs poèmes est consacrée, — on doit le pressentir, — à louer les princes à la solde desquels ils vivent. Ils n'y ménagent point les hyperboles, et tel obscur chef de clan, dont la capitale est un village, et dont la gloire s'est bornée à conquérir sur ses voisins quelques têtes de bétail et quelques acres de prairie, y apparaît comme un autre Alexandre. Lorsque les bardes ont un véritable héros à chanter, le sentiment se précise et l'accent s'élève. Ce n'est pas un batailleur vulgaire que ce Llewellyn en qui succombe l'indépendance galloise, ce prince joyeux, énergique, libéral, — ainsi nous le dépeint Blyddin le poète, — un *homme* dans toutes les acceptions du mot, à la fois humain et viril. Il meurt : pas une cité, pas un hameau, pas un foyer qui ne soit en deuil. La nature tout entière gémit. Dans le mugissement du flot qui fouette le rivage, dans les plaintes de la tempête, le poète Gruffyd entend une voix qui annonce que Llewellyn n'est plus. « Les grands chênes, frappés à mort par le bûcheron, mais indifférents à leurs blessures, s'effondrent dans les bras l'un de l'autre, » en pleurant le héros tombé comme eux. Gruffyd va plus loin encore : il veut que le soleil ait pâli, que les astres, ce jour-là, soient tombés de leur sphère. « Voyez ces prodiges, s'écrie-t-il, fils de l'incrédulité, et tremblez ! »

Lorsque Édouard Ier eut conquis le pays de Galles, il s'empressa d'interdire aux bardes l'exercice de leur profession, « attendu, dit brutalement l'ordonnance royale, que ce sont tous fainéants et vagabonds, qui poussent les gens au mal par leurs invectives et leurs mensonges. » Ce fut l'honneur des bardes d'être proscrits avec les institutions nationales. Pour ne pas disparaître, ils durent chanter la beauté féminine, les peines et les joies de l'amour, les émotions de la solitude, genre de contemplations toutes nouvelles à leur muse belliqueuse. Ils se confondent, dès lors, avec les derniers des trouvères.

Dans le même temps avait fleuri, chez les Gallois, une

autre littérature, que les bardes affectaient de tenir en mépris, parce qu'elle était, d'ordinaire, l'œuvre des moines leurs ennemis. Si les poésies bardiques étaient écrites pour les hommes, les *Mabinogies*, — leur nom l'indique, — étaient composées pour les jeunes gens. Mythes profonds et fables puériles, l'imagination populaire avait entassé, dans ces contes, tout ce qu'elle avait reçu ou produit pendant de longs siècles, depuis les récits apportés du fond de l'Asie et transmis par quarante générations de druides, jusqu'aux fantaisies récentes dont les moines avaient enluminé les légendes bretonnes. Arthur, avec ses chevaliers et ses poètes, remplit ces contes de sa gloire apocryphe. Ce n'est, pour les bardes cymris, qu'une simple chef de tribu : les moines armoricains en font un grand empereur chrétien, qui combat avec le portrait de la sainte Vierge sur son écu. Les Normands, race pauvre d'invention, mais prompte à s'assimiler les conceptions d'autrui, embellissent et perfectionnent le cycle d'Arthur ; ils le parent de toutes les grâces chimériques de l'esprit chevaleresque, puis le rendent, ainsi transformé, aux bardes gallois, qui refusent de reconnaître le héros exotique et préfèrent, dans sa rude et barbare réalité, le vieux Cadwallader au brillant mais fabuleux Arthur. Néanmoins, le peuple l'adopte à la longue, et Geoffroy de Monmouth consacre cette adoption, en lui donnant place dans sa fantastique histoire. Arthur trouve, dans les *Mabinogies*, le cadre qui lui convient. C'est là que les conteurs gallois accumulent les impossibilités, luttant de prodigalité créatrice avec les conteurs arabes, et parfois se rencontrant avec eux. Sous cette débauche d'imagination, on chercherait vainement un symbolisme, encore moins une théologie. Mais le merveilleux des *Mabinogies*, ayant pour véhicule une langue riche, nuancée, flexible, déjà formée à l'époque où les peuples du continent bégayaient encore, devait pénétrer peu à peu dans la pensée rêveuse des Saxons, inspirer leurs conteurs et leurs poètes : c'est là que Drayton, Spenser et Shakespeare trouveront la matière première de leurs brillantes fantaisies.

CHAPITRE IV

L'AGE DE CHAUCER

La langue des vaincus reparait après deux siècles d'oubli. — Modifications de l'ancien saxon. — Premiers écrivains anglo-saxons. Layamon, l'*Ormulum*, l'*Ancren Riwle*. Robert de Gloucester. Laurence Minot. — Le premier prosateur anglais : Mandeville. — Pierre le Laboureur. — Wyclif. — Vie de Chaucer. — Œuvres diverses de Chaucer. — *Les contes de Canterbury*. — Poésies de Gower.

La langue des vaincus reparaît après deux siècles d'oubli.

Pendant deux siècles, la langue saxonne semble avoir disparu. C'est un patois obscur qu'on parle, mais qu'on n'écrit pas. Aucun lettré n'ose s'en servir. Les Normands la dédaignent et l'ignorent ; parmi les Saxons, ceux qui veulent passer pour cultivés s'empressent d'oublier l'idiome paternel.

A mesure qu'on s'éloigne de la conquête, la décadence est plus profonde. Les actes publics sont rédigés en anglais jusqu'au règne de Henri II ; à dater de ce règne, ils le sont en latin. Le brouillon de la Grande Charte, qui consacre les libertés anglaises, a sans doute été composé en français : nous ne la connaissons que sous sa forme latine. Le premier statut en français est le statut de Westminster, publié sous Édouard Ier, en 1275. A partir de ce moment, les deux langues alternent jusqu'au temps d'Édouard III et de Richard II, où le français est presque exclusivement adopté comme langue officielle. Au Parlement, les discussions auront lieu en français jusqu'en 1422.

Le premier roi normand essaie d'apprendre le langage des vaincus et ne peut y réussir. Ses successeurs ne montrent pas la même bonne volonté. Le roi Richard, d'ailleurs, lettré et poète (en français), n'a jamais su un mot d'anglais, non plus que son premier ministre, le chancelier William Longchamp, évêque d'Ély. Les prêtres normands, pourvus de diocèses et de prébendes en Angleterre, ne se donnent pas la peine d'apprendre la langue de leurs ouailles.

Peu à peu, après ce long silence, après un siècle et demi de mort apparente, certains signes trahissent la vitalité de l'idiome populaire. Après tout, soixante mille Normands n'ont pu imposer leur langue à deux millions de Saxons. Le fils du baron, dans ses jeux avec les fils du *franklin* et du *yeoman*, apprend à parler couramment leur rude dialecte, de préférence à la langue savante qu'il balbutie avec ses maîtres. L'anglais s'infiltre, en attendant le jour où il débordera. Les circonstances favorisent ce progrès, lent d'abord, comme celui de la goutte d'eau qui creuse le roc. La perte de la Normandie diminue l'immigration française. A travers les guerres civiles et étrangères, de nombreuses familles, d'origine française, s'éteignent ; d'autres, d'origine saxonne, s'élèvent et dominent. Le développement des institutions libres, qui est l'œuvre des Saxons, vient en aide au progrès de la langue et se reflète dans la littérature nouvelle. Vient la guerre de Cent ans : son but est de donner la France à l'Angleterre, son résultat est de rendre l'Angleterre à elle-même. D'abord dynastique, bientôt nationale, elle fait du français une langue ennemie, elle met en lumière et glorifie certains types sortis des entrailles mêmes de la nation anglaise, et qui la représentent d'une façon caractéristique dans ses qualités comme dans ses défauts. Dès lors, quoiqu'on parle encore français à la cour, au parlement et devant la justice, l'anglais a cause gagnée sur son rival ; c'est lui qui est la langue nationale. Il ne lui manque plus que la consécration de la gloire littéraire, Chaucer la lui donne.

Vers la seconde moitié du quatorzième siècle, les symptômes se multiplient. En 1362, un statut, rédigé, il est vrai, en français, prescrit l'usage de l'anglais dans les plaidoiries, « parce qu'il y a grand mal à ce que les débats judiciaires aient lieu dans la langue française, qui est très peu connue dans le royaume.... la raison disant que, mieux les lois et coutumes du royaume seront connues et comprises, plus il sera facile à chaque homme dudit royaume de se conduire sans offenser la loi. »

Dans la traduction anglaise du *Polychronicon*, de Ralph Higden, qui est un des monuments les plus anciens de la langue, John de Trévisa écrit ceci : « John Cornwaile enseigna, dans son école de grammaire, l'anglais au lieu du français. Après lui, Richard Peneriche continua ce mode d'enseigner, qu'il transmit à d'autres. La conséquence, c'est qu'aujourd'hui, en l'an du Seigneur 1380, la neuvième année du règne de Richard II, dans toutes les *Grammar Schools* d'Angleterre, les enfants abandonnent le français pour l'anglais. L'avantage, c'est qu'ils apprennent leur grammaire en moins de temps. Le désavantage, c'est qu'ils ne savent pas plus de français que n'en sait leur talon gauche. »

On parle encore français en Angleterre; mais quel français ? Celui de Stratford Atte Bowe, que Chaucer met sur les lèvres de sa Prieure, et qui est resté proverbial. Enfin, en 1404, deux envoyés anglais en France, dont l'un est sir Thomas Swynford, le neveu de la femme de Chaucer, déclarent « ne pas plus savoir le français que l'hébreu. »

Ainsi, au commencement du quinzième siècle, la résurrection est complète, le triomphe est irrévocable. Comme ces fleuves qui s'enfoncent sous le sol et reparaissent à quelques lieues de là, sans livrer le secret de leur existence souterraine, l'idiome populaire, après cette *perte* de deux cents ans, recommence à couler à ciel ouvert, entre des rives plus larges et sous un nom nouveau. L'ancienne langue d'Alfred est devenue la langue future de Shakespeare et de Milton : l'anglo-saxon s'appelle dorénavant l'anglais.

Modifications de l'ancien saxon.

Entre l'ancienne langue et la nouvelle, des différences profondes se montrent. Ce qui frappe tout d'abord, c'est la substitution de l'alphabet adopté par les races néo-latines, à l'alphabet primitif apporté de la Germanie, substitution graduelle et presque insensible. Les caractères saxons se mêlent aux caractères français, dans les manuscrits anglais et latins, jusque vers le milieu du quatorzième siècle. Deux lettres continuent à être universellement employées : le *g* saxon et la lettre simple qui correspond au *th*.

Quant au fond de la langue, la transformation est bien autrement radicale : le saxon est synthétique, et l'anglais, analytique. Les rapports des mots cessent d'être exprimés par des terminaisons différentes. L'article déclinable, avec genre, cas et nombre, a fait place à l'indéclinable *the*. Les flexions du substantif tombent en désuétude les unes après les autres; elles sont réduites à deux, puis à une seule. Au treizième siècle, les mots ont encore un génitif singulier, quelquefois un génitif pluriel ; cent cinquante ans plus tard, le génitif en *es* se montre encore dans Chaucer. Les adjectifs possessifs suivent le sort des noms. Les pronoms ont perdu, à la fin du quatorzième siècle, toutes les terminaisons qu'ils ne doivent pas conserver. Le verbe a subi des changements qui le rendent méconnaissable; l'infinitif nouveau, avec la préposition *to*, a remplacé l'infinitif saxon. Dès le treizième siècle, le préfixe *ge* a disparu. Les parties indéclinables du discours sont demeurées à peu près semblables à elles-mêmes.

La langue est plus pauvre qu'elle n'était, car elle a perdu un cinquième des mots qu'elle possédait au temps d'Alfred, et n'a rien emprunté aux langues étrangères. Consacrée d'abord aux usages les plus vulgaires de la vie, maniée ensuite par des plumes gauches et des esprits timides, elle n'a point su profiter de ses ressources latentes. Soit haine de l'idiome des oppresseurs, soit ignorance, elle n'a pas pris un seul terme au latin ou aux langues qui en dérivent. Dans Layamon, l'un des plus vieux auteurs qui aient fleuri après la conquête (commencement du treizième siècle), parmi les trente-deux mille deux cent cinquante vers qui composent son œuvre, on ne trouve pas quarante mots d'origine latine. L'invasion du français n'a lieu qu'à l'époque où les classes supérieures se mettent à parler le saxon, où la cour elle-même adopte la langue des vaincus. Cette invasion est aussi brusque, aussi générale qu'elle a été tardive. Il semblerait que les deux langages n'en vont plus former qu'un. Presque tous les substantifs et les adjectifs français ont droit de cité en Angleterre et forment à leur tour des adverbes, en substituant à la terminaison *ment* la terminaison saxonne *liche*, qui, avec le temps, deviendra *ly*. Au bout de cinquante ans, les circonstances politiques ayant changé, l'inondation se ralentit, puis s'arrête, et finalement se retire, ayant laissé, comme trace de son passage, une quantité de vocables, évaluée par les uns au cinquième, par d'autres au quart, par certains au tiers du nombre total des mots qui forment la langue. Aujourd'hui encore, de dévots Saxons, notamment parmi les poètes, considèrent comme une mission sacrée de purger la langue de Shakespeare de ces derniers vestiges normands.

En même temps que la langue, la prosodie a changé. Le bizarre système métrique des Saxons, qui reposait sur l'allitération, est remplacé par la rime. Mais cette révolution est lente et progressive comme les autres; pendant deux cents ans, les deux systèmes se disputent la poésie anglo-saxonne, et l'allitération alterne avec la rime. Les derniers exemples d'allitération se rencontrent dans *La vision de Pierre le Laboureur*, poème anonyme dont la date probable est 1350. Or, à cette époque, Chaucer avait déjà l'âge d'homme et composait des vers. De 1350 à 1550, de Pier Ploughman à Wyatt et à Surrey, la rime règne sans partage dans la prosodie anglaise.

Premiers écrivains saxons. — Layamon. L'Ormulum. L'Ancren Riwle. Robert de Gloucester. Laurence Minot.

La première période qui suit la conquête est celle du mutisme, de l'effacement absolu : elle dure cent ans. Dans la période qui lui succède, nous rencontrons quelques hymnes comme l'hymne de Saint-Godric, des lambeaux de prophéties populaires, des chansons, œuvres informes et anonymes. Telles la chanson de Canut et des moines d'Ely, celle de Hereward, le héros saxon, les vieilles *rymes* qui avaient pour sujets Gryme le pêcheur, le fabuleux fondateur de Grimsby, Havelok le Danois et sa femme Goldeburge, tous personnages qui, comme on le voit, n'ont rien à démêler avec Guillaume et sa postérité. Cette littérature est la littérature du peuple, celle qui se chante dans les rues ou qui tient sur l'épaule du colporteur. Il n'en faut pas plus aux bouviers et aux artisans saxons jusqu'au treizième siècle.

L'âge qui suit est l'âge des traductions. Le Saxon a retrouvé la parole, mais n'ose pas encore s'en servir pour exprimer sa propre pensée. Le serf, à demi émancipé, veut savoir quelque chose de la brillante civilisation qui fait les délices de ses maîtres. Aussi ouvre-t-il de grands yeux quand on lui offre la traduction de la fameuse histoire de maître Robert Wace ou de quelque célèbre fabliau français, comme le *Pays de Cocagne*. La chronique rimée est en faveur, toujours à l'imitation de la France. Layamon écrit, au commencement du treizième siècle, dans le dialecte du Sud-Est, une triste compilation de Bède, de Saint-Albin, de saint Augustin de Canterbury et de Robert Wace, comme l'annonce la plus naïve de toutes les préfaces, et la plus dénuée d'artifice : « Layamon a pris ces livres — et a tourné les feuillets, — les a regardés avec amour. — Dieu lui soit compatissant. — Plume il prit entre ses doigts — et écrivit sur le parchemin, — et les mots vrais — mit ensemble, et les trois livres — réunit en un. »

L'*Ormulum* est du même temps. On ne sait si ce titre bizarre a quelque rapport avec le nom de l'auteur. Quoi qu'il en soit, l'*Ormulum* est un recueil d'homélies en vers, sur les pensées de l'Évangile. Elles sont écrites dans le dialecte des provinces septentrionales : la rude prononciation du Nord s'y trahit jusque dans les singularités de l'orthographe. L'*Ancren Riwle* est un ouvrage du même ordre : c'est un traité des devoirs monastiques, composé pour les religieux de Tarente, dans le Dorsetshire. Quel en est l'auteur ? Est-ce Richard Poor ou Simon de Gand, qui fut évêque de Salisbury? L'un mourut en 1215 et l'autre en 1237. Ces deux dates suffisent pour établir approximativement celle où l'*Ancren Riwle* fut écrite. Si l'ouvrage rappelle l'*Imitation de Jésus-Christ* par le sujet dont il traite et par l'incertitude qui plane sur la personnalité de l'auteur, il faut ajouter que là s'arrête la ressemblance.

Robert de Gloucester, qui écrit en vers de quatorze syllabes, est déjà moins humble et plus habile que ses devanciers. Il est l'auteur d'une chronique en vers, qui mène l'histoire d'Angleterre depuis l'arrivée de Brutus jusqu'à la fin du règne de Henri III, et d'une composition rimée sur le martyre de Thomas Becket.

Laurence Minot, qui mourut dans le temps où Chaucer commença d'écrire, s'était fait le panégyriste d'Edouard III, dont il a chanté les victoires dans une série de petits poèmes, pauvres d'inspiration et froids de style.

Le premier prosateur anglais, Mandeville.

Sir John Mandeville descendait d'une famille normande, venue en Angleterre à la suite du Conquérant. Il avait, dans sa jeunesse, étudié la médecine et possédait les connaissances de son temps en fait de sciences naturelles.

En 1322, il part pour visiter les pays lointains, l'Allemagne, la Hongrie, Constantinople, la Grèce, l'Arménie, les Lieux-Saints, l'Egypte et la Libye, l'Arabie, le pays des Perses, la Tartarie et le Cathay, comme on appelait alors la Chine. Chemin faisant, il observe les mœurs, note les curiosités, recueille les traditions, converse avec les principaux de chaque pays. Il a des entretiens avec le Soudan des Turcs, au service duquel il passe quelque temps. Il sert également le Grand Khan des Tartares. Après des aventures extraordinaires qui occupent trente-quatre années de sa vie, il revient dans son pays natal, où personne ne le reconnaît. Dans ses loisirs de gentilhomme campagnard, il écrit ses voyages en trois langues, en latin, en français et en anglais, non sans s'excuser un peu de descendre jusqu'à l'idiome commun. Il est loin de se douter que ce dernier travail lui vaudra le glorieux titre de père de la prose anglaise.

Le style de Mandeville est moins traînant et moins confus qu'on ne pourrait l'attendre d'un écrivain dont la pensée se débat avec une langue enfantine. Ses récits méritent quelque créance lorsqu'il rapporte les faits dont il a été le témoin oculaire. Mais, trop souvent, le bonhomme fait précéder ses descriptions de cette déclaration, qui met à l'aise sa conscience de narrateur : « On dit, car pour moi je n'ai point vu.... » Aussitôt qu'il a ainsi dégagé sa responsabilité, il n'est pas de fable absurde qu'il n'accepte de la bouche des gens du pays, ou qu'il n'exhume des anciens historiens, d'Hérodote, de Pline, d'Apulée. Il forme ainsi un mélange hétérogène, où la légende du moyen âge se marie au mythe antique. Après l'histoire du dragon femelle de l'île de Congo, qui rappelle les thèmes les plus ordinaires des contes de chevalerie, nous lisons la classique description des Amazones. Les femmes barbues de l'Inde, les coqs qui portent de la laine comme des moutons, les nègres dont le pied est assez grand pour leur servir de parasol, et ces Éthiopiens qui noircissent au lieu de blanchir en vieillissant, attestent, chez Mandeville, plus de crédulité que d'imagination. On peut encore sourire lorsque l'honnête gentilhomme visite la caverne « où ont demeuré Adam et Eve », près de Damas, lorsqu'il s'arrête, pieusement émerveillé, devant certain arbre contemporain de la création, qui s'est séché le jour de la mort du Sauveur. On peut hausser les épaules lorsqu'il raconte, sans plus s'expliquer, la traversée de la vallée extraordinaire, pleine d'or, d'argent et de pierres précieuses, où plusieurs de ses compagnons moururent d'une mort surnaturelle : c'est la seule circonstance où l'auteur se laisse prendre en flagrant délit de gasconnade, sans excuse possible.

En revanche, on lira peut-être avec fruit et intérêt les détails historiques sur les origines et l'organisation de la puissance tartare, sur la morale et les doctrines des Turcs. C'est Mandeville qui semble avoir révélé le premier à l'Europe moderne, le fait de la densité spéciale des eaux de la mer Morte. En cette circonstance, le narrateur superstitieux cède la place à un physicien pénétrant et exact. Nous trouverons surtout l'instinct subtil du géographe et le pressentiment des grandes découvertes dans le chapitre, trop oublié, où il disserte sur la forme, sur les dimensions de la terre, et sur la possibilité de revenir chez soi en faisant le tour du monde. Joignant la démonstration pratique à la théorie, il raconte, à l'appui, une aventure qui dut paraître à ses contemporains aussi étrange que l'Indienne barbue, le coq-mouton ou le pied-parasol, et qui nous paraît simplement, à nous, une inestimable indication historique.

N'oublions pas de mentionner la conclusion caractéristique du livre. Les dernières lignes de Mandeville sont une prière qui met l'œuvre entière sous la protection divine, et le dévot écrivain supplie ses lecteurs de prier pour son salut.

Pierre le Laboureur.

La *Vision de Pierre le Laboureur* est du même temps. Elle obtint une vogue immense, si l'on en juge par le grand nombre des manuscrits qui ont subsisté jusqu'à nous. Le poème est, assure-t-on, l'œuvre d'un certain Pierre Langlande, bien que l'auteur se donne à lui-même le prénom de William. On ne sait rien du personnage; on suppose, d'après certains passages, qu'il était ecclésiastique. Ce n'est pas qu'il ait ménagé l'Église : la *Vision de Pierre le Laboureur* est principalement dirigée contre les dignitaires du clergé et contre les moines. Les puissances du siècle ne sont pas mieux traitées. Sous la forme allégorique, alors répandue dans toutes les littératures de l'Europe, et qui devait rester en faveur parmi les Anglais plus longtemps que partout ailleurs, Langlande ou l'auteur, quel qu'il soit, de la *Vision du Laboureur*, passe en revue toutes les professions de son temps, et stigmatise les hypocrisies et les vices des gens d'Église et des gens du monde. Une sorte de rancune populaire s'y mêle à l'âpreté du moraliste. Le ton général est celui qu'affectionneront plus tard les puritains, mystique tendresse pour ceux qui souffrent, sombre mépris pour les oppresseurs du peuple et les corrupteurs de la vérité. Cette note a résonné et résonnerait encore au besoin dans le cœur de l'Anglais. Aussi s'explique-t-on qu'après la découverte de l'imprimerie et la révolution religieuse du seizième siècle, la *Vision de Pier Ploughman* ait eu un retour de popularité.

Si on ne la lit plus depuis longtemps, c'est que l'archaïsme du langage rend les vers de Langlande presque inintelligibles au lecteur illettré. Fidèle à l'allitération du vieux Cœdmon et des contemporains d'Alfred, recherchant avec soin les formes surannées et populaires, dédaignant les mots à la mode importés d'outre-Manche, la langue dans laquelle il écrivait n'était déjà plus celle de son temps. Son œuvre étrange et forte nous apparaît, aujourd'hui, à demi rongée par la vétusté : antique de forme et moderne de pensée, on y sent à la fois la sève de la vieille race et l'esprit de réforme qui va signaler sa résurrection.

Wyclif.

Cet esprit s'affirme dans Wyclif : c'est avec Wyclif qu'il essaie sa première révolte, qu'il essuie sa première défaite.

Ce nom de Wyclif (ou Wyclef) n'est pas le sien, c'est celui d'un village du Yorkshire où il est né en 1324. Élève, puis professeur à l'Université d'Oxford, il se fait connaître en défendant les prérogatives de la couronne contre les prétentions du Saint-Siége. Ce genre de courage n'a rien de dangereux : le roi est près et le pape est loin ; le roi récompense ceux qui soutiennent ses droits ; la cour de Rome cherche à gagner ses ennemis par des honneurs. Cette tactique réussira plus tard à Cranmer. Elle paraît réussir d'abord à Wyclif. Il est envoyé à Bruges pour conférer avec le nonce du pape ; il est pourvu de la cure de Lutterworth. Seulement, Wyclif est sincère. Courtisan par occasion et sans le vouloir, il ne sait s'arrêter à mi-chemin. Après avoir discuté la souveraineté temporelle et spirituelle du pape, il s'en prend à toute la hiérarchie catholique. Des questions de discipline, il passe aux questions de dogme : c'est la voie que suivent tous les réformateurs. Enfin, le voici qui attaque les sacrements, la confession, le baptême et surtout l'Eucharistie. Il nie la présence réelle. Il est mis en jugement une première fois, mais la faveur d'Édouard III, l'amitié du fameux John de Gaunt, duc de Lancastre, semblent le couvrir encore. Le jugement, qui aurait pu être terrible, aboutit à une simple réprimande. Après l'insurrection de Wat Tyler et des Lollards, le gouvernement, — passé, d'ailleurs, en d'autres mains, — envisage d'un œil différent ces nouveautés religieuses qui engendrent si vite les nouveautés dans l'ordre civil et dans l'ordre politique. Wyclif est traduit une seconde fois devant un tribunal ecclésiastique. Vingt-quatre propositions, tirées de ses ouvrages, sont soumises à ses juges. Dix d'entre elles sont déclarées hérétiques et quatorze erronées.

Wyclif se soumet et revient mourir obscurément dans son rectorat de Lutterworth. Précurseur de la Réforme anglicane, il lui manquera pourtant, aux yeux des fanatiques, cette audace superbe des grands hérésiarques, qui s'exalte devant les flammes du bûcher. Mais on ne peut lui retirer ce qui fait sa gloire suivant les uns ou son crime suivant les autres, d'avoir le premier livré la Bible au peuple.

« Tous les chrétiens, écrivait-il, hommes et femmes, jeunes et vieux, doivent étudier le Nouveau Testament; car il a pleine autorité et il est ouvert à l'entendement des gens simples, dans les points qui sont le plus nécessaires au salut.... Ainsi, que nul homme simple d'esprit ne s'effraie d'étudier le texte de la sainte Écriture, et que nul clerc ne se vante d'avoir la vraie intelligence de l'Écriture. Car la vraie intelligence de l'Écriture, sans la charité, ne fait que damner un homme plus à fond.... Et l'orgueil et la convoitise des clercs sont causes de leur aveuglement et de leur hérésie, et les privent de la vraie intelligence de l'Écriture. » Redoutables paroles qui contiennent en germe toute la Réforme.

Envisagée au point de vue littéraire, la traduction de Wyclif est fidèle. Le style est sévère, nerveux, mais sans éclat,

Vie de Chaucer.

Après Layamon et Robert de Gloucester, simples traducteurs ou compilateurs, qui écrivent en anglais, mais pensent en français, après Mandeville le cosmopolite, après Langlande, plus Saxon qu'Anglais, voici Chaucer, synthèse vivante des deux races, greffée sur une puissante originalité poétique. Il est à la fois Anglais et Normand, et, en outre, il est lui-même.

On s'accorde généralement à croire que Geoffroy Chaucer naquit en 1328. Il était de bon lieu, sinon de lieu noble. La carrière à laquelle il était d'abord destiné (celle des lois), l'éducation distinguée et variée qu'il reçut, indiquent bien en effet une de ces familles de haute et opulente bourgeoisie, à grandes relations, qui prennent rang après la noblesse, en attendant qu'elles se confondent avec elle.

Chaucer savait les langues anciennes; il avait étudié la théologie, l'astronomie et la chimie de son temps. Il possédait, en somme, l'universalité des connaissances classiques auxquelles son époque pût lui permettre de prétendre.

Des trente premières années de sa vie, nous ne savons rien. Là où l'histoire fait défaut, la légende fleurit. C'est la légende qui nous montre Chaucer, condamné à deux shillings d'amende pour avoir battu un moine franciscain dans Fleet street, alors qu'il était membre de l'*Inner Temple*. Qu'il ait rossé un de ceux qu'il devait railler plus tard, le fait, vu les mœurs du siècle, le caractère et l'âge du délinquant, n'a rien d'invraisemblable, mais n'a rien de certain.

En 1359, Chaucer fait partie de l'armée d'Edouard III, qui envahit la France. Nouvelle lacune de huit années dans sa biographie. Depuis 1367 jusqu'en 1400, on peut reconstruire la vie de Chaucer avec les quittances de ses pensions, seuls documents authentiques que nous possédions sur ce sujet. Successivement valet de chambre, puis écuyer du roi, membre du Parlement, contrôleur des douanes, contrôleur des octrois du port de Londres, et enfin, après une courte disgrâce pendant la minorité de Richard II, surintendant des bâtiments royaux, Chaucer, homme d'étude et homme de cour, appartenait à cette domesticité privilégiée, dont la situation est indécise entre l'antichambre et la chambre du Conseil, et que la confiance des princes élevait parfois à des missions politiques de second ordre. C'est ainsi qu'en 1372, Chaucer fut chargé d'aller négocier une sorte de traité de commerce avec le duc et les bourgeois de Gênes. Ce voyage devait exercer une influence mémorable, sinon sur les relations maritimes des Génois et des Anglais, du moins sur la carrière littéraire du poète. C'est, en effet, pendant son séjour en Italie qu'il devint l'admirateur et l'ami de Pétrarque, auquel il emprunta plus tard sa *Grisélidis*.

Chaucer avait épousé Philippa de Roët, demoiselle d'honneur de la reine. La sœur de Philippa, d'abord gouvernante des enfants de John de Gaunt, duc de Lancastre, devint la seconde femme de ce prince fameux, qui fut la tige d'une nouvelle maison royale. Beau-frère du frère du roi, Chaucer ajoutait à cette situation sociale le prestige de la gloire littéraire, alors prisée très haut dans les cours de France et d'Angleterre. Les lettrés et les poètes de l'époque le considéraient comme leur chef et leur maître. Sa renommée avait passé le détroit, comme le prouve cette dédicace d'un poète français, qui lui offrit ses vers :

« Grant translateur, noble Geoffroy Chaucier[1] ».

On possède un portrait de Chaucer dans un manuscrit d'Occlève, conservé à Oxford parmi les livres de la bibliothèque Harléienne. Le poète est déjà vieillissant. Sa tête s'incline, sa barbe et ses cheveux sont argentés ; sa figure respire la finesse et la douceur.

Chaucer mourut en 1400, dans une petite maison qui dépendait de Westminster, et, tout naturellement, on l'enterra dans l'abbaye. Cette sépulture fit précédent et créa une tradition. Chaucer est le plus ancien habitant du *Poet's cor-*

---

1. L'épithète de « grant » ne corrige pas ce qu'il y a de modeste dans le qualificatif de translateur. Sans doute, Chaucer n'avait pas encore révélé son originalité en publiant les *Contes de Canterbury*.

ner, le premier de cette lignée glorieuse de savants, d'orateurs et d'écrivains, qui est venue y dormir après lui, et dont les plus récents s'appellent Dickens, Bulwer Lytton, Livingstone.

Œuvres diverses de Chaucer.

On ne peut déterminer la date d'aucune des compositions de Chaucer ; néanmoins, s'il était permis d'établir des conjectures sur un fait qui manque lui-même de certitude, on ferait deux parts de la vie littéraire et de l'œuvre de Chaucer. On rangerait dans la première catégorie les poèmes qui portent la trace de l'influence romane et gothique, dans la seconde ceux qui offrent déjà le reflet de la Renaissance italienne. Le fameux voyage d'Italie et la visite à Pétrarque marqueraient le commencement de la seconde époque et expliqueraient la transformation du génie poétique de Chaucer.

Du premier groupe d'ouvrages font partie la traduction inachevée du *Roman de la Rose*, la *Cour d'amour*, empruntée aux mœurs et à la littérature du midi de la France ; le *Rêve de Chaucer*, le *Livre de la Duchesse* et l'*Assemblée des oiseaux*, qui font allusion au premier mariage de John de Gaunt ; enfin, *la Fleur et la Feuille*, *le Coucou et le Rossignol*, la *Maison de Renommée*. Ces poèmes ne nous montrent encore dans Chaucer que l'imitateur des trouvères.

Dans *le Coucou et le Rossignol*, Chaucer met en scène ces deux oiseaux, qui personnifiaient aux yeux du moyen âge, l'un, l'amour célibataire, volage et libertin, le second, la tendresse conjugale, vertueuse et fidèle. On n'a pas de peine à imaginer lequel triomphe dans cette controverse. Ce qui plaît, dans *le Coucou et le Rossignol*, c'est le charme des descriptions. Le poète dépeint ses sensations dans des vers aussi frais et aussi ingénus que la nature elle-même.

La Fleur et la Feuille, c'est à la fois une idylle et un drame symbolique. L'allégorie, à la fin, se raisonne et s'explique. La fleur, qu'un rayon de soleil ou un souffle de bise peut flétrir, c'est la vaine joie du monde, la beauté qui passe, la volupté d'une heure. La feuille, qui adhère au tronc et résiste aux ouragans d'hiver, c'est la chasteté parfois difficile, l'activité souvent fatigante, la vertu toujours épineuse; c'est le travail et l'effort, comparés au plaisir et à la paresse.

Pope n'a pas dédaigné d'imiter *The House of Fame*, et n'a pas réussi à l'égaler. Chaucer entendait le mot *fame* dans le double sens du latin *fama*, car il nous montre à la fois le temple de la Gloire et la demeure de la Renommée. Dans la *Légende des Bonnes Femmes*, nous découvrons une méthode différente, un art nouveau. Plus de rêve, plus de vision, plus d'allégorie, mais une série de tableaux ou de récits, des types plus ou moins historiques, en tout cas dramatiques et humains autant que ceux de Shakespeare. Les bonnes femmes, ce sont les héroïnes de l'antiquité païenne. L'homme du quatorzième siècle se trahit pourtant encore dans son œuvre. Il a donné à ces médaillons le dessin antique et la couleur du moyen âge, en sorte que Cléopâtre, Didon, Médée, Lucrèce, Ariane, Philomèle, semblent les plus douces et les plus saisissantes figures d'une Vie des Saintes du paganisme.

Troïlus et Créséide est une sorte d'épopée à peine moins longue que l'*Énéide*. Le fond en est emprunté à Boccace, qui lui-même l'avait pris à Guido Colonna, qui le devait au vieil et mystérieux Lollius. En traduisant, à son tour, ce sujet grec, déjà retouché par l'art florentin, Chaucer lui enlève les derniers traits de sa physionomie originelle. Il déguise un héros d'Homère en amoureux transi; il transforme en une coquette du *Décaméron* la contemporaine d'Andromaque et de Nausicaa.

Les Contes de Canterbury.

Lorsqu'on sortait du vieux Londres, en traversant le fleuve et en se dirigeant vers le sud, on rencontrait d'abord Southwark, presque aussi ancien, presque aussi enfumé que la Cité elle-même. Qu'on s'imagine, dans cet antique faubourg de Southwark, l'hôtellerie du *Tabard*, un soir, à l'heure du souper. Une trentaine de convives sont réunis à la même table : ce sont des pèlerins qui se rendent au sanctuaire vénéré de Canterbury, où reposent les reliques de saint Thomas Becket. Le hasard s'est complu à réunir toutes les conditions, tous les costumes, tous les caractères, en un mot les types nationaux de l'Angleterre du quatorzième siècle. C'est un homme de loi, un clerc d'Oxford, un seigneur de campagne, un médecin, un intendant de grande maison, un officier des tribunaux ecclésiastiques, un capitaine de vaisseau marchand, de riches bourgeois, etc. Voici le *franklin*, Saxon d'origine, homme libre : sa barbe est blanche « comme la marguerite », son teint coloré. Il n'aime rien autant qu'une soupe au vin en se levant, et ne se soucie de rien que de vivre à l'aise ; hospitalier comme saint Julien, la nappe est toujours mise chez lui ; le pain et la bière sont toujours sur la table, sans compter qu'il « a maint faisan dans sa réserve, maint brochet dans son vivier ». Aussi dit-on que « chair et poisson neigent chez lui ». Il est propriétaire, et grand propriétaire, homme important dans son canton ; car il a été shériff, membre du parlement, il figure aux sessions. Auprès de lui, le meunier, « un vigoureux rustre, par la messe ! gros de charnure et d'os, ramassé des épaules, large, épais comme un arbre noué, capable de terrasser un bélier à la lutte ou d'enfoncer une porte, en courant, avec sa tête. Sa barbe est rousse comme le poil d'un renard et large comme une pelle. Sur l'aile droite du nez, il a une verrue, et sur cette verrue une touffe de poils roux comme les soies d'une oreille de truie. Sa bouche est large comme une fournaise. Il porte à son côté une épée et un bouclier. » C'est un querelleur et un gaillard. Quel contraste avec sa voisine, madame Églantine, l'abbesse, jeune, élégante, pleine de prétentions et de grâces dévotes, qui sentent à la fois le monde et le cloître ! « Sourire modeste, ne jure jamais, si ce n'est par saint Éloi. » Elle mange gentiment, s'essuie la bouche, sans jamais laisser un morceau tomber de ses lèvres sur sa guimpe, sans jamais tremper ses doigts trop profondément dans la sauce : « elle a tant de savoir-vivre! » Elle sait chanter le service divin, avec des intonations du nez qui sont tout à fait suaves. Elle parle le français très agréablement, non pas, il est vrai, le français de Paris, mais celui de Stratford Atte Bowe. Avec cela, la tendresse même ; elle pleure de voir une souris prise au piège. Elle a des petits chiens, qu'elle nourrit de viande rôtie, de lait et de pain ; quand ils meurent, elle pleure bien amèrement. Sa guimpe est bien ajustée, sa mante de bon goût ; elle a deux chapelets au bras, en corail émaillé de vert, avec une broche d'or sur laquelle est gravé d'abord un A couronné, puis cette devise : *Amor vincit omnia*, jolie devise ambiguë, qui convient aussi bien à la piété qu'à la galanterie. Elle marche accompagnée d'un vrai cortège, trois prêtres suivants et une nonne soubrette.

Autre type de femme : c'est la bourgeoise de Bath, « veuve de cinq maris, pas un de plus », une belle femme, hardie de visage, haute en couleur. Il n'y a pas une dame, dans la paroisse, plus généreuse qu'elle à l'offrande ; ou s'il s'en trouve quelqu'une, « elle se met si fort en colère qu'elle en perd toute charité. » Elle porte très haut ce qu'on pourrait appeler la sensualité légale, une chose essentiellement anglaise ; elle en raisonne et la justifie par des textes de l'Écriture. Elle nous raconte, par le menu, l'humeur et l'histoire de ses cinq maris, comment ils étaient tournés et ce qu'elle leur a fait supporter. Le dernier avait vingt ans, elle quarante ; ce qui ne l'empêche pas d'en chercher un sixième. Peut-être est-ce là ce qu'elle va demander au saint de Canterbury.

Impossible de ne pas s'arrêter devant cette figure joviale et surnourrie : c'est le frère mendiant, confesseur de femmes, hanteur de tavernes, qui donne une bonne absolution contre un bon dîner. « A quoi sert, dit-il, de pleurer sans fin sur ses fautes ? Tel pécheur, qui a la contrition, ne peut réussir à pleurer. Au lieu de prières et de larmes, on donne de l'argent aux bons frères », et tout est bien.

Si le lecteur est à bon droit scandalisé, voici, pour le consoler et le raffermir dans la foi, à deux pas du frère quêteur, le curé qui forme avec lui une antithèse vivante :

homme simple et dévoué qui donne son temps et son âme à ses ouailles, plus grand par la charité que par la science, plus recommandable par ses œuvres que par cette vaine intelligence des livres saints dont Wyclif fait si peu de cas.

La table est présidée par « mon hôte », beau parleur et de bonne mine, qui s'arroge une sorte d'autorité sur tout ce monde et la fait accepter. N'oublions pas, dans le coin où il s'est placé pour mieux observer, cet homme à la figure finement sarcastique, aux manières discrètes et élégantes qui décèlent le courtisan : ce n'est rien moins que le poète lui-même, Geoffroy Chaucer.

« Mon hôte » s'offre aux pèlerins pour les accompagner jusqu'à Canterbury, veiller à tous les soins matériels du voyage, faire les comptes et la police de la petite troupe. On accepte, car « mon hôte » sait se rendre agréable et utile. Il propose un divertissement qui charmera la longueur de la route. Chacun contera successivement deux histoires pour amuser ses compagnons, une à l'aller, une autre au retour. C'est chose convenue. Le lendemain, de grand matin, voilà nos gens en route, et quand on a dépassé Deptford, c'est le chevalier qui prend le premier la parole. Puis, les récits se succèdent comme dans le *Décaméron* de Boccace, auquel cette forme de poème est empruntée. Mais combien est évidente la supériorité de Chaucer! Combien l'art est, chez lui, plus sensible et plus délicat! Les jeunes gens et les jeunes femmes du *Décaméron* vivent dans le même milieu, ont mêmes idées, même âge, à peu de chose près même caractère. Ici, chaque conte est approprié au conteur, et l'on vient de voir combien les conteurs diffèrent. Le jeune écuyer raconte une histoire fantastique et orientale ; le meunier, un fabliau graveleux et comique ; l'honnête clerc, la touchante légende de Grisélidis ; le récit de la prieure, d'un pathétique mystique et tout féminin, roule sur une enfant chrétienne, horriblement assassinée par des juifs. Le curé, qui ne sait pas d'histoire, au lieu d'un conte en vers, fait un sermon en prose. Tous ces récits sont liés, et beaucoup mieux que chez Boccace, par de petits incidents vrais, qui naissent du caractère des personnages et tels qu'on en rencontre en voyage. Les cavaliers cheminent, de bonne humeur, sous le soleil, dans la large campagne; ils causent. Le meunier a bu trop d'ale et veut parler à toute force. Le cuisinier s'endort sur sa bête et on lui joue de mauvais tours. Le moine et l'huissier se prennent de querelle à propos de leur métier. L'hôte met la paix partout, fait parler ou taire les gens. On juge les histoires qu'on vient d'écouter. On déclare qu'il y a peu de Grisélidis au monde; on rit du charpentier trompé, le héros ridicule de l'histoire du meunier; on fait son profit du conte moral. L'ensemble du tableau est si bien calculé, l'aspect est si vivant et si gai, que le lecteur « se prend d'envie de monter à cheval par une belle matinée riante, le long des prairies vertes, pour galoper avec les pèlerins jusqu'à la châsse du bon saint de Canterbury[1]. »

Poésies de Gower.

Gower est le contemporain, l'élève et l'ami de Chaucer. Né avant lui, mort après lui, il lui dédia, en 1393, son œuvre capitale, la *Confessio amantis*. Chaucer lui avait, de son côté, dédié le poème de *Troïlus et Créséide*. C'est dans cette dernière dédicace que se rencontre l'épithète de *moral* (grave), qui est restée attachée à son nom, et qui ne nous paraît guère répondre à la nature de ses écrits. Les deux poètes, après s'être encensés devant le public, vécurent assez vieux pour se brouiller. Gower, comme Mandeville, comme plusieurs écrivains du même temps, semble avoir hésité toute sa vie entre trois langues. Il composa le *Speculum meditantis* en français, la *Vox clamantis* en latin, la *Confessio amantis* en anglais, plus fier de sa médiocrité polyglotte qu'il ne l'eût été d'exceller dans une seule langue. Le *Speculum meditantis* est perdu, mais si l'on veut un échantillon du français de Gower, voici quatre vers qui forment l'envoi

---

[1]. Taine, *Hist. de la Litt. anglaise*. Le nom de M. Taine se trouverait au bas de bien des pages de ce livre, si nous l'avions cité toutes les fois que nous avons emprunté ses traductions et ses analyses, ou que nos jugements se sont inspirés des siens.

d'une ballade. Ils ne sont ni meilleurs ni pires que des milliers de vers écrits de l'autre côté de la Manche :

> A l'université de tout le monde
> Jehan Gower cette ballade envoie,
> Et si je n'ai d'un François la faconde,
> Pardonnez-moi que ie de ce forsvoie :
> Je suis Anglois.

La *Vox clamantis* traite de sujets religieux et indique un vague besoin de réformes, sans aucune sympathie pour les doctrines de Wyclif.

La *Confessio amantis* est une confession en règle, terminée par une absolution et une pénitence. Le poète se confesse d'aimer, à Vénus et à son fils. On le gourmande sur son âge et on lui donne les vrais préceptes d'amour. C'est Ovide, dépouillé de toutes ses grâces d'imagination et de style, et traduit, pour le fait, comme un chroniqueur. Un bavardage sans idées, le pédantisme de l'ignorance, la lourdeur dans la frivolité, telle est, en somme, la Confession d'un amant : le grave Gower n'est que l'ennuyeux Gower.

CHAPITRE V

DE CHAUCER A SPENSER. — LA RENAISSANCE ET LA RÉFORME

Stérilité littéraire du quinzième siècle. Les héritiers de Chaucer : Occlève, Lydgate, Barklay. — Sir John Fortescue. — Les poètes écossais. *Le Cahier du roi*. — Skelton. — L'imprimerie en Angleterre. — Wyatt et Surrey. — Sir Thomas Morus. *L'Utopia*. Œuvres de polémique religieuse. — *The Book of common prayer*. — Cranmer et Latimer. — Roger Ascham. Travaux pour polir la langue.

Stérilité littéraire du quinzième siècle. — Les héritiers de Chaucer : Occlève, Lydgate, Barklay.

Le siècle qui suit la mort de Chaucer est une époque de stérilité et de tristesse. Un critique éminent trouve, dans les poètes chétifs qui succèdent à l'auteur des *Contes de Canterbury*, les signes de la décadence : exubérance parasite, faiblesse d'invention, faux goût, style outré. Occlève, homme de loi qui rime à ses moments perdus, est souvent ridicule, parfois inintelligible, toujours lourd et plat. Il en convient lui-même, il s'avoue indigne de profiter des leçons de Chaucer, son père et son maître. La poésie n'apparaît que par éclairs chez Lydgate et chez Barklay. Lydgate est un moine qui compose, sur commande, d'innombrables divertissements, mystères, *pageants*, mascarades, destinés à être représentés dans des cérémonies officielles. Il traduit la *Danse de la Mort*; Barklay met en anglais le *Vaisseau des Fous*. Symptôme curieux : c'est quand ils copient que ces poètes du quinzième siècle anglais retrouvent un reste d'originalité.

C'est une littérature, une école tout au moins, qui expire.

Le même phénomène se produit, d'ailleurs, dans les autres pays et dans les autres arts. Partout, même décrépitude prétentieuse et mêmes coquetteries séniles, même pauvreté de grands noms. C'est l'époque où l'architecture gothique finit par le flamboyant, c'est-à-dire par l'afféterie dans le baroque. C'est aussi l'époque où la France littéraire a le moins d'illustrations à citer : Christine de Pisan, Villon, Charles d'Orléans, et, à la fin du siècle, Comines. La littérature anglaise ne souffre pas trop à la comparaison. Skelton vaut bien Villon. Jacques Ier d'Écosse prend rang avant Charles d'Orléans, dans l'ordre des princes et dans l'ordre des poètes. Sir John Fortescue est moins ingénieux, mais a plus de pensée que Comines.

Le quinzième siècle est une sorte de crépuscule, que la civilisation gothique, à son déclin, la Renaissance italienne, à son aurore, éclairent d'un demi-jour, double et faux. Ajoutons encore que c'est une époque de dures souffrances pour toute l'Europe, en particulier pour l'Angleterre. Guerre de Cent ans et guerre des Deux-Roses, guerre étrangère et guerre civile : toutes deux aboutirent tristement, l'une à la défaite, l'autre au despotisme. Dans des temps aussi mauvais, qui pense à écrire ? C'est beaucoup d'avoir vécu.

Sir John Fortescue.

Mieux que Mandeville, sir John Fortescue mériterait d'être appelé le père de la prose anglaise. Il est, de plus, l'ancêtre légitime de cette race de légistes et d'hommes d'État qui ont fondé la liberté.

Il était lord chief-justice sous cet infortuné Henry VI, dont le règne, si brillamment commencé, se termina par l'humiliation de son pays et la ruine de sa dynastie. Il partagea la disgrâce de la maison de Lancastre et fut, dit-on, le chancelier *in partibus* du monarque exilé. Il servit en même temps de précepteur politique au jeune prince de Galles. C'est, pense-t-on, pour l'instruire, qu'il composa le *De laudibus legum Angliæ*. On pardonne le patriotisme étroit et jaloux dont ce livre est rempli, quand on songe qu'il avait pour but de faire aimer son pays à un jeune prince que son pays avait rejeté. Le même sentiment inspire un autre traité de Fortescue, qui ne parut qu'au dix-huitième siècle, sous ce titre : *Différence entre la monarchie tempérée et la monarchie absolue.* Appréciant le caractère et les institutions des Français et des Anglais, il trouve un motif de s'enorgueillir dans ce fait, que les attaques à main armée sont plus rares en France qu'en Angleterre. « Il y a plus d'hommes pendus en Angleterre en un an pour meurtre, qu'il n'y en a de pendus en France pour la même espèce de crimes en sept ans. » Preuve manifeste que les Anglais sont courageux et que les Français sont lâches. L'honnête Fortescue est plus équitable quand il en vient à comparer l'état social des deux nations. Dans une page qui rappelle un passage bien connu de Labruyère, il peint au vrai la misère du paysan français, ruiné par la dîme ecclésiastique et par l'usure, il oppose cette misère à l'heureuse condition de l'agriculteur anglais. D'où vient la différence? C'est que l'Anglais est indépendant, c'est qu'il a des lois qui lui assurent une bonne administration, une justice égale, une politique de son choix. En effet, c'est lui qui est le maître : « Dans le corps politique, le roi est la tête, mais la volonté du peuple est la vie. Le roi n'est roi que pour protéger les sujets de la loi, leurs corps et leurs biens, et le peuple ne lui a délégué de pouvoir que pour cet objet. » A la loi romaine qui sacrifie les individus à l'État, Fortescue oppose la loi anglaise, qui place au-dessus de toute chose le respect des personnes; aux maximes des jurisconsultes, qui donnent force de loi aux volontés du prince, il oppose les statuts d'Angleterre, décrétés de concert par les trois cents élus de la nation ; à la nomination arbitraire des fonctionnaires impériaux, il oppose l'élection des shériffs ; à la procédure romaine, qui demande deux témoignages pour condamner un homme, il oppose le jury anglais, avec toutes les garanties morales résultant du nombre, de l'indépendance et de l'honnêteté de ceux qui le composent, sans oublier le droit de récusation, qui équivaut presque, pour l'accusé, au droit de choisir ses juges. « Ainsi gouvernées, conclut Fortescue, les communes d'Angleterre ne peuvent manquer d'être florissantes. »

Ce sont là de belles et salutaires leçons à placer sous les yeux d'un enfant royal qui attend dans l'exil l'heure de rendre les peuples heureux. Aussi regrette-t-on d'avoir à dire que l'élève de sir John, au lieu d'un trône, ne trouva, dans son pays, qu'une mort sanglante sur le champ de bataille de Tewkesbury; que cette prospérité et cette liberté, tant vantées par Fortescue, allaient bientôt disparaître, l'une détruite par les guerres civiles, et l'autre confisquée par des rois absolus; qu'enfin le vieux juge lui-même, pour remonter sur son siège de magistrat, devait abdiquer sa noble fidélité à la dynastie vaincue, et saluer bien bas le nouveau maître de l'Angleterre.

Les poètes écossais. — Le Cahier du roi.

Il faut passer la Tweed pour trouver une certaine activité littéraire. Tandis que la langue celtique s'était réfugiée dans les Highlands d'Écosse, le saxon s'était implanté et maintenu dans les Lowlands. Dès le temps de Chaucer, l'archidiacre Barbour s'était fait connaître par un poème sur Robert Bruce, qui est moins une épopée qu'une chronique rimée. Au quinzième siècle, l'Écosse peut citer les noms de Gawin Douglas, le traducteur de Virgile; de Robert Henryson, le maître d'école de Dumferline, auteur d'une pastorale, *Robin et Mackayne*, qui conserva longtemps des admirateurs dans des âges plus cultivés; de William Dunbar, qui écrivit la *Danse des sept péchés mortels*, allégorie fantastique et terrible, où l'intense réalisme du Dante s'unit à la verve pittoresque de Callot. La liste est close par un roi et un mendiant, poètes tous deux. L'un, Harry le ménestrel, est l'Homère écossais; son existence est enveloppée de mystère. On sait seulement qu'il a célébré William Wallace, le héros national, qu'il était aveugle, et qu'il allait, chantant ses vers, de ville en ville et de château en château. Jacques Ier avait passé son enfance en Angleterre, dans une douce captivité, pleine de loisirs délicats et de jeux charmants. C'est là qu'il apprit à aimer les vers et qu'il lut Pétrarque. Aussi sent-on, dans ses poésies élégantes et régulières, l'influence des littératures méridionales, et comme un souffle italien. Il remonta sur le trône, y montra de l'énergie et du talent, et trouva, encore jeune, une tragique destinée, qui ajoute à son auréole poétique. Ses chansons et ses ballades forment un recueil appelé dans le dialecte des Lowlands *King's Quhair*, le Cahier du roi.

Skelton.

On ne sait s'il faut considérer Skelton comme le dernier des satiriques du moyen âge ou comme le premier des humoristes modernes. Il a quelques traits de notre grand Rabelais, mais non pas les meilleurs : c'est ainsi qu'il joint le pédantisme à la trivialité. Il avait fourni une brillante carrière universitaire, il était connu d'Érasme, et lié avec plusieurs écrivains célèbres du temps. Sa vie s'écoula dans la paroisse de Diss (Norfolk), dont il était recteur. Mais, en dépit de l'habit, il n'y a rien de moins ecclésiastique que sa muse. C'était un savant homme, on s'en aperçoit au déluge de citations dont il accable ses lecteurs, à sa langue mélangée d'anglais, de français et de latin. L'extrême vulgarité ou l'enfantillage des sujets contraste avec ce déploiement formidable de science, puisée dans les in-folio. Quand il ne consacre pas ses vers à célébrer les charmes et les finesses de dame Elinour Rymming, maîtresse d'une maison à bière dans certain village du Surrey, et cousine germaine de la « gente saulcissière » du bohème Villon, il se complaît à versifier l'histoire d'un moineau. Ce moineau, favori d'une nonne, finit, après différentes aventures, par tomber dans les griffes d'un chat. Le chat est maudit solennellement. Les oiseaux se réunissent et font de splendides funérailles à Philip Sparrow. Le côté le plus sérieux du talent de Skelton doit être cherché dans ses satires. Les unes sont dirigées contre l'Écossais, alors considéré comme l'ennemi du dehors, les autres contre le cardinal Wolsey, ministre de Henry VIII. Skelton a les deux cordes de Béranger : patriotisme, opposition ; il chansonne, tantôt l'étranger, tantôt le pouvoir. L'audace, restée impunie, de ses satires contre Wolsey, confond à la fois nos habitudes modernes et les notions que nous avons de ces temps-là. Quoi donc ! est-ce ainsi qu'un poète de village pouvait traiter le conseiller tout-puissant d'un roi absolu ? Le satiriste avait-il des immunités particulières ? A-t-on ignoré Skelton ou l'a-t-on dédaigné ? Ou ne faut-il pas voir plutôt dans cette tolérance un des premiers exemples de cette bonne humeur imperturbable, avec laquelle l'Anglais reçoit la raillerie, moins soucieux, apparemment, d'être flatté que d'être obéi ?

L'imprimerie en Angleterre.

Vers la fin du siècle, l'imprimeur Caxton, dont les premiers essais remontent à 1471, vient installer ses modestes presses à l'Aumônerie, dans Westminster, à quelques pas de la chapelle de Saint-Étienne, où siège le Parlement. Il a bientôt des imitateurs et des disciples ; le plus célèbre, Wynkin de Worde, établit sa maison dans Fleet street. Dès 1478 Oxford possède une imprimerie. Un maître d'école en fonde une autre à Saint-Albans. Vingt ans après, le royaume en est couvert.

Tandis que l'imprimerie élargit d'une manière soudaine l'horizon qui s'ouvre à la popularité des écrivains, les lettres grecques, chassées de Constantinople, pénètrent en Angleterre. Une partie du clergé anglais, par un sot préjugé, les tient en suspicion ; mais le roi lui-même prend la défense du grec, et le grec triomphe. La philosophie scolastique perd du terrain dans les universités. Encore quelques années, et Duns Scot, après un règne de plusieurs siècles, verra ses feuillets dispersés à tous les vents, sur le grand quadrangle d'Oxford. La mode s'établit parmi les grands de tenir table ouverte pour les gens de lettres, et de pratiquer la poésie. Les riches illettrés fondent des collèges dans les universités, pour se faire pardonner leur ignorance, tout comme les pécheurs fondent des églises et des monastères. Enfin, il n'est plus permis d'ignorer l'histoire nationale, maintenant que Fabyan a mis en chronique la querelle d'York et de Lancastre, et que Lord Berners a traduit, pour ses compatriotes, les récits de Froissart.

Dans l'Europe entière, des temps nouveaux se préparent. La Renaissance, alors à son apogée, réveille dans toutes les intelligences le culte du beau antique, que le sentiment moderne commente à nouveau. La Réforme vient, au même moment, passionner le monde des esprits. L'Angleterre ne reste pas en arrière du mouvement : cette double influence de la Renaissance et de la Réforme détermine le caractère de la littérature qui va fleurir sous Henry VIII.

Wyatt et Surrey.

L'avènement de ce prince semble marquer, en effet, une ère de prospérité et de joie. A la place d'un roi vieilli, détesté, jaloux de son pouvoir et de ses écus, un prince jeune, aimé, magnifique, monte sur le trône, ramenant avec lui les plaisirs de cour et les beaux spectacles. C'était François Ier succédant immédiatement à Louis XI. Rien ne ressemble moins à l'Henry VIII de 1540, sorte de Barbe-Bleue théologien, que l'Henry VIII de 1510, adoré de sa femme et de son peuple, dont la beauté peut être, sans ridicule et sans flatterie, comparée à celle d'une jeune fille par Thomas Morus, dans un poëme composé à propos des noces royales. Ce mariage sourit alors à tout le monde. Ivresse des époux, bénédiction pontificale, enthousiasme populaire, partagé et exprimé par les plus sévères esprits, rien ne manque à cette union qui doit être dénouée d'une manière si ignominieuse et si cruelle. Lorsqu'un légiste comme Thomas Morus se met en frais d'épithalame, comment l'inspiration ne s'éveillerait-elle pas chez les poètes de race ? Le jeune règne a bientôt les siens dans la personne de Wyatt et de Surrey.

Tous deux appartiennent à la même classe, avec la différence qui sépare un simple baronet d'un comte de naissance presque royale. Wyatt est diplomate, [Surrey est homme d'épée. Liés d'amitié, ils grandissent dans le même milieu, se heurtent aux mêmes hommes et aux mêmes évènements. L'un y succombe, l'autre échappe, à force d'esprit et de prudence, et peut-être pour avoir su mourir à temps.

Wyatt, au sortir de Cambridge, épouse la fille de lord Cobham; à dix-huit ans, il est père. Avant trente ans, il est ambassadeur auprès de l'empereur, et s'acquitte d'une mission délicate, à la satisfaction de son maître. Les dépêches de Wyatt, familières et élégantes, sont un modèle de clarté et d'intelligence politique. Il assiste à l'entrevue de Nice, et, sans un de ces accidents de courrier d'où dépendait autrefois le sort des empires, il aurait peut-être empêché la politique anglaise de subir là un grave échec.

La disgrâce de lord Cromwell, dont il était le protégé, entraîne la sienne. Il est accusé d'avoir, dans ses missions, trahi le roi, et de s'être concerté avec ses ennemis. L'accusation, étayée sur de frivoles prétextes, est soutenue avec passion par Bonner, évêque de Londres, et le docteur Hayes, associés à Wyatt dans son ambassade, et qui gardent rancune au brillant collègue de les avoir éclipsés. La défense de Wyatt est pleine de bon sens et de belle humeur. Au lieu de se fâcher, il couvre de ridicule les deux lourdauds de théologiens, improvisés diplomates et hommes de cour. Il raconte leurs bévues, il les montre obligés d'emprunter ses chevaux, ses gens et ses habits pour faire figure. Les juges d'alors ne riaient guère. Sans doute, Wyatt réussit à dérider et à désarmer les siens, car il se tira avec un acquittement de ce procès où il pouvait laisser sa tête.

Un contemporain assure qu'on allait volontiers dîner chez sir Thomas, et il en donne quatre raisons. C'est l'excellence de sa table, la bonne grâce de son hospitalité, le charme de sa conversation, nourrie par les souvenirs infinis de ses voyages et par le trésor varié de ses connaissances, — il était, dit Camden, *splendide doctus*. — Le biographe ajoute une quatrième raison, qui peint bien l'époque : la faveur du roi. On n'aurait pas osé dîner chez un homme mal vu du prince. Ces lignes nous montrent Wyatt tel qu'il était réellement, un maître de maison accompli, un homme politique doublé d'un homme d'esprit et d'un homme d'étude, un Mécène qui pouvait, à l'occasion, devenir un Horace.

On a prêté à cet habile et prudent Wyatt une passion romanesque pour Anne de Boleyn. C'est un conte sans vraisemblance. L'amour tient peu de place dans cette carrière si remplie; on s'en doute en lisant la biographie de Wyatt, on en est certain quand on ouvre le recueil de ses vers. Ces vers-là n'ont point passé par le cœur de celui qui les a écrits; ils sortent de son imagination, et surtout, si le mot n'est pas trop cruel, de sa mémoire. Il n'y a qu'une Iris en l'air pour inspirer des larmes aussi correctes, un désespoir aussi élégant, aussi pacifique, aussi maître de lui-même. Aussi n'est-on guère tenté de le plaindre, lorsque, dans la pièce intitulée *Adieux à l'amour*, il déclare renoncer au service des dames pour suivre dans la solitude Sénèque et Platon, qui l'appellent. Si Wyatt eût vécu plus longtemps, son talent se serait transformé. Au poète mort jeune, — selon l'expression de Sainte-Beuve, — aurait succédé un fin et tendre moraliste, riche de l'expérience amassée par l'amoureux et le diplomate. Les caprices de Henry VIII faisaient à son serviteur des loisirs pour philosopher. C'est dans une de ces heures de disgrâce qu'il adresse à son ami John Poynz, du fond de son domaine d'Allington, une épître à la façon d'Horace sur la vie du courtisan. Que d'autres vivent à la cour! Lui ne sait point mentir ni flatter, appeler du nom de loi la volonté d'un tyran, assister froidement au supplice de ceux qu'il aime. Ce qu'il lui faut, ce sont les champs couverts de neige, les libres plaisirs de la chasse où rien ne le gêne, où nul ne l'épie... Mais on annonce un message du roi : adieu la philosophie. Henry VIII envoie Sir Thomas à Falmouth pour recevoir les ambassadeurs de Charles-Quint. Tandis qu'il se rend aux ordres de son maître, en route, un mal subit le terrasse. Il meurt, et Surrey grave ce vers sur sa tombe :

Ici repose celui qui ne s'est jamais reposé.

Le père de Surrey était ce duc de Norfolk qui gagna la bataille de Flodden. Sa mère réunissait autour d'elle une sorte de cour où Skelton, le malin curé, coudoyait lord Berners, l'habile traducteur de Froissart, le comte d'Oxford, lord Vaux et les autres grands seigneurs lettrés du temps. Dans cette maison, où l'on respirait l'héroïsme et la poésie, Surrey bégaya, tout jeune, des vers d'amour. A quinze ans, il était marié; à dix-huit, il avait vu la guerre. Ses brillants succès, comme capitaine ou comme soldat, devaient donner de l'ombrage dans une cour où la jalousie et la délation fleurissaient à l'ombre d'un tyran vieilli. On profita d'un léger revers pour entamer contre lui un procès, au cours duquel on ne l'accusa de rien moins que d'aspirer à la couronne. Au lieu de se moquer de ses accusateurs, comme Wyatt, il offrit de se battre, en chemise, à pied ou à cheval, contre tout venant. Cette proposition, qui retardait de trois siècles et demi, ne fut pas acceptée, et Surrey, condamné par ses juges, eut la tête tranchée le 21 janvier 1547. Il avait trente ans.

Ces vies courtes, mais éblouissantes, couronnées par une mort tragique, sont celles où la légende s'attache le plus volontiers. Moins de cinquante ans après sa mort, le Surrey de l'histoire avait presque disparu, et l'admiration populaire avait fabriqué une fantastique biographie à son héros. Cette biographie le montre, courant le monde, à la façon d'un Amadis de Gaule ou d'un Lisvard de Grèce, obligeant, la lance au poing, les chevaliers allemands ou italiens à reconnaître la supériorité de sa Géraldine. Cette Géraldine, dont Surrey a donné, dans le moins poétique de ses sonnets, un signalement précis, a fait le tourment et la joie des chercheurs d'énigmes littéraires. Horace Walpole croit avoir retrouvé la maîtresse idéale de Surrey dans lady Elizabeth Fitzgerald, une jeune Irlandaise élevée à la cour d'Henry VIII. Si Walpole a raison, Géraldine avait huit ans lorsque Surrey la rencontra au château de Hunsdon : cinq ans de moins que Laure de Noves, le jour où ses traits divins frappèrent pour la première fois les yeux du poète qui devait les immortaliser.

L'amour, selon Pétrarque, est une maladie mentale, et le sonnet, sa forme favorite, est une mutilation de la pensée humaine. Wyatt et Surrey sont les élèves de Pétrarque, à ce point qu'on a surnommé Surrey le Pétrarque anglais. Mais le bon sens et l'esprit, chez Wyatt, l'ardeur du tempérament, chez Surrey, corrigent un peu ce qu'il y a de faux et de forcé dans leur commun modèle. Lorsque l'amant de Géraldine est las de soupirer pour une idole poétique, il adresse à sa femme des vers où l'on sent une passion chaude et vivante, nourrie de souvenirs réels et de substantiels désirs. On y sent aussi le respect et l'amitié de l'Anglais pour sa compagne, trait distinctif du caractère national à toutes les époques. Surrey est souvent triste et fait ses délices de cette tristesse, non pas à la manière des êtres fatigués ou malades, mais comme certaines natures robustes qui se reposent dans la mélancolie. Il s'émeut à la pensée d'un objet lointain. L'évocation est si complète, l'impression est si vive, qu'il rougit, pâlit, soupire, sourit, et qu'il est, en vérité, la première dupe de ses sensations imaginaires. Reconnaissons à ce signe un vrai poète. Moins raisonnable et moins raisonneur que Wyatt, il est à la fois plus fougueux et plus délicat. Par là, il annonce déjà la génération contemporaine de Shakespeare, et cette double nature se reflète dans ses vers. N'était-ce pas le même homme qui courait les rues de Londres en cassant les vitres des bourgeois, et qui, sur la brèche d'une ville française, étonnait le monde de sa bravoure surhumaine?

En lisant Wyatt et Surrey, on comprend qu'un art nouveau est né depuis Chaucer, qu'une préoccupation nouvelle s'est fait jour : celle du style. Le poète doit sentir et parler d'autre façon que le commun des hommes; il veut non-seulement des tours, mais des mots à lui, il se fait une langue dans la langue. En Wyatt et en Surrey apparaît aussi la pointe, encore timide, et bien éloignée de ce paroxysme d'audace et d'extravagance où nous la verrons quarante ans plus tard.

Sir Thomas Morus. — L'Utopia. — Œuvres de polémique religieuse.

Thomas More, — plus connu sous le nom de Morus, qu'il a porté comme auteur et comme citoyen de la république latine universelle du seizième siècle, — était né en 1480, au cœur même de Londres, dans la Cité, d'un père juge au Banc du roi. Il était encore écolier quand le cardinal Morton remarqua ses talents précoces et l'attacha à sa personne. Le rôle d'enfant-prodige qu'il joua dans cette grande maison, moitié mondaine, moitié ecclésiastique, ne gâta ni ses facultés, ni son bon naturel. Il prit ses degrés à l'Université et au barreau. Le voici *reader* (conférencier) de Furnival's Inn, son école de droit. Tout à coup, le dégoût du monde, la crainte de succomber aux tentations qui assiègent sa chasteté, le plongent dans la solitude. Il passe quatre ans dans une maison de Chartreux, sevré, non-seulement de *toute relation profane*, mais des plaisirs de l'étude, où sa vertu sauvage voit encore une vanité et un piége. Cette fougue d'ascétisme tombe d'elle-même par l'effet des années. Il comprend que le chrétien peut faire son salut dans le monde. Il va faire une visite à son ami Colt, de New-Hall (Essex). Colt a trois filles aimables ; la cadette plaît à Morus, mais il s'avise que ce choix désobligerait l'aînée, et c'est l'aînée dont il demande la main. Elle était d'ailleurs charmante, dit Érasme, *suavissima*. Elle lui donne coup sur coup plusieurs enfants, et meurt en mettant au monde le quatrième. Un peu plus tard, il se remariera à Alice Middleton, bonne femme, tracassière et médiocre, qui ne voit de grand, dans son mari, que les places et les honneurs.

Devenu légiste, il est envoyé au Parlement à l'âge de vingt-deux ans. Il y fait une opposition hardie à l'administration cupide et tyrannique de Henry VII. Le roi se venge contre le père de Thomas, sir John More, qu'il fait emprisonner à la Tour. Jusqu'à la fin du règne, Morus, pour se faire oublier, se renferme dans l'exercice de ses fonctions d'avocat, où il acquiert en peu de temps renom et profit[1]. En même temps, il est l'ami des principaux lettrés du temps, d'Érasme et de Budé. On vante partout la pureté de sa prose latine, le tour piquant de ses épigrammes. Il met le comble à sa réputation de latiniste et de penseur en publiant *Utopia*.

Morus feint « qu'étant à Anvers en ambassade auprès de Charles-Quint, il rencontrait souvent chez un ami un certain Raphaël, autrefois compagnon d'Améric Vespuce, qui avait beaucoup voyagé et beaucoup vu. Les conversations roulaient sur des points de philosophie, sur les malheurs qui affligent l'humanité, sur les moyens de rendre les hommes meilleurs, les gouvernements plus équitables, les vols moins communs. » Pourquoi le vol est-il si répandu? Raphaël en indique deux causes : la multitude des soldats invalides, et le grand nombre de valets sans place. Après l'examen des causes, Raphaël discute les châtiments. Personne, dit-il, ne devrait ignorer combien il est absurde de punir le vol de la même peine que l'homicide ; si le voleur sait qu'il ne court pas un moindre risque en se bornant à voler qu'en ajoutant le meurtre au vol, il égorgera le malheureux qu'il se serait contenté de dépouiller, car, outre que le danger pour lui n'est pas plus grand, il a une chance de plus d'impunité en faisant disparaître le témoin de son crime. A la peine de mort pour vol, il veut substituer un système de châtiments qui a beaucoup d'analogie avec les travaux forcés.

Sa conclusion est que la société ne sera jamais bien gouvernée tant que subsistera le droit de propriété. Là-dessus, les interlocuteurs se récrient, et Morus, qui prend part à l'entretien, réfute l'idée comme impraticable. Raphaël répond qu'il en a vu, dans ses voyages, une application qui a parfaitement réussi. — Où donc? — En Utopie.

Au second livre, nous suivons Raphaël en Utopie, nous

---

[1]. Morus gagne, vers cette époque, environ 400 livres par an, qui en valent cinq ou six fois autant, de cinquante à soixante mille francs, en monnaie de nos jours.

apprenons à connaître les lois et les institutions de cet étrange pays. La forme du gouvernement est républicaine, car le roi n'est qu'un simple magistrat élu à vie. Les autres fonctionnaires sont également issus de l'élection à plusieurs degrés, mais ne sont nommés que pour un an. Ainsi, Morus, en faisant la plus large part au principe électif, en ce qui touche la législation et l'administration, croit devoir introduire dans sa république un élément de stabilité relative. Tout appartient à tous, excepté les femmes. La pudeur de Morus avait reculé devant cette conséquence extrême du communisme. Quiconque a besoin d'un habit ou d'un outil, va le demander au magistrat. Tous les citoyens mangent en commun. Mais Morus n'impose pas l'austérité lacédémonienne à ces vastes tables d'hôte nationales. On y mange en musique, et le dessert offre des douceurs inconnues aux compatriotes de Lycurgue. En effet, quelle est la loi des Utopiens ? Suivre la nature. Or, la nature veut qu'on aille au plaisir, quand le plaisir n'est pas nuisible. En Utopie, l'or et l'argent sont réservés aux plus vils usages : on en fabrique des vases de nuit et des chaînes pour les forçats. Les Utopiens ne vont point à la guerre ; ils entretiennent des mercenaires pour se battre à leur place, marquant ainsi, non-seulement leur horreur pour le sang versé, mais leur mépris pour la fausse gloire, qui élève au-dessus des autres le métier des armes. En revanche, l'agriculture se recrute par une sorte de conscription, à laquelle nul ne peut se soustraire. Toutes les religions sont tolérées en Utopie et y vivent fraternellement.

Tel est ce livre, mélange de dangereuses niaiseries et de bienfaisantes vérités. Morus s'y montre le fidèle disciple de Jésus-Christ et de Platon ; il s'y montre aussi le précurseur de Fourier, de Proudhon et de John Stuart Mill. Peut-être nos magistrats modernes auraient-ils à s'inquiéter d'un pareil livre, s'il venait à paraître pour la première fois au milieu de nous ; peut-être poursuivraient-ils l'auteur pour crime d'offense à la morale sociale et délit d'attaque contre le gouvernement civil. Un prince absolu laissa publier l'*Utopia* et donna sa faveur à celui qui l'avait écrite. Les hommes les plus sages de l'Europe accordèrent à l'ouvrage et à l'auteur leur suffrage sans réserve, soit que le latin dissimulât l'énormité et le péril des paradoxes, soit plutôt que les rois et les sages n'eussent pas encore appris à leurs dépens les funestes et meurtrières conséquences des chimères politiques, quand elles passent du verbe à l'acte et quittent le cabinet des philosophes pour descendre dans la rue.

Le temps approchait où Morus, appelé dans les conseils du roi, devait rabattre de son libéralisme, et, chose plus triste, oublier plus qu'à demi les idées de tolérance qui honorent son livre en devançant son époque. Dès le début du règne, il s'était signalé à Henry VIII par le poème composé à l'occasion du mariage royal. Le roi prit bientôt un goût très-vif pour sa personne, pour son esprit, au point de ne pouvoir plus se passer de sa compagnie et de l'enlever à sa famille ; il le fit successivement membre du conseil privé, trésorier de l'Échiquier, président de la Chambre des communes, et chancelier du duché de Lancastre. Enfin, il lui remit les sceaux d'Angleterre, lorsque Wolsey fut disgracié. Succession périlleuse : car la question du divorce était déjà posée, et Henry attendait de son nouveau chancelier qu'il employât sa triple autorité de théologien, de légiste et d'honnête homme à légaliser et à justifier le caprice royal.

Morus se déroba à cette tâche déshonorante et s'en imposa une autre : celle de poursuivre les hérétiques. M. Nisard a démontré péremptoirement que, dans cette mission, sa sévérité n'alla jamais jusqu'à l'effusion du sang, calomnie qui avait été admise, sans contrôle, par tous les historiens protestants, y compris Clarendon et Burnet. Morus aimait mieux, en pareille circonstance, se servir de ses talents que de son autorité. C'est de ce temps que datent ses écrits de polémique religieuse, en anglais. Ces écrits sont malheureusement déparés par des injures et des bouffonneries qui ne le cèdent, en violence et en platitude, à aucune de celles dont Luther a sali ses œuvres. Le style, pourtant, n'en souffre pas trop ; la phrase est belle, ample, visiblement calquée sur la période latine, dont l'usage était plus familier à Morus. Elle ressemble à une robe de magistrat, dont les plis traînants ont de la majesté, mais gênent pour la marche. C'est la période anglaise du premier âge, qui arrivera à sa perfection chez Bacon et chez Jeremy Taylor ; elle sera brisée par Addison et les prosateurs de la reine Anne.

Refuser au roi son concours dans l'affaire du divorce et combattre énergiquement, comme hérétiques, ceux qui allaient être les alliés du prince dans cette douloureuse campagne, c'était l'offenser deux fois. Morus le comprit et déposa les sceaux. Peu après, le divorce étant consommé, il refusa de prêter serment à la nouvelle reine et de reconnaître la suprématie spirituelle du roi. Après un an de détention à la Tour, où l'on épuisa, sans dompter sa constance, toutes les séductions et toutes les menaces, il fut condamné à mort. Sa longue résistance et sa fin sans défaillance sont un des beaux spectacles de l'histoire.

Si Morus n'avait pas été le dernier champion d'une cause vaincue et détestée, nul doute que l'esprit anglais n'eût salué et chéri en lui un de ses représentants les plus purs et les plus complets. Avocat, théologien, homme d'État et homme d'affaires, austère et jovial, élevant au-dessus de tout les joies de la famille et celles de la conscience, il est le type de l'Anglais vertueux. Il n'est pas jusqu'à ce mélange de chimère et de trivialité, jusqu'à ce goût, rarement heureux, pour la facétie, jusqu'à cette pédante lourdeur de ses plaisanteries, qui ne soient en lui un caractère de la race.

The Book of Common Prayer. — Cranmer et Latimer.

Toute l'histoire politique, religieuse et même littéraire de ce temps, roule autour d'un seul événement : tout nous ramène au divorce. Le soir du jour où le roi avait décidé la disgrâce de Wolsey, deux de ses conseillers, Fox et Gardiner, qui allait bientôt devenir évêque de Winchester, soupèrent à Waltham Abbey, chez un gentilhomme du nom de Cressy. Pendant le repas, comme on parlait du divorce, le précepteur des enfants du maître de la maison, un ecclésiastique, prit la parole : « Si j'étais à la place du roi, dit-il, ce n'est pas au pape que je m'adresserais, mais aux universités du monde catholique tout entier. Si elles décident que le mariage est nul, que pourra la voix d'un pape contre leurs décisions? Et si elles se prononcent contre le divorce, la conscience du roi est désormais rassurée : il peut vivre et mourir tranquille... » Le roi, en apprenant cette conversation, s'écria : « Sainte Marie! je tiens la truie par l'oreille. »

Le conseil fut suivi et le donneur d'avis devint, avec le temps, archevêque de Canterbury. C'est en cette qualité que Thomas Cranmer prononça la dissolution du premier mariage d'Henry et bénit son union avec Anne de Boleyn. Le règne d'Édouard VI lui apporta une sorte d'omnipotence religieuse : il en profita pour organiser l'Église d'Angleterre, telle, à peu près, que nous la voyons aujourd'hui. Son œuvre principale fut de présider à la composition du *Book of common Prayer*, qui marque une date dans l'histoire littéraire aussi bien que dans l'histoire religieuse. Dès 1549, un comité de treize théologiens, sous l'influence de Cranmer et de Ridley, rédigea la liturgie anglicane, et le service cessa de se faire en latin. Dans ce premier essai, on avait tenté de concilier les travaux des réformateurs du continent avec les traditions de l'ancienne Église d'Angleterre. En 1552, édition nouvelle et définitive, où l'influence du calvinisme et du zwinglianisme est plus marquée. La prière pour les morts, l'invocation à la Vierge, au Verbe et au Saint-Esprit, le signe de la croix, l'Extrême-Onction et la Confession, disparaissent du culte.

Cranmer, indépendamment de la part considérable qu'il faut lui attribuer dans la rédaction du *Book of common Prayer*, est l'auteur de divers traités de controverse, dont le plus grand défaut est d'être en contradiction complète les uns avec les autres, et de varier suivant les dates auxquelles ils ont été composés. Il écrivit encore les *Instructions à un chrétien*, et traduisit en anglais le catéchisme de Justus Jonas. Il donna de la Bible, en 1539, une édition qui fit loi pour l'orthodoxie et qui s'appelle la Grande-Bible. Enfin, il a laissé une vaste collection manuscrite d'extraits des Pères et des Conciles, qui tendent à prouver que la doctrine anglicane est le christianisme primitif restitué, et que le catholicisme romain n'en est que la corruption. Depuis, les théologiens anglais n'ont cessé de puiser dans cette collection comme dans un arsenal.

La réaction catholique qui se produisit au début du règne de la sanglante Marie, fit expier à Cranmer la dictature spirituelle qu'il avait exercée sous Edouard VI. Il subit le supplice qu'il avait plus d'une fois infligé à ses adversaires. Les catholiques exècrent sa mémoire comme celle d'un renégat; les anglicans la révèrent comme celle d'un martyr et du fondateur de leur Église. Outre sa science et son courage, ils louent encore en lui certaines qualités aimables, son affabilité, son esprit et sa bonne humeur. Un vers de Shakespeare en fait foi :

...... *Do Mylord of Canterbury*
One shrewd turn, and he'll be your friend for ever.

Nous n'avons pas, entre des appréciations aussi contradictoires, la tâche d'absoudre ou de condamner Cranmer. Ses variations de doctrine et de conduite sont un fait qu'aucun apologiste ne saurait atténuer. Quant au martyre, il a tout fait pour s'y soustraire. Mais, après s'être montré lâche devant son arrêt de mort, il a retrouvé son énergie au pied du bûcher, puisqu'il plaça et maintint dans les flammes, jusqu'à ce qu'elle fût entièrement consumée, la main qui avait signé sa rétractation.

L'évêque Latimer mourut dans le même temps et pour les mêmes causes. Il a, du moins, ce mérite d'avoir commencé ses attaques contre le catholicisme à l'époque où le roi se glorifiait d'être un des théologiens du Saint-Siége et croisait la plume contre Luther. Il fut réprimandé et faillit être brûlé comme hérétique. En 1555, les choses avaient bien changé, et Latimer, devenu aumônier d'Anne de Boleyn, prêchait devant le roi, qu'il amusait par ses invectives contre le pape. Il fut récompensé par l'évêché de Worcester. Néanmoins, Latimer était mauvais courtisan; l'usage voulait que les évêques, au commencement de la nouvelle année, offrissent au roi un présent plus ou moins riche. L'évêque de Worcester se contenta d'envoyer à Henry VIII un exemplaire du Nouveau Testament, avec un feuillet plié à ce passage : « Dieu jugera les débauchés et les adultères. » Plutôt que de signer le *bill* des six articles, il aima mieux résigner son évêché et se retirer dans la solitude. Sous Edouard VI, il reparut à Londres, redevint populaire, et étonna la jeune cour par ses sermons bizarres, où il touchait à tout, même et surtout à la politique.

Avec Cranmer, la Réforme avait parlé la langue de la cour et des universités : par la bouche de Latimer, elle s'adresse à la raison et aux passions du peuple. Son éloquence est cette éloquence naturelle d'un homme qui ne craint ni le bûcher ni le ridicule. Peu cultivé, il cite rarement du latin. Le latin n'est-il pas la langue de Rome ? Pour un peu, il accuserait Cicéron et Tite-Live d'être papistes. Il ne ménage rien, ni personne ; ses amis lui reprochent, — il en convient, — de manquer de tact. Il est sans pitié pour les évêques qui ne résident point, pour les ministres qui ne prêchent jamais, pour les juges qui ne jugent pas, pour les administrateurs qui volent le roi. Sa rudesse est tempérée seulement par sa bonne humeur. Pour lui, le grand point est de se faire écouter. S'il voit la foule distraite, il la réveille par une question à brûle-pourpoint ou par une historiette. S'agit-il de flétrir le *patronage*, « un usage dont les Turcs eux-mêmes rougiraient », il raconte à ses auditeurs comment une paroisse a été donnée pour un panier de pommes. Mais quelles pommes ! Chacune d'elles, en guise de pepins, contenait dix pièces d'or. Faut-il faire toucher du doigt la paresse des pasteurs qui abandonnent leurs ouailles ? Voici une anecdote. Un évêque s'étonne qu'à son entrée en ville on ne l'ait point « carillonné » comme c'est l'usage. Humbles et piteux, les marguilliers s'excusent : le battant de la grande cloche vient de se briser. « Quand on a un battant de cloche cassé, dit sèchement l'évêque, on le répare ! » Alors un marguillier, plus hardi ou plus avisé que les autres, s'avance vers le prélat : « — Tenez, Monseigneur, voyez la chaire de notre église : il y a vingt ans que notre ministre n'y est monté, vingt ans que notre cloche spirituelle n'a point de battant, et nous ne nous plaignons pas ! » Dans ses histoires, Latimer ne craint pas de se mettre en scène. Un certain dimanche, venu pour prêcher dans une église de village, il a trouvé les portes fermées à clef. C'était le jour de Robin Hood, et la fête de ce saint-là passe avant le service de Dieu. « Ne riez pas, crie Latimer, il n'y a pas lieu de rire, mais bien plutôt lieu de pleurer ! » — « Savez-vous, dit-il un jour, quel est, de tous les évêques anglais, le plus attentif à ses devoirs ? » Les auditeurs prêtent l'oreille. Après les avoir fait languir un moment : « Hé bien, reprend-il, c'est le diable, parce qu'il n'est jamais hors de son diocèse ! » Il ne s'arrête pas là. Une fois ce mot jeté, il le développe, sans mesure, sans goût, sans art, mais avec une verve et une force étranges.

Il était désigné d'avance à la persécution sous le règne de Marie. A quatre-vingt-trois ans, il montait sur le bûcher (1655) en disant à Ridley, compagnon de son supplice comme il l'avait été de ses travaux : « Soyez tranquille, nous allumons aujourd'hui, en Angleterre, un incendie qui ne s'éteindra jamais. »

Roger Ascham. — Travaux pour polir la langue.

On a plaisir à reposer un instant les yeux sur la paisible et vénérable figure de Roger Ascham, le précepteur de Jane Grey et d'Elizabeth. Le titre de ses deux ouvrages, l'*Archer* (the *Toxophilus*) et le *Maître d'école*, indique des préoccupations bien différentes de celles qui conduisirent Morus à l'échafaud et Cranmer au bûcher. Dans le *Toxophilus*, Ascham s'efforce de rappeler ses compatriotes à la pratique d'un art tombé en désuétude, après avoir fait le principal passe-temps de la nation et l'honneur des armes anglaises au moyen âge. *The School-master* a pour but de donner des lois et des limites à une langue qui commençait à produire des chefs-d'œuvre. C'est le temps où les beaux travaux d'Henri Estienne, de Pasquier, de Du Bellay, tendaient à fixer et à épurer notre idiome national. Ascham tente un effort semblable pour sa propre langue. Sa devise est : Penser comme un sage, parler comme tout le monde. Ainsi que Malherbe, Ascham croyait que c'est dans le langage du peuple que la langue littéraire doit se retremper comme dans sa source. C'est en lui que commence l'infatuation saxonne : il aurait voulu expulser de l'anglais tous les mots d'origine française ou latine. Il donne lui-même, dans ses écrits, le modèle d'un style presque exclusivement saxon, et remarquable d'ailleurs par la correction, la clarté et la vigueur[1]. On lira avec intérêt une page grave et attendrie, où le bon Ascham raconte sa dernière entrevue avec l'infortunée Jane Grey, qui allait bientôt payer de la vie son règne d'un jour.

« Avant de partir pour l'Allemagne, j'allai lui dire adieu à Brodegate... Ses parents, le duc et la duchesse, avec toute la maison, dames et gentilshommes, chassaient dans le parc. Je la trouvai dans sa chambre, lisant le *Phédon* de Platon dans le grec, et y prenant autant de plaisir qu'un jeune homme à lire un joyeux conte de Boccace. Quand je lui eus fait mon hommage accoutumé, et après quelques propos, je lui demandai pourquoi elle n'était point allée s'amuser dans le parc. Elle me répondit en souriant : « Tout l'amusement qu'ils peuvent prendre dans le parc n'est que l'ombre du plaisir que je trouve dans Platon. Pauvres gens ! ils n'ont jamais su ce que c'était que le vrai plaisir. — Et comment vîntes-vous, madame, lui dis-je, à cette profonde connaissance du plaisir? Qui vous y a conduite? Car je vois que peu de femmes et que bien peu d'hommes même y ont pu atteindre. — Je vais vous le dire, et je vais vous apprendre, me dit-elle, une vérité qui vous étonnera peut-être. Un des plus grands bienfaits de Dieu est de m'avoir donné des parents si sévères et un maître si bon. Car, quand je suis en présence, soit de mon père, soit de ma mère, que je parle, que je me taise, que je me tienne debout, assise, ou que je

---

[1]. Parmi les écrivains qui ont contribué, avec Roger Ascham, à polir et à régulariser la langue, il faut citer Thomas Wilson, auteur d'une rhétorique, et Webster Pultenham, qui composa un traité sur la poésie anglaise.

marche, que je mange, que je boive, joyeuse, triste, occupée à coudre, ou à jouer, ou à danser, ou bien quoi que je fasse, il me faut le faire, en poids, nombre et mesure, aussi soigneusement que Dieu a fait le monde, sinon je suis si rudement grondée, si cruellement menacée, sans compter ce que je reçois pour tout de bon, sous forme de chiquenaudes, croquignoles, nasardes, et autres belles choses que je ne vous dirai point, pour le respect que je leur dois; enfin, je suis si fort maltraitée que je me crois en enfer jusqu'à ce que vient le moment où je dois aller joindre M. Elmer, qui m'instruit d'une manière si douce et si plaisante, en me donnant de si grandes envies de savoir, que le temps ne me semble rien quand je suis avec lui. Quand il faut le quitter, je pleure, parce que, hors l'étude, tout m'est chagrin, ennui, terreur, tout me déplaît. Et voilà pourquoi mon livre me charme tant, et pourquoi, à côté du plaisir qu'il me donne, tous les autres plaisirs ne sont que des bagatelles ou des ennuis. »

« Je me rappelle volontiers cette conversation, d'abord parce qu'elle est digne de mémoire, puis, parce que c'est la dernière fois que j'ai entretenu, la dernière fois que j'ai vu cette noble et illustre personne. »

CHAPITRE VI

L'AGE D'ELIZABETH. LES POÈTES : SPENSER.

Règne d'Elizabeth; son influence sur les lettres. — Sackville. — *Le Miroir pour les magistrats*. — L'Euphuïsme. — Sir Philip Sidney. — Vie d'Edmund Spenser — *La Reine des Fées*.

Règne d'Elizabeth; son influence sur les lettres.

Le 17 novembre 1558, une jeune fille sortait de prison pour monter sur le trône. Elle avait vingt-cinq ans. Agréable et majestueuse, sans être belle ni jolie, elle apportait, dans l'exercice personnel du souverain pouvoir, de hautes qualités natives, développées par une instruction profonde. Elle parlait le français et le latin, lisait couramment Tite-Live et Cicéron, possédait le grec, dit Warton, mieux que les chanoines de Windsor. Nous avons vu Jane Grey lire le *Phédon* pour oublier les rigueurs de ses parents, Elizabeth se repose des soins de la royauté en traduisant Isocrate. Elle entend la guerre, la diplomatie, les finances. Elle a des conseillers, qu'elle choisit bien, et des favoris, qu'elle choisit mal. Mais elle ne se donne pas de maître; plus sensible aux compliments qu'à l'amour, elle s'arrête à la galanterie poétique, nuancée plus tard d'une sorte de tendresse maternelle. D'ailleurs, ses affections ne traversent jamais sa politique. Elle sait punir, elle est reine. Le jour où l'ingrat Essex prend les armes contre elle, lorsqu'on lui annonce que tout Londres se soulève, elle apprend froidement cette nouvelle et s'apprête à mourir debout. Par son intelligence comme par son courage, elle mérite de marcher à la tête d'un grand siècle, et de commander à une pléiade d'hommes admirables, qui se disputent ses sourires et ses regards.

Ces hommes s'appellent Burghley, Robert Cecil, Bacon, Sidney, W. Raleigh; derrière eux, un second ban d'hommes éminents encore, Sackville, Oxford, Fulke Greville, Cooke, dont l'éloquence ou la bravoure suffirait à la gloire d'une époque moins féconde. Secondée par de tels serviteurs, elle assure la liberté religieuse et fonde la prépondérance maritime de la nation, détruit définitivement la puissance écossaise, éternelle menace au flanc de l'Angleterre, inflige au colosse espagnol un échec dont il ne s'est jamais relevé, et place son pays au premier rang d'une coalition qui comprend la moitié de l'Europe. Elle eût fait plus encore si la jalousie, naturelle aux courtisans, mais surtout inévitable auprès d'une femme, n'avait dévoré ce groupe incomparable.

Aucune époque n'offre rien qui puisse être mis en balance avec la splendeur de ce règne et de cette cour, pas même Versailles avec son grand roi et ses grands hommes, ce prodigieux Versailles, où Racine se rencontre avec Turenne, où Bossuet enterre Condé. A la cour d'Elizabeth, ce sont les mêmes mains qui tiennent la plume et l'épée. Sidney, le plus beau et le plus vaillant des hommes, chante comme Pétrarque et meurt comme Bayard. Raleigh découvre un continent et invente une philosophie de l'histoire. Bacon, le *leader* de la Chambre des communes, se trouve être un penseur profond qui renouvelle la face de la science. On aperçoit, au fond de la scène, courtisans par accident et par occasion, deux personnages à figure inspirée et pensive. L'un est sorti de sa retraite pour mettre aux pieds de la reine les vers les plus exquis que les lèvres humaines aient jamais soupirés : c'est Spenser. L'autre compose, en guise d'intermèdes pour les fêtes de cour, des drames étincelants de génie ; celui-là fait rugir les bêtes féroces que Spenser apprivoise et mène en laisse : c'est Shakespeare.

D'ordinaire, une cour se croit lettrée parce qu'elle renferme deux ou trois gentilshommes qui ont la manie des vers ou rédigent leurs mémoires, parce qu'on y fait l'aumône au génie. Ici, quelle différence ! Il n'y a pas de grand seigneur qui ne se pique d'être homme de lettres, pas d'homme de lettres qui ne puisse espérer de devenir un grand seigneur. Les femmes s'en mêlent, et, chez les contemporaines d'Elizabeth, le savoir est plus profond et plus sincère que chez les pédantes de l'hôtel de Rambouillet. Harrison dit qu'en entrant dans cette cour, on aurait cru entrer dans une université. On cite, pour leur rare érudition, les cinq filles de Sir Anthony Cook, dont l'une fut la mère de Bacon, mais elles ne sont pas une exception. Les filles d'honneur d'Elizabeth ont presque toutes déchiffré la théorie de l'amour dans Platon.

Il faut ajouter, pour que le tableau soit complet, qu'elles le pratiquent d'une façon moins platonique. Raleigh, qui les connaît bien, les compare un peu brutalement aux sorcières qui n'ont de pouvoir que pour le mal, et le sévère Roger Ascham voit un mauvais lieu dans « l'université » de Harrison. Elizabeth a pu mettre le grec en honneur : elle n'a pas réussi à mettre la virginité à la mode. Si l'on oppose, à l'aimable vertu de lady Bacon, l'effroyable vie de lady Essex et de sa fille, lady Rich, on devine, sous cette politesse, sous cette culture élégante et raffinée, des passions insatiables, une sensualité sans frein, pour laquelle la poésie n'est qu'un langage ou un masque.

Sackville. — Le Miroir pour les magistrats.

Cette grande époque littéraire commence modestement, et les premières années du règne n'offrent guère à citer, parmi les poètes, d'autre nom que celui de Sackville. C'était un parent de la reine; mais, par l'extravagance de sa conduite, il l'avait, en quelque sorte, obligée à le renier. « Je le reconnaîtrai, disait Elizabeth, lorsqu'il se reconnaîtra lui-même. » Il se corrigea, reconstruisit, à force de prudence et d'économie, sa fortune détruite, et devint un homme d'État, si bien qu'il mourut, sous le roi Jacques, à la table même du Conseil. Mais nous n'avons ici affaire ni au baron Buckhurst, ni au comte Dorset (il avait successivement reçu ces titres de la faveur royale) : c'est Sackville le dissipé, Sackville le débauché, qui nous intéresse, puisqu'il n'a été poète qu'au temps de ses folies. Pourtant, jamais poëte — hâtons-nous de le dire — ne fut plus raisonnable, plus fidèle à la tradition des maîtres. Le premier, il essaya de donner l'exemple d'une tragédie régulière, composée d'après les règles du théâtre de Sénèque : on verra, au chapitre VIII, ce qu'il faut penser de cette tragédie. Dans le *Miroir pour les Magistrats*, il convient de reconnaître, avec Hallam, l'esprit, les procédés, et parfois la langue même de Chaucer. A le lire, Sackville paraît plus ancien que Surrey, bien qu'il ait commencé à écrire plus de quinze ans après la mort du poète.

Le *Miroir pour les Magistrats* est un vaste poème dont Sackville a fourni seulement le plan et le prélude. Le spectacle de l'hiver, la vue de ces richesses de la nature qui se flétrissent ou se dissipent, le font songer à ces grandes fortunes qui ne s'élèvent que pour tomber de plus haut, à ces existences brillantes, puis attristées, où la disgrâce et la ruine succèdent à la puissance et à la splendeur, comme l'hiver succède à l'été. Il est amené à évoquer les ombres des illustres Anglais qui ont éprouvé des revers dans leur destinée. Il va les chercher là où elles se sont réfugiées, après la vie : sorte de descente aux enfers, où la mort et tous les fléaux sont personnifiés et dont le goût est plutôt classique que dantesque. Chaque ombre raconte son histoire ; Sackville n'a fait parler que celle de Buckingham. Bien d'autres biographies poétiques devaient suivre ; Sackville laissa le soin de les composer à de médiocres auteurs, dont l'œuvre est oubliée ; en sorte que ce beau portique donne accès dans une masure. Sans doute, le futur comte de Dorset n'avait pas encore adopté sa fameuse devise, qui convient aussi bien à un écrivain qu'à un homme d'Etat : *Aut nunquam tentes, aut perfice.*

L'Euphuisme.

Nous avons vu combien profonde et variée était l'instruction des contemporains d'Elizabeth. Une culture semblable conduit les esprits supérieurs à la simplicité, mais elle donne aux médiocres le goût du raffinement et de la recherche. Cette érudition reste, pour ainsi dire, à la surface de l'intelligence, qui n'y voit qu'une récréation et une gloriole, un moyen, non de penser mieux, mais de parler autrement que le commun des hommes et des femmes. De là, une certaine corruption du langage, où les pensées ne sont plus en proportion ni en harmonie avec leur expression. On joue avec les mots, on les range en files symétriques, en quinconces, en cercles, en labyrinthes, comme les ifs et les charmilles d'un parc d'autrefois. Chez les individus comme chez les peuples, c'est une infirmité de la première jeunesse ou de l'extrême vieillesse. La maturité des écrivains, comme celle des langues, est à la fois plus féconde et plus sobre ; elle dédaigne l'inutile, elle ne se sert de la parole que pour traduire la pensée. Cet art, ou cette maladie, comme on voudra, qui consiste à tourner autour d'une idée et à l'exprimer de vingt façons différentes, dont pas une n'est directe, s'appelle à Londres, en 1580, l'euphuïsme, à Paris, en 1650, le style précieux, en Italie le gongorisme, et partout au dix-huitième siècle, le marivaudage. L'euphuïsme, comme le gongorisme, comme le style précieux, comme le marivaudage, a été réhabilité de nos jours, mais par des écrivains qu'un penchant naturel entraînait à tomber dans la même affectation, et dont l'autorité, par conséquent, est médiocre en cette matière.

L'euphuïsme emprunta son nom à l'*Euphuès* de Lyly, paru vers le milieu du règne d'Elizabeth. Euphuès est un jeune gentilhomme athénien, qui, après avoir résidé en Italie, visite l'Angleterre en 1579. Le livre se compose de deux parties, publiées séparément. La première, la plus sérieuse, ou la moins sotte, contient des dissertations philosophiques et un traité d'éducation : c'est l'*Émile* du temps. La seconde est un roman ennuyeux, moitié lettres, moitié récit. L'auteur l'écrivit sans doute à la hâte, pour exploiter de nouveau le succès qui avait accueilli la première partie. Le début de l'ouvrage donnera une idée du ton :

« Dans Athènes habitait un jeune gentilhomme de grand

patrimoine et d'un extérieur si séduisant, qu'on se demandait s'il devait plus à la nature, pour avoir dessiné sa personne, qu'à la fortune, pour lui avoir donné de grands biens. Mais la nature, impatiente de toute comparaison, et comme si elle dédaignait d'avoir un compagnon ou un associé dans son travail, avait ajouté à ces grâces corporelles une pénétrante acuité intellectuelle..... Ce jeune galant, qui avait encore plus d'esprit que de richesse, et encore plus de richesse que de sagesse, ne se voyant inférieur à personne en imagination ingénieuse, en même temps supérieur à tous par sa brillante situation, se jugea tellement apte à toutes choses qu'il ne se daigna appliquer à aucune, sinon à celle où se complaisent d'ordinaire les beaux-esprits de cette trempe, savoir aux belles phrases, aux jolies hypothèses, aux joviales épigrammes, badinant sans cesse et raillant sans mesure. Aussi bien, comme la plus odorante rose a son épine, le plus beau velours son rebrousse-poil, la plus belle fleur sa poussière, ainsi l'esprit le plus fin a sa volonté perverse, et la tête la plus pure son inclination vicieuse..... »

Suit l'énumération de toutes les belles choses de ce monde qui ont leur imperfection. Trois cents pages de ce style donnent le vertige et la nausée. Le livre — c'est l'auteur qui le dit — n'avait d'autre ambition que de mériter une place sur les genoux des dames, à côté de leur chien favori, afin qu'elles pussent jouer avec l'animal quand elles seraient lasses des gentillesses de l'écrivain : *amant alterna camenœ*. Lyly obtint plus qu'il n'avait désiré. Les seigneurs et les dames de la cour reconnurent et adoptèrent aussitôt, dans le jargon de Lyly, cette langue exagérée qui convenait à leurs passions mobiles et à leur frivole philosophie. Les plus grands en furent infectés, puisqu'on en trouve la trace dans les vers de Shakespeare et dans ceux de Sidney.

Sir Phillp Sidney.

Le jour de la Saint-Barthélemy, pendant qu'on massacrait les protestants aux quatre coins de Paris, deux jeunes gens se tenaient cachés à l'ambassade anglaise : l'immunité diplomatique faillit ne pas suffire à les protéger. Dieu réservait l'un pour une mort guerrière, l'autre pour un échafaud ; mais tous deux, avant d'atteindre le terme, devaient accomplir ou écrire de belles choses. Ils s'appelaient Philip Sidney et Walter Raleigh.

Sir Philip, qui sortait d'Oxford, avait accompagné en France lord Lincoln. En quittant Paris, il visite successivement les différentes capitales de l'Europe ; en Allemagne, il fréquente avec curiosité les derniers survivants de la grande génération de la Réforme ; à Vienne, il monte à cheval avec les écuyers les plus renommés ; à Venise, il s'entretient avec les politiques ; à Padoue, il étudie la géométrie et l'astronomie. Au retour, c'est un gentilhomme accompli ; d'ailleurs, il est merveilleusement beau, si beau que les femmes en sont jalouses. Il devient l'idole de la cour : la reine l'appelle « mon Philippe ». L'ardent jeune homme se jette dans toutes les querelles, brave toutes les disgrâces, dès qu'il s'agit de tenir tête à un ennemi ou de défendre un parent. Il déclare aux adversaires de son oncle Leicester qu'ils mentent par la gorge, et leur assigne un rendez-vous à trois mois, en n'importe quel endroit de l'Europe. A la suite d'une discussion futile, née au jeu de paume, avec lord Oxford, un plus grand seigneur que lui, il s'exile volontairement de la cour : la reine a donné tort à son Philippe. Cette retraite nous vaut l'*Arcadia*.

L'*Arcadia* eut, comme l'*Astrée*, de d'Urfé, le privilège de donner le ton à la haute société du temps. Celui qui, attiré par ce titre pastoral, y chercherait des peintures champêtres et des amours innocentes, serait pleinement déçu. L'*Arcadia* est une pastorale où l'on prend les villes d'assaut, où l'on renverse les rois, où l'on enlève les princesses, où l'on échange de grands coups d'épée et où l'on ne garde pas un seul mouton. « Je déchargeais mon cerveau de jeune homme, » dit Sidney, qui avoue lui-même avoir composé ce poème en chassant. Ce fut dans un autre accès de solitude qu'il écrivit la *Défense de la Poésie* ; le style en est belliqueux et fier, la phrase sonore à l'égal d'un clairon. L'auteur, dans cette œuvre, est plus poëte que critique, bien qu'il écrive en prose. Sidney combat, en l'honneur de la poésie, « comme un chevalier en l'honneur de sa dame ». Il jette le gant aux autres genres, parmi lesquels le plus maltraité est la philosophie. Quant à la poésie, elle lui paraît la compagne de la gloire militaire : le poëte ne ceint-il pas le même laurier que le soldat? Et la conclusion, victorieuse et triomphante comme une fanfare, donne bien à entendre que l'auteur espère, pour son compte, le double laurier.

Il faut chercher surtout Sidney dans ses sonnets et ses chansons, qui sont comme les feuillets du journal d'un amant heureux. Au milieu de *concetti* à l'italienne perce une nature vigoureuse, une passion vraie, qui n'a rien de commun avec le correct désespoir de Wyatt. Aussi les biographes nomment-ils sans hésitation la femme à laquelle il avait voué ce fol amour, qui enfièvre ses sonnets. Cette Stella, madone profane, qui lui inspire d'ardentes litanies, et dont il répète, sans jamais se rassasier, le nom tant aimé, c'est lady Pénélope Devereux, fille du comte d'Essex, qui, mariée à lord Rich, porta aussi mal que possible le nom de la vertueuse épouse d'Ulysse.

Si amoureux qu'il soit, ce bonheur énervant ne peut enchaîner longtemps Sidney. Comme Raleigh, la soif de la gloire et des aventures lointaines le dévore. Il rêve d'aller, avec sir Francis Drake, attaquer l'Espagne dans ses possessions d'Amérique. Il a un si pur et si noble renom qu'on pense à lui pour la couronne de Pologne, comme au premier chevalier de l'époque. Enfin, il va se mettre au service des Pays-Bas révoltés. Général de la cavalerie, il meurt au milieu d'une victoire, à Gravelines. Il avait voulu, par une sorte de forfanterie, retirer ses cuissards; c'est à la cuisse qu'une balle mortelle l'atteint. On l'emmène. Il demande à boire. Comme il approche la liqueur de ses lèvres, il aperçoit un de ses soldats qui râle, étendu à terre, et qui regarde le flacon avec une suprême convoitise. « Tiens, lui dit-il, tu en as plus besoin que moi. » Il languit seize jours avant de mourir, et profite de cette lente agonie pour laisser dans la mémoire des hommes d'admirables paroles. C'est ainsi qu'il fait ses adieux à son frère : « Chéris mon souvenir, aime mes amis : la fidélité qu'ils m'ont gardée t'assure de leur honneur. Par-dessus tout, gouverne ton vouloir et tes affections, conformément à la volonté et à la parole du Créateur, voyant en moi comment finit ce monde avec ses vanités. »

Vie d'Edmund Spenser.

Il y a plus de poésie dans la destinée de Philip Sidney que dans son œuvre. La vie de Spenser est humble, vide, prosaïque. Amour déçu, ambition avortée, tel en est le début. Puis viennent quelques heures d'un bonheur vulgaire, brusquement dénoué par une catastrophe.

Lorsque, repoussé par l'objet de ses juvéniles affections, il vint à Londres chercher l'oubli et tenter la fortune, son premier ami fut Sidney, son premier protecteur, le comte de Leicester, son premier ouvrage, le *Calendrier du Berger*. Dès cette époque, il avait déjà composé les trois premiers chants de la *Reine des Fées*. Il montra le manuscrit à un critique nommé Harvey, qui lui conseilla de brûler ses vers. Il n'est pas rare que le génie rencontre sur sa route de pareils donneurs d'avis; mais il est rare que le génie ait la simplicité de les croire. Spenser remit docilement son chef-d'œuvre en portefeuille; il accompagna à Dublin, en qualité de secrétaire, lord Grey de Wilton, vice-roi de l'Irlande. Ce seigneur, un peu plus tard, récompensa ses services par le don de Kilcolman-Castle, qui avait appartenu au fameux comte de Desmond : c'était un vieux château délabré, au milieu de terres incultes. Spenser s'y établit tant bien que mal, et y reçut la visite de Raleigh. Consulté à son tour sur les premiers chants de la *Reine des Fées*, Raleigh cassa le jugement de Harvey et pressa le poète de donner son œuvre au public. Cette publication fut le but d'un voyage à Londres, que Spenser entreprit en 1590. En dix années, que de changements s'étaient accomplis ! Sidney avait disparu. Essex régnait, à la place de Leicester, sur le cœur d'Elizabeth. A la floraison littéraire de 1580 avait succédé un rapide et magnifique épanouissement. Raleigh conduisit Spenser dans ces réunions dont il avait pris l'initiative, et où gens de lettres, gens de théâtre et gens de cour faisaient assaut d'esprit. A la taverne de la *Sirène*, Spenser put entendre Shakespeare. Lui-même était peu fait pour briller en pareille compagnie. Pourtant, si quelque chose avait pu triompher de la timidité du poète, c'était l'accueil fait, en ce moment même, à son ouvrage. La reine en avait accepté la dédicace, où Spenser la saluait du nom d'Impératrice. Rien ne manquait au succès de la *Reine des Fées*, pas même d'avoir déplu au ridicule roi d'Écosse. Ce prince avait très faiblement protesté contre l'exécution de sa mère. Sa susceptibilité filiale s'émut en voyant Marie Stuart travestie dans une épopée. Il ne parlait de rien moins que de faire un procès à Spenser.

En 1591, nous retrouvons le poète de retour à Kilcolman, travaillant avec ardeur à l'achèvement de son œuvre. Les chants suivants parurent en 1597, et, bien qu'inférieurs à leurs aînés, excitèrent encore plus d'enthousiasme. Spenser avait rencontré, dans son union avec une femme de condition médiocre, sinon le bonheur, du moins la paix du foyer. Plusieurs enfants étaient venus peupler la solitude de Kilcolman. Tout à coup, un soulèvement populaire éclata. Les paysans insurgés incendièrent le château. Spenser put, à grand'peine, s'enfuir avec sa famille, laissant derrière lui, — au dire de quelques biographes, — un petit enfant qui périt dans les flammes. Arrivé à Londres sans ressources et le cœur brisé, il y mourut au bout de quelques jours. On l'enterra à Westminster, auprès de Chaucer, et l'on grava de détestables vers latins sur la tombe de celui qui avait écrit de si beaux vers en anglais.

La Reine des Fées.

Peut-être a-t-on un peu exagéré, depuis un demi-siècle, le mérite de Spenser. Une sorte de vanité s'attache à la lecture des anciens poètes. Tel, qui comprend à peine Spenser, feint de le goûter. Tel, qui ne le comprend pas du tout, se répand en lyrique enthousiasme. La vérité est que l'intelligence de ces poèmes est aujourd'hui difficile. Elevé en province, Spenser écrivait dans une langue un peu surannée, qui retardait de vingt ou trente ans sur celle que l'on parlait et que l'on écrivait dans la capitale. Par la pensée plus encore que par la forme, l'auteur de la *Reine des Fées* est plus vieux que son temps. On ne trouve en lui aucun de ces traits qui annoncent l'homme moderne chez ses deux illustres contemporains, Shakespeare et Bacon. Il n'offre pas les caractères de la Renaissance au même degré que Sidney, son brillant ami. Pour dire le mot, Spenser est gothique. Son art, son tour d'esprit, le rapprochent des conteurs qui ont fleuri avant Chaucer. On le verra tout à l'heure par le plan bizarre de son grand poème, et surtout par ce goût pour l'allégorie, qui finit par absorber toutes ses facultés poétiques.

Tant qu'il ne s'est pas donné tout entier à l'allégorie, il s'est ignoré, il a été médiocre et banal. Il avait commencé par se traîner sur les traces des poètes bucoliques, pensant peut-être qu'il suffisait d'aimer la campagne pour écrire des églogues. Mais ce qu'il aimait aux champs, ce n'était pas l'odeur des foins ni le chant du coq, c'était l'impalpable poésie de la solitude, ce demi-sommeil des jours d'été, bercé par les mille bruissements de la forêt et peuplé, par l'imagination, de visions étranges. Bien qu'artificielle, l'églogue renferme encore une robuste et rustique réalité. Or, le génie de Spenser n'était point fait pour prendre corps à corps la réalité. Aussi s'épanouit-il plus librement dans les *Visions de Pétrarque* et de *Du Bellay* que dans le *Calendrier du Berger*. Il trouve enfin son vrai cadre dans la *Reine des Fées*.

Il faut indiquer, d'abord, l'économie de ce vaste poème. Il devait se composer de douze livres : six seulement nous sont parvenus. Ce sont autant de petites épopées distinctes, consacrées chacune à mettre en lumière une vertu, telle que la justice, la tempérance, la chasteté, etc. Voici quel lien fragile devait réunir ces parties différentes de l'œuvre. Le roi Arthur se rend à la cour de la reine des fées, dont il est devenu amoureux. Là, se trouve une belle damoiselle :

douze chevaliers se disputent sa main, et, pour la mériter, courent les aventures chacun de leur côté. Aux aventures de ces douze chevaliers répondent les douze livres du poème; et, comme si ce n'était pas encore assez pour rendre hommage aux vertus du nombre douze, chaque livre est divisé en douze chants. L'allégorie est double : en même temps que chaque personnage symbolise une qualité ou un vice, il représente une figure historique. Une clef serait ici nécessaire pour nous apprendre que sir Artegal est lord Grey de Wilton, que l'horrible sorcière Duessa est Marie Stuart, qu'Elizabeth se reconnaissait dans la majesté de Gloriana aussi bien que dans la fraîcheur de Belphœbé. A déchiffrer toutes ces énigmes, on risquerait de perdre son temps et sa peine. Envisagées comme des portraits, les figures de Spenser n'ont point de valeur : les préjugés et les passions du temps, que le poëte endosse avec plus de naïveté que de fanatisme, nous les rendent méconnaissables.

Le symbolisme historique étant mis de côté, reste l'allégorie morale. Hallam fait, sur ce point, une observation qui, dans sa bonhomie et sa platitude, risque de sembler juste. « Donnez, dit-il, aux créations allégoriques des noms tirés du grec, et vous aurez des personnages ordinaires. » Comprendre ainsi l'allégorie, c'est la supprimer. L'observation d'Hallam s'applique peut-être à la partie vulgaire, réaliste, des fabliaux et des moralités. Elle est impuissante à rendre raison de l'admirable symbolisme des arts gothiques, des fantaisies d'Albrecht Dürer ou d'Holbein, comme des rêves de Spenser. Non, une allégorie n'est pas une créature humaine qu'on affuble d'un nom mythique, c'est une idée à peine revêtue de chair, une abstraction qui a pris assez de réalité pour que nos sens les plus subtils, la vue et l'ouïe, croient la voir et l'entendre, mais qui s'évanouirait devant un grossier contact. Elle glisse au lieu de marcher; elle n'agit point. Elle pose un moment devant notre imagination, comme les fantômes de nos rêves, souvent plus beaux que la vie, et demeure, comme eux, éternellement vaporeuse et flottante. Au quatrième chant du premier livre de la *Reine des Fées*, passe devant nous le carrosse de la reine Orgueil, traîné par six bêtes inégales, un âne que monte Paresse, une truie conduite par Gourmandise, un chameau auquel se cramponne Avarice, un bouc sur lequel chevauche Luxure, enfin le loup qui porte Envie, et le lion qui entraîne Colère. Satan, monté sur le siège du cocher, fouaille à tour de bras l'attelage disparate, qui galope sur un champ de crânes humains, pendant qu'Orgueil, renversée sur ses coussins, traverse, sans les voir, les foules qui l'acclament. Rien de tout cela n'est vivant : c'est une vision grimaçante comme celles qui tapissent, à Bâle, la salle du Concile. En traçant cette lugubre et moqueuse esquisse, Spenser est encore inspiré par le génie du moyen âge. Lorsqu'il s'agit de peindre ces paysages surnaturels où nous promènent quelquefois nos songes heureux, et ces formes délicieusement belles qui les animent, Spenser ne se souvient plus d'aucun maître, si ce n'est peut-être de Platon. Il n'imite plus et il est inimitable.

Voici d'abord l'Innocence sous les traits d'Una, face angélique, au teint de lis, aux membres délicats, qui n'a qu'à dérouler sa chevelure d'or pour illuminer l'ombre autour d'elle, et dont la vue attendrit jusqu'au lion affamé. La Volupté, c'est Acrasie, « couchée sur un lit de roses, comme si la chaleur l'accablait; son corps d'albâtre paraît encore plus blanc sous le voile d'argent et de soie qui le couvre, ou plutôt qui le découvre. Son sein de neige est une proie offerte aux regards avides, qui ne peuvent s'en rassasier. Des gouttes, claires comme le nectar, naissent de sa délicieuse fatigue, et, pareilles à des perles d'un pur orient, glissent sur ses membres... Une chaude langueur humecte, sans l'éteindre, le rayon de ses beaux yeux : ainsi, la lumière des étoiles paraît plus brillante lorsqu'elle se réfléchit sur les vagues silencieuses. » L'ardente image fait place à une figure bien différente : c'est la sereine et dédaigneuse virginité de Belphœbé. Son visage, clair comme le ciel, ne semble point de chair. Toute sa personne distille l'ambroisie, et le souffle qui s'échappe entre les perles et les rubis de sa bouche guérirait les malades, ranimerait les morts. Ses yeux brillent comme ceux d'Acrasie, mais « leur flamme est empruntée à un foyer céleste, et le dieu aveugle a tenté vainement d'y allumer ses feux impurs. Son front est une tablette d'ivoire sur laquelle sont inscrits les triomphes de l'amour vainqueur. » Ce noble front est le temple « où résident l'honneur et la vertu [1]. »

Tels sont les fantômes féminins de Spenser. Ceux qui les accusent de manquer de vivacité dans l'action, de vraisemblance dans les sentiments, de variété dans les attitudes, reprochent précisément à Spenser ce qui fait son originalité. Heureusement pour l'auteur de la *Reine des Fées*, ses contemporains ne s'y trompèrent pas. Alors, un pauvre soldat de fortune, un simple clerc de procureur, un humble apprenti de la Cité, possédaient, pour jouir de la poésie sous toutes ses formes, des sens refusés, de nos jours, à de laborieux et savants critiques. Dans cette ardente jeunesse, où fermentait l'instinct du beau, Una et Belphœbé éveillèrent la divine rêverie, comme Juliette et Desdémone faisaient vibrer la passion vivante.

---

[1]. En regard de cet éblouissant portrait, placez la reine Elizabeth telle que l'a vue et décrite Hurault de Maisse, l'ambassadeur de Henri IV. La Reine se reconnut sans peine dans Belphœbé et accorda 50 livres de pension au poète.

CHAPITRE VII

L'AGE D'ÉLIZABETH. LES PROSATEURS : BACON

Sir W. Raleigh. Sa vie. Son *Histoire universelle*. — Vie de Bacon. — Classification des œuvres de Bacon. — Bacon historien et moraliste. — Philosophie de Bacon. — Les théologiens. Hooker. — L'*Anatomie de la mélancolie*, de Burton.

Sir W. Raleigh — Sa vie. Son *Histoire universelle*.

Pour passer de la poésie à la prose, Raleigh offre une transition naturelle. Il est à la fois prosateur et poète. Que n'a-t-il pas été ? Courtisan, marin, soldat, orateur, industriel, physicien, philosophe, historien, homme d'État, et, de plus, ce à quoi nul ne songeait au seizième siècle, chimiste, économiste et publiciste. Il a touché à tout pendant le cours de cette vie si remplie, dont la partie la plus étonnante est peut-être celle qui s'est écoulée dans une prison. Il se présente devant nous avec deux caractères, rarement réunis, l'universalité et l'invention.

Nous l'avons vu caché, pendant la Saint-Barthélemy, dans la maison de l'ambassadeur Walsingham, en compagnie de son ami, Philip Sidney. Un peu auparavant, il avait assisté à la bataille de Moncontour, où il combattait avec les troupes de Navarre. Plus tard, on le trouve aux Pays-Bas, dans les rangs des Hollandais. Ainsi, il débute en servant la liberté religieuse et la liberté politique. Il se distingue ensuite en Irlande et devient gouverneur de Cork.

C'est au retour que se place l'anecdote si connue, que Walter Scott a enchâssée dans un de ses plus beaux romans. Raleigh, encore inconnu à la cour, se trouve sur le passage d'Élizabeth ; la Reine hésite à mettre le pied sur un endroit fangeux. Le jeune capitaine y jette, comme un tapis, son beau manteau de velours tout neuf, le seul que possède le pauvre aventurier. La Reine sourit et passe. Le manteau de Raleigh est gâté, mais sa fortune est faite.

Comment soutenir un si brillant début? Se poser, comme tant d'autres, en platonique amoureux de la reine? N'est-ce pas là une dangereuse impertinence? Avec cette naïveté rusée que le diable inspire aux ambitieux novices, il consulte la reine elle-même, en gravant ce vers sur une vitre avec un poinçon :

Je voudrais bien monter, mais la chute est à craindre.

Et le poinçon de la reine lui donne immédiatement la réponse et la rime :

Hé! reste donc en bas et cesse de te plaindre.

Raleigh comprit et grimpa le plus haut qu'il put. Quoi qu'il en soit de cette légende, trop piquante pour être jamais oubliée, la faveur du jeune officier fit des progrès rapides, puisqu'on le chargea de reconduire à Anvers le duc d'Anjou. La déconfiture de ce prétendant royal devait être un spectacle agréable pour le soupirant sans conséquence qui ne pouvait rien espérer, et ce n'est pas peut-être sans un raffinement de coquette bienveillance que la reine avait chargé Raleigh de cette mission. Il savait se tenir à sa place et observer les égards nécessaires envers les favoris qui occupaient le premier rang. Il plaisait à la fois à Leicester et à Essex. D'ailleurs, son humeur aventureuse venait au secours de son intérêt de courtisan, et il allait chercher au bout du monde une faveur manquée dans l'antichambre royale. Un premier voyage le conduit à Terre-Neuve en 1583. L'année suivante, il découvre une vaste et fertile province à laquelle il donne, en l'honneur d'Élizabeth, le nom de Virginie. Un peu plus tard, il ira chercher vers le pôle le fameux passage Nord-Ouest, dont il a pris d'avance possession par un brevet et qui ne s'est ouvert que de nos jours. On le verra dans l'Amérique du Sud et dans les mers de l'Afrique. Il a colonisé la Virginie; il a un plan pour repeupler et faire fleurir l'Irlande; il défend les côtes anglaises, menacées par l'invasion espagnole; il a le temps d'être membre du Parlement, d'étudier la législation sur les baux et les fermages, de lire les anciens, de faire des vers, de vendre du vin et de planter du tabac. En effet, outre d'immenses domaines en Irlande, Élizabeth lui a donné le monopole de l'importation des vins et le droit exclusif de débiter la fameuse plante de Virginie, à laquelle le public prend goût. Les dames de la cour s'avisent elles-mêmes de fumer, et cette mode enrichit Raleigh. « L'argent des autres s'en va en fumée, lui dit la reine, et votre argent, à vous, vient de la fumée. »

Tout marche donc au gré des désirs de l'ambitieux Raleigh. Un instant compromis par son intrigue avec la fille d'un proscrit, Élizabeth Throgmorton, il emploie, pour reconquérir la faveur royale, son moyen ordinaire, il va courir les aventures dans l'autre hémisphère. Au retour, il est vice-amiral et assez fort pour lutter d'égal à égal avec Essex; il reste seul maître du terrain quand celui-ci s'est perdu par ses folies. Mais le triomphe de Raleigh n'est pas de longue durée. La mort d'Élizabeth le livre, comme tous les ennemis d'Essex, à la malveillance du nouveau roi et de son entourage. Il est enfermé à la Tour, condamné à mort sur une accusation absurde. Alors, sous le coup d'une exécution capitale, sans cesse ajournée, commence cette longue détention que Raleigh occupe si noblement. Dans cette prison, où sa femme l'a rejoint, il devient père, il fait des découvertes, il compose un ouvrage qui atteste d'immenses lectures; il agit encore sur l'opinion et sur le gouvernement. En 1616, il achète sa liberté quinze cents livres à un des favoris de Jacques : ce qui n'empêche pas ce prince de le faire exécuter un peu plus tard, en vertu de l'ancienne sentence, et pour complaire à l'Espagne.

A vrai dire, Raleigh n'est pas un poète : c'est un homme d'esprit qui fait des vers. On peut en juger par la *Réponse de la nymphe au berger*. Marlowe, que nous retrouverons au chapitre suivant, avait fait parler le berger, qui invite la nymphe à venir partager sa solitude. Il lui promettait ce que promettent tous les bergers d'églogue : une robe « faite de la laine fine d'un tout jeune agneau », un lit de roses, un manteau de myrtes, un amour éternel, assaisonné « de tous les plaisirs que recèlent le bocage et la plaine, la colline et le vallon, le bois et la montagne, » tandis que « le bruit des cascades accompagnera les madrigaux des oiseaux chanteurs. » La nymphe répond. Comme elle aimerait toutes ces jolies choses si elles devaient durer ! Mais, quoi ! des myrtes, des roses ? « L'automne les flétrit, le torrent d'hiver les emporte...... Ah ! si la jeunesse était immortelle, si l'amour n'avait jamais faim, si le plaisir n'avait point d'âge, ou l'âge point de défaillances, alors, certes, alors, je serais ta maîtresse. » S'emparant du vers qui termine tous les couplets du berger, elle le retourne avec malice pour en faire le refrain des siens. Autant l'imitation antique est vague, conventionnelle et banale chez Marlowe, autant, chez Raleigh, le sentiment moderne est fin, précis et moqueur, sans cesser d'être poétique.

Ce n'est là, cependant, qu'un badinage. Un souffle plus sévère anime la *Mission de l'âme*, la première en date, peut-être, de ces allégories douloureuses, souvent bizarres, quelquefois charmantes, où se complurent les poètes métaphysiques de l'âge suivant. L'auteur s'adresse à l'âme et la charge d'un triste message. Qu'elle pénètre partout, à la cour, dans l'église, dans le sanctuaire de la science, comme dans celui de la justice ; qu'elle s'adresse à la beauté, à la charité, à la sagesse, aux prétendues grandeurs et aux fausses vertus de ce monde ; qu'elle leur dise à toutes : Vous n'êtes que mensonge ! L'âme seule peut parler ainsi, car c'est en vain qu'on essayerait de faire taire ou de frapper à mort cette étrangère, qui ose accuser d'hypocrisie toutes les puissances de la terre.

Il n'est pas absolument certain que ce morceau soit de Raleigh, mais beaucoup de critiques sérieux le lui attribuent, et nous croyons avec eux qu'il a été écrit dans l'enceinte de la Tour de Londres, à laquelle il semble avoir emprunté quelque chose de sa tristesse.

C'est là que Raleigh composa aussi son *Histoire universelle*. Cette œuvre, trop peu connue des modernes, ne manque ni de philosophie, ni de critique. La philosophie, c'est celle de Bossuet, celle qui reconnaît et admire le doigt de Dieu dans les vicissitudes des empires et dans le cours des volontés humaines. La critique de Raleigh pressent bien des découvertes récentes; sur ce terrain, comme sur tous les autres, il est un précurseur. Il faut ajouter que Raleigh peint en artiste les grandes scènes de l'histoire, et juge en politique les grands acteurs qui y jouent un rôle.

Cette histoire débute par une dissertation de métaphysique religieuse, qui s'attaque hardiment à toutes les difficultés de la Genèse et prétend les expliquer toutes. Elle passe en revue tous les peuples depuis leur origine, et s'arrête à la conquête de la Grèce par les Romains. Lorsque Raleigh termina cette première partie, — la seconde ne devait jamais être écrite, — son protecteur, auquel l'ouvrage tout entier était dédié, le prince Henri, venait de mourir. La plume tomba en quelque sorte des mains de l'auteur, et la perte du jeune prince lui inspira ces hautes et religieuses pensées, si bien d'accord avec toute la morale de l'ouvrage, dont elles demeurent la conclusion dernière :

« J'ai considéré, dit Salomon, toutes les choses qui sont sous le soleil, et j'ai trouvé que tout était vanité et tourment d'esprit. Mais qui veut croire cette vérité, tant que la mort ne vient pas l'enseigner? C'est la mort qui, en ouvrant la conscience de Charles-Quint, lui persuada d'enjoindre à son fils Philippe la restitution de la Navarre. C'est la mort qui inspira à François, roi de France, de faire justice des bourreaux de Mérindol et de Cabrières, oubliés par lui jusque-là. C'est donc la mort seule qui oblige soudainement tout homme à se connaître. Aux orgueilleux et aux insolents, elle révèle leur abjection, elle les humilie, elle les réduit aux larmes, au repentir, et va jusqu'à leur faire détester leur prospérité passée. Elle démontre au riche, chiffres en main, qu'il n'est qu'un mendiant dénué de tout, qui ne possède rien, hors le sable qui remplit sa bouche. Elle présente le miroir aux plus beaux, les force à voir leur pourriture et leur laideur, et ils la confessent..... O Mort, tu es éloquente, tu es juste, tu es puissante; ce que nul n'oserait suggérer, tu l'imposes; ce que nul ne tenterait, tu l'accomplis; ceux que le monde entier a flattés, tu les chasses du monde avec mépris. Tu accumules en un monceau toutes les grandeurs, toutes les vanités, toutes les cruautés, toutes les ambitions, et tu jettes sur tout cela deux petits mots : *Hic jacet.* »

Vie de Bacon.

Francis Bacon était le fils de l'habile garde des sceaux, qu'Élizabeth traitait avec une affectueuse familiarité. Un jour qu'elle lui rendait visite dans sa maison de Redgrave, dont elle-même lui avait fait présent : « Sir Nicholas, lui dit-elle, votre maison est trop petite pour vous. — C'est Votre Majesté qui m'a fait trop grand pour ma maison. » Peut-on s'étonner que le fils d'un tel homme ait brillé par son esprit de repartie? La mère de Bacon n'est pas moins intéressante à connaître, pour ceux qui recherchent la généalogie intellectuelle du génie. C'était une des filles de sir Anthony Cooke, citées toutes les cinq comme les prodiges de leur temps. A l'égal de ses sœurs, elle était bonne helléniste, excellente théologienne, sans nul pédantisme. Ses lettres à son fils montrent un esprit clair, fin, sensé, pratique, qui descend aux détails sans s'y perdre.

A vingt-quatre ans, Bacon devenait membre du Parlement, et signait, en cette qualité, la supplique par laquelle les communes priaient Élizabeth d'en finir avec la captive de Fotheringay. L'argument mis en avant était ce vulgaire et criminel argument qui a coûté la vie à Louis XVI : il s'agissait « d'intimider les conspirateurs du dedans et les ennemis du dehors ». Ce vote fut la première faute de Bacon, mais on excusera peut-être un jeune homme de vingt-quatre ans de s'être trompé avec sa nation et avec son temps. Il prit bientôt part à de plus glorieux et à de plus féconds débats. Mémorables discussions où un Burleigh et un Cecil, un Raleigh et un Fulke Greville, un Cooke et un Bacon échangeaient leurs lumières et leur expérience ! Elles honoreraient, encore aujourd'hui, l'un des plus beaux âges de l'éloquence anglaise, si le scribe indolent, chargé de les recueillir, nous avait légué autre chose que des procès-verbaux écourtés et sans vie. Bacon, du moins, a pris soin de sauver ses discours. Nous l'y voyons toucher, non seulement aux questions de son temps, mais aux problèmes que le nôtre n'a pas encore résolus. Il entrevoit la redoutable question agraire et esquisse un plan pour l'extension des terres arables. Un peu plus tard, il rêve un vaste projet de codification, qui doit assurer l'unité dans la loi et dans l'administration de la justice : réforme salutaire et urgente qui a attendu sa réalisation jusqu'en 1873. Pour faire accepter ses idées, pour dominer une assemblée délibérante, il est armé de toutes les ressources de la rhétorique ; il y joint l'art de causer à la tribune et d'égayer par des anecdotes, finement contées, la dialectique oratoire. Tous ces dons réunis font de lui un *leader*, dans une Chambre où ne manquent ni les beaux-esprits ni les grands talents.

Bien vu de la reine, écouté du Parlement, comment se fait-il que Francis Bacon, à quarante-sept ans, fût encore simple avocat ? Il avait trouvé dans son parent Cecil un patron jaloux. Il rencontra dans le comte d'Essex un protecteur sincère, mais maladroit. Un jour arriva où cet appui devint dangereux. Lorsque les visées du favori ne furent plus un secret pour personne, Bacon se sépara de lui et fit bien. Mais, ni son devoir de sujet, ni son devoir d'honnête homme, n'exigeaient qu'il composât, contre son ancien ami, un réquisitoire, payé douze cents livres, et qui fit tomber la tête d'Essex.

A l'avènement de Jacques, une proscription commune enveloppa tous ceux qui avaient trempé, de près ou de loin, dans la mort du favori. Bacon échappa à cette proscription en se retournant avec souplesse et en s'attachant à la fortune de Carr, puis à celle des Villiers. Il entra dans la filière des grandes charges, qui le conduisirent, en 1620, au poste de grand chancelier. En même temps, le roi le faisait successivement chevalier, puis baron Verulam, puis vicomte de Saint-Albans. Voici Bacon à l'apogée de sa carrière, disposant d'immenses revenus, qui lui permettent de donner cours à son goût pour le faste et d'entasser, dans sa splendide demeure de Gorhambury, les curiosités et les richesses. C'est à ce moment qu'éclate contre lui un orage amassé par l'envie, et qu'il descend du sac de laine au banc des accusés.

De quoi était-il coupable? D'avoir reçu, comme juge, l'argent des plaideurs. Il est indispensable de se rappeler que cet usage était alors général, non seulement en Angleterre, mais en France, et parmi les autres nations du continent. Les honoraires du juge étaient alors dans les mœurs, comme aujourd'hui les honoraires de l'avocat. Il est vrai que différentes voix s'étaient déjà élevées contre cette coutume, et, dans sa jeunesse, Bacon, défenseur prévoyant d'un abus dont il comptait profiter un jour, avait justifié la vénalité du juge par dix-neuf raisons. On rougit d'avouer que, parmi ces dix-neuf raisons, il en est deux ou trois qui paraissent bonnes : tant il est vrai que le sophisme peut prendre parfois l'honnête figure d'une vérité. Suivant la morale du temps, les magistrats étaient coupables seulement s'ils acceptaient des cadeaux avant la fin d'un procès. Bacon avoue avoir commis cette faute en deux ou trois circonstances. Sur sept mille arrêts rendus pendant qu'il était chancelier, on en releva vingt-deux qui semblaient entachés de corruption. Encore, sur plusieurs de ces chefs, l'accusation tomba-t-elle devant les explications du prévenu. La Chambre des pairs n'en condamna pas moins lord Bacon à payer 40 000 livres et à être enfermé à la Tour « tant que ce serait le bon plaisir du roi. » Jacques s'empressa d'user de cette faculté en ordonnant l'élargissement de l'ex-chancelier. Peu après, il lui fit remise de l'amende. « Grâce à Votre Majesté, écrivit Bacon au roi, je puis mourir et faire un testament. » Par ce testament, il léguait son corps à la terre, son esprit à la postérité et aux nations étrangères.

Bacon demeure un personnage à double face, une énigme pour le moraliste et l'historien. Un de ses modernes successeurs, le chancelier Campbell, l'a traité comme les vulgaires malfaiteurs d'Old-Bailey. Un biographe plus récent lui décerne une réhabilitation triomphale. Entre ces deux extrêmes, on serait tenté d'adopter cette forme de jugement mitigé, que la loi anglaise ne connaît pas, et qu'admet la loi française; on accorderait volontiers à Bacon le bénéfice des *circonstances atténuantes*. Quoi qu'il en soit, on ne réconciliera point en lui le penseur sublime et l'intrigant sans scrupule. On ne le lavera point du reproche d'avoir immodérément aimé les places et l'argent, deux passions qui, de son temps, coûtaient encore plus cher qu'aujourd'hui à la conscience de ceux qui en étaient atteints. Détournons les yeux de cette vie pleine de faiblesses et d'ombres, pour les porter vers ces œuvres où rayonne le bienfaisant éclat du génie.

Classification des œuvres de Bacon.

On peut classifier les ouvrages de Bacon de deux façons différentes, soit au point de vue des matières qu'ils traitent, soit au point de vue de la langue dans laquelle ils sont écrits. La première de ces deux classifications nous paraît la plus logique; quoique les écrits latins de l'illustre chancelier ne rentrent pas, au premier abord, dans le plan de cette histoire, il nous paraît impossible de les séparer de l'ensemble de son œuvre. Nous partagerons donc ses travaux en trois catégories : 1° ceux qui touchent à la politique et à l'histoire nationale; 2° ceux qui sont purement moraux; 3° ceux qui traitent de sujets philosophiques ou scientifiques.

Bacon historien et moraliste.

Les œuvres historiques de Bacon n'appartiennent à l'histoire que par leur titre. Lorsqu'il racontait le règne des deux premiers Tudors, lorsqu'il composait une dissertation sur *Les bonheurs d'Élizabeth*, lorsqu'il écrivait un aperçu de l'état de l'Europe en 1580, c'était le courtisan ou le politicien qui tenait la plume. En 1625, il réunit, sous le nom d'*Apophthegmes*, les mots de divers personnages célèbres. Ce n'est pas là encore de l'histoire; tout au plus sont-ce des matériaux que l'histoire aurait tort de dédaigner.

Devant Bacon moraliste, il convient de s'arrêter un peu plus longtemps. Dans cet ordre d'idées, ses œuvres sont les *Essais*, les *Meditationes sacræ*, enfin la *Sagesse des Anciens*. Les *Essais* sont d'un homme qui a tout lu et beaucoup vu. Ce mélange d'érudition et d'observation est rendu encore plus piquant par une vivacité de style dont aucun autre contemporain n'offre l'exemple. On ne trouvera, dans les *Essais*, ni la bonhomie bavarde de Montaigne, ni le pittoresque et l'art consommé de la Bruyère, ni les lueurs effrayantes de Pascal, qui illuminent l'âme jusqu'au fond, ni la pudeur de Vauvenargues, qui la dévoile avec une exquise délicatesse. C'est plutôt une morale tempérée, moitié mondaine, moitié chrétienne, La Rochefoucauld sans l'amertume, Massillon moins l'onction épiscopale. Passons une revue rapide de ces *Essais*, en nous arrêtant un instant à ceux qui appellent l'attention. *La Vérité. La Mort* : « Les hommes ont peur de la mort comme les enfants ont peur d'aller dans les ténèbres : terreur naturelle qui est augmentée chez les uns et chez les autres par les contes qu'on leur en fait. » *L'unité de l'Église. Le Mariage et le Célibat* : « Une épouse, c'est une maîtresse quand on est jeune, une compagne dans l'âge mûr, une garde-malade quand on est vieux. » *L'Amour. L'Envie. Des grands emplois* : « Les hommes qui occupent de grandes places sont trois fois esclaves : esclaves du prince, esclaves de la gloire, esclaves des affaires. De sorte qu'ils ne sont libres ni de leurs personnes, ni de leurs actions, ni de leur temps. Singulier désir qui porte les hommes à chercher le pouvoir en échange de leur propre indépendance, à vouloir disposer des autres en perdant le droit de disposer d'eux-mêmes ! » Tout cet essai est admirable quant au fond et quant à la forme, et tout entier dans ce tour désabusé et dégoûté qui nous plaît tant à nous, Français, bien que nous n'y soyons pas plus sincères que Bacon. En effet, qui écrit ces lignes ? Un vieillard revenu de tout ? Non, mais un homme de trente-cinq ans, désespéré de n'être rien encore et prêt à tout pour monter. *La Noblesse :* Bacon l'admet, mais seulement comme un tempérament du pouvoir absolu. *Des Séditions :* renferme tout un programme politique pour le bonheur des peuples. *De l'Athéisme et de la Superstition.* Bacon dit hardiment et nettement : « Mieux vaut n'avoir aucune notion de la divinité que d'en avoir une fausse. » *De l'apparence d'être sages.* Très spirituel. Qu'on en juge par ce trait : « Il y a une grande différence entre un habile homme et un sage ; tel sait brouiller les cartes qui ne sait pas jouer. » *Sur la richesse.* Lieux communs à la Sénèque : la richesse est un *impedimentum* pour la vertu. On sait combien la vertu de sir Francis recherchait cet *impedimentum. Les Devoirs du juge.* Excellent. On peut en recommander la lecture aux magistrats de tous les temps et de tous les pays, en leur conseillant d'oublier que l'auteur a été condamné pour avoir manqué à ces mêmes devoirs.

Les *Meditationes sacræ* sont encore des essais. Mais les sujets en sont exclusivement religieux. Chacune a pour texte un verset de l'Écriture.

La *Sagesse des Anciens,* publiée en 1609, jouit, pendant longtemps, d'une grande vogue. Bacon y propose l'interprétation morale de différents mythes, tels que les Sirènes, le Sphinx, Proserpine, etc.

Philosophie de Bacon.

Nous avons vu brûler solennellement, dans le grand carré d'Oxford, les livres de Duns Scot. On avait donc fait un progrès, puisqu'on était revenu à Aristote, au maître lui-même, à son texte authentique, purifié des superfétations insensées et des gloses barbares. Néanmoins, la scolastique régnait encore dans les collèges. Elle avait survécu, en

Angleterre, au catholicisme, avec lequel elle s'était, pour ainsi dire, identifiée pendant toute la durée du moyen âge. Bacon n'avait que seize ans lorsqu'il prit en haine cette philosophie : c'est lui qui devait, avec notre Descartes, en délivrer le monde.

En 1605 parut l'*Advancement of Learning*, première esquisse de la philosophie de Bacon. L'auteur y commence par réhabiliter la science, que tant de folies et d'excès avaient rendue suspecte, non seulement à la masse des ignorants, mais aux chefs du gouvernement et de l'Église. On se prenait à douter qu'elle fût bonne à autre chose qu'à troubler les têtes et à enfanter les séditions. La science, telle que Bacon la conçoit, est utile, elle est nécessaire, parce qu'elle ne doit tendre qu'à augmenter le bien-être et la puissance de l'homme, en perfectionnant ses facultés et en lui assujettissant les propriétés de la matière.

Dans le second chapitre, Bacon examine ce qui a été fait jusqu'à lui pour le progrès de la science, et ce qu'il conviendrait de faire. Il envisage ces améliorations au triple point de vue des écoles, des livres et des maîtres. Puis, l'auteur considère séparément les différentes parties de la science. Tout d'abord, pour déblayer le champ où doit s'exercer l'intelligence, et prévenir à tout jamais ces procès de mitoyenneté entre la raison et la foi, qui ont paralysé pendant des siècles l'activité des penseurs, Bacon sépare la science divine de la science humaine. Quant à celle-ci, il la range sous trois chefs principaux : histoire, poésie, philosophie, qui correspondent aux trois parties de l'entendement : mémoire, imagination, raison. Car les divisions de la science doivent être les mêmes que celles de l'esprit. Suit une classification, dont le tableau ci-contre donnera une idée.

Ce tableau, qui tient de l'arbre généalogique et de la table des matières, rend sensibles, aux yeux et à l'esprit, la filiation et la coordination des branches diverses de la connaissance d'après Bacon. C'est, à ce qu'il nous semble, l'analyse la plus claire, sinon la plus complète, qu'on puisse offrir de l'*Advancement of Learning* :

CLASSIFICATION DES SCIENCES, SUIVANT BACON.

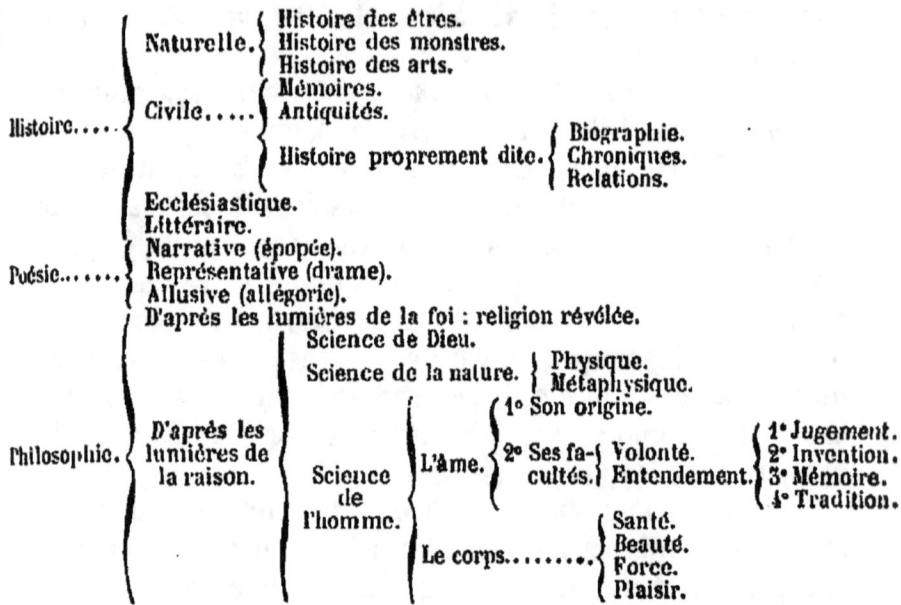

Ce traité fut plus tard transformé et traduit en latin par l'auteur lui-même, sous le titre *De Augmentis Scientiarum*. En frustrant sa langue nationale de l'honneur d'exprimer ses grandes pensées, Bacon obéissait à ce sentiment que nous avons vu se faire jour dans son testament. Il sentait que sa philosophie appartenait à l'humanité tout entière, et il voulait la lui léguer dans la seule langue qu'elle pût alors entendre, à une époque où les idiomes ne dépassaient guère leurs frontières naturelles. C'est aussi en latin qu'il avait résolu d'écrire l'*Instauratio magna*, ouvrage immense, dont le *De Augmentis* n'est que le prologue. L'*Instauratio magna* devait contenir six parties : 1° *Partitiones scientiarum*, une classification de toutes les branches de la connaissance humaine ; 2° *Novum Organum*, exposition des méthodes par lesquelles l'esprit peut atteindre à la vérité ; 3° *Phænomena universi*, essai d'une physique générale fondée sur l'expérience ; 4° *Scala intellectus*, contenant les règles de l'analyse, par laquelle l'esprit doit s'élever graduellement du particulier au général; 5° *Prodromi*, vérités provisoires, sur lesquelles il est nécessaire de s'appuyer et qui doivent être vérifiées *a posteriori* par l'analyse et l'expérience; 6° *Philosophia secunda*, application définitive et complète de la méthode inductive au vaste assemblage de faits réunis suivant les règles posées au livre deux et au livre quatre.

L'écrivain ne put réaliser ce plan gigantesque. La première partie, nous la connaissons déjà. La seconde, le *Novum Organum*, est le titre le plus solide de Bacon à la gloire. C'est là qu'il pose les règles de la méthode inductive et expérimentale, à l'encontre de la méthode déductive, qui avait prévalu pendant de longs siècles, et dont le principal instrument avait été le syllogisme. En même temps que Bacon fraye sa route à l'entendement, il le prémunit contre les erreurs inévitables qui doivent l'assaillir en chemin. De là, cette célèbre classification des Idoles de la Tribu, de la Caverne, du Forum et du Théâtre, véritable arsenal d'observations profondes et de lumineuses sentences, où le dramaturge pourrait puiser avec fruit aussi bien que le philosophe, et où le simple dilettante, qui s'amuse des curiosités de l'âme humaine, trouvera un étrange et délicat plaisir. Expliquons ces termes ingénieux et bizarres. Les Idoles de la Tribu sont les erreurs communes à l'humanité, cette grande tribu dont nous sommes tous les membres. La Caverne, c'est notre intérieur moral, c'est l'individu avec les circonstances de climat, de milieu, de religion, d'âge, dont il est la résultante et qui portent toutes avec elles une cause d'erreur. Les Idoles du Forum, ce sont les idées fausses qui circulent avec le langage, à cause des termes mal définis qu'on emploie sans les bien connaître. On se les passe de main en main, comme, sur le marché, des pièces de monnaie dont on ne s'est pas donné la peine de contrôler la valeur. Les Idoles du Théâtre sont ces erreurs philosophiques, nées de l'orgueil des systèmes, et parées, comme les comédiens, de mille oripeaux menteurs qui les déguisent et nous abusent.

Du troisième livre de l'*Instauratio magna*, nous ne possédons que quelques fragments, échantillons médiocrement heureux de la façon dont Bacon lui-même appliquait sa méthode; du quatrième livre, un simple abrégé; du cinquième livre, la préface seulement. Quant au sixième, Bacon n'en écrivit jamais une ligne. Pourtant sa gloire est complète, si son œuvre ne l'est pas. Il a rempli sa tâche jusqu'au bout. Quelle était cette tâche? Nul n'est mieux en état de la définir que lui-même, car nul peut-être n'a eu, au même degré que lui et dès le début de sa carrière, une pleine conscience de sa vocation. Voici en quels termes il se rend justice, aux dernières lignes de l'*Advancement of Learning*, qu'il adresse au roi Jacques :

« J'ai tracé en quelque sorte la mappemonde de l'univers intellectuel, aussi vraiment et aussi fidèlement que j'ai su le voir, en m'arrêtant à décrire les parties qui ne me semblent pas encore continûment occupées ou utilement cultivées par le travail humain. Si, en quelque point, je me suis écarté des opinions reçues, ce n'est pas en cherchant à renverser l'œuvre de mes devanciers, mais en m'efforçant de l'améliorer. J'ai travaillé dans un esprit d'amendement et de progrès, non dans un esprit d'innovation et de révolution. J'ai voulu, j'en conviens, aller plus loin que les autres, mais je ne désire rien tant que de voir d'autres aller, à leur tour, plus loin que moi. On le verra par la façon même dont j'ai proposé mes opinions, dans leur simplicité et leur nudité, sans faire effort pour obtenir du lecteur un préjugé en ma faveur, par la réfutation des opinions opposées. J'ai pu me tromper : les erreurs, je les réclame, je les revendique, elles sont miennes; le bien, s'il en est, je veux qu'il soit comme un agréable encens eu l'honneur de la majesté divine, et ensuite de la vôtre, à laquelle je suis, sur cette terre, plus profondément attaché qu'à toute autre. »

Nous n'avons rien voulu retrancher de cette belle page, pas même la génuflexion de courtisan qui la termine et qui la gâte : tout Bacon est dans cette sublimité et dans cette chute. Elle n'en donne pas moins l'exacte mesure du génie qui se juge lui-même.

Les anciens disaient que Socrate avait ramené la philosophie du ciel sur la terre. On ne s'en aperçoit guère en lisant certains dialogues métaphysiques de Platon; on serait souvent tenté de croire, avec Aristophane, que dans cette périlleuse descente, la philosophie était restée accrochée aux nuages. Si quelqu'un l'a ramenée sur la terre, c'est Bacon. Son esprit positif, utilitaire, — ces mots modernes s'imposent ici, — assignait à la science un but tout différent de celui vers lequel s'étaient dirigées toutes les spéculations de l'antiquité et du moyen âge. Il ne lui voyait d'autre objet que de mettre l'homme en possession d'une vérité immédiatement applicable à son bonheur dès cette terre. A cet objet nouveau devait correspondre une méthode nouvelle et un ordre nouveau de recherches. Définir cette méthode, en marquer les règles, en exposer les dangers, telle est la tâche qu'il se donna et qu'il accomplit : rien de moins, rien de plus. Il n'a pas fait une seule découverte, mais il n'est pas une découverte moderne qu'il n'ait préparée et pressentie. Il n'a pas inventé une philosophie, mais il a appris au genre humain à philosopher. En présence de ces *opera interrupta* qui composent l'*Instauratio magna*, de cette imposante construction, qui sort à peine de terre, on l'a comparé tout naturellement à un architecte qui, ayant entrepris d'élever un immense palais, n'a pu qu'en tracer le plan, en creuser les fondations et indiquer, par l'achèvement de quelques parties, le style de l'édifice total aux générations suivantes, chargées de le terminer. En effet, elles l'ont terminé, pleines de reconnaissance pour l'architecte primitif, quoiqu'elles aient dû démolir d'abord les seules parties qu'il eût complètement bâties.

N'oublions pas d'ajouter que la révolution de Bacon dans le monde intellectuel n'eût pas été toute bienfaisante si elle avait privé l'entendement de la méthode déductive, en même temps qu'elle l'enrichissait de la méthode inductive. Sans l'une ou sans l'autre, l'entendement est manchot : l'une lui sert à découvrir, l'autre lui sert à démontrer. Il était réservé à l'école de Port-Royal de réhabiliter la déduction compromise et le syllogisme corrompu, et peut-être de faire fructifier l'œuvre de Bacon en la complétant. Enfin, de nos jours, Stuart Mill a repris et porté à sa dernière perfection l'engin scientifique créé par l'auteur du *Novum Organum*. Ces réserves ne diminuent point notre dette envers lui, et il avait assurément le droit d'écrire : « Dans l'obscurité de la philosophie, j'ai élevé une lumière qui se verra encore des siècles après ma mort ».

Les théologiens. Hooker.

Si la polémique religieuse est à la mode sous le règne de la fille d'Henry VIII, cette faveur ne fait que grandir sous un roi théologien, — nous nous sommes bien gardé d'écrire : sous le roi des théologiens. Car Jacques est aussi médiocre dans ses écrits dogmatiques que dans ses théories politiques. Une autre raison explique mieux encore l'activité de la théologie officielle : elle est menacée de deux côtés, par Rome et par Genève.

Un simple recteur de village, Hooker, dépassa les autres champions de l'Église par la force de son argumentation, et surtout par sa facile éloquence. Il écrivit les *Lois de la politique ecclésiastique*, dont les cinq premiers livres parurent de son vivant, ce qui fait douter de l'authenticité des derniers, publiés seulement quelques années après sa mort. Hooker défendait avec talent une triste cause. Entre les partisans de la monarchie spirituelle et ceux de la démocratie religieuse, il préconisait la doctrine bâtarde qui remet à des mains temporelles l'investiture des pasteurs, et, par conséquent, la direction des intérêts du troupeau. Cette théorie était née, en Allemagne, du besoin que Luther et ses amis éprouvaient de s'appuyer sur la puissance séculière, en Angleterre, de la terreur qu'inspiraient les volontés d'Henry VIII. C'est à l'embellir, à la justifier par d'ingénieuses citations de l'Écriture et des Pères, à la purifier par toute la candeur de ses honnêtes sentiments, que Hooker a consacré sa carrière théologique. Son ambition était nulle, son influence a été grande et ses écrits demeurent encore, soutenus par un style naturel, animé, et dénué de pédantisme.

L'Anatomie de la mélancolie, de Burton.

L'Anatomie de la mélancolie, de Robert Burton, réclame une place à part. La mélancolie, qui n'était encore, chez Surrey, qu'une nuance fugitive, est devenue, chez Burton, une idiosyncrasie, une maladie qui dévore tout l'individu, jugement, mémoire, imagination. Lui-même s'en vante, ou s'en accuse, dans son épitaphe : « Ci-gît Démocrite le Jeune (son pseudonyme littéraire), auquel la mélancolie a donné la vie et la mort. » Burton était professeur à Oxford. On peut supposer que d'immenses lectures lui avaient brouillé la cervelle. Sa pensée, s'il en a une, disparaît sous l'amas de vêtements bigarrés dont il l'affuble ; sa phrase n'est qu'un torrent de citations. Il cite sans cesse, à propos de tout et hors de propos : prose, vers, antiquité, moyen âge, mathématiques, hermétique, cabalistique, tout lui est bon. Il fait surtout un effroyable abus des médecins du quatorzième et du quinzième siècle. Ce désordre est rangé de la façon la plus méthodique. « Il traite de la maladie en général, de la mélancolie en particulier, de sa nature, de son siège, de ses espèces, de ses causes, de ses symptômes, de son pronostic, de la cure par moyens permis, par moyens défendus, par moyens diététiques, par moyens pharmaceutiques. Selon la méthode scolastique, il descend du général au particulier, et dispose chaque émotion et chaque idée dans une case numérotée. Dans ce cadre, fourni par le moyen âge, il entasse tout, en homme de la Renaissance : la peinture littéraire des passions et la description médicale de l'aliénation mentale, les détails d'hôpital avec la satire des sottises humaines, les documents physiologiques à côté des confidences personnelles, les recettes d'apothicaire avec les conseils moraux[1]. » Il y a de tout dans son livre, même du bon sens !

---

1. Taine, *Histoire de la Litt. anglaise*.

Le pauvre Burton nourrissait la passion de l'astrologie. On le soupçonne de s'être tué pour ne pas faire mentir son thème de nativité, qu'il eut, du reste, le plaisir de faire graver sur sa tombe avec l'épitaphe citée plus haut. Il est l'un des plus anciens de cette famille de fous raisonnables, qui vont croître en nombre, à mesure que vieillit la civilisation anglaise. Ses écrits ne sont plus guère feuilletés aujourd'hui que par de rares amateurs, et par ces discrets maraudeurs qui ne se font pas scrupule de déshabiller les morts oubliés sur les champs de bataille littéraires. Burton est, de tous ces cadavres, le plus tentant, le mieux garni, le plus facile à détrousser. Son superflu a servi de nécessaire à bien des gens.

CHAPITRE VIII

ORIGINES DU DRAME.

Les *Miracle Plays*. — Les Moralités. — Les *Interludes*, Heywood et Bale. La Réforme. — Comédies et tragédies régulières. — Les théâtres primitifs. Le public. Les acteurs. — Naissance du drame national. — Lyly et Marlowe.

Une génération qui peut citer les noms de Spenser et de Bacon, — pour négliger les gloires secondaires, — tiendrait déjà une place honorable dans les annales littéraires. Mais ce qui fait de l'âge d'Élizabeth une époque à part, un moment privilégié dans l'histoire de l'esprit, c'est la floraison vigoureuse, soudaine, et pour ainsi dire spontanée, du drame national, qui, en moins de vingt ans, passe des bégayements de l'enfance à la maturité du génie, et que vingt autres années conduisent rapidement à la décrépitude. Abordons avec respect cette admirable période, et, pour la mieux comprendre, étudions les âges qui l'avaient précédée, les essais qui l'avaient fait pressentir, les sources longtemps humbles et obscures d'où le grand fleuve a jailli.

Il faut repousser d'avance toute idée d'une filiation littéraire, d'une de ces transformations lentes par lesquelles le *mystère* du moyen âge serait devenu la *moralité* du quinzième siècle, l'*interlude* contemporain de Henry VII et de Henry VIII, et enfin le drame moderne. La tragédie grecque est née dans le sanctuaire, elle s'est dégagée de l'hymne à Bacchus par une métamorphose insensible. On serait égaré par un semblant d'analogie, si l'on voulait assigner une origine pareille au drame shakespearien, en le faisant sortir de la nef des cathédrales gothiques. Il ne procède pas des tréteaux populaires du moyen âge. Il ne procède pas davantage de la comédie de Térence et de la tragédie de Sénèque, ressuscitées pour l'instruction de la jeunesse ou l'amusement d'une cour érudite, par les beaux-esprits du collège et de la basoche. Le drame shakespearien s'est, pour ainsi dire, engendré lui-même. Néanmoins, il est curieux et nécessaire de connaître quelles circonstances ont précédé et préparé son éclosion.

Les Miracle Plays.

La race anglaise ne semble pas avoir été moins avide de spectacles que la nôtre. L'Église, qui réglait alors en maîtresse absolue les devoirs et les plaisirs du monde laïque, toléra ce goût, s'y associa dans une certaine mesure et songea à l'utiliser pour l'édification et l'instruction des fidèles. Dès 1180, Fitz Stephen, dans sa description de Londres, fait mention de ces représentations de miracles, qui tiennent lieu de théâtre au peuple de cette grande ville. Les *miracle plays* correspondent à nos *mystères*. Ceux qui les jouent sont des acteurs de profession, formés en troupes ambulantes. Ils rencontrent un accueil différent, suivant la sévérité ou le relâchement des diocèses, suivant l'humeur des abbés ou des évêques. Ici, on leur livre, comme magasin d'accessoires, la sacristie avec tous les vêtements sacerdotaux. Ailleurs, on se contente de leur donner à manger en raison de leur pauvreté, mais on ne les admet pas à jouer devant les moines.

Les représentations coïncident avec les grandes fêtes religieuses qui ramènent les réjouissances populaires, avec la Noël, la Pâque, la Pentecôte. Où ont-elles lieu? Quelquefois dans l'église même. L'usage s'en perpétue jusqu'à la Réforme, et jusqu'à la Réforme exclusivement, comme le prouve l'interdiction prononcée à ce sujet par Bonner, évêque de Londres. Plus souvent, le pavé de la rue sert de théâtre, puisqu'on peut y entrer à cheval, comme le montrent certaines indications scéniques qui datent du temps. Peu à peu, la machine devient plus compliquée. On construit une plateforme, sous laquelle est ménagé un réduit où s'habillent les acteurs. Dans certaines villes, où les mystères sont montés avec plus de luxe, la plateforme a trois étages visibles. A l'étage supérieur, on aperçoit Dieu le père, entouré de ses anges. Au-dessous, sont rangés les saints, l'Église triomphante. A l'étage inférieur, l'Église militante, c'est-à-dire les hommes. Sur l'un des côtés est un grand trou, qui figure l'entrée d'une caverne : c'est l'Enfer. Des reflets rougeâtres s'en échappent avec les cris des damnés. De temps à autre, les démons sortent de cette caverne pour venir se mêler aux hommes et les tourmenter. Ainsi, cet échafaudage symbolique présente aux yeux des spectateurs le monde en raccourci et la religion en abrégé.

On a l'idée de la scène. Qu'on se figure maintenant le public, c'est-à-dire une vaste place, noire d'êtres humains, pétrifiés par l'émotion, la curiosité, l'admiration, par tous les sentiments qu'on porte à l'église et au théâtre; les fenêtres garnies de spectateurs; d'autres perchés, qui sur des chars, qui sur des arbres, qui sur des tréteaux élevés à la hâte; un religieux silence, interrompu par les sanglots et par les rires. Les *minstrels*, rangés sur les côtés, font entendre à certains moments un air de musique qui transforme le drame en opéra. Sur ce théâtre, et devant cet auditoire, se déroule le drame religieux de l'humanité, depuis la chute des anges et la création de l'homme jusqu'aux mystères de l'Incarnation et de la Rédemption. L'élément comique tient une large place. C'est le diable, le *Mauvais* (*the evil one*), comme on l'appelle par euphémisme, qui est chargé à la fois de faire peur et de faire rire. Il ne faut pas laisser oublier au chrétien que, tout méchant qu'il soit, le *duc d'Enfer* n'est plus qu'un pauvre diable de prince vaincu et impuissant, depuis que, conformément à la prophétie, le rejeton de la femme a écrasé la tête du serpent. Lorsque le Christ descend aux Enfers, — d'après la tradition consacrée par l'évangile apocryphe de Nicodème, — pour délivrer Adam, Ève, saint Jean-Baptiste et les prophètes, le pauvre Lucifer se plaint de rester seul et demande humblement à être emmené aussi. Le Christ refuse, et, pour consoler le diable, une marchande de Chester, qui est en enfer pour avoir vendu à faux poids toute sa vie, lui promet de lui tenir compagnie. Le *clown*, — sorte de paysan moitié malicieux, moitié stupide, qui vivra autant que l'art anglais, — fait déjà son apparition et tient tête au diable dans des duos comiques. Dans le mystère du *Meurtre d'Abel*, on voit Caïn dialoguer avec son garçon de charrue, qui lui conseille de fuir pour éviter les gens de justice; mais Caïn, au lieu de s'échapper, fait lui-même une parodie de proclamation au nom du roi, pour l'appréhension du meurtrier, et le garçon de charrue la répète après lui, avec des quiproquos plaisants, comme Petit-Jean dans les *Plaideurs*. Enfin, Caïn le renvoie à ses chevaux et à sa charrue, et, avant d'aller en enfer, prend congé poliment du spectateur.

Dans l'*Arche de Noé*, le personnage ridicule de la pièce est la femme du patriarche. Elle aime mieux être noyée que de quitter ses commères, *good gossipes*. Elle reste donc avec elles à causer et à boire jusqu'à ce que le flot monte. Deux de ses fils l'entraînent dans l'arche, et Noé vient à elle, prêt à se réconcilier. Elle l'accueille par un grand soufflet.

Le mystère des *Bergers* est envahi par la partie comique. Un certain Mak se mêle parmi ces bergers, qui vont bientôt saluer la venue de Notre-Seigneur. Il vole un mouton, l'emporte dans sa cabane, dont l'intérieur est visible dans un coin de la scène. Là, il le cache dans un berceau, où est censé dormir un enfant nouveau-né. Les bergers, qui soupçonnent quelque chose, viennent à la cabane de Mak et insistent pour voir l'enfant. Naturellement, ils découvrent le mouton volé. Mais la femme prétend encore que c'est un mauvais esprit qui a changé la forme de l'enfant.

On voit quelles bouffonneries, à la fois hardies et naïves, les auteurs anonymes des Mystères mêlaient aux grandes scènes de la Bible. Dans cette partie comique, si on l'examine avec attention, on verra autre chose que des farces grossières, on découvrira peu à peu un sentiment intense de la réalité, qui modernise la légende pour lui donner plus de vie. Caïn est un rôdeur, un *outlaw*, effronté, mais brave; les bergers ne sont pas des bergers d'églogue, mais de pauvres gens, mal vêtus, grossièrement nourris, couchant sur la dure, tourmentés par le froid et la faim, plus malheureux et presque aussi simples que leurs bêtes. Où sont les nuits lumineuses et tièdes de la Judée et de la Grèce? Qu'elle est longue et glaciale, cette nuit de décembre, dans les pays du Nord! D'un monde heureux et riant nous sommes tout à coup ramenés sur une terre où tout est effort et souffrance, où la vie est lourde et triste, et où la consolation ne peut venir que d'en haut.

Parfois le mystère se transformait, avons-nous dit, en une sorte d'opéra. Un des manuscrits du *Meurtre d'Abel* indique, à quatre reprises, l'intervention de la musique. Souvent aussi, la pièce se réduisait à une pantomime. L'*Arche de Noé* fut représentée devant Henry VII, lors de sa visite à Bristol, sans paroles, *without speech*. Ce fut l'origine des *dumbshows*, sortes de tableaux vivants qui se perpétuèrent jusqu'au temps de Shakespeare.

Les Moralités.

Semblables aux enfants qui demandent à entendre toujours le même conte, les hommes du moyen âge ne se lassaient point des mêmes spectacles. Avec un commencement de culture vint le goût de la variété. Les *Moral Plays* ou moralités, inspirés du même esprit que les mystères, élargirent le domaine du théâtre religieux. Leur champ était aussi vaste que la vie humaine. Ce qui distingue les moralités, c'est le caractère allégorique des personnages. Dans *Lusty Juventus* est peinte, avec énergie et même avec verve, la débauche d'un jeune homme qui vient d'hériter et qu'entourent des coquins de toute espèce, portant les noms de différents vices.

Le *Berceau de Sécurité* est une leçon donnée à la paresse et à la sensualité des rois. Le principal personnage est un souverain qui néglige ses devoirs et se plonge dans les plaisirs. On le fait dormir dans un berceau où il est attaché par des chaînes d'or que tiennent quatre jolies filles, qui le bercent en chantant. Soudain, un coup retentit à la porte. Courtisans et courtisanes s'évanouissent. Le roi s'éveille et se voit sous la garde de deux figures sévères et formidables, que Dieu a envoyées pour punir ses vices.

Dans *Hycke Scorner*, on voit Indépendance et Imagination, deux drôles qui courent le pays, mettant à contribution la bourse d'autrui et s'amusant jusque sous les verrous de Newgate. C'est la vie singulière et violente que menaient les bohèmes du seizième siècle, insouciants du fouet et de la torture, menacés du gibet pour un hareng volé, toujours prêts à rire, à mentir et à dérober, assaisonnant leurs plaisirs de querelles où le sang coulait et où il ne faisait pas bon jouer le rôle de pacificateur. Témoin le pauvre Pitié, qui, pour avoir voulu mettre le holà, voit toute la bande s'unir contre lui. A la fin, Indépendance et Imagination sont convertis par Persévérance et Contemplation, qui les emmènent au ciel. Indépendance gardera son nom : car il y a une sainte et vertueuse indépendance. Quant à Imagination, il s'appellera désormais Mémoire-du-Bien.

La prolixité, le pédantisme naïf de l'auteur, qui met dans la pièce tout ce qu'il sait, trahissent le manque d'art. Un personnage raconte qu'il a voyagé partout. En vingt-cinq vers, il nous énumère pêle-mêle tous les pays du globe, le Northumberland, la Tartarie, Cowes, dans l'Ile de Wight, Gênes et Babylone.

Le symbolisme des moralités n'est qu'une apparence. Indépendance, Imagination, Pitié, Persévérance, ne sont pas des vertus ni des vices, mais des hommes vicieux ou vertueux. Rien n'est plus concret, plus vivant, que ces prétendues abstractions. Leur nom générique n'indique qu'une chose : la recherche des types, qui est déjà, dans cette enfance du drame, le but inconscient et instinctif d'un art naissant. Ainsi s'accentue le sentiment réaliste que nous avons signalé dans les mystères ; ainsi se révèle une des vocations de l'esprit anglais : prêcher en amusant, déguiser un sermon sous la forme du dialogue ou du récit.

Les Interludes, Heywood et Bale. La Réforme.

L'esprit laïque gagne du terrain. En même temps, les troubles civils ayant cessé, la cour devient brillante, amie des plaisirs et des spectacles. La parcimonie de Henry VII modère ce goût, qui éclate avec une sorte de passion sous son successeur, le fastueux Henry VIII. Ce ne sont que *pageants*, processions, mascarades. Un genre nouveau est né, plus frivole et plus gai que les *moralités*. La satire y est plus âpre, la morale en est plus mondaine. C'est l'*interlude*, qui met en scène, non plus des allégories, des abstractions réalisées, mais des personnages de chair et d'os. Un souffle de volupté et d'élégance, qui circule d'un bout de l'Europe à l'autre et qui vient d'Italie, a pénétré jusque chez ces rudes Saxons, en même temps qu'un vent d'indépendance qui vient d'Allemagne. L'*interlude* hésite entre la mythologie païenne et la légende chrétienne, entre les douze grands dieux et les douze apôtres, entre Vénus et Marie, entre le Christ et Jupiter. Cette hésitation aboutit au doute universel et à la raillerie rabelaisienne de Skelton.

On peut citer, comme un exemple d'*interlude*, Les Quatre P... Les quatre P. sont le *palmer*, pèlerin, le *pardoner*, marchand d'indulgences, le *potecary*, apothicaire, et le *pedlar*, colporteur. Ces figures, bien connues du peuple anglais, sont mises en relief avec une vigueur extrême. Les trois premiers engagent entre eux une joyeuse discussion sur la question de savoir lequel de leurs métiers est le plus beau. Le *pedlar* survient : on le prend comme juge. Le prix appartiendra à celui qui dira le plus gros mensonge. L'apothicaire raconte une cure extraordinaire. Le marchand d'indulgences narre comment il est allé en purgatoire et jusqu'en enfer pour rattraper une âme que Satan avait déjà enfournée. Le pèlerin se contente de dire que, dans ses voyages, il a rencontré cinq cent mille femmes et qu'il n'en a jamais vu une en colère. On lui décerne le prix de mensonge par acclamation.

Le plus fameux auteur d'*interludes* est Heywood. Ardent catholique, il emploie son talent à défendre sa foi et surtout à attaquer les opinions de ses adversaires. Il traduit sur la scène Luther et Catherine de Bora, travestis d'une façon haineuse et grotesque. De son côté, Bale sert, dans ses ouvrages dramatiques, les intérêts de la Réforme et contribue à propager les idées nouvelles. Bale, curé d'une paroisse de Suffolk, devint évêque d'Ossory. Ses pièces ne sont qu'un mélange des mystères et des moralités, où les personnages symboliques coudoient les héros et les héroïnes de l'Ancien et du Nouveau Testament. La seule nouveauté de Bale est de donner un nom classique à cette chose gothique. C'est ainsi qu'il écrit une tragédie sur les promesses de Dieu, une comédie sur la tentation du Christ, une comédie sur la résurrection de Lazare. Après Bale, ses tristes élèves, parmi lesquels Arthur Golding. Ce dernier écrit une *Esther* dans laquelle on voit le fou de la cour, Hardy Dardy, buvant du vin de France. Malgré ces sottises, le drame religieux continue à réunir des auditeurs. Deux siècles après, en 1709, on représenta encore à Bath, devant une société fashionable, un Mystère sur la création du monde. Les acteurs étaient des marionnettes. Ainsi passa un genre de littérature qui avait passionné les foules pendant quatre cents ans.

Comédies et tragédies régulières.

C'était l'usage au seizième siècle, dans les écoles anglaises, lorsque revenaient certaines fêtes, de faire jouer aux élèves une comédie de Plaute ou de Térence. Nicholas Udall, principal à Eton et plus tard à Westminster, — peut-être pour éviter la licence des comédies latines, — eut l'idée de composer lui-même une pièce, à l'imitation de celles des auteurs romains. Cette pièce, appelée *Ralph Royster Doyster*, est la première comédie régulière en anglais.

Le héros est un bellâtre ridicule et poltron, qui a quelques traits de Falstaff. Il est amoureux d'une veuve appelée Christian Custance, qui se moque de lui. Un certain Matthew Merygreeke, rusé personnage, conduit la pièce. Nous le reconnaissons : c'est le parasite, le factotum qui protège les amours des jeunes premiers de Térence. Il exploite la sottise et la vanité de Royster Doyster et lui persuade que sa beauté séduit à première vue toutes les femmes. L'incident le plus important de la pièce est une certaine lettre d'amour rédigée par un écrivain public. Elle est faite de telle sorte qu'en la lisant d'une certaine façon elle ne contient que des injures, et, en rétablissant la ponctuation, ces injures redeviennent de doux propos. C'est là du comique de collège, fait pour être applaudi par des grammairiens. Le quatrième acte est assez animé et se termine par une lutte corps à corps entre Royster Doyster et une armée de femmes commandée par la veuve. Matthew Merygreeke, qui a donné le mot aux joyeuses commères, frappe à coups redoublés sur son patron, en feignant de viser Christian Custance. La pièce a pour dénouement le retour du fiancé de Christian, dont la jalousie a été un moment éveillée, mais qui finit par s'amuser plus que personne de la plaisanterie. La morale est qu'il faut être modeste, se méfier des flatteurs, et tenir compte de la ponctuation.

L'*Aiguille de la mère Gurton*, qui parut quatorze ans après *Royster Doyster*, est moins une comédie qu'une farce. Les personnages appartiennent à la classe la plus humble de la société. Gammer (abréviation populaire pour *Goodmother*) Gurton, en raccommodant les culottes de son mari Hodge, a perdu son aiguille. Une aiguille, en ces temps lointains, dans une pauvre maison de paysans, est quelque chose de rare et de cher. Après de longues recherches, Hodge découvre qu'elle est restée attachée au vêtement raccommodé. C'est en s'asseyant qu'il fait cette découverte et l'on devine le jeu de scène.

Vers ce temps, la tragédie faisait pompeusement son apparition sous les auspices des jeunes étudiants des *Inns of court*, qui représentaient devant la reine *Ferrex et Porrex* ou *Gorboduc*, par Thomas Sackville et Norton. Le plan de *Gorboduc* est une des choses les plus grotesques que l'on puisse rencontrer dans l'histoire littéraire. Au premier acte, le roi Gorboduc appelle ses conseillers et leur annonce le projet qu'il a de se démettre et de partager la Grande-Bretagne entre ses deux fils, Ferrex et Porrex. Les conseillers sont au nombre de deux. L'un est sage, l'autre n'est qu'un flatteur. Le flatteur approuve aveuglément, le sage critique la résolution royale. Naturellement, le roi persiste dans son projet. Au second acte, Ferrex est roi, Porrex l'est aussi. Ils ont chacun deux conseillers, un sage et un flatteur. Le flatteur attise la jalousie de son maître, le sage prêche inutilement la concorde. Au troisième et au quatrième acte, Ferrex est assassiné par Porrex; à son tour, Porrex est tué par sa mère, Videna. Le peuple, furieux, met à mort Videna et Gorboduc. Aucun de ces horribles évènements ne se passe sur la scène : tout est raconté par des messagers. Au cinquième acte, tous les conseillers réunis dissertent sur les inconvénients de l'anarchie. Les entr'actes sont égayés par des *dumbshows*, dont les gravures du temps nous ont conservé le curieux spectacle. Chacun de ces tableaux est un prologue muet qui annonce les évènements de l'acte suivant.

Quand cette tragédie parut, personne ne songea à en rire, personne ne remarqua le vide, la monotonie, la symétrie ridicule des scènes. Tout le monde jugea comme Sidney, qui écrit : « *Gorboduc* est plein de beaux discours et de magnifiques sentences, qui atteignent à la hauteur du style de Sénèque et prêchent, comme Sénèque, la plus pure morale. Or, n'est-ce pas le but de la poésie? ». Pour nous, nous ne reconnaîtrons à *Gorboduc* qu'un mérite : la clarté du style, exempt d'affectation ; ce style trop simple ne devait pas agréer longtemps à une génération avide de mouvement, de bruit et d'emphase. Et la seule qualité de cette pièce contribua plus que ses défauts à la faire tomber dans l'oubli. Une tragédie, également classique, de *Damon et Pythias*, suivit. Mais l'auteur sacrifiait déjà au goût national en mêlant des farces anglaises à la fable grecque. La tradition de ces pièces régulières, imitées de Sénèque, se continue obscurément jusqu'à Ben Jonson.

Les théâtres primitifs. Le public. Les acteurs.

Le goût des représentations dramatiques avait passé de la cour au peuple. La reine et plusieurs grands seigneurs entretenaient des troupes de comédiens. Partout où ces troupes obtenaient la permission de jouer, le public se portait en foule. Généralement, le lieu choisi était la cour d'une auberge. On adossait à l'une des quatre murailles la scène, qui consistait en une plateforme élevée sur des tréteaux. Les spectateurs de basse classe se rangeaient comme ils pouvaient dans la partie de la cour qui restait libre. Ceux qui appartenaient à un rang plus élevé et pouvaient payer davantage, prenaient place sur la galerie qui entourait la cour à la hauteur du premier étage, et quelquefois à celle du second. Sur ces galeries ouvraient les chambres de l'auberge, que l'on mettait à la disposition des dames qui ne voulaient pas être vues, ou des grands seigneurs qui désiraient s'amuser à leur aise et boire, tout en suivant les pièces. Les musiciens se plaçaient sur la galerie. Une partie de cette même galerie, celle qui surplombait la scène, était réservée aux acteurs et cachée par un rideau, qu'on levait suivant les besoins. Cette partie de la galerie figurait ou un balcon, ou le toit d'un palais, ou le rempart d'une ville assiégée. De décors, il n'y en avait point.

A mesure que la faveur populaire adoptait le théâtre et les comédiens, devenait plus âpre et plus active la malveillance du parti puritain, qui avait alors de puissants auxiliaires dans les plus hauts rangs de la société et dans les plus hautes fonctions de l'État. Leicester ayant obtenu, pour ses comédiens, le droit de donner des représentations dans la Cité, les autorités inventaient chaque jour de nouvelles réglementations qui rendaient ce droit illusoire. Lorsque la peste sévissait, — elle sévissait à Londres tous les dix ans, — il était interdit aux comédiens de jouer. Lorsque le nombre des morts dépassait cinquante par semaine, les représentations étaient également défendues. Singulière profession, dont l'exercice était subordonné au chiffre de la mortalité hebdomadaire.

Pour échapper aux tracasseries du lord-maire, les acteurs se réfugièrent dans Blackfriars, vaste quartier qui, bien qu'enclavé dans la Cité, était exempt de la juridiction municipale. Ils y firent construire un théâtre. L'élan était donné : en moins de quinze ans, Londres eut quinze théâtres. Ces salles de spectacle reproduisirent, dans leurs lignes principales, l'aspect de ces cours d'auberge dont la disposition avait paru commode. On commença à modifier la scène, suivant la nature des lieux où l'action se passait. Une table chargée de pots et de coupes indiquait un cabaret. Un grand fauteuil doré représentait un trône, et, l'imagination aidant, transportait le spectateur dans un palais.

Le public affluait dans ces théâtres; il était composé des classes les plus diverses de la société. Les matelots, les soldats, les portefaix remplissaient le parterre, foule agitée, mobile, impatiente; les boutiquiers s'entassaient à la galerie, les femmes de l'aristocratie s'éventaient dans les loges. Les beaux gentilshommes, assis sur le devant de la scène, étalaient leurs collerettes et leurs grâces. Les lazzis et les gros mots s'échangeaient familièrement d'une partie à l'autre de la salle.

Les acteurs, dès cette époque, réalisaient des revenus considérables. On les distinguait en sociétaires et en pensionnaires : les premiers, actionnaires de leur théâtre, touchant une part de bénéfices proportionnée à leur part de propriété; les autres, simples mercenaires, aux gages de leurs camarades plus riches. On racontait des choses étranges de ces acteurs. Une sorte de légende, moitié attrayante, moitié lugubre, entourait leur vie. Les puritains ne racontaient-ils pas qu'un soir le diable était venu prendre la place du comédien qui jouait son rôle, et qu'il avait tenu lui-même son redoutable personnage? Des fils de famille, sortant des universités, entraient au théâtre, tentés par la vie libre et les gros profits des comédiens. Ils portaient de beaux habits et ne craignaient pas de les salir, s'enivraient tantôt avec les grands, tantôt avec les déchargeurs du port; les bonnes fortunes venaient à eux. Quelle vie plus variée, plus émouvante, et, en somme, plus enivrante? Les plus sages mettaient de côté. Burbadge achetait des terres, faisait souche d'honnêtes et riches bourgeois. Alleyn devenait assez opulent pour créer, par testament, une institution charitable qui dure encore, Dulwich College.

Nash, Peele, Lodge, vivaient dans la débauche. A vingt-neuf ans, Marlowe succombait dans une rixe de taverne, pour une cause ignoble et frivole. Greene se vautrait dans des excès que l'on rougirait même d'indiquer, puis, spéculant sur la curiosité malsaine des badauds, il vendait son repentir, avec tous les honteux détails de sa faute, à un penny pièce, sous un titre à sensation comme celui-ci : *Un denier d'esprit pour un million de pénitence*. De chute en repentir et de repentir en chute, il en vint à une de ces morts hideuses, qui couronnent souvent la vie du bohème : l'agonie sans feu et sans secours, dans une cave, sous la garde d'une pitié mercenaire. Alors, se souvenant de sa femme, qu'il avait abandonnée, il lui écrivit ce billet de quatre lignes, qui est un poème de dégradation et de misère : « Doll, je t'en prie, au nom de l'amour de notre jeunesse et du salut de mon âme, tâche que le porteur soit payé; sans lui et sans sa femme, je serais mort dans la rue. — Robert GREENE. »

Naissance du drame national.

Il y avait un public, des comédiens, des théâtres, il n'y avait point encore de pièces. Fait inouï dans l'histoire de l'art, le drame était déjà populaire, il ne restait plus qu'à créer le drame.

Les acteurs payèrent de leur personne et de leur esprit. Une première génération de comédiens, les Tarleton, les Kempe, les Wilson, les Armyn, improvisaient des farces, à l'imitation des *commedie all' improviso* des Italiens. Tarleton, qui avait le titre de fou de la reine, était surtout remarquable par sa verve et sa laideur comiques. Il terminait toutes les pièces par une sorte de parade de son invention, qui durait quelquefois une heure sans lasser l'auditoire. Une autre génération d'acteurs sentit la nécessité de joindre le pathétique au comique. Kyd, Greene, Nash, Lodge, Peele, écrivirent leurs pièces avant de les jouer. On se précipitait sur les premiers sujets venus. On traduisait le théâtre espagnol, on transformait en dialogue un épisode de l'Arioste ou un conte de Boccace; on découpait un *roi Jean*, un *Édouard I*[er], un *Richard II*, dans les chroniques d'Hollingshed. On dramatisait la vie d'un héros populaire; on mettait en scène le massacre de la Saint-Barthélemy, dont les cadavres étaient à peine refroidis. Un grand crime venait-il à se commettre, à la hâte, on l'arrangeait en drame. Tels les *Arden de Faversham* et la *Tragédie du Yorkshire*, dont les auteurs n'ont pas songé à se faire connaître. On mêlait, dans ces pièces, les dieux, les diables, les fées, les saints, les danses, l'artillerie, la musique, les tableaux vivants, les vers et la prose, sans aucun souci du disparate, de l'anachronisme ou de l'indécence. Ainsi, tous ces genres divers, que nous distinguons sous les noms de drame bourgeois, de drame historique, de drame judiciaire, de drame fantastique, étaient réunis dans une sorte de chaos. Tout y entrait, un pamphlet, une leçon de géographie ou de morale, une discussion théologique. On y parlait latin, allemand et français, comme dans une hôtellerie cosmopolite. Les événements, les sentiments, le style, tout était invraisemblable, prodigieux, énorme. La scène était ensanglantée par de véritables tueries. Toutes ces horreurs, toutes ces violences sortaient naturellement et sans effort de l'esprit des auteurs, et le goût du public était avec eux. On dirait que ces œuvres étranges ont été composées au milieu d'un accès de fièvre.

C'était bien, en effet, une fièvre d'enthousiasme qui agitait les hommes de ce temps-là. Pour la comprendre, il faut se rappeler combien cette époque avait été féconde en spectacles émouvants, en leçons curieuses, en conquêtes inespérées. Le monde s'était soudainement élargi, grâce aux découvertes géographiques auxquelles les Anglais avaient pris une part glorieuse. Il semble que la terre n'a plus de limites et qu'elle réserve chaque jour de nouvelles merveilles à découvrir et à peindre. Les imaginations se promènent d'un pôle à l'autre, et le rêve du poète n'a pas de peine à faire surgir des vagues une nouvelle Atlantide ou une île comme celle de Prospero. L'esprit humain, lui aussi, s'est élargi. En même temps qu'on a découvert un nouveau monde, au delà des flots, vers l'occident, on en a retrouvé un autre, au delà des âges, dans l'antiquité. Les traductions de Fairfax, de Harrington, de Chapman, de North, popularisent presque simultanément les chefs-d'œuvre recouvrés. On ne faisait que pressentir Homère, on n'avait pas même l'idée de Plutarque, et voici qu'on les possède tout entiers. A chaque nouvelle révélation, c'est comme une secousse dans les esprits. L'imprimerie commence à produire ses effets. Les vieilles entraves ont été brisées. On peut tout penser et tout dire, on est comme enivré d'air libre, ébloui de lumière, au sortir des ténèbres et de la longue prison du moyen âge. De là, une prodigieuse surexcitation, qui aboutit à la *fine madness*, au délire splendide de Marlowe.

On a vu, à d'autres époques littéraires, des auteurs qui composent exclusivement pour les délicats, d'autres qui adressent leurs œuvres à la foule. Quelques-uns, comme Molière, envoient un trait aux loges, un trait au parterre.

Ici, rien de semblable : la foule partage le plaisir des délicats, les délicats s'amusent sincèrement avec la foule. L'une se laisse enlever sur les ailes de la poésie, dans la région des sentiments surhumains et des rêves sublimes. Les autres vibrent de tous leurs nerfs aux violences, aux folles colères, aux ivresses soudaines, aux rages sanguinaires ou sensuelles qui transportent les personnages du drame. C'est ce qui explique que Lyly le raffiné et Marlowe le brutal aient fleuri à la même heure, parlé la même langue et plu au même public.

Lyly et Marlowe.

Les pièces de Lyly ne sont pas des pièces, à la façon dont nous l'entendons. Le goût français proscrit de la scène l'élément lyrique, ne lui laisse même pas cette part modeste qui appartient au chœur et que les Grecs avaient respectée, en souvenir de l'origine traditionnelle du drame. Le résultat de cette proscription, chez nous, a été de priver le vers dramatique de toute la splendeur et de toutes les grâces de l'ode ou de l'idylle, sans le rapprocher de la vérité. Car, s'il est interdit aux héros de la tragédie de traduire leurs pensées en images, pourquoi ne pas leur interdire aussi de parler en vers?

Les Anglais ne connaissent point cette règle. La langue du drame en vers ne diffère point de celle des autres genres poétiques. Le succès de Lyly, sous ce rapport, doit être constaté, parce qu'il annonce et explique une partie de la gloire de Shakespeare.

L'action de l'*Endymion* est lente et obscure, mais les images revêtent le style d'une élégance et d'une noblesse dignes des Grecs. Dans *Alexandre et Campaspe*, la muse de Lyly ne s'élève pas si haut et ne s'égare pas si loin. Les vers suivants, que le poète met dans la bouche d'Apelle, ne seraient point déplacés dans une anthologie grecque, auprès de l'*Amour mouillé* et de l'*Amour piqué par une rose* :

« Cupidon et ma Campaspe ont joué — aux cartes des baisers. Cupidon a payé. — Il met en jeu son arc, son carquois, ses flèches, — les pigeons de sa mère et son attelage de moineaux : — il les perd. Il jette alors comme enjeux — le corail de sa lèvre, la rose — qui croît sur sa joue... — avec cela, le cristal de son front — et enfin la fossette de son menton. — Toutes ces choses, ma Campaspe les a gagnées. — Enfin, il risque ses deux yeux : — elle gagne, et voilà Cupidon aveugle. — O Amour, si elle t'a traité ainsi, — qu'arrivera-t-il, hélas! de moi? »

A la fin de la pièce, Alexandre abandonne sa maîtresse au peintre avec une mélancolie hautaine qui fera peut-être songer quelques jeunes lecteurs d'*Hernani* au Charles-Quint de Victor Hugo, mariant son rival avec celle qu'il a aimée. A peine Campaspe a-t-elle disparu : « Page, s'écrie le roi, va avertir Clytus et Parménion et les autres seigneurs, de se tenir prêts. Que la trompette sonne, que les tambours battent! Nous allons entrer en Perse. Hé bien! Héphestion, Alexandre sait-il, quand il veut, résister à l'amour? — *Héphestion* : La conquête de Thèbes était moins glorieuse que cette victoire sur vos passions. — *Alexandre :* Ce serait une honte qu'Alexandre voulût commander au monde, s'il ne savait d'abord commander à lui-même. Mais partons. Et toi, mon bon Héphestion, quand tous les pays de la terre seront à nous, quand le monde sera conquis, trouve-m'en un autre à vaincre, ou, sur mon âme, je redeviens amoureux ! »

Lyly est un bourgeois de Londres, rangé et même puritain. On sent qu'il cherche à loisir, et dans un parfait repos d'esprit, ces choses élégantes et précieuses. Tout autre est Marlowe, le fougueux Marlowe, chez qui les idées se précipitent en torrent, comme si elles voulaient sortir toutes à la fois de son cerveau fumant; malheureux jeune homme, aussi pressé de produire que s'il avait eu le pressentiment de sa fin prématurée. Avant vingt-neuf ans, il avait traduit les élégies d'Ovide et le premier livre de Lucain, avait composé un poème d'*Héro et Léandre*, que les bateliers de la Tamise savaient par cœur, une *Didon, reine de Carthage,* un *Drame de la Saint-Barthélemy,* un *Tamerlan le Grand,* une *Tragédie du Juif de Malte*, un *Richard II*, enfin un *Faust*, son titre le plus durable à la gloire. *Tamerlan* est une succession de scènes enfantines et violentes. L'Asie et l'Afrique sont traversées au pas de course; les villes tombent, les armées s'enfuient, les rois meurent, les couronnes passent d'une tête à une autre. Les tambours et les trompettes tiennent plus de place que les sentiments de l'âme dans cette pièce, et même, quand Tamerlan parle, on croit encore entendre le clairon. *Richard II* est le prototype des pièces historiques de Shakespeare, et le *Juif de Malte* fait pressentir Shylock. Shylock est monstrueux, mais logique, dans sa haine contre les chrétiens. La colère ne l'égare que quand sa vengeance lui échappe. Barabbas écume de rage depuis la première jusqu'à la dernière scène. Ses férocités manquent le but et finissent par faire sourire. Charles Lamb, admirateur décidé de Marlowe, est obligé de ranger Barabbas parmi ces types de furieux grotesques, qui, dans les pantomimes modernes, avec de grosses têtes de carton, effraient les enfants de cinq ans et amusent ceux de huit.

Il faut traiter le *Faust* avec plus d'égards. Cette pièce contient encore bien des puérilités. La revue que passe Faust des différentes sciences, en citant des formules latines, le traité passé avec Méphistophélès, en bonne et due forme juridique, le défilé des péchés capitaux, où l'on entend l'Envie nous annoncer qu'elle est fille d'un ramoneur et d'une marchande d'huîtres, tous ces traits et d'autres semblables choquent singulièrement notre goût. Mais tout cela n'est rien. Le défaut radical du *Faust* de Marlowe, c'est qu'on ne voit pas pourquoi le pauvre docteur vend son âme. Quel bonheur rêve-t-il? Il sera empereur de la terre, il joindra par un pont l'Afrique à l'Espagne... Il aura la plus belle fille de l'Allemagne, « car je suis, dit-il, débauché et luxurieux — et ne puis vivre sans une femme. » Et que lui promet Méphistophélès? Non pas la découverte et la possession de ce monde inconnu, qui est le cœur d'une vierge, non pas l'amour d'une Marguerite, mais des courtisanes tant qu'il en voudra. Était-ce la peine de faire venir le diable du fond de l'enfer et de lui donner son âme en échange d'une aussi commune marchandise? Le docteur ne convoite l'amour, comme la puissance, que sous leurs formes palpables, extérieures, grossières. Montrer des ombres à l'empereur d'Allemagne, donner des nasardes aux cardinaux et tirer les oreilles du pape, se rendre invisible, voyager à travers les airs, visiter Naples, le tombeau de Virgile, la route que le grand poète a lui-même creusée pour s'y rendre, et qui a, Marlowe n'oublie pas de nous l'apprendre, un mille anglais de longueur, tels sont les plaisirs de Faust. Il a espéré posséder aussi la vérité : les questions qu'il fait au diable, surtout les réponses plates et ambiguës qu'il en reçoit, sont risibles; le marché devrait être rompu pour inexécution d'une des clauses du contrat. Vingt-quatre années passent comme l'éclair dans ces amusements et ces exercices. Voici l'échéance redoutable. Excepté un baiser cueilli sur les lèvres d'Hélène, seule joie qui réponde à un désir inassouvi, seul bonheur que la terre ne pouvait lui donner sans l'intervention d'une puissance surnaturelle, qu'a donc obtenu le docteur? Rien qui vaille. Et pourtant le moment fatal approche. Plus qu'une heure, plus qu'une demi-heure. Oh! le malheureux! s'il pouvait se repentir! s'il osait prier! Admirable scène, pleine d'épouvante et de désespoir. L'émotion nous prend, poignante, irrésistible, comme devant un condamné à mort, dont les minutes sont comptées... Enfin, l'heure sonne!...

L'œuvre de Marlowe souffre, on le conçoit, lorsqu'on la compare à celle de Gœthe. Marlowe n'a pas imaginé la délicieuse figure de Marguerite; son Méphistophélès n'est pas le hautain et spirituel démon du poète allemand : c'est un damné dont les pensées sont tristes. « Où est l'enfer? » lui demande-t-on, et il répond : « L'enfer est partout où nous sommes. » Lorsqu'il parle à Faust de la douleur qu'il éprouve à ne plus voir Dieu, les rôles sont renversés. C'est le diable qui se lamente et l'homme qui raille. Un tel séducteur serait plus propre à ramener au bien l'âme de Faust qu'à la tenter. N'est-ce pas Marlowe, pourtant, qui a raison? L'enfer, ce n'est pas l'ironie, c'est le désespoir. L'Allemand est plus dramatique, l'Anglais est plus profond.

Il mourut à vingt-neuf ans. A cet âge, le grand maître

du théâtre anglais n'avait encore fait que rhabiller et restaurer de vieilles pièces. Qu'aurait donné Marlowe, s'il avait vécu ? Au moins lui reste-t-il la gloire d'avoir été le plus original et le plus grand des précurseurs de Shakespeare.

CHAPITRE IX.

SHAKESPEARE.

Ce qu'on sait de la vie de Shakespeare. — Shakespeare en 1586. Ses lectures et ses modèles. — Aspect général du drame shakespearien. — Classification des pièces de Shakespeare. Leur authenticité. — Drames de fantaisie et d'aventures. — Le Merveilleux. *Le Songe d'une nuit d'été. La Tempête.* — Le Comique. *Les joyeuses Dames de Windsor.* — Tragédies romaines. — Drames historiques. — *Roméo et Juliette. Le roi Lear. Macbeth. Othello. Hamlet.* — Poèmes et sonnets. — Histoire de la gloire de Shakespeare.

Ce qu'on sait de la vie de Shakespeare.

William Shakespeare naquit en 1564 à Stratford sur l'Avon. Quelle profession exerçait son père? Était-il boucher, marchand de grains ou marchand de laines? Les biographes n'ont pas encore réussi et, vraisemblablement, ne réussiront jamais à se mettre d'accord sur ce point. La dispute est oiseuse. Dans un pays de prairies et de culture, où l'élève des bestiaux s'allie avec la production des céréales, il n'est guère surprenant qu'un homme, malheureux dans ses entreprises, ait successivement tenté et abandonné ces différents métiers, qu'il ait même essayé de les mener de front. Ce qui est certain et ce qu'il est essentiel de savoir, c'est que le père de Shakespeare, bourgeois respectable et respecté, investi des honneurs municipaux dans sa petite ville, était vers la fin de sa vie un homme ruiné.

Le jeune Shakespeare grandit comme il put, apprit peu

de chose ; son adolescence, indisciplinée et sauvage, se passa dans des jeux violents, presque toujours hors du logis. A dix-huit ans, il devint amoureux de la fille d'un fermier des environs, Ann Hathaway, et follement l'épousa. Elle avait huit ans de plus que lui. Après le mariage, il recommence la même vie. Il passe plus de nuits à l'affût, braconnant dans les bois de sir Thomas Lucy, que dans le lit conjugal. Chaque année, sur la tête de l'insouciant jeune homme, les charges se multiplient, les devoirs s'accumulent. Il échappe par la fuite à ces charges et à ces devoirs. Poussé par l'ennui, la curiosité, le besoin d'indépendance, et aussi par ce vague instinct qui appelle vers les capitales tout ce qui veut jouir, Shakespeare se rend à Londres. C'est en 1586 qu'a lieu l'hégire du poëte.

A Londres, les commencements durent être pénibles. On prétend que, pour vivre, Shakespeare gardait à la porte du théâtre les chevaux des gentilshommes. Mais ce n'est là qu'une légende, sans certitude, sinon sans vraisemblance. Il s'engagea dans une troupe de comédiens et parvint bientôt, non pas au premier rang, mais à une position honorable parmi les acteurs. Les pièces d'alors n'étaient guère que des canevas. C'était l'usage de les remanier souvent, bien moins pour en corriger les défauts que pour les remettre à la mode. Shakespeare retoucha plusieurs de ces canevas. Dans ce travail, son génie se révéla à lui-même et aux autres. Bientôt il prit l'essor.

Vingt-cinq ans environ après cette époque, Shakespeare se retirait de la carrière. Il avait, comme acteur, comme auteur, et surtout comme directeur de théâtre, réalisé de gros bénéfices dont il disposa en sage père de famille. Sa résidence de New-Place, achetée avec ses économies, était spacieuse et commode pour un bourgeois de 1610. Il venait souvent à Londres et ne dédaignait pas, en chemin, les bonnes fortunes à la Falstaff. Il n'avait pas davantage renoncé à la bonne chère et aux copieuses rasades, si l'on accepte la tradition qui attribue sa mort à un souper où il avait trop bu en compagnie de Drayton et de Ben Jonson.

Shakespeare en 1586. Ses lectures et ses modèles. Aspect général du drame shakespearien.

En ce qui touche les langues anciennes, la science du poète se borne à quelques mots de latin, *small latin and no greek*, c'est Ben Jonson qui nous l'apprend. Il ne connut l'antiquité que par Plutarque ; non pas même le vrai Plutarque, mais le Plutarque d'Amyot traduit par North : en sorte qu'il eut à deviner Rome et Athènes à travers les contresens du traducteur anglais, les gentillesses de l'écrivain français et les mensonges du rhéteur grec. Le peu qu'il savait de l'histoire nationale et de celle des pays voisins, il le devait aux chroniques d'Hollingshed. Parmi les auteurs anglais, il avait lu Chaucer, et peut-être Mandeville. Boccace lui était familier, ainsi que les autres conteurs italiens du second ou du troisième rang, tels que Giraldi Cinthio. Il avait feuilleté l'Arioste et Pétrarque, qui avaient fait l'éducation chevaleresque et amoureuse de la génération précédente, et dont la vogue décroissait. Plus tard, Shakespeare lut Homère et ne le comprit pas : c'était sans doute la faute du traducteur Chapman. Plus tard encore, il lut Montaigne, qui, par son décousu et son pêle-mêle, son *humour*, sa langue pittoresque, ses vues profondes, mais sans lien, devait s'emparer de son esprit, surtout à l'âge où le viveur fatigué a besoin d'une philosophie. Toute celle de Shakespeare est dans l'immortel badaud gascon.

Telles sont les lectures de Shakespeare, les sources auxquelles s'alimentera son génie. Quels sont ses modèles ? En 1586, il admire de tout son cœur Lyly et Marlowe. Son idéal littéraire, s'il en a un, consiste à allier l'élégance du premier à la vigueur du second, sans songer à s'imposer, comme règle, d'éviter l'affectation de l'un et la violence de l'autre. Il lui est aussi impossible de choisir dans ce qu'il admire qu'il lui est aisé de le surpasser.

Voici maintenant Shakespeare à la besogne. Il travaille d'après les recettes en usage, et ne songe pas d'abord à modifier la poétique admise par ses contemporains. Deux ou trois intrigues, que l'auteur prend et quitte tour à tour, et qui semblent d'abord étrangères l'une à l'autre, doivent, vers le milieu du drame, se rapprocher, se traverser, s'entre-croiser et se dénouer ensemble. C'est eh cela que consiste toute l'habileté du dramaturge. Plus tard, Shakespeare sera conduit par degrés à contraster ces intrigues, à les subordonner, enfin à les simplifier, et il découvrira, sans l'avoir cherchée, l'unité d'action. La fantaisie du poète se meut librement à travers le temps et l'espace. Elle franchit d'un bond les continents comme les années. Elle nous fait voyager au delà des mers pour voir un maître qui donne un ordre ou remet une lettre à son serviteur, pour entendre deux complices qui échangent le mot de passe, pour apprendre une nouvelle qui intéresse les personnages du drame. Du côté des bienséances, aucune contrainte. Les mots les plus malsonnants de la langue ont droit d'entrée sur la scène; les actions les plus sanglantes s'y déploient sans étonner personne. Les cadavres des trois filles du roi Lear peuvent-ils émouvoir plus que de raison la génération qui a vu décapiter deux reines? Les yeux vides de Gloster sont-ils plus terribles à voir que Latimer, les pieds dans la flamme, chantant les psaumes sur son bûcher?

Les Grecs avaient soigneusement séparé le rire et les larmes, délimité les provinces dramatiques de la comédie et de la tragédie. A peine avaient-ils permis qu'entre les deux se glissât parfois le drame satirique. Shakespeare ne viole pas cette distinction, il l'ignore. Il mêle le comique au tragique, ou plutôt il fait alterner, dans son œuvre, le côté héroïque et le côté vulgaire de la vie humaine. C'est une confusion de rangs et de sentiments où l'on ne reconnaît plus le mendiant du monarque, le confident du héros. Un fou appelle le roi Lear « mon oncle », le prince de Danemark dialogue avec un fossoyeur. Le vieux Capulet, qui donne une fête, veille aux moindres détails. Les bougies vont s'éteindre, il en fait rapporter de nouvelles à trois reprises. Lorsqu'il se prépare à marier sa fille, il recommande aux cuisiniers les viandes bouillies. Lady Capulet distribue des épices et on lui réclame des dattes pour mettre dans les gâteaux. Après l'élégant marivaudage des nobles hôtes, nous avons les lazzis des pauvres diables de musiciens et les propos de la valetaille qui se bouscule en portant les rafraîchissements. La mort elle-même est traitée sans cérémonie. Les mêmes personnages commettent des meurtres et des calembours. « Un rat! un rat! » crie Hamlet en perçant Polonius de son épée, à travers la tapisserie; et le spectateur, hésitant entre le rire et l'horreur, ne sait s'il assiste à un crime ou à une farce. Les contemporains de Shakespeare n'en étaient point choqués. Grands ou petits, ils se reconnaissaient eux-mêmes dans ces soubresauts et ces disparates, dans ces élans enthousiastes suivis de chutes triviales. N'est-ce pas, en effet, la double nature de l'homme? N'est-ce pas la même âme humaine, qui monte et descend comme un navire au milieu des vagues, tantôt s'enfonçant dans la matière, tantôt portée sur la cime des plus pures émotions?

Pour accuser ce contraste, pour que les raffinés en jouissent, pour que les plus grossiers l'aperçoivent, le drame parle tour à tour deux langues, celle de la prose et celle des vers. La prose est pour le peuple, ou pour les grands quand ils descendent à des idées communes. A la prose appartient l'action, le comique, l'injure. Le vers prête sa musique aux duos d'amour; le vers traduit les grandes pensées, les brillants rêves, les fantaisies délicates, la philosophie du poète. A intervalles presque réguliers reparaissent les personnages chargés de faire rire, le pédant, le clown, le bouffon. Chaque acte doit contenir un ou deux de ces intermèdes, dont on appréciera plus loin la valeur comique. Dans quelques-unes de ses pièces, Shakespeare introduit le chœur antique sans trop savoir à quoi l'employer. Cet engin dramatique n'est pas fait pour lui. Cette foule anonyme qui n'a qu'une pensée, qu'un sentiment, qu'une voix, ne sera pas la foule de Shakespeare, qui ondule et s'entrechoque, avec ses mille têtes, agitées de passions diverses.

On voit que le drame shakespearien est un domaine sans limites. Il exprime tous les états de l'âme, passe en revue toutes les conditions de la vie, embrasse toutes les formes de l'art. Une seule chose gêne son essor : l'impuissance, la pauvreté de la mise en scène. Cette pauvreté et cette impuissance condamnent Shakespeare à d'étranges sacrifices. Lorsque Hamlet, après avoir assassiné Polonius, sort en traînant derrière lui le cadavre de sa victime, on plaint le poète, obligé, pour débarrasser la scène, de rendre son héros grotesque. Souvent aussi, il faut le dire, la misère du décor est pour lui une occasion de déployer sa puissante imagination et d'élever le public à la hauteur de son propre génie. Veut-il encadrer son action dans une des grandes scènes de la nature, peindre les terreurs d'une nuit d'orage, faire entendre dans sa pièce le bruit du canon, le tumulte des batailles ou la rumeur de l'Océan, peupler la scène d'apparitions terribles ou charmantes? Ce que le machiniste ne peut rendre, il faut que le poète le décrive, et nous y gagnons. Shakespeare fait appel à l'imagination des grands enfants curieux qui l'écoutent : « A la place d'un seul comparse, s'écrie-t-il dans le prologue du *Roi Jean*, mettez des milliers d'hommes. Quand nous parlons de chevaux, imaginez que vous voyez de véritables chevaux imprimant sur la terre leurs orgueilleux sabots. C'est à vos pensées d'habiller les choses que nous vous montrons. » Et la foule docile voit, à la parole du magicien, déferler les vagues et se dresser les falaises; les palais allongent leurs perspectives, les forêts sortent de terre avec l'infinie palpitation des feuilles et les voix invisibles qui chantent dans leur profondeur. Le clair de lune caresse le balcon de Juliette. La pluie et le vent font rage sur la bruyère désolée où erre, seul, perdu, désespéré, le vieux roi Lear. Sur la terrasse d'Elseneur passe l'air glacé du matin, qui fait frissonner les vivants et rappelle les morts à la tombe.

Cette foule impressionnable, dont l'imagination complaisante fait tous les frais des décors et des costumes, accepte sans hésiter toutes les fictions scéniques. Un père ne reconnaît pas son fils, un amant ne reconnaît pas sa maîtresse, et le spectateur, qui, lui, ne s'y trompe pas, admet leur erreur comme naturelle. Une jeune fille a-t-elle revêtu les habits d'homme, les conventions du drame exigent qu'elle devienne à l'instant méconnaissable pour tous, hormis pour le public, dont l'intelligence est mise parfois à de rudes épreuves. Comme les rôles de femmes sont joués par de jeunes garçons imberbes, le travesti est double. Dans les *Deux Gentilshommes de Vérone*, il ne faut pas oublier que ce jeune acteur, habillé en page, est une jeune fille et s'appelle Julia. Dans *Comme il vous plaira*, l'imbroglio est encore plus compliqué. Que devient notre faible raison, lorsque le comédien qui représente Rosalinde, déguisée en jeune berger, dit à l'amoureux Orlando, qui ne reconnaît pas sa maîtresse : Supposez que je suis Rosalinde et dites-moi votre amour. Les spectateurs de Shakespeare ne se perdent pas dans ce triple travesti ; ils s'en amusent, ils s'y complaisent. Rien ne sera plus souvent cité ou imité, au dix-septième siècle, que le déguisement de Viola, de Julia, de Rosalinde.

Le public admet tout aussi aisément que les âmes des morts reviennent pour consoler ou punir les vivants, que les sorcières évoquent l'avenir, que les êtres aériens se mêlent aux hommes pour les caresser, les servir, les taquiner. Tout cela n'est pas beaucoup plus surprenant, en effet, que de voir les troupes d'Alcibiade marcher au son du tambour, les jeunes Athéniennes du temps de Thésée se retirer dans un couvent, et les vaisseaux faire naufrage sur les côtes de Bohême.

Cependant la soirée s'avance, l'auditoire est las d'émotions, il faudra bientôt le renvoyer, si l'on ne veut avoir maille à partir avec les *aldermen*. Si le poète est pris de court, il brise brusquement tous les fils. S'il en a le loisir, il consacre le cinquième acte à des explications interminables, où les personnages racontent à nouveau toute la pièce. Peut-être ces longs éclaircissements sont-ils nécessaires aux spectateurs contemporains, moins prompts à comprendre qu'à se passionner.

A la fin, on marie les amants, on punit les coupables, à moins qu'ils ne préfèrent se repentir. En général, ils choisissent la seconde alternative avec une soudaineté étonnante, moins étonnante, toutefois, que la facilité avec laquelle on accepte leur conversion. Catherine, la femme acariâtre,

Protée, l'ami perfide, Olivier, le mauvais frère, Bertram, le mari infidèle et injuste, Léontès, le père dénaturé, Angelo, le juge prévaricateur, tous se repentent et sont pardonnés. Conversion fragile, et, surtout, étrange morale, qui donne à une larme, à un soupir, le même prix qu'à une existence de dévouement et de vertu. Shakespeare a terminé d'autre façon ses chefs-d'œuvre : il n'a ramené au bien ni Régane, ni Macbeth, ni Iago, il n'a rendu à la vie ni sa Cordelia, ni son Ophélie, ni sa Juliette, ni sa Desdémone. Il n'a point déshonoré leurs poétiques souffrances en leur infligeant la banalité d'un dénouement heureux. Sans doute, il voyait alors le monde avec des yeux différents. La vie et Montaigne lui avaient appris que le crime ne se corrige guère, et que le bonheur ne se mérite pas.

Classification des pièces de Shakespeare.
Leur authenticité.

On connaît, dans ses traits généraux et, pour ainsi dire, extérieurs, le drame shakespearien. Il est temps de pénétrer dans l'œuvre et de l'examiner en détail. Sur trente-sept drames que contiennent, en général, les éditions modernes du poète, il en est au moins quatre ou cinq auxquels on attache trop légèrement le nom de Shakespeare. Un jeune homme qui, sur la foi du titre, croirait entrer dans l'intimité du prince des écrivains dramatiques par la lecture de *Titus Andronicus*, rejetterait le volume avec dégoût et refuserait de pousser plus loin l'expérience. Il aurait raison. La pièce dont nous venons de citer le nom, et quelques autres telles que *Périclès de Tyr*, *Timon d'Athènes*, la *Comédie des erreurs*, *La Méchante domptée*, nous voudrions pouvoir ajouter les *Peines d'amour perdues* et *La douzième nuit*, ont été simplement retouchées par Shakespeare. On a cherché à faire la part de l'ancien texte et celle du texte nouveau; on s'est efforcé de déterminer ce qui appartient à l'auteur d'Othello, et ce qui revient à son obscur devancier. On a affiché la prétention de préciser à quel vers commence et à quel vers finit la collaboration du génie avec la niaiserie et la sottise. Une discussion de ce genre serait ici hors de sa place, et elle est, d'ailleurs, inutile. Les pièces retouchées par Shakespeare, sauf un ou deux endroits, sont uniformément détestables. Il ne faut point s'en étonner. Remettre à neuf une vieille pièce, ajuster des lambeaux de sa propre pensée à la pensée d'un autre, c'est là une besogne dont s'acquittent quelquefois à merveille les esprits du troisième ou du quatrième rang. Shakespeare n'est qu'un homme de génie et rien de plus. C'est par l'inspiration qu'il est grand, et non par le goût. Il était, nous voulons le croire, incapable d'inventer pour son propre compte les enfantillages compliqués de la *Comédie des erreurs*, les frénétiques hyperboles du *Timon d'Athènes*, les incohérences, les obscénités qui choquent dans *Périclès de Tyr*, les monstruosités dégoûtantes qui nous révoltent dans *Titus Andronicus*[1]; mais il était capable de les admirer. En tout cas, il n'y trouva rien à redire et les rendit au public telles qu'on les lui avait soumises. Si Shakespeare ne corrigeait point, il ajoutait. Au milieu du fatras de l'auteur primitif, une situation le frappait, échauffait son imagination, et l'inspiration jaillissait. Nous en donnerons ici un seul exemple. Jusqu'au troisième acte, *Périclès de Tyr* n'est qu'une froide succession de tournois, de banquets, de naufrages, de scènes sans intérêt comme sans lien, interrompues par le retour périodique du compère chargé d'expliquer les tableaux vivants. Le prince de Tyr retourne dans ses domaines avec sa jeune femme, prête à mettre un enfant au monde. Ses épreuves sont finies. Une vie glorieuse et pai-

---

1. On jugera de cette tuerie dramatique par le relevé suivant :

acte I............	2 morts.
acte II............	1 —
acte III...........	2 —
acte IV...........	2 —
acte V............	6 —
Total général....	13

Nous ne faisons pas entrer en ligne de compte la mutilation de l'héroïne Lavinia, qui a les mains et la langue coupées dès le second acte.

sible l'attend dans son palais. Encore quelques jours, quelques heures! Mais une affreuse tempête fond sur le navire. Périclès, sur le pont, attend avec anxiété la fin de l'ouragan et la délivrance de la reine. On vient lui annoncer que la reine est morte en donnant le jour à une petite fille. Cette nuit pleine d'épouvantes, cette reine qui meurt sans secours, entre les quatre planches d'un navire, et dont le cri suprême vient à nous à travers les mille bruits de la tempête, cette frêle petite créature dont l'existence commence sous de si tristes auspices, au milieu de tant de menaces, ce jeune roi auquel la vie souriait et dont le bonheur se, brise, n'est-ce pas un spectacle fait pour éveiller ce qu'il y a de plus mélancolique et de plus douloureux dans l'âme du poète? Ce n'est pas tout. Les matelots sont de braves gens, mais rudes et superstitieux. Humblement, ils expliquent au prince qu'un corps mort porterait malheur au bateau. Justement il y a dans la cale un coffre... La lugubre cérémonie s'accomplit. Périclès, docile et désolé, confie à l'abîme la dépouille de celle qu'il a aimée, avant qu'elle soit refroidie. A la scène suivante, Shakespeare a disparu, l'insipide et verbeux conteur a repris sa place.

S'il est impossible de ne pas sentir la présence de Shakespeare, il est presque aussi aisé de reconnaître où il est absent. L'indécence est, dans son théâtre, accidentelle, involontaire, inconsciente. Elle est, en partie, imputable au temps de l'auteur; elle naît de la grossièreté des mœurs, de la liberté du langage, du désordre même des passions mises en scène. Shakespeare met le vice à nu brutalement, naïvement, il ne le déshabille pas comme un roué ou un proxénète, avec des lenteurs savantes ou des raffinements libertins. Si vous trouvez, dans une œuvre qui porte son nom, une scène qui se complaît dans des descriptions infâmes, ou qui pousse, au delà des bornes du possible, la luxure humaine, affirmez hardiment que cette scène n'est point de Shakespeare. Lorsque le vers, sans grâce, sans images, sans effervescence poétique, parle le langage de la prose, et se traîne, maladroit et lourd, comme un cavalier tombé de cheval, affirmez encore que Shakespeare n'en est pas l'auteur. Enfin, lorsqu'une jeune fille, Thaïssa, apercevant dans un banquet un jeune homme qui lui plaît, exprime le désir de le voir dans son assiette, pour le manger comme un morceau de viande; lorsqu'une autre jeune fille, Marina, pour nous donner une idée de la tendresse de son âme, nous assure qu'elle a, l'autre jour, écrasé par mégarde un ver de terre, mais qu'elle en a eu bien du chagrin; ou lorsque Audronicus, un vieux soldat qui a, dans un moment de mauvaise humeur, tué un de ses fils et n'en a manifesté aucun regret, arrête la main de son frère prêt à piquer une mouche tombée dans le plat, en lui criant : « Que fais tu, assassin? Sais-tu si cette mouche n'a pas un père et une mère? » soyez sûr que ce n'est pas Shakespeare qui prête au cœur ce sot langage. Ainsi, vous reconnaissez l'absence du grand poète à ces trois signes négatifs : son style n'est jamais plat, sa sensibilité n'est jamais fausse, son art n'est jamais corrupteur.

Restent trente-deux pièces qui, bonnes ou mauvaises, portent, dans presque toutes leurs parties, la trace du génie shakespearien. Treize d'entre elles sont des drames historiques, dont trois empruntés à l'histoire romaine et dix aux annales nationales de l'Angleterre. Si l'on met à part une franche comédie, qui n'a du drame que la liberté des allures, les *Joyeuses Dames de Windsor*, et deux pièces auxquelles la présence de l'élément merveilleux donne un caractère particulier, la *Tempête* et le *Songe d'une nuit d'été*, on réduit à seize le nombre des drames. Ici encore, une sélection s'opère en quelque sorte d'elle-même. Cinq drames, *Macbeth, Le roi Lear, Othello, Hamlet, Roméo*, offrent entre eux ce trait commun, qui les différencie de tous les autres : leur dénouement est sanglant. Dans les onze autres drames, les aventures les plus extraordinaires, et parfois les plus terribles, aboutissent invariablement à une conclusion heureuse. Ce sont des tragédies qui finissent comme des comédies. Une différence plus importante les distingue des cinq drames que nous avons indiqués. Ils ne mettent en scène que des événements romanesques et des types empruntés à l'humanité moyenne. *Macbeth, Lear, Othello, Hamlet et Roméo* sont des drames de caractères. C'est dans ces œuvres de sa maturité que nous chercherons plus loin le dernier mot du génie de Shakespeare. Étudions-le d'abord dans ses drames d'aventures et de fantaisie, dont quelques-uns ne sont que des ébauches.

Drames de fantaisie et d'aventures.

Il faut ici faire un effort, considérer comme un mérite ce que nous regardons d'ordinaire comme un défaut : l'invraisemblance des événements. Là où nous critiquons le manque de jugement, les contemporains de Shakespeare ne songeaient qu'à admirer l'essor de l'imagination. Venus au théâtre pour s'étonner, ils faisaient honneur à l'écrivain de tout ce qui, dans son œuvre, était rare, extraordinaire, improbable. La palme était à celui qui s'écartait le plus de la réalité. Essayons de sentir un moment comme eux, comme nous aurions senti nous-mêmes à douze ans, si nous avions eu, avec une imagination d'enfant, les passions de l'homme fait. Si vous êtes disposé à chicaner Shakespeare sur le hasard qui conduit dans un coin écarté de la forêt des Ardennes, ou dans un lieu sauvage des montagnes galloises, presque tous les personnages de *Comme il vous plaira* et de *Cymbeline;* si vous vous demandez comment une reine vivante peut, pendant vingt ans, jouer le rôle de sa propre statue sur son propre tombeau; si vous élevez des doutes sur l'authenticité de cette législation athénienne qui condamne à la mort ou au couvent une jeune fille coupable d'avoir refusé l'époux choisi par son père, ou sur cette législation vénitienne, plus bizarre encore, qui permet à un juif de réclamer une livre de chair prise sur le corps d'un chrétien, en remboursement d'un emprunt, mais lui défend de faire couler une goutte du sang de ce même chrétien, vous aurez le plaisir de vous moquer d'un homme de génie, mais vous perdrez d'émouvants coups de théâtre, des scènes tendres ou spirituelles, d'adorables effusions de poésie que l'auteur nous fait acheter par ces étrangetés.

Un sacrifice plus pénible à faire est celui des vraisemblances morales. La loi qui veut que l'homme soit, en dépit de ses métamorphoses, identique à lui-même, que ses idées s'enchaînent, que ses actions aient un but et ses passions une cause, n'a point été inventée par les critiques pour le tourment des dramaturges et des romanciers. C'est une loi primordiale de notre nature et nous ne pouvons reconnaître pour des créatures semblables à nous, dignes par conséquent de notre sympathie, que des êtres soumis, comme nous-mêmes, à cette loi. Les héros des drames shakespeariens nous déroutent par leur prodigieuse mobilité d'impressions, par leurs revirements inexpliqués, par les mouvements irréfléchis de leur âme, par les bonds capricieux de leur pensée. Leur crédulité est sans bornes. Un mot les effarouche, les transforme, les met hors d'eux. Ils passent de la haine aveugle à la plus tendre bienveillance, de l'humble adoration au plus furieux mépris. La langue des halles, l'argot des bouges n'a pas d'expressions assez grossières pour avilir l'objet de leur rage. L'action suit de près la parole. A peine les épées ont-elles vu le soleil qu'il y a mort d'hommes. En quelques secondes, d'irréparables désastres s'accumulent. Ces colères fulgurantes dévorent tout ce qui se trouve autour d'elles et se dévorent ensuite elles-mêmes; elles s'éteignent comme un feu de paille, et l'on se pardonne aussi vite qu'on s'est maudit.

Les sensations de ces personnages sont d'une violence extrême, mais ne semblent pas dépasser l'épiderme. Propos d'amour et jeux d'esprit, galanteries et insultes, ils rendent ce qu'ils reçoivent sur-le-champ et coup pour coup. Rien ne pénètre en eux et l'on ne voit de leur âme qu'une surface toujours agitée. Le *moi* profond, persistant et distinct nous échappe. Aussi ne sont-ce point des caractères, mais des figures humaines différenciées par le costume, l'âge et la profession. Le poète aurait pu s'épargner la peine de leur donner des noms. C'est un père, un roi, un paysan, un berger. Les pères sont tendres, mais despotes. Les rois usent et abusent de la puissance, parlent noblement lorsqu'ils sont calmes, et entrent en fureur dès qu'on leur déplaît. Les courtisans donnent des conseils qu'on ne suit pas et reçoivent des ordres qu'ils n'exécutent pas toujours. Les bouffons font des calembours et de la philosophie, les paysans disent des sottises qui renferment parfois tout le bon sens de la pièce. Tous ces personnages ne sont d'ailleurs que des comparses, car le premier rôle appartient aux amoureux, et toutes les autres passions s'éclipsent au second plan devant l'amour. Il faut aimer : c'est la loi universelle, et ceux qui essayent de s'y soustraire sont bientôt ramenés, humbles et repentants, sous le joug.

Le roi de Navarre[1] s'est retiré dans la solitude avec ses favoris, Biron, Longaville et Dumain. Pendant un an, les quatre compagnons doivent se livrer à l'étude et mortifier leur chair. Trois heures de repos chaque nuit, un seul repas par jour, un jour de jeûne par semaine, tels sont les principaux articles du règlement, mais le plus important de tous est celui qui interdit pendant douze mois aux jeunes adeptes la vue et la conversation des femmes. Le railleur Biron est le seul qui ne prenne pas au sérieux cette pénitence, mais il s'y soumet par dévouement à son roi. A peine le serment est-il prêté qu'on annonce l'arrivée de la princesse de France, qui vient réclamer l'Aquitaine, jadis engagée au roi de Navarre contre un prêt de deux cent mille couronnes. On ne peut refuser de voir la princesse. Soit, on ira la recevoir hors des murs, au lieu où elle est campée. A première vue, les quatre jeunes gens tombent respectivement amoureux de la princesse et de ses trois demoiselles d'honneur. Admirez avec quelle précision chacun choisit sa belle, sans qu'il y ait rivalité, ni double emploi, ni préjudice pour le voisin. Voici les quatre anachorètes occupés à composer des vers d'amour : ils se surprennent l'un l'autre dans ce travail. Ils se déguisent en Russes, ce qui leur paraît un moyen infaillible pour séduire des Françaises. Les étrangères les mystifient, et sans grande peine, car les Navarrais ne brillent guère à ce jeu de raquette qui consiste à se renvoyer des énigmes, des galanteries et des sarcasmes, sans qu'un

---

1. *Peines d'amour perdues.*

trait attende jamais l'autre. La princesse, que la mort de son père rappelle en France, impose à Navarre un nouveau carême de douze mois qui sera employé, non à lire des livres et à jeûner, mais à soulager les pauvres et à soigner les malades. Ce sera une épreuve pour l'amour en même temps qu'une pénitence pour le serment violé.

Béatrix et Bénédict [1] sont rebelles à l'amour, comme Navarre et ses amis. Mais leur cas est bien différent. Bénédict a horreur du mariage et Béatrix a juré de rester fille, non par esprit de mortification, mais, — ce qui est beaucoup moins ridicule et plus naturel, — par esprit d'indépendance. Le hasard les a rapprochés ; il s'agit de convertir, l'un par l'autre, ces deux apôtres du célibat : aimable et ingénieux problème à la solution duquel tout le monde conspire. Qu'imagine-t-on? On fait croire à Bénédict que Béatrix l'adore en secret, on persuade à Béatrix que Bénédict meurt d'amour pour elle, sans oser l'avouer. Peu à peu, à la place de l'indifférence, la pitié, la gratitude, l'intérêt, se glissent dans leurs cœurs avec la complicité de l'amour-propre satisfait. La gaieté tempère ses éclats, l'ironie adoucit ses pointes ; ils oublient d'être spirituels. Les voici l'un près de l'autre, la fière Béatrix et le railleur Bénédict, tremblants d'émotion, désarmés, honteux et heureux de leur défaite. Quand la supercherie leur est connue, il est trop tard pour se détester, et l'amour survit à la découverte. Qui sait s'ils ne se sont pas aimés dès la première minute? Il y a dans l'amour jeune et inconscient une étourderie qui le porte à taquiner ce qu'il aime et à déguiser de tendres sentiments sous des paroles moqueuses. Plus d'un, en remontant bien loin dans ses souvenirs de collégien ou de pensionnaire, trouvera l'explication des saillies de Béatrix et des boutades de Bénédict.

Béatrix se laisse deviner. Rosalinde nous livre son secret tout entier. Nous savons qu'elle aime quand elle raille, et elle nous en plaît davantage. Elle est l'âme et le charme d'une des plus capricieuses pièces de Shakespeare, *Comme il vous*

---

1. *Beaucoup de bruit pour rien.*

plaira. Elle court le monde, déguisée en garçon, avec sa cousine Célia, à la recherche de son père, un duc détrôné qui demeure quelque part dans la forêt des Ardennes. Les deux jeunes filles n'ont d'autre compagnie et d'autre protection que Touchstone, le fou de la cour. Elles arrivent, mourant de faim et de fatigue, devant une petite maison, auprès de deux bergers qui devisent de leurs amours. Justement la maison est à vendre, avec le troupeau dont Corin est le gardien. Un marché est vite conclu : Célia et Rosalinde souperont chez elles ce soir même. Avec une maisonnette, un troupeau, que manque-t-il à Rosalinde pour être un berger accompli ? Il ne lui manque qu'une bergère. Phœbé, la cruelle de Sylvius, se charge de lui en donner une, dont la tendresse lui semblera par moments un peu pressante. Dans ses promenades, elle rencontre le duc son père, mais ne juge pas encore à propos de se faire connaître. Le duc vit comme un sage dans cette solitude. Il a renoncé même à la chasse, qui lui semble un jeu cruel. Son plaisir est d'écouter Jacques, son favori. Ce fantasque personnage n'a d'autre rôle que de jeter à travers la pièce, comme un charme de plus, cette vague et mélancolique philosophie dont l'âme de Shakespeare est pleine, et qui en sort toute parfumée de poésie.

Parmi les serviteurs du duc se trouve aussi le jeune Orlando, dont Rosalinde est aimée. Il prend le faux berger pour confident de ses peines, et l'on devine si ses confidences intéressent la jeune fille. Elle invente un jeu charmant. « Si j'étais Rosalinde, que me diriez-vous ? » Orlando se fait-il attendre, l'anxiété la dévore. Dès qu'il paraît, elle retrouve son calme et sa gaieté, elle le torture sans pitié ; elle savoure ses larmes, le sourire aux lèvres. Dès qu'il a le dos tourné, elle se jette dans les bras de Célia avec une explosion de passion innocente : « Ah ! cousine, ma jolie petite cousine, si tu savais à combien de brasses je suis noyée dans l'amour ! » Enfin, elle donne rendez-vous au duc pour lui rendre sa fille, à Orlando pour lui rendre sa maîtresse, à Phœbé pour la rendre à Sylvius. Pour obtenir ce triple résultat, elle n'a qu'à reprendre les vêtements de son sexe. On apprend, sur ces entrefaites, que l'usurpateur

Frédéric, pris de remords, s'est retiré dans un couvent, laissant le trône à son légitime possesseur. C'est dommage : on aurait volontiers passé sa vie dans cette délicieuse forêt, à voir paître les moutons de Corin et bondir les daims que personne n'inquiète, à rire avec Touchstone et à rêver avec Jacques.

La Vénitienne Portia [1] n'a pas le cœur moins tendre ni l'esprit moins délié que Rosalinde. Trois soupirants, de fortune bien inégale, se disputent sa main : le roi de Maroc, le prince d'Aragon et un gentilhomme, appelé Bassanio. Il est pauvre, si pauvre, que pour s'équiper et faire sa cour honorablement, il a dû emprunter mille ducats à un ami. Néanmoins, c'est lui que favorise en secret Portia. Que va-t-elle faire? Congédiera-t-elle les princes et avouera-t-elle sa préférence pour l'heureux Bassanio? Non : il faut que les deux royaux prétendants se condamnent eux-mêmes par leur manque de jugement; il faut que la main d'une personne aussi spirituelle soit la récompense de l'esprit. Elle présente aux trois amoureux trois coffrets. Le premier est d'or, le second d'argent, le troisième de plomb. L'un d'eux contient son portrait, celui qui choisira ce coffret sera le maître de Portia. Le roi de Maroc choisit la boîte d'or et y trouve une tête de mort; le prince d'Aragon choisit la boîte d'argent et en retire l'image grimaçante d'un idiot; Bassanio trouve dans la boîte de plomb, avec le portrait de Portia, le bonheur et la fortune. Au cinquième acte, c'est l'ingénieuse Vénitienne qui sauve la vie d'Antonio et bat Shylock sur son propre terrain et avec ses propres armes. Elle apparaît sous un déguisement dont peu de femmes s'aviseraient, sous la robe d'un docteur de l'université de Padoue. Shylock invoque la légalité pour l'exécution de son pacte inhumain. Portia tourne contre lui cette même légalité, et si bien qu'elle ruine Shylock du même coup qu'elle sauve Antonio.

Ces dangereuses finesses, au milieu desquelles la rusée Portia se joue avec tant d'audace, donneraient le vertige à Perdita et à Miranda. Perdita [2] est la fille d'un roi, mais elle

---

1. *Le marchand de Venise.*
2. *Conte d'hiver.*

se croit la fille de l'humble berger chez lequel elle a grandi. Son éducation rustique lui a donné une simplicité que les cours ne connaissent pas, en même temps qu'elle doit à sa royale origine des instincts et des grâces qui ne fleurissent pas — Shakespeare le savait — sous le toit d'un paysan. Son cœur se donne tout entier dès la première rencontre, mais c'est à un fiancé digne d'elle. Si Perdita est ingénue, Miranda[1] est l'ingénuité même. Élevée dans une île déserte, elle n'a jamais vu d'autres hommes que son père Prospero et un monstre appelé Caliban. Aussi regarde-t-elle comme une merveille céleste Ferdinand, un beau jeune homme qu'elle trouve endormi sur le rivage où la tempête l'a jeté. Lorsqu'elle le voit plus tard, accablé par les rudes travaux que Prospero lui impose et qu'il accepte sans se plaindre, la pitié se joint à l'admiration pour éveiller l'amour. Miranda, c'est la fraîcheur des premières impressions, c'est l'étonnement ravi, la délicieuse candeur d'Ève, lorsqu'ouvrant les yeux elle aperçoit, pour la première fois, le monde qui sera sa demeure et l'homme qui sera son compagnon.

Après l'amour railleur, après l'amour ingénu, voici l'amour blessé, souffrant, douloureux : Hélène, Julia, Viola, Imogène. Si on les avait aimées, elles auraient pu garder la sérénité naïve de Perdita et de Miranda, elles auraient pu demeurer rieuses et légères comme Béatrix, Rosalinde ou Portia. Trahies ou dédaignées, elles conservent leur dignité, leur vertu, et restent humblement fidèles à celui qui les méconnaît ou les torture. En se donnant pour la vie, elles ont mis leur orgueil dans leur amour, et ne veulent pas qu'on les soupçonne de s'être trompées. Julia[2] a quitté Vérone et pris des habits d'homme pour suivre Protée à la cour de Milan. Elle devient son page. Il la charge de porter des billets d'amour à la fille du duc et de plaider sa cause auprès de la princesse. Cette cruelle mission échoit aussi à Viola[3], qui a revêtu le même déguisement et se trouve dans une

---

1. *La Tempêt.*
2. *Les deux gentilshommes de Vérone.*
3. *La Douzième nuit.*

situation semblable, avec cette différence qu'elle n'a point de droits antérieurs sur celui qu'elle aime. Sans le vouloir, elle inspire de l'amour à la belle Olivia et de la jalousie à son maître. Entre un cœur qu'elle ne peut accepter et un cœur auquel elle ne peut prétendre, la honte et la jalousie la dévorent.

Pourtant, les peines de Julia et de Viola sont peu de chose, comparées à celles d'Hélène et d'Imogène. Celles-ci sont mariées : aussi ont-elles une plus grosse part d'épreuves et de misères. Hélène [1] est une jeune orpheline que la comtesse de Roussillon a recueillie. Un amour est né dans son cœur, amour que l'inégalité des conditions l'empêche d'avouer Bertram, le fils de sa bienfaitrice, est l'objet de ce sentiment Il part pour la cour de France où l'appelle le devoir de son rang, et ce départ désespère Hélène. Une occasion imprévue lui permet bientôt de l'y suivre. Le roi est malade et les remèdes sont impuissants. Grâce à une admirable recette dont elle a le secret, Hélène guérit le roi, qui, dans sa reconnaissance, promet de lui accorder ce qu'elle demandera : elle demande à être comtesse de Roussillon. Sur l'ordre du roi, Bertram l'épouse, mais il jure qu'Hélène sera pour lui une étrangère! « Quand vous me montrerez, lui dit-il, mon anneau à votre doigt, vous serez réellement la femme de Bertram ». Comment Hélène fait-elle la conquête de son bonheur? Par la vertu, la patience, le dévouement, à la façon de Grisélidis? Cette morale n'amuserait guère un public dont Boccace a fait l'éducation. Hélène se substitue, dans un rendez-vous nocturne, à une jeune Italienne dont Bertram se croit le séducteur. Elle lui escamote son anneau par ruse, comme elle lui a pris son nom par force. Comme Hélène est une honnête femme et que son amour est sincère, il faut dire avec Shakespeare : tout est bien qui finit bien.

Imogène [2] est une princesse : elle a le cœur haut, elle ne descend point à l'artifice ni au mensonge. Fille du roi Cymbeline, elle épouse, sans l'aveu de son père, un simple gen-

1. *Tout est bien qui finit bien.*
2. *Cymbeline.*

tilhomme, Léonatus Posthumus. Le roi, instruit de cette mésalliance, bannit le mari d'Imogène. Séparée de son époux, reniée par son père, persécutée par une marâtre, obsédée par un soupirant odieux et stupide, enfin compromise par un fat, elle perd jusqu'à la confiance de Léonatus, qui ordonne sa mort. C'est à genoux et les larmes aux yeux que Pisanio, le fidèle serviteur, fait connaître à Imogène sa cruelle mission; mais il se gardera de l'accomplir. Imogène, sous des habits d'homme, entreprend de gagner le port le plus voisin pour se rendre en Italie. Seule, égarée dans des lieux déserts, elle va expirer de fatigue, de faim. Ce qui n'était pour Rosalinde et Célia qu'une aventure piquante devient pour Imogène une tragique réalité. Néanmoins, elle est secourue à temps, et par qui? Par ses frères qui, enlevés dès le bas âge du palais de Cymbeline, ont grandi dans cette solitude sans connaître le secret de leur naissance. Shakespeare montre la voix du sang dans ce désir de gloire qui les tourmente vaguement, et surtout dans cette obscure sympathie qui les entraîne vers le jeune étranger. Le reste des aventures d'Imogène appartient à la fable la plus romanesque. Après avoir atteint le comble des misères humaines, elle le dépasse. Enterrée vivante auprès d'un corps sans tête qu'elle prend pour celui de Léonatus, elle échappe enfin à toutes les épreuves et est réunie à ceux qu'elle aime, à son père, à ses frères et à son époux.

Telle est cette brillante galerie des héroïnes de Shakespeare, à laquelle nous aurons bientôt à ajouter Ophélie et Cordélia, Juliette et Desdémone. Dans le nombre, une seule est fausse : c'est Cressida. Encore appartient-elle bien moins à Shakespeare qu'à Chaucer. En face de ces nobles et charmants caractères, les hommes font triste figure. Seul, Bénédict est digne de Béatrix. Orlando, Florizel, Ferdinand, ne sont que des ombres. Claudio est brutal et oublieux, Bertram, orgueilleux et débauché; Bassanio est un aventurier qui court les dots, Léonatus, un sot qui engage un pari sur la vertu de sa femme et la condamne sans preuves, Protée, un double traître, traître à l'amitié, traître à l'amour, Angelo [1],

---

1. *Mesure pour mesure.*

un sombre hypocrite qui allie les passions de l'inquisiteur et le jargon du puritain. Que serait-ce si nous descendions jusqu'à Shylock[1], le tigre à la face humaine, le juif altéré de sang chrétien, jusqu'à Parolles[2], incarnation de la domesticité vicieuse, sorte de Figaro malfaisant et lâche? On ne peut aller plus loin. Shylock est ce qu'il y a de plus méchant, et Parolles ce qu'il y a de plus méprisable au monde.

On ne trouvera, dans l'œuvre d'aucun poète, un contraste aussi frappant. L'homme a le monopole des colères injustes et des basses trahisons, la femme, celui des saintes douleurs, des sacrifices sublimes, des patiences héroïques. La Renaissance avait fait descendre la femme du piédestal où l'avait placée le moyen-âge chrétien : elle y remonte avec Shakespeare.

Le Merveilleux. — Le Songe d'une nuit d'été. La Tempête.

Parmi les contemporains de Shakespeare, nul ne songeait à révoquer en doute l'existence des revenants, le pouvoir des sorciers, l'influence des étoiles. Chaque marécage avait son feu follet, chaque commune, son cercle de fées qui venaient chaque nuit danser sur la bruyère. « Il n'était pas possible, dit Drake. (*Shakespeare et son temps*) de rencontrer un berger qui n'eût pas vu d'esprit, et le cimetière comptait autant de fantômes qu'il y avait de paroissiens vivants dans le village. » Tout le monde sait que la nuit de la Sainte-Agnès, une jeune fille qui prépare une table avec deux couverts et laisse ouverte la porte de la rue, verra entrer, à minuit sonnant, la ressemblance de celui qu'elle doit épouser. Le fiancé-fantôme remplit son verre, l'élève, boit, s'incline et se retire. Tout le monde sait encore que quiconque passe la nuit de la Saint-Jean sous le porche de l'église, voit s'approcher des portes et y frapper ceux qui doivent mourir

---

1. *Le marchand de Venise.*
2. *Tout est bien qui finit bien.*

dans l'année. « Il arriva une fois, dit l'auteur du *Pandemonium*, que l'un des veilleurs s'endormit, ses compagnons virent distinctement son double qui venait frapper à la porte. » Ainsi, autour de notre monde palpable et visible, chacun sent la présence d'un monde surnaturel qui nous enveloppe et nous domine. Ce sont les âmes des morts, ce sont les messagers d'en haut et d'en bas; c'est cette hiérarchie de puissances qui peuplent l'espace et vivent dans les choses. On éprouve leur influence, maligne ou bienfaisante, diabolique ou céleste. Par échappées, on les voit, on les entend.

Le drame shakespearien serait une image incomplète de la vie si les personnages surnaturels n'y avaient pas un libre accès et n'y jouaient pas leur rôle. Dans *Cymbeline*, dans *Richard III*, dans *Macbeth*, dans *Hamlet*, Shakespeare a employé le merveilleux comme ressort dramatique. Dans le *Songe d'une nuit d'été* et dans la *Tempête*, il a embelli sa fable en y mêlant des acteurs fantastiques. Ainsi, le surnaturel a été successivement pour lui une source d'émotion et une source de poésie.

Tous les spectres de Shakespeare ne sont pas bons. Les apparitions cessent de produire de l'effet dès qu'on les prodigue. Un fantôme nous effraye, une foule de fantômes nous laisse indifférents. Au cinquième acte de *Cymbeline*, nous voyons autour de Léonatus, endormi dans sa prison, une famille entière d'ombres, composée de quatre personnes, le père, la mère et deux enfants. De plus, Jupiter descend du ciel, à cheval sur son aigle, au milieu de ces braves gens. Il vient dire la bonne aventure à Léonatus, et, pour qu'il n'en ignore, lui laisse un papier sur lequel est écrite sa destinée. Ici, si le poète égaye le public, c'est assurément sans l'avoir cherché. Dans *Macbeth*, il a sciemment mêlé le grotesque et le terrible. Les hommes du seizième siècle pouvaient prendre au sérieux les sorcières et leurs prophéties, en même temps s'amuser de leur laideur, de leur barbe, de leur cuisine, de leurs chansons absurdes, de leurs gestes extravagants; ils riaient et tremblaient à la fois. Il ne faut pas demander un tel effort aux hommes de notre temps.

Bien autrement émouvant est le fantôme du père d'Hamlet. Tant qu'il nous apparaît au loin, sur la terrasse d'Elseneur, mystérieux, muet et menaçant, la visière baissée, raide dans son armure, qu'argente un rayon spectral venu on ne sait d'où, il nous semble effrayant. Mais, lorsqu'il parle, le charme est rompu, la terreur décroît, bien que son récit étincelle d'une sombre poésie. Comme le chant du coq, la voix humaine a le pouvoir de dissiper la peur.

Dans la nuit qui précède la bataille de Bosworth, de terribles songes, précurseurs du châtiment qui s'approche, viennent tourmenter le sommeil de Richard III. Des ombres irritées et sanglantes défilent au pied de sa couche. Chacune lui rappelle un crime, chacune lui lance une malédiction. L'une après l'autre, en disparaissant, elles lui jettent ce cri : « Désespère et meurs ! » On n'est point surpris d'entendre leur voix, car c'est à un rêve que nous assistons, et les fantômes de nos rêves sont rarement silencieux.

Banquo est le plus terrible et le plus vrai de tous les fantômes shakespeariens. Le poète s'est privé de quelques-unes des conditions matérielles auxquelles ont recours les auteurs ordinaires : par exemple, la solitude, la nuit ou l'orage. C'est dans une salle de banquet, brillamment éclairée, c'est au milieu de la joie d'un festin que surgit, devant Macbeth, Banquo, encore saignant du coup mortel qu'il a reçu une heure auparavant. Nul ne l'aperçoit : les convives rient, mangent et boivent. Le spectre n'est visible qu'à la conscience bourrelée de l'assassin. Macbeth veille, tandis que Richard rêve, et l'on s'intéresse plus fortement à Macbeth éveillé qu'à Richard endormi, non-seulement parce que l'hallucination est un phénomène moins vulgaire que le cauchemar, mais parce qu'on a, dans le premier cas, le double spectacle de l'illusion elle-même et du malheureux qui lutte contre elle. En sorte que le drame, c'est-à-dire le jeu des passions humaines, ne cesse pas un instant, mais augmente au contraire d'intensité. Banquo ne prononce pas une parole. Il s'assied à la place que Macbeth se prépare à occuper. Lorsque, ranimé par une brève exhortation de sa femme, Macbeth a réussi à se débarrasser de la vision,

Banquo disparaît. Macbeth s'avance vers le trône : de nouveau, le fantôme y est assis. Au malaise succède, chez Macbeth, l'épouvante, mêlée de défis et de blasphèmes. Le roi n'est plus maître de lui et lady Macbeth n'a plus qu'à congédier brusquement les convives stupéfaits.

Dans la *Tempête* et dans le *Songe d'une nuit d'été*[1], le merveilleux est d'une nature bien différente ; Shakespeare ne veut plus nous effrayer, mais nous charmer. Tout d'abord, il nous transporte dans le pays des songes heureux et des superstitions riantes. C'est l'été et c'est la nuit. Dans les détours d'un bois voisin d'Athènes, sous un ciel étoilé, errent deux jeunes gens et deux jeunes filles. Lysandre cherche Hermia qui l'aime et qui l'attend pour fuir avec lui. Démétrius, un autre amoureux, qui a pour lui le consentement du père et contre lui le cœur de la jeune fille, court après Lysandre et Hermia. Enfin, Hélène poursuit Démétrius qu'elle aime et qui la dédaigne. Dans un autre coin du bois se réunissent quelques artisans athéniens, qui préparent un divertissement dramatique pour les fêtes du mariage de leur roi Thésée, et qui ont choisi, pour répéter, cette heure excentrique et ce lieu singulier. Cette même nuit, le bois est hanté par une troupe de génies et de fées, ayant à leur tête la reine Titania et le roi Obéron, accompagné de son fidèle Puck. En s'entrecroisant, les aventures de ces différents personnages vont former un tissu bigarré, qui tient du drame, de la comédie et de la féerie. Touché de la douleur d'Hélène, Obéron veut donner un philtre à Démétrius pour le rendre amoureux d'elle, mais il se trompe, et c'est Lysandre qui vient soupirer aux pieds d'Hélène. Lorsqu'enfin le philtre opère sur Démétrius, c'est le tour d'Hélène d'avoir deux amoureux, et le tour d'Hermia de pleurer. Titania n'est pas moins étourdie qu'Obéron. Ces petits êtres taquins, fantasques et mobiles, dont le langage est coloré comme l'aile du papillon, ont leurs amours, leurs colères, leurs jalousies, mais tous leurs sentiments sont empreints de légèreté et de malice. Pour se venger de Titania, qui lui a refusé un petit

---

1. Le titre exact serait : Le rêve de la nuit de la Saint-Jean.

page dont il avait envie, Oberon s'avise de la rendre amoureuse d'un des artisans athéniens. Il choisit le plus laid et le plus stupide, Bottom. Par surcroît, il l'embellit d'une tête d'âne. Titania couronne de fleurs la tête d'âne, baise tendrement le vilain museau, frotte à ces poils rudes sa joue délicate. Toutes les fois que, dans le monde, nous voyons la beauté ou l'esprit épris de la sottise et de la laideur, nous pensons à Titania et à son Bottom.

Lorsque le philtre a produit tous ses effets, douloureux ou ridicules, tout rentre dans l'ordre. Hermia retrouve son Lysandre, Hélène son Démétrius, Bottom sa tête, Oberon et Titania la paix du ménage aérien.

Il y a, si l'on y regarde de près, dans le *Songe d'une nuit d'été*, trois espèces de créatures. Oberon et Titania s'élèvent au-dessus de nous, moins par leur pouvoir mystérieux que par la subtilité de leur essence. Bottom, avec sa tête d'âne, représente une sorte d'humanité inférieure que sa stupidité et sa laideur ravalent au rang de la brute. L'intention du poète est plus visible encore dans la *Tempête*; la hiérarchie et la subordination des êtres y sont encore mieux marquées. Prospero, duc de Milan, a été chassé de sa capitale par une surprise révolutionnaire et par une trahison de la branche cadette, puis jeté par la tempête sur une île déserte. Heureusement, il est magicien et soumet les éléments à son pouvoir : il délivre Ariel et ses frères, que la sorcière Sycorax avait enfermés dans un chêne, et il oblige le fils de Sycorax, Caliban, à devenir son serviteur. Ariel obéit à Prospero par gratitude, et Caliban obéit par terreur. Ariel est un génie de l'air : son essence est formée de ce qu'il y a de plus pur dans le feu et dans la lumière. Caliban a été grossièrement pétri avec ce qu'il y a de plus épais dans le limon terrestre. Pour plaire à Prospero, pour protéger Miranda, Ariel retournerait, s'il le fallait, dans son horrible prison, lui, le génie de l'espace, dont la vie est de se jouer dans l'éther ; Caliban, s'il l'osait, tuerait son maître, et la chaste beauté de Miranda n'éveille dans son âme fangeuse que des convoitises de bête fauve. Ariel, c'est l'esprit, et Caliban, la matière. Entre eux, la lutte est éternelle. L'histoire de chaque âme humaine, en particulier, comme l'histoire de l'humanité, en général, n'est que l'histoire de la dualité d'Ariel et de Caliban. Celui-là est un magicien qui peut, comme Prospero, les pacifier en les gouvernant.

Le Comique. — Les joyeuses Dames de Windsor.

Il faut écarter d'abord ce qu'on pourrait appeler le comique involontaire. Lorsque le roi de Danemark apprend la mort de la fille de Polonius, noyée dans le fleuve, il s'écrie : « Je ne pleure pas sur Ophélie : elle a eu déjà assez d'eau. » Cette pitoyable plaisanterie n'est pas une plaisanterie. De même, lorsqu'un héros de Corneille, en apercevant un couteau sanglant qui a servi à une vilaine besogne, fait cette réflexion : « Il en rougit, le traître ! » l'intention du grand poète n'est pas d'exciter notre gaieté, mais notre émotion. Shakespeare et Corneille ont cru dire une chose saisissante, il nous semble qu'ils ont dit une sottise.

Lorsque l'auteur a l'intention de nous faire rire, son procédé invariable consiste à introduire dans la pièce un homme d'esprit, comme Mercutio ou Bénédict, un bouffon comme Touchstone, un paysan stupide comme William. L'homme d'esprit engage avec le niais un dialogue, où la bêtise de l'un sert à faire ressortir la finesse de l'autre. Le clown n'est pas, d'ailleurs, entièrement stupide, et sa grossièreté est censée envelopper une certaine dose de malice. À défaut d'un personnage spécial, le traître de la pièce sert d'amuseur. Dans cette parade souvent obscène, dans ce duel à coups de langue, où l'équivoque ordurière tient plus de place que le véritable esprit, Desdémone donne la réplique à l'horrible Iago, Hélène croise le fer avec l'immonde Parolles. Les héros descendent complaisamment à ce jeu, qui rappelle les duos comiques de Paillasse et de son maître, prélude obligé des représentations de la foire. Macduff se laisse gouailler par un portier ivre; le roi Lear sert de compère à son bouffon; Hamlet, la conscience chargée de plusieurs morts, fait assaut de calembours avec un fossoyeur.

Que vaut l'esprit de tous ces personnages? Peu de chose.

Le trait d'esprit est la plaie de nos comédies modernes. L'écrivain qui en a trouvé un est charmé de lui-même et ne paraît pas se douter que le public donnerait tous les mots d'une pièce pour une seule situation plaisante. Ce travers est de tous les temps. Il y a trois siècles, le trait d'esprit s'appelait une pointe. A l'époque où l'honnête Boileau lui portait de si furieux coups, elle avait déjà cessé de vivre. Mais elle était dans toute sa gloire au moment où Shakespeare écrivait. Dans un temps où les mots comptaient plus que les idées, la pointe constituait, à elle seule, plus qu'une langue : une littérature. L'amour, la douleur, le désespoir même, ne parlaient que par la pointe. Surtout, on n'avait d'esprit que par elle et avec elle. Les dialogues soi-disant comiques de Shakespeare ne sont qu'une succession de pointes, aujourd'hui émoussées.

A peine peut-on saisir quelques nuances, suivant les personnages : un peu plus de subtilité chez celui-ci, un peu plus de grossièreté chez celui-là. Sur ce terrain, Shakespeare n'a de rival que chez ses contemporains élevés à la même école. Quelle différence avec Molière! L'auteur des *Femmes savantes* amusait le parterre avec la seringue de Pourceaugnac, les coups de bâton de Scapin, les culbutes de Sganarelle et les coliques d'Argant. Il se dédommageait lui-même, ainsi que « les honnêtes gens », avec le comique délicat du *Misanthrope* et le comique profond de *Tartuffe*. Shakespeare, qui partageait les goûts et les plaisirs de la canaille, ne s'amuse jamais tant que quand il déroge. Il est aussi bien dans Touchstone que dans Jacques. Molière était né sous les piliers des Halles, mais il ne faisait pas ses délices de la langue qu'on y parlait. Le ruisseau de Billingsgate roule son flot bourbeux à travers tout le théâtre de Shakespeare. De cette partie comique, qui compose à peu près le cinquième de l'œuvre, on peut à peine sauver quelques scènes : celles où l'ironie s'élève, et celles où la vérité des peintures en excuse la crudité et la vulgarité. Nous indiquerons, comme exemples des premières, la description de la reine Mab par Mercutio, et les satires de Jacques, le philosophe de la forêt des Ardennes. La fine peinture des rêves que la malicieuse Mab suggère à tous les sexes, à tous les âges, à toutes les passions, est d'une fantaisie achevée, et l'on peut pardonner à Mercutio, en faveur de ce joli morceau, ses ennuyeuses escarmouches avec Benvoglio. Le rôle de Jacques n'est pas moins agréable. Jacques est un Alceste qui a enfin trouvé le coin écarté dont il est question dans la dernière scène du *Misanthrope*. En même temps, il a échangé sa part d'esprit français contre une part équivalente d'*humour* britannique.

On dit familièrement de certains portraits que la ressemblance en est criante. C'est l'impression que fait éprouver la nourrice de Juliette. Bavardage machinal, susceptibilité aussi facile à irriter qu'à apaiser, immoralité naïve, optimisme instinctif et invincible, elle a tous les traits de la femme du peuple, façonnée par la domesticité d'autrefois. Elle unit la liberté du franc parler à une sorte de servilité moutonnière. Elle coupe la parole à son maître et le morigène, mais elle plie devant sa colère. Elle prête les mains à l'intrigue de Juliette, sans se demander où cette intrigue conduira sa jeune maîtresse. Mais elle trouve tout simple que, le lendemain du jour où Juliette a épousé secrètement Roméo, elle épouse publiquement le comte Paris : un si beau garçon ! et riche, et qui a le consentement des parents !

La nourrice est, dans tout le théâtre de Shakespeare, — en mettant à part les drames historiques, — le seul caractère emprunté à la réalité. Les hommes de génie n'observent pas. Il leur est plus aisé de créer un monde que de rendre un seul type de la vie ordinaire. Mais lorsqu'ils daignent peindre d'après nature, ils le font avec une précision de touche et une vigueur de coloris qui distancent de bien loin les pâles œuvres des copistes de profession.

Le véritable comique est celui qui naît des caractères et des situations, non pas des unes ou des autres isolément, mais des caractères comiques aux prises avec les situations comiques. Shakespeare a rencontré cette heureuse combinaison dans les *Joyeuses dames de Windsor*.

Falstaff, à bout de ressources pour payer ses hommes, imagine de courtiser mistress Page et mistress Ford, auxquelles il espère escroquer de l'argent. Ces dames s'entendent pour le mystifier et lui donnent successivement plusieurs rendez-vous, au logis de l'une d'elles. Page est confiant, mais Ford est jaloux. Il s'insinue dans la familiarité de Falstaff, en se donnant à lui pour un soupirant évincé, qui pense être plus heureux auprès de mistress Ford lorsqu'elle aura d'abord été séduite par l'irrésistible chevalier. Prévenu par Falstaff de l'heure des rendez-vous, il arrive, avec ses amis, pour fouiller la maison. Le galant s'échappe une première fois dans un panier rempli de linge sale, la seconde fois sous le costume d'une vieille femme, mais non sans avoir été outrageusement battu. A la troisième rencontre, Falstaff s'est laissé persuader de prendre l'apparence légendaire de Herne, le chasseur nocturne. Sous cet accoutrement, il se rend à minuit dans un carrefour de la forêt. Tout à coup, des fées et des génies l'entourent, le brûlent de leurs torches et le pincent jusqu'au sang. Ces fées et ces génies ne sont autres que les enfants de la famille Page et leurs camarades d'école. Lorsqu'on s'est assez longtemps amusé de Falstaff, on se démasque, on l'invite à souper et il accepte. Il n'est ni humilié, ni guéri.

Cette pièce fait revivre la *merry England* d'autrefois, la libre et joyeuse génération contemporaine d'Élizabeth. Ce n'est pas que tout soit également gai. Les trois amoureux d'Anne Page, le juge Shallow, en qui, prétend-on, Shakespeare poursuit une vengeance personnelle, le médecin français et le prêtre gallois, qui écorchent l'anglais à qui mieux mieux, sont des charges outrées et vulgaires. L'opposition des deux caractères de maris est plaisante, mais à peine indiquée. On sourit de mistress Quickly, l'entremetteuse, qui reçoit de l'argent de tous les amoureux et croit le gagner honnêtement en ne parlant d'aucun. Falstaff, à lui seul, remplit la scène et la pièce. Cette fatuité éléphantine, cette rouerie dans une si grossière enveloppe, ce poltron qui a une épée au côté, ce menteur que personne ne croit, cette bedaine qui trafique de ses charmes, composent un type d'une vérité monstrueuse, d'une impudence qui n'a pas été surpassée. Nous le retrouverons dans les drames historiques, où Shakespeare l'achève et lui donne une date.

Tragédies romaines.

Les tragédies romaines, *Coriolan*, *Jules César*, *Antoine et Cléopâtre*, forment, dans le théâtre de Shakespeare, un petit groupe séparé. On hésite à les ranger parmi les pièces historiques. Le poëte n'avait d'autre guide que Plutarque, et c'est un guide peu sûr; encore ne l'a-t-il pas toujours suivi. S'il avait eu à sa disposition toutes les ressources accumulées par l'érudition moderne, nul doute qu'il ne s'en fût pas servi. Les détails l'ennuient. Pour lui, Coriolan, c'est l'orgueil : avec ce trait, il retrouve tout le caractère. L'orgueil de son héros prend toutes les formes. Romain, il dédaigne les Volsques, même en s'alliant avec eux. Patricien, il méprise les plébéiens alors qu'il a besoin d'eux pour être consul. Général, il commande avec rudesse. Soldat, il fait peu de cas de ceux qui préfèrent la parole à l'épée. Shakespeare procède de même avec les personnages secondaires. Ménénius Agrippa, qui, un jour, employa, dit-on, la forme de l'apologue pour faire arriver jusqu'à l'esprit de la multitude une vérité utile, devient, dans Shakespeare, un bonhomme trivial et gouailleur qui ne parle que par comparaisons et par proverbes. Les tribuns de Tite-Live, ces fiers et éloquents orateurs, ne sont plus ici que des manants farouches. Ils s'expriment comme ces artisans du moyen âge, dont le caprice d'une émeute faisait les porte-voix des passions populaires et les dictateurs d'un jour. Shakespeare ne pouvait deviner cette race grave, entêtée, sobre de paroles, éprise de légalité, et qui mit plusieurs siècles à conquérir son droit. S'il l'eût devinée, il n'aurait pas écrit son drame.

On a reproché à *Jules César* de manquer d'unité, parce que le héros de cette pièce meurt au troisième acte. Mais il suffirait de changer le titre de la tragédie, en lui donnant pour héros Brutus au lieu de César, et l'unité serait rétablie. Il est certain que le poëte a voulu faire de Brutus la figure principale de son drame. Il était donc naturel que le suicide du héros servît de dénoûment à la pièce. Mais il est impossible de justifier Shakespeare d'un reproche sans l'exposer à un autre, plus grave. Un caractère médiocre dans une situation fausse, tel est Brutus. Les scrupules d'un homme qui assassine son bienfaiteur par excès de conscience irritent plus qu'ils n'intéressent. Pour rendre l'assassin tolérable, Shakespeare a été obligé de calomnier la victime. La seule grande scène du drame est celle où il laisse parler la vérité par la bouche d'Antoine, lisant aux Romains assemblés le testament de César, et réveillant par degrés dans les âmes, avec l'enthousiasme pour le dictateur, le brûlant désir de le venger. Voltaire a bien mieux rendu justice à la magnanimité de César mourant. Mais le génie fourvoyé conserve encore sa supériorité sur le talent raisonnable.

Antoine et Cléopâtre, quel sujet pour Shakespeare! L'empire du monde sacrifié pour une femme, un soldat romain qui se métamorphose en despote oriental, en dieu égyptien, et qui essaye de créer une seconde Rome au milieu des ennemis de Rome, ce rêve grandiose, cette passion invincible et insatiable, devaient éveiller le génie de Shakespeare bien autrement que la casuistique stoïcienne de Brutus. Malheureusement, ce génie se refroidissait comme le soleil lorsqu'il approche de l'horizon. Sa température n'était plus assez ardente pour faire entrer en fusion les éléments confus et disparates qui bouillonnent dans ce drame.

Quelle est la moralité des tragédies romaines? L'orgueil de Coriolan cède à l'amour filial, et cette bonne action est punie de mort. Brutus venge Pompée en frappant César. Il est puni par Antoine, qui tombe à son tour devant Octave. Ce personnage, qui n'a ni le désintéressement de Pompée, ni les grandes pensées de César, ni l'élévation philosophique de Brutus, ni la bravoure d'Antoine, hérite d'eux tous. Il recueille le fruit de leurs crimes et des siens. C'est la morale de l'histoire, et c'est aussi celle du drame : les plus exigeants sont obligés de s'en contenter.

Drames historiques.

Il serait puéril de faire un crime à Shakespeare de mal connaître l'histoire. Autant vaudrait lui reprocher d'être né deux siècles et demi avant l'âge des Niebuhr, des Macaulay et des Michelet. Faut-il, d'ailleurs, l'en plaindre ? Ne pouvant ressusciter l'homme d'un autre temps, d'un autre climat, d'une autre race, avec son idiosyncrasie politique et morale, il évoque l'homme de tous les temps, tel qu'il se retrouve sous la chlamyde comme sous la cotte de mailles. Il lui arrive, — comment en serait-il autrement ? — de brouiller les dates, de confondre les noms, de travestir les événements, de flatter celui-ci, de calomnier celui-là, de grandir un nain, de rapetisser un géant. Ses bévues et ses anachronismes nous font sourire : nous savons tant de choses ! L'historien, le costumier et le machiniste ont fait tant de progrès depuis Shakespeare ! Nous avons retrouvé la vraie coupe de la toge et du pourpoint ; nos magasins d'accessoires sont des musées ; nos toiles de fond sont peintes d'après des gravures du temps ; nos comédiens, lorsqu'ils jouent Néron ou Charles-Quint, semblent des médailles vivantes échappées de leur gaîne de velours, des van Dyck ou des Velazquez descendus de leurs cadres ; nos dramaturges sont d'habiles metteurs en scène qui savent à merveille équiper et grouper les figurants. Shakespeare, lui, dénué de toutes les ressources que prêtent au drame l'érudition et l'art, se contente de faire vivre et parler les hommes.

Une circonstance vient à son secours lorsqu'il travaille sur les annales nationales. L'Anglais ne change guère d'un siècle à l'autre. Shakespeare n'a donc qu'à regarder autour de lui. Les hommes qui ont tenu tête à Philippe II ressemblent trait pour trait à ceux qui ont conquis deux fois la France avec Édouard III et avec Henry V. Le patriotisme aide et inspire l'écrivain, non pas ce patriotisme sage, réfléchi, qui rend justice aux autres nations, mais ce patriotisme aveugle, exclusif, brûlant, fait d'orgueil naïf et de mépris envers l'étranger. Chamfort demandait comment on pouvait être

Persan. Shakespeare semble surpris qu'on ne soit pas Anglais. Les peuples voisins, parents ou vassaux de la race saxonne, ne sont pas épargnés : Irlandais, Écossais, Gallois, ne paraissent que pour écorcher l'anglais et faire rire le public. Les Anglais sont toujours vainqueurs : c'est de droit. Les Romains sont battus dans *Cymbeline*, les Français sont battus dans le *Roi Lear*, bien avant l'époque où il y a eu des Français. A nos désastres trop réels de la guerre de Cent ans, Shakespeare ajoute un compte fantastique de défaites. Dans le *Roi Jean*, on voit le dauphin Louis envahir l'Angleterre et battre les Anglais. C'est qu'il a des seigneurs anglais dans son armée. Il a formé le projet odieux et stupide de faire périr, après la victoire, ses braves auxiliaires. Pourquoi cette perfidie inutile? Simplement parce que le dauphin Louis est Français. Au moment de mourir, un de ses courtisans, Melun, pris de remords, dévoile à temps toute la trame à ceux qui doivent en être les victimes. Pourquoi ce bon sentiment chez Melun? C'est qu'il a un peu de sang généreux dans les veines : sa grand'mère était Anglaise. Dans la première partie de Henry VI, le dauphin Charles, qui a déjà reconquis la France plus qu'à moitié, fait hommage du reste, comme vassal, au souverain ennemi. Il ne prête ce serment absurde que pour se déshonorer en le violant. Jeanne d'Arc, notre glorieuse héroïne, devient une ignoble fille dont la carrière n'est qu'imposture, et qui cherche à éviter la mort par de honteux mensonges. C'est de ces erreurs et de ces injustices qu'est fait le génie de Shakespeare. Donnez-lui la froide et élégante raison, la philosophique impartialité d'un Hume, qui comprend et aime si bien la France, Shakespeare ne pourra plus sentir dans son âme et faire passer sur la scène les préjugés, les colères, qui, au quatorzième et au quinzième siècle, ont précipité deux nations l'une contre l'autre.

Imaginez le poète penché sur les pages d'Hollingshed le chroniqueur. Hollingshed n'a pas la gentillesse de Froissart. Il est verbeux, plat et triste. Chez lui, le carillon et le glas ont le même son. De la même voix traînante, il dit les naissances, les avènements, les morts royales, les pestes, les hérésies, les tempêtes, les miracles, les batailles et les traités.

Les sujets du roi viennent exposer leurs griefs dans des harangues ; les officiers du roi répondent par d'autres harangues. Les évêques font des remontrances ; les docteurs écrivent des consultations. Cependant, on décapite, on pend, on brûle, on roue, on écartèle ; l'homme détruit l'homme par tous les moyens en son pouvoir. Des tragédies sanglantes se déroulent dans les palais. Les légats du pape se promènent à travers la chrétienté, imposant la paix et distribuant des pénitences aux princes. Comme un enfant qui tourne les feuillets d'un livre d'images, l'œil de Shakespeare brille ou s'éteint suivant qu'il s'amuse ou s'ennuie. Là où il s'est ennuyé, il nous force à nous ennuyer avec lui. Lorsque Henry V, au moment d'envahir la France, par une de ces hypocrisies familières aux rois du moyen âge, convoque une assemblée de légistes et de théologiens pour légitimer son injuste agression, le dramaturge découpe la scène en pleine chronique. C'est un commentaire dialogué et versifié sur la loi salique ; le latin barbare, les formules juridiques, tous les enfantillages du droit civil et du droit canon sont religieusement transcrits. Shakespeare a, pour toutes ces belles choses, le sentiment de l'illettré : il admire en bâillant. Ailleurs, l'imagination du poète vivifie la chronique. Tel procès-verbal, sec et monotone, lui rend une grande scène parlementaire, avec ses débats tumultueux, ses émotions grondantes, ses alternatives de passion et de rhétorique. De Percy Hotspur, l'histoire ne lui livre guère qu'un surnom : avec ce surnom il compose tout un caractère. Pour imaginer Douglas, il lui faut moins encore : une épithète. Les contemporains, à cause de la couleur de son armure, l'appelaient Douglas le Noir. C'en est assez pour que Shakespeare voie se dresser devant lui une sorte de guerrier-fantôme. Lorsque, sur le champ de bataille de Shrewsbury, il poursuit le roi avec une rage muette et une obstination surnaturelle, lorsque nous le voyons immoler successivement plusieurs faux Henrys avant d'arriver au vrai, nous commençons à trembler comme devant une mystérieuse et puissante incarnation de la fatalité. Voilà ce que peut un adjectif dans le cerveau d'un poète !

Laissons de côté la pièce du *Roi Jean*. Ce drame, tentative malheureuse pour réhabiliter le triste frère de Richard Cœur de Lion, est, d'ailleurs, un des plus mauvais de Shakespeare : c'est celui qui est le plus gâté par la violence et l'affectation. Des batailles monotones, des femmes qui s'invectivent sans mesure, il n'y a pas autre chose. La seule scène de l'ouvrage est celle où le jeune Arthur Plantagenet essaye d'attendrir son gardien Hubert, chargé par Jean de lui crever les yeux. Notre sensibilité ne se refuse jamais à de pareilles situations. L'adolescent a des mots touchants, dont l'effet est immédiatement détruit par des traits de préciosité et de mignardise.

La véritable série des drames historiques commence à l'avènement de Richard II et se termine à celui d'Henry VII, embrassant ainsi la seconde période de la guerre de Cent ans et toute la guerre des deux Roses : un siècle entier de l'histoire d'Angleterre, et le plus orageux. Ce n'est, à vrai dire, qu'un drame monstrueux en quarante actes, où quatre générations de personnages se succèdent, où six rois occupent successivement le trône et la scène.

Le premier en date est Richard II. Ce prince fournit à Shakespeare l'occasion d'un véritable tour de force dramatique. Il est difficile, au théâtre, lorsque, pendant deux actes, un personnage a violemment prévenu contre lui les spectateurs et s'est fait haïr, de ramener sur sa tête l'intérêt et la pitié. C'est cependant ce qu'a fait Shakespeare. Dès le début, la sévère sentence portée par Richard II contre son noble cousin, Henry de Bolingbroke, nous indispose contre lui. Son odieux entourage, la façon insultante dont il accueille les avis d'un mourant, en qui il devrait respecter le frère de son père et le glorieux vétéran des guerres d'Édouard III, tout contribue à fortifier cette impression défavorable. Nous sommes bien aises de voir son rival débarquer en Angleterre pour le punir et lui enlever sa couronne. Le sentiment contraire commence à poindre lorsque la reine nous confie ses tristes pressentiments ; il grandit lorsque Richard, revenant d'Irlande, après avoir salué avec joie le sol natal, apprend coup sur coup d'accablantes nouvelles, et, découragé, s'assied à terre pour méditer sur ses infortunes. Ce sentiment s'accroît encore quand Richard tombe aux mains de son ennemi. Enfin, il est porté à son comble dans la scène solennelle et grandiose de l'abdication. Non contents de cette abdication, les révoltés veulent, devant le parlement réuni, lui faire signer la confession de ses crimes. Hautain, laconique, glacé, Northumberland s'est fait le bourreau de son roi. L'ironie douloureuse de Richard, la chaude éloquence de l'évêque de Carlisle, qui prévoit, comme dans une vision sanglante, les déchirements auxquels la patrie sera condamnée par la rivalité d'York et de Lancastre; enfin, la modération d'Henry, qui met fin à cette scène pénible, dont il semble honteux, forment d'heureuses oppositions et montrent, à un degré rare chez Shakespeare, le mélange de l'art et de l'inspiration.

On voit, avec curiosité, grandir la fortune et se dessiner le caractère, d'abord incertain, de ce Bolingbroke qui devient un grand roi sous le nom d'Henry IV. Il pressent son élévation quand nul n'y songe. Il s'essaye à l'affabilité royale, n'étant encore qu'un simple gentilhomme, et sa modestie, pleine de dignité, tient à distance les égaux d'aujourd'hui, qui sont les sujets de demain. C'est l'ambitieux de grande race, chez qui l'habileté n'exclut pas la noblesse. Lorsque l'horrible Exton, s'armant d'une parole mal comprise, lui apporte la tête de Richard II, qu'il a étranglé dans sa prison, il se détourne avec émotion : « Va, dit-il au meurtrier, va errer dans les ténèbres avec Caïn! » La vue du cadavre d'Hotspur lui arrache des larmes en plein champ de bataille. Il voile, par respect, la face de son héroïque ennemi et lui fait rendre les honneurs militaires. Cependant la vie s'avance, et, avec l'âge, vient cette satiété connue seulement des maîtres du monde. C'est la mélancolie d'Auguste et de Charles-Quint. L'ambitieux est déçu dans son fils. Il a eu de grands rêves, il a pensé créer une dynastie, et voilà que l'héritier de tant de labeurs surmontés et de tant de périls vaincus, le prince de Galles, use sa vie dans la compagnie des escrocs et des filles. Le grand juge d'Angleterre l'a fait jeter en prison, comme un obscur malfaiteur, pour avoir coupé des bourses sur la grande route. La nuit, le roi ne peut dormir. Il se lève et veille, il repasse ses souvenirs qui ressemblent à des remords. La dernière heure approche, on la croit déjà venue. Le roi n'est pas mort, il n'est qu'évanoui. En ouvrant les yeux, il n'aperçoit plus sa couronne : le prince de Galles l'a emportée. Découronné de son vivant! Sensation pleine d'angoisse et d'épouvante, semblable à celle d'un homme qui se réveillerait dans sa tombe. Le prince reparaît à temps pour le rassurer par ses promesses, lui rendre la couronne et la recevoir de lui, à genoux, avec sa bénédiction et son adieu.

Cette conversion de Henry de Monmouth, qui a régné sous le nom de Henry V, passe pour un des plus beaux coups de théâtre de Shakespeare. Celui qui a fait de Falstaff son compagnon, des tavernes et des mauvais lieux son séjour ordinaire, de la débauche la plus abjecte et du vol à main armée ses passe-temps favoris, change tout à coup de conduite, d'attitude et de langage. Il assure de son estime et de son amitié le magistrat qui l'a fait mettre en prison. Lorsque Falstaff, le jour du couronnement, aborde tendrement « son fils Henry », il est beau de voir le jeune roi se redresser de toute sa hauteur sous cette insultante familiarité et repousser, avec de nobles et sévères paroles, le corrupteur de sa jeunesse. Ce qui gâte un peu l'effet de la scène, c'est que Henry était déjà à moitié guéri de ses folies depuis la bataille de Shrewsbury, où le péril du roi et du trône l'avait arraché à sa mollesse. Ce qui est plus fâcheux encore, le prince nous avait lui-même, au temps de ses plus grands désordres, annoncé ce changement. Dans une tirade froide et compassée, il nous avait prévenus que les vices de son adolescence rendraient plus éclatantes, par le contraste, ses vertus de roi : calcul immoral qui nous éloigne du personnage. Shakespeare et les Anglais pardonnent tout à Henry V parce qu'il a gagné la bataille d'Azincourt. Nous, que cette seule raison ne dispose pas à tant d'indulgence, nous avons quelque peine à comprendre, même en faisant la part de la rudesse des temps et de la race, que la fougue du sang fasse descendre un fils de roi jusqu'au brigandage et qu'il puisse ensuite redevenir un héros. On ne revient pas de si loin, on ne remonte pas de si bas. Henry V, après tout, n'est qu'un soldat. Lorsque après sa conversion il est fiancé à la fille du roi de France, à la princesse Catherine, qu'il nomme Kate, c'est avec des gentillesses de corps de garde qu'il lui fait sa cour. Un matelot à terre, légèrement pris de whisky et cherchant une aventure de nuit, n'aurait pas d'autres paroles ni d'autre gestes.

La faiblesse n'est pas un caractère, et pourtant Henry VI est profondément tragique. Pauvre roi berné, pauvre mari trompé, vrai type de ces princes en qui finit une dynastie, il se réfugie dans une dévotion niaise. Son tuteur, puis son favori, puis sa femme, pensent et règnent pour lui. Dans son armée, on le met à l'écart comme un objet qui porte malheur. Pendant la bataille qui décide du sort de sa monarchie, il se lamente, il exprime son goût pour la vie pastorale. « Que ne suis-je berger! » s'écrie-t-il. On l'oublie dans sa prison, et on ne daignerait pas l'assassiner, si sa mort n'était une formalité nécessaire pour l'intronisation d'Édouard IV.

Ce roi est peu intéressant : sa grandeur est l'œuvre des autres. Lorsque lady Grey, déjà mère d'enfants qui ont l'âge d'homme, vient, sous ses habits de veuve, des pleurs dans les yeux et le deuil au cœur, implorer le roi pour la restitution de ses biens confisqués, Édouard l'écoute, la regarde fixement. Un désir le prend aux entrailles, désir de prince, désir de soldat victorieux qui veut être satisfait. Il l'avoue sans honte à l'affligée qui l'élude avec douceur, avec modestie, avec respect. Emporté par sa passion, Édouard la fait reine. Scène singulière et brutale, qui en dit beaucoup sur cet âge de luxure et de folie.

Voici enfin Richard III, le virtuose du crime, le maître-scélérat, le monstre le plus complet qui soit au théâtre. On voit sa méchanceté se développer, agir, prospérer, atteindre son apogée et recevoir son châtiment. Richard a mille aspects différents et successifs. Affectueux et triste avec Clarence, respectueux avec le roi, hautain et sarcastique avec la reine et ses parents, il est, avec Buckingham, avec Tyrrel, même avec les meurtriers de bas étage qu'il envoie à la Tour, familier, complimenteur, presque caressant. Il chatouille d'un mot la vanité de ceux dont il a besoin. Une fois le service rendu, rien n'égale la froide impudence avec laquelle il écarte ses instruments et semble ne pas même les entendre. Avec les enfants qu'il va bientôt assassiner, moitié déférent, moitié paternel, il se laisse taquiner, tourmenter, laisse à peine voir quelques mouvements nerveux, quelques éclairs de susceptibilité humiliée. Mais c'est aux femmes et au peuple qu'il réserve ses plus merveilleuses séductions. Merveilleuses, en effet, si l'on songe que la nature lui a refusé tout ce qui séduit. Petit, bossu, contrefait, hideux, il se fait un jeu de ces difficultés ; il en crée de nouvelles pour les vaincre. Lorsqu'il projette d'épouser Anne Warwick, dont il a tué le père, le beau-père et le mari, lorsqu'il veut faire sa femme d'Élizabeth, dont il a fait mourir les oncles et les frères, il ne paraît pas avoir d'autre mobile que le plaisir de gagner une gageure avec lui-même. La scène d'amour avec Anne Warwick est un chef-d'œuvre. Que d'esprit, que d'éloquence, que de poésie, que de passion, sur les lèvres de ce bandit ! Il commence par nier ses crimes ; puis, quand il voit Anne à demi gagnée, il les avoue. C'est afin de se rapprocher d'elle qu'il a tué. Il aurait égorgé la moitié de l'univers pour avoir le droit de tomber à ses pieds. Avec le peuple, autre langage. Si la femme veut être désirée, le peuple veut être dédaigné. Après avoir organisé avec Buckingham la curieuse scène électorale où l'on escamote les votes des bourgeois de Londres, Richard fait longtemps attendre les députés chargés de lui offrir la couronne. Il paraît enfin entre deux évêques, avec lesquels il discutait un cas de conscience. Il refuse le trône et laisse s'éloigner les députés. On le supplie, on lui force la main, et il consent à recevoir une seconde fois les délégués du peuple. Il prononce une magnifique harangue. N'est-ce pas là ce qu'il faut à la foule? De belles paroles et un air d'austérité.

Il n'y a guère qu'à admirer dans Richard III. On voudrait seulement retrancher ces monologues dans lesquels Richard annonce les infamies qu'il va commettre. Peut-être Shakespeare jugeait-il ces explications nécessaires à un public naïf, qui aurait pu se prendre aux mensonges de Richard comme les oiseaux d'Athènes aux raisins d'Apelles.

Au second plan, se dessinent des figures pleines de variété et de relief. Le génie de l'intrigue et la fièvre des jouissances s'incarnent dans Warwick, le faiseur de rois, et dans Suffolk, le séducteur de reines. Quelle superbe et effrayante esquisse que ce Winchester, prince de l'Église et prince du sang, un démon de méchanceté et d'orgueil sous la pourpre cardinalice ! Quelle mort soudaine, épouvantable ! Véritable mort de damné ! Bossuet n'a pas de coup de tonnerre plus formidable, Dante ne donne pas de frissons plus aigus. Un caractère curieusement composé et riche de fantaisie est celui d'Owen Glendower, qui fatigue ses hôtes de ses vanteries astrologiques et les édifie par ses vertus domestiques : une sorte de savant de province sous le costume d'un chef de clan du quatorzième siècle. Comme Glendower, Hotspur appartient en propre à Shakespeare. L'histoire ne lui fournissait qu'un homme irascible ; de cette seule indication, il a tiré un caractère complet. La colère a des effets tragiques et des effets risibles : le poète n'a garde de négliger ces aspects différents. La scène où les boutades d'Hotspur empêchent Worcester de dire un mot, est une scène de comédie. Shakespeare a jugé que ce guerrier pouvait et devait aimer. Il n'y a rien de plus chaud qu'un cœur de soldat. Mais il voit dans sa femme un cher et fragile joujou ; il veut lui dérober les sombres émotions de la guerre et des complots. Hector fait à Andromaque des adieux tendres et graves ; Hotspur prend congé de sa Kate en badinant. Mais on ne saurait dire laquelle de ces deux scènes donne le plus envie de pleurer. A côté de Hotspur, de la colère généreuse qui ne sait pas attendre, mais qui peut pardonner, le poète a placé Worcester, la haine froide, patiente, implacable.

Aux caractères semi-historiques Shakespeare a mêlé des personnages de pure invention. Au premier rang est Falstaff. Nulle part il n'est plus en verve, nulle part il n'est plus joyeusement mystifié que dans la première partie de Henry IV. Avec tout l'esprit que possède le chevalier, on s'étonnerait qu'il ne fît pas de dupes. Il en fait, et de fort amusantes, notamment mistress Quickly, son hôtesse, et le squire Shallow, son ancien camarade de collége. Quickly est bonasse, sentimentale, criarde et vaniteuse. Falstaff la paye en compliments, en hâbleries, en embrassades, en comparaisons mythologiques. Shallow prend au sérieux la faveur de Falstaff et compte en profiter. Importance campagnarde, ignorance, gloutonnerie, admiration niaise pour tout ce qui vient de la cour, c'est le seigneur de village dans sa majestueuse nullité.

Le peuple a sa place dans ces drames. Il y a le bon et le mauvais peuple. C'est au bon peuple qu'appartient ce palefrenier du roi Richard, qui obtient, à force de prières, la permission de voir son maître dans sa prison. Ce qui l'a le plus affligé, c'est que Bolingbroke ait osé monter le cheval de Richard, le jour du couronnement : c'est là le crime qui pour lui résume tous les autres. La chose est si naïvement dite qu'on ne songe pas à en rire, bien au contraire. La mort de Richard suit immédiatement cette scène sans que l'esprit perçoive aucune disparate.

Le quatrième acte de la seconde partie de Henry VI est un drame dans le drame, une révolution en abrégé. C'est la révolte de Jack Cade et de ses camarades, qui se soulèvent aux cris de : « Plus de roi ! plus de seigneurs ! » Pour commencer, Jack Cade se fait d'abord chevalier, puis lord, puis roi. Mort à quiconque lui manque de respect. Si nous faisions d'abord mourir tous les gens de loi ? Bonne idée ! On amène un pauvre clerc : Sais-tu lire ? — Oui. — A mort ! A mort tous ceux qui n'ont pas les mains calleuses ! Brûlons le pont de Londres, brûlons la Tour, brûlons tous les monuments, et surtout ouvrons les prisons. Voici lord Say, qu'on vient de saisir ; voyons la justice du peuple. D'abord, les griefs : « Tu as trahi, tu as vendu des villes à l'ennemi ; tu as fait bâtir des écoles et répandu des livres ; ton cheval porte une housse de drap, tandis qu'il y a tant de bons Anglais qui n'ont pas de culotte. A mort ! Tu trembles ? — C'est de froid, mon ami, et non de crainte. — Tu pâlis ? — Mes joues sont blêmies par les veilles que j'ai consacrées au bien public. » Jack est ému, il sent que lord Say a raison. Il a bien envie de tomber à genoux, de l'appeler Monseigneur et de lui demander pardon. Mais que diraient les autres ? Il prononce une sentence de mort. Qu'on coupe la tête à lord Say et à son gendre; qu'on place leurs têtes au bout de deux longues perches et qu'on les promène ainsi, de rue en rue, en les forçant à s'embrasser à chaque carrefour. Cependant, le roi a envoyé un général pour parlementer. La foule imbécile applaudit tour à tour Jack Cade et l'envoyé du roi. Celui-ci a l'habileté ou le bonheur de parler le dernier ; en sorte que Jack est obligé de s'enfuir. Cinq jours, il demeure caché dans le jardin d'un pauvre squire, nommé Iden ; la faim l'oblige à sortir de son trou. Iden le tue, porte sa tête au roi et abandonne le tronc aux corbeaux. Ainsi finit Jack Cade : c'est le Caliban politique que toutes les révolutions vomissent et dévorent.

La pièce qui a pour titre *Le roi Henry VIII* doit être mise à part, bien moins à cause de sa date qu'en raison de son caractère. C'est la moins shakespearienne de toutes les pièces de Shakespeare. Du tact, des précautions, la politique traitée sérieusement, des égards inaccoutumés pour les bienséances de cour et les vraisemblances morales, un soin infini de tout expliquer, un style fin, nuancé, laborieux, sans comparaisons, sans images, sans développements lyriques, sans digressions de fantaisie, sont autant de traits qui surprennent chez l'auteur d'*Hamlet* et de *Richard III*. Le dramaturge avait à mettre en scène, non plus une vieille page des annales nationales, à demi effacée par le temps, mais l'événement extraordinaire, et si diversement apprécié, qui a donné la Réforme à l'Angleterre, la vie et le trône à Élizabeth. Il devait se dire, avec le poète latin : *Incedo per ignes*. Cette contrainte a gêné l'essor du génie de Shakespeare ; mais elle lui a prêté des qualités qui ne lui sont pas ordinaires. Henry VIII est présenté comme un honnête homme, dont le scrupule est sincère. Rien n'égale son respect et sa pitié pour Catherine, si ce n'est sa passion pour Anne de Boleyn. Celle-ci est adroitement flattée. L'auteur place l'éloge de sa beauté dans la bouche du peuple, l'éloge de sa vertu dans la bouche de ses ennemis. Sa coquetterie n'est pour rien dans le coup de foudre qui lui donne le cœur de Henry. On la voit plus étonnée qu'enivrée de sa faveur subite et de son titre de marquise, plaignant la reine et pleurant sur elle. Au cinquième acte paraît, dans ses langes royaux, l'enfant qui sera plus tard Élizabeth. Cranmer répand sur sa tête, avec l'eau du baptême, les magnificences de la poésie, qui prophétise un grand règne. Voilà la part du courtisan : le dramaturge s'est réservé la disgrâce de Wolsey et celle de Catherine. A l'un, il n'a pu refuser un noble repentir, à l'autre, une mort sainte. Que Shakespeare l'ait voulu ou non, c'est Catherine qui est l'héroïne du drame. Tout en lui laissant quelques légères faiblesses, qui ajoutent à la vérité du caractère, il a entouré sa fin de cette poésie religieuse et sereine, qui a fait comparer au soir d'un beau jour la mort du chrétien et du juste.

Roméo et Juliette. Le roi Lear. Macbeth. Othello. Hamlet.

Le poëte va grandir encore. On a vu que l'histoire le gêne et l'alourdit parfois. Dans les drames romanesques que nous avons précédemment étudiés, la fantaisie de l'écrivain se meut à l'aise, mais une autre cause s'oppose au déploiement de ses facultés dramatiques. Ces pièces répondent toutes au titre que porte l'une d'elles : *Tout est bien qui finit bien*. Les infortunes accumulées autour des héros et des héroïnes se dissipent comme un orage d'été. Au cinquième acte, les morts eux-mêmes ressuscitent, les amants s'épousent. Il y a jusqu'à quatre mariages à la fin de *Comme il vous plaira*. Ces dénouements heureux affadissent Shakespeare. Il lui faut, pour donner sa mesure, des désespoirs inguérissables, des passions dont on meurt pour de bon, des catastrophes vraiment tragiques. Toutes ces conditions se trouvent à la fois réunies dans les cinq pièces suivantes : *Roméo et Juliette, Macbeth, le roi Lear, Othello, Hamlet, prince de Danemark*.

La musique, qui peut seule traduire la poésie de chaque peuple dans une langue commune à tous, nous a rendu familière, dans ses moindres incidents, la destinée des amants de Vérone. Qui ne se rappelle l'imbroglio du bal masqué où ils s'aperçoivent pour la première fois? Dans quel cœur de jeune homme ou de jeune fille ne retentit l'exclamation de Juliette : « S'il est marié, mon cercueil sera mon lit nuptial »? Qui ne sait tous les détails de la première entrevue nocturne, et le délicieux enfantillage de ces adieux sans fin que Juliette voudrait prolonger jusqu'au lendemain? Qui ne les voit, après une nuit d'amour, enlacés sur le balcon, interrogeant le ciel, écoutant le chant d'un oiseau? Est-ce l'alouette? Est-ce le rossignol? Roméo est sage quand Juliette est oublieuse ; et quand Roméo devient imprudent, c'est Juliette qui devient craintive. Qui ne frissonne avec Juliette, prête à boire le narcotique du frère Laurent? Enfin, qui ne l'imagine, lorsqu'elle s'éveille dans la demeure des morts et se soulève lentement pour regarder autour d'elle?

Nous avons fait ressortir le côté comique et réaliste de ce drame. Il ne nous reste qu'à caractériser l'amour des deux jeunes gens. Dans les drames romanesques, nous avons rencontré l'amour naïf, l'amour moqueur, l'amour souffrant, humble et dévoué. Ici, c'est l'amour sans épithète. Juliette a l'ingénuité de Miranda, la malice de Rosalinde, la hardiesse d'Hélène ou de Portia. La nourrice nous dit au juste son âge : elle n'a pas tout à fait quatorze ans. Lorsqu'elle manie, avec tant d'aisance, cette langue subtile et maniérée de l'amour euphuïstique, dont Lyly est le Vaugelas, on est tenté de croire que la nourrice s'est trompée de quelques années dans son calcul. L'enfant reparaît sous la jeune femme précoce, quand, au moment de boire la potion du frère Laurent, son imagination effrayée l'entoure de fantômes. L'amour de la vie, l'horreur de la destruction, ces sentiments si puissants chez nous tous, viennent à propos nous rappeler que la sublime et charmante héroïne est une créature de chair. Nous aimons Juliette pour cette faiblesse, comme nous aimons Antigone lorsqu'elle regrette « la douce lumière du ciel », tandis que nous admirons froidement la noble résignation d'Iphigénie. Au début, Roméo nous plaît beaucoup moins, quand il pétrarquise en l'honneur de Rosalinde. Le véritable amour le guérit des affectations qui sont propres à l'amour artificiel, et remplace les hyperboles du commencement par une gravité tendre, sobre, contenue, profonde. Son âme se referme pour ne pas laisser échapper le précieux sentiment qu'elle contient. Le trait le plus aimable de l'amour chez les jeunes gens, c'est cette universelle bienveillance qui l'accompagne. En vain, Tybalt le provoque : il veut l'aimer, puisque c'est le cousin de Juliette. Ne faut-il pas, d'ailleurs, que toute la création vive en paix, que toute la nature soit en fête, puisque Roméo va posséder Juliette? La maturité vient vite à celui qui souffre en aimant. Dans cet admirable dialogue avec l'apothicaire de Mantoue, quand il se montre si pénétrant, si humain, si philosophique, reconnaîtrait-on le beau ténébreux du premier acte, le théâtral soupirant de Rosalinde?

Macbeth est l'histoire d'un crime. Voltaire a dit :

> Un seul jour ne fait pas, d'un mortel vertueux,
> Un perfide assassin, un lâche incestueux.

Là où la tragédie classique se contente d'une sentence abstraite en mauvais vers, le drame shakespearien veut une analyse de l'âme. Comment la pensée du mal naît-elle, pour la première fois, dans l'esprit du « mortel vertueux »? De quels aliments se nourrit, dans l'œuf, l'embryon sinistre? Quelles lois président à son imperceptible croissance? Quelles circonstances, horribles ou vulgaires, précèdent, accompagnent ou suivent le meurtre? Comment le remords, au lieu de produire le repentir, amène-t-il d'autres crimes, d'où sort enfin le châtiment, comme le fruit naît sur l'arbre dont la destinée est de le porter? Tels sont les problèmes qui se posent successivement, les étapes psychologiques du drame. L'étude est double, puisqu'il y a deux complices. Comme toujours, il y a inégalité entre eux : l'un mène, l'autre obéit; l'un pense, l'autre exécute. Macbeth est ambitieux, lady Macbeth est l'ambition même. Il ne faut pas se la représenter sous les traits d'une Électre, avec le profil hautain, la voix dure, le regard fatal, le geste impérieux. C'est une jolie femme, à la beauté attrayante et délicate, aux petites mains blanches. Remarquez ces petites mains : elles ne craindront pas de terminer l'œuvre que Macbeth, un soldat, a laissée inachevée, et d'aller barbouiller de sang le visage des pages endormis de Duncan. De même qu'elle a combattu ses scrupules avant le crime, après le crime elle gourmande ses défaillances. Mais, à la fin, sa fière raison se brise d'un coup, tandis que l'organisation plus grossière de Macbeth résiste aux assauts répétés du remords et de la terreur. Depuis longtemps, lady Macbeth méprise son mari, Macbeth n'aime plus sa femme. Leur tendresse mutuelle, cause première du crime, a disparu. Il n'y a plus de commun entre eux que le souvenir de la faute et le sentiment du danger. Lorsqu'on vient annoncer à Macbeth le suicide de lady Macbeth : « C'est trop tôt, dit-il amèrement, elle aurait dû mourir demain ». Le misérable trouve un autre accent lorsque sa propre vie est menacée, lorsqu'il apprend que la prophétie se réalise, que la forêt se met en marche pour venir assiéger son château. Il entre en fureur, et le spectateur sait déjà que c'est sa façon d'avoir peur.

Il y a dans le meurtre une réalité énergique, formidable, sanglante. Shakespeare traduit cet aspect du crime en paroles saisissantes. Lorsque Macbeth dit, sortant de la chambre de Duncan : « J'ai fait la chose, *I have done the deed* », ce mot sent l'échafaud. Lorsque lady Macbeth, dans son hallucination somnambulique, s'écrie : « Qui aurait cru que le vieux avait autant de sang dans les veines? » on se croit transporté dans le plus mauvais coin de Newgate ou de la Grande-Roquette. A d'autres moments, le remords pervertit leurs sensations. Macbeth défie un fantôme, lady Macbeth lave une tache de sang imaginaire ; ils voient ce que nul ne voit, ils entendent ce que nul n'entend, ils sentent autrement que les autres hommes et peuplent de leurs rêves l'espace qui les entoure. Le meurtrier, tout à l'heure si vulgaire, est un poète, puisqu'il crée. Un Shakespeare n'a pas trop de tout son génie pour lutter avec l'effroyable activité créatrice d'une imagination d'assassin, surexcitée par la terreur.

Si *Macbeth* est l'analyse du crime, le *Roi Lear* est l'analyse de la folie. Lear est un roi de la Grande-Bretagne, et, à ce qu'il semble, un roi païen, puisqu'il invoque, à tout propos, Jupiter et Apollon. Las du pouvoir, il a résolu de partager son royaume entre ses trois filles, Régane, Goneril et Cordélia. Mais il a l'idée singulière de proportionner leur part d'héritage à l'amour qu'elles lui portent, et il n'imagine rien de mieux, pour connaître leur cœur, que de les interroger elles-mêmes. Goneril et Régane se répandent en tendres protestations. Soit impuissance à s'exprimer, soit pudeur de sentiment, Cordélia reste muette. Lear la déshérite, la chasse de sa présence. Le roi de France l'épouse, sans autre dot que la malédiction paternelle. Les traits de caractère qui nous indisposent contre le vieux roi, ne sont que les premiers symptômes du dérangement de ses facultés. Au second acte, ces symptômes s'accusent. Dès que le roi s'est dessaisi du pouvoir, les vexations commencent : on lui fait attendre son dîner, on lui rogne le nombre de ses serviteurs, on met un de ses gentilshommes au carcan. Par la dédaigneuse douceur avec laquelle on accueille ses plaintes, on excite son irritabilité maladive. Lear porte ses deux mains à son front et cherche à se maîtriser. La raison sent venir la folie, et lutte contre elle. Cependant, aux froideurs étudiées succède la violence ouverte. Les portes du château de Gloster se sont fermées devant le roi. Il fait nuit, et l'orage se déchaîne. Seul, tête nue, le roi erre sur la bruyère, à demi aveuglé par les éclairs, baignant son front brûlant dans la tempête. Il trouve un refuge dans une hutte, en compagnie d'un vagabond idiot qui chante des paroles sans suite, et d'un pauvre bouffon plus prêt à pleurer qu'à rire. L'exaltation du vieillard, qui a atteint son paroxysme, s'abat peu à peu. A la crise furieuse succède la torpeur, la prostration physique, l'anéantissement des facultés. Lorsque le roi sort de ce sommeil, le demi-jour et le silence d'une chambre de malade l'entourent. Un médecin l'observe ; Cordélia guette le premier regard de son père. C'est une chose à la fois douce et navrante que le réveil de cette raison incertaine et comme humiliée. Le vieillard incline sa tête blanche et demande pardon à sa fille de l'avoir méconnue. Un peu plus tard, vaincu, prisonnier de ses ennemis, Lear conserve, au milieu de ses désastres, une joie enfantine. Il n'a rien perdu, puisqu'il garde sa fille chérie. On la fait mourir sous ses yeux d'une mort ignominieuse et horrible. Son intelligence et sa vie s'éteignent en même temps dans un dernier accès de fureur sauvage.

On n'entrevoit ici que la moitié des beautés du *Roi Lear*. Il y a, dans le drame, un second père, également injuste, également malheureux, dont les infortunes fortifient la moralité de la pièce, et contribuent au dénouement. Edmond, le mauvais fils de Gloster, est l'instrument de la punition de Régane et de Goneril. Leur châtiment est d'aimer toutes deux ce misérable. C'est pour lui qu'une des deux sœurs s'empoisonne, après avoir fait périr l'autre. Shakespeare lui a prêté tous les dons et tous les vices ; il lui a donné surtout cette verve railleuse, dont il est parfois prodigue envers les méchants. Dans la liste des scélérats de Shakespeare, nous placerons Edmond au second rang, après Richard III, avant Parolles et avant Iago.

Othello n'est pas seulement l'incarnation de la jalousie : c'est un caractère complet. Shakespeare pose ce caractère dans la scène où le More, accusé par Brabantio d'avoir employé la magie pour séduire une fille noble, se justifie en présence du Sénat. Ce fragment d'autobiographie oratoire, ce récit d'une séduction, fait par un général devant une assemblée politique, serait la chose la plus ridicule du monde si Othello n'y mettait tant de noblesse. Quoiqu'il parle de lui-même avec simplicité, on sent qu'il a fait de grandes choses. Il unit à la dignité du commandement la modestie mélancolique qui sied au représentant d'une race inférieure. Avec Desdémone, son attitude tient de la paternité attendrie et de l'humble gratitude. Il accepte, avec un peu d'étonnement, avec une sorte de timidité, un bonheur que ni son âge, ni sa figure, ni sa couleur, ne lui permettaient d'espérer. Le Sénat a besoin de l'absoudre. Le voici général en chef et marié à une patricienne. Mais un mot que Brabantio lui adresse, contient en germe toute la pièce :

« Garde bien ta femme, More, lui crie-t-il ! Celle qui a su tromper un père, pourra bien tromper un mari. »

Ce germe, Iago se chargera de le faire croître. Qui est Iago ? En apparence, l'intime confident d'Othello, en réalité, son ennemi juré. D'où vient cette haine ? Othello l'a laissé à son modeste poste d'enseigne et a élevé à la lieutenance un jeune Florentin nommé Cassio, moins ancien que lui. Perdre Cassio par Desdémone, Desdémone par Cassio, et par là désespérer le More, tel est le but de Iago, et tous les moyens lui sont bons pour y réussir. Cassio, pris de vin pour la première fois de sa vie, se laisse entraîner à une stupide querelle et commet des sottises qui le font disgracier de son général. Desdémone est heureuse, elle veut que tous soient heureux auprès d'elle. Elle se met en tête d'obtenir le pardon de Cassio, et elle insiste avec l'aplomb de la femme aimée, qui, comme l'enfant, veut connaître jusqu'où va son pouvoir. C'est cette insistance qui sert de point de départ à Iago. La scène où il insinue au More le poison du doute, vient à point. On y suit une de ces progressions savantes où Racine excelle ; elle est, de plus, illuminée par ces brusques éclairs de génie dont Shakespeare seul est capable. Dans le reste de la pièce, le caractère d'Iago est forcé. Chacun l'écoute, l'aime, l'admire, on l'appelle « honnête Iago ». Émilia croit à son amour, Cassio à son amitié, Desdémone à sa vertu, Othello à son dévouement. Il nous semble, à nous, qu'il exhale une odeur de crime à laquelle le moins expérimenté ne pourrait se méprendre. Hypocrite et cynique, menteur et lâche, voleur, entremetteur, assassin, voilà bien des genres d'infamie réunis en un seul homme, et cet homme est un soldat !

Il conduit la pièce par de si pauvres moyens qu'on aurait honte de les critiquer. Mais il ne faut point s'arrêter au ridicule épisode du mouchoir, qui remplit deux actes, ni aux niaises aventures de Cassio et de Bianca : il ne faut voir que la transformation morale d'Othello. L'homme que nous avons vu si grand, se cache pour écouter ; le héros insulte et frappe une femme. Cette noblesse d'âme, cette hauteur de langage que nous admirions, ont disparu. La bête fauve s'est réveillée, elle rugit, elle est déchaînée.

Desdémone s'est mise au lit, partagée entre un vague espoir de réconciliation et un pressentiment douloureux, bercée par un vieil air triste, qui est revenu dans sa mémoire, — et dont un grand compositeur fera la *Romance du Saule*. La fidèle Émilia s'efforce de la distraire par des propos légers, qui ont quelque peine à sortir. Elle dort enfin, et le More entre pour la tuer. Il s'enivre une dernière fois du spectacle de sa beauté, puis la réveille. Lorsque Desdémone a compris, elle ne se débat point, mais elle prie, elle implore un sursis : « Seulement vingt-quatre heures ! une demi-heure seulement ! » — Faites votre prière, » répond Othello, implacable et douloureux. Son cœur se brise. Un mari qui voit périr sa femme sous ses yeux, et ne peut lui sauver la vie, n'inspirerait pas plus de pitié. Il l'adore en la tuant, et elle meurt en l'adorant ; cette scène de meurtre est une scène d'amour. Émilia vient interrompre le crime avant qu'il soit entièrement consommé. Desdémone a encore la force de justifier son assassin et de s'accuser elle-même de sa mort : « Elle est partie pour l'Enfer sur un dernier mensonge, s'écrie Othello, c'est moi qui l'ai tuée ! » La courageuse colère d'Émilia, qui traduit l'émotion du spectateur, maintient le drame à la hauteur sublime où il s'est élevé. Cependant, on est accouru au bruit ; en quelques instants, toute l'intrigue s'éclaire. Émilia ne craint pas plus d'accuser son mari qu'elle n'a craint de braver le More. Un coup de poignard est sa récompense et le crime suprême d'Iago. Elle expire en embrassant le corps de sa maîtresse, et reste une des plus belles incarnations de la fidélité, au théâtre. Othello se frappe à son tour d'une façon imprévue et saisissante. Dans ses dernières paroles a reparu la mélancolique sérénité des premières scènes.

Othello est le chef-d'œuvre dramatique de Shakespeare ; *Hamlet* est son chef-d'œuvre poétique. Le prince de Danemark est triste de la mort de son père, plus triste encore d'avoir vu sa mère, moins de deux mois après l'événement, remariée au frère du défunt. Chaque soir, l'ombre du vieil Hamlet apparaît aux soldats en faction sur les remparts d'Elseneur. Le prince se rend à minuit sur la plateforme du château. Le feu roi lui parle et lui révèle un horrible secret : sa mort est le résultat d'un crime. Le roi actuel, Claudius, en est l'auteur, la reine Gertrude est sa complice. Hamlet promet de venger son père. A partir de cette entrevue, la mélancolie du prince se change en une folie farouche, dont la reine s'afflige, dont le roi s'inquiète. Il n'a plus que des sarcasmes pour Ophélie, que, la veille encore, il poursuivait de son amour. Polonius, le vaniteux père d'Ophélie, attribue la folie d'Hamlet à un désespoir d'amour causé par la pudique froideur de la jeune fille. L'amour maternel chez Gertrude, la conscience bourrelée de Claudius, sont plus clairvoyants. Cependant, Hamlet se demande encore s'il a été éclairé par un messager céleste ou déçu par une illusion diabolique. Une occasion se présente pour vérifier les paroles du spectre. Une troupe de comédiens traverse Elseneur ; Hamlet l'engage, pour offrir à son oncle et à sa mère un spectacle de sa façon. Le roi, la reine et toute la cour sont rassemblés. Hamlet, assis ou plutôt couché sur des coussins, la tête reposant sur les genoux d'Ophélie, joue, avec une verve étrange, le rôle d'un impresario amateur qui jouit de son œuvre. Les acteurs représentent, d'abord en un tableau muet, puis sous une forme dramatique, les circonstances mystérieuses de la mort du vieil Hamlet. Blême de fureur et de crainte, le roi se lève avant la fin et se retire sans dire un mot. Plus de doute : Hamlet connaît le meurtrier, et le meurtrier se sait reconnu. La situation est forte. Qu'en fait Shakespeare? Il n'en fait rien. Hamlet pourrait tuer son oncle, mais, le trouvant en prière, il craint de l'envoyer au ciel. Il ne se venge de sa mère qu'en l'invectivant. Après l'avoir accablée d'injures obscènes, il la quitte en lui souhaitant plusieurs fois bonne nuit et en lui imposant, pour toute punition, de ne point partager jusqu'à nouvel ordre le lit de Claudius. A dater de ce moment, le drame s'attarde ou se précipite, au milieu d'événements invraisemblables et horribles, jusqu'à un dénouement qui est une tuerie universelle, où tombent, en un monceau, vengeurs et coupables.

Tous les caractères nous surprennent. Comment juger cette Gertrude, dont l'âme est chargée d'un forfait exécrable, et qui nous semble la meilleure des femmes? Que penser de ce stupide et machiavélique Polonius, que Shakespeare abêtit et avilit sans raison? Comment ce clown, déguisé en chambellan, est-il si tendrement aimé de ses enfants qu'Ophélie devient folle en apprenant sa mort, et que Laërte fait une révolution pour le venger? Que signifie l'effacement, la soumission lugubre, la passivité profonde d'Ophélie? Si Laërte est le généreux, l'énergique, le chevaleresque jeune homme qu'on nous fait entrevoir un instant, comment descend-il, pour tuer Hamlet, à des procédés de sauvage ou de coupe-jarret? Gertrude, Polonius, Ophélie, Laërte, autant d'énigmes. Mais la principale énigme de la pièce, c'est Hamlet. Au lieu de marcher droit à son but, il sème des crimes sur sa route tortueuse. Il ouvre une missive qui ne lui est pas destinée, y substitue une fausse lettre qui envoie à la mort deux hommes, jusque-là réputés ses amis, et dont la culpabilité à son égard n'est pas démontrée. Il verse le sang de Polonius, cause la mort d'Ophélie, et n'en exprime aucun regret. « Ne m'irritez pas, dit-il doucement à Laërte qui le tient à la gorge, il y a en moi quelque chose de dangereux. » Il a étudié à Wittemberg. La culture des universités allemandes l'a tout ensemble raffiné et assombri. Nature élégante et nerveuse, presque féminine, esprit subtil, langue alerte, poignet souple, aussi habile à manier le fleuret que la parole, c'est plutôt un Italien du seizième siècle qu'un barbare danois ou anglais. Au moment où Shakespeare l'a conçu, sa pensée était sans doute obsédée par les types de la Renaissance, ou peut-être avait-il sous les yeux une de ces natures équivoques et complexes, qui peuvent avoir fleuri, par exception, dans l'Angleterre d'Élizabeth. Quoi qu'il en soit, la monstruosité morale d'Hamlet est la curiosité, l'attrait du drame. On ne se lasse point de rêver à ce caractère, qui est sans fond, on le creuse jusqu'à la fatigue, on le sonde jusqu'au vertige.

La pièce est tout entière en lui : absurde quand il agit, admirable quand il parle. Toute sa beauté réside dans les caprices, les fantaisies, les digressions et les divagations d'Hamlet. Soit qu'il donne aux comédiens des conseils sur leur art, soit qu'il songe dans un cimetière, parmi des débris humains, et s'attendrisse au souvenir du bouffon qui l'a bercé, soit qu'il médite sur la mort et essaye de deviner les rêves de l'éternel sommeil, c'est un fin critique, un *humourist* exquis, un penseur profond. Sa parole aiguë laisse une trace, et l'âme humaine, depuis Shakespeare, demeure obsédée des fantômes d'Hamlet.

Lear, Macbeth, Othello, Hamlet, se ressemblent en un point. C'est la passion qui les mène ; nul d'entre eux ne fait ce qu'il veut, nul n'a le gouvernement de lui-même. Bien au-dessus de nos têtes, le théâtre antique avait placé la fatalité : c'est en nous que la place Shakespeare. Il lègue cette idée au drame moderne. Avec Racine et Schiller apparaîtront d'autres héros qui personnifient la liberté humaine : conception fière et sublime, si elle n'est pas démentie par l'étude des faits intérieurs. L'avenir dira peut-être, — si l'homme arrive à se connaître lui-même, — laquelle de ces trois philosophies dramatiques est la plus conforme au vrai, celle d'Eschyle, celle de Racine et de Schiller, ou celle de Shakespeare.

Poëmes et sonnets.

Shakespeare a donné, dans ses drames, de si abondantes preuves de son génie lyrique, qu'il est superflu de le chercher dans ses poèmes. On est bien aise d'être, par cette raison, dispensé d'analyser, dans un livre destiné à la jeunesse, les peintures lascives de *Vénus et Adonis* et les transports équivoques des *Sonnets*.

Le poème de *Vénus et Adonis* paraît avoir été la première œuvre de Shakespeare. Il y copiait de son mieux l'affectation de Lyly, qui, lui-même, imitait la décadence italienne. Une passion, brûlante comme un flot de lave, réveillait la voluptueuse langueur de la stance florentine. Vénus et Adonis, c'était le rut mythologique dans son impudeur ardente et naïve. Même dans cet âge peu délicat en matière de décence, il y eut des lecteurs qui s'effarouchèrent. Shakespeare voulut réhabiliter sa poésie en peignant, dans le *Viol de Lucrèce*, les sublimes révoltes de la vertu outragée.

Les *Sonnets* soulèvent un friand problème d'histoire littéraire. Laissons aux biographes et aux commentateurs le plaisir et la gloire de le discuter, de le résoudre s'ils le peuvent. Qu'il s'appelât Pembroke ou Southampton, celui auquel sont adressés la plupart des sonnets était un de ces grands seigneurs qui faisaient la débauche avec les comédiens. Shakespeare le conduisit chez une courtisane à laquelle il était tendrement attaché, et le jeune gentilhomme supplanta le poète. Vieille et vulgaire histoire, mais le dénouement sort de l'ordinaire. Pour des raisons qu'Anacréon eût pu peut-être expliquer, mais qu'il ne nous convient pas de rechercher ici, Shakespeare préféra son ami à sa maîtresse.

Ces vers sont précieux, parce qu'ils nous permettent de retrouver, par lambeaux, l'histoire du cœur de Shakespeare. Ils offrent un autre genre de curiosité : le plus grand poète de l'époque moderne, prisonnier dans les entraves d'un sonnet. Aux mille enfantillages de la casuistique amoureuse dont Pétrarque était l'inventeur, Shakespeare mêle sa poésie, une poésie vague, triste et comme humiliée, reste d'ambroisie aigrie qui demeure au fond de la coupe du poète, un lendemain d'orgie.

Histoire de la gloire de Shakespeare.

Le grand poète, en compagnie de ses devanciers, de ses émules et de ses successeurs, allait bientôt être proscrit par les puritains. Remis à la mode — on verra au prix de quelles mutilations — par Davenant et sa bande, il retombe dans l'oubli, et les Anglais contemporains de la reine Anne semblent rougir de sa barbarie en face de la politesse française. Nouvelle résurrection au milieu du dix-huitième siècle, sous l'influence d'un grand acteur. Cette fois, les mains qui osent manier Shakespeare sont des mains intelligentes et discrètes. La nouvelle école critique, qui coïncide avec l'âge des Revues, des Lectures et des *Magazines*, restitue le poète dans son intégrité native, et l'élève plus haut dans l'admiration publique, que n'avaient fait les contemporains d'Élizabeth. Shakespeare devient ce qu'il doit demeurer à jamais : la personnification du génie anglais. C'est à ce moment qu'une nuée d'Allemands s'abat sur l'auteur d'Hamlet et prétend en faire un génie cosmopolite. De ces drames écrits sans règles, au hasard, à coups d'inspiration, par un sublime ignorant, bien moins préoccupé d'éclairer l'humanité que d'utiliser les talents de sa troupe et les pauvres ressources de son magasin d'accessoires, les Allemands tirent une poétique, une politique, une philosophie. Shakespeare est une encyclopédie, un Océan, et, pour prouver la justesse de la comparaison, nos Allemands s'y noient. Chaque pièce est, pour eux, la démonstration d'une vérité morale. Pour Gervinus, le *Marchand de Venise* est un plaidoyer contre la passion de l'argent. Pour Ulrici, c'est la mise en scène du principe : *Summum jus summa injuria*. Que serait-il arrivé si le roi de Maroc avait deviné l'énigme de Portia, et si elle avait été forcée d'épouser un homme qu'elle déteste ? Que serait-il arrivé si Shylock avait réellement pris une livre de chair sur le corps d'Antonio ? « *Quid si Shylock libram carnis de Antonii corpore detraxerit?* » Si Shakespeare s'est proposé la solution de ces beaux problèmes juridiques, on doit avouer — comme le remarque le plus judicieux des Français qui ont écrit sur le grand poète[1] — qu'il a bien mal rempli son dessein, puisque l'Angleterre a mis deux cent cinquante ans à deviner son intention. Encore a-t-il fallu qu'un professeur d'Heidelberg vînt, en latin de collège, lui expliquer l'énigme.

Il y a quelque chose de plus ridicule qu'un Allemand qui commente Shakespeare, c'est un Français qui l'imite. Notre scène tragique a donné plusieurs fois à l'Europe le spectacle de Shakespeare musclé et conduit en laisse par un académicien. Ensuite, est venu l'âge de la traduction littérale et du respect à outrance. Un célèbre poète, qui a quelque

---

1. A. Mézières. *Shakespeare; prédécesseurs de Shakespeare; contemporains et successeurs de Shakespeare.* Ces belles études font autorité.

responsabilité dans la plus brutale de ces traductions, se fait gloire d'admirer tout dans Shakespeare, « comme une brute ». Ce genre de culte, rendu par un homme de génie à un autre, est peut-être sans danger. Nous ne conseillerons point aux jeunes gens d'en abuser ni même d'en essayer. Outre que l'admiration sans réserve est une sottise, elle est une affectation. Même dans ses beaux endroits, Shakespeare est, et doit rester pour nous, un étranger. Il ne serait pas, au delà de la Manche, le poète national par excellence, si nous pouvions pénétrer aussi avant dans sa pensée que ses compatriotes. Gardons précieusement le droit de juger, qui implique celui de condamner. Rejetons franchement ce qui est détestable dans Shakespeare, admirons ce qui est humain, essayons de comprendre ce qui est purement anglais, sans feindre l'enthousiasme, alors que nous n'avons rien senti. Nous demander davantage serait nous demander le sacrifice de nous-mêmes.

CHAPITRE X

LE DRAME. — CONTEMPORAINS ET SUCCESSEURS DE SHAKESPEARE

Ben Jonson. — Ses tragédies. — Ses comédies. — Ses Masques. — L'École de Jonson. Chapman — École de Shakespeare. Dekker. Beaumont et Fletcher. Webster. Heywood. — La décadence. Massinger, Ford et Shirley.

Ben Jonson.

Pendant le magnifique épanouissement du drame, qu'était devenue la tragédie inaugurée par *Gorboduc*? Elle n'était pas morte, mais elle s'était cachée, et la tradition s'en était obscurément perpétuée. Un homme de talent la tira de cette obscurité, se fit jouer, écouter, et même applaudir. Produire des tragédies régulières et des comédies presque régulières sur le théâtre où la fantaisie de Shakespeare était maîtresse absolue, récolter un succès d'estime à côté du succès d'enthousiasme qui accueillait les œuvres du grand dramaturge, n'était pas une besogne facile ni vulgaire. Ce fut celle de Ben Jonson.

Ben Jonson ne fit que traverser l'Université. Son père, pauvre maçon, ne put l'y entretenir. A dix-sept ans, Ben Jonson revenait à Londres et embrassait le métier paternel. On montre encore, dans Lincoln's Inn, des briques qu'on prétend avoir été posées par lui. Ensuite, il se fit soldat. Nous le trouvons servant aux Pays-Bas, où la légende veut qu'il se soit distingué, à la façon des héros antiques, par un combat singulier livré sous les yeux des deux armées. De retour en Angleterre, il devint acteur, puis auteur.

Au milieu de ces aventures, Jonson n'avait cessé de lire et d'étudier. On ne sait au juste jusqu'où allait sa connaissance du grec et du latin. Ce qui est certain, c'est qu'il aimait et comprenait les anciens. Il défend et pratique, d'après eux, la règle des trois unités, mais d'une façon libérale et intelligente. Il se met à l'aise avec l'unité de temps et celle de lieu, qui sont les plus gênantes si l'on s'y emprisonne trop étroitement. Il respecte l'unité d'action, qui est la seule essentielle. Il ne cherche pas le drame dans Sénèque, où il n'est pas ; il le cherche dans Salluste, dans Tacite, dans Suétone, où il abonde véritablement.

Les tragédies de Ben Jonson.

Catilina renferme quelques nouveautés que Jonson, peut-être à son insu, a imitées de Shakespeare : une ombre, des prodiges, des coups de tonnerre, des changements de décors. *Séjan* est rigoureusement construit d'après les règles anciennes. C'est donc *Séjan* que nous étudierons comme le type des tragédies de Jonson.

Le principal défaut de la pièce est de reléguer au second plan la grande figure de Tibère. Jonson lui fait dire des sottises afin que Séjan ait le mérite de le corriger. Aussi est-on tenté de s'étonner lorsqu'il brise, avec une effrayante clairvoyance, l'ambition du ministre. Quand un Louis XIII se révolte contre un Richelieu, c'est la journée des Dupes ; quand un Tibère se révolte contre un Séjan, c'est la mort. Or, on se demande si le Tibère de Jonson ira jusqu'au bout. Il parle beaucoup, il parle trop. Ses discours sont un mélange de philosophie, d'humilité et d'orgueil, c'est le style d'un jacobin : Robespierre dissertant sur l'Être suprême devant la Convention. Il est vrai que Jonson pouvait invoquer, pour se justifier, le mot fameux de Juvénal : *Verbosa et grandis*. Il obéissait surtout à une tendance familière, de tout temps, à ses compatriotes : rien ne plaît davantage au génie anglais que la peinture du crime hypocrite et bavard. Dickens a des *aldermen*, des bedeaux, des tyrans de village, qui sont de petits Tibères, réduits aux proportions modernes et bourgeoises.

Séjan vaut mieux. Il est fin, il connaît les hommes, et la façon dont il compose son plan de campagne contre les enfants de Drusus est d'un maître de la politique. Son cynisme est sans défaut et donne à son langage une sorte d'impertinence, qui le rend plus vif. C'est dans ce ton qu'il fait à Tibère la description d'un certain Cremutius Cordus : « Un garçon qui écrit et qui s'amuse — à rédiger des souvenirs du temps jadis, — à en faire des annales, un esprit tout ce qu'il y a de plus raffiné — et de plus amer, à ce qu'on me rapporte, qui, sous couleur — de louer le passé, critique l'état présent, — censure les hommes et les actes, — ne laisse pas passer une pratique sans l'examiner, compare — les temps, les gouvernements ; enfin, un champion juré — de la vieille liberté. »

Drusus, c'est le prince de Galles, faisant, au dix-huitième siècle, de l'opposition aux ministres de son père, Whig s'ils sont Tories, et Tory s'ils sont Whigs. On dirait que Jonson a pressenti George III et George IV. L'instrument de Séjan pour perdre Drusus, ce sera la femme du prince, Livie, et son instrument pour séduire Livie, ce sera le médecin Eudémus. Ce médecin est un honnête homme. Il faudra le payer un peu plus cher, mais qu'importe ? Séjan, en deux ou trois phrases, a vite sondé cette vertu louche : ils s'entendent à demi-mot. Bientôt Eudémus se met à sa tâche. Quelle curieuse scène que celle où il tente Livie, mêlant les prescriptions de fard et de pommade aux suggestions criminelles! Son argument capital, qui décide de la vie de Drusus, c'est que les scènes gâtent le teint de la princesse. Ces infamies, doucement insinuées sous un manteau de gravité doctorale à demi enjouée, avec ces petites gentillesses à l'usage des médecins de femmes, ce babil meurtrier, cette frivolité homicide, font bien autrement peur que la méchanceté sentencieuse de Narcisse ou de Mathan.

Cette scène est la seule qui marque de l'invention. Le reste de la pièce n'est que discours. Encore ces discours ne sont-ils pas toujours bons. Domitius Afer nous semble un *solicitor general* plus zélé qu'éloquent. La défense de Silius est d'un forcené, la plaidoirie de Cremutius Cordus est d'un pédant. L'action est pitoyablement lente, et la tragédie est finie que les discours durent encore. Ce qui relève singulièrement cette pièce, comme toutes celles de Jonson, ce qui l'empêche de languir et d'ennuyer, c'est cette langue âpre, ironique, hérissée de traits, hardie jusqu'au cynisme, qui greffe les crudités anglaises sur les obscénités latines, mais qui se lave de la fange de Suétone avec la philosophie de Tacite.

Comédies de Ben Jonson.

Même sans en être averti par la date, on devinerait sans peine que la plus ancienne des comédies de Ben Jonson est *Chacun dans son caractère*. On y reconnaît cette surabondance d'idées comiques, de situations et de types, qui encombrent la première pièce d'un débutant. Dans cette comédie inégale et touffue, il n'y a point d'action principale, et tous les personnages secondaires occupent le premier plan. On serait embarrassé de dire quel est le sujet. Est-ce la jalousie du marchand Kitely, qui voit partout des amoureux de sa femme? Est-ce les métamorphoses de Brainworm, valet d'un riche bourgeois, qui, pour extorquer de l'argent à son maître et aux amis de son maître, se déguise successivement en soldat mendiant, en greffier de tribunal, en huissier, etc.? Est-ce la fanfaronnade de Bobadil, le pourfendeur, qui tombe à genoux en voyant une épée nue? Est-ce la vanité du cousin Stephen, qui veut être pris pour un gentilhomme et qui n'a d'un gentilhomme que les jurons, sans parler d'un faucon dont il ne sait pas se servir? Est-ce la bêtise de Matthew, qui approuve invariablement et répète ce qu'ont dit les autres? Est-ce la mauvaise humeur frondeuse de Downright, esquisse maladroite du Misanthrope? Ce n'est rien de tout cela, c'est un peu tout cela. Quant aux amours du jeune Knowell avec miss Bridget, il est probable que, si l'auteur avait oublié de les marier à la fin du cinquième acte, comme l'usage et la décence l'exigent, l'auditoire fût allé se coucher sans y songer davantage.

Deux scènes se détachent dans cet imbroglio confus : la première est celle où Brainworm demande l'aumône, l'épée à la main. On y voit ce que devenaient les soldats, après la guerre : un scandale et un danger pour la paix publique comme pour la morale privée. Dans la seconde scène, le capitaine Bobadil propose de détruire l'armée ennemie, en provoquant un à un tous les soldats qui la composent, lui vingtième, avec dix-neuf autres lurons auxquels il apprendra ses bottes secrètes. Cela fait vingt hommes tués par jour, soit six cents en un mois, soit sept mille deux cents en un an, ainsi de suite. A peine a-t-il développé cette bourde à la Falstaff, arrive Downright qui lui donne un soufflet, et le matamore va se plaindre à la justice.

Chacun dans son caractère est une comédie d'intrigue, mêlée de quelques traits de mœurs. Elle est faiblement construite. C'est, d'ailleurs, par la charpente que pêchent les pièces de l'ancien maçon. S'il se souvenait mal de son premier métier, il n'avait pas oublié le second, et le *Poétastre* est une preuve de son humeur batailleuse. Le canevas est la fameuse satire d'Horace, *Ibam forte via*. Les incidents de cette satire, développés à outrance et enrichis de mille détails empruntés au reste des œuvres d'Horace, fournissent cinq mortels actes. Vous vous croiriez dans le monde littéraire et juridique de l'an 20 avant J.-C. Cependant, il ne faut pas beaucoup de temps ni d'observation pour deviner les figures anglaises sous les masques et les noms romains. Crispinus est un certain Dekker qui ne méritait pas de si cruelles épigrammes, et qui riposta vigoureusement par le *Satiromastix*.

Ben Jonson obtint un succès moins contesté, lorsque sa moquerie prit un accent moins personnel. Les gens de théâtre et les amateurs de spectacles applaudirent à la caricature des puritains, qu'il traîna deux fois sur la scène, sous les noms de *Buzy* et de *Tribulation*. L'alchimie était la superstition du jour, comme plus tard le spiritisme. Ben Jonson fit entrer le public dans la boutique de Subtil, un de ces intrigants qui se créent de beaux revenus avec la sottise humaine. Mais il n'est pas inutile de mettre en garde ceux qui voudraient étudier ces personnages comme des figures historiques, contre cette puissante fantaisie, incapable de produire l'exacte copie de la vie réelle. Jonson ne se plaît pas davantage à rendre ces caractères généraux qui sont le patrimoine des Plaute et des Molière. S'il les rencontre sur son chemin, il les transforme, les complique, les idéalise, les rend méconnaissables. Son imagination laborieuse et bizarre cherche surtout des caractères d'exception, auxquels il prête des monomanies étranges, des monstruosités de sentiment; il étudie en eux, à la loupe, des cas psychologiques introuvables, dont il est l'inventeur. Ses créations favorites, dans cet ordre d'idées, sont Morose, de la *Femme silencieuse*, et Volpone.

Morose est un vieillard maniaque. Il a horreur du bruit et ne peut entendre que sa propre voix. Il s'est logé dans une rue si étroite qu'une voiture n'y peut entrer. Il chasse à coups de bâton les montreurs d'ours qui osent passer sous ses fenêtres. Il a mis à la porte son valet, dont les souliers neufs faisaient du bruit. Le nouveau valet porte des pantoufles à semelles de laine et ne parle qu'en chuchotant à travers un tube. Morose finit par interdire les chuchotements e !par exiger qu'on réponde par signes. De plus, il est riche, il est oncle, il malmène son neveu, sir Dauphine, homme d'esprit qui a besoin d'argent. Sir Dauphine lui détache une femme prétendue silencieuse, la belle Epicène. Morose, enchanté de ses courtes réponses et de sa voix, qu'il entend à peine, l'épouse pour faire pièce à son neveu. Aussitôt mariée, Epicène parle, gronde, raisonne aussi haut, aussi longtemps qu'une douzaine de femmes. Ses amies envahissent le logis de Morose. Du haut en bas de la maison, on fait de la musique, on festoie, on se querelle ; c'est un charivari inexprimable. Morose chasse tout ce monde et en demeure malade de fureur. Les médecins dissertent de sa maladie en latin et en grec. Pour comble d'horreur, il apprend que sa femme, non contente de parler tout le jour, ronfle en dormant : « Un divorce ! un divorce ! » Sir Dauphine amène un prétendu ecclésiastique et un soi-disant légiste, qui discutent le point de droit en se jetant du latin à la tête. S'il se déclarait impuissant ? Honte inutile : sa femme le garderait tel qu'il est. S'il prouvait qu'elle est infidèle ? Deux galants surgissent à point nommé, qui se vantent, sous serment, d'avoir été favorisés. Mais la chose est arrivée avant le mariage : en droit, cela n'est rien. O comble de misère ! Ici, intervient sir Dauphine : « Donnez-moi cinq cents guinées de rente, mon cher oncle, et je vous débarrasse de votre femme. » Morose signe la donation avec ravissement, et son neveu lui apprend qu'Epicène est un jeune garçon déguisé.

Volpone est une œuvre d'une portée supérieure. Mais le comique en est si âpre, les passions humaines y sont mises à nu avec une si brutale énergie, qu'on n'oserait offrir ce spectacle à des jeunes gens. La licence tout italienne des peintures nuit à la saine leçon morale qui se dégage à la fin et qui se fait peut-être trop attendre. Volpone est mené par ses passions furieuses, l'amour de l'argent, l'amour des femmes, qu'il assaisonne d'un ragoût de méchanceté. Trois ou quatre héritiers le couvent : Voltore l'avocat, un homme dont les paroles valent un sequin la pièce, Corbaccio, un vieillard dégoûtant qui a déjà un pied dans la tombe, Corvino, le mari de la belle Célia. Volpone, aidé de son valet, Mosca, type hybride et équivoque, qui laisse deviner la corruption de Giton sous la malice de Scapin, contrefait le mourant pour stimuler la convoitise de ses héritiers. Tous, en effet, l'accablent de cadeaux : l'un apporte un sac d'or, l'autre un service d'argenterie, le troisième un vase précieux. Pour plaire à Volpone, Corbaccio déshéritera son fils, Corvino lui offrira sa femme. Quelle scène d'incomparable effronterie que celle où Corvino, à genoux, au nom de son amour, au nom de son honneur, supplie Célia de céder ! Volpone, pour mettre le comble à cette comédie, fait un testament en faveur de Mosca, et Mosca, armé de ce document, met à la porte, non seulement les héritiers, mais Volpone lui-même. La brouille des complices amène la découverte de leurs intrigues, qui sont allées jusqu'à se moquer de la justice du pays. Et tout ce vilain monde va finir aux galères.

Les Masques.

Jonson n'a pas toujours peint les laideurs morales. Ses *Masques* montrent qu'il était capable de sentir et de rendre ce qu'il y a de plus frais dans la nature, de plus délicieux dans l'amour, de plus idéal dans la poésie. Les *Masques*, genre charmant, sortes d'opéras, mais où le musicien n'opprime pas le poète, étaient représentés, non par des comédiens vulgaires et des garçons déguisés en femmes, mais par les grands seigneurs et les dames de la cour. C'est en qualité de poète-lauréat que Jonson composait, pour ces acteurs de haut rang, les aimables vers du *Sad Shepherd*. Il était alors vieux, malade. Le cabaret de la *Sirène* ne retentissait plus des éclats de sa grande voix tonnante et de ses brillantes discussions avec Shakespeare. Parmi les anxiétés de l'indigence et les étouffements de l'hydropisie, à côté d'une garde, au milieu des remèdes et des fioles, est né ce beau rêve du *Berger affligé*. C'est dans la forêt verte qu'il se transporte, au temps de Robin Hood, « parmi les chasses joviales et les grands lévriers qui aboient ». Là, sont des fées malicieuses qui, comme Oberon et Titania, égarent les hommes en des mésaventures. Là, sont des amants ingénus qui, comme Daphnis et Chloé, s'étonnent en sentant la suavité douloureuse du premier baiser. Là, vivait Earine, que le fleuve vient d'engloutir et que son amant en délire ne veut pas cesser de pleurer ; « Earine, qui reçut son être et son nom avec les premières pousses et les boutons du printemps ; Earine, née avec la primevère, avec la violette, avec les premières roses fleuries, quand Cupidon souriait, quand Vénus amenait les Grâces à leurs danses, et que toutes les fleurs et toutes les herbes parfumées s'élançaient du giron de la nature, promettant de ne durer que tant qu'Earine vivrait.... A présent, aussi chaste que son nom, Earine est morte vierge, et sa chère âme voltige dans l'air au-dessus de nous. »

L'École de Jonson. Chapman.

Les Anglais estimaient dans Jonson son esprit, qui était singulièrement original et vif, son style riche, puissant et souple, sa science réelle, quoique gâtée par le pédantisme, son honnête et robuste horreur du vice, dont aucun satirique, ancien ou moderne, n'a égalé la sincérité. Mais là s'arrêtait leur admiration. Des Français l'eussent loué d'avoir trouvé, le premier, le vers rapide, vivant, précis, qui sied à l'action. Mais les Anglais contemporains d'Élizabeth ne concevaient point le drame sans un mélange de lyrisme. Ils admettaient, avec Shakespeare, des assassins qui, le poignard à la main, au moment de frapper, s'abîment en des contemplations sans fin et donnent carrière à leur imagination. Surtout, ils voulaient que l'amour remplît la scène de ses rêveries, de ses langueurs, de ses exagérations, de son délicieux et poétique bavardage. Ben Jonson ne leur donnait rien de ces choses. Il n'y a pas, à vrai dire, de femmes dans son théâtre. On n'y aime point, si ce n'est dans les *Masques*. La débauche, la politique, l'avarice et leurs combinaisons secondaires occupent, dans ses tragédies et ses comédies, la place qui appartient à l'amour. Et voilà pourquoi Jonson resta au second rang.

Néanmoins, n'ayant pas imité Shakespeare, il ne s'est pas perdu dans son ombre. Il est demeuré lui-même, il a formé une école. Sans parler de Broome, son valet, qui devint auteur dramatique, à force d'avoir brossé les habits d'un homme qui écrivait des pièces de théâtre, le plus illustre de ces classiques émules de Jonson fut Chapman. C'était un homme riche et un homme de goût, qui avait passé sa jeunesse à Oxford et à Cambridge. Son style est plein et noble, décent et grave, convenable pour la description et la narration. Mais il ne peut sortir de lui-même ; quel que soit le personnage qui parle, c'est toujours Chapman qu'on entend. Sa comédie, *Tous sots*, est une imitation de l'*Heautontimoroumenos*. Dans *Eastward Ho*, il se moque des Écossais, qui, à la suite de leur roi, s'étaient abattus sur l'Angleterre. Il s'en fallut de peu qu'il ne perdît le nez et les oreilles pour avoir écrit cette pièce, en collaboration avec Jonson et Marston. La *Conjuration d'Amboise* et la *Tragédie du duc de Biron* ne sont qu'une succession de tirades philosophiques. Dans sa traduction de l'*Iliade*, Chapman tenta de doter sa langue de ces mots composés, imités du grec, qui ont rendu chez nous Ronsard ridicule. Cette traduction, avec tous ses défauts, eut le mérite de faire pressentir Homère à l'Angleterre, qui l'ignorait.

École de Shakespeare. Dekker. Beaumont et Fletcher. Webster. Heywood.

Le plus grand nombre des dramaturges continuaient, avec des talents et des succès fort inégaux, la tradition dont Shakespeare était le plus glorieux représentant. Que de noms à citer, si l'on voulait être complet et s'il y avait quelque utilité à l'être ! Au milieu de cette pléiade, nous distinguerons seulement Dekker, Beaumont et Fletcher, Webster, Heywood.

Dekker est le *poétastre* de Ben Jonson. Son imagination, n'étant pas réglée par le goût, a des rencontres heureuses et des chutes grotesques. L'euphuïsme s'est attaché à lui, le possède tout entier, marque de son empreinte tout ce qui sort de lui. Un fiancé a juré qu'il conduirait sa femme au roi, le soir même de ses noces. Le père de la jeune femme lui donne un poison, pour qu'elle soit assurée de mourir chaste. Ils font ensemble une sorte de répétition générale. Pas un trait de la nature, pas un mot qui vienne du cœur. « Je suis son père, dit le vieillard, et les larmes que je verse — ont soixante et dix ans. Je pleure et je ris : — je pleure, parce qu'elle doit mourir; — je ris, parce qu'elle meurt chaste. C'est ainsi — que nos joies humaines se moquent des larmes et que les larmes se moquent de nous. » La fille ne reste pas en arrière de ce galimatias. Quand elle a bu, elle s'écrie : « L'audience de la cour spirituelle est levée. » Est-il nécessaire de prévenir le lecteur que le poison n'est qu'un narcotique et que la jeune fille vivra? L'*Honnête courtisane* renferme des détails qui ne sont pas moins bizarres. Hippolyte a perdu sa maîtresse un lundi. Depuis lors, il consacre chaque lundi à une méditation sur la mort, pendant laquelle il s'impose un jeûne absolu. « Qu'est-ce que Votre Seigneurie veut avoir pour déjeuner? lui demande son domestique. — Des soupirs, répond-il. — Et pour dîner? — Des larmes! » L'*Honnête courtisane* serait plutôt la courtisane réhabilitée. Hippolyte pleure sa bien-aimée. Pour le consoler, ses amis le mènent chez Bellafront. Au lieu de se laisser séduire, il la prêche, il la fait rougir de son métier. En retrouvant la conscience et la pudeur, elle devient amoureuse de celui qui les lui a rendues. Mais elle dompte son amour. Elle épouse un gentilhomme qui la maltraite, et auquel elle reste fidèle par pure vertu. De son côté, Hippolyte retrouve la femme qu'il croyait perdue. Elle est à lui, et le voilà heureux. Non, car il est pris à son tour d'une passion désespérée pour Bellafront, il veut défaire son ouvrage, séduire celle qu'il a convertie, déshonorer celle qu'il a réhabilitée.

La thèse n'est pas neuve au théâtre. Dekker a su trouver des accents qui lui appartiennent. En dépit de l'euphuisme, il a exprimé, avec une grâce touchante, la douleur de Bellafront, ce sentiment, fait de honte et d'envie, qu'elle éprouve en passant auprès d'une jeune fille que tout le monde respecte, qu'enveloppe une atmosphère de bonheur et de pureté. Quant à l'inconséquence d'Hippolyte, peut-être ne semblera-t-elle dénuée ni de vraisemblance ni d'intérêt à ceux qui connaissent les étranges retours de la passion, et les démentis que le cœur se donne à lui-même.

Beaumont et Fletcher sont inséparables devant la postérité, comme ils le furent de leur vivant. L'un était fils d'un évêque, l'autre d'un chevalier; tous deux instruits, appartenant à la bonne société. Ils écrivirent ensemble trente-huit pièces de théâtre, où leur noble caractère, leur touchante amitié s'est reflétée en plus d'un endroit. Le plus jeune mourut le premier. Fletcher, resté seul, poursuivit l'œuvre commune. Ces jumeaux littéraires ont joui d'une grande popularité auprès de leurs contemporains. On les comparait à Shakespeare, on les préférait à Ben Jonson. Ne faut-il pas rabattre de ces jugements trop favorables?

Nous comptons pour peu de chose les anachronismes dont leurs pièces fourmillent. Dans *Thierry et Brunehaut*, les soldats de cette reine portent des mousquets, et l'armée romaine mange du pudding dans *Bonduca*. Dans les *Deux nobles cousins*, à la cour de Thésée, duc d'Athènes, un maître d'école parle latin, avant la guerre de Troie. Ces erreurs, volontaires ou non, importaient si peu aux spectateurs du temps d'Élizabeth, que les auteurs sont excusables de ne point s'être donné de peine pour les éviter. Il est plus difficile de passer condamnation sur les divers genres d'horreurs qui ensanglantent les pièces de Beaumont et Fletcher. L'empoisonnement, l'assassinat, y prennent des formes atroces. Dans *Le Double mariage*, on voit une jeune fille subir le supplice de la roue. A quelles exagérations, à quelles violences ne faut-il pas porter le langage, pour qu'il soit à la hauteur de pareilles situations? C'est par de tels moyens, ou par les péripéties les plus invraisemblables et les plus forcées, que le pathétique est amené, lorsqu'il existe, dans le théâtre de Beaumont et Fletcher. Les auteurs n'avaient pas pris le temps d'observer les caractères. Aussi n'ont-ils vu, dans le monde, que des bons et des méchants; puis, grossissant, avec l'optique théâtrale du temps, leurs qualités et leurs défauts, ils en ont fait, ou des monstres de vertu, ou des prodiges d'infamie. Comment les héros nous émeuvent-ils au théâtre ? Par ces combats intimes dont ils sortent vainqueurs, par ces faiblesses qui nous sont communes avec eux, et qu'ils nous apprennent à subjuguer. Comment les criminels eux-mêmes deviennent-ils intéressants ? Par la passion, par le remords, ou par des dons supérieurs. Les criminels de Beaumont et Fletcher n'intéressent par aucun de ces motifs. Leur Phèdre, Bacha, n'a ni une hésitation, ni un regret. C'est une coquine, tout d'une pièce : sa seule excuse, si c'en est une, la fatalité des instincts, exprimée par Racine avec tant de délicatesse et d'énergie, n'est même pas indiquée.

Parfois, il est arrivé aux deux poètes d'être infidèles à leur vulgaire esthétique. Cette heureuse inconséquence nous a valu les types charmants de Bellario et d'Ordella. Bellario est une jeune fille qui aime Philaster et que Philaster n'aime point. Ne pouvant être sa femme ni sa maîtresse, elle sera, sous un déguisement, son serviteur. Elle a une rivale heureuse, et le sait ; elle deviendra la confidente et la messagère d'une passion qui la déchire, elle fera d'honnêtes et loyaux efforts pour plaider une cause dont le gain serait sa propre perte. Pâle, la mort dans le cœur, elle subira les colères capricieuses et injustes, la folle jalousie de Philaster, elle calmera la fièvre qui le dévore, aux dépens de sa propre paix. Que de souffrances contenues ! Mais, quand la vérité est connue, quand la lumière se fait aux yeux de Philaster, quand l'amour envahit son cœur avec la reconnaissance, quel plaisir de voir couler les douces larmes de Bellario !

Ordella est aussi une touchante et volontaire victime. De l'Alceste antique elle a le dévouement et la sérénité. La donnée de la pièce anglaise est moins révoltante que celle de la pièce grecque. La pensée de Thierry, qui veut donner des héritiers à la couronne, est moins égoïste que celle d'Admète, qui ne cherche qu'à sauver sa propre vie. Thierry, d'ailleurs, ne veut point permettre que le sacrifice se consomme ; nous ne sommes pas obligés de le haïr et de le mépriser comme le roi thessalien. C'est Ordella qui se donne la mort. Là se borne la supériorité de Beaumont et Fletcher sur Euripide. Au lieu de la merveilleuse scène que l'on connaît, nous avons un récit de la mort d'Ordella, récit médiocre, terminé par trois ou quatre vers d'une prétention insupportable.

Si Webster a moins écrit que Beaumont et Fletcher, il s'est élevé plus haut. Nul, après Shakespeare, si ce n'est Marlowe, n'a montré au même degré la puissance et la profondeur dramatiques. Esprit songeur et laborieux, mûrissant avec lenteur ses conceptions, il en cherchait longtemps l'expression la plus saisissante et la plus forte. De là, une plénitude, une condensation de sentiments qu'on ne rencontrerait pas chez ses émules. Il s'est complu dans l'horreur, mais il ne l'a pas prodiguée en vain, et si les situations sont, chez lui, au-dessus de l'ordinaire, les âmes le sont aussi. *La duchesse d'Amalfi* et *Vittoria Accoramboni* attendent encore des traducteurs qui nous fassent connaître leurs effrayantes beautés. Le second de ces drames est un chef-d'œuvre. La scène où Vittoria Accoramboni, trahie dans toutes ses espérances ambitieuses, découverte dans ses desseins criminels, abandonnée de son amant, tient tête à ses juges, les provoque, les insulte, les intimide, est une des plus fortes qu'il y ait au théâtre. La mort de Brachiano, son complice, n'est pas moins émouvante. Il se sent atteint dans les sources de la vie, et espère écarter l'idée funèbre en proscrivant le mot qui l'exprime. « Sous peine de mort, s'écrie-t-il, que personne ne parle de mort devant moi ! » Deux moines se présentent pour lui donner les consolations suprêmes. Devant leur robe, la foule des courtisans s'est ouverte. On s'écarte pour laisser les vénérables frères converser avec le mourant. Ils s'approchent donc. L'un tient un cierge, l'autre un crucifix. Soudain, leur robe s'entr'ouvre, leur capuchon se soulève : Brachiano a reconnu ses mortels ennemis, Lodovico et Gasparo. Penchés vers lui, comme pour le consoler et le bénir, ils lui rappellent un à un tous ses crimes, lui enfoncent dans le cœur, comme autant de dagues, des souvenirs cruels, des insultes acérées ; ils désespèrent son agonie par la peinture des tourments qui l'attendent. Puis, ils reprennent tout haut, d'une voix nasillante et monotone, leurs pieuses exhortations latines, auxquelles, de loin, la foule répond : *Amen.* Paralysé par la colère et l'horreur, Brachiano essaye vainement de crier, d'appeler ses serviteurs.... A travers le brouillard du vertige suprême, il n'aperçoit plus que ces deux faces détestées qui ricanent ou menacent. Sous la main de ces démons, c'est l'enfer qui commence pour lui.

Thomas Heywood ne ressemble guère à Webster. Toute sa vie, il a produit sans relâche, et l'on estime qu'il a mis la main à plus de deux cent vingt pièces. Il ignore ce que c'est que le choix, le goût, les scrupules littéraires. Pour lui, un sujet en vaut un autre, et les premiers mots venus sont les meilleurs. Écrivant à la diable, pressé par l'heure, Heywood n'a pas le temps d'être prétentieux.

Il y a une jolie scène dans le *Voyageur anglais.* Un jeune homme a couru le monde, sans réussir à oublier celle qu'il aime, et que les circonstances l'ont empêché d'épouser. Il revient, il la trouve mariée. Sa passion se réveille. Qui les empêchera de tomber dans les bras l'un de l'autre? La pensée de ce vieux mari, si bon, si confiant, si généreux. Ils puisent dans ce sentiment la force de se résister à eux-mêmes, et décident, les larmes aux yeux, qu'ils ne s'aimeront plus.

La *Femme tuée avec tendresse* est une œuvre pleine de sensibilité et de vérité, un drame bourgeois qui aurait fait pleurer Diderot. Nos auteurs ont épuisé, sous toutes les formes, d'abord dans la comédie, puis dans le drame, la situation du mari trompé et de la femme adultère. Ont-ils été plus heureux qu'Heywood? Ont-ils concilié avec plus de tact l'honneur et l'amour? L'épouse a failli, l'époux a prononcé la sentence. Qu'elle parte, qu'elle aille vivre, mourir si elle veut, loin de cette maison dont elle a détruit la paix. Elle s'éloigne. Son désespoir, ses larmes, n'ont pas remué le cœur stoïque. Tout à coup, les yeux du mari, resté seul, tombent sur son luth qu'elle a oublié. Son luth! A cette vue, tout le passé rentre en son âme, et son impassibilité se brise en sanglots. Pourtant, il faut que la justice conjugale suive son cours. Nous assistons à la lente et douloureuse expiation de la femme coupable. Elle va mourir de sa faute : le mari apporte le pardon auprès de ce lit de mort. Sa dignité attendrie et douce s'élève presque à la majesté sacerdotale. Il lui rend le nom de mère et d'épouse. Elle reçoit ce pardon comme elle recevrait le corps du Christ, humble et suffoquée de bonheur.

La décadence. Massinger. Ford et Shirley.

Massinger et Ford sont simplement les cadets de la grande génération shakespearienne. Au premier abord, leurs œuvres ne se distinguent pas de celles de leurs aînés. Ni les mœurs, ni les idées, ni le goût, n'ont changé. On applaudit en 1650 ce qu'on applaudissait vingt ans plus tôt. Le drame se promène toujours d'un champ de bataille à un mauvais lieu, d'une chambre nuptiale à un cimetière. L'imagination des auteurs se fatigue à inventer des sujets singuliers. Un duc d'Athènes édicte une loi, d'après laquelle tous les vieillards âgés de plus de quatre-vingts ans seront mis à mort. Un fils pieux cache son père pour lui sauver la vie, après avoir feint de célébrer ses funérailles. Le duc découvre la fraude, et tout le drame roule sur les sentiments mis en jeu par cette absurde situation. Dans l'*Empereur d'Orient*, Théodose, déguisé en moine, entend la confession de sa femme, qu'il soupçonne de l'avoir trompé. Le drame du *Cœur brisé*, de Ford, a cinq actes, qui n'ont été composés qu'en vue de la dernière scène. Voici, en substance, cette scène, qui soulevait des tempêtes d'enthousiasme. Une jeune Lacédémonienne est à danser; on vient lui annoncer que son père est mort, elle danse ; que sa meilleure amie vient d'expirer, elle danse; que son fiancé a été assassiné, elle danse encore. Quand elle a achevé la figure, elle demande froidement les détails. On admire son héroïsme. Mais elle s'affaisse et meurt, en disant : « Chers seigneurs, j'ai trompé vos yeux par une pose antique, lorsque après des nouvelles de mort, reçues coup sur coup, j'ai continué à danser. Ce sont les douleurs silencieuses qui tuent. »

Souvent, la bizarrerie se complique d'indécence. Dans le *Combat dénaturé*, Massinger, bien qu'homme religieux, nous présente un père qui tue son fils et devient amoureux de sa fille. Ford, qui est animé des mêmes honnêtes intentions, idéalise, avec un déplorable talent, une autre forme de l'inceste, l'amour du frère et de la sœur. Les peintures sont brutales, les sentiments violents ou cyniques. Il faut louer cependant les auteurs d'avoir au moins tenté de mettre en pratique un précepte de Ben Jonson. Dans le drame shakespearien, tous les personnages, du roi au garçon d'écurie, parlent la même langue imagée, poétique, lyrique même. Ben Jonson avait voulu faire comprendre au public que l'âge, la condition, le caractère, modifient le langage. Massinger s'efforce d'observer ces nuances. Une autre préoccupation, inconnue à ses prédécesseurs, se révèle dans son théâtre; elle est également sensible chez Ford et chez ses contemporains : c'est celle de l'harmonie et de l'élégance. Les écrivains ont succédé aux improvisateurs, l'art a pris la place de la sincérité et de la candeur, la rhétorique se substitue à la passion. La décadence est prochaine : elle sera rapide, foudroyante, hâtée d'ailleurs par les événements.

Le dernier de la pléiade, Shirley, était né vingt ans avant la mort de Shakespeare. Il était dans le plein de son succès, lorsque les puritains fermèrent les théâtres, en 1642. Il vécut assez pour les voir rouverts, et écrire encore sous la Restauration. Il servit donc de lien entre ces deux générations si différentes. On ne trouve en lui ni grossièreté, ni bizarrerie, ni emphase, ni imagination, ni talent. Il est raisonnable, sensé; il n'émeut, ni n'amuse, ni n'irrite. Par ses qualités et ses défauts, ou plutôt par l'absence de qualités et de défauts, Shirley était et devait être une de ces médiocrités en qui finissent les dynasties littéraires.

CHAPITRE XI.

DE SHAKESPEARE A MILTON.

L'école de Spenser. — Les deux Herbert. — Commencements de l'école française. Waller. — Cowley et Denham.

L'école de Spenser.

Entre la mort de Shakespeare et la publication du *Paradis perdu*, près d'un demi-siècle s'écoule. Jamais la poésie n'a été plus ardemment cultivée que pendant ce laps de temps, qui n'a pourtant produit aucune œuvre originale. Deux écoles bien distinctes se partagent ces cinquante années : l'école religieuse, qui procède de Spenser, et l'école amoureuse, qui imite Voiture et l'hôtel de Rambouillet.

Le propre des disciples est d'exagérer les défauts et même les qualités du maître : les continuateurs de Spenser ne manquent point à cette règle. L'auteur de la *Reine des Fées* est religieux : ses successeurs sont mystiques. La poésie de Spenser est allégorique : les élèves se perdent dans un symbolisme sans raison et sans mesure.

Les Fletcher sont les poètes les plus distingués de cette école. C'est vers le début du règne de Jacques Ier que Phinéas Fletcher composa l'*Ile de pourpre*. Titre étrange, sujet plus étrange encore. L'Ile de pourpre, c'est le corps humain, dont l'anatomie est décrite suivant la science du temps, chaque détail étant traduit par une image empruntée au monde extérieur. Après cinq chants, consacrés à cette minutieuse dissection, le poète arrive aux facultés intellectuelles et morales. L'âme est un noble et brillant prince ; il habite dans un château qui domine l'Ile de pourpre. On ne peut s'expliquer que le dégoût et la lassitude d'un sujet, pour ainsi dire hors nature, n'aient pas saisi l'auteur, et qu'il ait rempli jusqu'au bout son absurde dessein. Pour être équitable, il faut convenir que, non seulement on ne sent point de fatigue chez le poète, mais qu'on est contraint d'admirer la fertilité de son invention, l'harmonie de son langage, et parfois la grâce de ses comparaisons.

Giles Fletcher est l'auteur d'un poème sur la victoire et le triomphe du Christ, dont Milton n'a pas dédaigné de se souvenir en écrivant le *Paradis retrouvé*. Giles a moins de vigueur que son aîné, mais il est plus doux, plus coulant, moins affecté dans son style. Malheureusement, il ne craint pas d'employer des mots barbares, qu'il crée lui-même et qui ne lui ont pas survécu. « Ces deux frères, dit Hallam, méritent l'éloge. Ils avaient reçu de Dieu des âmes vraiment poétiques, et n'étaient inférieurs, par l'imagination, à aucun de leurs contemporains. Un goût peu judicieux, et une passion excessive pour un genre dont le public commençait à se dégoûter, les empêchèrent de déployer entièrement leurs facultés. »

On rapproche d'ordinaire Quarles et Wither, sans qu'il soit possible d'en donner d'autre raison, sinon qu'ils ont écrit dans le même temps, et publié, chacun à la même époque, un volume d'*Emblèmes*. L'emblème, c'est l'allégorie poussée à outrance, l'allégorie cultivée pour elle-même et pour elle seule. Une des illustrations du livre de Quarles représente l'âme, personnifiée par une petite créature qui regarde à travers les côtes d'un squelette, comme un prisonnier à travers les barreaux de sa cage. L'esprit religieux, qui circule dans ces poèmes, est teinté de tristesse. On touche au moment où l'on s'égorgera pour les questions de dogme. En attendant, la foi s'assombrit. Le puritanisme répand son ombre, même sur ceux qui ne sont pas puritains : âpre dégoût de la vie chez Habington, excentricité lugubre chez Donne, douce mélancolie chez Herbert. Le premier est l'auteur de cette pièce, si courte, mais si douloureuse et si expressive : *Cupio dissolvi*. Ce *Cupio dissolvi*, cette aspiration désespérée vers le néant, nous la retrouverons, même à l'époque où la poésie, desséchée par le scepticisme, essaye de se faire sentencieuse et frivole ; nous la reconnaîtrons jusque dans les petits vers des roués de Charles II, jusque dans les comédies licencieuses de la Restauration :

> . . . . *Medio de fonte leporum*
> *Surgit amari aliquid.* . . . .

La vraie muse anglaise, dans ce monde repu de plaisir et lassé de joie, c'est la tristesse.

Parfois, cette tristesse s'aigrit et s'épanche en satires : ainsi dans Wither. Après avoir étudié à Oxford, il était revenu aider son père à diriger l'exploitation de sa ferme. Ces profondes études, cette humble situation, produisirent en lui leur effet ordinaire : Wither devint un juge sévère de cette société où il méritait une grande place et où il en occupait une si infime. Le génie puritain l'inspira ; il écrivit des vers hardis qui déplurent aux grands personnages. Il fut enfermé à la Marshalsea, où il composa *The Shepherd's hunting*. Ce sont des églogues, seulement par le nom et par la forme. On y sent cette gravité particulière aux captifs, un esprit fier, attristé, mais non dompté par la prison. Ce sera l'esprit des Prynne, des Pym, des Hampden.

Hall était un évêque. Il a écrit des *Satires sans dents* et des *Satires mordantes*. Même dans celles-ci, autant qu'on peut juger d'une morsure littéraire à deux siècles et demi de distance, on ne voit pas que les dents du satirique se soient incrustées bien profondément dans les chairs du patient. Hall avait aussi composé des *Méditations*, genre fort à la mode et qu'on peut considérer comme des emblèmes en prose.

De tous ces poètes, auxquels on a donné le nom de *métaphysiques*, parce que l'esprit, en eux, l'emporte sur le sentiment, aucun ne mérite mieux ce titre que le docteur Donne, doyen de Saint-Paul. Hallam ne réussit à découvrir dans son œuvre que des vers raboteux et des pointes inintelligibles. Il est difficile de juger du manque d'harmonie chez le docteur, à moins de le lire en anglais. Mais voici quelques échantillons de ses pointes. Il s'adresse à sa maîtresse, qui n'était point une maîtresse imaginaire, car son mariage avec une jeune fille de grande maison lui attira mille persécutions. Elle descend au bain, et voilà le docteur Donne jaloux de la rivière, « réchauffée par les rayons de ses yeux bien plus que par ceux du soleil, » jaloux des poissons qui nagent vers elle, « plus heureux de la prendre qu'elle de les prendre. »

Ce n'est pas, comme on le pense, pour avoir écrit ces sottises que Donne devint le favori de Jacques I*er* et obtint son décanat. Son principal mérite était d'avoir été catholique et de s'être fait protestant, alors que d'autres, comme Crashaw, de protestants se faisaient catholiques. Avec l'ardeur du nouveau converti, il écrivit un pamphlet contre ses anciens coreligionnaires. Tout en persécutant les papistes, on ne voulait pas les laisser bénéficier des avantages ordinaires de la persécution ; c'est là ce qu'exprime le titre du pamphlet de Donne : *Le pseudo-martyr.* Confisquer les biens des catholiques, pendre les jésuites, sont assurément des choses agréables à Dieu, et surtout aux Luthériens et aux Arminiens ; mais une pensée trouble cette joie. Si nous allions en faire des martyrs ? Des martyrs, allons donc ! Ce sont des « pseudo-martyrs. » Donne a eu la gloire de trouver un de ces sophismes à sensation, un de ces mots équivoques, à l'aide desquels la force étrangle le droit, en se donnant les apparences de la légalité, de la décence, quelquefois même de la pitié. Les gouvernements à conscience malade payent cher ces mots-là.

Une lâcheté commence la fortune de Donne, une excentricité termine sa vie. Il se fit peindre, les pieds dans une urne funèbre, nu, enveloppé d'un linceul que l'artiste a ramené en capuchon autour de sa tête, de manière à ne laisser émerger que deux pommettes saillantes, deux paupières closes, un nez aminci, une moustache aux piquants effilés, et une maigre barbiche, aux poils collés par une sueur d'agonie. Il avait fait placer cette peinture près de son lit, et se complaisait à la regarder, pour se donner un avant-goût de sa propre destruction. Ce fut la dernière pointe du docteur Donne.

Le seul des successeurs de Spenser qui ait su ressembler à son modèle par les beaux côtés, qui fasse revivre la suavité de la *Fairy Queen*, en y mêlant la fantaisie shakespearienne, avec une saillie de gaieté qui lui est propre, c'est Drayton. Écrivain rapide et fécond, tantôt il bâcle des épopées en rimant les chroniques d'Hollingshed, tantôt il entreprend, dans son *Polyolbion*, de promener son lecteur par tous les chemins de l'Angleterre et du pays de Galles, et de décrire sa patrie, comté par comté, village par village, sans oublier une colline ni un ruisseau. Œuvre immense, à laquelle Selden a collaboré, l'un fournissant son érudition et l'autre son enthousiasme. Mais où Drayton est vraiment poète, c'est dans la petite épopée héroï-comique, appelée *Nymphidia*.

Oberon, roi des génies, est jaloux de sa femme, la reine Mab. La petite reine quitte son palais, « situé un peu au sud de la lune, » et bâti en pattes d'araignées, avec des fenêtres faites d'yeux de chats. Elle monte dans une coquille de gala, avec ses demoiselles d'honneur ; elle va voir son cher ami, Pigwiggin. Cependant, Oberon se lance à la poursuite de l'épouse infidèle. En route, il engage un combat avec un ver luisant, s'introduit étourdiment dans une ruche, d'où il sort la barbe toute barbouillée de miel. Pour aller plus vite, il chevauche une fourmi, qui culbute par-dessus lui. Il roule du haut d'une taupinière, et se noierait dans un lac, si son bâton ne lui servait de radeau. A la fin, il rencontre Puck, qui se charge de découvrir la reine. Mais Nymphidia les a entendus, elle court prévenir sa maîtresse. A la nouvelle qu'apporte Nymphidia, la fête s'arrête brusquement, les danses cessent, les demoiselles d'honneur s'enfuient. Toute la cour se réfugie dans une coquille de noix creuse, et s'y endort. Cependant, Nymphidia veille ; par ses incantations, elle attire toutes sortes de mésaventures sur le pauvre Puck, qui, à chaque pas, se heurte aux branches ou se déchire aux épines, et qui, finalement, tombe dans un bourbier où il achève la nuit. Pigwiggin, de son côté, a endossé une cuirasse formée d'une écaille de poisson, il s'est coiffé d'une tête de belette, en guise de casque. Il brandit sa lance, un joli brin de bois de près de deux pouces, dont le fer est une langue de mouche. Sa rapière, un aiguillon de hanneton, lui bat dans les jambes. Ainsi accoutré, que craindrait-il? Aussi vient-il provoquer Oberon, qui accepte le défi. Leur lutte chevaleresque est interrompue par Proserpine, qui arrive en hâte, avec une bouteille d'eau du Léthé et son brouillard dans un sac. Vite, elle ouvre son sac, le brouillard se répand, les combattants ne peuvent plus se voir. Alors, Proserpine leur commande de déposer les armes et se constitue leur arbitre. Chacun exposera sa cause, mais seulement après avoir bu la liqueur qu'on lui présente. Quand les héros ont sablé un verre de Léthé, ils ont oublié leur colère et le motif du duel. Oberon est plus amoureux que jamais de la charmante Mab ; Pigwiggin ne s'est jamais approché de Sa Majesté la Reine qu'avec le sentiment du plus profond respect ; Puck n'a jamais reçu de son souverain la mission confidentielle que l'on sait. Mab et ses filles d'honneur sourient malicieusement, et Proserpine disparaît, oubliant sans doute son brouillard dans la patrie du poète Drayton.

Les deux Herbert.

Il faut une place particulière, une niche spéciale pour le saint George Herbert, figure angélique, que l'imagination populaire a canonisée. Cependant, il est impossible de le séparer de son frère aîné.

Ce frère aîné s'appelle Édouard Herbert. Il a dix-neuf ans, le roi Jacques le fait chevalier du Bain. Le premier soin du nouveau chevalier est de se faire peindre en grand costume et de lire les statuts de l'ordre. Il y voit que les chevaliers doivent aide et protection à tous les faibles, principalement aux femmes. A quelque temps de là, se trouvant à la campagne, en France, chez le duc de Ventadour, la petite-fille de ce duc, une espiègle de dix à onze ans, se laisse enlever un nœud de rubans par un jeune gentilhomme, et prie Herbert de le lui faire rendre. Herbert est chevalier du Bain : il a juré, il tiendra son serment. Gravement, solennellement, il réclame le ruban. Le gentilhomme refuse et s'enfuit avec son trophée. Herbert se met à courir après lui. Essoufflé, sur le point d'être atteint par l'agile Anglais, le Français jette son ruban à la petite fille. — C'est moi, dit Herbert, qui vous le rends. — Non, dit l'enfant, c'est lui.

— Madame, reprend le chevalier du Bain avec un profond salut, il ne m'appartient pas de vous contredire, mais qu'il s'avise d'en dire autant, et je le tuerai.

On voit que c'était un naïf. Il mit le comble à sa naïveté en écrivant un livre sous ce titre : *De la Vérité*.

Malgré tout cela, peut-être à cause de tout cela, Édouard Herbert était un esprit vigoureux et original ; il devint pair d'Irlande, puis pair d'Angleterre, sous le nom de lord Herbert de Cherbury. On l'appréciait comme homme d'État et comme diplomate. Comme penseur, il s'affranchit des formules sectaires, en même temps que des petitesses morales et des subtilités métaphysiques qui les accompagnent. Né anglican, il se fit arminien, et la doctrine arminienne le conduisit au rationalisme. Il se forma à lui-même une sorte de crédo philosophique, dont les principaux points étaient la croyance à l'existence de Dieu et l'obligation de lui rendre un culte, le dogme de l'immortalité de l'âme, avec ses corollaires : peines et récompenses de la vie future, et nécessité du repentir.

George Herbert, son frère, était resté invariablement attaché à l'Église qui l'avait nourri. Pendant que l'aîné s'efforçait de rendre la foi rationnelle, le cadet cherchait à faire pénétrer un rayon de charité dans les âmes hautaines et implacables, auxquelles la religion n'avait appris jusque-là qu'à maudire. Caractère sans tache, bonté exquise, piété à la fois mystique et douce, amour de la musique et de toutes les belles choses, rien ne lui a manqué, pas même d'avoir été enlevé à la vie par une de ces maladies lentes qui poétisent la fin de l'homme. Ces facultés exquises, dont Dieu l'avait orné, se lisent sur sa figure amaigrie et souriante, où respire la joie d'un juste dont la récompense est proche. Elles se traduisent aussi dans ses vers.

Son poème est intitulé *Le Temple*. Dans l'introduction,

qui s'appelle *le Porche de l'Église*, George Herbert explique quelles dispositions, quel cœur il faut apporter dans la maison de Dieu :

« Sois doux envers tous. Si ton caractère est aigri, reste dans la compagnie de ceux qui te ressemblent : ils t'adouciront. — Épouse une femme grondeuse, prends une servante qui te tienne tête ; — c'est dans un chemin raboteux que l'homme sujet aux chutes bronchera. — Ne ris pas trop, l'homme d'esprit est celui qui rit le moins. — Enlève de la gaieté, comme tu arraches les pierres de ton champ, — le blasphème, l'indécence et l'insulte : — c'est là l'écume qui abonde chez les plaisants grossiers. — Toute chose contient de la gaieté ; point d'objet si vulgaire — que tu ne puisses rendre amusant, si tu as la veine plaisante. — Sois calme en discutant : une humeur farouche fait de l'erreur une faute et de la vérité une insolence. — Pourquoi serais-je plus choqué des méprises d'un autre homme — que de sa maladie ou de sa pauvreté ? — Que la propreté règne autour de toi, — afin que tous aient plaisir à te recevoir, comme une fleur. — Que le charme de ton âme se répande — sur ton corps, sur tes vêtements, dans ta maison. — Devine les besoins et le désir d'autrui, — préviens-les même : toutes les joies humaines sont peu de chose — auprès de la joie de faire plaisir. — En mettant le pied dans l'Église, dépouille-toi. — Là, Dieu est plus que toi. — Jamais génuflexion n'a gâté bas de soie ; — dépose ta pompe, — tous sont égaux quand ils ont passé la porte de l'église. — Ne juge pas le prédicateur, car c'est lui qui est ton juge. »

Ces pensées paraîtront peut-être bien nues, ainsi dépouillées de leurs ornements naturels, de l'harmonie du vers, et de la cadence des strophes. Même dans leur langue native, elles n'ont d'autre parure que cette propreté exquise, qui donne de l'élégance à la simplicité, et qui était chère à George Herbert. Point d'apprêt, rien qui sente l'homme de lettres chez le vicaire de Bemerton. Pas la plus faible trace du mauvais goût de l'époque, mais cette poésie sobre, cette finesse tendre, qui rendent si aimables certains chapitres de l'*Imitation de Jésus-Christ*. Herbert, c'était le cœur de Vincent de Paul avec l'esprit de François de Sales, mais sans l'affectation légère qui dépare les écrits de l'évêque de Genève. La terre a vu passer peu d'êtres aussi bons, elle a entendu peu de voix aussi pures.

Commencements de l'école française. Waller.

En Angleterre comme en France, c'est une jeune reine qui donne le signal d'une révolution dans le goût littéraire. De même qu'Anne d'Autriche met chez nous à la mode les pièces espagnoles, Henriette de France voit les courtisans titrés copier, pour lui complaire, les poètes de son pays natal. Plus tard, la langue française devra son prestige et sa légitime influence au génie de ses écrivains. Alors, l'imitation de nos chefs-d'œuvre sera générale. Vers 1630, ce n'est qu'un engouement confiné aux plus hautes classes, à celles qui se pressent autour du trône. Bientôt, à cet engouement répondra une impopularité au moins égale, du côté des couches profondes, hostiles à la monarchie. L'imitation française deviendra, en poésie, comme une cocarde à laquelle se reconnaîtront les Cavaliers.

Quels sont les signes distinctifs de l'école nouvelle? C'est d'abord la gaieté, qui est déjà propre au caractère français, le badinage sur les choses graves, une sorte d'amour impertinent, éphémère et égoïste, qui s'appelle la galanterie. Rien n'est plus contraire au tempérament britannique. L'amour anglais, qui avait su, avec Surrey et Sidney, parler la langue de Pétrarque, balbutie celle de Voiture. On a envie de sourire lorsqu'on lit ce début de chanson, écrit dans le pays où la constance en amour est consacrée par des lois pénales : « A propos, je viens d'aimer — trois grands jours, — et je crois que je vais aimer trois jours encore, — si le temps est beau. » Encore l'auteur de ces vers, sir John Suckling, est-il un de ceux qui endossent avec le plus de désinvolture et de bravoure l'habit français.

Waller fait mieux encore. Il aime deux femmes à la fois, et il le leur écrit. Il ne se contente pas de madrigaliser à la française. Sa vie, ses mœurs, ses actes sont d'accord avec sa muse, et c'est à Paris même qu'il a mangé le plus clair de sa fortune, en donnant à dîner aux beaux-esprits, déjà très gourmands à cette époque. Il est plus français, assurément, qu'Hamilton n'était anglais.

Ce n'est pas lui que vous surprendrez, comme Surrey, à chanter sa femme. Sa maîtresse, sa fameuse Sacharissa, était Dorothy Sidney, la fille du comte de Leicester. Il l'attaque de mille manières, même en vers latins. Il fait des vers à sa dame de compagnie, Mrs Broughton; pour un peu, il en eût fait à son chien favori. Rebuté, il s'adresse à une amie, douce et compatissante, qui vit auprès de lady Dorothy, comme Éliante auprès de Célimène. Waller, ayant échoué des deux côtés, fait ses adieux en forme, dans une pièce où il déclare qu'Apollon, « président des vers », lui a donné le conseil de « suspendre son luth et de se livrer aux flots orageux », en prose : de ne plus faire de vers, et d'aller se distraire en France. A trente ans de là, il rencontre, chez la duchesse de Wharton, celle qui a été Sacharissa. Elle est vieille, mais les anciennes jolies femmes se croient toujours jolies, surtout pour ceux qui les ont adorées. « M. Waller, dit-elle en minaudant, quand est-ce que vous me ferez encore des vers? — Quand Votre Seigneurie sera redevenue jeune. » Réponse qui nous semble plus brutale qu'ingénieuse. Ainsi La Rochefoucauld, vieilli et désabusé, corrigeait des vers enthousiastes écrits par lui sous un portrait de Mme de Longueville.

La carrière politique de Waller commence à seize ans, lorsqu'il est nommé membre du Parlement pour Agmondesbury, et se termine à quatre-vingt-trois ans, âge où les électeurs de Saltash le renvoient à la Chambre des communes. Ces deux bourgs, fameux par leur obscurité, ont disparu depuis longtemps de la carte politique de l'Angleterre. Waller se jeta dans la mêlée des partis. Les modérés, en temps de révolution, sont des victimes ou des hypocrites. Comme il n'avait aucun goût pour le premier de ces deux rôles, il adopta le second. Il nous suffira de dire qu'il sortit de la révolution comme on sort d'un bourbier, couvert de honte des pieds à la tête. A la Restauration, il reprit sa place dans une société qui ne demandait à ses membres qu'un peu d'esprit et de belle humeur. Le joyeux octogénaire était de toutes les orgies de Sedley et de Villiers, il les mettait en train, sans jamais rien boire que de l'eau. Waller est, comme poète et comme amoureux, ce qu'il est comme convive, ivre d'eau pure. Ses vers sont des vers de cour, d'une élégante platitude, comme on en écrit dans les palais et comme on les aime chez les princes. Un petit événement qui agite ce milieu frivole, la mort de Buckingham, le portrait de la Reine qu'on vient d'achever, un arbre coupé, les embellissements de Saint-James's Park, le thé que Sa Majesté a trouvé bon, en voilà assez pour inspirer quelques vers, parfois tout un poème. Waller ne peut pas voir passer une antithèse sans la poursuivre, comme un enfant poursuit un papillon. Il a de jolies petites idées sur lesquelles il fait de jolis petits vers. On lui fait cadeau d'une plume d'argent : vite un madrigal. Il offre une rose : la rose sera accompagnée d'un message en vers.

« Va, charmante rose, — dis à celle qui gaspille son temps et mon amour — qu'elle sait maintenant, — quand je la compare à toi, — combien délicieuse et belle elle me semble.

« Dis à celle qui est jeune — et qui se dépite de voir ses grâces admirées, — que si tu avais grandi — dans un désert où les hommes n'ont point d'accès, — tu serais morte sans avoir été vantée.

« Mince est la valeur — de la beauté qui fleurit loin de la lumière. — Dis-lui de se faire voir, — de se laisser désirer, — de ne pas rougir si on l'admire.

« Puis, meurs, afin que le sort commun de toutes les choses rares, — elle puisse l'apprendre de toi, — (afin qu'elle sache) combien dure peu — tout ce qui est merveilleusement délicieux et beau. »

Il y a là une petite pointe de philosophie : Waller ne l'a pas tirée de son fonds, il l'a empruntée à Horace ou à Malherbe. Sa mesure, sa chétive mesure, il la donne tout entière dans les trois strophes de la petite pièce intitulée *Sur une ceinture*. Voici ce que cette ceinture, — trophée significatif, — inspirait à son amour-propre flatté, à sa sensualité satisfaite, ou peut-être tout simplement à sa fantaisie de bel-esprit :

« L'objet qui enfermait sa taille svelte, — va ceindre maintenant mon heureux front ; — un monarque donnerait sa couronne — pour que ses bras fissent l'office de cette ceinture.

« C'était l'horizon de mon ciel, — l'enceinte qui emprisonnait un charmant gibier ; — joie, chagrin, espérance, amour, — tout pour moi se mouvait dans ce cercle ;

« Cercle bien étroit, et pourtant — il enfermait tout ce qu'il y a de beau et de bon. — Donnez-moi ce qu'emprisonnait ce ruban, — et prenez tout ce que le soleil éclaire. »

Les Précieuses ridicules, et même celles qui ne l'étaient pas, auraient certainement admiré cette pièce, qui, d'ailleurs, pourrait soutenir la comparaison avec les épigrammes grecques de Bion et de Moschus.

Waller n'a rien écrit qui vaille l'aimable ballade de sir Richard Lovelace, sur le mariage de Roger Boyle avec lady Margaret Howard. C'est un paysan qui a vu la noce sortir, en passant devant Northumberland House, et qui raconte à son ami Dick toute la cérémonie. Le cadre est ingénieux et permet au poëte de rajeunir les vieilleries de l'épithalame. A des locutions triviales, qui peignent l'ébahissement du rustique spectateur, sir Richard a adroitement mêlé des traits délicats, mais naïfs, et cette poésie simple qu'on peut prêter, sans trop d'invraisemblance, à l'imagination populaire. C'est le paysan qui décrit par le menu les plats du festin et les broderies du cortège ; c'est le poëte qui fait apparaître, dans son idéale blancheur, la jeune fiancée. Enfin, si l'on nous conduit jusqu'à la chambre nuptiale, si l'on nous peint, en traits un peu libres, l'impatience du jeune mari, vous songerez à celui qui parle. Où le bonhomme aurait-il appris la discrétion du beau monde ?

Herrick est du même temps et de la même école. Mais il ne s'est pas laissé franciser autant que les autres. Il s'approprie les nouvelles formes poétiques, mais c'est pour y adapter le plus souvent les contes, les traditions et les légendes de la vieille Angleterre.

Cowley et Denham.

Cowley était très laid, comme l'attestent les deux portraits qu'on a de lui, l'un à treize ans, l'autre dans sa vieillesse. Il n'aima qu'une fois, et n'osa jamais se déclarer : tel est l'homme que nous sommes obligé de ranger parmi les poètes amoureux. Du reste, il y a de la gravité même dans ses vers d'amour, et le moraliste y perce sous le poète. Des qualités du corps il passe volontiers aux perfections de l'âme. On croit qu'il va être sensuel, et il devient philosophique. S'il a moins d'esprit que Waller, il est plus éloquent. Il est vrai que ni l'esprit, ni l'éloquence, ne sont vertus de poète. Mais, à cette époque, on n'avait point encore entendu la raison parlant en vers pleins, sonores, avec des idées nobles et des expressions choisies, et l'on goûtait fort cette nouveauté, importée de France par Cowley. On admirait respectueusement ses Odes pindariques, où Pindare ne se serait jamais reconnu ; quelques-uns poussaient la constance jusqu'à lire la *Davidéide*, poème épique en quatre chants, inspiré de l'Écriture.

L'exemple le plus complet de cette poésie oratoire, qui fit la gloire, aujourd'hui éclipsée, de Cowley, c'est la pièce sur Brutus. Cowley termine en rappelant le mot de Brutus, tombant à Philippes : « Vertu, tu n'es qu'un mot », et pressent la leçon qu'allait donner au monde un Dieu mourant sur la croix. Cette fin, d'un bel accent chrétien, ne déshonorerait pas une des méditations de Lamartine. Charles II ne vit, lui, dans cette belle page, que l'apothéose du régicide. Cette interprétation mit à l'aise son ingratitude royale envers l'homme qui avait consacré sa vie au service de sa mère exilée. « C'est bien assez récompenser M. Cowley, dit-il, que de lui pardonner. »

Celui que Pope appelait le majestueux Denham, celui

dont il vante la force dans un autre passage, doit sa réputation à un poëme de trois à quatre cents vers, intitulé *Cooper's hill*. Placé sur une éminence peu éloignée de Windsor, le poëte contemple le tableau qui se déroule devant lui. A l'extrême horizon, il découvre le campanile de Saint-Paul, près de lui le château royal, à ses pieds la Tamise. Ces différents objets, auxquels il faut joindre les ruines d'une abbaye et la description d'une chasse au cerf, très habilement faite, fournissent la matière première d'un discours en vers (car nous n'osons appeler *Cooper's hill* un poëme), où la réflexion tient infiniment plus de place que l'imagination, et qui paraît avoir été fort goûté des contemporains. Point de beaux vers, peu de vers faibles, mais un style vigoureux et soutenu, dont les principales qualités sont la propriété et la clarté. Denham ne fait point voir ce qu'il voit lui-même, et c'est son moindre souci. En dépit du sujet, *Cooper's hill* n'est pas un poëme descriptif : c'est une rêverie philosophique, qui ne manque pas de noblesse et qui se grave aisément dans les mémoires. L'éloge de la Tamise a pris place parmi les meilleurs morceaux de collège. Sentencieux, abstraits, un peu raides, un peu empesés dans leur magnificence, et d'ailleurs légèrement enflés de patriotisme, ces vers s'appliqueraient mieux à la toute-puissante Tamise de nos jours, dont l'incomparable spectacle défie toutes les hyperboles.

Denham appartient à l'école française par la façon de penser et l'ordre dans lequel il range ses idées, par son idéal et sa poétique. Il est Anglais par la gravité et par l'orgueil. D'ailleurs, avec lui, nous touchons à une époque qui reste grande, quoique aujourd'hui un peu délaissée. Denham est le maître en poésie de Dryden, qui sera le maître de Pope.

CHAPITRE XII.

LA LITTÉRATURE SOUS LA RÉPUBLIQUE.

Les puritains et le théâtre. — Satires contre les puritains. *Hudibras*. — Le journal de George Fox. — Bunyan. *The Grace abounding*. *The Pilgrim's progress*. — Les modérés. R. Baxter le presbytérien, J. Taylor. — Les modérés (suite). Fuller. Isaac Walton. Sir Thomas Browne.

Les puritains et le théâtre.

Vers le milieu du XVII° siècle, eut lieu une révolution politique et religieuse. La monarchie des Stuarts céda un moment la place à un gouvernement républicain, qui commença par l'anarchie et finit par la dictature. L'Église anglicane fut vaincue par les sectes qu'elle avait persécutées. Chaque révolution produit une littérature spéciale où elle se reflète. Celle-ci eut la sienne, bien qu'elle affectât le mépris farouche de toute littérature. Pendant quinze ans, il n'y eut plus qu'un livre : la Bible. Poésie, journaux, discours et récits, tout s'inspira de l'esprit biblique. En même temps, la révolution éveillait la verve de ses adversaires, en vers comme en prose, et donnait ainsi naissance à une double génération d'écrivains. Amis et ennemis, Cavaliers et Têtes-Rondes, seront réunis dans ce chapitre.

Les puritains, dès l'apparition de leur secte, avaient fait la guerre aux passe-temps joyeux d'autrefois, que le catholicisme avait encouragés et que l'Église anglicane tolérait. Ils n'avaient aucune hésitation à confondre avec les grossiers divertissements du Jour-de-Mai, du jour des Rois ou de la Saint-Jean, avec le *hobby-horse*, le *bear baiting* ou le *sheep shearing*, le noble plaisir que Shakespeare et Ben Jonson proposaient, sur la scène, aux spectateurs de leur temps. Il est

vrai que les folies athées de Marlowe et les indécences de
Dekker donnaient parfois raison à ces attaques. Les puritains
entassaient pamphlets sur pamphlets. Dès 1595, John Stubbs,
dans l'*Anatomie des abus*, dénonçait avec violence les représentations dramatiques, qu'il considérait comme intimement
liées avec le papisme, sans doute parce que la poésie dramatique avait pris naissance dans l'église. Les auteurs ripostaient en traduisant leurs ennemis sur la scène. L'Angelo de
Mesure pour mesure, dont la froide et dédaigneuse austérité
recouvre des ardeurs honteuses, est un puritain. Chez Ben
Jonson, la satire se précise et se localise. Le puritain apparaît
dans deux de ses pièces, non plus seulement avec le caractère
que la malveillance lui prêtait, mais avec son jargon, son
costume, ses manies, et tous les traits historiques qui le
font reconnaître. La querelle des puritains et des gens de
théâtre dure quarante ans et s'envenime tous les jours.
Prynne, dans l'*Histriomastix*, attaque à la fois la comédie
et la monarchie. Il lui en coûte les deux oreilles. Le Parlement, quelques années plus tard, venge les oreilles de
Prynne en rendant le décret suivant, où se retrouvent à la
fois le langage et l'esprit de la secte qui va bientôt dominer :

« Considérant la situation malheureuse de l'Irlande, noyée
dans son propre sang, l'état de division où est l'Angleterre,
que la guerre civile menace d'un nuage sanglant, et qui réclame l'emploi de tous les moyens possibles pour apaiser
et détourner la colère de Dieu, visiblement manifestée,
parmi lesquels le jeûne et la prière, dont l'efficacité a été
souvent expérimentée, ont été récemment et sont encore
prescrits; considérant que les amusements publics ne s'accordent pas avec les malheurs du temps, ni les jeux du
théâtre avec les heures d'humiliation que nous traversons...
il est jugé convenable et ordonné par les Lords et les Communes, dans ce Parlement assemblé, qu'aussi longtemps
que dureront ces douloureux motifs et ces temps d'épreuves,
les représentations dramatiques cesseront et seront défendues. En place de ces représentations, on recommande au
peuple de ce pays des considérations salutaires et opportunes de repentir, de réconciliation et de paix avec Dieu,

lesquelles ramèneront peut-être la paix et la prospérité générales, et rendront la joie et le bonheur à cette nation. »

Cette défense fut renouvelée en 1647 et en 1648 ; chaque fois, on aggrava la pénalité contre les transgresseurs. Les acteurs qui essayèrent de donner quelques représentations clandestines, furent traités comme des conspirateurs contre le salut de l'État. On saisit leurs costumes, et on les jeta en prison.

Satires contre les puritains. Hudibras.

A défaut des théâtres qu'on venait de fermer, Londres se porta en foule à un spectacle curieux. C'était, selon les expressions d'un auteur contemporain, « les écuries changées en temples et les temples changés en écuries (1), les comptoirs en tables de communion, les baquets en chaires sacrées, les tabliers en surplis et les ouvriers du dernier ordre en prêtres du premier rang. » Sur les murs, sur le battant des portes, des notices sont affichées : « Un tel, commis brasseur, prêchera tel jour. — Tel jour, le tailleur un tel interprétera les Écritures. — Tel autre jour, exhortation pieuse par un batelier de la Tamise. » Le rôtisseur débite par tranches la parole de Dieu, le savetier ne fait qu'un saut de son échoppe à la chaire évangélique.

Les femmes s'en mêlent, ce qui rend le mouvement plus passionné, sinon plus durable. Déjà, quelques années auparavant, l'auteur de la *Microcosmography* traçait de la puritaine un portrait spirituel et vrai, sauf quelques traits un peu chargés. « La puritaine porte plastron montant et manchettes calvinistes ; sa pureté morale se traduit par la blancheur de son linge. Elle n'est pas sûre que la Vierge Marie soit sauvée, mais elle connaît sa place dans le ciel aussi parfaitement que son banc à la chapelle, dont elle a la clef en poche. La foi l'absorbe si complètement, qu'il n'y a plus

---

1. La cathédrale de Saint-Paul, enlevée au culte, était devenue une sorte de foire et une promenade favorite.

de place en elle pour la charité. Elle se moque des autres femmes; elle les appelle Jézabel, Dalila. Ses filles, elle les nomme Abigaïl, Rebecca, Anne, qu'elle a soin d'écrire et de prononcer Hannah. Elle est pleine de la Bible, elle en déborde, elle la répand à tout propos. Elle ne gronde pas les bonnes sans l'aide de l'Écriture. On se demande si c'est le diable qui la tourmente, ou si c'est elle qui tourmente le diable. Elle est toujours à le provoquer, à l'affronter, les armes à la main. Son arme, c'est la pratique de la piété. Une chose la rend furieuse, c'est qu'une femme ne puisse prêcher. Mais, si elle ne peut prêcher à l'église, elle prêchera à table. C'est là qu'elle livre de rudes combats au bon sens et à l'Antéchrist, jusqu'au moment où une aile de poulet lui ferme la bouche. Pour elle, le ministre de l'Église établie est un prêtre de Baal; l'âme des gens de la paroisse est aussi compromise, au point de vue du paradis, que celle des Turcs. »

Une société nouvelle met à la mode un langage nouveau. Les *Saints* de 1645 pillent l'Ancien Testament, comme les Jacobins de 1793 parodient l'histoire romaine. Un mysticisme nauséabond envahit la phraséologie de tous les jours. Des hommes faits, qui se sont appelés Jacques et Jean pendant cinquante ans, se rebaptisent pour porter de pieux surnoms, qui sont parfois des phrases entières. Comme on aura plus tard Gracchus Babœuf, on a Loué-soit-Dieu Barebone. La religion se mêle à tout, elle sert de masque et de moyen à l'ambition, d'assaisonnement à la débauche, de prétexte aux haines privées. Les sectes se confondent avec les partis politiques. Les idées les plus folles trouvent des adhérents et des martyrs. Les *Ranters* rappellent les folies obscènes des *Carpocratiens* des premiers siècles. Une quakeresse, pour obéir à l'Esprit-Saint, entre nue dans une église où des milliers d'hommes sont rassemblés. Il s'élève, parmi les républicains, un parti monarchique, formé de ceux qu'on appelle, d'un nom bizarre, les Hommes de la Cinquième Monarchie. Leur doctrine est encore plus bizarre que leur nom. Ce roi qu'ils attendent de jour en jour, et au nom duquel ils tenteront plus tard une émeute, c'est le Christ.

Les *Saints* tiennent que la propriété a pour fondement la grâce. De là, ils déduisent froidement, logiquement, pieusement, que les Cavaliers n'ont pas le droit de posséder. Prendre leurs terres, c'est accomplir une œuvre pie. Il y a des temps si malheureux et si troublés, que les peuples peuvent être gouvernés par des hommes entièrement fous, sans que personne semble s'en apercevoir. Le colonel Harrison est un de ces fous raisonnables, qu'on appelle des fanatiques. Il arrive au colonel Harrison de pendre des gens auxquels on a promis la vie sauve. Il se contente de dire, en guise de justification : « Maudit soit celui qui fait négligemment l'œuvre du Seigneur ! » Quand on est en peine de motiver un meurtre, c'est Dieu qui l'a ordonné en rêve à un de ses *Saints*, c'est Dieu qui l'a voulu.

Tous ces traits grotesques et odieux, pédantisme, hypocrisie, cupidité, subtilité sanguinaire, sensualité sournoise, par-dessus tout, haine implacable de tout ce qui est beau, élégant, ou seulement amusant, se trouvent réunis dans sir Hudibras, le héros de la fameuse satire de Butler. Browne, Cleveland, d'autres encore, se contentent de lancer en passant une épigramme heureuse : Butler seul a composé un tableau complet. Rien ne manque à son cuistre puritain, à la fois ridicule et méchant, lâche et batailleur.

Hudibras appartient à la secte la plus âpre de toutes, aux presbytériens : « Toujours en guerre avec ceci ou avec cela, leur humeur est si contredisante, leur piété si hargneuse, qu'on dirait que leur foi n'est que de la rage. En eux seuls réside la vertu, les autres ne sont que péché. » Le *saint* est la quintessence du presbytérien. Il y a des *saints* errants qui parcourent l'Angleterre, prêchant dans les cabarets et pourfendant les abus, se mesurant avec le *hobby-horse* et autres engins de Satan, comme l'illustre hidalgo de Cervantes avec les enchanteurs et les félons. Hudibras est un de ces *saints* errants. C'est un Don Quichotte démesurément gras, dont le Sancho s'appelle Ralph. Voilà les deux héros partis en guerre; ils charment les ennuis de la route en discutant des points de théologie. Ils rencontrent des paysans qui font battre un ours avec des chiens : Hudibras leur livre bataille ; il les met en déroute, et garde comme trophée un joueur de flûte à jambe de bois. L'ennemi se rallie, fait un retour offensif; c'est au tour d'Hudibras d'être prisonnier. Une veuve, dont il est amoureux, vient le voir dans sa prison, ou plutôt dans sa cage, où il passe le temps à se disputer avec son écuyer en citant force latin. Hudibras amoureux n'est, comme on l'imagine, qu'un mélange de luxure et de cupidité sous des dehors hypocrites. La dame le délivre et lui impose, comme pénitence d'amour, la flagellation. Aussitôt libres, maître et valet cherchent, suivant la casuistique puritaine, la meilleure manière de violer leur serment, pour éviter la flagellation sans commettre de péché. La veuve, qui est riche, hésite-t-elle à l'épouser, Hudibras lui fera un bon procès. Le puritain est processif : c'est encore une manière de bataille, et c'est peut-être celle qu'il préfère. Avant d'agir, il va consulter un astrologue, car le puritain, qui tonne contre la superstition, est superstitieux comme les autres [1].

Hudibras n'a pas de dénouement, c'est l'histoire qui se charge de lui en donner un. Butler n'a rien inventé de si saisissant que ce 18 brumaire comique : Cromwell mettant le Parlement à la porte et la clef dans sa poche. A ce monde de savetiers érigés en apôtres, de bouchers transformés en généraux, et de tailleurs qu'on a bombardés pairs d'Angleterre, se superpose une cour étrange, sorte de corps de garde biblique, où les grosses farces alternent avec les subtilités théologiques. Le maître lui-même est tantôt familier jusqu'à la bassesse, tantôt solennel jusqu'à l'extase, tour à tour bonhomme et grand homme, toujours comédien, mais dupe de lui-même et de sa mission avant tous les autres. Il meurt, tout l'édifice s'évanouit. Les généraux se succèdent comme les figures de la lanterne magique, le Parlement fond comme la neige. Si on rappelait le roi ? Cette monarchie qu'on a si passionnément haïe, ce trône qui a coûté

---

[1]. Butler ne publia *Hudibras* qu'après le retour de Charles II, mais nous avons cru devoir replacer ce poème dans le milieu où il a pris naissance.

tant de sang pour renverser, la curiosité des oisifs le relève en quelques jours ; on essaye de négocier, de poser des conditions, et avant que l'accord soit établi, le roi est à Douvres. Ma foi, vive le roi !

Il faut assister à ce spectacle avec Pepys, dont le journal pourrait s'intituler Mémoires d'un badaud. La génération qui avait vu cette étonnante restauration, ne pouvait qu'être démoralisée.

Le journal de George Fox.

Pour juger les sectes, il faut écouter des voix moins railleuses, consulter une autre classe de témoins : au premier rang, George Fox et Bunyan. Fox est le fils d'un tisserand de Leicestershire. A onze ans, son grand plaisir est de lire la Bible. Il est attaché à une ferme où il garde les moutons, métier rude et solitaire qui favorise la méditation. A vingt ans, il est frappé de cette parole : « Tu vois que les jeunes tombent dans la vanité, et les vieux vont sous la terre. Laisse donc de côté les vieux et les jeunes. Sois comme un étranger pour eux. » Ces mots le décident à se retirer, pendant un an, dans une paroisse où il est inconnu, et où il mène la vie d'un reclus. Son temps se passe à prier, à jeûner, à lire les Écritures. Il est assailli par des doutes et des tentations, et va demander un secours spirituel à un clergyman, qui lui conseille de prendre du tabac et de chanter des psaumes. Il s'adresse à un second, qui l'engage à se faire saigner. Un troisième se met en fureur, parce que Fox a, par mégarde, marché sur les plates-bandes de son jardin.

Alors commence cette vie errante, racontée par Fox dans son journal, qui est un des livres les plus curieux de l'époque. Vêtu d'habits de cuir qu'il s'est fabriqués lui-même, il va de village en village. Il est frappé de différentes idées, qui apparaissent dans son âme à l'improviste, comme des lumières qui s'allumeraient d'elles-mêmes dans les ténèbres. Un jour, c'est en traversant Coventry ; ou bien c'est un dimanche matin, tandis qu'il est assis dans les champs, écoutant le son des cloches. Voici la première révélation : puisque les papistes sont des croyants, aussi bien que les protestants, toute forme extérieure du culte n'est qu'une cause de dissentiment et d'erreur entre les enfants de Dieu. Voici la seconde révélation : pour être ministre de Dieu, aucune qualification, aucune préparation, aucune investiture n'est nécessaire, hormis celle de la grâce. En conséquence, Fox se rend dans les foires et les marchés, là où se commettent le plus de fautes contre la probité et contre la pudeur. Il engage les marchands à trafiquer loyalement, s'élève contre les saltimbanques et les musiciens, donne des préceptes aux maîtres et aux maîtresses d'école, aux pères et aux mères de famille, sur l'éducation chrétienne de leurs enfants. Tout en prêchant la charité, qui est une vertu, il condamne la politesse, qui est une hypocrisie : « En m'envoyant dans le monde, Dieu me défendit d'ôter mon chapeau à un homme, quel qu'il fût ; il m'ordonna de tutoyer tout le monde, le riche comme le pauvre, le grand comme le petit. » Il reste quatorze jours dans un état de mort apparente. Pendant ce temps, son esprit voyage : « Alors, je jetai un regard sur l'infini, je vis des choses qui ne peuvent pas être dites. Je fus en esprit à Babylone, à Sodome, en Égypte, dans le tombeau, mais j'en sortis par l'éternel pouvoir de Dieu. Et je vis la moisson divine étendue sur la terre, et personne pour la récolter ; et ces choses me faisaient pleurer. »

Déjà les Amis, — c'est le nom que prenaient les membres de la nouvelle secte, — se comptent par milliers. La prédication ambulante de George Fox se poursuit à travers toutes sortes d'épreuves. Les foules, tantôt enthousiastes, tantôt railleuses, tantôt hostiles, se portent à la rencontre de l'homme dont l'accoutrement rappelait Jean le précurseur, et dont on racontait des choses étranges. Ici, il est presque assommé à coups de pierres et à coups de bibles ; ailleurs, le sacristain le jette violemment à la porte de l'église. On le frappe, on le traîne à travers les rues, son sang rougit le pavé. Couvert de meurtrissures, il se relève et prêche : « Dieu, écrit-il à propos d'une de ces rencontres, Dieu permit que je ne sentisse pas les coups. »

A plusieurs reprises, Fox est conduit devant les magistrats. En leur présence, il refuse de se découvrir. Il refuse également de prêter serment. On lui met de force une bible dans les mains. « C'est une bible, dit-il, je suis heureux de tenir ce livre. » Et il cherche, pour le lire tout haut, le passage où Jésus défend de jurer. On se hâte de lui arracher le livre dont il se fait une arme contre ses ennemis. Un des juges l'insulte : Fox tombe à genoux, pour demander à Dieu de pardonner à ce magistrat. Sur quoi, le juge, furieux (c'était un nommé Bennett), fond sur le quaker et le frappe des deux mains. Ramené en prison, Fox écrit à ces mêmes magistrats une lettre qui commence ainsi : Mes amis, etc,. Au bout de quelque temps, on vient lui offrir le commandement d'un corps d'armée levé contre le roi, les recrues qui le composaient ayant déclaré ne pas vouloir obéir à un autre chef. Fox proteste qu'il ne portera les armes ni pour ni contre le roi. Le geôlier, après l'avoir longtemps injurié, entre dans la société des Amis. Les magistrats, embarrassés d'un tel prisonnier, lui donnent la permission de se promener dans un rayon d'un mille, espérant qu'il en profitera pour s'échapper. Fox n'use point de la faculté qui lui est offerte. A la fin, on se décide à le mettre en liberté, sans interrogatoire, sans formalités, sans conditions.

Il est en prison pour la cinquième ou la sixième fois lorsqu'on le conduit à Cromwell. Le Protecteur le reçoit, l'écoute, le cajole, le tutoie, pleure avec lui, et l'envoie déjeuner avec les officiers de sa maison. Sur son refus de manger le pain du Protecteur et de boire son vin, Cromwell s'écrie avec humeur : « En voilà un qu'on ne prendra pas comme les autres, avec des honneurs et des cadeaux ! »

Quelques années plus tard, nouvelle entrevue entre le Protecteur et le chef des Quakers ; nouvelle discussion théologique, au cours de laquelle Fox est amené à dire à Cromwell qu'il devrait déposer sa couronne aux pieds du Christ. Le Protecteur ne se trouble ni ne se fâche, et répond par une plaisanterie. En sortant, Fox distribue quelques bonnes vérités aux grands personnages qui remplissent l'antichambre.

La dernière fois que l'apôtre voit Olivier, c'est à Hampton-Court. Le Protecteur est à cheval, à la tête de ses gardes. Il semble à Fox que le fantôme de la Mort marche sur Cromwell et le touche. A quelques jours de là, Olivier n'était plus.

Ce n'est ni la première, ni la dernière vision que Dieu lui envoie. Un jour, à Lichfied, Dieu lui commande d'ôter ses souliers et de parcourir les rues en criant : Malheur à Lichfield la Sanglante. En effet, les rues lui semblent des rivières de sang, la place est un vaste étang rouge. Plus tard, il apprend qu'un grand carnage de chrétiens a eu lieu à Lichfied pendant la persécution de Dioclétien. Chose plus grave, nous voyons (p. 546 du journal) George Fox guérir un homme de la pierre par l'imposition des mains. Pendant son voyage en Amérique, à New-Jersey, un accident terrible survient à l'un de ses compagnons. La mort de cet homme semble à tous certaine. Fox le rappelle à la vie, dans des conditions telles que le peuple peut et doit croire à un miracle. Lui-même raconte le fait de façon que le doute soit possible.

Cette ambiguïté nous gâte la vertu du personnage ; nous aimerions mieux qu'il n'eût pas travaillé lui-même à sa légende. Si Fox n'était pas mort dans son lit, ou s'il était venu au monde quelques siècles plus tôt, qui peut dire ce qu'aurait fait de lui l'imagination populaire ?

Bunyan.
The Grace abounding. The Pilgrim's Progress.

Fox est quaker, Bunyan est baptiste. Trompeuse puissance des mots : ces deux hommes se croient séparés par des abîmes, en réalité ils sont de même famille. Tous deux appartiennent au peuple, et au peuple des campagnes, tous deux ont mené la rude existence du prêcheur ambulant, tous deux ont passé de longues années en prison. Ils sont l'un et l'autre des croyants, des illuminés, à certaines heures des hallucinés. Seulement, les visions de Fox se mêlent à son existence réelle, et deviennent autant de miracles, qui font de lui une sorte d'Apollonius de Tyane moderne et protestant. Les visions de Bunyan se condensent en un livre, qui prend rang parmi les chefs-d'œuvre, et qu'on peut définir ainsi : l'Imitation de Jésus-Christ arrangée en conte des *Mille et une Nuits*.

Avant le livre qui a popularisé son nom, John Bunyan avait composé *The Grace abounding*, sorte d'autobiographie religieuse, où il ne faut pas s'attendre à retrouver le style ordinaire des Mémoires. C'est le récit de la conversion de Bunyan, adressé par lui à ses enfants. Ce sont des confessions que l'on peut comparer avec celles de saint Augustin, si l'on veut tenir compte de la différence qui existe entre le merveilleux recteur de Carthage et l'humble sonneur de cloches du Bedfordshire.

Les péchés de Bunyan semblent s'être bornés à jurer et à employer le jour du Sabbat dans les jeux violents où se complaisait alors la jeunesse, à demi sauvage, des campagnes. Le repentir est si hors de proportion avec la faute, que nous avons peine à comprendre ces angoisses, ces alternatives de prostration et de joie, ces essors de l'âme suivis de chutes plus profondes, cette agonie morale qui aboutit à une si difficile convalescence. Les biographes ne veulent point que la contrition de Bunyan paraisse ridicule à nos consciences modernes, si lentes à s'effaroucher. Le péché de Bunyan, nous disent-ils, est surtout la rébellion contre Dieu, l'orgueil, le plus grand de tous les péchés, puisque c'est celui de Satan.

The Pilgrim's progress est, au fond, le même livre que *The Grace abounding*. C'est l'histoire d'une âme chrétienne, en marche sur cette longue route qui conduit du doute à la certitude, de la souffrance au bonheur, des ténèbres à la lumière. Mais les abstractions du premier ouvrage ont pris une forme concrète : la confession est devenue un roman. Seulement, il faut reconnaître que le roman est plus émouvant que la confession, l'allégorie a plus de vie que la réalité. Le héros du livre s'appelle Christian ; averti par un songe que la terre où il vit est vouée à la destruction, il s'empresse d'émigrer, laissant derrière lui sa femme et ses enfants, qu'il n'a pu réussir à entraîner. Les difficultés auxquelles il se dérobe, les défaillances qu'il surmonte, les combats qu'il livre, l'hospitalité qu'il reçoit en chemin, la figure, le caractère et les conversations de ses hôtes ou de ses compagnons de route, la physionomie des lieux où il séjourne, jusqu'au moment où, après avoir traversé la rivière qui symbolise la mort, il entre au séjour du repos et de la gloire, tel est le sujet de la première partie. Dans la seconde partie, Christiana, également avertie par un rêve, se met en route pour le rejoindre. Ses aventures ressemblent beaucoup à celles de son mari, puisqu'elle doit traverser les mêmes lieux, et que le terme du voyage est pareil.

L'auteur ignore l'art d'écrire, et, s'il l'eût connu, il l'aurait méprisé. Point de style; le langage est un mélange de locutions campagnardes et de phrases de l'Écriture. Aucun souci de l'arrangement; Bunyan ne choisit point parmi ses idées, car il n'écrit que pour la gloire de Dieu, non par vanité littéraire, et il ne peut venir à cet homme pieux que de pieuses pensées. Qu'importent les répétitions, la monotonie? C'est la parole du conteur populaire, fruste, inégale, parfois inspirée, souvent traînante, avec ses solécismes naïfs et ses incorrections heureuses. Un don secret, dont l'écrivain n'a pas conscience, l'empêche de ramper quand il descend, et de se perdre quand il s'élève.

Une chose déplaît: l'intolérance qui respire dans ce livre et qui était dans l'âme de Bunyan. Au cours des polémiques où le jetait un zèle aveugle, il s'est souvent attaqué aux hommes et aux choses les plus respectables. Du fond de sa prison, il répudiait une liberté qu'il lui aurait fallu partager avec les catholiques. La religion de Bunyan n'est pas saine. Comme chez la puritaine de la *Microcosmography*, sa foi ne laisse chez lui aucune place à la charité. Il faut voir comment Christian, le pèlerin, traite un M. Talkative, qui n'est coupable que d'erreur et d'un peu d'indiscrétion. L'arrogance sectaire, si prompte à damner les nuances voisines de la sienne, se montre ici dans son âpreté haïssable. C'est avec une sorte de sombre plaisir que Bunyan égare et jette dans des abîmes ceux qui ont légèrement dévié de la voie étroite où il fait marcher son pèlerin. Les œuvres ne sont rien, la grâce est tout : une seconde de foi compte plus dans l'éternité qu'une longue carrière de vertu.

Cette dure doctrine n'a pas empêché le *Pilgrim's progress* d'atteindre à une immense popularité. D'innombrables éditions, pour la plupart accompagnées d'images, le reproduisent encore chaque année. Il est dans toutes les écoles, il a inspiré nombre de tableaux, il forme, avec le Livre saint, la bibliothèque de ceux qui n'en ont point. Pourquoi plaît-il aux enfants, au peuple et aux artistes? C'est qu'il a créé une sorte de mythologie chrétienne, qui tout à la fois matérialise et poétise la religion, qui la rend palpable et l'embellit. Comme Spenser, il a réalisé des abstractions; mais les abstractions réalisées de Spenser gardent quelque chose du monde idéal d'où il les a évoquées. Elles demeurent vaporeuses et flottantes, leurs haines et leurs amours n'ont rien de la terre. Les allégories de Bunyan, une fois baptisées par lui de noms symboliques, sont des personnages vivants, qui jouent leur rôle dans le drame, auxquels on s'attache, pour lesquels on tremble. La bonhomie du dialogue, la vérité des descriptions, un je ne sais quoi de simple et d'intime répandu dans cette épopée naïve, font de Bunyan le père du roman anglais moderne.

Les modérés. R. Baxter le presbytérien. J. Taylor.

Au milieu de ces temps de haine universelle, quelques esprits modérés prêchaient encore la conciliation. Tel fut Baxter, un type très rare, presque introuvable, de presbytérien royaliste : ce qui ne l'empêcha pas d'être persécuté sous Charles II, et surtout sous Jacques II. Baxter comparut devant Jeffries, le Fouquier-Tinville monarchique, qui l'accabla d'insultes. Il était accusé de rébellion, à cause d'un passage de ses écrits. Triste temps que celui où une phrase était assimilée à une prise d'armes! L'honnête Baxter ne cessait d'écrire pour préconiser son système, qui consistait à maintenir le roi à la tête de la hiérarchie religieuse et à conserver le pouvoir épiscopal, en lui donnant l'autorité de l'assemblée presbytérale comme conseil et comme contrôle. Baxter est un juste-milieu ecclésiastique du dix-septième siècle. Il rêvait la monarchie spirituelle tempérée par des institutions représentatives, comme la monarchie temporelle, en d'autres termes une Église parlementaire.

Le plus éminent des apôtres de la tolérance est Jeremy Taylor, royaliste comme Baxter, mais ministre de l'Église établie, dont il devint un des plus hauts dignitaires. Il souhaitait, lui aussi, la fin des troubles religieux, l'union de tous les fidèles en une seule Église. Le terrain sur lequel il conviait tous les chrétiens à la réconciliation, c'était, non la Bible tout entière, mais le symbole des apôtres. Par là, il avouait implicitement que son intelligence, sa charité, ou sa délicatesse, était choquée par certains passages de l'Ancien Testament.

Taylor n'est pas un grand esprit, mais un esprit cultivé, aimable et juste. Sa morale est pure comme sa carrière, et il avait le droit de dire, en homme qui a pratiqué ses maximes : « Le meilleur sermon d'un prédicateur, c'est sa vie. » Il admet, quoique évêque, l'efficacité du culte intérieur, et écrit ces lignes que George Fox aurait pu signer :

« Tout homme peut construire en lui-même une église, dont il est le prêtre et où il offre son propre cœur en sacrifice. Chaque pouce de terre qu'il foule sous ses pieds, devient pour lui un autel qu'aucun tyran ne peut lui enlever..... Pour s'élever ainsi vers Dieu, il n'est pas besoin de lumières particulières ; le manque de connaissances et l'incapacité de considérer les grands secrets de la théologie, ne retardent en rien notre progrès vers la perfection spirituelle. L'amour de Jésus peut être plus aisément obtenu par l'intelligence simple d'hommes honnêtes et illettrés, que par les spéculations plus ou moins hautes et plus ou moins brillantes de tel grand clerc dont la piété est moins vive... Quand vous priez, demandez moins de grandes facultés que de grandes grâces. »

Mais Jeremy Taylor nous prémunit ailleurs contre les

dangers de la contemplation et de l'isolement religieux. On sent qu'il a déjà, contre la solitude, l'aversion de l'Anglais moderne, qui voit dans la publicité une sauvegarde pour la vertu privée aussi bien que pour l'honneur des hommes publics : « Dans la solitude, on marche au ciel par la voie de la dévotion et de la prière ; dans le monde, par la charité. Il y a dans la solitude moins d'occasions de péché, mais il y a aussi moins d'occasions d'exercer la vertu. Après tout, le grand tentateur, c'est encore l'orgueil spirituel, et saint Jérôme, qui s'y connaissait, nous apprend qu'il est aussi rare de trouver le cœur d'un pénitent sans quelque affectation ou sans quelque complaisance pour lui-même, que la pureté virginale dans un lieu de débauche. »

La finesse est le caractère distinctif de Taylor ; elle donne du prix et de l'élégance à tout ce qu'il écrit, elle y répand une douce animation, semblable à ce léger sourire qui ne quitte pas certains visages, même quand ils expriment de graves pensées. Les Anglais considèrent Taylor comme un poète, plus encore que comme un moraliste ou un théologien. En effet, son âme avait été frappée comme tant d'autres, en lisant les saintes Écritures, par cette imagination orientale qui s'y épanche avec une richesse exubérante. Quelle école poétique formerait-on en recueillant toutes les magnificences de pensée et de style que la Bible a inspirées, depuis les Pères jusqu'à nous ? Pour nous tenir au dix-septième siècle, Bossuet y figurerait, auprès de Vida, de Racine et de Milton, et Taylor y tiendrait une place à quelques pas d'eux. Le voici, méditant sur la mort, comparant les joues fleuries de l'enfance, les membres vigoureux et élastiques de la jeunesse, aux yeux vides, à la couleur blafarde d'un cadavre de trois jours. « J'ai vu aussi une rose fraîchement éclose... D'abord, elle était belle comme le matin, pleine de la rosée du ciel ; mais, quand un souffle plus rude eut ouvert de force sa virginale modestie et mis à jour ses profondeurs encore trop tendres, elle commença à se vêtir d'ombre, à se fondre en mollesse et à offrir les symptômes de la maladie et de la vieillesse. La tête s'incline, la tige se brise, et, le soir, ayant perdu quelques-unes de ses feuilles et toute sa beauté, elle est tombée au rang des herbes flétries. Tel est le lot de tous et de toutes; ainsi change la beauté la plus exquise, et ce changement est accompagné de tant de terreur et de dégoût, que ceux-là mêmes qui, peu d'heures auparavant, nous rendaient de tendres soins, craignent de se trouver dans la chambre solitaire où gît notre dépouille, sans vie et sans gloire. » Enfin, le cadavre est couché dans son dernier lit : « Alors, quels serviteurs aurons-nous pour nous servir dans la tombe? Quels amis pour nous visiter? Qui nous rendra le bon office d'essuyer la buée malsaine que déposeront sur nos faces les parois des caveaux funèbres, ces murs toujours en pleurs, et qui seront les derniers à pleurer sur nos cercueils? »

En lisant ces lignes, on se souviendra sans doute d'un passage du vieil Adhelm, évêque de Sherborne, cité au second chapitre de ce livre. Surtout, on ne pourra s'empêcher d'évoquer cette page célèbre où Bossuet descend avec Henriette d'Angleterre jusque dans l'obscurité du caveau royal, où le corps, selon le mot de Tertullien, perd bientôt le nom même de cadavre pour devenir « un je ne sais quoi qui n'a plus de nom dans aucune langue. » Les longues phrases fleuries, mélodieuses, du prédicateur anglais, languissent lorsqu'on les compare aux traits hardis, aux coups rapides que l'orateur français porte à l'imagination effrayée. Bossuet donne le frisson, Taylor n'éveille dans l'âme qu'un dégoût mélancolique. Bossuet trouve dans l'Écriture ce mot : « Elle a passé comme l'herbe des champs. » Il s'en saisit et continue l'analogie en quelques paroles brèves et saisissantes. « Le matin, elle fleurissait, avec quelle grâce, vous le savez; et le soir, nous la vîmes séchée... » Avec Taylor, ce n'est plus l'herbe des champs, c'est la rose des jardins : comparaison ambitieuse, développée avec trop de minutie et de précision. On dirait qu'il ne peut se séparer de sa rose.

Il est nécessaire d'ajouter qu'un étranger ne peut rendre pleine justice à Jeremy Taylor; car aucune traduction ne peut reproduire la grâce de ses inversions, le coloris délicat de ses épithètes, l'harmonie musicale de ses périodes, et enfin ce rythme oratoire qui gonfle et abaisse alternativement sa phrase comme le souffle d'une poitrine humaine ou comme l'ondulation de la vague.

Taylor vient de nous offrir un exemple de méditation oratoire. Ce genre est presque aussi à la mode, parmi ses contemporains, que celui des portraits parmi les émules de Voiture et de Mlle de Scudéry. La méditation, cultivée à part et sous forme de morceaux détachés, compose une littérature très goûtée des fidèles dont la piété est paresseuse. Elle est courte, mais complète, dans sa brièveté : c'est le sonnet des dévots. Joseph Hall se fit une réputation en ce genre. Sa recette est facile à saisir. Il jette les yeux autour de lui, et décrit le premier objet qui frappe sa vue. C'est ainsi qu'il médite sur une lanterne sourde, sur une source, sur un ver luisant, sur un mariage, sur le son des cloches, sur la musique entendue pendant la nuit. Chaque méditation a quinze ou vingt lignes, décomposées en trois paragraphes : 1° Description de l'objet ou de la sensation qui sert de point de départ; 2° Analogie avec une vérité de l'ordre moral et religieux; 3° Conclusion, qui prend ordinairement la forme d'une prière, d'un cri de l'âme vers Dieu. Qui a lu une méditation de Hall en a lu cent.

Les modérés (suite). Fuller. Isaac Walton. Sir Thomas Browne.

Chaque âge révolutionnaire produit un certain nombre d'esprits heureux et calmes, que rien ne décourage ou ne distrait de leurs douces occupations, et qui, soit timidité, soit bienveillance, ne sont jamais effleurés par les passions déchaînées autour d'eux. A cette race appartiennent Fuller, Isaac Walton, sir Thomas Browne. Fuller a pris parti dans la guerre civile, mais on va voir comment. On le chasse de Londres, parce qu'il prêche au peuple de la grande ville la soumission au roi. Arrivé au camp royal, sa modération le rend suspect aux Cavaliers. Il devient aumônier d'un régiment, mais bien qu'il fasse, à l'occasion, bravement et noblement son devoir, il n'est occupé qu'à recueillir des matériaux pour son grand ouvrage biographique, *les Héros de l'Angleterre et du pays de Galles*. Les marches et les contremarches de l'armée royale ne sont pour lui que des étapes scientifiques, des voyages d'études.

Pendant cette même guerre civile, que fait Isaac Walton, un ancien marchand de nouveautés, qui se croit et que tout le monde a cru poëte, à l'époque où il suffisait d'écrire en vers pour mériter ce nom? Il va s'asseoir sur la berge d'une de ces belles rivières anglaises, qui coulent reflétant le ciel, entre deux rives de gazon. Son âme est suspendue aux tressaillements d'un morceau de liège, dont les moindres palpitations lui racontent les péripéties d'un drame invisible. Rentré chez lui, il compose, avec les émotions de sa journée, des vers aussi réguliers, aussi tranquilles, aussi innocents que ces émotions elles-mêmes; il y expose les charmes et les mérites de chaque cours d'eau, de chaque étang; il y introduit des personnages qui discutent, non point lequel a raison, du roi ou du Parlement, mais laquelle vaut mieux, de la chasse ou de la pêche. On ne s'étonnera pas d'apprendre qu'une vie employée à de tels amusements se soit prolongée jusqu'à quatre-vingt-dix ans.

Sir Thomas Browne a passé dans son laboratoire de Norwich tout le temps des troubles. L'année où le roi vient, en personne, arrêter cinq membres du Parlement, et où le peuple attaque son carrosse aux cris de : A vos tentes, Israël! Browne publie sa *Religio Medici*, un pot-pourri à la Montaigne, formé des choses les plus hétéroclites et les plus inutiles. Le roi monte sur l'échafaud; la guerre civile se continue par des polémiques passionnées, où se jette aveuglément tout ce qui, en Angleterre, peut tenir une plume : Browne croit le moment opportun pour redresser, dans sa *Pseudodoxia Epidemica*, des erreurs accréditées « touchant les basilics et les griffons ». Enfin, la même année voit mourir Cromwell et paraître l'*Hydriotaphia*, dissertation baroque sur les enterrements et les cimetières.

Cantonné dans son égoïsme de savant cosmopolite comme dans une forteresse, citoyen de la République latine bien plutôt que de la République anglaise, Browne n'est de son pays que par l'excentricité. Walton et Fuller appartiennent à leur époque et à leur race par l'esprit religieux et le sentiment de la nature. Si Walton n'avait fait que versifier les préceptes relatifs à un passe-temps un peu niais, en les assaisonnant de quelques réminiscences classiques, son œuvre aurait disparu comme les innombrables poèmes descriptifs du dix-huitième siècle. Mais il y a mis autre chose : pour lui, comme pour tous ses compatriotes, la chasse, la pêche et les autres *sports* qui ont la campagne pour théâtre, sont intimement liés au paysage qui leur sert de cadre et aux sensations de la solitude. Cette impression se change aussitôt en une pieuse gratitude envers l'Auteur de toutes choses. Ainsi, toute description aboutit à une prière, toute poésie devient une hymne.

Fuller est le Plutarque des Anglais, un Plutarque sans façon et sans artifice. « L'Angleterre, dit-il au début de son fameux ouvrage, est une maison médiocrement grande, mais commodément bâtie. Camden et Speed en ont décrit les chambres, c'est-à-dire les comtés; moi, je veux en faire connaître les meubles. » Ces meubles, ce sont les grands hommes de chaque région. Fuller ajoute qu'il a composé son livre pour cinq raisons : 1° gagner quelque gloire à Dieu; 2° honorer la mémoire des morts; 3° présenter des exemples aux vivants; 4° amuser le lecteur; 5° mettre un peu d'argent dans la poche de l'auteur. Après un pareil commencement, on ne doit point s'attendre à de froides et académiques biographies, comme les *Éloges* de Thomas. Fuller n'ennuie jamais; son entrain et sa belle humeur sont inépuisables. Son mérite suprême, c'est la sincérité. Sans phrases, avec des incidents vulgaires, il émeut, et personne n'a été tenté de raconter après lui la mort des martyrs de la Réforme.

CHAPITRE XIII

JOHN MILTON.

Milton est-il un puritain ? — La légende de Milton. — La vie de Milton. Son éducation, son mariage et ses voyages. — Rôle politique et utopies. — Vieillesse de Milton. — Poëmes de jeunesse. L'*Allegro*. *Le Penseroso*. *Comus*. — *Le Paradis perdu* : son rang parmi les épopées. — Analyse du poëme. — Défauts et beautés du *Paradis perdu*. — *Le Paradis retrouvé*. *Samson Agonistes*. — Gloire posthume de Milton.

Milton est-il un puritain?

Dans le chapitre précédent, on a vu les puritains proscrivant la culture littéraire comme une vanité et une corruption. Le chapitre présent leur donnera à la fois un démenti et une revanche, en leur attribuant la plus haute gloire poétique que le dix-septième siècle ait vue fleurir en Angleterre, celle de Milton.

A tous les points de vue, Milton est une exception. Il se présente à nous dans un majestueux isolement : il n'a pas d'ancêtres, il n'a pas de postérité. Il ne représente ni le commencement, ni la fin, ni l'apogée d'une école. Il est le seul, dans son temps et dans son pays, qui ait réuni ces deux choses, en apparence inconciliables, le puritanisme et les lettres. On citera de grands noms : Bunyan, Richardson. Mais ni Bunyan, ni Richardson, ne sont des littérateurs. Milton est aussi éminent comme lettré que comme poète. Ses vers latins égalent ceux de Vida ; il est fait pour donner la réplique à un Salmasius, et pour le battre dans un latin digne, nous ne dirons pas de Cicéron, mais d'Érasme[1].

---

[1]. Macaulay caractérise ainsi la latinité de Milton : « Il porte le costume des anciens, et non leur défroque. »

Ce qu'il y a de plus fin, de plus exquis dans les deux antiquités, ce qu'il y a de plus brillant dans la Renaissance, il l'a goûté. Un puritain, voyageant alors en Italie, n'y eût trouvé que des sujets de colère et de malédiction : Milton y a rencontré de saines émotions et de délicieuses amitiés.

Et pourtant, les puritains ont raison de le revendiquer. Il leur doit, avec quelques préjugés et quelques formules pédantesques, la profondeur religieuse, l'enthousiasme calme, et, il faut bien le dire, la pureté morale. Poëte par nature et par éducation, il est puritain par le choix de son sujet et par la façon dont il l'a traité, par l'inspiration. Ces deux éléments disparates se mêlent si intimement en lui qu'on ne saurait dire si son génie aurait survécu à leur séparation.

La légende de Milton.

La destinée de Milton ressemble à celle de beaucoup d'hommes de génie. Il a vécu obscurément, partie dans l'ombre d'une fonction subalterne, partie dans la retraite où son humilité l'abritait contre la persécution. Ses contemporains l'ont coudoyé sans le voir. Puis, sa gloire a grandi lentement. Le jour où Milton a occupé sans conteste la seconde place après Shakspeare, les arts, la poésie, l'imagination populaire, se sont évertués à couvrir de fleurs sa mémoire ; ils lui ont fait une seconde biographie, qui a fait oublier la vraie.

Milton est endormi sur les degrés de son collège, à l'Université ; une jeune Italienne l'aperçoit et lui glisse dans la main ces vers du Guarini, qu'elle vient de crayonner à la hâte :

> Occhi, sielle mortali,
> Ministri de miei mali,
> Si chiusi m'uccidite,
> Aperti, che farete ?

Milton s'éveille, entrevoit confusément les traits de la jeune fille qui s'enfuit. Il se met à sa recherche et parcourt l'Europe entière sans réussir à la retrouver.

Plus tard, l'imagination s'apitoie sur l'infortune de Milton, trompé dans son amour par une épouse indigne de lui, qui le méprise et l'abandonne. C'est surtout la vieillesse de Milton qui a exercé et égaré les peintres. Qui ne se rappelle le poëte aveugle, dont les yeux errent sans se fixer, pâle d'inspiration, la main étendue, dictant à ses filles les vers immortels du *Paradis perdu*? Les deux filles, en robe blanche, sont rayonnantes de grâce et d'idéalité ; l'une tient une harpe et en tire quelques accords qui rhythment en quelque sorte la pensée de Milton ; l'autre, la plume à la main, recueille avec émotion et respect ce qui tombe de la bouche harmonieuse du poëte.

En regard de la légende, plaçons la réalité.

La vie de Milton. Son éducation, son mariage et ses voyages.

John Milton était le fils d'un légiste en boutique, qui avait fait fortune dans ce métier, plus lucratif que glorieux. Après avoir passé par Cambridge et par Oxford, il prit ses degrés dans cette dernière Université. Puis il voyagea en France, et surtout en Italie, où il se lia avec les esprits les plus distingués de l'époque. A son retour, il visita Genève, la Rome des puritains, et rentra en Angleterre sans avoir — il se rendait cette justice à lui-même — jamais cédé aux mauvais exemples qu'il avait eus sous les yeux. Il commença alors l'éducation de ses neveux, les Phillips, auxquels se joignirent peu à peu quelques élèves. Pour les loger, il loua une maison dans un quartier populeux et maussade de Londres.

C'est dans cette maison qu'il amena bientôt sa jeune femme, Mary Powell. Elle appartenait à une famille de royalistes, ou, comme on disait alors déjà, de Cavaliers. Élevée à la campagne, en pleine liberté, dans une large demeure où l'on s'amusait et où l'on dansait, elle s'ennuya dans ce triste logis, où ne s'entendait d'autre bruit que les cris des enfants battus. D'ailleurs, il faut ajouter que Milton était « *hard and choleric* », âpre et irritable. Au bout de peu de temps, elle retourna dans sa famille, et, malgré les appels de son mari, ne revint pas.

La réponse de Milton à cette injure fut un traité sur le divorce. Vengeance de pédant! Comme s'il lui suffisait d'avoir démontré la légitimité du divorce pour rendre le divorce légal, il se mit en devoir de chercher une autre femme. Son choix s'arrêta sur miss Davis. Mais les amis de la jeune personne la prévinrent que, provisoirement du moins, les enfants qu'elle mettrait au monde seraient dénués de ce que nous appelons aujourd'hui, en France, un état civil. Mrs. Milton, que le traité sur le divorce avait laissée indifférente, s'émut à ce commencement d'exécution.

Les Powell, voyant la cause royale perdue, jugèrent que la protection de Milton pourrait leur être utile. Le mari offensé rencontra, par surprise, la femme repentante dans une maison tierce. Mary Milton pleura-t-elle? Les biographes ne sont pas d'accord. Ce qui est certain, c'est qu'elle accusa sa mère, et, sur ce terrain, la réconciliation était infaillible.

Peu d'années après, Milton, devenu secrétaire du Conseil d'État pour les langues anciennes, perdait la vue en écrivant sa fameuse *Defensio pro populo Anglico*. Cet ouvrage n'était rien moins qu'une apologie du régicide.

Rôle politique et utopies.

Ce mot de régicide ne doit pas cependant nous en imposer. A une époque où l'échafaud politique était dans les mœurs, dans un pays où les souverains eux-mêmes avaient donné l'exemple à leurs sujets, en attentant à la vie des personnes royales, où plusieurs reines avaient déjà porté leur tête sur le billot, on pouvait admettre, à la rigueur, que Charles fût jugé et condamné par des hommes de bonne foi. Il avait assurément commis de grandes fautes, que la phraséologie révolutionnaire pouvait qualifier de crimes. Mais sa fin terrible a fait plus que le poétiser, elle l'a justifié. L'imagination populaire n'a voulu se souvenir que de ses vertus privées, qui sont incontestables. Macaulay assure que le beau et mélancolique portrait de Van Dyck a été pour quelque chose dans l'immense popularité posthume de Charles Ier. La postérité, quoi qu'elle fasse, a toujours sous les yeux ce prince noble, grave et triste, qui semble d'avance porter son propre deuil, et sur le front duquel est imprimé le sceau d'une prédestination fatale.

Pour Milton et pour tous ceux qui avaient combattu près de lui, soit par la plume, soit par l'épée, pour ceux qui avaient vu, tremblants de rage, couper les oreilles du vertueux Prynne, traîner Hampden en prison, arracher Pym, Strode et les autres, de leurs sièges législatifs, qui avaient dévoré les insolences de Laud et de Strafford, Charles n'était que le plus détestable des tyrans. C'est ce que Milton essaya de prouver dans un style lourd et subtil, digne du pédant auquel il répondait. Lui-même avoue qu'il n'écrit qu'avec la main gauche, quand il écrit sur la politique.

Il ne faut faire peser, d'ailleurs, aucune responsabilité sur Milton. Dans ce drame sanglant de la Révolution, qui a pour dénouement le procès du roi, c'est à peine s'il a joué le rôle d'un comparse ignoré. Whitlocke, l'ambassadeur, parle de lui comme d' « un certain Milton, qui avait été employé à la traduction du traité avec la Suède. » Ceux qui le connaissaient mieux le considéraient comme un visionnaire. En effet, il avait sa chimère, son système politique, qu'il ne cessa de caresser. Il rêvait une assemblée unique, permanente, renouvelable par tiers, nommée par le suffrage à plusieurs degrés. Le pays tout entier n'eût été qu'une fédération, chaque comté formant une petite république à part, complétement indépendante au point de vue judiciaire et administratif. Quant à l'Église, il la voulait distincte de l'État ; elle ne devait être ni propriétaire, ni salariée. Pourquoi le ministre n'aurait-il pas vécu du travail de son cerveau ou du travail de ses mains ? Pourquoi n'aurait-il pas été avocat ou médecin, maçon ou boulanger ? Tels sont les principaux traits de l'utopie miltonienne, qui mérite une place dans le musée des Constitutions manquées. Nous la mentionnons sans la juger.

Vieillesse de Milton.

Après le retour du roi, la persécution que subit Milton fut proportionnée à la modestie du rôle qu'il avait joué sous la république. On ne le jugea pas digne de l'échafaud où montèrent Vane et Bradshaw. A peine si quelques tracasseries subalternes troublèrent sa solitude. On l'oublia, on le dédaigna : genre de persécution auquel les gens de lettres sont très sensibles.

Déjà, en 1656, il s'était remarié ; cette seconde femme de Milton mourut au bout de quinze mois en donnant le jour à une fille qui ne vécut pas. Milton embauma sa femme dans un sonnet sans défauts. En 1664, il épousa, en troisièmes noces, une personne qui avait trente ans de moins que lui. Ses filles vendaient ses livres en cachette pour acheter des rubans, aidaient ses bonnes à le voler et souhaitaient tout haut sa mort. Pour achever la tristesse de ce dénouement, n'oublions pas de placer le lieu de la scène là où il se trouve réellement, non pas dans une paisible retraite de campagne, mais dans le coin le plus sombre de ce Londres enfumé du dix-septième siècle, que l'incendie et la peste vinrent successivement visiter.

C'est là qu'il passa, — sauf une courte — absence les quatorze dernières années de sa vie. C'est là qu'il mourut en 1674.

Poèmes de jeunesse.
L'*Allegro*. Le *Penseroso*. *Comus*.

Nous ne mentionnerons qu'à titre de curiosité le premier poème de Milton qui nous ait été transmis. C'est une élégie adressée à sa sœur. Cette élégie, toute classique, ne contient pas un atome de sensibilité, et n'était guère propre à remplir son objet supposé : consoler une mère qui a perdu son enfant.

Parmi les poèmes de jeunesse, brillent au premier rang *Lycidas*, l'*Allegro* et le *Penseroso*. Dans *Lycidas*, Milton se lamente sur la mort de son ami Ed. King, noyé dans la mer d'Irlande. Quoique la forme soit scrupuleusement imitée de Properce et de Virgile, l'originalité de Milton est déjà assez forte, assez sincère, pour ne pas emprunter d'images à ses maîtres antiques. L'*Allegro* et le *Penseroso* sont très courts et forment pendants. L'un est un hymne à la gaieté, l'autre un hymne à la mélancolie. Le poète invoque la gaieté, personnifiée dans une déesse. Il décrit le cortège symbolique qui l'accompagne. Puis, il passe en revue les plaisirs qui entretiennent la gaieté, les pensées dont elle se nourrit, les lieux où elle réside. Les vers sont légers, allègres, ailés, et tout concourt à l'expression d'un délicieux état de l'âme. L'hymne à la mélancolie est fait sur le même plan, et de même qu'un souffle heureux vivifie le premier poème, une langueur exquise, une divine tristesse voile le second.

Le *Comus* est composé sur le modèle des *masques* italiens. Un *masque* est une sorte d'opéra où la poésie tient plus de place que la musique, et dont le sujet est à la fois idyllique et allégorique ; les personnages sont des bergers et des êtres fantastiques. On va voir que le *Comus* répond bien à cette définition.

Milton avait alors pour protectrice la comtesse de Derby. La petite-fille de cette dame, Alice Bridgewater, s'étant perdue dans un bois, Milton écrivit le *Comus* en commémoration de cet incident.

Comus, fils de Bacchus et de Circé, célèbre une sorte d'orgie nocturne dans les bois où doit passer la jeune fille. Il entend de loin son pas virginal et fait cesser les danses. Puis, sous le costume d'un paysan, il s'offre à elle pour la guider vers ses frères, dont elle a été séparée. Elle le suit. Bientôt paraissent les deux frères. Leur douleur est grande ; l'un s'abandonne au désespoir, l'autre est plein de confiance dans le courage et la sagesse de la jeune fille. Ici se présente un bon génie, qui a pris la forme d'un des pâtres de leur père. Il leur raconte dans quel piège est tombée celle qu'ils cherchent, et leur remet une plante qui doit les préserver de tout mal. Le théâtre change. La jeune fille est dans le palais de Comus, qui lui offre une coupe et essaye de la séduire. A ses prières, à ses menaces, à ses discours cyniques, elle oppose les maximes d'une sagesse ingénue. Soudain, les deux frères paraissent, l'épée nue à la main. Comus fuit devant eux, mais comment rompre le charme qui tient la jeune fille enchaînée à son siège? En invoquant Sabrina. Cette Sabrina est une vierge d'autrefois qui s'est jetée dans les flots pour sauver son honneur. Les flots l'ont reçue, elle y a trouvé une vie immortelle : elle est maintenant la déesse des eaux profondes. Sabrina se rend à l'appel de ces cœurs innocents. Elle paraît, entourée des nymphes des eaux ; elle délie la noble enfant. Le dernier tableau nous montre le retour des trois jeunes gens à Ludlow Castle. Après les avoir rendus à leur famille, l'aimable génie retourne au pays enchanté où le jour ne s'éteint jamais. Aimez la vertu, et vous y viendrez, à votre tour, goûter les félicités infinies qui sont le partage des âmes pures.

Le *Paradis perdu*. Son rang parmi les épopées.

Macaulay regrette que Milton soit né si tard ! En effet, la poésie, surtout la poésie épique, n'est pas compatible avec un âge de critique et de controverse; elle ne fleurit guère chez un peuple dont la langue est déjà formée. Les sciences et certains arts progressent avec les années. « Une demoiselle qui a lu les petits dialogues de mistress Marcet sur l'économie politique, pourrait donner des leçons de finance à Montague ou à Walpole. Un homme intelligent, en s'appliquant résolument aux mathématiques, peut, au bout de plusieurs années, en savoir plus long que n'en savait le grand Newton, après un demi-siècle d'études et de méditations. Il n'en est pas ainsi pour la musique, la peinture ou la sculpture, moins encore pour la poésie. Il est rare que le progrès de la civilisation augmente le nombre des modèles à imiter pour ces différents arts; il peut améliorer les instruments nécessaires aux opérations mécaniques du musicien, du sculpteur ou du peintre, mais le langage, cet outil du poète, convient mieux à son ouvrage lorsqu'il est encore rudimentaire. Les nations, aussi bien que les individus, commencent par la perception et continuent par l'abstraction. Elles procèdent en allant des images particulières à l'idée générale. Voilà pourquoi la langue d'une société formée est philosophique, la langue d'une société naissante est poétique. »

Ces considérations sont ingénieuses. Si elles étaient tout à fait vraies, Milton aurait eu tort d'écrire le *Paradis perdu*, et nous aurions tort de l'admirer. Le brillant paradoxe de Macaulay serait-il démontré, il ne s'appliquerait point à Milton. Essayons d'imaginer l'état de son âme au moment où la première conception de son grand poème y pénétra.

Plus de vingt ans s'étaient écoulés depuis que Milton avait composé *Comus*, l'*Allegro* et le *Penseroso*. Sa vie s'était usée, comme nous l'avons vu, dans des travaux bureaucratiques ou dans des polémiques de parti. Sa gloire n'avait point grandi, mais son âme s'était assombrie et, pour ainsi dire, approfondie. La pauvreté, l'âge, la foi devenue plus austère et plus ardente avec les années, enfin la proscription politique et ce dégoût, accompagnement ordinaire du déclin de la vie chez ceux qui n'ont pas obtenu, en ce monde, leur part légitime de gloire, devaient le détourner du cercle d'idées et d'objets où s'agite l'activité des autres hommes et le ramener à la poésie, mais à une poésie plus haute que celle dont il avait charmé sa jeunesse. La cécité le sépara du monde extérieur. Dès ce moment, condamné à ne pas voir ce que nous voyons tous, il contempla ce que la plupart d'entre nous ne verront jamais. L'aveugle fut un voyant. L'imagination était restée, pleine de fraîcheur, de grâce, d'innocence, presque enfantine, admirablement propre à sentir et à rendre l'ivresse des matinées d'été, la pénétrante et sereine majesté du soir, le balancement des grands arbres, le frémissement de l'herbe, l'odeur de la mer ou des fleurs. Le prisme oculaire n'opérant plus, les différentes couleurs n'arrivaient que comme des souvenirs affaiblis au cerveau de Milton. Il ne connaissait plus que l'alternative de la lumière et des ténèbres. Aussi tous les objets, tous les êtres apparaissaient-ils à sa pensée, noyés dans l'ombre épaisse ou plongés dans une lumière ardente comme l'or en fusion. L'idiome dans lequel il traduisait ces sensations étranges, différait de celui que parlaient autour de lui les hommes de son temps. A force de lire la Bible, de s'en nourrir, de la respirer, d'y vivre, il s'était fait une langue à la fois imagée et simple, grandiose et naïve, qui n'avait plus rien de commun avec la langue des Davenant et des Rochester. Macaulay, développant la pensée subtile que nous avons citée, ajoute : « Celui qui, dans une société éclairée et civilisée, veut être un grand poëte, doit commencer par redevenir un petit enfant. » Milton est précisément ce petit enfant. Il est enfant, comme Homère, par la fraîcheur de ses impressions, par la profondeur de ses croyances. Et, en même temps, il porte le poids de trente années d'études et de vingt années de combats.

Analyse du poëme.

Satan (chant I), tombé au fond de l'abîme après sa défaite, se réveille au bout de neuf jours et de neuf nuits, et envisage avec son compagnon Béelzébuth, tombé auprès de lui, l'horreur de sa situation et les ressources qu'elle présente. Il convoque ses légions et les harangue. « Ils ignoraient la force du roi du Ciel et la leur. Maintenant, éclairés par leur désastre, ils savent qu'ils ne peuvent plus attaquer leur ennemi que par la ruse. La création de l'homme, ce nouveau favori du Ciel, va leur fournir l'occasion de contrarier la volonté divine. »

En quelques instants, un palais s'élève des profondeurs de l'abîme, construit par Mammon, l'habile architecte, le Vulcain de l'enfer chrétien. Les principaux chefs des troupes infernales, au nombre de mille, se réunissent en conseil dans un lieu retiré de ce palais, tandis que les chefs subalternes, réduisant leur forme pour occuper moins de place, se groupent dans la grande salle.

L'archange déchu (chant II) préside la séance des pairs infernaux. Il ouvre le débat par un discours qui précise la situation et le sujet. Ensuite Moloch, Bélial, Mammon et Béelzébuth prennent la parole. Le premier demande la guerre immédiate et à outrance. Qu'importe si l'Enfer est encore vaincu par le Ciel? De deux choses l'une : ou Dieu peut leur ôter la vie, ou il ne le peut pas. S'ils perdent l'existence, ils cesseront de souffrir. S'ils sont réellement immortels, quelle punition pire que le séjour de l'Enfer peut leur être infligée? Bélial combat cette opinion. D'abord, la victoire est impossible. Perdre l'existence, même accompagnée de mille souffrances, serait le plus grand des maux. Quant à leurs peines, Dieu peut les augmenter. Mieux vaut tirer le meilleur parti possible de leur affreux exil et fonder l'Empire infernal. Mammon trouve ridicule l'idée de reconquérir le Ciel. Si l'on avait le Ciel sans Dieu, à la bonne heure ! Mais passer l'éternité à contempler et à encenser l'être qu'on hait, belle félicité ! Béelzébuth intervient. Sa parole prend un caractère particulier : il possède la confiance de Satan, c'est lui qui fait connaître la pensée du Maître. Sa politique se résume ainsi : ne pas abandonner un instant les hostilités contre Dieu, mais renoncer au système qui a si mal réussi ; contrarier les projets de Dieu, en détruisant ou en corrompant sa créature, et en envahissant le monde nouveau qu'il a créé pour son favori.

Cet avis prévaut, et Satan se charge d'aller à la découverte. Pendant qu'il s'éloigne, les démons s'occupent, suivant leurs diverses inclinations, à améliorer leur sort. Les uns se jouent dans l'espace, luttant de vitesse et d'agilité. Les autres, dans une vallée écartée, murmurent des chants qui gardent quelque chose de la douceur des harmonies célestes. D'autres, sur une colline, se livrent aux méditations philosophiques de la fausse sagesse. D'autres, enfin, explorent le monde infernal, ses marais, ses fleuves, et jusqu'à ces régions de glace où les damnés doivent plus tard endurer d'inénarrables souffrances.

Dans le monstre à tête de femme et à queue de serpent, qui garde les portes de l'Enfer, Satan reconnaît sa fille, Péché. Avec Péché, il a engendré Mort. Et Mort, à son tour, a eu de sa mère une foule de petits monstres qui voltigent autour de lui. Cette série d'incestes allégoriques est révélée à Satan au moment où il va engager une lutte avec Mort. Une réconciliation s'opère. Satan lui promet une ample et prochaine moisson sur la terre.

L'archange du Mal s'engage ensuite dans le Vide. Mystérieux voyage, plein de sensations étranges, à travers ce monde mort où l'air ne soutient pas les ailes de Satan, où ne filtre aucun rayon de lumière, où tous les éléments sont confondus. Le voyageur passe devant le trône du Chaos et de la Nuit, leur explique le but de sa course et l'intérêt qu'ils ont à la favoriser. Ne s'agit-il pas de rendre à leur empire une province qu'on leur a soustraite? Encouragé dans ses projets, il reprend sa marche et reconnaît bientôt à certains signes l'approche de la Terre...

Cependant, Dieu le Père (chant III) est assis au plus haut des cieux. Son fils est à sa droite, les anges l'entourent. Dieu, pour qui tous les temps ne sont qu'un éternel présent, fait connaître les machinations de Satan et le succès futur de ses tentatives. Il prend la peine d'expliquer à ses anges comment l'homme est libre de faillir ou de ne pas faillir, bien que sa faute soit connue d'avance. Le souverain du Ciel laisse entrevoir la perspective d'un pardon à venir. Le fils de Dieu insiste en faveur de la clémence, et veut savoir quelle en sera la condition. Il faut qu'un être céleste se dévoue à souffrir les angoisses de la mort. Les anges se taisent. Le fils de Dieu s'offre en sacrifice, et Dieu accepte. Les chœurs célestes, pleins d'admiration et d'amour, saluent, d'un chant sublime, l'auguste victime.

Satan est arrivé sur les confins de notre univers. Il traverse maintenant un monde nu, stérile, éclairé de clartés douteuses: ce sont les limbes. Le poëte y loge les rêveries, les songes creux de la philosophie ancienne et du mysticisme catholique, en particulier les moines, aux dépens desquels il se permet un sourire qui déride cette grave épopée. Le voyageur aperçoit ensuite l'échelle de Jacob, qui fait communiquer le ciel et la terre. Il se dirige vers le soleil, dont le gardien est l'archange Uriel. Il l'aborde, après avoir pris la figure d'un ange subalterne. Il feint de vouloir visiter l'œuvre du Très-Haut, afin d'y trouver un nouveau sujet d'adorer sa puissance et de bénir sa bonté. Le gardien du soleil, peu défiant de son naturel, indique à Satan le Paradis terrestre. L'archange reprend son vol et vient s'abattre sur le mont Niphates.

Arrivé (chant IV) auprès de l'Éden, il se prend à hésiter, à douter de lui-même. Il songe à sa faute, à l'immensité de son ingratitude... Mais il est trop tard pour reculer : on ne remonte pas de l'abîme. « Ainsi, adieu l'espérance, et avec l'espérance, adieu la crainte, adieu le remords. Puisque le bien est perdu pour moi, mal, sois mon bien... » Il franchit d'un bond les murailles de verdure et les remparts qui défendent le Paradis terrestre. Voici cette riante terre, à peine sortie des mains du Créateur. Et voici les souverains qu'il lui a donnés. Adam et Ève prennent leur repas, entourés d'un peuple d'animaux qui rampent à leurs pieds ou voltigent autour de leur tête. Satan éprouve un vif mouvement de jalousie à la vue d'un état si différent du sien. Malgré eux, il fera de l'homme et de la femme ses alliés et ses complices. A lui la terre, à eux l'enfer !

Adam adresse la parole à sa compagne. Il parle de sa reconnaissance pour le Très-Haut, qui n'a mis à ses bienfaits et à leur puissance qu'une seule restriction : les fruits de l'arbre de science leur sont interdits. Ève lui répond. Elle s'associe à ces religieuses pensées : si Dieu est le Dieu de son mari, Adam est son Dieu, à elle. Elle rappelle son premier réveil, lorsqu'elle s'aperçut dans le miroir des eaux, et vit sa propre image tantôt la fuir et tantôt lui tendre les bras; son émotion, lorsqu'elle vit Adam, lorsqu'elle entendit sa voix.

Cependant Uriel, qui, de loin, a suivi la marche de Satan et qui a reconnu sa méprise, vient, porté sur un rayon oblique du soleil couchant, prévenir Gabriel, qui garde avec une troupe d'anges les portes du Paradis. Gabriel, divisant en deux cohortes ses chérubins, se dispose à faire une ronde autour du séjour des hommes.

La nuit est descendue sur le Paradis. Adam et Ève jouissent encore du silence, des parfums de la terre et des clartés célestes. Ève interroge son époux : à quoi servent les brillantes lumières de la nuit, lorsqu'ils sont eux-mêmes plongés dans le sommeil? Adam lui explique la douce et mystérieuse influence des astres. Ne servent-ils pas, d'ailleurs, à éclairer et à réjouir ces millions d'êtres spirituels qui, pendant la nuit, traversent la terre et louent le Seigneur? Que de fois l'écho divin de leurs chants est-il venu jusqu'à eux!... Ils se dirigent vers une délicieuse retraite, et, après avoir une dernière fois invoqué Dieu et célébré le mystère de l'amour, alors pur de tout grossier mélange, ils s'endorment dans les bras l'un de l'autre, sous un toit de fleurs.

Les chérubins découvrent Satan, murmurant de dangereuses paroles à l'oreille d'Ève endormie. Ils l'amènent à Gabriel. L'ange déchu et l'ange fidèle se reconnaissent, échangent des provocations. La lutte va s'engager, lorsqu'aux yeux des combattants, les chances du combat sont pesées dans les balances divines. Satan se voit vaincu d'avance et fuit...

Le matin luit (chant V), et le Paradis s'éveille. Ève raconte à Adam le rêve qu'elle a fait. Une voix l'a appelée, elle a cru reconnaître celle de son mari et elle a trouvé un ange qui l'invitait à jouir des beautés de la nuit. — Mange avec moi des fruits de l'arbre défendu, et tu seras semblable aux dieux. — Elle mange, et croit planer avec l'ange au haut des airs. Adam, soucieux, explique à Ève la nature des songes. Un mauvais rêve n'est pas un péché. Puis ils prient ensemble pour achever d'oublier ce fâcheux souvenir : c'est un hymne d'adoration. Adam invite tous les êtres de la nature, toutes les œuvres vivantes de Dieu, à entrer dans le concert universel du matin, qui salue le Créateur. A ce moment, Dieu envoie Raphaël sur la terre pour avertir Adam du danger qui le menace, afin que, s'il pèche, il ne pèche point par ignorance. Pendant qu'Adam va au-devant de lui, Ève a préparé les mets. Un ange peut-il partager la nourriture des hommes? Comme les autres, les substances intellectuelles, répond l'envoyé de Dieu, ont besoin d'aliments. Mais ces aliments sont d'une nature plus subtile. D'ailleurs, les anges ont tous les organes et toutes les facultés d'une nature inférieure, enveloppés dans leur nature plus parfaite. « Un jour peut-être, si tu es sage, continue Raphaël, seras-tu élevé à l'état angélique. — Si je suis sage? Je pourrais donc désobéir? — D'autres ont désobéi avant toi. » Sur la prière d'Adam, Raphaël lui raconte comment Satan conçut le projet de se révolter, dans la nuit qui suivit le jour où Dieu couronna son fils le Messie. Satan emmena ses légions vers le nord, sous le prétexte d'être passées en revue par le nouveau prince. Là, il les excita à la sédition. Le seul Abdiel resta fidèle à son Dieu.

Gabriel (chant VI) et Michel sont envoyés pour combattre les phalanges rebelles. Après un jour de lutte, Satan invente des machines qui lancent la flamme, et réussit à mettre du désordre dans les rangs des séraphins fidèles. Ceux-ci ripostent en précipitant sur les révoltés d'énormes rochers et des montagnes entières, sous lesquelles ils sont presque écrasés. Néanmoins la victoire reste encore indécise : Dieu réserve à son fils la gloire du succès final. Le troisième jour, paraît le Messie, sur le chariot de son Père, armé de la foudre. Les troupes de Satan sont vaincues, l'Enfer s'ouvre pour les recevoir, et le fils de Dieu retourne triomphant vers Dieu le père.

Adam (chant VII) exprime le désir de connaître aussi l'origine du monde qu'il habite, et l'ange consent à satisfaire ce désir, ainsi qu'il y a été d'avance autorisé par Dieu. Il raconte donc au premier homme l'œuvre des six jours et termine par le chant d'Alleluia, dont retentirent les sphères lorsqu'elle prit fin.

Adam (chant VIII) remercie de ses récits « le divin historien » de la chute des anges et de la création. Il fait cependant une objection : se peut-il que ces mondes aériens, cet immense et radieux soleil, cette lune à la lumière si pure, ne soient que des flambeaux allumés pour éclairer la terre, globe infime, et son habitant? L'ange exhorte Adam à se méfier des curiosités trop hautes. Les secrets de la création doivent lui rester cachés. Pourtant, il fait entrevoir deux systèmes possibles, suivant lesquels s'expliquerait la vie planétaire. Lequel est le vrai? Sur ce point, l'ange laisse planer le doute [1]. N'ayant plus rien à apprendre de son hôte, Adam, pour conserver encore sa présence, lui raconte ses propres souvenirs, quel enchantement il éprouva au spectacle de ce monde déjà fleuri, peuplé, vivant, qui l'entourait ! Bientôt, cependant, il se plaignit à Dieu de sa solitude. — Qu'appelles-tu solitude? L'air, l'eau et la terre fourmillent d'existences qui jouent devant toi. — C'est alors qu'Adam est amené à définir le compagnon de son rang, l'être semblable à lui, dont la présence lui est nécessaire pour jouir de son bonheur. L'épreuve a réussi, car Dieu ne voulait que l'éprouver. Adam, endormi d'un sommeil magnétique, voit Dieu tirer de son corps une côte, dont il forme le corps de la première femme. Ève, en s'éveillant, aperçoit Adam et se détourne. Il la rassure et la conduit, rougissante, vers sa demeure. Là, le premier couple humain s'unit, tandis que la nature chante une sorte d'hymne nuptial. Adam avoue à l'ange que le bonheur d'aimer est au-dessus des autres joies dont Dieu l'a comblé. Raphaël l'engage à craindre l'excès de ce bonheur. Amour, soit, mais point de passion. « L'amour raffine les pensées et grandit le cœur; il a son siège dans la raison et son auxiliaire dans le jugement. C'est le degré inférieur qui conduit à l'amour divin. » Mais le plaisir charnel plonge l'homme dans la torpeur. Si le plaisir était tout, pourquoi Adam n'aurait-il pas trouvé sa compagne parmi les animaux? Adam se défend vivement. Ce n'est pas le plaisir des sens qui l'attache à Ève. Il décrit l'attrait de la femme, le charme répandu autour d'elle et le genre d'amour qu'elle inspire. Raphaël ne peut-il comprendre

---

1. Et pour cause. Il s'agit du système de Ptolémée et de celui de Copernic, alors en lutte. On peut voir que Milton incline vers celui de Copernic.

ce sentiment? Les esprits du ciel n'aiment-ils point? Question indiscrète qui fait sourire et rougir l'ange. Si cet amour existe, il est affranchi des liens de la chair. L'expliquer dans la langue des hommes serait difficile, et ce serait au tour d'Adam à ne pas comprendre. Après avoir encore une fois exhorté Adam à la soumission et à la sagesse, et lui avoir rappelé la pénalité qui l'attendrait, lui et sa génération, s'il violait les ordres divins, Raphaël remonte vers le ciel.

Satan (chant IX), après avoir fait plusieurs fois le tour de la terre, décrivant des lignes obliques, afin de se tenir dans la zone d'ombre où l'œil d'Uriel, l'ange du soleil, ne peut le découvrir, revient pendant la nuit vers le Paradis terrestre et s'y glisse sous la forme d'un brouillard rampant; puis, ayant choisi, pour s'y cacher, le serpent comme « l'animal le plus subtil de la plaine », il entre dans le corps de la bête endormie.

Le matin reparaît. Ève veut travailler seule, afin que rien ne puisse la distraire de son œuvre. Adam craint que l'ennemi du genre humain, cet ennemi dont on leur annonce l'approche, ne profite de sa solitude pour l'assaillir. Ève est blessée de voir qu'on doute de sa force. D'ailleurs, qu'est-ce qu'un bonheur sans cesse troublé par des appréhensions? Qu'est-ce qu'une vertu qui craint d'être tentée? Tout en redressant le jugement d'Ève, Adam cède à son désir. Elle s'éloigne. Le serpent vient à sa rencontre. Quand l'esprit du mal l'aperçoit, si belle, si innocente, si parfaite, sa malice est un moment désarmée. Il s'oublie dans le bonheur de la contempler; mais ce bonheur est court, le spectacle de cette beauté divine, faite pour un autre, ranime sa haine, et il commence son œuvre criminelle. D'abord, il décrit des cercles autour d'elle, dresse la tête et incline son cou d'un air flatteur. Il n'est point hideux : loin de là. Ses yeux de diamants brillent d'un éclat fascinateur, et ses lentes volutes d'or verdi se meuvent avec grâce au doux bruit des feuilles légèrement froissées. Ève, d'abord indifférente à ce manège, remarque bientôt le tortueux courtisan qui fait la roue devant elle et la contemple avec admiration, léchant la poussière qu'a touchée son pied nu. Alors, il ose s'adresser à elle. Qu'elle ne s'irrite point d'être ainsi contemplée. Sa splendide beauté, faite pour être admirée et servie à genoux par des dieux, doit-elle briller dans ce canton perdu de l'univers, pour les délices d'un seul regard? Étonnement d'Ève. « Qui t'a donné la parole? Qui t'a donné la raison? — J'ai goûté aux fruits d'un arbre merveilleux. — Quel est cet arbre? Mène-moi vers lui. » Ève, conduite par le serpent, s'approche de l'arbre magique : elle a aussitôt reconnu l'arbre de la science. « Il nous est, dit-elle, défendu de manger de ces fruits. — Défendu? N'êtes-vous pas les souverains seigneurs de la terre? Si le fruit de cet arbre a pu faire d'une brute un être raisonnable, il ferait de l'homme un dieu. » Le serpent poursuit son plaidoyer, entasse les sophismes. Jamais plus spécieux discours, plus serré, plus riche d'arguments, n'a retenti depuis dans des oreilles crédules. Ève cède. Elle porte la main sur l'arbre défendu. Lorsqu'elle a mangé, une sorte d'ivresse s'empare d'elle. Fera-t-elle part de sa grandeur nouvelle à Adam? Oui, car si elle doit mourir, elle veut qu'il meure avec elle : la vanité et l'égoïsme ont fait leur entrée dans le monde. Cependant Adam, inquiet, vient au-devant d'Ève. Elle lui raconte, avec une fausse assurance, ce qu'elle a fait, l'heureux résultat de sa faute. Le désespoir d'Adam est immense, mais son parti est pris. Il mangera de ces fruits, « non qu'il s'abuse, mais il est passionnément asservi au charme féminin. » Ainsi, il partagera le crime et le châtiment. Comme au moment où Ève a failli, « la terre tremble dans ses entrailles, il semble qu'elle éprouve de nouveau des tressaillements douloureux, et la nature gémit une seconde fois; le ciel se trouble, le tonnerre murmure, et quelques gouttes tombent comme des larmes sur l'accomplissement du premier péché mortel. » L'ivresse a déjà transformé les deux complices : Adam est devenu sensuel, Ève est devenue coquette. Le sommeil s'empare d'eux, lourd sommeil, plein de mauvais rêves, d'où ils se réveillent plus las qu'auparavant. A peine ont-ils ouvert les yeux, ils sont étonnés, honteux de leur nudité, ils se couvrent avec des feuilles. Alors, ils s'asseyent pour pleurer, et, avec cette pluie de larmes, s'élévent de violents orages dans leur cœur. Au lieu de ces propos charmants, pénétrés d'innocence, de sérénité et de tendresse, ils n'échangent plus que d'ardents et inutiles reproches. La punition n'est pas encore venue, et déjà la déchéance de l'homme est complète.

Les Anges (chant X), affligés, se sont écartés. Dieu envoie son fils sur la terre. Alors se passe la grande scène de la Genèse. « Adam, où es-tu? — Seigneur, j'ai entendu votre voix, et comme j'étais nu, je me suis caché. » Le Seigneur prononce la triple sentence. Au serpent : « Tu ramperas, maudit, sur ton ventre, et le fils de la femme écrasera ta tête. » A la femme : « Tu enfanteras dans la douleur. » A l'homme : « Tu gagneras ton pain à la sueur de ton front. » A l'un et à l'autre : « Vous mourrez. Né de la poussière, l'homme retournera en poussière. » Puis, saisi d'un mouvement de pitié, le fils de Dieu les couvre de peaux de bêtes, comme il revêtira un jour leurs âmes de la robe d'innocence. Ensuite, il remonte vers le Ciel.

Cependant Satan, qui retourne vers l'Enfer, rencontre sur sa route sa fille Péché, et Mort, l'horrible fruit de son inceste, à la fois fils et petit-fils de l'archange déchu. Il leur annonce que la terre et ses habitants leur appartiennent. Tandis qu'ils partent pour prendre possession de leur nouveau domaine, Satan reparaît au milieu des démons. Il leur raconte sa victoire, lorsque, soudain, lui et les siens sont changés en serpents : c'est la sentence divine qui s'accomplit.

Mort et Péché, en attendant l'heure où les hommes tomberont sous leur pouvoir, commencent à dévaster le globe, depuis les herbes de la prairie jusqu'aux animaux qui la parcourent. Dieu modifie son plan divin, afin que la terre éprouve la rigueur des saisons extrêmes, et que la mer subisse la furie des tempêtes. Selon les uns, c'est le soleil qui reçoit l'ordre de sortir de sa route équinoxiale; suivant les autres, ce sont les pôles de la terre qui s'écartent de plus de vingt degrés de l'axe du soleil. La neige et la grêle commencent à tomber, les vents s'élèvent, la guerre s'engage entre tous les habitants de la terre. Les animaux s'éloignent de l'homme avec défiance, en attendant l'heure de l'attaquer. Adam se désole en pensant au sort de sa postérité. Qu'est-ce que la mort, et pourquoi ne vient-elle pas le chercher immédiatement? La mort serait-elle un châtiment éternel? C'est ainsi qu'il s'interroge et se lamente au milieu du silence de la nuit, autrefois sereine et douce, maintenant pleine de terreurs et de frissons. Tandis qu'il est étendu sur la terre glacée, Ève se présente. — Loin de moi, serpent! — L'orgueil de la femme s'humilie : elle se jette aux pieds de son mari. — Que deviendrai-je si tu me repousses? J'irai trouver Dieu et je le supplierai de me réserver la punition, à moi seule, puisque je suis seule coupable. — Adam s'adoucit : — C'est moi qui dois être puni; Dieu pourrait pardonner à ta fragilité et à ta faiblesse. — Hé bien, dit Ève, si c'est le sort de ta postérité qui te désespère, il dépend de nous de la délivrer de la mort en ne l'appelant point à la vie; ou, si tu crois qu'il serait trop difficile de demeurer chastes en s'aimant et en vivant ensemble, allons au-devant de la mort. — La vue de son désespoir semble faire rentrer le calme, avec la tendresse, dans l'âme d'Adam. — Si notre postérité ne venait pas au monde, le serpent ne serait pas puni. Dieu, d'ailleurs, s'irriterait, si nous touchions à la vie qu'il nous a donnée. — Et les deux coupables, repentants, le front dans la poussière, implorent le pardon divin.

La prière (chant XI) d'Adam et d'Ève monte vers le ciel. Grâce à la médiation du Messie, elle est accueillie. Dieu consent à leur laisser la vie pour qu'ils se repentent, mais ne leur permet pas de continuer à résider dans le Paradis. L'archange Michel descend à la tête d'une troupe de chérubins. Avant de conduire Adam hors du Paradis, il le fait monter sur une éminence, d'où l'on découvre une partie de la terre. Là, il lui présente plusieurs tableaux : la première mort qui ensanglante le monde, le meurtre d'Abel; puis, toutes les maladies qui désolent l'humanité, réunies dans une sorte d'hôpital; les fils d'Abel séduits par les filles de Caïn; la génération qui naît de ces amours, livrée aux guerres; d'un côté, un combat en rase campagne, une ville assiégée; de l'autre, les furieuses discussions d'une assemblée politique, où les jeunes et les fous imposent violemment leurs volontés aux vieillards et aux sages. A cette guerre succède une paix encore plus malsaine ; la corruption règne partout. Un seul juste avertit ses semblables : on le repousse avec dérision. Il s'éloigne avec les siens, et va construire, à l'écart, une arche où il se réfugie. Le déluge couvre la terre. Noé seul est sauvé avec sa famille.

Cette succession de tableaux n'est interrompue que par les douloureuses exclamations d'Adam et par les explications de l'archange. Il continue (chant XII) à dérouler devant lui l'histoire future, mais il raconte brièvement les événements au lieu de les lui montrer. Nemrod, la Tour de Babel, Abraham, Jacob, Moïse, David, les migrations, les fortunes diverses, les chutes et les repentirs du peuple de Dieu, sont esquissés à grands traits, ainsi que la mission du Christ, mystérieux gage de l'alliance de Dieu avec l'humanité. C'est ainsi qu'un descendant d'Ève doit venger la mère commune des hommes. A cette rapide narration succède un aperçu des progrès de l'Église chrétienne, guidée à travers ses épreuves par l'esprit de Dieu, et conduisant à son tour les hommes vers la Jérusalem céleste.

Fortifié par ces enseignements, ranimé par ces promesses, Adam redescend vers sa compagne, qui, pendant ce temps, a dormi et que des rêves consolateurs ont visitée. Les anges, armés de l'épée flamboyante, ont pris possession du Paradis. Michel a conduit nos parents hors de la porte de l'Est ; puis il a disparu, les laissant seuls dans la plaine. Alors, tournant les yeux en arrière vers ce Paradis, naguère encore leur fortuné séjour, « ils virent la porte entourée de figures redoutables et de bras menaçants ; la nature leur arracha quelques larmes, bien vite séchées ; le monde s'ouvrait devant eux, avec la liberté d'y choisir leur asile, et la Providence pour guide. Tous deux, la main dans la main, lentement, marchant au hasard, commencèrent à travers l'Éden leur route solitaire. »

Défauts et beautés du *Paradis perdu*.

Toutes les parties de ce long poème ne sont pas également intéressantes. Le dénombrement des démons est le lieu commun de toutes les épopées. La rencontre de la Mort et du Péché, au deuxième chant, et la généalogie de ces deux monstres, fatiguent le lecteur le plus dévoué et le plus enthousiaste. La lutte des anges nous intéresse peu : un combat entre des êtres immortels n'est qu'une rixe où les plus effroyables coups produisent l'effet de simples gourmades ; une contusion de Satan ne peut pas nous émouvoir comme le cadavre d'Hector. Les discussions de l'Assemblée infernale, où toutes les opinions sont représentées, y compris celle du gouvernement, où les convenances oratoires sont observées, où les formes parlementaires sont scrupuleusement suivies, offrent quelque chose de trop sensé, de trop raisonnable, de trop humain, pour n'être pas un peu déplacées parmi les incidents merveilleux d'un poème épique. Si la politique infernale ennuie, la théologie céleste risque de faire sourire. Lorsque Dieu le Père essaye de faire comprendre aux anges que la prescience divine n'altère en rien la liberté humaine, nous croyons entendre un vieux docteur au milieu de sa classe. Raphaël, quoiqu'il s'en défende, enseigne à Adam l'astronomie par voie d'hypothèses. Les deux derniers chants ne sont qu'un cours d'histoire, professé par l'archange Michel. Le développement relatif, l'art, la bonne ordonnance des tableaux, peuvent faire illusion dans le onzième chant, mais, au douzième, il faut bien reconnaître la parole rapide, le geste familier et démonstratif du conférencier pressé par le temps et qui résume les siècles à vol d'oiseau. Milton n'avait pas prévu que cette science, dont il chargeait ses célestes personnages, vieillirait bien vite ; il n'a pas senti qu'il prêtait à des êtres éternels les erreurs de son temps. Ici, nous touchons aux deux grands défauts du *Paradis perdu :* l'anachronisme et l'anthropomorphisme.

Prenant son sujet en dehors et en deçà des temps, Milton devait se priver de toutes les comparaisons historiques qui supposent la connaissance des événements ultérieurs. Il ne pouvait appeler de leurs noms antiques ou modernes, ni les lieux, ni les choses, ni les hommes. Il se trouvait en présence d'un univers vide, où tout était encore innomé. Quelque puissant qu'ait été son effort, il n'a pas su ou n'a pas voulu secouer le fardeau des connaissances qui l'accablaient. Il a parlé de Vulcain et de Bacchus, d'Alexandre et de Charlemagne, des moines et du pape ! Sa géographie est si complète qu'il serait aisé de dresser des cartes concordantes, pour accompagner le texte de certains chants. On tirerait encore du *Paradis perdu* une astronomie, une philosophie, une physique, une théologie, une casuistique, avec des notions de médecine, de stratégie, de jardinage et de cuisine. En somme, Milton a donné à son poëme ce caractère encyclopédique que les Grecs reconnaissaient et admiraient dans l'*Iliade* et dans l'*Odyssée*. Qu'était la civilisation humaine au moment où Milton place son épopée ? Néant. Or, on la trouve tout entière dans ce poëme, avec les souvenirs de toutes ses étapes successives jusqu'au dix-septième siècle. Il est vrai que l'homme primitif est ici l'homme accompli, tel que nous commençons à l'entrevoir après trente siècles de philosophie et de tâtonnements, et seulement dans quelques types exceptionnels des espèces supérieures. La femme primitive est la femme parfaite, douée de toutes les pudeurs et de toutes les grâces. Cet anachronisme est le plus grand de tous, mais il était inévitable et l'on serait tenté de dire qu'il justifie tous les autres.

Tournons nos yeux vers le Ciel de Milton. Ici apparaît sa désolante infériorité. Ici, nous chercherons en vain ce je ne sais quoi d'étrange, de hagard, qui rend presque effrayant l'auteur de la *Divine Comédie*. Ame paisible sous le bouillonnement superficiel des passions sectaires, esprit réglé, digne en tout du siècle le plus sensé qui fut jamais, Milton ne se trouble ni ne s'affole en présence de l'infini. Il ne s'efforce pas de nous faire illusion, en dissimulant à demi la Divinité dans le vague des expressions poétiques, comme dans un nuage d'encens. Il baigne, au contraire, ses héros célestes dans une lumière éclatante, qui accentue les contours et rend visibles les moindres détails. Qu'apercevons-nous? Un personnage auguste, assis sur un trône d'or, et qui ressemble au Jupiter de l'*Iliade*. Il est devenu gigantesque, soit ; mais il a conservé les formes de l'humanité. Il ouvre la bouche : nous reconnaissons notre pauvre langage, notre misérable raison humaine, qui pèse le pour et le contre, qui hésite, qui s'attendrit, qui se déjuge. Lorsqu'il fait reconnaître son fils, le Messie, comme associé à sa puissance souveraine, ne diriez-vous pas un vieil empereur d'Allemagne qui se sent mourir et qui se hâte de couronner son héritier roi des Romains? Milton a employé les mots les plus respectueux, les plus magnifiques, il a prodigué, dans sa description du Ciel, toute la pompe, toute la majesté, toute la splendeur dont la poésie est capable. Mais combien cette magnificence est pauvre! Porté à sa suprême puissance, l'homme ne donne pas un Dieu, et Dieu ne sera jamais le produit d'une multiplication poétique.

Ces critiques faites, admirons sans réserve les incomparables beautés du *Paradis perdu*, et surtout ce neuvième chant, modèle du drame épique, un des morceaux les plus parfaits qui existent dans aucune langue. Rarement le sentiment religieux s'est exprimé avec plus d'ampleur et d'une façon plus pénétrante. Les grandes orgues des cathédrales, dont les vibrations nous traversent et nous enveloppent d'harmonie, ont, dans leurs voix puissantes et vagues, moins de mélancolie et de solennité que la poésie de Milton, lorsqu'il nous fait entendre le chant d'amour des créatures de Dieu, accompagné par la lente musique des sphères. Quant à la description du premier amour humain, et du décor charmant où cet amour se déploie, rien de plus délicat et de plus frais n'a été rêvé. L'épopée se fait ici plus gracieuse que l'idylle, sans rien perdre de sa dignité. Imaginez toutes les conditions qui se réunissent à certaines minutes privilégiées de notre existence, et nous donnent un sentiment passager de bonheur, lorsque, les poumons pleins de l'air léger des cimes, ou la joue rafraîchie par la brise de mer, la conscience libre et l'esprit en repos, nous jouissons à la fois de la beauté du ciel et de la présence des êtres chers : c'est ce genre de félicité que Milton fait régner, dans toute sa plénitude, sous les ombrages de l'Éden. Sa conception de l'amour confond la langueur voluptueuse du harem, la galanterie chevaleresque de l'âge féodal, la paisible tendresse d'un foyer anglais. Pour entourer cette idylle, Milton n'a rien admis de vulgaire. Il a cherché la grâce dans le grand et l'extraordinaire. « Sa poésie fait songer aux paysages des hautes Alpes. Une végétation merveilleuse, comme celle des pays du rêve, s'encadre dans des sommets abrupts et géants. Les roses et les myrtes fleurissent sans frissonner au bord de l'avalanche... »

Et ces choses sortaient de l'imagination d'un vieillard aveugle, malade et triste ! « Il écrivait, dit Macaulay, le *Paradis perdu* à une époque de la vie où les images de beauté et de tendresse commencent en général à pâlir, même dans les esprits où l'inquiétude et les déceptions ne les ont pas d'abord effacées. Pourtant, il a orné son poème de tout ce qu'il y a de beau et de charmant dans le monde moral comme dans le monde physique. »

Un poète chrétien, bien digne de sentir Milton, et celui peut-être qui nous rappelle de plus près l'auteur du *Paradis perdu*, résume admirablement le perpétuel contraste qui fait l'attrait souverain du poème : « On y sent, dit-il, à travers la passion des légères années, la maturité de l'âge et la gravité du malheur, ce qui donne au *Paradis perdu* un charme incomparable de vieillesse et de jeunesse, d'inquiétude et de paix, de tristesse et de joie, de raison et d'amour. »

Le Paradis retrouvé. Samson Agonistes.

Dans le *Paradis perdu*, la vengeance que devait tirer du serpent le fils de la femme est prédite. Le serpent doit mordre son talon, et il doit à son tour écraser la tête du serpent. Ce n'est là qu'une figure, qui représente le Christ tenté, torturé, insulté par Satan, mais résistant à ces tentations, à ces tortures, à ces insultes. La force de l'Enfer est vaincue par le Fils de Marie, réduit aux simples ressources de l'humanité. C'est cette lutte qui fait le sujet du *Paradis retrouvé*. On s'accorde à penser que ce poème est inférieur en éclat et en coloris au *Paradis perdu*. En réalité, ce n'est qu'une longue conversation, qui n'a pas l'intérêt dramatique de la scène entre Ève et le serpent, puisque le Christ ne cède pas et ne peut pas céder. La géographie et l'histoire ancienne, étalées d'une façon pédantesque, occupent un tiers du poème, et les deux autres tiers appartiennent à la théologie. Le Fils de Dieu cite Socrate, Fabricius, Cincinnatus, etc., et dit en propres termes à Satan qu'il connaît aussi bien que lui son histoire romaine.

Ce n'est pas que le génie de Milton fût en décadence, car il a déployé des qualités bien supérieures dans le *Samson Agonistes*, œuvre suprême de sa vieillesse.

Samson, aveugle et prisonnier des Philistins, a été condamné par eux aux plus rudes travaux. Cependant, le jour de la fête du dieu Dagon, ces travaux ont cessé, et Samson est libre de s'abandonner à son désespoir. Des Hébreux de la tribu de Dan, ses amis et ses voisins, viennent le consoler. Son père, Manoah, arrive pour traiter de sa rançon. A peine Manoah s'est-il éloigné dans ce but, Dalila s'approche pour implorer son pardon, et comme elle ne l'obtient pas, elle se retire en insultant son époux. Le géant Harapha vient à son tour l'injurier, mais n'ose point accepter le défi que Samson lui propose. A ce moment, les principaux des Philistins envoient chercher le prisonnier pour les divertir, eux, leurs femmes et leurs enfants, en même temps que pour honorer la fête de Dagon, en leur donnant quelques échantillons de sa force. Samson refuse d'abord avec dédain. Puis, sous l'empire d'une pensée secrète, il se ravise et suit le messager. Manoah reparaît. Il a bon espoir d'obtenir la liberté de son fils, en livrant tout son bien comme rançon aux avides Philistins. A ce moment, aux joyeuses clameurs de la fête succède un effroyable cri d'angoisse, qui déchire le ciel. Un Hébreu accourt, hors d'haleine. On l'interroge. Il répond d'abord par des paroles entrecoupées. Enfin, il fait connaître la vérité. Samson, après avoir accompli divers prodiges, a saisi les deux colonnes qui soutiennent la voûte de l'amphithéâtre. Le toit s'est écroulé, engloutissant avec lui l'élite et la fleur de la race philistine. Dix victoires n'eussent pas fait davantage pour l'extermination des ennemis de Dieu et de son peuple. La douleur lutte avec l'orgueil dans le cœur de Manoah, ses accents sont dignes du vieil Horace. Le chœur, plein d'un religieux enthousiasme, célèbre cette mort glorieuse.

Il n'y a pas, dans cette tragédie, un seul incident que cette courte analyse n'ait fait connaître. Johnson lui reproche de manquer d'action; il est aisé de comprendre que Milton n'a songé à imiter ni Euripide, ni Sophocle. S'il a eu un modèle devant les yeux, c'est Eschyle; c'est ce moment où le drame, à demi dégagé de la poésie lyrique, garde encore tous ses caractères originels. Il n'y a pas plus d'action dans *Prométhée enchaîné* que dans *Samson Agonistes*. Il y en a moins encore dans *les Perses*. Entre les formes du drame grec à ses débuts et le caractère de la poésie biblique, il existe une sorte de convenance naturelle; Milton l'aperçut et la rendit sensible dans son œuvre, qui n'a point d'analogue, si ce n'est l'*Esther* de Racine. *Esther* est, comme *Samson*, plus lyrique que dramatique; néanmoins, il y a plus de drame dans *Esther* que dans *Samson*. Racine était allé d'Eschyle jusqu'à Sophocle. *Esther*, c'est le côté gracieux et fleuri de la Bible, *Samson* en est le côté sombre et passionné.

Gloire posthume de Milton.

La légende veut que Milton ait été ignoré de son vivant, et que son nom n'ait commencé à briller que quarante ans après sa mort. Elle s'appuie sur quelques faits et sur certaines paroles. Le *Paradis perdu* a rapporté en tout à son auteur 57 livres. Dans les onze ans qui suivirent la publication, on vendit 5000 exemplaires du *Paradis perdu*. On a

vu comment Whitlocke parlait de Milton. Waller disait :
« Un vieux maître d'école aveugle, nommé Milton, a publié
un poème sur la chute de l'homme. Si d'être long est un
mérite, c'est le seul que cet ouvrage possède »; et Rymer :
«... le *Paradis perdu*, que quelques personnes appellent un
poème. » Enfin, Addison, dans le *Spectator*, cite des vers « d'un
poème de Milton intitulé *Il Penseroso* », forme de langage
qui indique combien ces œuvres étaient peu lues.

On oublie de faire remarquer que Dryden, contemporain
de Waller et de Rymer, admire Milton comme un des trois
plus grands génies poétiques qui aient jamais été, et que
Pope partage cette admiration, sous certaines réserves, les
mêmes que nous avons faites ici. Ainsi, ce grand esprit était
compris, sinon de ses pairs, du moins de ceux qui pouvaient
le lire et l'entendre. Quoi d'étonnant si la sensualité grossière des courtisans de Charles II a dédaigné ces choses
exquises? Milton n'a-t-il pas dit lui-même à sa Muse :
« Cherche un auditoire digne de toi, quoique peu nombreux,
mais chasse au loin les clameurs barbares de Bacchus et de
ses compagnons avinés, descendants de cette furieuse bande
qui mit en pièces le poète de Thrace dans le Rhodope..? »
S'il est un fait surprenant, c'est qu'à cette malheureuse
époque trois mille personnes se soient rencontrées qui aient
eu, ou la curiosité louable, ou la vanité intelligente d'acheter
le *Paradis perdu*. Lorsque les lumières et le goût se répandirent, Addison jugea qu'il était temps de faire participer le
public aux jouissances des lettrés. Milton n'eut pas à prendre
une place qu'il occupait déjà, mais le nombre de ses lecteurs
s'accrut. Si jamais il diminuait, c'est que le retour des
Wilmot et des Rochester serait prochain, c'est que l'Angleterre serait menacée d'un autre Charles II.

CHAPITRE XIV.

LE THÉATRE SOUS LA RESTAURATION. — DRYDEN.

Charles II et sa cour. — Renaissance du théâtre. — Tragédies d'Otway et de Rowe. — La comédie. — Congrève. — Dryden. Ses débuts. — *Annus mirabilis.* — Satires politiques. *Absalon et Achitophel.* — Poèmes religieux. *Religio laici. The Hind and the Panther.* — Mac-Flecknoe. — Poésies diverses.

Charles II et sa cour.

Il y a des époques auxquelles le désir de jouir tient lieu d'idéal, en religion, en politique, en littérature. Le règne de Charles II fut une de ces époques. La République avait été un long carême : la Restauration s'annonça comme un carnaval éternel. Le roi menait l'orgie. Il haïssait les affaires, bien qu'il pût — assure Burnet — y déployer de l'intelligence, lorsqu'une fois il avait pris sur lui de s'y appliquer. Jamais homme n'était sorti plus frivole de plus sévères épreuves. Il en voulait aux puritains, moins d'avoir décapité son père que de l'avoir obligé à chanter des psaumes dans sa jeunesse. Il les poursuivait avec l'égoïsme de la peur et avec cette dureté d'âme qui est le dernier fond du libertin. Sa politique intérieure consistait à proscrire indifféremment les sectes les plus inoffensives comme les plus féroces, les quakers aussi bien que les hommes de la Cinquième Monarchie ; sa politique extérieure se bornait à vendre l'alliance anglaise à Louis XIV, contre un subside qui payait ses régiments et ses maîtresses. Ce chef officiel de la religion anglicane se laissait soupçonner de papisme par beaucoup de gens, d'athéisme par quelques-uns. En réalité, ce n'était qu'un épicurien pratique, parfois troublé par l'appréhension vague du châtiment. Mais il se rassurait vite : « Dieu, disait-il en souriant, ne saurait tourmenter un pauvre homme pour avoir pris, deçà et delà, sur sa route, un peu d'amusement[1] ».

L'incrédulité, surtout l'incrédulité gaie, et la religion du plaisir, sont choses si rares parmi les Anglais, qu'on se demanderait presque si Charles n'a pas été une exception au milieu de son peuple. A ce doute répond un vers, demeuré célèbre, de lord Lansdowne : « Tous, dit-il, pratiquaient la vie et entendaient l'amour comme le roi. »

All, by king's example, liv'd and lov'd.

Autour du roi se groupait une jeunesse licencieuse, revenue d'exil avec lui. C'étaient les Rochester, les Mulgrave, les Buckingham, les Dorset, les Sedley, simples gentilshommes devenus grands seigneurs de par la camaraderie royale. La jeune noblesse, et après elle, tout ce qui, dans la bourgeoisie, se rattachait à la cour par l'ambition, ou simplement par la vanité, tous singeaient de leur mieux les coryphées de la débauche.

Cette élite du vice, même en y joignant le monde interlope qui l'amusait et l'exploitait, était plus bruyante que nombreuse. Le reste de la nation demeurait indifférent, muet et sombre, obstinément attaché aux vieilles croyances et aux vieilles mœurs, enveloppant dans une réprobation commune les ivresses grossières et les plaisirs permis, l'orgie des hautes classes et les arts qui se prêtaient à l'embellir, la poésie qui en fournissait les intermèdes. Le public se composait donc de quelques centaines d'hommes et de femmes perdus : c'est pour ce public que devaient, bon gré, mal gré, et sous peine de mourir de faim, travailler les sculpteurs et les peintres. Les galeries et les jardins de Hampton-Court témoignent encore de cette complicité corruptrice des arts. C'est là que, suivant les expressions de Pope, le marbre s'amollit, l'airain frémit, la toile palpite. C'est là que Lely a

---

1. Burnet, *Histoire de mon temps*.

représenté ces pécheresses qui sont des grandes dames, et ces grandes dames qui sont des pécheresses. Aujourd'hui, leur déshabillé hardi, pire que la nudité classique, leur regard noyé de langueur ou brillant d'effronterie, semblent provoquer la pudeur moderne. « Quoi d'étonnant, conclut Pope avec indulgence, quand tout n'était qu'amour et que jeux, si les Muses se sont laissé débaucher à la cour? » On va voir, en ce qui touche la littérature, jusqu'où alla cette débauche.

Renaissance du théâtre.

Les attaques de Stubbs et de Prynne avaient, depuis longtemps, identifié le drame avec la royauté qui le favorisait. Il était donc naturel que le drame refleurît avec la monarchie restaurée, et la sollicitude dont Charles entoura les entreprises théâtrales, rendit encore plus sensible cette solidarité étrange entre un genre littéraire et un système politique. Le roi prit sous sa protection spéciale une troupe de comédiens; son frère, le duc d'York, en patronna une autre. Tous deux comblèrent de cadeaux les acteurs des deux compagnies qui portaient leur nom. Stimulés par cet exemple, la cour et le beau monde affluèrent aux représentations et applaudirent à la résurrection du drame.

Était-ce bien le drame qui revenait au monde? Beaucoup de ses anciens admirateurs eussent hésité à le reconnaître. A la mise en scène naïve, aux *dumb shows* primitifs dont se contentaient les contemporains d'Élizabeth, avaient succédé de véritables décors, des machines compliquées, une figuration nombreuse et de riches costumes. Les rôles féminins étaient tenus, non plus par de jeunes garçons, mais par des actrices : innovation accueillie du parterre avec tant d'enthousiasme que les directeurs crurent pouvoir, dans certaines pièces, confier tous les rôles à des femmes.

Dans ce cadre splendide, au milieu de ces attractions nouvelles, s'offraient au public des héros et des héroïnes du plus haut rang. Leur vie n'était qu'un enchevêtrement fantastique d'amours et de meurtres, leur langage qu'un tissu de rodomontades et de fadeurs. Ce n'était plus le délire de l'imagination et de la passion, comme chez Marlowe et ses compagnons. Ici, l'on sentait que l'auteur avait froidement voulu enchérir sur les extravagances de ses confrères et sur les siennes propres, afin de réveiller des spectateurs blasés ou distraits. Cette génération affectait, sans l'avoir, le goût du violent et de l'extraordinaire. Au fond, elle préférait les indécences de la comédie aux monstruosités de la tragédie. Pour la lui rendre acceptable, il fallait la flanquer d'un prologue et d'un épilogue, qui n'avaient point trait à la pièce. On remplissait ces morceaux de bouffonneries obscènes, qui eussent peut-être dégoûté les spectateurs de Plaute et d'Aristophane, et on les donnait à prononcer à une jolie femme. La chorégraphie et la musique venaient encore au secours de l'écrivain. Le drame était ainsi devenu un véritable opéra, et l'opéra avait la prétention d'absorber les autres genres, de régner seul sur la scène. Cette vogue avait même un effet rétroactif. On remontait en arrière et on mettait Shakespeare en opéras. Le premier qui donna l'exemple de ce sacrilège fut sir William Davenant.

Fils d'un aubergiste dont le cabaret était situé sur la route de Londres à Stratford, et où Shakespeare avait coutume de s'arrêter, Davenant avait exploité cette circonstance aux dépens de la vertu de sa mère, pour laisser deviner dans sa naissance une glorieuse irrégularité. Il s'était fait connaître par une épopée intitulée *Gondibert*, aujourd'hui justement oubliée. Dès 1656, et du vivant de Cromwell, il avait donné le signal de la désobéissance à la prohibition puritaine en faisant représenter le *Siège de Rhodes*. Ce drame-opéra était ce que Davenant se vantait d'être; et malheureusement, cette pièce bâtarde allait faire école. Jamais on n'avait vu sur le théâtre tant d'invraisemblance et si peu d'intérêt, tant de fracas et tant de vide, en un mot, tant de bruit pour rien. A peu de temps de là, nous retrouvons Davenant, qui croyait sans doute exercer un droit de succession sur les pièces de Shakespeare, remaniant *Macbeth* pour y introduire de la musique et des danses. Bientôt d'autres écrivains, encouragés par ses conseils et son exemple, le suivirent dans la même voie. Nahum Tate se chargea de défigurer le *Roi Lear* et *Coriolan*. Shadwell refit le *Timon d'Athènes* : « On découvre, dit-il, dans cette pièce, la main inimitable de Shakespeare, qui n'a jamais trouvé de traits plus beaux ; néanmoins, ajoute-t-il, j'ose dire que je l'ai véritablement mise au théâtre pour la première fois. » Otway s'empara de *Roméo et Juliette*, et en fit quelque chose de tout à fait convenable, sous le pseudonyme suivant : *L'histoire et la chute de C. Marius*. Roméo s'appelait Marius Junior, et Juliette, Lavinia. Le jeune Dryden, alors débutant, s'attribua, pour sa part, *Troïlus et Cressida*, la *Tempête*, *Antoine et Cléopâtre*. Dans la *Tempête*, pour faire pendant au caractère de Miranda, qui n'a jamais vu d'homme, il introduisit un homme qui n'a jamais vu de femme.

Mais il reste encore trop de Shakespeare dans ces imitations malencontreuses pour qu'on puisse y chercher le mauvais goût de l'époque. Il faudrait lire, avec le *Siège de Rhodes*, de Davenant, la *Reine Indienne*, *Grenade*, l'*Amour tyrannique*, de Dryden, et d'autres tragédies lyriques d'écrivains moins connus. L'excuse des auteurs est dans les goûts dépravés du public. Quiconque voulait réussir au théâtre devait d'abord s'attacher à un grand seigneur, pour obtenir l'appui de sa cabale. Dans leurs dédicaces, les écrivains se courbaient aussi bas que possible devant leurs généreux protecteurs, qui leur jetaient, en retour, quatre ou cinq livres sterling : maigre aumône, qui s'ajoutait au misérable produit des droits d'auteur. Ce qu'il y avait de pire pour les poètes, c'était de voir leurs patrons devenir des confrères. La vanité littéraire se greffait alors sur la morgue aristocratique. Mulgrave a écrit des tragédies ; Rochester a composé nombre de poésies fugitives, entre autres une pièce sur le Rien, *Upon nothing*, titre caractéristique qui pourrait convenir à toutes les poésies de ce temps et de cette école. Il ne dédaignait pas de s'engager dans des polémiques avec les auteurs de profession. Quand il était à bout d'arguments, le bâton de ses gens terminait la querelle et punissait l'écrivain coupable d'avoir eu raison. L'échine de Dryden en sut quelque chose.

On aurait tort, cependant, de croire que ces grands seigneurs fussent tous dénués d'esprit et de goût. L'un d'eux, Villiers, duc de Buckingham, donna le signal de la réaction contre les excès du drame-opéra, par sa joyeuse parodie intitulée *la Répétition*. Le titre suffit à indiquer le cadre de la pièce. Un auteur dramatique, nommé Bayes (pseudonyme transparent sous lequel il est aisé de reconnaître le poëte-lauréat), amène à une répétition le bourgeois Johnson accompagné de son ami Smith, le campagnard. La pièce qu'on répète ne dépasse guère en absurdité celles que le public d'alors prenait au sérieux. Il s'agit d'une lutte entre l'amour et l'honneur. Le prince Volscius est attendu pour se mettre à la tête de son armée, qui est « cachée à Knightsbridge »[1]. Il va monter à cheval, il a déjà mis une botte. Tout à coup il devient amoureux d'une fille d'auberge qui se présente à sa vue. Que fera-t-il? Bottera-t-il le pied qui n'est pas encore botté, ou débottera-t-il le pied qui l'est déjà? Combat terrible dans l'âme du prince, qui finit par prendre le parti de s'en aller à cloche-pied.

Le public riait de la facilité avec laquelle, dans le drame de Bayes, on intronise, on dépose et on restaure les rois. Rire dangereux : ces sarcasmes allaient peut-être plus loin que l'auteur ne l'eût voulu, et faisaient penser, moins aux tragédies ridicules de Tate et de Shadwell qu'à d'autres tragédies, plus réelles et plus lugubres, encore vivantes dans la mémoire des spectateurs. N'importe, on riait. Ces folies plus ou moins spirituelles, soulignées par la vaniteuse sottise du poëte et les observations plates, mais justes, de Smith, obtinrent un immense succès. Peut-être contribuèrent-elles à corriger le public. D'ailleurs, la France commençait à envoyer de meilleurs modèles. Le règne de Scudéry, et même celui de Voiture, étaient finis. C'est alors qu'Otway, Southern, Howe, Dryden lui-même, produisirent des tragédies régulières où l'on vit expirer décemment les

---

1. Que le lecteur français imagine un prétendant politique, venant, sous les traits d'un de nos comiques du Palais-Royal, annoncer au parterre qu'il a caché son armée au parc Monceaux.

héros, sans que leur fin fût égayée par la musique et les danses.

Tragédies d'Otway et de Rowe.

Otway était le fils d'un ministre de campagne. Il fut quelque temps comédien avant d'être auteur. Les grands du jour l'admirent dans leur compagnie, mais sans mêler l'estime à leur familiarité. Une légende horrible s'est accréditée sur sa fin; ce qui est certain, c'est qu'il mourut à trente-quatre ans dans la misère et le mépris.

Alcibiade est la première tragédie qu'Otway ait donnée au théâtre. La courte analyse qui suit peut servir à montrer que Villiers, dans sa parodie, n'avait rien exagéré.

La reine de Sparte, qui est devenue amoureuse d'Alcibiade à la première vue, après avoir eu avec lui une scène qui rappelle l'aventure de Joseph dans la maison de Putiphar, poignarde le roi et empoisonne la femme d'Alcibiade, afin de pouvoir épouser l'objet de sa passion. Mais il se tue de chagrin et elle en fait autant. Il faut ajouter à cela des fêtes, des danses, des chants, des apparitions, des songes où figure l'enchanteur Merlin.

L'intrigue de l'*Orpheline*, qui est cependant restée au théâtre, n'est guère plus raisonnable. Deux jumeaux, Polydore et Castalio, fils du noble Acasto, aiment Monimia, jeune orpheline recueillie dans la maison de leur père. Tout en feignant de laisser le champ libre à son frère, Castalio, qui est aimé de la jeune fille, l'épouse à l'insu de tous, dans « le bois d'orangers ». Le soir, il doit se glisser dans sa chambre. Polydore, qui a surpris le secret du rendez-vous sans connaître celui du mariage, se substitue à Castalio. La découverte de cette équipée amène la mort des deux rivaux et celle de la jeune femme. L'action est follement conduite; les personnages ne ressemblent à ceux de Shakespeare que par le dehors, par cette mobilité passionnée qui les fait, en une seconde, bénir et maudire le même objet, passer de la fureur à la tendresse, et de la violence la plus grossière au dévouement le plus humble. Les juges indulgents, — ou ceux qui ne jugent pas, — trouveront peut-être que Monimia a une certaine grâce, molle et énervante. Ce qui a fait surtout la fortune de cette pièce auprès d'une jeunesse voluptueuse, c'est qu'il n'y est question que d'aimer, dans l'acception sensuelle du mot. Une ivresse amoureuse y circule, montant des sens au cerveau, troublant les regards et les volontés, mettant aux lèvres des cris, des plaintes, des appels d'une ardeur contagieuse, arrachant à l'innocence elle-même des soupirs dont elle ne connaît pas le sens. Le désir, voilà un ressort tragique auquel les anciens n'avaient pas songé : c'est le seul qu'Otway ait su faire jouer dans l'*Orpheline*.

Dans *Venise sauvée*, il a essayé de montrer l'amour en lutte avec le patriotisme et l'amitié. Grand sujet si l'auteur s'en était montré digne.

Vers le milieu du dix-septième siècle, la république de Venise fut tout à coup en proie à une émotion singulière. Chaque matin, on trouvait des étrangers pendus, poignardés ou noyés dans les canaux. Nul ne pouvait découvrir la cause de ces exécutions nocturnes, mais on devinait, dans l'ombre, une justice mystérieuse, dont la main s'appesantissait sur des coupables inconnus. Le Conseil des Dix ne daigna faire aucune communication au public. Seulement, cinq mois après ces événements, le Sénat ordonna des prières pour remercier Dieu d'avoir sauvé la République d'un grand danger. Quel avait été ce danger? Nul ne le sut jamais. Mais on supposa qu'une vaste conspiration avait existé, dont les auteurs étaient des étrangers, et dont le but était de détruire Venise par le feu et d'en exterminer tous les habitants.

Telle est la donnée d'où Saint-Réal a tiré son fameux roman historique, et Otway sa tragédie. En effet, si l'on ajoute aux éléments de ce récit la femme, qui fait manquer toutes les conspirations, on obtient l'amour, nécessaire au drame.

Belvidéra, fille du sénateur Priuli, a épousé Jaffier, contre la volonté paternelle. C'est aussi le cas de Desdémone. Seulement, Desdémone aime un héros, et Belvidéra aime un niais, genre de personnage qui, d'ordinaire, n'a point d'accès dans la tragédie. Pouvons-nous qualifier moins sévèrement un homme qui se jette sans raison dans une entreprise à la fois absurde, périlleuse et infâme? Au théâtre, comme dans l'histoire, toute conspiration a un but. Brutus, Egmont, Fiesque, Posa, conspirent pour la liberté ou l'indépendance de leur pays; Pinto conspire pour son patron, Catilina pour être le maître, ses complices pour piller et jouir. Jaffier ne conspire que pour complaire au capitaine Pierre, son ami, et Pierre conspire sans motif. Il s'agit de brûler Venise et d'égorger les Vénitiens; mais personne ne pourrait dire quel intérêt politique ont, à ce bel ouvrage, ceux qui doivent l'accomplir. Il est vrai qu'au premier acte on voit Jaffier mis hors de chez lui, et dépouillé de ses meubles par quelqu'un qui ressemble de très près à nos huissiers modernes. La révolution rêvée par Pierre et Jaffier ne serait-elle autre chose qu'une attaque sauvage de la misère armée contre ceux qui travaillent et ceux qui possèdent? Dans ce cas, nous refuserions encore de nous intéresser à des malfaiteurs stupides, qu'on nous représente comme des demi-dieux. Quoi qu'il en soit, rien ne fait équilibre au sentiment de Jaffier pour Belvidéra. Le jeu des passions du drame ressemble à l'oscillation des plateaux d'une balance : chez Otway, l'un des deux plateaux reste vide.

Lorsque Jaffier s'aperçoit qu'on doute de lui, il remet, comme otage, entre les mains de ses complices, son dernier bien, le plus précieux de tous, sa femme. Un de ces hommes veut faire violence à Belvidéra; Jaffier considère comme déchiré le contrat qui le liait à ses amis, et, pour punir la faute d'un seul, se prépare à les dénoncer tous. L'auteur, par une insigne maladresse, lui fait commettre cette délation alors qu'il est déjà en prison, sous le coup d'une accusation capitale; en sorte qu'il agit visiblement, non pour sauver Venise, mais pour sauver sa propre existence. Il demande aussi la vie sauve pour ceux mêmes qu'il trahit. On lui fait cette promesse absurde, et, tout naturellement, on ne la tient pas. Sur l'échafaud, Jaffier obtient son pardon de Pierre, le poignarde pour le soustraire au supplice de la roue, puis se poignarde lui-même. Belvidéra s'empoisonne. Priuli va, dans la solitude, pleurer sa barbarie, cause première de tous ces malheurs. S'il avait, dès le début, accordé sa fille avec empressement à un débauché perdu de dettes, toutes ces catastrophes étaient évitées. Ainsi raisonne l'étrange morale des dramaturges.

Otway a surabondamment prouvé, dans *Venise sauvée*, qu'il n'entendait rien aux ressorts qui font mouvoir les sociétés. On voit trop qu'il avait appris la politique, comme la morale, en lisant Salluste et en soupant avec Rochester. Du moins a-t-il donné une sœur à sa Monimia. Belvidéra soupire et gémit harmonieusement ; mais ses roucoulements de colombe blessée appartiennent à l'idylle plutôt qu'au drame. C'est moins l'épouse que la maîtresse, la femme dont l'amour est un transport, et qui compte par ses nuits l'âge de son bonheur. La courtisane Aquilina n'a qu'une scène, mais quelle scène ! Le réalisme, au théâtre, n'a jamais rien présenté de plus saisissant que le vieux sénateur Antonio à quatre pattes et jappant sous la table, faisant le bœuf et le chien pour amuser une fille. Aquilina, entrant dans son rôle avec un sérieux cruel, et avec cet ardent mépris que le vice inspire quelquefois à ses instruments, chasse le vieillard à coups de pied et à coups de fouet. C'est de la satire triste, de la gaieté amère et violente, mais le tableau est achevé. Plus de cinquante auteurs, parmi les modernes, l'ont recommencé sans y ajouter un seul trait. Sauf cette scène, *Venise sauvée* a peu de chance de plaire aux lecteurs qui ont atteint ou dépassé le milieu de l'existence. Mais elle intéressera les jeunes gens qui croient que l'amour conduit tout dans la vie humaine, même les révolutions.

Malgré ses défauts, Otway demeure fidèle, d'instinct, au système dramatique de Shakespeare, qui mêle intimement la poésie et l'action. Nicolas Rowe est le dernier en qui se retrouvent quelques traces de la sève shakespearienne. Encore ne rappelle-t-il la grande époque que par la vigueur brutale de quelques situations. Venu après Otway, son idéal n'est pas plus élevé, sa morale n'est pas plus pure. Il est bien moins poète que son devancier, mais il est plus dramaturge. Il possède l'art ou, si l'on veut, le don de construire un drame, et c'est là ce qui a fait vivre jusqu'à nous l'une, au moins, de ses pièces. L'héroïne en est Jane Shore, la maîtresse de cet Édouard d'York que nous avons entrevu déjà dans Shakespeare. Le drame de Rowe s'ouvre au lendemain de la mort d'Édouard. Jane est persécutée par Gloucester, qu'un double crime fera bientôt roi d'Angleterre sous le nom exécré de Richard III. La favorite déchue trouve un protecteur dans le marquis de Hastings, dont la voix est écoutée, car son appui est nécessaire, paraît-il, à Gloucester pour établir son autorité. A peine Hastings a-t-il fait adoucir le sort de Jane qu'il se présente pour réclamer le prix de son bon office, et cet honnête gentilhomme ferait violence à sa protégée, s'il n'était surpris et désarmé par Dumont. Qui est Dumont? Le propre mari de Jane Shore. C'était un orfèvre de Lombard street, Rowe en fait un bourgeois d'Anvers. Il vit, sous un déguisement, auprès de sa femme infidèle, pour veiller sur ses destinées. La pièce se relève lorsque paraît Richard III, comme si ce type, immortalisé par le grand poète, portait en lui une source intarissable d'inspiration dramatique. Richard veut faire de Jane son instrument pour séduire Hastings. Elle refuse; elle a pardonné à son offenseur en apprenant qu'il demeure fidèle aux enfants de son roi. Ce mouvement est vif et beau. Le *loyalisme*, c'est-à-dire le dévouement au sang royal, tient ici lieu des grands sentiments qui sont l'âme de la tragédie. Richard n'est pas moins tragique lorsque, passant de l'hypocrisie à la colère, il fait arrêter Hastings en plein conseil. Faible au début, l'auteur prend ici sa revanche. Shakespeare pouvait seul rendre les aspects multiples et changeants du fourbe inimitable, mais Rowe sait, aussi bien que lui, faire rugir le monstre quand il est déchaîné.

Proscrite, abandonnée de tous, Jane voit toutes les portes se fermer devant elle. Elle expire dans les bras de Shore, qui la cherche et la retrouve pour lui pardonner. Une femme qui meurt de froid et de faim, c'est là un spectacle qui ne manque guère son effet sur des nerfs grossiers. Aussi ce cinquième acte, qui motive, d'ailleurs, un effet de neige et de nuit dans une rue de Londres au quinzième siècle, fait-il encore aujourd'hui frissonner les foules. C'est pour le voir qu'on supporte la platitude des trois premiers actes et la gravité du quatrième, dont les beautés ne sont sensibles qu'aux spectateurs d'élite.

Tout autre est le dénouement de l'histoire. Quarante-cinq ans après la mort d'Édouard IV, Thomas Morus, se promenant aux environs de Londres, rencontrait une vieille femme, misérable et décrépite. Péniblement courbée, elle arrachait les herbes qui croissaient au bord de la route : cette femme était Jane Shore.

La Comédie.

De 1660 à 1720, plusieurs générations d'auteurs comiques se succèdent. La première est celle de Wycherley, d'Etherege et de Shadwell ; elle étale l'immoralité naïve de l'époque où elle fleurit. L'âge qui vient ensuite nous offre les noms de Vanbrugh, de Farquhar, de Colley Cibber, et enfin de Congreve.

Etherege était un homme du monde. Écoutez comment finit un homme du monde sous Charles II. Il reconduisait sur l'escalier des amis qui avaient dîné chez lui ; l'amphitryon n'était pas moins ivre que les convives. Il tomba la tête la première sur les degrés : on le releva mort. Tel auteur, tels acteurs. Le soir où l'on donnait pour la première fois *Sir Noisy Parrot*, de Henry Higden, les artistes, qui buvaient du punch dans la pièce, en burent tant et si bien qu'il fallut baisser le rideau au troisième acte, et la représentation ne s'acheva pas.

Mais le type le plus accompli de l'aventurier littéraire, du pirate et du parasite, est Wycherley. Sa vie vaut la peine d'être contée ; elle caractérise le temps et elle est plus originale que ses comédies. Avant trente ans, il avait déjà changé deux fois de religion. En France, il s'était fait catholique pour professer la foi du beau monde. De retour en Angleterre, il était revenu au protestantisme. La duchesse de Cleveland, maîtresse de Charles II, l'aperçut à la promenade. Elle fut frappée de sa belle tournure. Du fond de son carrosse, elle le provoqua en lui jetant deux ou trois injures grossières, délicate façon d'entrer en conversation. Churchill avait obtenu de cette femme cent douze mille livres de notre monnaie, qu'il prêta à intérêts usuraires, ce qui lui permit, Blenheim aidant, de jeter les fondements d'une belle fortune et d'une grande famille. Wycherley se flattait sans doute d'une pareille chance, mais il n'obtint que des caresses et des sourires. Le roi, cependant, s'intéressa à l'amant de sa maîtresse, vint le voir lorsqu'il était malade, et faillit le nommer précepteur de son fils, le duc de Richmond. Un jour, Wycherley entre dans une boutique de libraire, y rencontre une jolie femme qui achète une de ses comédies, lui fait la cour et l'épouse. C'était une riche veuve, de haut rang, lady Drogheda. Elle le tourmente par sa jalousie jusqu'au moment où elle meurt, lui laissant, au lieu d'une fortune, un procès. Wycherley est jeté à la Flotte, où l'on emprisonnait les débiteurs. Jacques II, après avoir ri un soir à la représentation d'une de ses pièces, lui accorde 200 livres de pension. Par reconnaissance, Wycherley retourne au catholicisme. Prématurément vieilli dans les excès, il pleure comme une femme sa beauté perdue. A soixante-six ans, il publie un volume de poésies obscènes, qui tombe devant l'indifférence du public. A soixante-quinze,—dix jours avant sa mort,—pour faire pièce à son neveu, il épouse une enfant de dix-huit ans.

Tels sont les hommes. Que doivent être les œuvres ?

D'abord, ce théâtre vit d'emprunts à la scène française, à la scène espagnole, et même au théâtre anglais de la grande époque. Les meilleures scènes du *Dancing Master* sont suggérées par le *Maestro de danzar* de Calderon, une des comédies les moins heureuses de l'illustre Castillan. *The Country Wife* est prise à l'*École des maris* et à l'*École des femmes*. Le canevas du *Plain Dealer* est emprunté au *Misanthrope*. Une scène entière est traduite de la *Critique de l'École des femmes*. Fidelia, c'est la Viola de Shakespeare. La veuve Blackacre est tout simplement la comtesse des *Plaideurs*.

Tout ce que Wycherley emprunte, il le défigure, il le

souille. Célimène devient une courtisane, Agnès une idiote, Viola une aventurière, Alceste un rustre méchant et farouche. Le misanthrope de Molière aurait su distinguer de la flatterie le vrai dévouement. Manly ne cesse de maltraiter Fidelia, une jeune femme déguisée en homme, qui lui montre l'attachement d'un humble chien. Le misanthrope de Molière met des formes dans ses leçons et ne perd patience qu'en présence de la sottise qui regimbe : le misanthrope de Wycherley insulte les gens à tort et à travers. Qu'on en juge par ce fragment. Oldfox vient, comme Oronte, montrer des vers à Manly. Ces vers ont pour sujet le dernier combat naval contre les Français, où Manly s'est conduit comme un héros. Cette donnée est déjà bien loin de prêter au ridicule comme le sonnet à Philis. « *Manly* : Écoutez, vieux major, vous vous êtes imaginé que vous pouviez écrire et que vous étiez devenu un auteur. Permettez-moi de vous dire ce que je disais un jour à quelqu'un de ma connaissance, qui était possédé de la même fantaisie. — *Oldfox* : Eh bien, monsieur? — *Manly* : Eh bien, monsieur, je lui dis franchement qu'il devenait *bête comme un âne*. » N'est-ce pas le charbonnage d'un enfant maladroit qui veut imiter sur un mur les fins contours d'un dessin de maître ?

Cependant, Wycherley n'est pas toujours aussi mal inspiré. Sa plaideuse enragée, lady Blackacre, qui ne bouge pas de la Chancellerie ni de Westminster, tient tête aux juges, en remontre aux avocats, cite de mémoire les textes de lois, règne par règne, année par année, est un type amusant. Elle traîne après elle Jerry, son dadais de fils. Jerry tient du perroquet et du singe. Déjà rompu au langage du Palais, il appuie d'une manière grotesque tout ce que dit sa mère. A chaque instant, elle l'appelle en témoignage : « N'est-ce pas, Jerry? — Oui, maman. » Un beau jour, le jeune homme, pourvu de quelques shillings empruntés, se révolte. « Maman, je vous ferai un procès en restitution des fruits perçus pendant ma minorité; je dirai que vous m'avez volé! — Et moi, je dirai que tu es un bâtard. » A la fin, elle est prise dans un piège, elle ne peut en sortir qu'en épousant son persécuteur. Se marier! « Mais alors, s'écrie-t-elle douloureusement, je ne pourrai plus intenter d'action en mon nom! »

Wycherley ne fait qu'imiter. Dans Farquhar et dans les autres, nous trouverons les caractères du pays et du temps. Tous parlent la même langue, maîtres et valets, jeunes et vieux, la vierge et la femme perdue, le débauché et l'homme de bien. La fillette de quinze ans, qui n'a pas encore choisi parmi ses soupirants, en sait aussi long que la coquette chevronnée, rassasiée de galanteries. Ce n'est pas seulement le mariage qui est ici bafoué, comme dans Molière, c'est la raison, c'est la vertu. Dans les vieillards, elle est désagréable et ridicule; dans la jeunesse, elle est dénuée de cette fleur d'innocence qui est son plus grand charme. La pudeur manque aux jeunes filles, l'honneur véritable aux gentilshommes, la sensibilité à tous. L'amour est absent de ces pièces, où son nom est invoqué à chaque instant. Il ne s'agit plus, en effet, de mériter un cœur, mais de forcer ou de surprendre les faveurs d'une femme, fût-ce au moyen d'un narcotique, fût-ce en conspirant avec des valets et des entremetteuses. La possession, c'est là-dessus que roulent toutes les comédies; on n'y parle pas d'autre chose, et il s'en faut de bien peu que l'effronterie des acteurs n'en donne le spectacle à la curiosité cynique du parterre. Ce qui se commence devant le public, s'achève dans la coulisse. Quelquefois même un personnage, resté en scène, suit des yeux les péripéties de l'aventure et tient les spectateurs au courant.

Dorimant et Wildair sont deux types d'hommes à la mode, dessinés, le premier par Etherege, le second par Farquhar. Étudions-les; nous allons savoir ce que pense, ce que sent, comment se comporte l'homme comme il faut, proposé en exemple aux jeunes gens. Wildair est froidement méchant, d'une méchanceté plus incurable et plus odieuse que celle d'un assassin de profession. Après avoir rossé un brave *alderman*, qui n'a d'autre tort que de lui avoir prêté de l'argent, il conclut par ces mots : Quel plaisir de se venger sans être en colère! Ce mot n'est pas gai : il fait frissonner, loin de faire rire. Et Dorimant? Tant que dure la pièce, il est l'amant de deux femmes et le prétendant d'une troisième. A la fin, il l'épouse, en nous faisant savoir qu'il épouse...

une dot. C'est ce qui l'excuse de se marier, de tomber dans cette trappe vulgaire où l'on fait choir tous les sots. D'ailleurs, il n'est pas brouillé avec ses maîtresses, au contraire. Il les tient par ses mensonges, et il les aura encore quand l'envie lui en prendra.

Les femmes ne valent pas mieux. Quel démon que lady Lurewell, qui fait battre ses amants les uns par les autres! Misanthrope femelle, elle réunit Alceste et Célimène en un seul personnage. Elle prétend se venger d'avoir été séduite, en rendant tous les hommes malheureux. Sa cruauté se complique d'un grain de folie. Au milieu de ses méfaits, elle caresse le projet bizarre de se retirer à la campagne pour faire pénitence.

Même des caractères plus gaiement tracés, et que l'auteur a voulu rendre sympathiques, nous étonnent et nous froissent par leur légèreté inconsciente. Nous aimerions assez miss Balance, de l'*Officier recruteur*, si nous ne la voyions se servir de la garde-robe de son frère à peine mort, pour courir le monde à la recherche d'aventures de carnaval. Son amoureux est un officier. La profession militaire favorise d'ordinaire les instincts chevaleresques ; elle n'empêche point ici ceux qui l'exercent de descendre aux tours les plus vils et aux plus basses tromperies. Les procédés qu'emploie le jeune recruteur de Farquhar, pour remplir les cadres de l'armée anglaise, sont de telle nature que, dans des temps plus réguliers, ils auraient mené leur auteur aux galères ou au gibet, ainsi que ses acolytes. En traçant ce caractère, Farquhar avait-il une intention satirique? Nullement. Il peignait une vie qu'il connaissait à merveille pour l'avoir pratiquée.

Il faut cependant ajouter que l'*Officier recruteur* est une pièce de jeunesse, pleine d'entrain, de bonne humeur et d'esprit. Quel écrivain comique n'envierait la scène où le sergent Milan se déguise en sorcier, pour envoyer à la guerre les sujets récalcitrants, et la consultation qu'il donne à la belle coquette et à sa suivante? Ce Milan est digne de marcher de pair avec les valets du grand répertoire. C'est un Scapin soldat, un Mascarille en habit rouge.

Congreve.

Farquhar mourut avant trente ans. Congreve vécut assez pour voir le goût atteindre un degré de politesse que les contemporains des deux derniers Stuarts et de Guillaume n'avaient point connu. Il y plia son souple talent, et mérita d'être applaudi des lecteurs d'Addison. Ses jeunes premiers ont une grâce impertinente, une façon de se moquer du bout des lèvres, qui nous met bien loin des cruelles plaisanteries de Wildair et du froid persiflage de Dorimant. Malheureusement, ils ont de l'esprit et ils le savent. Moins brutal que ses prédécesseurs, Congreve est plus maniéré. On sent que les spectateurs de son temps devaient prendre l'affectation pour de l'élégance et la subtilité pour de la profondeur.

A cette époque, en France, la comédie devenait sérieuse avec Destouches et se préparait à se noyer dans les larmes avec Nivelle de la Chaussée. Congreve, prompt à pressentir les courants littéraires et à s'approprier les nouveautés, s'attaqua plus d'une fois à des situations et à des caractères qui devaient appartenir plus tard au drame bourgeois. Est-il un plus sombre groupe que celui de lady Touchwood et de son complice Maskwell? L'une est une Phèdre de salon, l'autre est une ébauche du Tartufe anglais, que Sheridan aura le talent d'achever dans Joseph Surface. Pour dessiner ces caractères de premier rang, Congreve manque de la force nécessaire. Lady Touchwood n'est qu'à demi réussie, et Maskwell est manqué. C'est moins un hypocrite qu'un intrigant, et l'intrigant n'est pas un type. Il a beau, quand il est seul, faire la philosophie du mal, au point qu'on désire impatiemment la fin de ses monologues : des sentences ne remplacent pas des traits de caractère.

En revanche, la finesse de Congreve triomphe dans les expositions qui demandent plus d'art et d'esprit que de puissance, dans les scènes épisodiques, dans les types accessoires qui expriment, non des caractères, mais des nuances et des reflets. Tel est le petit Coxcomb, dans *The Way of the World*, qui s'attache à un fat en renom, pour l'imiter dans tous ses actes, et qui, avec son air sot, ne cesse pas une minute de critiquer son grand ami, au point de finir par le couvrir de ridicule. Telle est la bonne lady Plyant, à laquelle on persuade si aisément qu'elle est l'unique objet de la passion de son futur gendre, le jeune Mellefont. Elle est si troublée, si étonnée, si émue... « Je le sais, l'amour est bien fort, et nul ne peut dominer sa passion. Ce n'est pas votre faute, ni la mienne non plus, je le jure. Puis-je m'empêcher d'avoir quelques attraits? Pouviez-vous empêcher ces quelques attraits de vous enchaîner? Vraiment, ce serait bien triste qu'il y eût là une faute... Mais mon honneur... le vôtre... le péché, la nécessité... Mon Dieu! on vient, je n'ose demeurer... Enfin, Mellefont, il faut considérer votre crime, il faut lutter, oh! oui, il faut lutter. Pourtant, point de chagrin, point de désespoir; surtout n'allez pas croire que je vous accorde jamais... Seigneur! non! Ce qu'il y a de certain, ne pensez plus à ce mariage. Bien que vous n'aimiez Cynthia, je le sais, que comme un paravent, si j'allais être... jalouse? Mon Dieu, qu'est-ce que je dis là? Jalouse! non, non, je ne peux pas être jalouse, car je ne puis pas vous aimer. Ainsi, n'espérez rien, mais ne désespérez pas... Oh! les voici, je me sauve! »

Certes, la situation n'a rien de particulièrement original. Mais enfin, prenez cette tirade, adoucissez-la, nuancez-la, donnez-la à une bonne comédienne, imaginez les gestes de Mellefont, qui veut à tout moment ouvrir la bouche pour détromper son inflammable belle-mère, et enfin supposez la fuite de la dame brillamment exécutée, soyez sûrs que cette chute de scène sera vivement applaudie par le public le plus difficile.

Congreve était un habile; par sa vie, plus encore que par son théâtre, il se distingue des auteurs dramatiques du temps de Charles II. Il s'amassa une jolie petite fortune. Vers la fin de sa vie, révéré comme un oracle dans les foyers de théâtre, admiré des écrivains, gâté par une grande dame et par une grande actrice, il en arriva à ce degré de fatuité qui rend si haïssable la vieillesse de certains hommes de lettres.

Voltaire, dans son voyage en Angleterre, crut devoir visiter la vieille idole et déposer à ses pieds quelques-uns de ces compliments où il excellait. « Je vous en prie, ne parlons pas de mes pièces, dit Congreve d'un air boudeur; j'ai écrit cela pour m'amuser. Ne voyez en moi, je vous en prie, qu'un gentilhomme et un homme du monde. » Voltaire, impatienté, reprit : « Si vous n'étiez qu'un gentilhomme, je ne serais pas venu vous voir. »

Par bonheur pour Congreve, la postérité ne l'a pas pris au mot. Elle n'a pas vu en lui seulement un gentleman qui a de l'esprit et qui fait des pièces pour s'amuser, elle lui a réservé une petite place au troisième rang des auteurs comiques, au-dessous de Regnard, de Lesage et de Marivaux, dans le voisinage de Destouches et de La Chaussée, parmi ceux qui font sourire plutôt qu'ils ne font rire, parmi ceux qui ont exploité les modes plutôt que les caractères, les ridicules de leur pays et de leur temps, plutôt que les travers éternels de l'humanité.

Dryden. Ses débuts.

L'histoire du théâtre nous a entraîné bien au delà du règne des Stuarts; revenons au plus grand, ou plutôt au seul poète de cette époque, à Dryden.

On l'a déjà vu occupé, sous les auspices de Davenant, à transformer en opéras les pièces de Shakespeare. Ses premiers ouvrages, peu goûtés du public, réussirent auprès de la favorite, qu'il célébrait en petits vers, comme Voltaire encensera Mme de Pompadour. La maîtresse de Charles II avait, comme celle de Louis XV, la prétention d'être comédienne. Elle joua le principal rôle dans *The Maiden Queen*, de Dryden. Sa Majesté avait daigné fournir le canevas de la pièce, qu'Elle avait, d'ailleurs, emprunté au grand Cyrus. Est-il besoin de dire que l'œuvre était détestable? Vers ce temps, Dryden avait formé la plus malheureuse des unions que puisse contracter un homme de lettres. Il avait épousé une fille noble et pauvre, qui lui apporta en dot un tout petit domaine, et dont la réputation, à en croire les ennemis de Dryden, n'était pas sans tache. Par bonheur, le poète entendait les affaires. Moyennant trois pièces qu'il devait fournir chaque année, il se rendit acquéreur de cinq quarts d'action du Théâtre-Royal, d'où il tirait de 3 à 400 livres par an. Dryden fit honneur à ses échéances, en honnête négociant littéraire; parfois, il les devança. C'est ainsi qu'il nous apprend, dans la préface de l'*Amour tyrannique*, qu'il n'a mis que sept semaines à l'écrire. Ces sept semaines ne rappellent-elles pas le quart d'heure d'Oronte ? On conçoit que des ouvrages composés avec tant de hâte, et dans un but de spéculation, aient parfois échoué auprès du public, et on nous excusera de ne pas nous y arrêter. L'*Astrologue pour rire* tomba lourdement et, quelques jours après la première représentation, Dryden avouait lui-même, dans la boutique du libraire Herringman, que c'était une pièce de cinquième ordre. En revanche, la *Conquête de Grenade* obtint un grand succès. A ses revenus d'auteur s'ajoutait la pension attachée au titre de lauréat, et bientôt Dryden y joignit les émoluments d'historiographe royal. La médaille avait son revers. Villiers le bafouait sur la scène dans la *Répétition*, et Rochester le faisait bâtonner dans Rose Alley, pour le punir d'avoir médit de son protégé, le poète Elkanah Settle.

Annus mirabilis.

Cette œuvre, longtemps caressée, peut servir à faire connaitre la poétique de Dryden et celle de son école, pendant la première moitié du règne de Charles II. L'année merveilleuse dont il s'agit, est celle qui vit la grande défaite navale des Hollandais et l'incendie de Londres. Ce sont ces deux événements, d'ailleurs très dignes de mémoire, que Dryden a réunis dans ce poème, où de réelles beautés se mêlent à de grossières fautes de goût et à de ridicules affectations. Saint-Amant se contentait de mettre aux fenêtres les poissons de la mer Rouge : Dryden fait tirer aux anges les rideaux du ciel pour regarder la bataille. Ces anges vont jusqu'à allumer des comètes pour mieux voir. On sourit, et tout à coup on est ébloui de la splendeur et de l'élégance des deux strophes qui suivent. C'est affaire à un poète de se tirer si bien d'une métaphore ridicule. Le patriotisme anglais s'épanouit ici avec son exagération la plus amusante. Le « Batave » fuit devant Charles comme il fuira plus tard devant Louis, dans les vers de Boileau. Mais l'histoire n'a écouté ni Dryden ni Boileau. A vingt ans de là, le Batave fuyard donnait un maître à l'Angleterre et un rival heureux à Louis XIV.

Une fois dans la mêlée, le poète s'échauffe. Il y a, dans sa bataille, de l'émotion, du tumulte, de l'acharnement, de la vraie fureur, de vrais périls. On sent la poudre, on entend la mer, « dont les vagues fuient le combat et viennent se coucher, palpitantes, épuisées, sur le rivage silencieux ». Après une terrible nuit, on sent sur la joue « ces bouffées d'air frais qui annoncent que le matin est proche »; on voit « s'égarer au loin ces grands martyrs du combat, ces fantômes des vaisseaux incendiés, dont les feux pâlissent sur l'horizon où l'aube blanchit ». C'est de la poésie descriptive, construite d'accord avec les règles classiques, mais d'après les maîtres antiques, non d'après leurs élèves français. Les hors-d'œuvre sont amenés suivant la recette des *Géorgiques*, les vieilles comparaisons défilent, — les abeilles, le lion, l'aigle qui fond sur sa proie, le vieux chêne battu des vents, — mais avec des détails vivants et sentis, avec la chaleur d'une impression personnelle, avec les images et le langage de la poésie, surtout avec le mot précis qu'ignore ou redoute l'école de Boileau. Dryden avait assisté à une émouvante journée de chasse lorsqu'il nous montre le cerf et le chien qui tombent vaincus par la fatigue, l'un n'ayant plus la force de fuir, ni l'autre celle de tuer. Il avait visité les chantiers de Portsmouth avant de nous décrire la flotte anglaise radoubée sur place. La précision va jusqu'à nous dire ce que fait le calfat de sa main droite et ce qu'il fait de sa main gauche. Comment ne pas se représenter un homme ainsi décrit? Rien n'est plus virgilien que cet art d'ennoblir les détails techniques et de faire jaillir le pittoresque des choses les plus humbles.

La seconde partie, l'incendie de Londres, est moins bien traitée. Le poète ne rend pas, à beaucoup près, ce qu'il a vu, comme il décrit ce qu'il a imaginé. Le récit est déparé par des *concetti*, et surtout par des comparaisons qui rapetissent les objets. Le vent qui active l'incendie est qualifié de *Belgian wind*, non parce qu'il vient de l'est, mais parce qu'il prend les intérêts des Hollandais. Les flammes sont assimilées à des êtres vivants, à des bataillons ennemis. Les unes assiègent la Tour, les autres sont attirées par la Bourse et par les maisons des grands banquiers de Lombard street. Combien cette allégorie est froide auprès de la réalité ! Combien il eût été plus poétique de représenter l'élément stupide, aveugle, malfaisant, la force inerte et monstrueuse contre laquelle l'intelligence humaine lutte en désespérée ! L'arrivée de Charles II sur le terrain du désastre est ridicule. Ces gens qui ont tout perdu, jusqu'à leur lit, cette mère qui n'a plus de pain pour ses enfants, s'affligent plus des larmes du roi que de leur propre malheur. Et pourtant, la prière que Dryden met sur les lèvres de Charles n'est ni plate, ni déplacée. Le roi y fait allusion à ses fautes, non sans noblesse. On allait se moquer du prince et de l'auteur, et on est forcé d'admirer, on est presque touché. Ainsi, dans cette pièce étonnante, l'excellent sort du grotesque; le poète a réussi là où il devait échouer; il s'est montré faible là où un écrivain vulgaire eût réussi.

Satires politiques. *Absalon et Achitophel.*

Absalon, c'est le duc de Monmouth, fils naturel de Charles II. Achitophel, c'est son conseiller, le comte de Shaftesbury. Monmouth, quoique bâtard, prétendait à la succession au trône, qui revenait au duc d'York, depuis roi sous le nom de Jacques II. Le duc d'York était catholique et autoritaire; il était, de plus, fanatique et sot. Monmouth était protestant et feignait d'être libéral. En outre, il était séduisant, courageux, naturellement éloquent. Il se révolta deux fois : la première sous Charles II, et fut pardonné; la seconde sous Jacques, et fut décapité à Tower's hill en 1687.

C'est la première de ces tentatives que Dryden a racontée dans un poème fait sur commande. Ce n'est pas, à vraiment parler, un récit ; c'est plutôt une dissertation en vers, une apologie politique. Il ne s'agissait nullement de raconter les faits à ceux qui venaient d'en être les témoins. Montrer sous un jour défavorable les partisans et les principes de Monmouth, opposer à ces doctrines anarchiques les vrais principes de la monarchie, tels qu'on les professait dans l'entourage des Stuarts, enfin, mettre en relief les beaux sentiments de Charles II, sa magnanimité unie à sa justice, voilà le triple but du poème. Dryden, en écrivant *Absalon et Achitophel*, faisait œuvre de polémiste officiel, de journaliste, si l'on veut, plutôt que de poète.

La partie la plus ingrate de sa tâche consistait à versifier les antiques sophismes qui servent à étayer, tant bien que mal, la royauté absolue. Parmi ces sophismes, il en est d'assez gais, par exemple celui-ci : Si les hommes n'avaient pas le pouvoir d'enchaîner leurs descendants à une dynastie, comment notre premier père Adam aurait-il pu, par sa faute, nous faire condamner tous, jusqu'au dernier homme ?

Les meilleurs morceaux du poème sont les portraits. Titus Oates est flétri, marqué au fer rouge ; Shaftesbury noirci à plaisir, mais non avili ni diminué. Il apparaît comme un Satan politique, et rappelle, par plus d'un trait, le sombre héros de Milton. Le portrait de Monmouth n'est pas moins habilement tracé. Soit indulgence sincère, soit qu'il fît la part de l'imprévu, Dryden a singulièrement ménagé le moderne Absalon. Sans doute, il supposait que la tendresse paternelle n'était pas entièrement éteinte dans le cœur de Charles II. On trouve un étonnant déploiement de psychologie politique dans la description, à la fois profonde et pittoresque, du parti bigarré qui s'était formé derrière Monmouth. Il est seulement regrettable que Dryden n'ait pu résister à la tentation de glisser, dans cette légion de proscrits qui entourent le prince rebelle, deux ou trois de ses ennemis littéraires, entre autres Settle et Shadwell. « *Be thou dull*, tu seras un sot ! » s'écrie la sage-femme qui préside à la naissance de Shadwell, en posant la main sur le crâne épais de l'enfant. Cette réminiscence comique du fameux : « Tu seras roi », des sorcières de Macbeth, devait coûter cher au satirique. En effet, si Monmouth ne réussit pas à détrôner Jacques II, Shadwell devait réussir à détrôner Dryden.

Poëmes religieux. *Religio laïci*. *The Hind and the Panther*.

C'est sur le terrain religieux qu'on attaquait le gouvernement. C'est sur ce terrain que devait donc se transporter la défense. Aussi Dryden n'hésita-t-il pas, bien que ses goûts et sa vie antérieure ne l'eussent guère préparé à ce genre de questions. Son premier essai est la *Religio laïci*. Pour dissimuler l'embarras qu'il éprouve sous son armure d'emprunt, il affecte la bonhomie : « J'ai voulu, dit-il, mettre mes opinions au grand jour. — Je n'attends pas qu'on me loue, je ne crains pas qu'on me blâme. — J'ai choisi un mètre raboteux et sans élégance, — comme le plus apte à la controverse et le plus rapproché de la prose. — Pourvu que je ne m'écarte pas de la sainte vérité, — les rimes de Sternhold ou de Shadwell me seront assez bonnes. »

Toujours Shadwell! Ce nom trahit le caractère factice du poème. Au fond, Dryden ne songe qu'à sa gloriole littéraire et à ses querelles d'auteur. On ne s'étonne donc pas de trouver que sa dissertation manque de sérieux, d'autorité, de profondeur. Elle peut se résumer ainsi : Le besoin de l'homme est de posséder la vérité, mais la raison lui promet cette conquête, sans la lui assurer. L'auteur se débarrasse dédaigneusement des philosophies anciennes, qu'il ne paraît guère connaître. Reste la religion révélée. Mais où la chercher? Avec les papistes? Avec les sectes? Non, mais avec l'Église établie, qui, seule, concilie la foi et la liberté, l'Écriture et les Pères, la tradition et l'examen.

Peu d'années après, un nouveau roi était sur le trône, qui professait le catholicisme. Dryden jugea que l'orthodoxie avait changé avec le monarque ; il se convertit au catholicisme et demanda à sa muse de défaire ce qu'elle avait fait, de défendre ce qu'elle avait combattu, d'adorer ce qu'elle avait renversé. De là, le poëme *La Biche et la Panthère*.

La biche, c'est la religion catholique en général, et le faon dont elle pleure la perte, c'est le catholicisme anglais, détruit par Henry VIII et Elizabeth. La panthère, c'est l'Église anglicane, une noble bête, et que Dryden ménage, non parce qu'il la défendait hier encore, — les néophytes n'ont pas de ces scrupules, — mais, s'il réprouve son hérésie, il est obligé de louer en elle la fidélité aux rois. En revanche, il traite sans pitié les sectes, qui sont personnifiées par d'assez vilains animaux. Le Quaker est représenté par un lièvre, animal inoffensif; l'Indépendant, par un ours mal léché; la férocité du sanglier sert de symbole au Baptiste, et l'astuce du renard au Socinien. Le plus malicieux de tous est le singe : c'est l'athée. Mais la bête la plus cruelle, celle dont le poil hérissé, l'œil sanglant, les crocs aigus, annoncent les redoutables appétits, c'est le Presbytérianisme, c'est le loup de Genève.

Après cinq cents vers qui servent d'exposition et nous rendent familière toute cette ménagerie, on voit la biche venir boire, avec les autres bêtes, les eaux du lac, sous la protection du lion britannique. Ici, on reconnaît la tolérance proclamée par Jacques II. Les animaux sauvages sont saisis de voir, si charmante et si douce, celle qu'on leur a représentée comme un monstre à dix cornes. Là-dessus s'engage, entre la panthère et la biche, une conversation théologique. La biche explique la doctrine de l'infaillibilité, qui réside — c'était l'orthodoxie au temps de Dryden — dans le pape et le Concile réunis. Elle invite ensuite la panthère à recevoir l'hospitalité dans son gîte. Là, recommence le débat. Il ne roule plus cette fois sur les points de doctrine, mais sur l'état des partis religieux, considérés dans leurs rapports avec la politique du moment. Le poème finit quand les deux bêtes vont dormir.

On ne trouve plus, après *La Biche et la Panthère*, de poème symbolique, et ce genre, si cher aux Anglais, disparaît entièrement. Dryden avait tué l'allégorie, en la poussant aux dernières limites de l'invraisemblance et de l'absurdité.

En traînant la poésie hors de son paisible domaine, Dryden l'avait d'avance exposée à des représailles. Lorsqu'en 1689, on le déposséda de son titre et de sa pension de poète-lauréat, Shadwell fut désigné pour le remplacer, moins par son talent que par les sarcasmes de son prédécesseur. Dryden se vengea par le petit poème intitulé *Mac-Flecknoe*.

Flecknoe a réellement existé. C'était un ecclésiastique irlandais qui avait renoncé à ce qu'il appelait « la partie manuelle du métier », c'est-à-dire aux devoirs d'un ministre de paroisse, pour composer des pièces stupides. Ce pitoyable auteur est supposé le roi des sots. Se sentant vieillir, il cherche un héritier, et son choix s'arrête sur Shadwell. On assiste au couronnement du nouveau roi des sots, qui se rend solennellement à Drury-Lane à travers des rues jonchées, non de tapis précieux, mais d'exemplaires invendus de ses œuvres et d'autres poèmes de même force. Flecknoe prononce, en lui donnant l'investiture, un discours burlesque, à la suite duquel il disparaît, laissant son manteau à Shadwell comme Élie à Élisée. Seulement, le prophète juif est enlevé au ciel. Flecknoe est englouti par une trappe, ainsi qu'il convient à un poète de théâtre.

Cette plaisanterie est agréable si l'on admet le genre, qui a aujourd'hui peu de saveur pour nous. On trouva la pièce trop courte : rare mérite, même pour un poème de deux cents et quelques vers. C'est ce qui donna à Pope, comme nous le verrons, l'idée d'en tirer davantage.

Il y aurait à glaner dans les épîtres, les élégies et les poésies diverses de Dryden. Les petits vers adressés à Etherege sont faciles, vifs, pétillants, comme ceux que Voltaire a semés dans ses lettres. Lorsque Etherege est nommé — signe du temps ! — ambassadeur à Ratisbonne, pour avoir écrit la comédie de l'*Homme à la mode*, Dryden l'engage, avec une verve plus gauloise qu'anglaise, à montrer aux Allemands et aux Allemandes « ses pleins pouvoirs ». Il sait faire vibrer une note plus grave, témoin l'élégie sur la mort de miss Killigrew, et surtout l'épître à la mémoire d'Oldham. Oldham, pauvre diable de poète, maître d'études dans une petite pension des environs de Londres, avait été un moment tiré de l'obscurité et de la misère par un bienfaisant caprice des rois du jour, et par le succès de ses satires contre les Jésuites. L'épître à Oldham vaut l'ode d'Horace à Tibulle. On y savoure l'expression parfaite d'un sentiment exquis. Ce n'est qu'une larme, mais une larme de poète est une perle.

Dryden sentait les arts autant qu'il était permis de le faire à un contemporain de Lebrun et de Lulli. Il écrit à sir Godfrey Kneller, pour exprimer à ce fameux peintre de portraits le regret de ne pas le voir se consacrer à la grande peinture, et il en trace l'idéal à sa façon. Cet essai d'esthétique est faible, mais quelques traits heureux l'assaisonnent et le réhabilitent. *The iron sleep*, le sommeil de fer du moyen âge, est un de ces traits. Les derniers vers sont charmants : « Plus ne peut exprimer l'art mortel; — mais l'âge vénérable ajoutera le reste. — Le temps viendra, le temps dont le pinceau ne se repose jamais, — retoucher vos figures de sa main qui achève, — adoucir vos couleurs, brunir vos teintes, — ajouter ces grâces que lui seul peut donner. — C'est lui qui portera votre gloire aux âges futurs, — et vous donnera plus de beautés qu'il ne vous en dérobera. »

Il ne faut pas oublier, ne fût-ce qu'à titre de curiosité poétique, l'ode sur le jour de Sainte-Cécile. Cette ode, très travaillée, avec ses mètres variés et ses consonances harmoniques, vise évidemment à montrer que la poésie est elle-même une musique. Chaque strophe est faite pour glorifier une espèce particulière d'instruments, et pour faire voir à quel ordre d'idées ou de sentiments ils correspondent dans notre âme : après les cuivres, la flûte, les violons, enfin la voix humaine. C'est au bruit de la musique que les sphères ont commencé leur évolution harmonieuse. Au dernier jour du monde, c'est le son déchirant de la trompette qui fera crouler les cieux.

Dryden mourut le 1er mai 1700, « laissant la réputation d'un grand pêcheur à la ligne, d'un grand priseur de tabac et d'un grand poète ». La critique moderne a rayé l'épithète et conservé le substantif. Dryden est un poète, bien moins parce qu'il a possédé mieux que nul autre les ressources de son art, que parce qu'il était né avec le tempérament poétique. Son âpreté tout anglaise, sa rudesse native, n'ont pu être entamées par la mollesse et la corruption littéraires de l'époque, ni par les exigences de la cour, des libraires et du public. Tout en imitant, il a été plus original que ses maîtres ; traducteur infidèle, il s'est élevé au-dessus de cet ingrat métier par son infidélité même. Il a beau se faire, à l'égal des Français, sémillant, immoral, il a beau jouer avec les antithèses, il est assez heureux pour ne pas réussir aussi bien que Waller à dépouiller sa nature et sa nationalité. Il reste pédantesque, mais substantiel, lourd mais énergique, grossier mais franc, sincère dans ses impressions, au milieu d'une littérature qui n'est que mensonge, honnête en dépit de sa versatilité et de ses variations, dont l'intérêt n'était pas le seul mobile, puisque, en définitive, il est mort fidèle à la dynastie vaincue et à la foi proscrite. Oui, Dryden était un poète.

CHAPITRE XV.

PROGRÈS DES LUMIÈRES. — HISTOIRE ET PHILOSOPHIE.

Clarendon et Burnet sont-ils des historiens? — Les philosophes : Hobbes et Locke. — Écrits politiques de divers auteurs. — Hommes d'État et orateurs. — Prédicateurs et théologiens. — L'érudition. — Fondation de la Société royale.

Clarendon et Burnet sont-ils des historiens?

Jusqu'ici, l'histoire n'est pas née. Hollingshed n'est qu'un chroniqueur, Daniel un compilateur humoristique, Camden un antiquaire; Walter Raleigh, dans son *Histoire universelle*, commente la Bible en copiant le style de Tite-Live. Le premier qui ait essayé de débrouiller les annales britanniques est un étranger, Rapin Thoyras. Trouvons-nous enfin, dans Clarendon et dans Burnet, les premiers et véritables historiens anglais?

Clarendon et Burnet ont été l'un et l'autre des personnages considérables. Le premier était chancelier d'Angleterre *in partibus* dès 1653, et, de 1660 à 1667, a tenu une place considérable dans les conseils de la monarchie restaurée. Comme Clarendon sous la République, Burnet a été obligé de s'exiler sous les Stuarts; sur la scène politique, il ne joue pas les premiers rôles, mais les rôles de confident. Tous deux sont consciencieux. Sans l'inflexible rigueur de principes qui caractérisait Clarendon, sa fille n'eût été que la maîtresse du duc d'York et ne serait pas devenue la mère de deux reines. Conciliant envers les républicains vaincus, sévère envers les désordres de la cour, son austérité devint tellement insupportable à Charles II qu'il dut retourner dans l'exil où s'était écoulée sa jeunesse, sur l'ordre de ce roi auquel il avait sacrifié sa vie. Il mourut à Rouen, dit son biographe, dans le déplaisir de Sa Majesté. Quant à l'évêque de Salisbury, malgré ses vanteries et son indiscrétion, nous savons qu'il était le plus honnête homme d'un parti où l'on compte beaucoup d'honnêtes gens. Clarendon était instruit. Burnet, reçu docteur à quatorze ans, avait étonné le monde universitaire par sa science précoce.

Ainsi, ni la connaissance des événements, ni le caractère, ni la culture nécessaire à l'historien, n'ont fait défaut à ces deux hommes. Et, pourtant, l'*Histoire de la Rébellion*, de Clarendon, l'*Histoire de la Réforme* et l'*Histoire de mon temps*, de Burnet, sont des pamphlets ou des apologies, plus ou moins déguisés. Comment ne pas se défier d'un homme qui compose dans l'exil l'histoire des événements qui l'ont exilé ? Comment admettre sans réserves le récit d'une révolution par celui qui l'a préparée comme conspirateur, et bénie comme évêque ? Ni l'un ni l'autre, assurément, n'auraient le droit de dire, comme Tacite, en parlant des hommes qui remplissent leur histoire : *Beneficio aut injuria ignoti*.

Clarendon n'est généreux que parce qu'il est politique. Burnet est partial, mais sans violence ; son jugement, sa religion, sa bonté naturelle, modèrent les sévérités que le préjugé politique inspire à un écrivain de parti. C'est ainsi qu'il s'étonne de voir Milton échapper à la peine des régicides, et ajoute aussitôt une expression de profonde admiration pour son poème, « le plus beau et le plus parfait qu'on ait jamais écrit, au moins dans notre langue ». Il va jusqu'à louer le talent que Milton a dépensé dans ses pamphlets révolutionnaires.

Ni Clarendon, ni Burnet, ne sont des écrivains. Le premier excelle dans le portrait : il connaissait les hommes pour les avoir gouvernés. Mais il semble négliger les vanités et les grâces du style ; sa période embarrassée et traînante rend sa pensée confuse. Il ne craint jamais d'ennuyer et y réussit presque toujours. Burnet manque d'habileté littéraire comme

Clarendon. Il a des transitions naïves : « Maintenant que j'ai parlé de l'extérieur, je vais parler de l'intérieur.... J'espère que le lecteur me pardonnera cette digression qui était nécessaire.... », toutes formules propres aux gens qui ne savent pas écrire. Ses parenthèses sont parfois si longues que le lecteur oublie de quoi il est question. La généalogie de l'auteur intervient dans le récit : un tel, « qui avait épousé ma grand'tante » ; un tel, « mon propre oncle » ; une telle, « dont mon père a épousé la petite-fille ». C'est un bonhomme sans art, mais non sans finesse, dont la mémoire est intarissable et qui conte tant bien que mal des choses intéressantes. Cette bonhomie prêtait à rire à certaines gens. Se moquer de Burnet est une tradition au dix-huitième siècle, parmi les beaux-esprits tories. C'est aux dépens de l'évêque de Salisbury, de ses soi-disant balourdises, de ses prétendues âneries, qu'on se vengeait de l'insaisissable et impénétrable Guillaume. Arbuthnot a publié une parodie de l'*Histoire de mon temps*, sous ce titre : *Mémoires de P. P., clerc de cette paroisse*. Johnson écrit dédaigneusement : « L'Histoire de Burnet est très agréable. A la vérité, le style n'est que du bavardage pur. Je ne pense pas qu'il ait menti avec intention, mais il était si fort prévenu qu'il ne s'est point donné la peine de découvrir la vérité. Il était comme un homme qui est décidé à régler son temps sur une certaine horloge, et qui ne s'inquiète pas de savoir si l'horloge est exacte. »

Burnet est mieux qu'un bavard amusant. Il est, avec Algernon Sidney, sir William Temple et quelques autres, l'un des ancêtres légitimes des Libéraux anglais modernes. Il a leurs façons de raisonner, leurs honnêtes scrupules, mélangés de forts préjugés de parti, par-dessus tout, leur intraitable amour de la légalité. C'est ainsi qu'il désapprouve la levée de boucliers de Monmouth : « Le roi, dit-il, n'avait pas encore commis d'actes qui pussent justifier une mesure extrême. Une rébellion ouverte devait être vite écrasée, et fournir un prétexte pour entretenir une armée permanente ou pour débarquer un corps français. » Burnet, comme on le voit, est de ces politiques qui ne cueillent pas le fruit, mais qui le ramassent. Avec lui et les hommes de son école, on est sûr de ne jamais s'insurger une heure trop tôt.

Les philosophes. Hobbes et Locke.

De même que le pouvoir absolu et la royauté parlementaire ont leur historien, l'un et l'autre ont aussi leur philosophe. Quelle est cette vieille figure, sévère et narquoise? Trois quarts de siècle ont passé sur ce visage flétri, depuis le moment où il se distinguait au premier rang des compagnons et des élèves de Bacon. Il a vécu assez longtemps pour avoir connu les courtisans d'Élizabeth et ceux de Charles II. Quoique ses quatre-vingt-dix ans n'aient rien à démêler avec l'orgie de Wilmot et de Sedley, c'est pour ces derniers venus que sont ses prédilections, car ce sont ses véritables disciples : ils ont vécu comme il a pensé. Cet homme est Thomas Hobbes, l'auteur du *Léviathan*, le professeur de mathématiques de Charles II. Mathématiques funestes! Il semble que Hobbes, en les apprenant au futur roi, les ait en même temps apprises à tous ses futurs sujets, et que cette connaissance ait tenu, pour toute une génération, la place que doivent occuper toutes les autres sciences, y compris la religion et la morale. « En effet, c'est aux mathématiques qu'il emprunte son idée de la science. C'est d'après les mathématiques qu'il veut réformer les sciences morales. C'est le point de départ des mathématiques qu'il donne aux sciences morales, lorsqu'il pose que la sensation est un mouvement interne causé par un choc extérieur, le désir un mouvement interne dirigé vers un corps extérieur, et qu'il fabrique avec ces deux notions combinées tout le monde moral. C'est la méthode des mathématiques qu'il donne aux sciences morales, lorsqu'il démêle, comme les géomètres, deux idées simples qu'il transforme par degrés en idées plus complexes, et qu'avec la sensation et le désir, il compose les passions, les droits et les institutions humaines, comme les géomètres, avec la ligne droite et la ligne courbe, composent les polyèdres les plus compliqués[1]. » Et le résultat de ce système, le voici en deux lignes : Hobbes « réduit l'homme à n'être qu'un corps, l'âme à n'être qu'une fonction, Dieu à n'être qu'une inconnue[2] ».

Le style lui-même est un modèle du style mathématique, bref, clair, précis, substantiel. L'auteur en a rejeté tout ornement, en a banni toute émotion. Ce n'est, d'un bout à l'autre, qu'un raisonnement tenace et continu, où l'on ne découvre jamais d'autre transition que la liaison logique qui soude les parties d'un enthymème, d'un syllogisme ou d'un sorite.

Locke, le philosophe de la révolution nouvelle, diffère de tout avec Hobbes. Regardez ce visage noble et fleuri, encadré dans une perruque, ce gentilhomme assis dans un grand fauteuil doré, qui avance avec aisance une jambe bien prise dans le bas de soie, et pose une assez belle main sur une table chargée de papiers et de livres, au dos desquels on lit : *Essai sur l'entendement humain*. Son style est comme sa personne, aisé et pompeux, abondant et imagé comme sa conversation. Point de termes techniques ni de citations. On n'a point affaire à un pauvre pédant de collège, hérissé de grec et de latin, mais à un homme du monde. Prié par ses amis de réunir quelques idées qu'il leur avait exposées dans le particulier, il a cédé à ce désir. C'est là son entrée en matière, et elle est d'un usage fréquent au dix-septième siècle. Depuis que Descartes en a donné l'exemple, chaque penseur a la prétention de reprendre la science des principes à son commencement, de ne plus rien savoir de ce qui s'est enseigné avant lui, enfin, de se créer à lui-même une langue philosophique et de conduire avec lui, vers la vérité, par de petits chemins aplanis, les esprits les moins familiarisés avec la spéculation. Les logiciens du moyen âge se contentaient d'ajouter une pierre à l'immense édifice de la scolastique : le philosophe moderne veut construire seul sa maison, depuis les fondements jusqu'aux combles.

1. Taine, *Histoire de la littérature anglaise*.
2. *Id., ibid.*

Il faut donc apprendre, avec Locke, toute une série de définitions, qu'il faudra se hâter de désapprendre pour bien entendre Berkeley ou Clarke, David Hume ou Thomas Reid.

La méthode employée et l'ordre suivi par l'auteur de *L'Essai sur l'entendement*, n'ont rien de rigoureux. Au lieu de subordonner ses idées, il les juxtapose ; il les place comme elles viennent, ajoutant un mot, une phrase, un chapitre, suivant qu'il a trouvé une objection dans une lettre ou dans un livre. Il mêle l'affirmation à la réfutation, et donne à la file ses raisons, petites et grandes, bonnes et mauvaises. Il ne se refuse pas d'insérer des contradictions, parce qu'il les considère moins comme des signes de faiblesse d'esprit ou de paresse que comme des gages de sa sincérité. Prenons un exemple : la théorie de la liberté commence comme Spinosa et finit comme Leibnitz. Pour Locke, la volonté est le pouvoir d'agir, et la liberté est la possibilité d'agir. La liberté n'est donc pas une condition de notre existence morale, mais plutôt une condition de notre état physique. C'est la liberté matérielle, c'est ce que le langage ordinaire entend par ce mot, lorsqu'on dit qu'un homme n'est pas libre parce qu'il est en prison. Quant à la volonté, qui nous met en mouvement, elle est déterminée par la série double des phénomènes d'aversion ou de recherche, qui se ramènent au désir et à son contraire, ou plutôt à ce que Locke appelle l'inquiétude. Voilà une théorie toute matérialiste. A quelques pages de là, vous trouvez le mot de liberté interprété dans son sens le plus métaphysique, le plus Leibnitien, et inspirant à l'auteur des développements moraux d'une haute et religieuse élévation. Vous vous étonnez : l'auteur vous apprend lui-même qu'il a laissé subsister ces deux théories, pensant qu'il y en aura pour les différents goûts. C'est ainsi qu'à une table bien garnie, on donne à choisir au convive entre deux flacons. Locke est un hôte riche et qui sait recevoir son monde.

Envisageons sa doctrine en général, et supposons le Cartésianisme connu de nos lecteurs. Les deux grandes différences qui séparent la philosophie de Descartes de celle de Locke sont les suivantes : 1° Pour Locke, point d'idées innées. L'idée de Dieu disparaît avec les autres, avant toutes les autres. Il suit de là que nous perdons une des preuves de l'existence de Dieu, la preuve intuitive, la seule qui convienne à certains esprits ; 2° les opérations intellectuelles ne sont pas continues. La pensée n'est, pour Locke, qu'une fonction de l'âme. Pour Descartes, elle était la condition de l'existence de l'âme. C'est ce qu'affirme l'axiome fameux : « Je pense, donc je suis, » qui exprime, non une conséquence, non un rapport de cause à effet, mais une identité. Locke bâtit toute cette théorie sur une analyse du sommeil, plus ingénieuse qu'exacte, et qui ne prouve guère qu'une chose, c'est que ce philosophe digérait bien et dormait profondément.

Locke envisage les idées au point de vue de leur nature et de leurs relations entre elles. Mais il ne les prend qu'au moment où elles pénètrent en nous. Il ne songe point à examiner la source d'où elles procèdent, et, par conséquent, l'autorité des notions que nous nous formons du monde extérieur, en un mot, le degré de certitude de la connaissance. C'est sur ce point qu'ont porté les investigations de Berkeley et de Hume. Les conséquences désastreuses que ces philosophes ont tirées des idées de Locke, les éloges compromettants dont certains sensualistes français du dix-huitième siècle l'ont accablé, ont fait de Locke le chef d'une école qu'il aurait probablement désavouée. Il était loin de prévoir qu'il portait un coup au spiritualisme, en supprimant les idées innées ; car il ne manque point de dire qu'il n'y a que les scélérats les plus corrompus qui aient l'impudence de faire profession d'athéisme. Il n'imaginait pas que l'une de ses deux théories sur la liberté pût conduire au despotisme ou à l'anarchie ; car il a prêché la liberté réglée dans un livre qui a été, de son vivant, son principal titre à la popularité.

Écrits politiques de divers auteurs.

Plus de vingt ans avant l'époque de Locke, la publication de nombreux ouvrages avait attesté la tendance croissante de l'Anglais à discuter les principes sur lesquels repose la constitution civile et politique des sociétés. Filmer avait écrit, sous Charles Ier, son *Patriarche*, qui parut seulement en 1680. La monarchie primitive devait, dans la pensée de l'auteur, mettre d'accord les partisans du pouvoir arbitraire et les sectes nourries de la Bible. Comment refuser d'obéir à un prince qui se présenterait à son peuple comme le continuateur de Jacob et d'Abraham?

Filmer est un rêveur, Harrington est un fou raisonnable. Son *Océana*, c'est l'Angleterre. Elle forme une République gouvernée par un lord-archonte, qui s'appelle Olphaüs Megaletor, et en qui vous reconnaîtrez aisément Olivier Cromwell. Il y a trois pouvoirs : le sénat, qui propose et discute les lois; le peuple, qui les vote, et la magistrature, qui les exécute. L'autorité doit appartenir à la propriété, et à la propriété foncière. Pour régler cette propriété, Harrington caresse une loi agraire qui ne permet pas aux gens de posséder un revenu supérieur à 2000 livres (50 000 francs). Ici, tout se gâte, vous avez touché le point où le monomane politique commence à divaguer.

Hobbes n'est point un utopiste, malheureusement, et l'humanité a souvent fait l'expérience de ses cruelles théories. Du moins ne peut-on l'accuser d'avoir flatté les goûts du jour. Bon pour Butler de publier une satire contre les puritains, au moment où la prison se referme sur les plus obscurs, où l'échafaud se dresse pour les plus illustres d'entre eux. C'est en plein triomphe républicain que Hobbes a publié son *Léviathan*, et depuis, il n'a point daigné le réimprimer. C'est pourtant dans ce livre que la Restauration chercha la justification de ses pratiques gouvernementales. Il est intéressant de remarquer qu'en France, la monarchie absolue s'appuyait sur la foi : c'est la grande voix de Bossuet qui ordonne aux peuples de révérer les rois comme des dieux. En Angleterre, que voyons-nous? C'est l'athéisme qui tend la main au pouvoir personnel. La philosophie du néant protège la politique de l'arbitraire.

Quelques généreux esprits protestent; au premier rang, l'éloquent et malheureux Algernon Sidney. Il eut le tort de vouloir passer trop vite du rêve à l'action, et devança ce moment psychologique que le sage Burnet n'a pas manqué, et que Locke a saisi comme lui.

Locke est le véritable théoricien de la Révolution de 1688. Puisque cette révolution n'a point inscrit ses conquêtes dans une Constitution régulière, c'est dans l'*Essai sur le gouvernement* qu'il faut chercher son esprit et ses principes, parfois démentis par ses actes.

Après avoir réfuté le système patriarcal de Filmer, Locke établit les principes de l'origine des sociétés. L'état de nature est un état d'égalité et de liberté parfaites. Les hommes passent à l'état de société lorsqu'ils délèguent une partie de leurs droits à un pouvoir qui est chargé de les faire respecter; mais, la communauté une fois formée, les descendants de ceux qui l'ont créée seront-ils obligés par la volonté de leurs ancêtres? Oui, répond le philosophe, et il se réfère au fameux argument de Socrate, dans le *Criton :* résider dans un État, c'est donner son acquiescement tacite à la constitution qui le régit, c'est s'engager à respecter les lois qui le gouvernent. Créer une communauté et déléguer le pouvoir de l'administrer à une ou plusieurs personnes, sont des actes différents. Le premier est fait une fois pour toutes, le second est révocable. Si le pouvoir empiète sur la propriété, alors qu'il est fait pour la protéger, il doit être renversé. Ainsi, la levée d'une taxe illégale rend un gouvernement nul de plein droit. D'autre part, Locke n'ose supprimer la prérogative royale, qui demeure un pouvoir discrétionnaire laissé, dans certains cas, au représentant de l'autorité, pour agir au mieux des intérêts généraux.

Ce beau traité renferme donc un chapitre qui autorise toutes les insurrections; il en contient un autre qui justifie tous les coups d'État. Tel est, du moins, le parti qu'en tirerait, chez nous, la logique des idées extrêmes. Aux yeux des Anglais, Locke n'a fait que saisir l'ingénieuse combinaison des deux principes qui rendent leurs institutions à la fois élastiques et indestructibles.

Hommes d'État et orateurs.

Il semble naturel de placer auprès des philosophes politiques les hommes d'État qui ont mis leurs idées en action, et qui, par l'éloquence ou le talent d'écrire, méritent une place dans l'histoire de la littérature. Les deux plus grands, Shaftesbury et sir William Temple, s'opposent aussi naturellement que Clarendon et Burnet, que Hobbes et Locke.

Avant d'être l'Achitophel de Dryden, la bête noire des courtisans de Jacques II, Shaftesbury avait été le véritable auteur de cette révolution qui replaça Charles II sur le trône, et qui fut la révolution de la curiosité et de la lassitude. Monk est seul visible en cette affaire, mais Monk est un pantin dont Shaftesbury tient les fils. Tout s'explique quand on lit les discours qu'il jetait à la figure des pairs de Cromwell, sénateurs improvisés, prêts à fuir de leurs chaises curules aux éclats de cette voix tonnante et mordante [1].

Antoine Ashley Cooper, que la Restauration fit comte de Shaftesbury, a trahi successivement tous les gouvernements qu'il a servis, mais avec une franche insolence qui enlève du moins à ses trahisons toute apparence de lâcheté. Débauché, mais intègre, ambitieux sans être vénal, il est un de ces hommes à part qui conspirent pour conspirer. Il était en même temps orateur, chose rare, car on ne conspire d'ordinaire que par l'impuissance d'aborder la tribune. Les seules mœurs qu'il possédât étaient des mœurs oratoires. Nul, avant lui, n'a su jouer aussi bien du sentiment religieux, du sentiment démocratique et du patriotisme. Il y a en lui du Machiavel et du Mirabeau. Cette dernière ressemblance est la plus saisissante. Un homme de cour qui se fait tribun, et qui repasse au parti de la cour : tel est Mirabeau et tel est Shaftesbury. Seulement, Shaftesbury n'a point payé ses dettes, et il a soutenu trente ans et plus le rôle qui a dévoré Mirabeau en deux ans. Faisant le bien et le mal sans choisir,

---

1. Voir Ph. Chasles, *Le dix-huitième siècle en Angleterre*.

suivant l'intérêt de ses intrigues, il a doté l'Angleterre de deux lois qui lui ont survécu, et qui sauveraient quand même son nom de l'oubli : la loi du *Test* et celle de l'*Habeas corpus*, l'une infâme, l'autre salutaire ; la première, qui immole la liberté politique au fanatisme religieux, la seconde, qui assure le respect de la liberté individuelle. Aussi, Shaftesbury restera-t-il un personnage double, *homo duplex*, maudit et béni de ses concitoyens.

En revanche, tout le monde estime sir William Temple, et personne ne l'admire. Anglais par les sentiments, Hollandais par les goûts, Français par le style, sir William tient plus de l'homme de lettres que de l'homme d'État. Il s'est plus intéressé peut-être à la querelle des anciens et des modernes qu'à la guerre entre la France et l'Angleterre. C'est un monarchiste du centre gauche, plus propre à parler qu'à agir, plus propre à écrire qu'à parler. L'œuvre principale de sa vie fut bâclée en huit jours : c'est la Triple Alliance, qui unissait l'Europe protestante contre Louis XIV. Temple reprenait la politique d'Elizabeth, avec la France pour adversaire au lieu de l'Espagne. Il ne nous semble pas, à nous qui jugeons ces faits après deux siècles écoulés, qu'il fallût beaucoup de sagacité pour s'apercevoir que le Philippe II de 1680, c'était Louis XIV.

Impossible, d'ailleurs, de voir une carrière plus pure. Il n'a gardé les grands emplois qu'autant qu'il lui a été permis d'obéir à sa conscience et de suivre ses idées. Hors du pouvoir, il ne s'est pas laissé entraîner par le dépit dans l'opposition. Quand ses amis ont triomphé, il ne leur a rien demandé. Il a, au contraire, refusé toute participation au gouvernement. Il a vécu à la campagne, dans une de ses belles et opulentes demeures, où il était heureux de recevoir les visites de son roi. Il y composa à loisir ces écrits ennuyeux et sages qu'on ne lut pas, et qui mirent le comble à sa réputation.

Prédicateurs et théologiens. L'érudition. Fondation de la Société royale.

Nous n'avons pas épuisé la liste des philosophes. Ceux qu'il nous reste à nommer appartiennent presque tous à l'Église anglicane. Norris, un disciple de Malebranche, enchérit sur la tendance de son maître au platonisme. Glanvil, auteur de la *Scepsis scientifica*, se fait remarquer par l'air impétueux et confiant dont il aborde et traite les problèmes spéculatifs. Cumberland, esprit pénétrant et profond, cache dans son *De legibus naturæ* des trésors d'érudition et d'exégèse, qui restent à peu près ignorés jusqu'au moment où Paley et Butler s'en emparent pour les vulgariser. Cudworth est célèbre par sa théorie des médiateurs plastiques, sorte de pont jeté entre l'esprit et la matière; il s'est attaché à réfuter les doctrines de Hobbes, ce qui ne l'a point empêché d'être attaqué par les dévots, et non sans raison ; car sa tentative de conciliation philosophique tourne, en somme, à l'avantage du matérialisme.

Le talent de la parole n'est pas porté moins haut que l'esprit d'investigation métaphysique par les champions de l'anglicanisme. L'archevêque Tillotson, South, Stillingfleet, Barrow, honorent à cette époque la chaire anglaise. Une révolution heureuse s'est accomplie dans l'esprit de ce grand corps ecclésiastique. Ses plus éminents représentants répudient les idées étroites et oppressives de Whitgift ou de Laud. Comme l'État, l'Église se divise en deux partis. Celui qui correspond au whiggisme et qui triomphe avec Guillaume, est animé d'un souffle plus tolérant, plus libéral, et, pour tout dire, plus chrétien. Il laisse aux Tories la conception d'une Église persécutrice, usant et abusant des armes temporelles pour contraindre les fidèles à l'orthodoxie. Sous cette influence nouvelle et salutaire, les passions s'affaiblissent, les anciennes sectes s'éteignent ou se transforment, et la place devient libre, dans le champ de l'individualisme religieux, pour l'apostolat des Wesley et des Whitefield.

Les sciences se développent; la Société Royale, qui n'est d'abord qu'un club privé, et auquel Charles II donne l'investiture officielle, contribue à les encourager. De magnifiques discussions, aussi remarquables par l'intérêt des sujets traités et par le talent des interlocuteurs que par l'ordre et la politesse qui y président, signalent la première époque de ce corps illustre. Sir Isaac Newton explore le monde physique et l'âme humaine, dans un esprit de respect religieux et d'adoration. L'érudition pâlit; le grec n'est plus à la mode, et Barrow, qui professe à Cambridge, se plaint de ne pas avoir d'auditeurs. L'*Eschyle* d'Harley ne trouve guère plus de lecteurs. Le nom le plus fameux est celui de Richard Bentley, fougueux pédant, qui tyrannise vingt ans le monde philologique.

CHAPITRE XVI.

ADDISON. — LES ESSAYISTES ET LES ÉPISTOLAIRES.

Définition de l'Essayisme. — Histoire des journaux avant l'époque de la reine Anne. — Débuts d'Addison et de Steele. — Le *Tatler*. — Le *Spectator*. — Le *Caton* d'Addison. — Addison ministre. Sa mort. — Bolingbroke. — Les écrivains épistolaires. — Lady M. W. Montague. — Lord Chesterfield.

Définition de l'Essayisme.

Le doyen Swift écrit en 1710 à Stella : « Si M. Addison avait la fantaisie d'être roi, je ne sais vraiment si on oserait le refuser. » Quel est ce M. Addison, qui serait roi s'il voulait, et par quels moyens a-t-il conquis l'honneur de régner sur son temps ? Est-ce un grand seigneur, un grand général, un grand orateur ? Rien de tout cela. C'est un grand écrivain, nommons-le de son vrai nom, qui paraît pour la première fois dans cette histoire : c'est un journaliste. Les Anglais l'appellent un *essayist*, et ils étendent ce nom à toute une classe d'écrivains. Si le mot est anglais, la chose n'est pas exclusivement anglaise. Montaigne, La Bruyère, sont des essayistes ; La Rochefoucauld en serait un, s'il développait sa pensée au lieu de la condenser. Voltaire est le plus grand de tous. L'essai est un roman en dix pages, une philosophie en raccourci, la quintessence d'un volume réduit à ses lignes principales, avec une vivacité piquante de style, qui dissimule l'aridité ordinaire des abrégés. C'est quelquefois tout le contraire : c'est une seule pensée, grave ou frivole, variée, creusée, brodée, embellie de mille manières. En somme, tantôt c'est la lentille convergente qui concentre les rayons de la lumière, tantôt le microscope qui grossit les objets. Enterrez l'essai dans un in-quarto, vous n'aurez que le chapitre d'un volume décousu. Publiez-le à part, sous la forme d'une feuille volante, qui coûte quelques sous et passe dans vingt mains différentes en une journée, qui se crie et s'achète dans la rue comme la marée, qu'on vous sert dans les lieux publics, sur une table de marbre, comme une tasse de café ou une côtelette, l'essai devient un article, le journal existe. On avait trouvé, avant Gutenberg, l'art de sculpter les lettres dans le bois ; mais la découverte de l'imprimerie lui appartient, parce qu'il a trouvé la lettre mobile. Steele et Addison sont les inventeurs du journalisme, parce qu'ils ont mobilisé l'essai, comme Gutenberg avait mobilisé le caractère d'imprimerie.

Histoire des journaux avant l'époque de la reine Anne. Débuts d'Addison et de Steele.

Les ennemis de la presse affectent de croire qu'elle n'est bonne qu'à donner des nouvelles. Ce fut là son origine, mais ce n'est pas son but : le secret de sa puissance est ailleurs. Tant qu'elle se borne à recueillir les cancans de la ville et de la cour, à écouter à la porte des ambassades, elle est misérable, mendiante, sans influence, sans dignité; elle mange à la cuisine, elle lèche la main des grands pour un peu de pain : telle, la *Gazette* du bon Loret.

En Angleterre, elle est moins plate, et coïncide avec la première apparition de la liberté politique. La première feuille d'informations qui ait paru en Angleterre date de 1619, et s'appelle *Nouvelles de Hollande.* Le premier journal publié à intervalles réguliers, ce sont les *Nouvelles de la semaine,* dont le premier numéro hebdomadaire date de 1622, et dont l'éditeur est Nathaniel Butter. Sous la Révolution, les feuilles pullulent. On en compte plus de cent quatre-vingts depuis le commencement des troubles jusqu'à la fin de la République. On a l'*Espion des Pays-Bas,* le *Correspondant français,* le *Pigeon d'Écosse,* le *Mercure Irlandais,* la *Vérité d'York.* Bientôt, la presse comique s'en mêle ; le *Mercure pour rire,* le *Mercure Démocrite,* le *Mercure fouettard,* donnent des nouvelles des antipodes, de la lune, de l'enfer. Tout disparaît en 1660, comme un printemps hâtif brûlé par la gelée.

En 1709, le premier numéro du *Tatler* voit le jour. L'éditeur est Richard Steele. Addison ne tardera pas à se joindre à lui. Steele, homme à projets, cerveau bouillant, caractère indiscipliné, plume spirituelle et hardie, tour à tour soldat de fortune, écrivain d'aventure, a essayé de tous les métiers, sans réussir et sans se fixer. Addison est tout différent. L'Église, à laquelle son père appartenait, et l'Université, où il a fait un long séjour, lui ont imprimé des habitudes réfléchies et de sages allures. Il a composé des poésies latines que les connaisseurs savourent. Le vers latin demande de la patience et de la finesse, c'est l'école des hommes d'État. Montague entreprend de faire d'Addison un diplomate. On l'envoie d'abord en Touraine apprendre le français. Au retour, il s'arrête à Paris, rend visite à Malebranche, qui l'assure que Hobbes est un pauvre sot, et à Boileau, qui fait un accueil distingué au jeune poète latin. Revenu en Angleterre, la fortune, sous les traits d'un chancelier de l'Échiquier, vient le chercher dans un grenier de Haymarket, pour lui commander un poème sur la bataille de Blenheim. Avant même que la commande soit exécutée, et sur le vu des échantillons, on lui donne une sinécure de 200 livres. Dans son poème, Addison rompait spirituellement avec le vieux préjugé qui transformait les généraux modernes en combattants homériques. Tous ses contemporains étaient tombés dans cette erreur, que Boileau lui-même n'avait pas su éviter. John Philips (1) avait peint Marlborough immolant nos soldats de tous côtés et nageant dans le sang français; Addison ne loue, chez son héros, que les qualités réelles du chef d'armée, la science, l'invention et le sang-froid. A peu de temps de là, nous retrouvons Addison sous-secrétaire d'Etat et député au Parlement pour Malmesbury. La révolution ministérielle de 1710, qui fait tomber Marlborough et Godolphin, pour les remplacer par Harley (depuis comte d'Oxford) et St-John (depuis vicomte Bolingbroke), renverse les espérances d'Addison, le prive de ses revenus et lui fait manquer un grand mariage. C'est alors qu'il entre en plein dans l'entreprise littéraire de Steele, qui avait lancé le *Tatler* pendant le séjour d'Addison en Irlande.

Le *Tatler*.

Le *Tatler* paraît chaque semaine et contient de trois à quatre cents lignes d'impression. L'auteur, un certain Isaac Bickerstaff, date les nouvelles du monde du *Chocolate House* de White, les nouvelles dramatiques du café de Wills, les nouvelles politiques du St-James's, celles qui touchent à l'érudition, du *Grecian*. Il y a enfin des fantaisies simplement datées : *De chez moi*. Les trois quarts du temps, les nouvelles sont imaginaires ou allégoriques. Un jour, Isaac publie son testament, un testament pour rire, bien entendu. Le lendemain, il raconte son rêve, qui est une apothéose symbolique de Marlborough. Il met en scène des habitués de chez White

---

1. Qu'il ne faut pas confondre avec Ambrose Philips, l'auteur des églogues.

ou de chez Wills, qui dialoguent entre eux : c'est une scène de Farquhar ou de Congreve. Au numéro suivant, nous avons les mémoires d'une âme d'enfant, qui a quitté la terre à un mois. Le rédacteur nous raconte la visite d'une dame, qui vient se plaindre que son mari n'en est pas un. Un catalogue descriptif de chiens à vendre nous fait passer en revue toutes les célébrités politiques du parti triomphant. A une dissertation sur le duel succède une très curieuse analyse de l'*Iliade*, présentée sous la forme d'un journal de siège. Quand l'écrivain n'a point de sujet sous la main, il nous donne l'esquisse d'un type du jour : c'est le gentleman, le *fop* (petit-maître), la coquette, le bel-esprit. Puis il ferme sa lanterne magique, et termine par une poignée d'anecdotes, ou par une de ces historiettes qui amènent un trait, et que nous avons baptisées « nouvelles à la main ». Seulement, la nouvelle à la main, chez l'honnête Bickerstaff, est un peu laborieuse. Une des meilleures plaisanteries du *Tatler*, quoique trop longtemps prolongée, est celle qui nous montre une cour d'honneur, siégeant et jugeant suivant toutes les formes des tribunaux ordinaires, avec un jury de femmes. C'est là qu'on juge les manquements au Code mondain, les propos légers, exagérés ou incongrus, les innombrables saillies de la vanité et de la bêtise humaines. Le style des reporters judiciaires est fidèlement imité, et comme ce style n'a point changé depuis lors, on dirait que ces pages sont écrites d'hier.

La collaboration d'Addison élargit le cadre du *Tatler*. Peu à peu, les idées générales, les apologues instructifs, les fines dissertations morales, remplacent les personnalités et les bagatelles. Bickerstaff abandonne les étiquettes de café, renonce à la prétention d'homme bien informé et de colporteur d'anecdotes, pour préférer celle de moraliste ingénieux et bien disant. Mais quelque chose nuit au succès du *Tatler* : c'est Bickerstaff lui-même, dont la physionomie manque de netteté et d'intérêt. C'est alors qu'Addison suggère le plan du *Spectator*, dont le premier numéro paraît le 1er mars 1711.

Le *Spectator*.

Imaginez un homme qui passe sa matinée dans un des cafés que nous avons nommés, tantôt avec les beaux-esprits chez Wills, tantôt avec les philosophes au *Grecian*, chez Child avec les ecclésiastiques, ou avec les politiciens du St-James's, qui va prendre les nouvelles à la Bourse et se retrouve le soir au parterre de Drury-Lane, ou dans un petit cercle dont il fait partie. Ce sont ses impressions et celles de ses amis qu'il donne au public, en y joignant leurs portraits et en y mêlant jusqu'à un certain point leurs aventures, ce qui donne à l'ensemble des numéros du *Spectator* l'unité d'une sorte de roman.

Chacun de ces personnages représente un des types de l'époque; autant de professions, autant de caractères. Un des plus heureux est Will Honeycomb, ce vieux mauvais sujet, bon homme au fond et homme d'esprit, qui, depuis trente ans, n'a pas manqué une première représentation, ni un souper, ni un scandale, et qui offre aux conscrits de la galanterie un chapitre inédit de ses souvenirs, pour leur tenir lieu d'expérience. Mais la figure principale est sir Roger de Coverley, le seigneur de campagne : cinquante-six ans, *cheerful, gay and hearty*, « tient une bonne maison, tant à la ville qu'à la campagne ; grand ami du genre humain, il y a, dans sa façon d'être et d'agir, je ne sais quelle rondeur joyeuse qui fait qu'on l'aime encore plus qu'on ne l'estime. »

A cette variété qui naît des caractères, s'ajoute celle des sujets. « Le lundi, dit Hallam, nous avons une allégorie aussi vive et aussi ingénieuse que les *Vies à l'encan*, de Lucien; le mardi, un conte oriental aussi richement coloré que les récits de Sheherazade; le mercredi, un portrait tracé avec la finesse de La Bruyère; le jeudi, une scène de la vie ordinaire, qui vaut les meilleurs chapitres du *Vicaire de Wakefield;* le vendredi, une malicieuse raillerie à la façon d'Horace, sur les folies du jour, et le samedi, une méditation religieuse qui soutiendrait la comparaison avec les plus beaux passages de Massillon. »

Peu à peu, à mesure que nous lisons le *Spectator*, la société du temps se reconstruit, ligne par ligne, détail par détail; elle s'anime, elle revit. Suivons le beau monde partout où sa fantaisie et son désœuvrement le conduisent. D'abord, aux séances de Henley, où, pour un shilling, on entend ce conférencier bizarre pérorer *de omni re scibili;* on choisit surtout le jour où l'orateur a promis de diffamer un personnage célèbre et respectable. De là, nous passons dans une taverne de Fleet Street, où Mme Salmon exhibe ses figures de cire. Mme Salmon est la Tussaud de l'époque. Lord Chesterfield propose de remplacer l'armée anglaise par des régiments de cire, dont la formation serait confiée à Mme Salmon. On fera venir de Hollande le fameux Von Pinchbeck, pour fabriquer le mécanisme intérieur. Que d'avantages cette nouvelle armée présentera sur l'ancienne, au point de vue de l'économie et de l'humanité! De Fleet Street, nous n'avons que Ludgate Hill à traverser pour nous trouver dans le cimetière de St-Paul. Que de monde, que de toilettes! Voilà le café de Child, où les gens d'Église se réunissent. Poussons jusqu'à la Bourse pour apprendre les nouvelles étrangères, et arrêtons-nous un instant chez Jonathan, rendez-vous des brocanteurs : un monde à part, où les usuriers de Balzac trouveraient avec qui trinquer.

Où irons-nous ce soir? Partridge a prédit la pluie, et Partridge a toujours raison.... à moins qu'il ne se trompe. Vous demandez qui est Partridge? C'est l'astrologue à la mode, qui annonce la mort des gens célèbres, le temps qu'il fera dans huit jours, et le succès de la prochaine bataille contre les Français. Ne vous moquez pas de Partridge : les astronomes sérieux se mêlent de lui faire concurrence. Will Whiston, le traducteur de Josèphe, un très savant homme, a annoncé l'apparition d'une comète pour le 14 octobre, et la combustion de la terre pour le vendredi suivant.

Si nous avions la bonne fortune d'être invité à dîner chez le chancelier de l'Échiquier, Harley, ou chez le secrétaire St John, ou à l'une des réunions du Club d'octobre, avec Masham, Wyndham, Prior, Arbuthnot et les autres, peut être assisterions-nous à quelque brillant assaut entre Swift et celui que Pope appelle *all accomplished St John;* peut-être aurions-nous la primeur d'un de ces véhéments articles de l'*Examiner*, où le futur doyen de St-Patrick soutient avec tant d'esprit une si mauvaise cause. Peut-être aurions-nous l'amusement inexprimable de voir Swift en colère!....

Nous ne passerions pas une soirée moins agréable si on nous permettait de nous cacher dans un coin de la salle où dînent les membres du *Kit cat club*. Pourquoi *Kit cat?* Tout simplement à cause de Cristopher Katt, un pâtissier dont la maison sert de lieu de réunion. Quelle brillante société! Le vainqueur de Blenheim (prononcez en français Hochstett), Somerset, Manchester, Sunderland, Halifax, Somers. On formerait tout un ministère sans quitter la table. A côté de ces grands personnages, Steele, Addison, Congreve, Pulteney, le futur orateur, Garth, le spirituel docteur, l'auteur du *Dispensaire*, un poème héroï-comique, où il y a beaucoup de gaieté et d'humanité. Un homme heureux, c'est Tonson, l'éditeur; il a l'honneur de servir de secrétaire au *Kit cat club*. Honneur mérité, car Tonson est le type du libraire intelligent. Il est l'ami de ceux qu'il imprime et va chercher le génie adolescent jusque sous les toits. Il a fait peindre à ses frais, par sir Godfrey Kneller, les portraits de tous les membres du club.

Du reste, les clubs ne manquent pas. Nous n'avons que le choix. Êtes-vous bel-esprit? Présentez-vous au *Witty club*. Aimez-vous les calembourgs? Voici, dans le numéro 17 du *Spectator*, les règles du *Punning club*. Êtes-vous joli garçon? Le *Handsome club* vous réclame. Êtes-vous laid, j'entends d'une laideur remarquable, d'une laideur hors ligne, d'une laideur à faire sensation, êtes-vous véritablement horrible? Votre place est marquée à l'*Ugly club*, pourvu que vous vous conformiez strictement à toutes les prescriptions de l'Acte de Déformité (ne pas confondre avec l'Acte d'Uniformité, qui a constitué l'Église d'Angleterre). Seriez-vous épris? Le club des amoureux, à Oxford, vous offre un asile. Vous y trouvez la compagnie d'un certain nombre de joyeux martyrs de votre espèce. La soirée s'y passe à boire à la santé des maîtresses. On n'y tolère pas la société d'un homme qui ne soupire pas cinq fois en un quart d'heure, et l'on considère comme un être parfaitement absurde celui qui est assez en possession de lui-même pour répondre directement à une question. Enfin, si vous n'êtes pas bavard, sollicitez votre admission au *Mum*, ou au *Humdrum*, les clubs silencieux. On y fume sa pipe, sans rien dire, jusqu'à minuit.

Si vous n'êtes enrôlé dans aucun club, rien ne vous empêche d'aller là où tout le monde pénètre avec son argent. Que joue-t-on ce soir? Une tragédie d'Otway ou une comédie de Congreve? Si nous allions entendre prêcher le D' Atterbury? Atterbury est à la mode. Si Charles Stuart est rétabli dans ses droits d'héritier, comme beaucoup de gens commencent à le croire, le docteur aura une belle carrière politique. Si le sermon nous ennuie, nous nous divertirons à suivre les manèges des *starers* et des *peepers*. Les *starers*, ou dévisageurs, sont des gentlemen qui se plantent à l'entrée d'un banc et qui tiennent leurs yeux fixés de la manière la plus gênante sur les pieuses beautés venues pour assister à l'office. Le *Spectator* les a flétris comme ils le méritent. Les *starers* se défendent : il y a quelque chose de pire que le *starer*, c'est le, ou plutôt la *peeper*. La *peeper* regarde sournoisement du coin de l'œil par-dessous la corne de son *prayer-book*, entre les chapeaux de ses voisines, et ce genre d'espionnage, pour être plus discret, n'en est pas moins embarrassant. Prononce qui voudra entre les *starers* et les *peepers*. Si nous allions au café? C'est bien dit, mais lequel? Le *Saint-James's*? Les politiciens nous assommeraient de leurs nouvelles et de leurs conjectures. Le *Grecian?* On y parle latin. Chez Will's? Will's est démodé, c'était bon du temps de Dryden. Allons chez Button. Button est un ancien valet d'Addison; c'est chez lui qu'Addison est vraiment roi, comme dit Swift. Les garçons vous serviront tout ce que vous voudrez. Observez la hiérarchie sévère qui règne entre eux. Le premier tient le registre; c'est lui qui a mission de vous happer, si, d'aventure, vous alliez oublier de payer avant de sortir. Le second est chargé de moudre le café et de remettre aux habitués les messages du dehors. Le troisième nettoiera vos souliers, si vous le désirez, et sa tâche n'est pas une sinécure, car Londres est déjà la ville de boue et d'humidité que vous savez. Cet homme à l'air bonasse et un peu ridicule, qui va de table en table, salue les habitués, est-il lui-même un homme célèbre? Non, c'est simplement l'ami des gens de lettres, le protecteur des débutants, et aussi des débutantes, assure la chronique. Il s'appelle Cromwell, mais ce nom, porté par lui, n'a rien de terrible; remarquez ses culottes de peluche rouge, elles sont légendaires. Et ce personnage farouche, qui ronge son frein et guette la porte, une verge sur la table, à portée de sa main ? C'est Philips, le poète bucolique, qui attend le petit Pope, auquel il a juré d'administrer une correction manuelle pour certain article méchant. Voilà une table de marbre qui a son histoire. Il y a cinq ou six ans, venait s'y asseoir un homme encore jeune, habillé en ecclésiastique, figure un peu vulgaire, auquel personne ne parlait et qui ne parlait à personne. Il se promenait de long en large pendant une demi-heure, payait et partait. Faute de savoir son nom, on l'appelait *the mad parson* (le ministre fou). Un jour, il aborde un bonhomme qui, avec ses grosses bottes, paraissait arriver de la campagne. « Dites-moi, monsieur, avez-vous jamais vu du beau temps dans votre vie? » Les beaux-esprits font silence, et prêtent l'oreille pour entendre ce que dit le *mad parson*, qui ne desserrait jamais les dents. Le bonhomme, un peu étourdi : « Mais oui, monsieur, Dieu merci! J'ai vu souvent du beau temps dans ma vie. — Moi, jamais : toujours trop chaud ou trop froid! mais, à la fin de l'année, je ne sais comment le bon Dieu fait, tout est pour le mieux. » Là-dessus, il sort. On se souvint de cette boutade quand le *mad parson* eut forcé toute l'Europe à apprendre le nom de Swift.

Tel est le monde qui se reflète dans le *Spectator*, et qui, à son tour, par un juste retour, lit le *Spectator* avec avidité. Au dixième numéro, le journal tirait à 3000. En supposant que le même exemplaire eût dans la journée vingt lecteurs différents, ce qui n'a rien d'impossible, cela donne soixante mille lecteurs, chiffre énorme pour l'époque.

Addison a des collaborateurs. Outre Steele, on nomme Budgell et Tickell, Heywood, Ensden, un grand seigneur, le comte d'Hardwick, une dame, miss Shepard, un Français, ce malheureux Lemotheux, critique et auteur comique, qui périt d'une mort ignoble et mystérieuse. Mais ces écrivains pâlissent dans le rayonnement d'Addison. Quand il se fatigue et cesse d'écrire, le *Spectator* n'a plus qu'à disparaître. On fait mourir sir Roger de Coverley, on convertit et on marie Will Honeycomb, et tout est dit. Steele essaye de continuer la même veine dans le *Guardian*, mais le plan du *Guardian* n'est pas heureux et le succès est moins vif, bien qu'Addison fasse partie du nouvel équipage. Au *Guardian* succède l'*Englishman*, qui se lance résolument dans la politique. Ce sont les hardiesses de l'*Englishman* qui ont plus tard valu à Richard Steele l'honneur, d'ailleurs stérile et banal, du *knighthood*. Cette fois, Addison se tient à l'écart.

Le *Caton* d'Addison.

La pièce qu'on va jouer est d'Addison. Elle s'appelle *Caton* : bon titre pour une pièce d'opposition. Auteur, directeur, acteurs, spectateurs, tout le monde s'est mis en frais; « le gilet de Juba brille de dentelles d'or, le chaperon de Marcia serait digne d'une duchesse, le jour de sa fête, et Caton porte une perruque de 50 guinées. Pope a écrit le prologue dans un style noble et inspiré. Le rôle du héros est admirablement joué par Booth. Steele s'est chargé de faire la salle. Les loges étincellent des plaques d'ordres qui s'étalent sur la poitrine des pairs whigs. Le parterre est comble d'auditeurs attentifs et sympathiques, appartenant aux écoles de droit et aux cafés littéraires. Sir Gilbert Heathcote, de la banque d'Angleterre, ou, comme on l'appelle familièrement, sir Gibby, est à la tête d'un corps d'auxiliaires, cœurs chauds et whigs solides, prêts à applaudir aveuglément, si aveuglément en effet, que les pauvres gens prennent au sérieux les tirades hypocrites du traître Sempronius, et font à ce faux libéral un succès plus grand qu'à l'honnête Caton[1]. » On sourit de l'erreur où tombent ces Romains

---

1. Macaulay, *Essais*.

volontaires, plus habitués à aligner des chiffres et à débiter des marchandises qu'à peser les choses de l'esprit et à discerner les nuances historiques. On sourit surtout en voyant l'immoral Wharton applaudir aux tirades contre le vice. On s'amuse d'apprendre que Bolingbroke vient d'appeler Booth dans sa loge pour lui remettre cinquante guinées, en le félicitant de ce qu'il personnifie si bien la lutte de la liberté contre un dictateur qui menaçait de s'éterniser. C'est à Marlborough qu'il feint de rapporter cette allusion.

En somme, soirée magnifique. Seulement, les Whigs doivent se résigner à triompher sans avoir vaincu, les Tories s'étant plu à applaudir de toutes leurs forces les passages qui devaient les accabler.

Addison ministre. Sa mort.

Les événements réservaient à Addison et à ses amis des revanches plus fructueuses. Ce que ni le talent, ni l'esprit, ni la raison, ni la justice, n'auraient fait, un coup de théâtre l'accomplit. Anne mourut, et les espérances du torysme s'évanouirent. Il était écrit qu'Atterbury ne serait jamais primat, ni Swift évêque, ni Prior ambassadeur, ni Pope lauréat, ni Arbuthnot médecin ordinaire. Addison, d'abord envoyé comme secrétaire en Irlande, puis membre du Conseil de commerce, devient secrétaire d'État. L'homme qui ne peut ouvrir la bouche devant un Parlement, occupe la place qu'a remplie St John. Presque en même temps, il vient d'épouser sa voisine de campagne, la comtesse de Warwick : mariage de gloriole, qui lui ouvre les rangs de l'aristocratie. Le voici au faîte : son triomphe est le triomphe de la prudence, de la sagesse mondaine, pour dire le mot, de la tenue. Une vanité froide, très convenable, ne prêtant pas au ridicule comme celle de Steele, ne s'emportant pas au mal comme celle de Pope, l'a poussé peu à peu aux premiers rangs. Son talent ne lui a pas nui, mais son caractère l'a servi plus encore, ce caractère qui fait de lui un Gil Blas sans immoralité, un Philinte sans bassesse. Il a ménagé ses ennemis, ramenant les uns par sa modération, s'appliquant à mettre les autres dans leur tort, afin de garder au moins l'approbation de la galerie. Quant à ses amis, il ne les abandonne jamais ; du petit au grand, tout ce qui s'attache à lui prospère avec lui, depuis Button, dont il achalande la boutique, jusqu'à Tickell, qu'il pourvoit d'une sinécure. Il sait qu'un homme est puissant par les protégés et les créatures qu'il traîne après lui, et dont l'intérêt se cramponne au sien.

Retiré du ministère à cause de ses infirmités, — parmi lesquelles il faut peut-être comprendre l'infirmité oratoire, — Addison reçoit une pension de 1500 livres. Sa fin est le comble de la convenance. Elle est presque sublime à force d'être décente. Dans une dernière lettre à son successeur Craggs, il lui recommande Tickell, comme il recommande à Tickell ses propres ouvrages. En même temps, il fait allusion à sa mort prochaine avec des expressions à la fois attendries et courageuses. Il fait venir le pauvre poète Gay et lui demande pardon d'un tort qu'il lui a fait, sans dire lequel. Il appelle également à son lit de mort son beau-fils, cet être méchant et débauché, le comte de Warwick, qui s'était ligué avec Pope pour le calomnier. « Venez voir, lui dit-il, comment meurt un chrétien. » Pour toute vengeance, il lui donne une dernière leçon.

Bolingbroke.

Nous avons déjà rencontré plusieurs fois le nom de St John, vicomte de Bolingbroke. Il appartient au même chapitre de l'histoire littéraire qu'Addison ; car il a été, lui aussi, un essayiste. C'est lui qui rédigea avec Harley les premiers numéros de l'*Examiner*, c'est lui qui inspira et écrivit en grande partie le *Craftsman*. Homme d'État, journaliste, philosophe, orateur, ce personnage étonnant a tenu une trop grande place dans son temps, a trop remué d'idées et trop agi sur les esprits pour ne pas mériter une mention rapide.

Il a plu récemment à quelques écrivains français de faire de Bolingbroke le type du conspirateur. Il a conspiré, c'est vrai, au pouvoir et dans l'exil. Mais il était bien permis, tant que vivait la reine Anne et que l'ordre de succession pouvait être changé, d'être Anglais sans être Hanovrien. Si Bolingbroke, réfugié en France, a essayé de préparer le renversement du gouvernement légal, à qui la faute, si ce n'est à ceux dont la rancune impolitique l'avait exilé? S'il est un citoyen de qui on ne puisse plus exiger le respect de la loi, c'est assurément celui qu'on a mis hors la loi. Bolingbroke, chancelier *in partibus* d'une cour composée d'aventuriers irlandais et d'intrigants cosmopolites, lançant sur le Régent, aux heures les plus indues, des diplomates en jupons et d'une moralité moins qu'équivoque, est puni d'avoir accepté un rôle au-dessous de lui, par le ridicule qui s'y attache et par l'ingratitude du triste prétendant qu'il a voulu servir. Brouillé avec son roi et rentré en Angleterre, mais exclu du Parlement, exclu de la cour, dans un pays où rien ne se fait que par la cour ou par le Parlement, que devient Bolingbroke? Il entreprend la réorganisation d'un parti qui le déteste et auquel il s'impose.

Walpole savait ce qu'il faisait en fermant la Chambre des pairs à Bolingbroke. Quel rôle n'eût pas joué, dans une assemblée délibérante, l'orateur dont un juge compétent trace ainsi le portrait : « Beauté régulière et vivante, maintien noble, voix flexible et sonore, action gracieuse et correcte sans rien d'étudié, tout armait son éloquence d'un effet irrésistible sur ceux qu'il voulait dominer, convaincre ou combattre. »

Reste le philosophe, qu'on a accusé d'athéisme, et que le docteur Johnson caractérise ainsi : « Un drôle et un lâche ; a passé sa vie à charger son fusil contre le christianisme, et a eu peur de la détonation. Il a laissé une demi-couronne à un Écossais qui mourait de faim, pour lâcher la détente après sa mort. » Mais il faut prévenir le lecteur que Johnson est un bigot sans charité. La vérité, c'est que Bolingbroke n'est point un *churchman*. Est-ce un athée qui termine ainsi une lettre à Pope ? « Il ne nous reste qu'à nous appliquer à l'étude de la philosophie première, sans autre guide que la parole de Dieu et ses œuvres. » Il est vrai qu'il ajoute, et c'est là son crime aux yeux de Johnson et de ceux qui pensent comme lui : « Dans la religion naturelle, les prêtres sont des guides inutiles, et, dans la religion révélée, des guides dangereux. » L'*Essai sur les connaissances humaines* est un des plus puissants efforts de l'esprit philosophique, et, que l'on accepte ou non les conclusions, il n'en faut pas moins rendre justice à la vigueur du raisonnement, à l'admirable division des matières, à l'excellence de la méthode, à la clarté lumineuse de l'exposition, à l'étendue et à la profondeur des connaissances, en ce qui touche les textes sacrés et les Pères. Quiconque a lu ce livre affirmera, comme nous, qu'il croyait en un Dieu créateur, cause première et intelligence parfaite. Les ouvrages philosophiques de Bolingbroke sont aujourd'hui oubliés dans les bibliothèques. Mais en France, moins peut-être qu'ailleurs, il ne nous est permis de passer sous silence l'homme qui a eu une influence décisive sur les idées de Voltaire et sur les doctrines de l'Encyclopédie. On retrouvera, tout à l'heure encore, Bolingbroke, dans l'*Essai sur l'homme*, de Pope.

Les écrivains épistolaires. Lady M. W. Montague.

La lettre, j'entends la lettre composée à loisir pour être montrée, est encore une sorte d'essai. C'est, de tous les genres, un des plus agréables et un des plus aisés. Les écrivains superficiels, en général, et les femmes, en particulier, y réussissent, sans doute parce que, dans une lettre, on n'est tenu ni de développer ni de justifier sa pensée, et qu'on est affranchi des transitions que Boileau appelait la partie la plus difficile de l'art d'écrire. Des caractères esquissés, de petits tableaux de genre, un grain de méchanceté, un grain de philosophie, un air de profondeur qu'on se donne par moments, en jetant une sentence écourtée au milieu d'un long bavardage descriptif, en voilà assez pour faire une réputation à un esprit frivole, et pour lui attirer le suffrage de tout ce qui lui ressemble, c'est-à-dire des cinq sixièmes du public.

Dans la pléiade littéraire contemporaine de la reine Anne, dans cette contrefaçon de notre grand siècle, la Sévigné anglaise s'appelle lady Mary Montague. Elle nous apparaît d'abord toute jeune, seize ans à peine, profil fin et mutin, œil vif, beauté irrégulière et piquante, malicieuse comme un singe, peu innocente et déjà écrivassière. Dans une lettre à une amie mariée, elle fait de délicieux portraits des trois ridicules maîtresses de George Ier, Schulemberg, Kilmansegg et Platen. Elle parle d'une foule de choses qui se mêlent dans sa tête : « un grand froid, une paix détestable, les gens que j'aime en disgrâce, mal aux yeux, la perspective d'une guerre civile et d'une médecine à prendre.... » N'est-ce pas que cette petite fille a bien attrapé, du premier coup, l'impertinence épistolaire ?

Les lettres à miss Anne Wortley sont d'un autre style, moins agréable, parce qu'on sent que la petite fille s'est appliquée. C'est la faute de miss Wortley, car, chacun a pu le remarquer, le caractère de nos correspondants se reflète dans ce que nous leur écrivons. Miss Anne devait être une personne un peu raide, un peu maniérée, formaliste et complimenteuse. Les lettres que lady Mary lui écrit, ressemblent à des compositions de fin d'année. Et puis, quelqu'un devait lire par-dessus l'épaule de miss Wortley, ce mystérieux *quelqu'un*, qui, à seize ans, émeut la cervelle bien plus que les sens ou le cœur. Ce quelqu'un s'appelait M. Wortley, un homme politique et un homme du monde, très lettré, qui avait voyagé avec Addison et écrit dans le *Tatler* : une grande perruque, un grand front et une petite bouche, l'air orgueilleux et fin. Lady Mary ayant dit devant lui un joli mot à propos d'une pièce de théâtre, M. Wortley la remarqua et demanda sa main à ses parents. A la suite d'une discussion sur le contrat, il y eut rupture entre les parents et M. Wortley, mais non pas entre la jeune fille et son prétendu. Ils engagèrent un commerce de lettres. Les charmantes, les curieuses lettres, que celles de lady Mary ! C'est un marivaudage tendre et distingué. On sent qu'elle aime, et qu'elle aime un homme plus âgé, plus habile, qui la domine, qui se donne le plaisir de la réduire, de la pousser d'aveu en aveu. Enfin, il est décidé que Wortley enlèvera lady Mary : résolution grave pour une jeune fille. Wortley, dans son égoïsme d'homme sérieux, a l'air de penser que tout le risque est pour lui. Il se fait valoir, et elle s'humilie. Dans une longue lettre, elle complote avec lui les détails de l'enlèvement; le commencement est étonnant de présence d'esprit, et la fin est touchante, admirable même. Puis, pour que rien ne manque au roman, il y a un dernier billet daté du vendredi soir, bien court, mais bien ému, où l'on sent une effroyable angoisse de peur, de curiosité et d'amour, secouer cette petite âme du dix-huitième siècle, qui fait la brave et la moqueuse, mais qui, après tout, est une âme comme les autres. Les premières lettres qui suivent sont encore très jolies, très timides, très tendres et tout étonnées. A la longue, tout s'arrange; les parents ont pardonné, et le contrat ne fait plus froncer les majestueux sourcils de M. Wortley. Lady Mary entre dans son aplomb de jeune femme, et bientôt de jeune mère. Et pourtant le mari, en se ménageant, en se dérobant, en aimant le moins possible, avait si bien su conserver son ascendant, que, deux ans après, il avait encore le pouvoir, avec deux mots jetés dans une lettre, de la faire pleurer deux grandes heures.

Enfin, M. Wortley est envoyé à Constantinople pour y représenter l'Angleterre. Lady Mary l'accompagne. En route, elle écrit à sa famille et à ses amis pour raconter son voyage. Plus tard, elle continue à les tenir au courant de ce qui lui arrive. Ce sont ces lettres qui ont fait la réputation de l'auteur. Elles attestent une promptitude à tout voir, rare à cette époque, un don de peindre et un goût parfait. Elles avaient d'ailleurs, quand elles parurent, le mérite de faire connaître à l'Angleterre et à l'Europe des régions encore inconnues. On trouvera peut-être que lady Mary voit tout en beau, que son enthousiasme pour la beauté féminine, dans la personne des dames du harem, va jusqu'à l'étrangeté, que ses anecdotes sont des romans. Parmi ses contemporains, quelques-uns prononcèrent le mot de mensonge !

Grossièreté déplacée. Elle a vingt ans, elle est jolie, elle est ambassadrice, elle habite un pays merveilleux, et elle écrit à des gens d'esprit. Comment s'étonner après cela qu'elle ait vu en Orient ce que personne n'a jamais vu, ni avant, ni depuis, si ce n'est dans Crébillon fils et dans Voisenon?

S'il fallait choisir une lettre, parmi tant d'autres, pour donner l'idée du ton qui règne dans toutes, je désignerais celle où lady Mary décrit le village qui lui sert de retraite, l'été, près du Bosphore. Rarement les mots ont mieux porté jusqu'au fond de l'âme une impression de langueur, de quiétude et d'oubli; rarement calme plus délicieux s'est plus souverainement emparé de l'esprit. Elle a quitté cette misérable terre, elle habite les Champs-Élysées, elle vit de la vie subtile des ombres heureuses, baignée d'éther, pénétrée de volupté, noyée de bonheur. Danses, musique, parfums, horizons, tout est repos, tout est harmonie. On partage l'illusion. On se laisse bercer par ce rêve divin. Tout à coup, la magicienne rompt le charme en disant : « Pour dire la vérité, je suis parfois un peu fatiguée de ces chants, de ces danses, de cet éternel soleil, et je soupire après cette fumée et ces impertinences au milieu desquelles vous vous débattez. » Mme de Sévigné réclamait son ruisseau de la rue du Bac : le ruisseau de lady Mary, c'est la Tamise.

Après son retour, lady Montague a encore écrit bien des lettres. Mais ce sont les lettres de tout le monde. Comme on doit s'y attendre, dans les dernières la morale tient plus de place. Cette brillante et joyeuse lumière s'attriste et s'éteint par degrés. La fin d'une jolie femme et d'un bel-esprit n'est jamais gaie.

Lord Chesterfield.

Si lady Montague est une sorte de Mme de Sévigné, Chesterfield a quelque chose de La Rochefoucauld. C'est le plus Français de tous les Anglais : Français par les mœurs, par les modes, par les amitiés, par le goût, resté assez Anglais cependant pour se moquer des Français, mais toujours à la française. « Je ne vous dirai pas, dit Chesterfield, ce que je pense des Français, parce qu'on me prend très souvent pour un Français. C'est le plus grand compliment qu'on puisse me faire... en France. Je vous dirai seulement que je suis insolent ; je parle sans cesse, très haut et d'un ton tranchant ; je chante et je danse tout le temps ; enfin, je me ruine en poudre, en plumes et en gants. »

Cette parfaite connaissance de notre pays et du sien lui suggère des comparaisons instructives entre les deux littératures, particulièrement en matière dramatique. Sur ce point, il trouve les Anglais trop libres et les Français trop gênés : il a raison. Il regrette les entraves de la rime, dont Milton avait débarrassé la poésie anglaise : il a tort. Il endosse l'opinion de Voltaire, qui veut que le dix-septième siècle soit supérieur même au siècle d'Auguste. Sur cette question, bien hardi qui se prononcerait.

Où Chesterfield est inimitable, c'est lorsqu'il donne à son fils des leçons de bon ton. Ce qu'il admire avant tout, ce sont les vertus aimables, *leniores virtutes*. Avant tout passent les bienséances, qui sont la partie élémentaire de l'éducation mondaine. Parmi ses préceptes, il s'en trouve d'étranges, par exemple celui-ci : Ne jamais rien jeter à la tête de personne. Les jeunes gens anglais en étaient-ils là, vers l'an de grâce 1745, ou le fils de Chesterfield avait-il besoin de rapprendre l'a b c du gentleman? Chesterfield donne à son fils un conseil plus délicat, lorsqu'il lui apprend à respecter ceux qui pensent, encore plus que ceux qui gouvernent. « Je me considérais, dit-il, comme étant avec mes supérieurs, quand je me trouvais avec M. Pope ou avec M. Addison : voilà la bonne et grande compagnie. » La difficulté était d'inspirer le culte des Grâces à un jeune Anglais, les Grâces n'étant pas « natives de la Grande-Bretagne ». Pourtant, il y a des exemples. Tel, Marlborough, qui n'avait point de lettres, point de grammaire, point d'orthographe, mais des manières irrésistibles. Ce don de nature lui permit, tout jeune, de tourner la tête à la duchesse de Cleveland, et, trente ans plus tard, de mener par le bout du nez le grand-pensionnaire Heinsius. Chesterfield va jusqu'à conseiller son fils dans la conquête d'une maîtresse. L'important est de bien choisir et de ne pas se fixer. Il dessine pour lui une nouvelle carte du Tendre, remaniée d'après les découvertes modernes. Il le recommande à une duchesse d'expérience : « Décrottez-moi ce galopin-là. » Le galopin était un honnête et studieux lourdaud. Il n'apprit ni les grâces, ni le « je ne sçays quoy », et s'éprit d'une gouvernante allemande, qu'il épousa.

Ce ne fut pas la seule déception de Chesterfield. Ce professeur de séduction ne paraît pas avoir beaucoup séduit. Le roi George II éprouvait pour lui une aversion insurmontable. Il ne supportait Chesterfield qu'à distance, dans un poste diplomatique. Quand Chesterfield vit que rien ne pouvait triompher de cette disposition, ni services éclatants, ni flatteries adroites, ni intrigues indirectes avec les maîtresses royales, il prit son parti. Le bruit, a dit un poète,

Le bruit est pour le fat, la plainte est pour le sot.

Chesterfield, qui n'était ni fat, ni sot, s'exila sans plainte et sans bruit.

CHAPITRE XVII.

SWIFT.

Swift à l'Université et chez sir W. Temple. — Le *Conte du Tonneau*. — *La Bataille des livres*. — Swift journaliste. — Les *Voyages de Gulliver*. — Swift, patriote irlandais. Les *Lettres du Drapier*. — Derniers écrits. Mort de Swift. — Le docteur Arbuthnot.

Swift à l'Université et chez sir W. Temple.

En compulsant les registres de l'Université de Dublin, on y trouve, à la date de 1690, le nom d'un jeune étudiant dont l'indiscipline et la paresse désolaient les autorités académiques. On le reçut bachelier ès-arts par charité, par lassitude, pour se débarrasser de lui. Voici les notes qu'il obtint : philosophie, *male*; théologie, *negligenter*; grec et latin, *bene*. Jonathan Swift, muni de ce diplôme peu triomphal, part à pied pour le logis où végète sa mère, presque indigente. On lui procure une place de secrétaire chez sir William Temple. Il s'y rend, et voit pour la première fois une enfant de sept ans, fille adoptive de sir William, Esther Johnson, qu'il s'amuse à instruire à ses moments perdus. De temps en temps, dans la résidence sévère et grandiose où s'est retiré l'homme d'État philosophe, arrive un visiteur imposant, quoique sans faste : c'est Guillaume III, qui vient consulter l'auteur de la Triple Alliance. Le jeune secrétaire a plus d'une fois mission de recevoir le souverain. Il le promène dans les jardins, et le roi lui expose ses idées.... sur la culture des melons et la taille des espaliers. Il y avait de quoi monter la tête à un ambitieux. Lorsqu'à la mort de Temple, il fut chargé de publier ses œuvres posthumes, il les dédia au roi, mais sans rien obtenir en retour de cette dédicace. Pendant une brouille passagère avec son patron, il avait pris les ordres, ce qui lui permit de recevoir de lord Berkeley, lord-lieutenant d'Irlande, dont il fut un instant le chapelain, le bénéfice de Laracor. C'est là, dans cette solitude, où Esther Johnson, son amie et pupille, régulièrement et dûment chaperonnée, vient le rejoindre, que Swift achève le *Conte du Tonneau*, ébauché à l'Université, continué chez sir William, publié en 1704.

Le conte du Tonneau. — La Bataille des livres.

Un père de famille lègue à chacun de ses trois fils, pour unique héritage, un vêtement inusable qui aura la propriété merveilleuse de leur convenir, quelles que soient leur taille et leurs proportions. Il leur laisse, en outre, un testament qui leur apprend à ménager l'habit. La grosse affaire pour ces jeunes gens, on le conçoit, est de faire en sorte que leurs habits soient toujours à la mode. L'aîné, Pierre, le casuiste de la bande, a d'excellentes raisons à son service pour ajouter au fameux habit, tantôt une dentelle, tantôt un galon, tantôt une broderie. Il interprète, il élude, il falsifie le testament, il y substitue de prétendus souvenirs ou des témoignages équivoques, jusqu'au jour où, fatigué de ce document qui le gêne, il l'enferme sous triple serrure pour l'oublier plus à son aise. En même temps, devenu riche par les procédés les moins délicats, il prend un ton de maître avec ses frères, se prétend le seul héritier de leur père défunt, et finit par les mettre à la porte avec l'aide des dragons. Voilà les frères dehors. Réunis contre le despotisme et les folies de l'aîné, ils sont bientôt en guerre l'un avec l'autre. Martin, doux et sensé, ne songe qu'à remettre son habit en l'état primitif. Il découd, laborieusement et fil à fil, tous les colifichets dont cet habit est couvert, tandis que Jack, personnage colère et bizarre, réduit son vêtement à l'état de guenille sans réussir à faire disparaître toutes les traces de la livrée de Pierre.

Telle est l'histoire que nous raconte Swift ; elle n'a point de dénouement. En voici maintenant la clef. Le père de famille, c'est Dieu. Le testament du père de famille, c'est l'Écriture Sainte. L'habit merveilleux, c'est ce qu'il faut croire. Les broderies, les galons et les dentelles, sont les modifications que les Conciles et les Papes ont fait subir à la primitive doctrine des chrétiens. Pierre, c'est l'Église romaine ; Martin, c'est l'Église anglicane (qui se rapproche de Martin Luther) ; Jack, c'est l'ensemble des sectes qui procèdent de Calvin.

Ce livre s'adressait à une société qui détestait les *Dissenters* aussi bien que les catholiques. Il réussit à la fois par tous ses défauts : par l'intolérance des idées, par la bizarrerie du sujet, par l'excentricité des détails, par la subtilité des allégories, par l'amertume et la hardiesse de la satire. Le *Conte du Tonneau* parut seulement six ans avant le *Spectator*, et, pour la plaisanterie comme pour le style, on croirait l'œuvre de Swift plus vieille d'au moins trois quarts de siècle. La distance paraît plus grande qu'entre Saint-Évremont et Voltaire. Addison n'était pas encore venu apprendre au public le prix d'une simplicité élégante, d'une politesse spirituelle, d'une raillerie piquante, quoique mesurée, qui effleure sans blesser. La verve âpre, parfois grossière, de Swift, sent encore son Irlandais. Chez lui, la colère est toujours voisine du rire, et il ne cingle pas un coup de fouet sans ramener une goutte de sang.

Le *Conte du Tonneau* a valu à Swift l'honneur d'être comparé à Rabelais et à Voltaire. En effet, il a le pédantisme du premier et l'impiété du second. Mais combien son cas est différent ! Rabelais se débat contre une langue encore naïve, rude et pauvre. Pour créer la forme souple et variée que réclame son instinct de grand écrivain, il est obligé de faire appel au latinisme et à l'hellénisme. Swift a le bonheur de manier une prose que Bacon et J. Taylor ont portée, depuis longtemps déjà, à un état de quasi-perfection. Voltaire est en dehors de l'Église, ennemi déclaré de l'Église ; il lui fait une guerre aussi hardie, aussi ouverte, que les temps et les gouvernements le permettent.

Swift est un ecclésiastique qui se cache derrière l'anonyme, derrière la responsabilité d'un imprimeur et d'un libraire, pour bafouer les choses saintes. Swift a cependant son excuse. Il avait cru, paraît-il, de très bonne foi, servir la cause de la religion. C'est le tempérament qui est antireligieux chez lui, l'esprit est orthodoxe. On assure même que ses sermons improvisés, à Laracor, n'étaient dépourvus ni de piété vraie ni d'éloquence persuasive. La punition de Swift est que son livre n'est resté en faveur qu'auprès des athées, auprès de ceux qui ne veulent, à aucun prix, endosser le fameux habit des trois frères.

La *Bataille des livres* est aussi une œuvre de jeunesse. On y trouve tout ce qui constitue un poème héroï-comique, excepté les vers. Le sujet est un épisode de la querelle des anciens et des modernes, qui sévissait alors dans toute l'Europe. Boyle et Bentley, comme Boileau et Perrault en France, étaient les principaux coryphées de cette guerre littéraire. Sir William Temple, le patron de Swift, s'était fait remarquer par son zèle pour les écrivains de l'antiquité. Swift suppose que les livres de la Bibliothèque royale, divisés en deux camps, se livrent une bataille rangée. L'hypothèse est froide, l'exécution ennuyeuse. Le seul passage amusant, à notre gré, est la rencontre de Virgile avec Dryden. L'émoi du traducteur, en se voyant confronté avec son original, le mépris dont celui-ci l'accable, la facilité avec laquelle il dépouille de son armure d'emprunt l'infortuné combattant, sont des traits assez risibles. La muse ordinaire de Swift, la rancune, l'avait heureusement inspiré. Il est fâcheux, néanmoins, que le meilleur morceau de la *Bataille des livres* soit une mauvaise action. Dryden était l'oncle de Swift à la mode de Bretagne ; il avait même contribué à son éducation et à son entretien. Mais comment pardonner à un homme qui avait dit : « Mon petit cousin Swift, vous ne serez jamais poète ! »

Il faut avouer que cette querelle est une des plus longues et une des plus oiseuses dont l'histoire littéraire ait gardé mémoire. Il y a beaucoup de sots parmi les modernes, et, s'il y en a moins parmi les anciens, c'est que le temps a opéré parmi eux une heureuse sélection. Les pédants, les ignorants, les ennuyeux, les prétentieux, sont allés au fond : le génie seul a surnagé.

Swift journaliste.

Vers la fin du règne de Guillaume III, quatre grands seigneurs whigs, parmi lesquels Somers et Halifax, avaient été mis en accusation et emprisonnés sur une motion de la Chambre des communes, alors en conflit avec les lords et avec la cour. Cette circonstance avait inspiré à Swift le Discours sur les dissensions entre les nobles et les communes de Rome et d'Athènes. L'écrivain prétendait démontrer que tout le mal qui est arrivé aux démocraties anciennes vient d'avoir persécuté leurs nobles. C'est ce qu'on appelle l'histoire par allusions : elle consiste à défigurer l'antiquité pour égarer et passionner les contemporains. Si c'est Swift qui a créé le genre, l'invention lui fait peu d'honneur. Il est, d'ailleurs, difficile de s'arrêter à des leçons de politique tirées du règne de Thésée et de Romulus. Le public d'alors ne fut pas de notre avis, et le pamphlet fit sensation. On l'attribua à Somers et à l'évêque Burnet. Somers n'était pas assez lettré pour l'avoir écrit, Burnet n'avait pas cette vigueur de style. Un jour, Swift, impatienté d'entendre louer autrui pour ce qu'il avait fait, se révéla, et dès lors fut mis au rang des polémistes dont le concours était désirable et l'inimitié dangereuse.

A cet instant, un coup de théâtre change à la fois les destinées du pays et les siennes. La reine a réussi à se défaire d'un tyran domestique, de Marlborough et de son gendre, elle s'est jetée dans les bras de lady Masham, de Harley et de St John. Ceux-ci ont besoin d'une plume. Ils ont lancé un journal, l'*Examiner*, qu'ils rédigent eux-mêmes avec Prior et Atterbury. Mais d'autres soins les réclament. Et pourtant, comment se passer de journal ? La publicité parlementaire étant alors presque nulle, les discours ont peu de retentissement dans le pays ; c'est donc seulement par les publications périodiques qu'un ministère peut défendre et propager sa politique. Harley s'avise qu'à ce moment un pauvre vicaire irlandais se morfond dans une antichambre ministérielle. Venu à Londres pour une affaire qui concerne les intérêts temporels de l'Église protestante d'Irlande, il a vainement sollicité les grands personnages du parti whig, auquel il appartient. Reçu froidement, son amour-propre commence à gronder, car il a autant de vanité que de talent. Les Tories ont trouvé leur homme. Mais il est whig? Un sourire de St John vous répond : demain, il ne le sera plus.

Il faut entendre Swift raconter lui-même sa première entrevue. Comme ce Harley sait chatouiller les gens aux bons endroits! « Savez-vous, écrit-il à Stella, qu'il connaît à merveille mon nom de baptême? » Ce qui l'amuse prodigieusement, c'est qu'après avoir été caressé par l'homme le plus puissant de la monarchie, il est allé dîner dans un cabaret; il lui semble que ce contraste le grandit. Chaque jour, il pénètre plus avant dans les secrets du cabinet et dans l'intimité du ministre. « Harley se plaint de vous, lui dit un matin St John, il prétend qu'il ne peut rien vous cacher. Vous avez une manière à vous d'entrer dans son âme.... » Le même St John a des flatteries encore plus ingénieuses : il lui avoue humblement qu'à son avis, il est le meilleur poëte du temps, sachant que rien ne ravit un grand écrivain de prose autant que d'entendre vanter ses mauvais vers. Le poëte Prior, qui est là et qui sert de compère à St John, pousse la comédie jusqu'à prendre un air jaloux et vexé. Swift se sent nécessaire et devient arrogant. On le supporte. Il écrit : « Je les traite comme des chiens. » Un jour, St John, s'étant montré distrait, est obligé de demander pardon; il proteste que les nuits passées à discuter ou à boire lui ôtent sa lucidité et son entrain, qu'il n'a ni humeur contre son ami, ni secret caché. Harley est assez maladroit pour envoyer à Swift cinquante livres. A lui, cinquante livres! Cinquante livres à l'homme qui sauve tous les matins le ministère! Il faut que Harley s'humilie. « Cette après-midi, écrit Swift, je suis allé à la cour des requêtes, et j'ai envoyé M. Harley dans la Chambre pour appeler le secrétaire (St John), afin de lui faire savoir que je ne dînerais pas avec lui, s'il dînait tard. » Le secrétaire d'État qui prend pour dîner les heures du vicaire de Laracor! Le chancelier qui fait ses commissions! N'est-ce pas achevé? Les ministres se laissent maltraiter, tendent le dos comme le sergent des *Plaideurs*, et rient sous cape. C'est encore acheter à bon marché les services d'un homme comme Swift.

Ne croyez pas que cet homme qui renvoie 50 livres ne tienne pas à l'argent. Nous lisons dans les Lettres à Stella : « Lord Halifax me tarabuste pour que j'aille chez lui, à la campagne. Une guinée pour les domestiques, douze shillings de voiture : qu'il aille au diable! » Et plus loin : « Le temps qu'il fait me ruine en fiacres; deux shillings aujourd'hui, rien que pour aller et venir de la Cité. » Et ailleurs : « Trois guinées aujourd'hui qu'il m'en a coûté pour acheter une perruque! Je suis un homme mort. » Ailleurs encore : « J'ai acheté un demi-boisseau de charbon, et cet extravagant de Patrick m'a fait du feu, mais avant de me coucher, j'ai retiré les charbons de la grille. » Patrick, bon type de domestique irlandais, toujours ivre ou sorti, revient de page en page dans cette correspondance, pêle-mêle avec Harley, St John et le reste. Il y a aussi un cheval qu'on vend, qu'on ne vend plus, qu'on va vendre, qu'on ne vendra pas, qu'on voudrait vendre, qu'on ne peut pas vendre, et qu'on a vendu.

Le naturel de ces lettres est poussé si loin qu'on vit avec l'homme. On croit l'entendre parler : « J'avais quelque chose à dire, mais je ne me rappelle plus. Qu'était-ce donc? » Il termine une lettre qu'il a écrite dans son lit, comme toujours : « Voyons, allez-vous-en, que je me lève. Patrick, emporte la chandelle. Y a-t-il un bon feu? Oui. Houp là! »

A qui se montre-t-il ainsi en déshabillé? A Esther Johnson, qu'il lui plaît d'appeler Stella. On en a déjà lu assez pour voir que ces lettres ne sont pas des lettres d'amour. Swift est tout entier dans cette curieuse correspondance : vaniteux, brusque, exigeant, lâchant la proie pour l'ombre, avide et fier, ambitieux et maladroit, insociable et incapable de supporter la solitude, maudissant Londres quand il y est, et détestant l'Irlande dès qu'il y retourne; avare, mais encore plus orgueilleux et sacrifiant une bonne sinécure à la joie de traiter les ministres comme des chiens. Que veut-il, en somme? Qu'on mette le monde à ses pieds pour avoir le plaisir de refuser.

Néanmoins, après son pamphlet sur la conduite des alliés, il espérait un évêché. « Mais, Madame, dit-on à la reine, vous allez faire évêque un homme qui n'est pas chrétien! » La reine persistait. Alors, on lui apporta une vieille épigramme de Swift contre une de ses favorites : Swift ne fut pas évêque. Il fut seulement doyen de Saint-Patrick. Il n'était que temps ; la reine mourait quelques mois plus tard.

Les Voyages de Gulliver.

Bolingbroke était en exil, Atterbury en disgrâce, Prior en prison, Pope se retirait dans son ermitage de Twickenham. Swift, tombé du haut de ses espérances et réfugié dans son doyenné de Saint-Patrick, écrivit les *Voyages de Gulliver*.

Ce livre offre un trait commun avec d'autres livres célèbres, avec les fables de La Fontaine, avec Don Quichotte. On le lit à dix ans, on le relit à quarante, et, dans ces deux rencontres, on éprouve un charme égal, mais différent. Dans le premier cas, c'est l'imagination qui est intéressée. Dans le second, c'est la raison qui est sensible à une leçon morale, parfois rude, parfois injuste, mais toujours piquante. Enfin, pour ceux qui étudient de près les évènements, apparaîtra une nouvelle signification de *Gulliver* : la satire politique des personnages du temps. Heureux le livre qui emporte ainsi, à travers les âges, une triple source d'amusement, de méditation et d'instruction, pour un public d'enfants, de gens du monde et d'académiciens!

Nous n'avons à nous occuper ici, ni du récit, ni du sens historique de *Gulliver*. Sur le premier point, chacun n'a qu'à consulter ses souvenirs. Sur le second, la première clef venue apprendra à tout le monde que Blefuscu, c'est la France, et Lilliput, l'Angleterre, qu'on reconnaît sir Robert

Walpole dans ce gredin de Flimnap, que le procès de l'homme-montagne est une caricature du procès de Bolingbroke, que Gulliver éteignant l'incendie du palais de Lilliput par des procédés que la décence réprouve, c'est Swift défendant les ministres de la reine Anne et la religion officielle, par des moyens dont la vulgarité déplut à cette princesse, etc.

Laissons de côté ce point de vue, pour ne voir dans *Gulliver* que la philosophie morale et sociale du livre, inséparable de la forme paradoxale et maligne dont Swift l'a revêtue. *Gulliver* est à la fois une utopie et une satire, comme le fameux livre de Thomas Morus, dont on a lu plus haut l'analyse. Mais, tandis que le méthodique chancelier range, dans un premier livre, les objections dirigées contre les législations et les constitutions de l'Europe, et esquisse, dans un second livre, le plan d'une organisation nouvelle, Swift jette, pêle-mêle et par lambeaux, à travers les hasards du récit, la critique de ce qui est et l'ébauche de ce qui devrait être.

Swift veut que la justice ait pour sanction, non seulement des peines, mais des récompenses. Ce manque de délicatesse morale ne nous surprend pas chez lui. Horace, qui n'était qu'un simple épicurien, avait tracé, d'un mot lumineux, la noble et salutaire distinction des devoirs de justice et des devoirs de charité :

> .....Vitavi denique culpam
> Non laudem merui.....

Le vrai et le faux, l'ingénieux et l'absurde, se font équilibre dans ses vues sur l'éducation des enfants. Il renverse d'abord la notion vulgaire que les enfants sont redevables de l'existence à leurs parents. L'existence n'étant pas un bien, mais un mal, ce sont les parents qui sont comptables à leurs enfants de la légèreté avec laquelle ils les ont appelés en ce triste monde. Si l'on se rappelle combien l'ancien régime avait exagéré et assombri la puissance paternelle, on trouvera que le paradoxe de Swift avait quelque chose de bienfaisant. Voici la conclusion à laquelle il aboutit : toute personne qui se mêle d'avoir des enfants, doit déposer un cautionnement suffisant pour répondre des frais de l'éducation. C'est ce que l'on pourrait appeler le malthusianisme d'État. L'instruction sera obligatoire, mais non gratuite, toujours en vertu du même principe. Ce n'est pas la société, c'est le père qui doit l'instruction à l'enfant. Enfin, les jeunes filles seront élevées comme les jeunes garçons : on voit que Swift n'avait point étudié la physiologie.

La critique est bien supérieure à l'invention, quand la mauvaise humeur n'y mêle point son exagération. Cette mauvaise humeur s'aigrit à mesure que l'auteur vieillit et que le livre s'achève. Anodine et souriante dans le premier et le second livre, sa verve sarcastique atteint son plein dans l'Ile volante. Chez les Houyhnhms, elle dégénère en misanthropie sauvage.

Dans la conversation entre le roi de Brobdingnag et Gulliver, on passe en revue successivement tous les points de la Constitution et des mœurs politiques anglaises. La composition du Parlement, le choix des évêques, l'éducation de la noblesse, les élections, les sectes, les cours de justice: se peut-il qu'un plaideur soit ruiné par un procès heureux? Les finances : un État, qui a un budget de recettes de cent à cent cinquante millions par an, peut-il en dépenser le double? L'armée : comment souffre-t-on une armée mercenaire dans un État libre? Le roi est amené à conclure que la race des compatriotes de Gulliver doit être « la plus pernicieuse espèce d'odieuse petite vermine à qui la nature ait jamais permis de ramper à la surface de la terre ». La matière est riche et Gulliver y revient plus tard, lorsqu'il explique aux Houynhms, un peuple de Marc-Aurèles à quatre pieds, l'état social des Yahous, ces singes dégénérés que nous appelons des hommes. Que d'amertume, que d'iniquité envers cette civilisation humaine qui contient tant de grandeurs mêlées à tant de folies, tant de vertu cachée sous tant de corruption! Mais il y a encore beaucoup d'heureux traits; la description de la justice anglaise, des procès, du caractère des juges, du rôle des avocats et de ce qu'on appelle *cross exa-*

mination, est d'une triste et irréprochable exactitude. Les réflexions plus générales qui touchent les guerres, l'absurdité des motifs qui les engendrent, la cruauté des moyens qu'elles emploient, ne sont pas moins excellentes.

Il est une classe d'hommes que l'auteur n'a pas ménagés, ce sont les savants. Rappelez-vous la consultation mémorable des fortes têtes de Brobdingnag. Les beaux arguments ! Combien ils sont sérieux, graves, respectables, bien pondérés, bien déduits ! Nos sociétés modernes ne feraient pas mieux, ne se livreraient pas à des investigations plus méthodiques, ne libelleraient pas des arrêts mieux motivés. Surtout, quelle admirable conclusion ! « L'homme-montagne est un *lusus naturæ* ». Mais tout pâlit devant l'Académie des inventeurs de Lagado. Quelle gaieté sans cesse renouvelée ! Quelle succession d'étonnements joyeux, quand on se promène à travers les salles où, jour et nuit, ces savants extraordinaires sont en train de découvrir l'art de produire des moutons sans laine, d'emmagasiner les rayons du soleil, d'employer le marbre à la confection des lits de plume et les aveugles à la préparation des couleurs, de bâtir les maisons en commençant par le toit, de retirer des excréments la substance nutritive, de remplacer les vers à soie par des araignées ! Après ceux qui se fatiguent à détruire les bienfaits de la nature, nous passons à ceux qui s'ingénient à désarticuler les lois du langage : suppression des verbes, suppression des participes; mieux encore, suppression des mots, remplacés par des objets significatifs. Dans la classe politique, on étudie le moyen de purger les assemblées délibérantes, afin d'en chasser les humeurs malsaines et l'esprit d'opposition. La section des finances élabore l'idée de taxer les défauts, perfectionnée par l'idée, bien meilleure encore, de taxer les qualités, en prenant les hommes pour appréciateurs de leurs propres talents. C'est l'impôt sur la vanité, un impôt dont le rendement ne tarira jamais.

C'est aux hommes d'État que Swift réserve le plus noir de son encre. Déjà, à Lilliput, on voit les ministres choisis au concours parmi les plus habiles danseurs de corde. Au quatrième livre, Gulliver est plus amer encore. Il y a trois manières de devenir premier ministre : vendre sa femme, trahir son prédécesseur, déclamer contre les corruptions de la cour. Les rois feront bien de choisir les candidats qui exploitent ce dernier moyen ; c'est dans ceux-là qu'ils trouveront la plus basse servilité et la plus souple obéissance à leurs desseins. D'ordinaire, le premier ministre est gouverné par une drôlesse sur le retour, ou un valet favori, qui sont les canaux de toutes les grâces et qu'on peut considérer, en dernière analyse, comme les maîtres de la monarchie.

Cet esprit de dénigrement s'étend à toutes les époques de l'histoire. Lorsque, dans son séjour parmi les sorciers, Gulliver fait apparaître les anciens et les modernes, l'humble commentateur et l'orgueilleux conquérant ont le même sort. On ne les évoque que pour les injurier et les renvoyer comme des petits garçons, après les avoir bien fouettés. Un républicanisme classique, fait de ces sentiments qu'on puise au collège dans la lecture de Plutarque, anime cette partie de l'œuvre, qui se termine inopinément par une page magnifique. L'Anglais du quatorzième siècle, l'énergique et mâle *yeoman*, apparaît à côté du *fop* efféminé et abâtardi, qui nage dans les parfums et dont la main, blanchie par les onguents, ne saurait pas manier l'épée de parade pendue à son côté.

Le chapitre le plus saisissant du livre est peut-être celui des Immortels. Avec quelle force l'auteur décrit l'infortune incomparable de ceux que la Divinité condamne à vivre toujours, l'état d'infirmité, de torpeur et de désespoir où ils tombent, le poids accablant de ce fardeau dont rien ne peut les délivrer ! Le paria de l'Inde, le lépreux du moyen âge n'est pas plus misérable, plus isolé et plus désolé que l'Immortel de Swift. Ainsi, tout est mauvais dans la vie, y compris la vie elle-même. Ce sera, si l'on veut, le dernier mot du livre.

Swift, patriote irlandais. Les *Lettres du drapier*. Derniers écrits. — Mort de Swift.

Cet homme si peu aimant, si peu aimable, a été passionnément aimé par deux femmes, Stella et Vanessa. On a déjà parlé de Stella. Celle que Swift avait baptisée Vanessa, s'appelait miss Vanhomrigh. Elle était Hollandaise, jeune, jolie, riche, maîtresse de sa personne et de sa fortune. Elle voulait donner tout cela à Swift, qu'elle avait connu au moment de sa gloire et de son influence politique. Dans le petit poëme de *Cadenus et Vanessa,* Swift raconte cette liaison à sa manière :

> « Cadenus many things had writ,
> « Vanessa much esteemed his wit. »

Ces deux vers montrent à la fois combien Swift est poète, et comment il est amoureux. Vanessa finit par apprendre les relations du doyen avec Stella. Elle le déshérita, prépara la publication du poème qui consacrait ses amours avec un homme célèbre, et mourut dès qu'elle fut sûre d'être immortelle. Sa perte affecta Swift ; celle d'Esther, survenue quelques années plus tard, le désespéra. Ce fut l'Irlande qui hérita de son cœur.

Abêtir et appauvrir les Irlandais, la politique de l'Angleterre se résume dans ces deux mots, depuis Strafford jusqu'à Canning, c'est-à-dire pendant deux cents ans. Les deux libertés les plus précieuses, les seules nécessaires, sont la liberté de conscience et la liberté du travail. L'Irlande ne possédait ni l'une ni l'autre. De la première, Swift ne s'inquiétait guère : il se fit le champion passionné de la seconde.

Un sieur Wood, sans autre titre que la faveur d'un obscur commis, obtint le privilège de fabriquer de la monnaie de billon pour l'Irlande, jusqu'à concurrence de 2 700 000 fr. Il inonda le pays de ses *halfpence*, qui n'avaient pas le poids légal, et qui, par le prompt discrédit où ils tombèrent, ruinaient ceux qui avaient été obligés de les accepter. Swift, dans une série de pamphlets qui se succédèrent à de longs intervalles, traita ce Wood comme Pascal avait traité les jésuites, comme Beaumarchais traitera son Goezman, comme Courier, les procureurs généraux de la Restauration. Les *Lettres du Drapier* sont un modèle de discussion contenue et d'ironie froide. Elles sont bien, selon la volonté et d'après l'expression de Swift, un cordial administré à la constitution faible d'un peuple. Sans perdre son calme dédaigneux, l'auteur explique à des gens énervés par la défaite et la servitude, comme à des enfants craintifs, où cessent leurs devoirs et jusqu'où vont leurs droits. Il parle des lois avec le mépris d'un homme qui a connu beaucoup de législateurs ; il parle des princes en philosophe qui a traversé les palais. Le roi George a le droit de commander en Irlande comme roi d'Irlande, et non comme roi d'Angleterre. Encore faut-il qu'il commande des choses légales. « Le roi ne peut faire une proclamation contraire à la loi. Si pareille chose arrivait par méprise, nous ne sommes pas plus obligés à lui obéir qu'à nous jeter la tête la première dans le feu. » Ailleurs, il pose ce principe que « l'Irlande ne dépend pas plus de l'Angleterre que l'Angleterre de l'Irlande. » L'agitation provoquée par les *Lettres du drapier* fut immense. L'Irlande se souleva comme un seul homme, aiguillonnée par les petites phrases acérées et glaciales du doyen. Dans ce pays où l'opinion n'avait point d'organes, ni presse, ni tribune, ni droit de réunion, elle fit sentir sa pression avec tant de force que le gouvernement, effrayé, songea à faire arrêter Swift. Le pamphlétaire le mit au défi : « Je n'ai qu'à lever le doigt, dit-il, et pas un de vous ne sortira vivant de l'Irlande. » La cour de Saint-James céda, et le faux monnayeur officiel disparut avec ses mauvais sous.

Swift donna une autre forme à son plaidoyer pour l'Irlande, en publiant *A modest proposal*. Modeste proposition, en effet. Il s'agit simplement de réserver 120 000 enfants pauvres pour en faire un objet d'alimentation. On les offrira d'abord aux nobles et aux riches, « car, ayant déjà dévoré les parents, ce sont eux qui ont le plus de titres à manger les enfants. » Le prix, le poids de cette nouvelle viande, la saison la plus favorable pour l'abattre et la débiter, la manière d'amener les produits sur le marché, les conséquences économiques et mille considérations à l'appui, sont développés avec le plus grand sérieux.

Parmi les derniers écrits de Swift, on peut citer encore le *Capitaine Creichton*. Ce sont les mémoires d'un soldat de fortune, engagé dans les dragons du fameux Claverhouse, vicomte Dundee, que Jacques II chargea de poursuivre les Covenantaires dans les montagnes d'Écosse. La trame en est décousue et le ton monotone. Le plus grand mérite du *Capitaine Creichton*, c'est d'avoir donné à sir W. Scott le canevas et les principaux personnages des *Puritains d'Écosse*.

Vers ce temps, l'intelligence de Swift commença à s'affaiblir et s'éteignit par degrés. Il survécut quelques années à sa raison et à son génie. Lorsqu'il mourut, l'Angleterre l'avait oublié, mais l'Irlande pleura autour de son cercueil. Il repose aujourd'hui dans son église de Saint-Patrick, où, comme le dit l'épitaphe latine dont il est lui-même l'auteur, l'indignation ne déchirera plus son cœur. « Va, passant, ajoute l'épitaphe, et imite, si tu peux, l'énergique défenseur de la liberté ! »

Le Dr Arbuthnot.

En sa qualité de misanthrope, Swift marche isolé. Il ne se présente pas entouré d'un groupe d'amis, de créatures, d'imitateurs ou d'élèves, comme Addison et Pope. Néanmoins, on peut rapprocher de lui son familier Arbuthnot, dont les excentricités ont un air de famille et une ressemblance voulue avec les siennes. Quelques exemples donneront une idée de la manière du docteur Arbuthnot. Dans la Dissertation sur les mangeurs de pudding, considérés comme une secte religieuse et un parti politique, manquent cinq lignes, dont l'absence est expliquée par cette note : « Le chat s'est sauvé avec cette partie du manuscrit, sur laquelle l'auteur avait eu le malheur de déposer des saucisses de la mère Crump. »

Arbuthnot commence une dissertation sur l'art de s'injurier, chez les anciens, en nous apprenant qu'il est le fils de Judith Ginglicutt, veuve et marchande de poissons, principalement de crustacés. En réalité, c'est des modernes que s'occupe le prétendu fils de dame Ginglicutt. Une plaisanterie d'Arbuthnot est restée célèbre, c'est l'histoire de John Bull, allégorie politique où se trouvent retracés, en caricature, le règne de la reine Anne et l'avènement de la dynastie hanovrienne. Arbuthnot a encore écrit des vers macaroniques en anglais et en latin, ainsi que l'*Effroyable histoire de don Bilioso de l'Estomach*, sorte de parodie de Don Quichotte, dont les personnages sont des maladies. Toutes ces mystifications sont si sérieuses, le docteur est si savant et si méthodique au milieu de ses farces, qu'au bout de deux cents pages le lecteur est ahuri, comme un bourgeois de province tombé dans un atelier d'artistes en gaieté, qu'il prend pour des économistes ou des antiquaires.

Arbuthnot n'a été grave qu'une fois dans sa vie, lorsqu'il a écrit le catéchisme politique du *Freeholder*. Ce catéchisme peut servir à faire connaître quelle idée les Anglais se faisaient de leurs droits politiques, sous la dynastie de Hanovre : c'est là qu'on trouvera cette Constitution qui n'est écrite nulle part.

CHAPITRE XVIII.

POPE ET SON ÉCOLE.

Un poète de douze ans. — Poèmes pastoraux. — *The rape of the lock.* — Caractère de Pope. — *Essay on criticism.* Les *Satires.* La *Dunciade.* — L'*Essai sur l'homme.* — Jugement sur Pope. — Les critiques de Pope. — Autres petits poètes. — Matthieu Prior, Gay. *L'opéra du Gueux.* L'*Hermite,* de Parnell.

Un poète de douze ans.

Un jour, on vit arriver au café de Wills un singulier petit garçon. Il avait douze ans et n'en paraissait que sept ou huit : laid, chétif, une tête énorme, bossu par devant et par derrière. Ce petit garçon avait voulu voir le vieux Dryden, trônant au milieu d'une cour de beaux-esprits. Il était l'auteur d'un poème épique, et se considérait modestement comme le plus grand génie qui eût jamais été. On l'appelait Alexandre Pope.

Dans le monde littéraire où débutait le précoce petit personnage, vivait un vieux poète galant, dont ni les galanteries, ni les vers, n'étaient plus à la mode. Le goût du public s'épurait et commençait à demander mieux que des polissonneries et du jargon. Or, Wycherley n'avait rien d'autre à offrir. Une amitié baroque s'établit entre le poète de douze ans et le rimeur sexagénaire. Bientôt, ce ne fut plus un secret pour personne que Pope corrigeait les vers de Wycherley. D'abord, Pope trouva que c'était beaucoup d'honneur pour lui. « Il est des vers, écrivait-il à Wycherley, que j'ai resserrés comme on concentre les rayons du soleil, pour leur donner plus d'énergie et de force. Il en est que j'ai supprimés tout à fait, comme on retranche du bois à l'arbre pour ajouter au fruit. Il en est que j'ai composés à nouveau et auxquels j'ai donné un tour plus poétique. Vous me pardonnerez pour ce que j'ai ajouté d'entièrement neuf, et vous le considérerez comme étant bien à vous, puisque ce ne sont que des étincelles allumées à votre foyer. » Grâce aux efforts de Pope, les radotages de Wycherley trouvaient encore un éditeur. Peu à peu, Pope prend conscience de lui-même ; alors, il rompt avec les précautions et la flatterie. Il fait acheter à Wycherley sa collaboration par des paroles cruelles. Wycherley, chez qui l'amour-propre s'éveille sans faire taire l'intérêt, accepte les retouches, qui sont inestimables, et se venge des duretés en racontant partout que son petit ami Pope ne sait pas couper un habit neuf, mais qu'il sait à merveille retourner un vieil habit. Sur quoi, Pope renvoie un manuscrit en disant qu'il y aurait trop à faire pour le corriger, et en donnant au vieux poète le conseil de traduire sa poésie en prose. Dès ce moment, Pope n'appartient plus qu'à lui-même. Sa jeune gloire est lancée; il a dix-huit ans quand le libraire Tonson lui écrit respectueusement pour solliciter l'honneur d'imprimer une de ses Pastorales.

Poèmes pastoraux.

La critique, d'ordinaire, veut ignorer les œuvres du talent adolescent. Elle laisse aux mères et aux commentateurs le soin de recueillir les essais informes du premier âge, les nez et les oreilles dessinés à six ans par celui qui sera plus tard un grand artiste. Avec Pope, il faut changer de règle. Pope n'a jamais eu d'enfance, et n'a jamais mûri complètement. Il ne faut pas s'étonner qu'il ait eu tout son talent dès l'âge de la rhétorique, car il n'a été jusqu'à cinquante ans qu'un admirable rhétoricien. Le petit prodige est resté un petit prodige.

Les Pastorales sur la forêt de Windsor, et divers poèmes du même genre, ont été composés aux environs de la seizième année. On n'y découvre aucune invention, mais ils décèlent une pureté de goût et de style, un art de la versification, très rares à cet âge, et qui devaient rester les qualités distinctives de Pope. Le jeune homme, qui s'était appris le grec à lui-même, ne paraît pas avoir profité d'une science si laborieusement acquise, pour se rendre familier avec Théocrite ; en revanche, il suit Virgile pas à pas, avec intelligence, avec respect, et surtout avec une heureuse imagination dans les petits détails. Ce qu'il y a de plus précieux dans les églogues de Pope, c'est la préface qui les précède, et qui fut écrite à un âge un peu plus avancé. Dans cette ingénieuse dissertation sur le caractère de la poésie pastorale, les mots de naturel et de simplicité reviennent presque à chaque ligne. Qu'est-ce pour Pope que le naturel et la simplicité ? On va le voir par l'analyse de la *Boucle de cheveux enlevée*.

The rape of the lock.

Un cercle étroit, composé de familles qui professaient, comme la sienne, la religion romaine, formait alors la société presque exclusive du poëte. La beauté de ce petit monde, où ne manquaient ni l'élégance, ni la distinction, ni la gaieté, s'appelait miss Arabella Turner. Cette jeune fille fut l'héroïne d'une aventure, à la fois anodine et risible, qui fit jaser pendant vingt-quatre heures et qu'on eût profondément oubliée au bout d'une semaine, si Pope n'avait pas jugé à propos d'immortaliser cet enfantillage.

Belinda est endormie, un sylphe cause en rêve avec elle. Ce sylphe, dont le langage humble et tendre tient du sigisbée et de l'ange gardien, lui explique le rôle que jouent, auprès des jeunes filles, les esprits de l'air et de la terre : les uns, inspirateurs des charmantes et pures fantaisies, les autres, ministres des coquetteries vulgaires et dangereuses. Les premiers sont les sylphes, les seconds, des gnomes. Quant à leur origine, ce sont, tout simplement, des âmes féminines en disponibilité. Ariel conclut en annonçant à la jeune fille un danger. Belinda s'éveille ; on l'habille, on la coiffe. Qui fait sa toilette ? En apparence Betty, sa femme de chambre, en réalité, c'est une légion de petits serviteurs invisibles et empressés.

Au second chant, Belinda va se promener sur la « Tamise d'argent. » Un seigneur amoureux la voit et se jure de posséder une des boucles qui flottent sur ses épaules. Mais Ariel veille. Il a convoqué les esprits placés sous ses ordres. En sylphe parlementaire, il prononce un discours, et un excellent discours. Il commence par leur rappeler quelle est leur fonction, puis il leur annonce qu'un péril inconnu menace Belinda. A chacun, il assigne un poste : punitions terribles pour ceux qui manqueront à leur devoir.

Le poète nous transporte dans les jardins de Hampton Court. Des robes claires, aux couleurs changeantes, balayent élégamment les boulingrins; des rires frais éclatent sous les charmilles et les berceaux, taillés à la façon de Lenôtre. La nuit tombe : nouveaux plaisirs. La partie d'hombre commence, et Belinda y tient sa place. Les rois, les reines et les valets, suivis d'une troupe brillante, s'apprêtent à combattre sur la plaine de velours. Coup par coup, la partie est décrite comme une bataille d'Homère. Elle se termine par la victoire de Belinda et par ses cris de joie. Mais voici le thé : « Sur le japon brillant, comme sur un autel, s'élève la lampe d'argent. Les fougueux esprits se précipitent hors des becs étincelants, la douce liqueur jaillit, et la terre de Chine reçoit le flot fumant. »

L'imprudente Clarisse vient justement de confier au jeune lord « son arme à deux tranchants. » Pendant que Belinda est penchée sur sa tasse de thé, l'amoureux ennemi s'incline, les ciseaux à la main. Pour avertir leur protégée, les sylphes, du vent de leurs innombrables petites ailes, font flotter ses cheveux en arrière et secouent ses boucles d'oreille. Trois fois, — nombre fatidique ! — le ciseau s'approche, trois fois la jeune fille se retourne. Enfin, l'attentat est consommé.

Au chant quatrième, les gnomes viennent souffler dans l'âme de Belinda leurs plus âpres colères. La jeune fille charge son oncle, sir Plume, d'aller redemander la boucle au ravisseur. Sir Plume s'acquitte de son ambassade au moyen d'un petit discours qui n'est composé que de jurons à la mode. Le jeune homme répond par un serment de ne jamais se séparer de son trophée. Désespoir de Belinda. La bonne Clarisse essaye d'un peu de philosophie ; mais cette philosophie n'est point acceptée. Le cri retentit : aux armes. L'éventail à la main, ces dames livrent aux cœurs des hommes une bataille idéale. C'est un carnage effrayant. Sir Plume est tué d'un regard et ressuscité par un sourire. Ici, Jupiter intervient. Il pèse les esprits de tous les courtisans réunis ensemble, contre la seule boucle de cheveux, qui est trouvée plus pesante. Cependant, Belinda s'est précipitée sur son ennemi. Il est vaincu, terrassé, toujours par métaphore. « Rendez la boucle ! lui crie-t-on, rendez la boucle ! » On le fouille, plus de boucle. Elle a disparu, elle a été sans doute emportée dans la lune, là où l'on conserve tout ce qui s'est perdu sur la terre depuis qu'elle existe : l'âme des héros dans de grandes urnes, et l'esprit des beaux dans des tabatières. C'est là qu'on garde serments brisés, aumônes faites au lit de mort, cœurs d'amoureux attachés avec des bouts de rubans, promesses de courtisans, prières de malades, sourires de coquettes, larmes d'héritiers, cages à mouches, chaînes pour atteler des puces, papillons séchés, et diapasons pour casuistes. La boucle de Belinda aura un sort à part, elle formera une constellation, comme la chevelure de Bérénice.

Tel est ce poëme, si frivole qu'on a peine à le croire sorti d'une plume masculine ; telle est cette épopée lilliputienne, qui tantôt rappelle Shakespeare et tantôt fait pressentir Delille. Jamais art plus achevé ne s'est complu à enchâsser et à enrichir pareille bagatelle.

Dès qu'il parut, ce chef-d'œuvre microscopique enchanta la société du temps, à l'exception de sir Anthony Brown, qui avait posé, bien malgré lui, pour l'original de sir Plume. Pope pensait avoir offensé une réputation plus considérable que celle de sir Plume en parodiant Homère. C'est peut-être en guise de réparation qu'il entreprit de donner la traduction de l'*Iliade*.

Caractère de Pope.

L'Homère de Pope plut beaucoup à tous ceux qui ne connaissaient pas l'Homère véritable. Le nombre en était grand, d'autant plus qu'il y faut comprendre, pour la plupart, ceux mêmes qui entendaient le grec. Il y a des époques auxquelles est refusée l'intelligence d'Homère : l'époque de la reine Anne est une de celles-là. Le succès de la traduction de l'*Iliade* encouragea Pope à aborder l'*Odyssée*, avec l'aide de divers collaborateurs subalternes, dont il corrigeait les vers avant de les endosser. Cette double traduction fut l'œuvre la plus fructueuse de sa vie, et, aux yeux des contemporains, la plus importante. On comprendra que nous n'y voyions, pour notre part, que le moindre titre de Pope à la gloire.

Pope était pauvre. Son père avait une façon singulière d'entendre le placement de son argent : il le plaçait... dans un tiroir, et il y puisait au fur et à mesure de ses besoins. On nous donne de ce fait une explication significative et qui n'est pas à l'honneur du temps; il était peu sûr, paraît-il, pour les catholiques, de confier leur fortune aux fonds publics ou aux particuliers. Les travaux littéraires de Pope lui rendirent cette *aurea mediocritas* dont le poète a besoin. Il se plut à embellir sa petite maison de Twickenham, à laquelle rien ne manqua de ce que pouvait suggérer un mauvais goût exquis, statues, labyrinthe, grotte; la grotte surtout est restée fameuse. Comment oublier une grotte où Voltaire s'est assis, où l'*Essai sur l'Homme* est né des causeries de Bolingbroke, où un mot de Swift a peut-être donné à Gay l'idée de son opéra du *Gueux*, où Arbuthnot a ébauché ses plus mystifiantes fantaisies, et que lady Montague a illuminée un instant de son spirituel sourire!

Pope ne conserva pas jusqu'au bout toutes ces illustres amitiés. La mort lui en prit plus d'une, et son mauvais caractère ne sut pas garder les autres. L'opinion populaire assure qu'il n'y a rien de plus méchant qu'un bossu, si ce n'est un nain. Pope était un nain bossu : c'est ce qui explique pourquoi, dans l'histoire des querelles littéraires, il faut lui réserver une si large place. Parmi ces querelles, les plus déplorables furent avec Addison et avec lady Mary Montague. Il était difficile de se brouiller avec Addison. Pope l'essaya deux fois sans y réussir. Dans le premier cas, Addison n'était coupable que d'avoir permis à son ami Tickell de traduire le premier chant de l'*Iliade*, que Pope considérait comme sa propriété exclusive. Dans l'autre circonstance, Addison avait blâmé Pope, qui, pour le défendre, avait infligé à un Labeaumelle de l'époque, John Dennis, une correction peu mesurée. Le sage auteur du *Spectator* savait combien une insulte imméritée grandit celui qui la dédaigne : il désavoua son trop zélé partisan. *Inde iræ*. L'irascible poète caricatura, sous le pseudonyme d'Atticus, l'universelle bienveillance d'Addison. Fidèle à son système, Addison ignora l'attaque et inséra imperturbablement dans le *Freeholder* une réclame en faveur de la traduction de l'*Iliade*. Devant ce trait, l'amour-propre de Pope désarma.

Sa brouille avec lady Mary Montague fut plus durable. Une vanité de poète et une vanité de femme ne se pardonnent pas l'une à l'autre, quand elles se sont offensées. Au début du voyage d'Orient, lady Mary reçoit des lettres de Pope, empreintes d'une galanterie exaltée. Au retour, elle se fixe près de Twickenham, comme si la société du poète était pour elle une attraction. Que se passa-t-il? Nul ne le sait. Quelques personnes romanesques semblent croire à un dépit amoureux. Pope, disent-elles, aurait voulu passer de la métaphore au fait, le nain se serait oublié, et on l'aurait repoussé avec un mélange de mépris et d'indulgence profondément cruel. Cette version est peu probable, lorsqu'il s'agit d'un homme qui n'a pas composé dans sa vie un seul vers amoureux, et qui, dans le plein de sa jeunesse, pouvait écrire à deux sœurs qu'il partageait entre elles deux sa passion, « le plus régulièrement du monde. » Quoi qu'il en soit, nous retrouvons, à quelque temps de là, Pope ridiculisant lady Montague et son mari, dans sa conversation comme dans ses écrits. Le lecteur en jugera tout à l'heure par un échantillon.

On voit peu à peu se dessiner le caractère de cet homme, dont Johnson a dit qu'il ne pouvait pas boire sa tasse de thé sans jouer un méchant tour à quelqu'un. Les plus récentes biographies établissent au compte de Pope une vilaine supercherie. Voulant faire paraître, de son vivant, sa correspondance familière avec ses amis, il feignit d'avoir été volé. Par ses soins, une édition parut en Hollande, tellement fautive qu'il sembla forcé, pour rétablir le texte, de le publier à son tour. Voici qui est plus grave encore. Il avait vendu vingt-cinq mille francs, à la duchesse de Marlborough, des vers où il la raillait sous le nom d'Atossa, dans les *Characters of women*. Après avoir conclu ce honteux marché et en avoir reçu le prix, il n'eut même pas la probité de le tenir. A sa mort, on trouva dans ses papiers le portrait d'Atossa tout imprimé et prêt à être mis en vente.

Détournons vite les yeux, et rappelons-nous quelques circonstances qui soient à l'honneur de Pope. Les seules vertus qu'on lui connaisse, c'est d'avoir été un bon fils et un homme indépendant. Il n'a jamais flatté le pouvoir. Il ne s'est jamais incliné devant Caroline ni devant Walpole, la mère sans entrailles et le ministre sans conscience, qui gouvernaient à eux deux l'Angleterre de ce temps-là. Il est resté, comme il le dit avec une fierté légitime, *unplaced*, *unpensioned*. Aux poètes qui, jusqu'à lui, ne vivaient que de dédicaces, il a appris à se passer des grands et à ne compter que sur leurs libraires[1].

Essay on criticism. Les Satires. La Dunciade

Maintenant que nous avons fait connaître l'homme, on ne s'étonnera pas de trouver en lui un critique et un satirique.

L'*Essay on criticism* est un poème didactique qui affecte un peu plus de liberté que l'*Art poétique* de Boileau. En s'adressant aux jeunes Pisons, Horace avait mêlé, dans un

---

1. Voir l'intéressante étude de M. A. Beljame : *Le public et les gens de lettres au dix-huitième siècle, en Angleterre*.

désordre plus apparent que réel, les préceptes de l'art d'écrire et ceux qui servent à juger des écrits, deux choses voisines, mais distinctes : la poétique et le goût. Boileau s'était borné au premier de ces deux objets ; Pope s'empara du second, sans se refuser le plaisir de traduire littéralement, à l'occasion, l'auteur français. Des vers-sentences, entremêlés de traits de satire assez faibles, tel est le poëme. Pope refuse de prendre parti dans la querelle des anciens et des modernes, et conclut sagement, mais platement :

> Regard not then if wit be old or new,
> But blame the false and value still the true.

Après avoir donné un certain nombre de règles générales, Pope trace ainsi le portrait du critique accompli, tel qu'Athènes et Rome l'ont connu : « Où est-il, celui qui peut donner un conseil, — heureux d'instruire, mais non vain de savoir, — que ni la bienveillance, ni la rancune, n'offusquent —, qui n'a ni sots préjugés, ni sagesse inexorable, — homme du monde, quoique savant, et sincère, bien qu'homme du monde? » Portrait légèrement ridicule, car il attribue au critique des vertus plutôt que des facultés. Ce n'est plus un critique, c'est un saint. Il n'est pas mûr pour l'Académie, mais pour le ciel. Ajoutons que Pope n'était rien de tout cela et qu'il était un critique excellent.

Le poëme — si c'est un poëme — se termine par un souvenir donné aux grands critiques. Aristote, Horace, Quintilien et Longin obtiennent chacun six vers, Érasme quatre, Denys d'Halicarnasse deux, Pétrone deux, enfin Boileau un seul. C'est peu, mais il faut songer que la France était alors en guerre avec l'Angleterre.

Si l'*Essai sur la critique* est inférieur à l'*Art poétique*, Pope prend sa revanche dans les Satires.

Il n'est pas difficile d'imaginer comment ces satires ont été composées. On apporte à Pope, comme au journaliste moderne, un écho méchant qui varie entre la médisance anodine et la calomnie noire. Lord *** a renvoyé son sommelier pour un bouchon pourri. Le tuteur de George Pitt est en train de dévaliser son pupille. Une des plus grandes dames de la société anglaise laisse mourir de faim sa sœur. Pope accueille tous ces cancans, niais, piquants ou infâmes. Il y joint ses rancunes personnelles, qui ont quelquefois vingt ans de date et qui ont aigri en vieillissant, comme le mauvais vin. Il y ajoute encore des lieux communs, merveilleusement traduits d'Horace : *assuitur pannus.* Et voilà de quelle étoffe sont faites les satires de Pope! Les Perse et les Mathurin Regnier travaillent autrement. L'honnête Addison, qui avait élevé la bienveillance à la hauteur d'une vertu, l'inventeur de la réclame amicale et décente, le premier qui ait connu et exploité la force de la camaraderie, écrivait ceci : « Nous ne faisons pas la guerre à Silène et à Laïs, mais à l'ivrogne et à la femme perdue. » Pope, bien différent, s'attaque, non aux types, mais aux personnes. Qu'en résulte-t-il? Quand la victime frappée est vraiment méprisable, la satire est poignante ; quand elle mérite le respect, l'écrivain se salit lui-même. Voici, par exemple, Avidius et sa femelle : « Ils vendent les fruits et les faisans qu'on leur envoie, pour se nourrir eux-mêmes de lapins et de racines, » et arrosent ce maigre ordinaire d'une demi-pinte de piquette. « Ils gardent pour un jour de fête un reste d'huile puante qu'ils versent goutte à goutte sur leur chou. » Et quel sera ce jour de fête? Celui où ils apprennent la mort de leur fils, dont ils héritent. Reconnaîtriez-vous dans « ce chien et cette chienne[1] » M. Wortley et sa femme, lady Mary Montague? Ici, c'est du poète qu'on a pitié, et non pas de ceux qu'il diffame. Son expression même, d'ordinaire si élégante, se dégrade et s'alourdit, car le vers, comme l'a si bien dit Boileau,

Le vers se sent toujours des bassesses du cœur.

Voyez, au contraire, le portrait de Sporus, « cette bigarrure née de la boue, cette mouche aux ailes dorées, dont le

---

[1]. Le mot anglais est un des plus grossiers qui puissent s'imprimer.

bourdonnement fatigue l'esprit et la beauté, bien qu'il n'ait jamais su jouir de l'un, ni goûter l'autre.... Être amphibie, vile et vivante antithèse, tête frivole, cœur corrompu... une intelligence qui fait peur ; de l'esprit, mais c'est pour ramper ; de l'orgueil, et il lèche la poussière !... Calembours, politique, cancans, obscénités, madrigaux, blasphèmes, » tout lui est bon. « L'éternel sourire qui trahit sa nullité a creusé des ornières dans ses joues.... C'est ainsi que les rabbins ont représenté le tentateur d'Ève : une face de chérubin sur un corps de reptile. »

Inutile de donner ici le vrai nom de Sporus. Il suffit de dire que le misérable ressemblait à son portrait.

C'est avec la *Dunciade* que Pope entreprit de donner le coup de grâce à ses ennemis, et de rendre en une fois toutes les piqûres dont il était assailli depuis vingt ans. Le sujet est emprunté au *Mac Flecknoe* de Dryden. On voit d'abord la déesse de l'Ennui choisir pour roi des sots Colley Cibber. Le couronnement du roi est célébré par des jeux qui parodient les joutes du cinquième livre de l'*Énéide*. Les imprimeurs luttent entre eux. Les écrivains des petits journaux, pourvoyeurs de scandales, concourent pour le prix de natation dans l'égout bourbeux de la Fleet, qui coulait alors à ciel ouvert. La déesse montre au roi son futur domaine, l'Europe en général, l'Angleterre en particulier. Elle en profite pour lui présenter ses principaux sujets. Enfin, nous assistons à la marche triomphale de la déesse. On l'accueille partout avec des hommages et des discours. Cette longue plaisanterie s'achève avec une solennité un peu inattendue. Parmi les phénomènes qui font pressentir à Pope le règne final du chaos, il indique le mauvais goût de l'opéra italien et l'introduction des machines au théâtre. De là au chaos, il y a loin. Nous avons vu bien d'autres opéras et bien d'autres machines, depuis Pope : l'univers ne s'est pas englouti.

L'Essai sur l'Homme.

Pope, avons-nous dit, était catholique. Un jour, son ami Atterbury, ce type curieux d'évêque bon enfant [1] et conspirateur, voulut faire de lui ce qu'il était lui-même, un protestant de la haute Église et un tory militant. Pope lui écrivit : « Je vous dirai en peu de mots quelle est ma politique et quelle est ma religion. En politique, je ne songe qu'à conserver le repos de ma vie, sous n'importe quel gouvernement. En religion, je ne cherche qu'à conserver le repos de ma conscience, avec quelque Église que je sois uni. Je suis catholique, et non papiste, car je déteste l'invasion des papes dans le temporel. Si j'étais né sous un prince absolu, j'aurais été un sujet paisible, mais je remercie Dieu que cela n'ait point été. En somme, j'ai toujours désiré voir, non un catholique romain, ou français, ou espagnol, mais un catholique sincère, de même que je souhaite un roi qui ne soit ni le roi des Tories, ni le roi des Whigs, mais le roi d'Angleterre. »

Atterbury ne convertit point Pope, et Pope ne convertit pas davantage Atterbury, qui devait payer de la prison et de l'exil son ardent jacobitisme.

Dans l'*Essai sur l'homme*, Pope avoue que, des trois vertus théologales, il n'en retient qu'une, la charité, « les deux autres n'étant bonnes qu'à brouiller les hommes ». Le secret de la tolérance de Pope est, croyons-nous, dans son indifférence. Peut-être ne se serait-il jamais inquiété d'avoir une philosophie, si les conversations de l'ardent Bolingbroke ne lui en avaient donné une toute faite, qu'il traduisit en vers sans l'avoir entièrement comprise. Ce travail se compose de quatre épîtres, réunies sous le titre d'*Essai sur l'homme*. La première épître traite de l'homme dans ses rapports avec Dieu et avec la nature ; c'est la plus belle partie de l'œuvre, celle où le ton est le plus élevé et le plus

---

1. Voir les Lettres de Swift à Stella.

soutenu. La seconde épître traite de l'homme intérieur; elle analyse les passions et les fondements de la morale. C'est la plus faible; on sent que la psychologie expérimentale n'est pas encore née en Angleterre. La troisième épître étudie l'homme dans ses rapports avec la société, et la quatrième l'envisage au point de vue du bonheur. Ces deux dernières parties abondent en traits heureux, mais aussi en vers plats, soit que Pope ait moins pris son temps, soit que l'inspiration première eût faibli. Dans la quatrième partie, le ton s'abaisse et laisse reparaître les méchancetés familières qui auraient dû être reléguées dans les satires.

En général, l'enchaînement des idées n'est pas aussi rigoureux que l'auteur le croit, mais chaque pensée, prise à part, est lucide et précise. Une courte citation, tirée de la première épître, donnera l'idée exacte, et de la doctrine, et du style « C'est Dieu, dit-il, qui réchauffe dans le soleil, rafraîchit dans la brise, — brille dans les étoiles et fleurit dans les arbres, — vit dans toute vie et s'étend partout où il y a de l'étendue, — se répand sans se diviser, agit sans se dépenser, — respire dans notre âme, anime notre corps périssable, — aussi entier, aussi parfait dans le misérable qui se désespère — que dans le séraphin en extase qui se consume d'amour. — Pour lui, ni haut ni bas, ni grandeur ni petitesse; — il remplit, entoure, réunit et égalise toutes choses. » Il s'ensuit que tout est parfait, puisque tout est Dieu. Aussi, se tournant vers l'homme, Pope conclut: « Tout ce que tu appelles hasard est l'œuvre d'une intelligence invisible; — toute dissonance est une harmonie incomprise; — tout mal partiel, un bien universel; — et, en dépit de l'orgueil, en dépit d'une raison égarée, — il n'y a qu'une vérité certaine : tout ce qui est, est bien. »

La philosophie de Pope est donc une sorte de panthéisme idéaliste, avec lequel le christianisme peut à la rigueur s'accommoder. La dédicace à Bolingbroke ne signifie pas nécessairement que Pope fût anti-chrétien, Bolingbroke n'ayant lâché son fameux coup de fusil contre la religion qu'après sa mort. Afin d'éviter tout soupçon d'impiété, Pope fait suivre ses quatre épîtres de la prière pour tous, paraphrase grandiose du *Pater*. Quoique Byron s'en soit moqué, ce morceau est resté classique ; c'est le seul endroit où Pope ait approché de l'ampleur et de la simplicité des prophètes.

Jugement sur Pope.

Les Anglais font aujourd'hui bon marché des écrivains du dix-huitième siècle, entachés à leurs yeux d'imitation française ; ils sont presque honteux de Pope, après en avoir été fiers pendant plus d'un siècle. Pour nous, le défaut de Pope n'est pas seulement d'avoir imité les Français, c'est d'avoir imité tout le monde. Il s'est successivement désaltéré à la coupe antique, au calice du moyen âge et au gobelet moderne.

Les *Pastorales* renferment tant de souvenirs de Virgile qu'elles peuvent être considérées comme des pastiches. L'Ode sur le jour de Sainte-Cécile est une imitation de Dryden, pour la forme, et de Virgile, pour le fond. Le *Chrétien mourant à son âme* est une traduction de l'empereur Adrien, qui se termine par un verset de l'Écriture. Horace et Boileau ont largement collaboré aux Satires. La *Dunciade* est une copie amplifiée du *Mac Flecknoe* de Dryden. Le *Temple de la Renommée*, *Janvier et Mai*, sont du Chaucer modernisé. L'*Enlèvement de la boucle de cheveux* n'aurait jamais été écrit si un certain Shakespeare n'avait pas inventé Ariel et Titania. Bolingbroke a dicté, pour ainsi dire, l'*Essai sur l'homme*. Enfin, les autres œuvres de Pope sont des traductions proprement dites. Que lui reste-t-il ? Sa forme correcte, son vers sobre et plein, bien supérieur à l'alexandrin français, naturellement traînant, et dont rien n'égale la lourdeur quand il est embarrassé de pesantes chevilles. Ses épithètes sont plus significatives que les nôtres. Les mots monosyllabiques que la langue met à sa disposition, lui permettent d'enfermer beaucoup plus de sens dans huit pieds que nos auteurs dans douze. En somme, le travail est plus serré, et l'impression produite ne ressemble pas à cette sensation de vague, de monotonie et de froideur qu'on éprouve à la lecture de nos classiques de second ordre. Pauvre d'invention, Pope se rachète par une imagination de détails qui, pour être laborieuse, n'en est pas moins élégante et délicate. Il cherche, mais il trouve, et réalise ainsi la *curiosa felicitas* d'Horace. Pope n'est pas un grand poète, mais c'est un grand écrivain poétique. D'un poète il a tout au moins le nombre et la langue, c'est-à-dire le pouvoir de traduire le fait par une image qui lui appartient.

Les victimes de Pope.

On a fait un volume sur les victimes de Boileau : celles de Pope mériteraient bien un chapitre. Il faudrait d'abord les diviser en deux classes, les odieux et les grotesques. Dennis est le modèle accompli des premiers, Blackmore, le type parfait des seconds.

Dennis était un de ces pauvres diables dont la vocation est de s'attaquer à toutes les supériorités. Il avait publié, en 1693, une *Short view on tragedy*, où il se moquait de Shakespeare. Depuis, il s'était moqué d'Addison, moqué de Pope. Shakespeare ne répondit pas et pour cause, Addison non plus, pour d'autres raisons; Pope se vengea pour les trois.

Blackmore, que Pope compare au cheval du lord-maire, était un médecin qui composait des épopées dans sa voiture, en allant voir ses malades. C'est ainsi qu'il produisit successivement un poème héroïque sur le roi Arthur, puis un poème également héroïque sur le roi Alfred, puis une *Elisa* en douze chants, de plus en plus héroïque, sans oublier une satire contre l'esprit. Il est encore l'auteur d'une contrefaçon du *Spectator*, intitulée le *Monastère laïque*, et d'un poème philosophique sur la création. Addison ayant donné quelques éloges à ce poème, la fécondité de Blackmore, encouragée par une ombre de succès, ne connut plus de bornes. Un poème sur la Rédemption suivit, et fut accueilli par des moqueries. Sur *Alfred*, poème en douze chants, la presse garda le silence le plus profond. « La complaisance, dit Johnson, eût rougi d'applaudir, et la malice était fatiguée d'insulter. » Les chutes littéraires du poète épique firent du tort au médecin. La clientèle diminua. Blackmore profita de ses loisirs pour composer des traités contre l'inoculation, sur le spleen, la goutte, la jaunisse, la fièvre, la peste. Le malheureux homme avait encore écrit une Histoire de la conspiration de 1695 contre le roi Guillaume, « de glorieuse mémoire ». Il s'était occupé de théologie, témoin les *Ariens modernes démasqués*; de rhétorique religieuse, témoin le *Prédicateur modèle*. Enfin, il mourut en 1729.

Colley Cibber ne figurait pas primitivement dans la *Dunciade*. C'est un mauvais poète, nommé Théobald, qui tenait la place du roi des sots. Pope avait contre Cibber deux griefs : il était poète-lauréat et il avait raillé cruellement les catholiques. Cibber, à la vérité, ne méritait ni d'être roi des sots, ni d'être poète-lauréat. Acteur, auteur et directeur de théâtre, il paraît avoir possédé, avec une moralité douteuse et un talent médiocre, cet art de se pousser et de se rendre agréable aux grands, qui, porté à son comble, permit au brillant Sheridan de trouver, dans une position analogue, le point de départ d'une haute fortune politique. Cibber a donné au théâtre le *Non juror*, détestable contrefaçon de Tartufe et monument de lâcheté politique. Le Tartufe anglais est un prêtre catholique déguisé. Dès la première scène, le sujet est gâté. Le héros a montré tous ses pauvres artifices. Il se querelle avec le fils de la maison, et il fait la cour à la fille. Au lieu de le voir habile et tout-puissant, comme chez Orgon, nous le voyons si maltraité, et, en même temps, si maladroit, que nous en avons pitié. La fin est lugubre. On apprend que le pauvre hère s'est pendu. On souffre à voir la muse comique s'évertuer contre les proscrits.

Ambrose Phillips — autre ennemi littéraire de Pope — vaut mieux que Colley Cibber. Il avait traduit Pindare. Johnson juge cette traduction avec son ton dédaigneux, en disant que l'auteur fut assez heureux pour atteindre à l'obscurité du poète grec, sans rien rendre de sa sublimité. Néanmoins, bien ou mal, ce n'est pas le premier venu qui peut traduire Pindare. Les Pastorales de Phillips valent mieux que celles de Gay, et peut-être que celles de Pope. Si Pope imite ingénieusement Virgile, Phillips est plus près de Théocrite. Ses églogues ont au moins un mérite, c'est qu'elles tâchent d'être anglaises. Elles nous épargnent la tristesse de voir grelotter les dieux nus de la Grèce sur les bords glacés de l'Ouse et de l'Humber.

Autres petits poètes.

Avec les victimes de Pope nous n'avons pas épuisé la liste des poètes de troisième ordre, *poetæ minores*, qui remplissent la première moitié du dix-huitième siècle. Que de noms à demi oubliés! C'est d'abord Broome et Elijah Fenton, « un bien honnête homme, gras, indolent, très instruit, passe sa vie dans sa chambre, à lire et à composer[1] ». Tous deux collaborèrent en sous-ordre à la traduction de l'*Odyssée*.

Les poètes abondent; mais il semble que la matière leur manque quand on voit le singulier choix de leurs sujets. Ce choix trahit un siècle sans imagination, capable de donner, pour une page de morale ou pour une comparaison ingénieuse, tous les beaux récits qui charment les peuples enfants. Le goût du raisonnable, qui caractérise le siècle en général, se complique d'une pointe lugubre fournie par le génie anglais. Green écrit sur le spleen, Thomson compose un poème sur la maladie. Il est vrai qu'il sauve son malade. Robert Blair enterre son homme dans un petit poème intitulé le *Tombeau*, et qui n'est qu'une méditation dans un cimetière.

La mélancolie de Thomson et de Blair est une mélancolie décente, confortable, élégante, qui se complaît en elle-même. On sent que ces gens-là sont tristes parce que c'est leur manière de s'amuser. Plus sombre et plus amer est Richard Savage, dont Johnson a raconté, d'une manière saisissante, la vie douloureuse et coupable. Il se trouvait dans la même situation que d'Alembert : fils adultérin d'un grand

---

1. Mot de Pope, cité dans les *Anecdotes* de Spence.

seigneur et d'une grande dame, abandonné par eux. On sait avec quelle dignité d'Alembert porta cette infortune. Savage n'eut pas cette discrétion; son âme troublée ne connaissait pas le pardon et ne s'éleva pas jusqu'au mépris. Il jeta à la face de lady Macclesfield son poème du *Bâtard*, qui l'obligea à quitter Bath pour aller se cacher « au milieu des foules de Londres ». Dans le *Vagabond*, il raconte sa vie de bohème, faite d'angoisses, de rêveries et de plaisirs sans lendemain. Ainsi, tout le génie de Savage est dans ces deux choses : le sentiment irrité de la tache originelle, et les souffrances qui accompagnent la pauvreté désordonnée.

Matthew Prior. Gay. *L'opéra du Gueux.* *L'Hermite*, de Parnell.

A un rang intermédiaire, entre les poëtes que nous venons de nommer et Pope, il faut placer Prior et Gay. Prior avait débuté dans les lettres par une parodie du fameux poème de Dryden, *la Biche et la Panthère*. La Révolution de 1688 lui ouvre la diplomatie. Un jour, dans les galeries de Versailles, on lui montre les tableaux de Lebrun : « Votre maître, lui demande-t-on, a-t-il des décorations semblables dans son palais? » Et Prior répond : « Les monuments qui rappellent la gloire de mon maître sont partout, excepté dans sa maison. » Le mot est joli; Prior a dû le trouver sur le bateau qui le ramenait en Angleterre. S'il l'avait prononcé à Versailles, il n'aurait pas obtenu, auprès du grand roi, le crédit dont il jouissait et que ses biographes ne manquent pas de vanter, tout aussitôt après avoir rapporté la spirituelle impertinence qui précède.

Prior s'était attaché aux Tories, qui le firent sous-secrétaire d'État et ministre plénipotentiaire. Cette fois, il avait manqué d'instinct politique : il tomba avec les Tories. Retenu à Paris par ses créanciers, il ne revint en Angleterre que pour passer deux ans en prison, et ne survécut pas longtemps à l'amnistie.

Il avait l'haleine courte, et ses meilleurs morceaux sont

des pièces d'une médiocre étendue : le conte d'*Appelle et Protogène*, à la manière de La Fontaine, l'amusante ballade de Downe Hall, et surtout la piquante réponse à l'Ode sur la prise de Namur. Ici, le poète avait beau jeu. Trois ans après que les Français étaient entrés dans cette ville, les Anglais y rentraient à leur tour, en 1695. Prior reprit un à un tous les traits de cette ode emphatique et froide, déjà ridicules par eux-mêmes, et qui prenaient une couleur encore plus tristement grotesque, après le démenti donné par la guerre aux hyperboles de Boileau. On a beaucoup loué la réponse d'Alfred de Musset à Becker. C'est, en effet, une riposte assez heureuse d'un patriotisme indigné à un patriotisme vantard ; mais il y a un peu de gasconnade dans les deux pièces. Chez Prior, c'est une ironie glacée, qui dépèce sans pitié les mensonges de la flatterie, crève les ampoules du mauvais goût, et s'abat comme grêle sur le malheureux poème, dont il ne laisse pas debout un hémistiche.

Cependant, s'il y avait un homme en Angleterre qui n'eût pas le droit de se moquer de Boileau, c'était Prior, qui essayait d'être le Boileau de Guillaume III. Le roi l'y aidait bien mal ; la gloire de Guillaume est paisible, solide, d'une trame serrée qui défie le temps, mais elle n'a rien qui inspire le poète. Aussi le *Carmen seculare* de Prior est-il assez faible.

Prior avait mis tous ses soins à un grand poème intitulé *Salomon*. Le monarque juif demande successivement le bonheur à la science, au plaisir et au pouvoir. Mais la science est impuissante à donner la vérité, le plaisir est éphémère, le pouvoir s'achète au prix de mille tortures secrètes : donc, tout est vanité. Rien, comme on le voit, n'est plus méthodique. *Salomon* a le malheur d'être ennuyeux. « C'est le seul défaut, remarque malignement Johnson, dont un auteur ne s'avise jamais, parce qu'on ne s'ennuie pas soi-même. » Prior faisait peu de cas de ses poésies légères et comptait beaucoup sur son *Salomon* devant la postérité. La postérité a oublié *Salomon* et relit quelquefois les poésies légères de Prior.

Gay était l'un des derniers et des plus modestes du groupe

tory ; il obtint, pour toute faveur, lorsque ses amis triomphèrent, d'être secrétaire de la duchesse de Monmouth. En le félicitant de sa nomination, Pope ajoutait : « Mais n'oubliez pas, mon cher ami, que vous êtes aussi le secrétaire de neuf autres dames. »

Gay sacrifie au goût du jour en écrivant un poème allégorique et mythologique sur l'origine de l'éventail. Mais il se dédommage quand il griffonne, sur un coin de table, une ballade sur des filles d'auberge ou sur la bière, quand il rime son *Apparition*, effrayante histoire de revenant, qui se termine par une grosse ordure pantagruélique ; surtout, quand il compose son *Trivia*, ou l'art de se promener dans Londres, qui ne ressemble guère à la satire des *Embarras de Paris*. Il est badaud ; la rue l'amuse, et, sans aller au fond de la vie populaire, il s'intéresse au spectacle extérieur qu'elle lui donne.

Enfin, il se trouve tout entier dans l'*Opéra du Gueux*, pièce baroque et presque folle si l'on considère le sujet, mais très raisonnablement conduite et pétillante de verve. Swift avait dit un jour devant Gay : « On devrait faire une pastorale à Newgate. » Songez-y ! Une idylle, une bergerie, les pipeaux de Mélibée et les chansons de Damoétas entre ces hautes murailles noires qui suent le crime et l'angoisse, où s'agite le cauchemar de l'assassin qui va être pendu, où retentissent les cris du voleur et de la prostituée que l'on fouette ! Une pastorale dans ce lieu ! C'est ce sujet-là qui échauffe l'imagination de Gay, lasse d'élégance et affadie de mythologie.

Le héros est un certain capitaine Mac-Heath, vrai gibier de potence et Don Juan de grand chemin. Il a épousé secrètement Polly, la fille du vieux recéleur Peachum, honnête négociant en objets volés, qui élève ses enfants et tient ses livres suivant des principes inflexibles. Son petit garçon, déjà pickpocket distingué, malgré son jeune âge, le met sur la trace de l'intrigue. Un gendre comme Mac-Heath ne saurait lui convenir : ce n'est pas un homme sérieux. Qu'imagine-t-il ? Il le dénonce à la justice. Une fois pendu, le capitaine cessera d'être gênant. L'entrée de Mac-Heath à Newgate est touchante. Le geôlier Lockit le reçoit avec une douce familiarité ; n'est-il pas l'habitué, l'enfant de la maison ? A peine sous les verrous, l'irrésistible bandit séduit Lucy, la fille de Lockit, et s'évade, grâce à son assistance. Heureusement, une tendre intimité, cimentée par de vieilles relations commerciales, unit les deux pères, Lockit et Peachum. A eux deux, ils réussissent à reprendre Mac-Heath, qui s'oublie dans des duos ou même des trios d'amour. Cette fois, plus moyen d'échapper. Le capitaine fait ses adieux, — toujours en musique, — à Polly et à Lucy. On vient lui annoncer l'arrivée de quatre autres épouses, qui viennent l'embrasser pour la dernière fois. « Quatre femmes ! s'écrie-t-il ; qu'on me pende tout de suite. » En effet, on va le pendre, lorsqu'on fait remarquer à l'auteur qu'un opéra doit toujours avoir un dénouement heureux. L'auteur docile gracie son héros, et le ramène triomphalement au milieu de ses femmes.

Plus d'un critique moderne voit, dans l'*Opéra du Gueux*, une virulente satire contre les hautes classes, et dans Gay, un devancier de Beaumarchais, un précurseur de la Révolution française. Le malicieux écrivain n'avait pas, croyons-nous, de si hautes visées. Se proposait-il simplement de parodier l'esthétique niaise des livrets d'opéras ? A-t-il voulu esquisser, d'une main légère, le monde des coquins, tel qu'il existait de son temps ? Certains esprits saisissent un côté bouffon dans le crime ; sur cette réalité sinistre, leur caprice brode de folles et joyeuses fantaisies. Gay, parmi ces esprits-là, a été un des plus hardis et un des plus amusants.

Un autre poète secondaire du même temps et de la même école est Parnell. Il eut un jour une inspiration heureuse et écrivit l'*Ermite*, d'après une vieille légende. A notre tour, nous dégageons la légende, à laquelle la versification de Parnell fait perdre un peu de sa grâce étrange et de son amère saveur.

Un ermite vivait dans la solitude, mais son âme était tourmentée par le regret du monde, qu'il avait trop peu connu. Il se décide à quitter son désert. Il rencontre en chemin un jeune homme, dont la belle figure, l'air ouvert et les boucles blondes préviennent son cœur favorablement. Les voilà qui font route ensemble. La nuit vient, l'ermite et son compagnon trouvent asile chez un homme riche, qui leur fait servir un repas somptueux. Le lendemain, dès le lever du soleil, le festin recommence, et la coupe passe de main en main. Au sortir de ce palais, l'ermite s'aperçoit que son compagnon a emporté la coupe. Profondément attristé, il veut se séparer d'un tel camarade ; un charme le retient, et il se tait. Le soir, l'orage les assaille ; ils frappent à la porte d'un avare, qui, après être resté sourd bien longtemps, touché à la fin d'un éclair de compassion, leur donne une maigre hospitalité. Pour l'en payer, le mystérieux voyageur lui donne la coupe magnifique. Stupeur de l'ermite, qui ne sait que penser. Le lendemain, au retour de la nuit, ils sont reçus par un homme excellent. Celui-là n'est ni fastueux, ni avare ; son hospitalité est sage et douce. A l'aube, le compagnon de l'ermite se glisse près du berceau où dort l'unique fils de l'hôte ; il l'étrangle. L'ermite s'indigne, pourtant il suit son compagnon. Un des serviteurs de l'homme bienfaisant leur montre la route. Arrivé au passage d'un cours d'eau, le jeune homme pousse dans les flots le pauvre serviteur, qui disparaît. Cette fois, l'ermite donne cours à sa colère. Mais voici que, soudain, le jeune homme se transfigure, une clarté céleste illumine ses traits, des ailes ombragent ses épaules, un je ne sais quoi de divin l'entoure, et l'ermite tombe à genoux devant lui. « Ne t'agenouille pas ; je suis, comme toi, un serviteur du Dieu tout-puissant. L'homme riche a perdu sa coupe : dorénavant, il n'entraînera plus aux excès ses hôtes. L'avare a appris que la charité coûte peu et rapporte beaucoup. L'homme excellent aimait trop son enfant, maintenant il a reporté vers Dieu toutes ses pensées. En retour, Dieu l'a protégé contre le péril qui menaçait sa fortune ; car, ce soir même, le fidèle serviteur qui s'est englouti dans le fleuve aurait volé les trésors de son maître. » L'ange, après avoir parlé ainsi, disparaît, et l'ermite tremblant retourne à son désert.

CHAPITRE XIX.

LES ROMANCIERS.

Caractère et rôle politique de Daniel de Foë. — Son système littéraire. Œuvres d'imagination — *Robinson Crusoé.* — Parallèle de Fielding et de Richardson. — Romans de Fielding. *Tom Jones.* — *Roderick Random* et l'œuvre de Smollett. — Vie et caractère de Richardson. Son premier roman, *Paméla.* — *Clarisse Harlowe.* — *Sir Charles Grandison.* Influence de Richardson sur la littérature. — Goldsmith. Ses comédies, ses poèmes. Le *Voyageur.* Le *Village abandonné.* — Le *Vicaire de Wakefield.* — Lawrence Sterne. *Tristam Shandy. Voyage sentimental.*

Caractère et rôle politique de Daniel de Foë.

De Foë vient ici longtemps après sa date. Né en 1661, il était le contemporain et l'aîné d'Addison et de Swift. Il avait porté les armes avec Monmouth, à une époque où les beaux-esprits de la reine Anne étaient à peine nés ou sur les bancs du collège.

Où l'aurions-nous placé? Parmi les Whigs ou parmi les Tories? Lui qui n'était ni tory ni whig, lui que tous les partis ont successivement méprisé et persécuté, lui qui a été mis deux fois au pilori, par les ministres de la reine Anne, à Temple Bar, et par Pope, dans la *Dunciade!* Il appartenait à une race à part, celle des *Dissenters*, race longtemps proscrite et qui n'est pas encore entrée en possession de tous ses droits. Même aujourd'hui, l'Angleterre officielle, orthodoxe et aristocratique, affecte trop souvent d'ignorer ce qu'elle doit à cette robuste lignée, qui entretient, comme un dépôt sacré, les deux forces de la nation, l'esprit religieux et la passion de l'indépendance. Fils des puritains, on les maudit malgré leurs vertus, et à cause des crimes de leurs pères. Ce n'est pas ici le lieu de raconter l'œuvre sociale et le rôle politique des dissidents; mais disons qu'ils ont aussi creusé leur sillon dans l'histoire de la littérature. Il suffira de rappeler trois noms : Bunyan, De Foë, Richardson. Sortis du peuple, portant en eux son génie, ils ont écrit pour le peuple, et l'âme du peuple leur a fait écho.

Après cette explication, les sarcasmes des beaux-esprits, le dédain affecté des courtisans, les rigueurs gouvernementales, la prison, le pilori, la mort désolée du pauvre De Foë, tout devient naturel. Pour ce qui vit dans les hautes sphères de la richesse et du pouvoir, et pour les gens de lettres qui essaient de s'y acclimater, De Foë n'est qu'un marchand de bas qui a fait de mauvaises affaires, et auquel la politique a troublé la cervelle. Gay écrit en 1711 : « La pauvre *Revue* est devenue si méprisable que, quoique l'auteur attaque tout le monde, personne ne veut entrer en polémique avec lui. Ce garçon a naturellement des parties excellentes, mais il lui manque la base, l'instruction. On a dit de lui un joli mot : il faudrait *l'écumer*. » Swift le traite d'ignorant, Oldmixon d'espion, Leslie de boute-feu, Prior de libelliste, Toland d'homme vendu. Si un ministre moins sot que les autres, Harley, distingue son talent et veut l'utiliser, De Foë, en le servant, se compromet sans s'enrichir. Il passe à la fois pour un esclave des ministres et un démagogue, pour un esprit turbulent et un mercenaire, pour un fanatique et un athée : c'était tout bonnement un honnête homme.

Sur tous les sujets, cette intelligence si claire, sans cesse tournée vers le progrès et vers le bien, s'est montrée créatrice ou prophétique. De Foë est l'inventeur de plusieurs genres littéraires, le père de cinq ou six idées qui ont fait des révolutions dans le monde. Il a vu[1], annoncé avec précision tous les maux que devait amener le système d'assistance publique pratiqué en Angleterre, dédaigneuse aumône jetée par une classe à une autre. Seul, il a compris que 1688 était mieux qu'une date, une ère, et Guillaume plus qu'un roi, un

---

1. *Giving alms, no charity.*

fondateur de nation[1]. Il a appris au commerce anglais sa dignité, sa puissance, son avenir[2]. Il a prévu la ruine finale des jacobites. Aux dissidents il a prêché la patience, et la tolérance à leurs maîtres. Son *Essai sur les projets*, oublié dans une bibliothèque, a été le précepteur de Franklin, et par Franklin, l'inspirateur de la grande révolution américaine. N'est-ce pas assez? Ses ennemis mêmes, ses contempteurs plus ou moins sincères, toujours à court d'idées, ramassent celles qu'il a laissées tomber. C'est ainsi que Swift trouve dans le *Consolidateur*, « manuscrit tombé de la lune », la première idée de ces royaumes de Laputa et de Lilliput, que devait perfectionner plus tard l'auteur, plus spirituel qu'inventif, de Gulliver. C'est ainsi encore qu'Addison et Steele empruntent, pour leur *Tatler* et leur *Spectator*, le plan de la Revue parue dès 1703. Et d'où est sortie l'aînée vénérable des Revues du monde entier? De Newgate. « C'est dans un cachot, écrit Philarète Chasles, qu'il forgea le puissant instrument de nos libertés intellectuelles. »

Système littéraire de Daniel de Foë. Œuvres d'imagination.

Cependant, quels que soient les titres de Daniel de Foë, comme penseur et comme publiciste, il peut être légitimement placé dans le chapitre des romanciers : car nul ne l'a été au même degré, ni auparavant, ni depuis.

Imiter la vie, telle est, chez le conteur, la préoccupation qui domine toutes les autres. L'écrivain cherche-t-il à faire valoir les grâces de son style et de son esprit, sa culture profonde ou sa sensibilité délicate, à satisfaire sa manie philosophique, son humeur prêcheuse ou sa passion politique, tenez pour certain qu'il n'est point romancier. Le romancier de race se reconnaît, avant tout, à une recherche exclusive,

---

1. *Trueborn Englishman.*
2. *English tradesman, history of the trade*, etc.

passionnée, et pour ainsi dire acharnée : celle de tromper le lecteur et de lui faire prendre ses personnages pour des gens de chair et d'os, les aventures qu'il leur prête pour des évènements réellement arrivés. Le misérable qui défend sa vie sur les bancs de la cour d'assises, contre un peuple de juges, de procureurs et de témoins, ne ment pas avec plus d'audace, avec des raffinements de précision plus persuasifs, avec des attestations plus émues, ne joue pas mieux ce que le vulgaire appelle l'accent de la vérité. Parmi ces illustres menteurs, un des plus merveilleux est De Foë. Lisez l'histoire de l'apparition de mistress Veal, qui se montre le lendemain de sa mort à une de ses amies, et pourquoi? Pour lui recommander un opuscule religieux, un sermon de je ne sais quel pasteur oublié. Que de certificats, quel concours de circonstances, quel accent sérieux, combien de ces traits *qu'on n'invente pas!* Quel oubli apparent de la mise en scène, et, en réalité, quelle savante mise en scène! Comment la supercherie se découvrit-elle? Seulement lorsqu'on apprit que les exemplaires invendus du sermon en question encombraient la boutique du libraire de De Foë. Tant de talent dépensé dans une réclame!

Notre auteur fait un plus noble usage de cet art de la tromperie littéraire, dans les *Mémoires d'un Cavalier* et dans le *Journal de la peste*. Le jacobite qui lit les *Mémoires d'un Cavalier*, s'abandonne sans défiance au courant du récit. Idées, passions, préjugés, tout lui convient; et, à la fin du livre, il s'étonne d'être converti au sentiment de ses adversaires. On prendrait le *Journal de la peste* pour les feuillets arrachés aux tablettes d'un négociant de Londres, qui aurait traversé ces temps lugubres; il n'y a qu'un témoin oculaire qui puisse parler ainsi. Pourtant, De Foë avait quatre ans lors de la fameuse peste. Sans doute, l'enfant pensif écoutait causer les bourgeois, lorsque, réunis dans l'arrière-boutique du bonnetier De Foë, ils repassaient ces tragiques souvenirs. A travers les paroles vides, les niaiseries, les exagérations, les vulgarités, la vérité émouvante apparaissait çà et là. Plus tard, elle devait sortir de la cervelle de l'écrivain, avec ces touches de nature, ces accents profonds, qui dépassent, en intensité comme en exactitude, les sensations réelles des hommes ordinaires.

Depuis longtemps, l'histoire n'est plus pour nous le journal des actions des rois, de leurs ministres et de leurs favorites. Des milliards d'existences obscures la composent, semblables à ces infusoires dont les cadavres, accumulés indéfiniment pendant des siècles innombrables, forment des continents. De Foë a préparé des matériaux à cette histoire nouvelle, en se faisant le biographe de certaines vies populaires, qui étaient jusque-là hors la littérature, comme elles étaient hors la loi. Moll Flanders, une prostituée de bas étage, traverse toutes les situations de la vie, toutes les émotions, même celles de la condamnée à mort, pour finir dans le repentir et dans la vertu. Le colonel Jack est un pauvre enfant abandonné, né d'une liaison coupable entre gens riches. Sa vie peut se résumer ainsi : il naît bon, devient un voleur par la force des choses, redevient un honnête homme et un gentleman par l'énergie de sa volonté. Les premières pages du *Colonel Jack* montrent les débuts de l'innocent petit voleur, les angoisses de cette pauvre petite conscience naissante et aussitôt étouffée, qui lutte contre les mauvais conseils et les mauvais exemples, comme une faible lumière contre les ténèbres qui l'entourent. Ce sujet présente quelque analogie avec certains passages d'*Olivier Twist*. Mais l'auteur moderne n'a point l'avantage dans cette comparaison. Dickens paraît cherché, affecté, grimaçant, auprès de la simplicité poignante de Daniel de Foë.

Robinson Crusoë.

Selcraig ou Selkirk, matelot écossais, que sa mauvaise conduite et son indiscipline avaient porté à quitter, d'abord la maison paternelle, puis le vaisseau à l'équipage duquel il appartenait, vécut quatre ans et quatre mois sur l'îlot Juan Fernandez, et fut recueilli le 2 février 1709 par le capitaine Woodes Rogers. A son retour en Angleterre, la curiosité publique l'entoura. Des gens célèbres se dérangèrent pour l'aller voir. Richard Steele rendit compte, dans un article, de sa conversation avec Selkirk. Quant à Daniel de Foë, pendant un séjour à Bristol, où il fuyait ses créanciers, il rencontra, dans une taverne, l'ancien solitaire de Juan Fernandez. Quand *Robinson Crusoë* parut, quelques années plus tard, on l'accusa d'avoir volé le manuscrit de l'Écossais. Accusation stupide et qui ne vaut pas une ligne de réfutation. Ceux qui croyaient un Selkirk capable d'écrire *Robinson Crusoë*, n'avaient sans doute jamais eu l'honneur de tenir une plume. Sans méconnaître l'originalité de De Foë (on a vu plus haut l'opinion demi-favorable, demi-méprisante de Gay), les hommes de lettres affectaient de ne voir, dans son ouvrage, qu'un amas de solécismes et de barbarismes. Les livres ont leur destin : ils sont semblables aux grands hommes, qui frayent leur route à travers la boue dont on les accable, les pierres dont on les meurtrit, les épines dont on les déchire, et, comme on ne peut tuer les livres aussi aisément que les hommes, ils survivent à plusieurs générations de persécuteurs. Les critiques se résignèrent à suivre la foule. Johnson, si dédaigneux, place *Robinson* sur le même rang que *Don Quichotte* et le *Pilgrim's progress*. « Il n'est pas, dit-il, un lecteur qui ne voudrait que ce fût plus long. » Qu'on s'interroge, c'est la vérité.

Combien je préfère, à cet aveu presque involontaire du célèbre critique, le touchant témoignage d'un des colons qui ont défriché les bords de l'Ohio ! « Souvent, dit-il, après avoir été vingt mois sans apercevoir une figure humaine, n'ayant pour pain que de mauvaise orge bouillie, harcelé par les Indiens et les animaux des bois, forcé de lutter pied à pied contre une nature sauvage, je rentrais épuisé, et, à la lueur de ma bougie de jonc, trempée dans de la graisse de castor, je parcourais ce divin volume. Ce fut, avec ma Bible, ma consolation et mon soutien. Je sentais que tout ce qu'avait fait Crusoé, je pouvais le faire. La simplicité de son récit portait la conviction dans ma pensée, et le courage dans mon âme. Je m'endormais paisible, ayant à côté de moi mon chien, que j'avais appelé Vendredi, et le lendemain, dès quatre heures, après avoir serré ce volume, plus précieux que l'or, je reprenais ma cognée, je me remettais à l'ouvrage, et je bénissais Dieu d'avoir donné à un homme tant de puissance pour consoler. »

Voilà un éloge qui eût fait pleurer de joie le pauvre De Foë, et qui fera peut-être pleurer de sympathie plus d'un de ses lecteurs. C'est l'éclatante justification du livre.

Qu'est-ce que Robinson? Un homme médiocre, plutôt mauvais que médiocre. Mis en présence de Dieu et de la nature, il vit, à lui seul, tous les âges de l'humanité, passe par toutes les épreuves où elle a passé. Le besoin aiguise son industrie, la méditation perfectionne sa conscience. Il finit par présenter, dans son désert et sous ses peaux de bêtes, le type parfait de la civilisation chrétienne. L'expérience des faits démontre, l'histoire même de Selkirk prouve que les choses se passent tout autrement, que l'homme, livré à lui-même, perd la parole et par conséquent la pensée, qu'il devient une brute, bien loin de devenir un héros ou un saint.

En présence de la réalité lourde et triste, De Foë a édifié son admirable mensonge religieux et philosophique. Mais ce mensonge, — le colon de l'Ohio nous l'affirme, et nous devons le croire, — depuis que le génie de Daniel de Foë l'a revêtu d'une forme immortelle, est désormais une vérité.

Parallèle de Fielding et de Richardson.

Dans un des quartiers les plus populeux de Londres, près de Westminster, il y avait, en 1750, une maison assez singulière; un juge de paix l'habitait. La porte était ouverte à tous venants. Vous entriez, et vous vous trouviez dans une salle basse, voûtée, assez sombre, ornée d'un grand poêle, la table dressée; sur cette table, des reliefs de festin, des verres brisés, de la venaison, du porter et des fruits. Dans un coin, un pupitre chargé de papiers. Devant la table, un homme à l'œil vif, à la perruque ébouriffée, fumant, buvant, riant et criant de toute sa force, le teint haut en couleur, la jambe entortillée de flanelle et reposant sur un escabeau. Autour de la table, debout, assis, agenouillés, accroupis, des commissionnaires, des porteballes, des petits marchands, des harengères, des gardes de nuit, des escrocs irlandais, écossais, gallois, auxquels le maître du logis imposait silence en frappant la table d'un poing vigoureux. La voûte retentissait de leurs criailleries polyglottes et de leurs discussions violentes. Là, vous entendiez à la fois tous les dialectes que l'on parle, que l'on beugle ou que l'on bégaye, du nord au midi de la Grande-Bretagne. Souvent, l'homme qui gagnait sa cause devant ce singulier tribunal, s'asseyait à la table du juge de paix et sablait le porter ou l'ale à la santé du magistrat. Il arrivait quelquefois qu'un gentilhomme, portant épée, jabot et manchettes, descendait de voiture à la porte, entrait dans la salle, tendait la main au juge de paix et causait un moment avec lui. Ce gentilhomme était peut-être lord Lyttelton ou l'éloquent lord Chatam, Pope le poète, l'acteur parodiste Foote, Arbuthnot le bel-esprit, ou bien encore le libraire Tonson, un sac d'écus sous le bras, et venant apporter au magistrat buveur et prodigue quelques livres sterling d'avance sur son prochain roman. Car ce juge de paix, c'était Fielding, l'auteur de *Tom Jones*.

Assez près de là, dans le quartier du Temple, demeurait, à la même époque, un homme de mœurs différentes. Il avait un petit logement fort propre, meublé de bois de chêne, lambrissé de chêne noir, et dont la vue donnait sur les pelouses vertes des jardins du Temple. Une vieille domestique, aussi propre que le logis, à l'air dévot, à l'œil voilé, à la taille droite et raide, à la démarche prudente et sage, venait vous ouvrir. Le maître de la maison, homme grave et silencieux, réglait exactement l'emploi de ses heures. Il ne manquait pas un sermon, recevait en consultation les dévotes du quartier, qui venaient l'interroger sur des scrupules de conscience, répondait à celles qui lui proposaient par écrit des points de controverse religieux et moraux, surveillait l'imprimerie que ses économies avaient créée, et consacrait le reste de son temps à écrire

Paméla, *Grandison* et *Clarisse Harlowe*. Ce puritain était Richardson [1].

Chacun de ces deux hommes se reflétera dans son héros, l'un dans Tom Jones, l'autre dans sir Charles Grandison. Chez Fielding, Grandison s'appellera Blifil, c'est-à-dire l'équivalent anglais de Tartuffe. Chez Richardson, Tom Jones se nommera Lovelace, c'est-à-dire le Don Juan britannique. Jamais opposition ne fut plus frappante. C'est à douter que les deux auteurs aient appartenu au même temps et à la même race, que les deux livres soient le produit de la même littérature. Et pourtant, Richardson est aussi Anglais que Fielding. C'est que le contraste n'existe pas seulement entre deux hommes, mais entre deux écoles, entre deux traditions, qui partagent la société anglaise en deux moitiés inégales. L'auteur de *Tom Jones* est l'héritier légitime des Cavaliers, et le père de *Clarisse* est le descendant direct des Têtes-Rondes.

Romans de Fielding. *Tom Jones*.

Henry Fielding était un cadet de la famille de Denbigh, qui est elle-même une branche cadette de la maison de Hapsbourg. Malgré cette parenté avec les empereurs d'Allemagne, Fielding possédait une maigre fortune. Mener une vie de dissipateur, avec peu d'argent, était le problème à résoudre. Le jeune homme demanda des ressources à la carrière dramatique. Il sema follement, dans d'innombrables farces, la *vis comica* qui débordait en lui. Il écrivit même pour les marionnettes. A travers ce déluge de littérature improvisée, deux ou trois œuvres auraient dû surnager ; dans le nombre, une comédie de l'*Avare*, qui n'est ni une traduction de Plaute, ni une traduction de Molière. L'avare de Fielding est amoureux pour de bon, et ce caprice enragé, luttant avec la passion de l'argent, produit les effets

---

[1]. J'emprunte à Philarète Chasles ce parallèle, dont j'ai modifié quelques traits.

les plus inattendus. A mesure que l'action se précipite, la verve de l'écrivain s'excite, les traits abondent, les épisodes se croisent et s'engendrent, avec un crescendo de gaieté et d'esprit dont le lecteur est ébloui. Le *Pasquin* est une caricature politique dont le plan rappelle la *Répétition* de Villiers Malheureusement, une profonde connaissance des mœurs politiques du dix-huitième siècle est aujourd'hui nécessaire pour bien apprécier cette amusante charge.

Une vie qui plaisait encore mieux à Fielding que celle des coulisses et des tabagies de Londres, c'était l'existence, à la fois fastueuse et libre du squire de campagne. Après son mariage, Fielding essaya de tenir son rang parmi les autres gentilshommes et se ruina en livrées jaunes. Il crut que sa parole intarissable lui ferait une situation dans le barreau. La goutte, qui peut-être trouvait une complice secrète dans sa paresse, l'obligea au repos. Il demanda à Walpole une sinécure ; ce ne fut que longtemps après qu'il obtint une commission de juge de paix pour le comté de Middlesex. On a vu que ce n'était pas tout à fait une sinécure. Mais, tout en jugeant, Fielding observait les types divers qui défilaient sous ses yeux, les originaux qui posaient un instant devant lui. Quand la foule s'était écoulée, le malin juge se dirigeait en boitant — maudite goutte ! — vers le pupitre chargé de papiers, et tout ce monde retrouvait une seconde existence dans les pages de *Jonathan Wild* ou de *Tom Jones*.

Tom Jones est un enfant naturel élevé par charité dans la maison d'un riche seigneur de campagne, M. Allworthy, et en compagnie de son neveu, Blifil. Celui-ci, par ses feintes, réussit à faire perdre à Tom Jones la faveur du digne M. Allworthy et la main de Sophie Western, mais non sa tendresse. Le souvenir de cette affection accompagne Tom Jones à travers ses aventures, qui sont aussi variées que scabreuses. Au début, on l'a vu séduire une petite paysanne. En route, il ne se refuse à aucune de ces bonnes fortunes de grand chemin, qui abondent, au moins dans les romans picaresques. Plus tard, auprès d'une grande dame déjà mûre, il remplit une situation difficile à expliquer, et plus difficile encore à justifier. Au milieu de ces infidélités, il ne pense qu'à Sophie, il ne voit, il n'aime que Sophie, l'adorable, l'incomparable Sophie. Après avoir connu la misère, la prison, vu de près la mort, cru reconnaître sa mère dans sa maîtresse et son père dans son domestique, guéri du vice par ces abominations, heureusement imaginaires, il retombe aux pieds de son protecteur, qui se trouve être son propre oncle. Blifil est démasqué, et Sophie, après s'être fait un peu prier, pour la forme, couronne du don de sa main et de sa fortune, sinon la vertu, du moins le repentir de Tom Jones. Sera-t-il sincère? La morale optimiste de Fielding veut que nous en soyons persuadés. L'auteur a entendu racheter par des qualités charmantes les défauts de son héros. Malheureusement, ces qualités ne sont pas elles-mêmes de bon aloi; elles procèdent de la même source que ses défauts, d'un manque de maturité dans les jugements, toujours précipités et excessifs. La charité exige-t-elle que je me fasse le bienfaiteur de l'homme qui a voulu prendre ma bourse à main armée? Lui pardonner, l'envoyer se faire pendre ailleurs, c'est assez Lui offrir l'argent qu'il a failli dérober, c'est trop. C'est pourtant là ce que fait Tom Jones. Singulier caractère que ce libertin redresseur de torts, cet indigent qui fait l'aumône, ce persécuté qui vient au secours de tout le monde, ce don Quichotte sous le costume de don Juan!

Les autres caractères, à l'exception d'un seul, manquent de vie. L'universel Partridge, tantôt maître d'école, tantôt barbier, tantôt *factotum*, mais toujours philosophe, est un de ces types invraisemblables que les auteurs caressent, mais que le lecteur ne reconnaît point dans la vie réelle. Sophie est la sagesse, comme l'indique son nom tiré du grec. C'est une Minerve en paniers, avec de la poudre et des mouches. M. Allworthy abuse de la permission qu'ont les honnêtes gens, — dans les romans de Fielding, — d'être aveugles et faibles. Blifil et ses acolytes sont des pantins que Fielding aurait dû conserver pour le théâtre des marionnettes : leur scélératesse fait rire. Seul, l'enragé Western, grand chasseur, grand buveur, grand hâbleur, toujours entre deux vins et entre deux colères, prompt à maudire et à embrasser, le meilleur et le plus violent des pères, le plus taquin et le plus querelleur des frères, est franchement et heureusement dessiné. Fielding n'a, d'ailleurs, rien inventé. Il n'est qu'un peintre habile et fidèle. Western, au dix-huitième siècle, s'appelle légion. Aujourd'hui que la race est éteinte, le squire de Fielding a pris la valeur d'un portrait historique.

Roderick Random, et l'œuvre de Smollett.

Il faut placer *Roderick Random* auprès de *Tom Jones*, pour bien mesurer la distance qui sépare le talent qui compose, de la facilité qui improvise. Les défauts de Fielding disparaissent quand on les compare à ceux de Smollett. *Roderick Random* est un mélange de *Gil Blas* et de *Tom Jones;* mais le héros de Smollett ne s'instruit pas comme celui de Lesage, ne se corrige pas comme celui de Fielding. Gil Blas, d'abord un peu simple, se dégourdit, devient un personnage et un homme riche, par son industrie et sa finesse. Tom Jones, cœur d'or, après des étourderies et des folies sans nombre, guéri du libertinage par l'amour vrai, fera peut-être un bon mari. Il y a dans ces deux héros un caractère, et dans les deux romans un progrès. Roderick Random n'a point de caractère propre. Les aventures qu'il traverse ne semblent pas faire d'impression sur lui. On ne saurait dire s'il est bon ou mauvais, brave ou poltron, intelligent ou sot. On ne voit rien en lui que l'égoïste curiosité de la jeunesse, avide de mouvement et de spectacles, et qui ne demande qu'à passer d'une sensation à une autre sensation. Il se promène du fond de l'Écosse à Londres, de Londres à Paris, de la côte de Guinée au Paraguay, sur terre et sur mer, à travers tous les cabarets, tous les tripots et tous les mauvais lieux de l'Europe. Ce roman à tiroirs, dont la scène change à chaque chapitre, met en scène un peuple méprisable et comique de médecins ignorants, d'officiers couards, d'ingénues perverties, de courtisanes sensibles, de marins hâbleurs, d'aubergistes qui citent Horace, et de valets de pied qui deviennent membres du Parlement. Le sang coule, l'argent roule, les morts, les naissances, les duels, les attaques nocturnes, les aventures galantes, les accidents de toute espèce, les reconnaissances invraisemblables, se succèdent avec rapidité. S'arrête-t-on la nuit dans une hôtellerie, cette hôtellerie sera le théâtre d'une scène burlesque ou terrible, née d'un quiproquo. La peinture des gens en chemise, un bougeoir à la main, drapés dans leur couverture et mourant de peur, est une de celles où se complaisent notre auteur et son public. Chaque personnage raconte son histoire suivant les règles du roman picaresque, et cette histoire, interrompue par des événements saugrenus, est vingt fois reprise et abandonnée. A la fin du livre, Roderick est aussi gueux et aussi étourdi qu'au début. L'auteur, pour se débarrasser de lui, lui donne un père, une femme et une fortune, trois bienfaits dont il n'est guère digne. Des peintures libres, mais vivement enlevées, un style aisé, de la bonne humeur, sont les seules qualités de *Roderick Random.*

On les retrouve, quoique à un moindre degré, dans les autres ouvrages de Smollett. Dans *Ferdinand, comte Fathom,* la liberté dégénère en licence. *Sir Lancelot Greaves* est une pauvre imitation de *Don Quichotte.* L'*Histoire d'une femme de qualité* est composée avec les réminiscences galantes d'une coquine de haut rang, lady Vane, qui paya l'écrivain pour les rédiger. Ce trait fait juger l'homme. Après une jeunesse agitée, passée sur le pont d'un navire, aux Indes, à Bath, à Chelsea, après avoir longtemps hésité entre la médecine et la littérature, Smollett se décida enfin pour la dernière. Elle ne fut pour lui qu'un métier, peut-être serait-il plus exact de dire un commerce. Il faut faire une exception en faveur de *Humphry Clinker*, ne serait-ce que par déférence pour Walter Scott et pour Thackeray, admirateurs décidés de ce roman. « Rien de plus amusant n'a paru, dit l'auteur des *Snobs*, depuis qu'on écrit des romans. » Dans *Humphry Clinker*, la géographie ne fournit pas seulement un cadre aux aventures du héros, elle devient le principal motif d'intérêt. Ce livre a ouvert la voie à ces histoires extraordinaires de voyages, qui obtiennent de notre temps un si vif succès. Ce n'est pas une raison pour s'associer sans réserve à l'engouement paradoxal de Thackeray, qui est loin d'être une autorité critique. Smollett doit rester au second rang parmi les romanciers ; nous le trouverons au troisième parmi les historiens.

Vie et caractère de Richardson. Son premier roman, *Paméla*.

Richardson était le fils d'un charpentier du Derbyshire. Il avait douze ans lorsque les jeunes filles du village le choisirent, à cause de sa douceur et de sa finesse, pour leur faire la lecture à haute voix. Elles lui confiaient leurs secrets d'amour et l'employaient à écrire leurs lettres. Un tel début dans la vie annonçait un romancier, pourtant la vocation mit près de quarante ans à se produire. A quinze ans, le fils du charpentier vint à Londres. Apprenti imprimeur, puis ouvrier, puis maître imprimeur, il épousa la fille de son premier patron, Wylde. Économe et laborieux, sa maison prospéra. Le *speaker* Onslow lui confia l'impression des procès-verbaux de la Chambre. Il avait près de cinquante ans, lorsqu'un de ses amis lui demanda un livre de lectures pour les filles de campagne qui venaient se placer à Londres : en trois mois, il écrivit *Paméla*.

L'héroïne du livre est une jeune paysanne née de parents très pauvres, mais très honnêtes. Elle est remarquée par une grande dame, qui la prend à son service comme femme de chambre et lui fait donner, à ce qu'il semble, l'éducation d'une demoiselle. Cette dame venant à mourir, son fils trouve dans l'héritage la jolie femme de chambre. Il essaye de prendre des libertés avec sa servante. Elle résiste : on la renvoie. Mais, au lieu de la conduire chez ses parents, le cocher qui l'emmène prend, d'après ses instructions secrètes, le chemin d'une autre maison appartenant au jeune B.

Dans cette maison, elle est retenue prisonnière; son geôlier
est une horrible femme de charge, type de virago que
l'on retrouve dessiné avec plus de vigueur et de vraisemblance dans *Clarisse*. Après avoir inutilement essayé de
s'enfuir avec l'aide d'un jeune clergyman aussi niais que
poltron, après avoir subi toutes sortes d'indignités, et en
particulier les ignobles tentatives dirigées par son maître
contre sa vertu, elle voit tout à coup les choses changer de
face, alors que l'impatience et le dégoût du lecteur sont à leur
comble. C'est vers le troisième ou le quatrième volume que
ce charmant monsieur B. s'avise de se faire aimer. Dès qu'il
essaye, il réussit. Mieux encore, Paméla s'aperçoit qu'elle l'a
toujours adoré. Il se convertit, épouse Paméla, et montre, à
partir de cet instant, une délicatesse de sentiments qui rend
les brutalités du début aussi invraisemblables qu'elles sont
impardonnables. Cette mégère de mistress Jewkes devient le
modèle des *house-keepers* respectueuses et dévouées. Paméla
ne fait aucune difficulté de l'embrasser et de l'avoir pour
témoin de son mariage. Le roman est fini. L'auteur, sans
pitié comme sans goût, le prolonge encore pendant plusieurs volumes. Il marie sa Paméla avec autant de minutie
qu'il enterrera plus tard Clarisse, ne nous faisant grâce, ni
des propos insipides des voisins et des domestiques, ni des
gauches compliments que la beauté et la bonne tenue de
Paméla inspirent à ceux qui la voient. A peine a-t-elle paru,
toute la haute société est à ses pieds. Elle n'a pas encore
ouvert la bouche, on admire son esprit. Les *gentlemen*,
après avoir bu chacun deux bouteilles de bordeaux après le
dîner, s'en retournent enchantés de son hospitalité.

Ce livre affiche des prétentions hautaines à la morale.
Paméla a pour sous-titre : *La Vertu récompensée*. Comment
est-elle récompensée? Par de l'argent. Chacun est rémunéré selon la même arithmétique et d'après une sorte de
proportion, en espèces monnayées ayant cours, à l'effigie
du roi George, ou en marchandises dûment expertisées :
cinquante guinées à celui-ci, vingt à celui-là, cinq, trois,
deux guinées à tel ou tel; un habit de drap au père de Paméla, une robe de soie à sa mère, une ferme à tous deux,

plus cinquante livres par an. Quant à Paméla elle-même, elle reçoit, pour ainsi dire, à genoux, la main du misérable qui a voulu se glisser dans son lit, sous la cornette de nuit d'une servante. Il est vrai que ce misérable est riche. La morale, à la fois puritaine et commerciale, de Richardson, n'en demande pas davantage.

Clarisse Marlowe.

Dans *Clarisse*, l'idéal se relève, la morale se purifie, la psychologie est plus profonde. Ce n'est pas que le caractère de Clarisse plaise au premier abord. Elle a les défauts de sa famille : elle est fausse, orgueilleuse, colère. On n'aime pas qu'une ingénue de dix-huit ans ait des accès de fureur à déchirer son bonnet et ses manchettes. Il est impossible au lecteur de savoir si elle s'enfuit de la maison paternelle par amour pour Lovelace ou par aversion pour Solmes, qu'on veut lui faire épouser. Pourquoi, une fois hors de chez elle, ne se réfugie-t-elle pas chez des personnes de son sexe et de son rang ? Pourquoi n'épouse-t-elle pas Lovelace ? Parce qu'il est un libertin et qu'elle prétend le convertir auparavant. La raison est médiocre. Le salut de son amant devrait moins la préoccuper que son honneur, qu'elle compromet en vivant sous le toit d'un débauché. Ce qui étonne, c'est qu'elle ne soit pas, en effet, compromise, et que tant de gens lui témoignent encore de l'amitié et du respect.

A partir du moment où Clarisse est déshonorée, elle devient sublime, et le roman quitte les sentiers vulgaires. Elle a été prise malgré elle, soit : du moins, elle ne se donnera pas de son plein gré à celui qui l'a flétrie ; elle ne ratifiera pas en quelque sorte, au pied de l'autel, l'infâme surprise dont elle a été la victime. L'âme restera libre, et quant à la souillure physique, puisqu'elle n'a pas d'autre moyen de l'effacer, elle en mourra. Le caractère de Lovelace appelle de nombreuses critiques. Sa méchanceté est excessive, et on ne voit pas trop à quoi elle sert. Ce séducteur, pour tout exploit, obtient, à l'aide d'un narcotique, la possession d'une jeune dame endormie. Il la retient dans une maison verrouillée de haut en bas, gardée par une demi-douzaine de personnes. On nous vante la bonne grâce de Lovelace, mais nous ne pouvons guère juger que de son effronterie En beaucoup de points, il rappelle le maître de Paméla. Du moins, reste-t-il jusqu'au bout tel que l'auteur l'a posé dès le début. Au lieu d'un piteux et fade repentir, la mort de sa victime bien-aimée lui inspire un accès de colère sauvage, furieuse, effrayante : il faut l'attacher. La fièvre seule vient à bout de lui. Cet homme grandit dans le mal comme Clarisse dans la vertu.

Dès que Clarisse a rendu le dernier soupir, nous voudrions fermer le livre. Outre la mort de Belton, qui n'est guère utile, il nous faut subir la mort de maman Sinclair, qui est hideuse, le repentir des Harlowe, ce repentir si peu vraisemblable et si peu intéressant; il nous faut suivre, à travers toute l'Angleterre, le corbillard de l'héroïne, assister à toutes les cérémonies, la voir déposée dans le caveau de la famille, lire le testament et les lettres funèbres de Clarisse. Or, ces lettres, si délicatement qu'elles varient le même sentiment, sont monotones. Richardson, comme les gens timides et peu habitués au monde, ne sait pas prendre congé.

Rien ne nous a plus étonné que la punition de Lovelace par l'épée du colonel Morden. L'idée est d'un profane et d'un mondain, elle est indigne d'un homme pieux, qui ne pouvait considérer le duel comme le jugement de Dieu. Pourquoi cette tache de sang sur le blanc linceul de Clarisse?

Sir Charles Grandison. Influence de Richardson sur la littérature.

Après la paysanne, la bourgeoise. Il restait à Richardson, pour compléter sa trilogie, à aborder la peinture de la haute société. Cette fois, il donna le beau rôle à un homme, sir Charles Grandison, et l'arma de toutes les perfections qui peuvent rendre la vertu ennuyeuse et ridicule. Horace Walpole écrit dédaigneusement : « C'est le grand monde tel qu'un libraire peut le peindre, c'est l'amour tel qu'un ministre méthodiste peut se l'imaginer. » Lord Chesterfield, plus équitable, mêle l'éloge à la critique : « Richardson, écrit-il, m'a envoyé son Grandison en quatre volumes, qui m'amuse assez. C'est trop long, et il y a beaucoup de pur bavardage. Quand il veut monter *ultra crepidam* et se risquer dans le *high life*, il se trompe lourdement. Mais, pour être juste, il ne méconnaît jamais la nature, et il a certainement beaucoup de science et d'adresse à peindre comme à intéresser le cœur. »

Que sont ces railleries de grands seigneurs à côté de l'enthousiasme, de l'émotion, des larmes de la foule ? Lorsque Clarisse allait mourir, l'auteur recevait des lettres innombrables, dont le papier était trempé de pleurs et qui le suppliaient de sauver la vie à l'héroïne. Dans les villages, à la veillée, on lut *Paméla*. A Slough, dans le comté de Buckingham, lorsque les paysans touchèrent au dénouement, ne sachant comment témoigner leur joie en voyant la fille du père Andrews heureusement mariée à un squire, ils eurent l'idée de courir à l'église pour sonner les cloches. Bientôt *Paméla* et *Clarisse* passèrent le détroit et arrivèrent à Paris : Diderot les reçut dans ses bras. Les Français dépassèrent les Anglais dans leur engouement. Ce fut comme une fièvre, une folie. Pour comprendre l'admiration des contemporains, il faut se placer à leur point de vue. Pour eux, Richardson était l'inventeur de la tragédie bourgeoise, l'Eschyle de la vie ordinaire, le créateur d'un genre qui élevait à la hauteur des Atrides ou des Labdacides, la famille Andrews et la famille Harlowe, c'est-à-dire nous tous, *ignobile vulgus*, gens sans nom et sans histoire. Jusque-là, on n'avait fait que rire aux dépens de ces personnages inférieurs. Désormais, le premier venu pouvait être le héros d'une Orestie. On croyait avoir fait une grande découverte littéraire, et on avait raison. Trente ans plus tard, la Révolution française mettra cette tendance en action, et, sous cette influence, Gœthe écrira *Hermann et Dorothée*, qui fait monter encore d'un degré les Andrews et les Harlowe, en les élevant de la tragédie à l'épopée.

C'est donc avec respect qu'il faut traiter les fautes de Richardson, puisque ces fautes ont fait école. Il a inventé ce roman où l'art consiste à négliger tous les préceptes de l'art, où l'accumulation de détails étrangers à l'action, où la répétition des mêmes scènes et des mêmes sentiments, produisent plus d'effet que la précision, le goût, la justesse et l'ordre n'en ont jamais produit. Ce je ne sais quoi qui tient lieu de tout, c'est la passion elle-même, qui vibre dans *Paméla* et surtout dans *Clarisse*. En reconnaissant son accent, en l'entendant parler pour la première fois, le monde eut comme un tressaillement. Un vieil imprimeur puritain venait, avant l'abbé Prévost, avant Jean-Jacques, de lui révéler le véritable langage de l'amour.

Goldsmith. Ses comédies, ses poèmes. Le *Voyageur*. Le *Village abandonné*.

Goldsmith est un bohème. La misère a été sa muse, mais la misère comique, joyeusement supportée, et acceptée comme l'inspiratrice du talent. De l'Université, il n'avait fait qu'un saut jusqu'à la prison pour dettes. Sa jeunesse se passa à courir l'Europe à pied, de village en village, gagnant son pain et son lit en jouant de la flûte. La célébrité, l'âge mûr, l'amitié du Dr Johnson, ne changèrent point Goldsmith. Il trouva le moyen de mourir dans la gêne, à quarante-cinq ans, alors qu'il était en plein succès et qu'une seule année lui avait rapporté 1800 livres (plus de 40 000 francs, qui en vaudraient aujourd'hui plus du double).

Le *Voyageur* a dû être, sinon écrit, du moins ébauché, durant la période nomade de la vie de Goldsmith. Dans ce petit poème, l'auteur s'adresse d'abord à son frère, Henry Goldsmith, l'humble et paisible vicaire, qui avait, lui aussi, des talents, et qui les enfouit dans une paroisse rurale d'Irlande, où il vécut, lui, sa femme et ses enfants, avec 40 livres de revenu. Bénie soit la famille, béni le toit modeste qui l'abrite! Quant à lui, sa destinée l'entraîne à parcourir le monde. Que de spectacles et quelles leçons! Il lui semble que, du haut d'une solitude alpestre, tous les royaumes se déroulent à ses pieds. C'est l'Italie, climat favorisé du ciel, mais terre classique de la mollesse et de la servitude. C'est la Suisse : le montagnard y vit indépendant et simple, mais son âme inculte ne connaît que des plaisirs grossiers. Salut à la France! patrie de la sociabilité, où les arts s'ingénient à rendre la vie heureuse; race enviable entre toutes, si la vanité n'y dévorait les cœurs. Que dire de la Hollande? Industrieuse et sage Hollande, conquête du génie humain sur une mer ennemie, sur un sol ingrat et triste! Par malheur, une sordide avarice gâte ses qualités; tant d'industrie se dépense pour remplir les coffres de quelques marchands-rois. Enfin, voici l'Angleterre. Ici, on respire un air libre. Le citoyen parle et agit dans sa fierté. Point de tyrans. Si, car les factions sont encore des tyrans, et les plus cruels de tous. Que conclure? Que toutes les nations ont leurs faiblesses, comme tous les climats ont leurs défauts. L'homme heureux, sous toutes les latitudes, sous tous les gouvernements, est celui qui se contente de peu et ne relève que de sa conscience.

Le *Village abandonné* est écrit dans la même veine et obtint un succès égal. Il se passait alors en Angleterre un phénomène analogue à celui que Pline exprime dans un mot célèbre : *Latifundia perdidere Italiam*. Les parcs prenaient la place des cultures. Goldsmith suppose un village, *sweet Auburn*, dont la population a été forcée d'émigrer en masse. Il décrit l'ancien et le nouvel état des choses : autrefois, la vie et le travail; aujourd'hui, les ruines, le silence, la mort. Le ministre, le maître d'école, l'aubergiste, passent tour à tour devant nous. Où sont-ils allés, ces pauvres gens d'Auburn? A Londres peut-être, où leur misère se dissimule dans les recoins les plus désolés de la grande ville, exposés à tous les désespoirs et à toutes les tentations. Non : ils ont tous quitté le pays natal. Ici, se place la description de leur départ et des scènes déchirantes qui l'ont accompagné. Puis, nous voici avec eux au delà des mers, au milieu des terreurs du pays nouveau où ils s'essaient à vivre. L'auteur termine par un pathétique appel à l'humanité, à la sagesse des hommes d'État : « A vous de mesurer l'abîme qui sépare un pays splendide d'un pays heureux.... » Ainsi, à une époque où la seule question intéressante était de savoir qui gouvernerait, des Whigs ou des Tories, Goldsmith semble pressentir une question sociale. *Le Village abandonné* est devenu classique, les misères sur lesquelles il nous apitoie n'ont pas disparu : loin de là. Trois quarts de siècle après la mort de Goldsmith, ce n'était plus un village, c'était la moitié de l'Irlande que la famine arrachait à ses foyers pour la jeter de l'autre côté de l'Océan.

Dans *le Voyageur*, comme dans *le Village abandonné*, ce qui inspire le mieux Goldsmith, c'est la peinture du bonheur domestique. A ce vagabond, à cet aventurier, Dieu avait donné un sentiment exquis des joies intimes, des humbles et pacifiques amours, de la vie tout unie qui se passe au coin du même foyer, l'hiver, et l'été à l'ombre du même arbre. Il a rendu ces choses si douces, dont il n'a jamais joui, avec la tendresse d'un banni qui parle de la patrie.

Si la poésie de Goldsmith est quelque peu plaintive, ses comédies sont délicieuses de naturel et de gaieté. Les meilleures sont *The good natured man* et *She stoops to conquer*. Cette dernière, quoiqu'elle ne vise qu'à faire rire, est un tableau fidèle de l'Angleterre provinciale vers le milieu du dix-huitième siècle. Les situations naissent des caractères, et Goldsmith crée, en se jouant, des types qui ont vécu ; notamment, ce grand dadais de Tony Limpkins, mal élevé, mais bon enfant, mélange de niaiserie et de malice, qui punit lui-même sa ridicule mère de l'avoir gâté, et qui, aujourd'hui encore, joué par un bon comique, fait la joie d'une salle entière pendant cinq longs actes.

Le Vicaire de Wakefield.

La composition de ce petit roman est très défectueuse. L'intrigue tantôt languit, tantôt se précipite. L'absurdité de certaines situations et de certains caractères dépasse les limites du possible. Les gens qui ne se sont pas vus depuis des années et ceux qui se cherchent inutilement depuis des mois, se retrouvent de la manière la plus inopinée dans une hôtellerie isolée. Un grand seigneur, célèbre dans toute l'Angleterre, circule sous un faux nom, sans déguiser son apparence, dans le pays où sont ses domaines et dont il est le bienfaiteur, et personne ne le reconnaît. Un ministre va vendre son cheval à la foire et laboure sa terre avec sa famille. La façon dont les malheurs s'accumulent sur la tête de ce ministre, touche au grotesque. Ses deux filles enlevées, l'aînée morte, son fils assassin, lui-même en prison, après avoir vu sa maison incendiée : c'est trop. C'est encore trop quand l'auteur se décide à faire pleuvoir sur lui les prospérités. Ces invraisemblances de fait ne sont rien à côté de certaines impossibilités morales qui révoltent profondément le lecteur. Comment admettre ce père qui reste trois ans sans nouvelles de son fils aîné, et ce fils qui n'écrit pas à son père, sans qu'une famille si unie et si tendre paraisse en éprouver le moindre malaise, ce Thornhill qui est riche et qui s'amuse à se faire prendre pour un besogneux et un parasite, qui laisse celle qu'il aime dans le chagrin et dans l'embarras avec tous les siens, et qui, au dénouement, avant de se déclarer, feint encore de vouloir la marier à un filou de bas étage? Un pareil trait fait douter à la fois du cœur et de l'éducation de Goldsmith. S'il nous est permis de parodier un mot célèbre de Napoléon, Goldsmith a pu faire de sir William Thornhill un baronet, il n'a pas réussi à en faire un gentleman.

Comment se peut-il qu'avec des faiblesses si visibles, des défauts si choquants, ce petit roman soit au rang des chefs-d'œuvre, et qu'il ait placé son auteur à côté de Richardson et de Fielding? C'est que le vicaire lui-même est un type impérissable, comme Tom Jones ou Lovelace. Tant que dure le livre, le lecteur hésite entre un sourire et une larme, mais ce sourire n'a rien de méprisant et cette larme n'a rien d'amer. Honnête et humble chrétien, le vicaire est un Pangloss qu'on peut aimer, même quand il est ridicule. Certes, il n'est ni plus éloquent, ni plus clairvoyant que le commun des hommes, il a ses petitesses et ses misères. Mais, quand il évangélise les voleurs, quand il reçoit dans ses bras sa fille coupable, quand il bénit la main qui l'accable, quand il remercie son Maître de lui avoir laissé, au milieu de ses épreuves, le trésor d'une bonne conscience, un rayon divin illumine sa douce figure, encadrée de cheveux blancs, qui se grave dans l'âme et ne s'oublie plus.

Lawrence Sterne. *Tristram Shandy*. *Voyage sentimental*.

Le principal et, pour ainsi dire, l'unique ouvrage de Sterne, est intitulé *Vie et opinions de Tristram Shandy, gentleman.* Celui qui, sur la foi du titre, croirait ouvrir un volume de mémoires, un roman autobiographique, serait cruellement trompé. Il y a de tout, dans *Tristram Shandy* : du français, du latin, du grec, de l'érudition, des grivoiseries, de la fortification, de la théologie et de la médecine, tout un cours pratique d'accouchement. La seule chose qu'on y chercherait vainement, c'est la personnalité de Tristram Shandy. Le héros n'est même pas né avant le milieu de l'ouvrage, et, à partir de ce moment, on ne s'occupe pas plus de lui que s'il n'avait jamais existé. Nous ne savons de lui que trois choses : la première.... qu'il serait peu convenable de rapporter ici ; la seconde, qu'il a eu le nez cassé en venant au monde ; la troisième, qu'il a été baptisé Tristram au lieu de Trismégiste, par suite du manque de mémoire d'une femme de chambre et de la difficulté que M. Shandy père avait éprouvée à mettre ses culottes. En revanche, les conversations du même M. Shandy, de l'oncle Toby, du caporal Trim, du ministre Yorick et d'Eugenius, occupent la moitié de l'ouvrage ; le reste appartient aux digressions de l'auteur. Ouvrir une parenthèse qui dure deux volumes, placer le chapitre 18 immédiatement après le chapitre 26, intercaler une consultation théologique en français dans le texte, planter là ses personnages au moment où le lecteur serait presque tenté de s'y intéresser, mettre la dédicace au milieu du livre, composer des chapitres avec des lignes de points, former avec ses mots des figures de géométrie, enfin, terminer l'ouvrage en s'arrêtant au milieu d'une phrase, sans achever l'histoire commencée, telles sont les espiègleries dont s'amusèrent les contemporains de Sterne.

Ce n'est rien d'être paradoxal et excentrique, si on l'est de nature. Mais, quand on se surmène et qu'on s'épuise pour l'être ou pour le paraître, on cause au lecteur plus de peine que d'étonnement. Cet essoufflé, ce souffreteux, ce chétif Sterne, esprit sec dans un corps débile, essaye d'imiter le large rire sensuel de Rabelais et n'arrive qu'à une grimace. Chez Rabelais et chez les hommes de son temps, cette gaieté étrange coulait de source. Il y avait alors une exubérance, une vitalité qui s'épanchait à flots désordonnés. L'érudition scolastique, dont on avait farci les cerveaux, en sortait pêle-mêle, chauffée à blanc, transformée en lave par l'imagination du seizième siècle. Ces tempéraments monastiques et guerriers, si riches d'une force accumulée et contenue pendant de longs siècles, se dégorgeaient comme ils pouvaient. Mais Sterne, qu'avait-il à dégorger?... Il est vrai que sans toutes ces bizarreries, patiemment cherchées, le monde n'eût pas donné un quart d'heure d'attention à Sterne, qui, de son fonds, n'avait rien à dire.

Parmi les caractères que la main inhabile et prétentieuse de Sterne s'est reprise à plusieurs fois pour dessiner, deux ont vécu, l'oncle Toby et le caporal Trim. Parmi les épisodes sous lesquels disparaît le sujet de son livre, un seul, la mort du lieutenant Lefèvre, mérite d'être lu. Deux portraits à peu près finis et un tableau touchant de cinq ou six pages, tel est le bilan de *Tristram Shandy*.

L'oncle Toby et le caporal Trim, le maître et le valet, l'un éclopé, l'autre boiteux, par suite de blessures reçues à la guerre, occupent leurs loisirs à construire des citadelles pour rire, au bout du jardin, à les attaquer ou à les défendre en suivant, ligne par ligne, point par point, les indications de la *Gazette*. C'est le temps de la grande guerre que Marlborough et le prince Eugène font aux Tallart et aux Villeroi. La fortification, voilà le dada (*hobby horse*) de l'oncle Toby. S'il en descend parfois, — ce qui est rare, — c'est pour une belle action. Cet homme, déjà mûr, grisonnant peut-être, intelligent, instruit, et qui a vu le monde, est doux, tendre, naïf comme un enfant : c'est le plus ancien et le meilleur type de cette candeur et de cette bonté militaires, qui ont fait fortune dans le roman moderne.

Sur le dada de l'oncle Toby monte en croupe son fidèle serviteur, le caporal Trim. C'est le Toby de l'antichambre et de la cuisine, avec le goût de la prédication en plus et une tendance à s'entendre pérorer avec quelque plaisir, trait assez fréquent en Angleterre dans la classe à laquelle Trim appartient. Le seul défaut du caporal est d'avoir les larmes un peu trop faciles pour un vieux soldat. Mais nous serions presque disposés à pleurer avec lui, lorsque nous entrons dans cette pauvre chambre où va mourir le lieutenant Lefèvre, dénué de tout et abandonné de tous, hormis de son fils, un enfant de douze ans, dont le désespoir est navrant. Comme chez Toby, la sympathie est chez nous prompte, irrésistible. Ce Lefèvre, qui était pour nous un inconnu il y a cinq minutes, est devenu notre ami. Nous assistons, désolés, à son agonie, nous suivons respectueusement son convoi. Sterne a consenti à être simple et touchant l'espace de deux chapitres.

Le Voyage sentimental est plus connu dans notre pays, parce qu'il est très court et n'excède pas les limites de la patience française. C'est une série de petites scènes vulgaires, où les aventures de voyage les moins intéressantes prennent d'immenses proportions. Un âne chargé de légumes et un commissaire du roi qui réclame six francs de trop pour une poste entre Lyon et Avignon, tiennent à eux deux quatre ou cinq chapitres. Sterne ne manque point à la règle de tous les voyageurs, qui est de voir peu, de voir mal et de juger vite. C'est le monde aperçu à la clarté de la lanterne du garçon d'écurie, pendant qu'on change les chevaux, la nuit.

Sterne a une gloire, si c'en est une, qu'il ne faut pas lui retirer. Soit qu'il fasse frictionner par la béguine aux mains douces le genou malade de Trim, soit qu'il enferme la veuve Wadmann, haletante d'émotion, avec le capitaine Shandy, dans la guérite, pour suivre sur la carte les dangereuses opérations du siège de Namur, soit qu'il rattache lui-même la boucle du soulier de la jolie fille de chambre, soit qu'il compte les pulsations de la modiste, soit que le hasard d'un voyage l'oblige à partager la chambre d'une jeune dame inconnue, il excelle à rendre ces scènes d'amour où l'on ne dit mot, à décrire les soupirs, les rougeurs, les vertigineux silences, les contacts énervants et autres phénomènes de magnétisme amoureux, qui, jusqu'à lui, n'avaient pas été traduits en littérature. Il a ainsi créé une sorte d'école, chère aux gens qui possèdent la timidité de la vertu sans la vertu elle-même.

CHAPITRE XX.

PHILOSOPHES ET THÉOLOGIENS DU XVIII° SIÈCLE.

Berkeley et Clarke. — Hume. Sa vie. — Philosophie de Hume. Sa mort. — Philosophie écossaise. — Théologiens et prédicateurs. — Les Wesleys. Whitefield.

Berkeley et Clarke.

On a lu, au chapitre xv, une esquisse de la philosophie de Locke. Cette philosophie eut une étrange fortune : elle recruta des disciples dans les camps les plus opposés. Elle servit, entre les mains des philosophes, à battre en brèche la philosophie chrétienne dont Bossuet et Fénelon avaient fait l'auxiliaire de la révélation. Elle parut en même temps, à certains esprits religieux, éminemment propre à marquer l'impuissance de la science humaine et à faire sentir la nécessité des lumières d'en haut. Tandis que Locke, commenté par Bolingbroke, inspirait Condillac et recevait les embrassements compromettants de l'école matérialiste la plus hardie, il trouvait des continuateurs et des disciples parmi les plus zélés théologiens de l'Église anglaise. Le premier et le plus grand fut l'évêque Berkeley.

C'est une belle vie que celle de Berkeley. Pope, dans un vers resté célèbre, lui attribuait « toutes les vertus qui existent sous le ciel. » On pourrait dire, sans exagération, qu'il n'a pas dérobé une heure de sa vie, soit à ses devoirs ecclésiastiques, soit à sa vocation de penseur. Lorsque, dans son apostolat aux Bermudes, il fonde un collège pour l'éducation des sauvages américains, il nous fait songer à Las Casas, et, dans son diocèse de Cloyne, il nous rappelle l'auteur de Télémaque, prodiguant à d'humbles esprits les trésors de sa piété et de son imagination. Le champ où s'exerce l'activité de Berkeley est plus vaste encore que celui de Fénelon. Combattant l'incrédulité, prêchant le patriotisme autour de lui, méditant sur les moyens d'améliorer la situation économique des Irlandais, rappelant aux magistrats leur mission répressive et préventive en présence des désordres et de la licence des temps, poursuivant ses études d'algèbre, de géométrie, de physique, et même de médecine, il applique à tous les objets sa prompte intelligence, dès qu'il voit un progrès à réaliser pour son diocèse ou pour l'esprit humain. Comme un soldat sur le champ de bataille, il meurt subitement au milieu d'une pieuse conférence qu'il fait à sa famille sur les paroles du service funèbre.

Cette courte biographie était peut-être nécessaire, afin qu'aucune méprise ne fût possible sur le caractère du scepticisme de Berkeley. Ce scepticisme ressemble si peu à celui de Hobbes qu'il en est le contraire. Prendre une revanche sur les matérialistes qui nient l'âme, rendre le matérialisme impossible en supprimant la matière, telle est, en substance, l'absurde mais pieuse tentative de Berkeley. Les notions que nous avons du monde extérieur, que sont-elles? Des sensations. Quelle autorité s'attache à ces informations de nos sens ? Qui nous prouve qu'il y ait réellement des objets en dehors de nous, correspondant à ces sensations ? Nous ne pouvons rien affirmer que nos sensations elles-mêmes, et c'est là l'étoffe dont la science est faite. L'homme est ainsi renfermé dans une étroite prison intellectuelle, d'où peut seule le tirer une volonté supérieure, qui se manifeste à sa raison. C'est le rayon qui illumine le cachot où gît, humilié, l'orgueil de l'intelligence humaine. La conséquence de cette doctrine, — du moins, Berkeley le croyait fermement, — c'est de précipiter l'homme dans les bras de la foi et aux pieds de la Divinité.

Samuel Clarke est un autre logicien que Berkeley. Ami de Newton, il s'est illustré auprès de lui dans la mémorable polémique que l'auteur de la loi de la gravitation soutint contre Leibnitz. « Sa principale gloire, comme métaphysicien, c'est la hardiesse avec laquelle il a combattu les fatalistes de son temps. Avec une intelligence bien inférieure à celle de Locke en étendue, en originalité, en fertilité d'invention, il était néanmoins le meilleur discuteur des deux. Prompt à saisir les conséquences lointaines d'une idée, il savait se garder de ces concessions imprudentes, auxquelles Locke se laissait aller trop souvent par chaleur de tempérament et par vivacité d'imagination. Cette prévoyance logique, résultat naturel de ses habitudes scientifiques, le rendait particulièrement apte à tenir tête à des adversaires pleins d'ardeur et très capables de profiter des moindres défauts de cuirasse de sa doctrine. Mais, en même temps, elle donnait à son style une froideur et une monotonie, un manque de coloris, qu'on n'a jamais eu à reprocher aux esquisses faciles, inspirées, mais incomplètes, de Locke. Voltaire a dit de lui que ce n'était qu'un moulin à raisonnement, et l'expression, quoique impertinente, était plus juste que Voltaire lui-même ne le pensait. »

Ce jugement de Dugald Stewart nous dispense d'insister. Clarke peut tenir une grande place dans l'histoire de la polémique philosophique, il n'en occupe qu'une très médiocre dans l'histoire de la littérature.

Hume. Sa vie.

Du scepticisme au nihilisme, il n'y a qu'un pas ; entre Berkeley et David Hume, il y a un abîme.

Hume n'est pas une des figures originales du siècle. Il ne semble pas avoir eu de vices, et ses vertus, excepté sa bienfaisance, sont des vertus négatives. Il n'attache pas, mais il impose : c'est un stoïque. Son autobiographie, qu'il écrivit bien peu de temps avant de mourir, est courte, sèche, presque dédaigneuse. Il fait profession de mépriser la malveillance, bien qu'il n'oublie pas de rapporter l'ovation qu'il a reçue des salons de Paris. Dès qu'il a gagné mille livres sterling, il se croit riche. Il devient sous-secrétaire d'État, quasi ambassadeur, et n'en continue pas moins à faire peu de cas du rang et des honneurs. A travers les vanités et les corruptions de la politique, il reste pur, ne se courbe devant aucune puissance, pas même devant la mort. Lorsqu'elle vient, elle le trouve prêt, froidement résigné, parlant de lui-même au passé. Voilà Hume, tel qu'il veut se faire connaître. Sous le stoïcien glacial, on découvre, en y regardant de près, le parent dévoué, l'ami obligeant, l'écrivain sincère, l'homme politique qui a loyalement servi son parti. Si l'on veut se faire du caractère de Hume une idée favorable et vraie, on n'a qu'à lire l'histoire de ses relations avec Jean-Jacques Rousseau. Il fut le protecteur, et, partant, la dupe du charlatan genevois, qui paya ses services d'impudence et d'ingratitude, sans réussir à lasser sa patience et sa bonté.

Philosophie de Hume. Sa mort.

Le *Traité de la Nature humaine*, les *Essais*, l'*Histoire de la Religion*, reproduisent, avec des développements plus ou moins abondants, les idées contenues dans l'*Essai sur l'Entendement*. Nous n'étudierons que ce traité, afin de ne pas nous exposer à des répétitions sans intérêt.

L'*Essai sur l'Entendement* s'ouvre par l'analyse de nos perceptions. Elles sont de deux sortes : l'impression est l'effet produit en nous par les objets extérieurs; l'idée est le reflet, l'image de l'impression. Ainsi, l'idée enregistre en quelque sorte l'impression, et à toute impression correspond une idée. Si l'impression précède toujours l'idée dans l'ordre logique, elle peut la suivre dans l'ordre du temps. En effet, il faut distinguer entre les impressions réfléchies et les impressions sensitives. L'impression réfléchie est produite par une idée, et donne à son tour naissance à une autre idée. Par exemple, le désir et l'aversion sont des impressions réfléchies, produites en nous par les objets extérieurs, mais consécutives aux idées qu'évoquent les impressions de peine et de plaisir, qui sont des impressions sensitives, directement produites par les objets extérieurs.

Laissons Hume envisager ensuite ces mêmes impressions et ces mêmes idées à un autre point de vue, et les diviser en simples et en complexes : son analyse ici n'a rien d'original. Ce qui est ingénieux, c'est la façon dont le philosophe justifie le fonctionnement de toutes les facultés de l'âme par la théorie des idées et des impressions. Qu'est-ce que la mémoire? C'est l'idée qui garde encore quelque chose de la vivacité de l'impression. Qu'est-ce que l'imagination? C'est l'idée qui ne conserve plus rien de la nature de l'impression. L'association des idées ne rend point nécessaire l'intervention d'un principe autonome et spirituel, elle s'explique par la présence d'une cause mystérieuse, analogue à l'attraction qui règne dans le monde physique.

Ici, se présente une difficulté. Que fera Hume des idées abstraites? Elles ne surgissent point dans notre esprit telles que nous les y trouvons. C'est le raisonnement qui leur donne un caractère de généralité. Le philosophe nous défie de penser à la qualité ou à la quantité sans penser à l'objet où nous les découvrons et où elles existent à un certain degré. Pour préciser sa démonstration, Hume envisage les idées d'étendue, d'espace et de temps. Impossible de concevoir l'espace sans la matière, ni le temps sans une succession d'existences changeantes. Quant à l'idée même d'existence, elle n'est, suivant Hume, que l'idée simple d'un objet quelconque.

Ayant ainsi préparé le terrain, le philosophe traite de la connaissance. Nous pouvons connaître les objets de sept façons différentes, suivant que nous les envisageons au point de vue de leur ressemblance, de leur identité, de leur situation dans le temps et dans l'espace, de leur proportion dans la quantité (ou nombre), de leur degré dans la qualité, de leur contrariété, et enfin, au point de vue de la causalité. Ressemblance, nombre, qualité, contrariété, ces quatre modes de la connaissance peuvent seuls donner lieu à la certitude, puisqu'ils dépendent entièrement de nos idées. Les opérations auxquelles ils donnent lieu, ont leur point de départ et leur terme dans les limites intérieures de notre esprit. Les trois autres relations des objets sont indépendantes de notre esprit ; que l'intelligence humaine cesse de les concevoir, et elles continuent d'exister. La causalité est la seule que nous puissions atteindre.

Cette théorie permet à Hume de poser les bornes de la science humaine et d'envisager les différents systèmes philosophiques, en s'arrêtant au scepticisme. Il ne fait que tirer une conséquence naturelle des notions déjà acquises suivant lui, lorsqu'il proclame insoluble la question de l'immatérialité de l'âme. En effet, il n'y a en nous que des perceptions, et aucune substance ne peut être perçue. Si donc l'âme est une substance, cette substance échappe à la prise de notre entendement.

Le second et le troisième livre ont pour objet les passions et la morale. Ils ont pour complément les *Essais moraux* et les discours politiques, qui, bien qu'isolés, appartiennent manifestement à un ensemble. Dans les discours politiques, si remarquables par la clarté de la langue, la vigueur du raisonnement, la hardiesse, parfois paradoxale, des aperçus, on voit poindre cette science nouvelle, dont l'élève et l'ami de Hume, Adam Smith, devait être l'ardent promoteur.

L'*Essai sur l'Entendement* porte pour épigraphe : *Rara temporum felicitas ubi sentire quæ velis et quæ sentias dicere licet*. Est-ce un éloge, est-ce un blâme, que l'auteur adresse à son époque? Peut-être l'un et l'autre. Car, si Hume a pu dire beaucoup, il a été obligé de taire plus encore. Ses ennemis ont pris pour lui la peine de tirer de ses doctrines leurs conséquences extrêmes. S'ils l'ont attaqué avec tant de violence pour ce qu'il a sous-entendu, qu'auraient-ils fait s'il avait déduit lui-même, en toute liberté, les corollaires hardis de sa philosophie? Qu'aurait fait de plus Johnson, qui, se trouvant un jour dans le même salon que Hume, refusa grossièrement de faire sa connaissance?

Son compatriote, le pieux et croyant Robertson, dont les lumières ont guidé, pendant vingt ans, l'Église d'Écosse, n'éprouvait pas les mêmes répugnances : il mettait volontiers sa main dans celle de Hume. Si les bigots savaient distinguer entre leurs adversaires, ils auraient été obligés de respecter dans celui-là la pureté des mœurs, qui est le meilleur garant de la sincérité des doctrines. Ils auraient dû, au moins, s'incliner devant la beauté de sa fin. La mort de Hume est un phénomène à peu près unique. L'histoire présente des morts sublimes et des morts touchantes. Dans cette longue série de sages et de martyrs, quelle variété d'attitudes, combien de façons glorieuses de quitter la terre! Ici, point de mise en scène, point de grandes paroles, point d'effusion, aucun effort : une dernière partie d'échecs, une conversation enjouée, un souvenir des *Dialogues* de Lucien : « Que dirai-je à Caron pour m'excuser de monter dans sa barque?.. » Puis, une poignée de main, un adieu sans larmes, un calme étonnant. Adam Smith a raconté tous ces détails dans une lettre qui, par sa simplicité éloquente, est digne du sujet.

Philosophie écossaise.

Du vivant même de Hume, et parmi ses compatriotes les Écossais, se produisait une vive protestation philosophique contre les doctrines de Locke et de Berkeley, et cette protestation déterminait un nouveau courant, dont la France devait ressentir plus tard le contre-coup.

Locke avait fait reposer la morale sur l'intérêt individuel. Shaftesbury fut le premier qui réclama en faveur d'un autre principe, la sociabilité. Hutcheson développa cette théorie et vit, dans la bienveillance, le premier principe de la morale et de la vertu. En même temps, il analysait les idées du beau et du bien ; il montrait l'action que cette dernière idée exerce sur les conceptions morales et les déterminations de la volonté.

Adam Smith précisa l'analyse encore vague d'Hutcheson, et substitua à la bienveillance la sympathie. Malheureusement, il n'y a point de vertu dans le système de Smith, puisque, suivant lui, la vertu est dans la sympathie, et qu'il est manifeste que la sympathie est involontaire. L'auteur de la *Théorie des sentiments moraux* a pénétré plus avant que personne dans l'étude de la sympathie ; mais, au lieu de vouloir en être le philosophe, il eût dû se borner à en être l'historien.

Avec Ferguson, l'esprit d'analyse fit encore des progrès dans la philosophie écossaise. Il comprit que la connaissance de l'âme et de ses facultés devait précéder l'étude de la morale. Il restitua à la volonté sa place, que Smith avait supprimée. Tout en admettant, comme principes de la morale, l'égoïsme avec Helvétius, et la sympathie avec Smith, il y joignit une loi supérieure qu'il appelait « une loi d'estime, d'excellence et de perfection. »

Il appartenait à Thomas Reid de donner à l'école écossaise son double caractère, sa méthode psychologique expérimentale et son utilité sociale. Sur le premier point, Reid ne fit que remplir un *desideratum* de Bacon. Sur le second, il inaugura une ère nouvelle dans l'histoire de son pays. L'école écossaise visait à former des citoyens, elle rattachait toutes les sciences morales à la philosophie d'où elles sont primitivement sorties, et se proposait comme fin prochaine l'amélioration de la société civile. Depuis, toutes les philosophies qui se sont succédé ne se sont plus départies de cette prétention, qui est celle des sages antiques. La bonhomie avec laquelle Reid rédige ses observations, exclut de ses œuvres le mérite littéraire. Elle l'a même parfois exposé au ridicule, depuis que sa doctrine un peu trop vantée, a perdu chez nous de son crédit. Mais cette bonhomie marquait un progrès. Elle n'était que la manifestation extérieure et le symptôme d'une admirable sincérité philosophique.

Dugald Stewart continua l'œuvre de Reid. Plus lettré que son devancier, il prêta à la doctrine son agréable talent d'exposition. Il compléta certaines lacunes. En se faisant l'historien de la philosophie, il indiqua la place que l'école écossaise devait tenir parmi les différents systèmes.

Cette école, indépendamment des parcelles de vérité qu'elle a apportées au monde, de la méthode à peu près irréprochable qu'elle a propagée, de l'influence, parfois heureuse, qu'elle a exercée pendant plus de vingt ans sur nos penseurs, a droit surtout à un éloge : elle a créé autour d'elle une atmosphère de vie spéculative et de libre recherche, où ont fleuri, dans des genres divers, d'éminents esprits ; elle a relevé, en Écosse, non seulement le niveau des intelligences, mais celui du bien-être. Glasgow est devenu un centre industriel, Édimbourg un foyer littéraire. L'Écosse a été, pendant une cinquantaine d'années, l'exemple et l'honneur du monde civilisé.

Théologiens et prédicateurs.

A la génération des South, des Tillotson, des Stillingfleet, avait succédé une autre génération, qui soutenait la réputation de l'Église anglicane dans la prédication morale et dans la polémique religieuse. Les colères de l'âge précédent s'étaient refroidies. Dissidents et orthodoxes ne se disputaient plus les âmes, mais semblaient se les partager d'un accord tacite. L'Église continua à travailler au salut des classes riches ; les humbles allèrent en foule vers les nouvelles sectes, dont nous dirons un mot tout à l'heure.

Il y a un effort visible pour humaniser et éclaircir la théologie, pour mettre à la portée de tous ce qui doit être, en effet, le patrimoine de tous. Butler, dans son *Analogie*, traduit l'obscur, mais vigoureux Cumberland. Paley, à son tour, dans ses *Preuves du Christianisme*, vulgarise Butler.

Mackintosh veut que Butler ait été un grand penseur. « Qu'aurait dit de lui le monde, s'écrie-t-il, s'il avait possédé la vigueur et la clarté de Hobbes, habillant ses mensonges, ou le charme indicible de ce style limpide dont Berkeley revêt ses stériles paradoxes ? » Ce qui est certain, c'est que les contemporains avaient de lui une haute opinion. On goûtait peu ses sermons, qui sentaient trop le philosophe ; on y cherchait, sans le trouver, ce mélange d'ardeur et de tendresse qui s'appelle, en termes de rhétorique ecclésiastique, l'onction. Mais, si l'on veut savoir quelle était la croyance officielle de l'Angleterre protestante, pendant la première moitié du dix-huitième siècle, c'est à l'*Analogie* de Butler qu'il faut le demander. « D'autres ont assis les bases de la religion sur l'histoire et les prophéties, et sur sa parfaite conformité avec les besoins du cœur humain. Il était réservé à Butler de démontrer son analogie avec la constitution et la marche de la nature, et, en s'appuyant sur ce solide argument comme sur une fondation profonde, de construire un nouvel édifice de preuves, également irréfragables, qui mit la philosophie au service de la foi, et découvrît, dans l'ordre des choses visibles, l'image et la certitude d'un ordre surnaturel. » C'est l'épitaphe de Butler qui parle ainsi. Une épitaphe a le droit d'ignorer bien des choses. Celle-ci feint de ne pas savoir que la preuve des causes finales avait déjà fait, depuis longtemps, son apparition dans le monde philosophique, et que de brillants esprits, en France notamment, lui avaient déjà donné toute son ampleur, sa vigueur persuasive et son poétique éclat[1].

Paley prit à Butler ses considérations sur l'harmonie du monde physique et du monde invisible. Il y adossa les preuves historiques du Christianisme, qu'il avait empruntées à l'*Authenticité des Évangiles* de Lardner. Avec ces deux livres

---

1. Après avoir été longtemps oublié dans une paroisse de campagne, Butler devint évêque de Durham. On le soupçonna d'être mort secrètement catholique.

comme bases, il fouilla tout ce que la littérature théologique avait produit, depuis Cranmer jusqu'à Tillotson; il interrogea les Pères et les Écritures; il forma de tous ces matériaux divers une admirable compilation, qui devint le catéchisme de l'Anglais orthodoxe. Paley eut le bonheur de rendre probants, soit par l'ordre, soit par la diction, en un mot par la méthode, des arguments qui, jusque-là, sous d'autres plumes, avaient laissé froid le grand public.

A soixante ans, Paley étudia l'anatomie et les autres sciences pour écrire sa *Théologie naturelle*. Heureux esprit, qui n'avait pas besoin de faire appel à l'intuition, à l'extase, aux fantasmagories malsaines du mysticisme, et qui se figurait avoir réduit le Christianisme en une série de propositions scientifiques, aisées à démontrer par voie expérimentale et par voie déductive, comme la physique ou la chimie! Cette alliance de mots ennemis, ce titre monstrueux, *Théologie naturelle*, indique la profondeur de son erreur et de sa bonne foi.

Warburton était plus savant encore que Paley, mais sa science ne servit jamais à personne. Bolingbroke va nous expliquer pourquoi : « Il avait lu presque constamment quatorze ou quinze heures par jour, pendant vingt-cinq ou trente ans de sa vie, et il avait accumulé autant de savoir qu'une tête humaine en peut contenir. Dans le cours de ma liaison avec lui, je l'ai consulté deux ou trois fois : pas davantage. Car je trouvai cette masse de connaissances aussi inutile pour moi que pour lui-même. Il ne demandait pas mieux que de parler, mais rien n'était distinct en lui. Comment en aurait-il été autrement? Donnant tout son temps à la lecture, il n'avait jamais pris le temps de penser. » Doué d'une mémoire et d'une activité prodigieuses, unies à une force de corps athlétique, Warburton était le plus agressif des hommes, le plus ridiculement infatué de son mérite, le plus gonflé de son savoir pédantesque et décousu. Généralement, les colosses sont bons et modestes. Celui-ci est presque l'unique exemple d'un géant hargneux et fat. Son humeur combative est plus prononcée peut-être que celle de son contemporain, le docteur Johnson, et, bien qu'il soit mort évêque, il ne rachetait point, comme Johnson, cette âpreté des paroles par la charité des actes.

Son plus fameux ouvrage est la *Mission divine de Moïse*, qui se résume dans le raisonnement suivant. L'idée d'une récompense future est nécessaire au bien-être de la société. Tous les hommes, et particulièrement les nations les plus sages de l'antiquité, ont été d'accord pour admettre la nécessité de cette doctrine. Pourtant, rien de semblable ne se trouve dans le système religieux de Moïse. *Donc*, la loi mosaïque ne peut être que la loi même de Dieu. Ce *donc* extraordinaire demandait des explications. Les explications furent ajournées à un autre ouvrage, qui ne parut jamais. Quant aux prémisses, bien que l'auteur déclare ne pas s'y arrêter, parce qu'elles sont trop claires et trop généralement admises pour demander une démonstration, cette démonstration remplit tout le volume; en sorte que ce livre, si propre à faire ressortir les lumières de Warburton et ses talents pour la controverse, n'a jamais satisfait personne, hormis celui qui l'a écrit. Une autre conséquence, bien peu prévue de l'auteur, c'est que les sceptiques trouvent dans son fatras d'amples matériaux pour prouver combien la loi mosaïque est inférieure aux législations de l'antiquité, qui ne se vantent point d'une origine surhumaine.

Si Middleton servit la libre pensée et alarma les dévots, ce ne fut pas tout à fait à son insu. Lui aussi fut un batailleur dès sa jeunesse, « *a man of war from his youth.* » Il commença sa carrière par une révolte contre le roi des érudits, le fameux Richard Bentley, un roi dont le joug n'était point doux. En le recevant docteur, on lui avait pris, indûment selon lui, quatre guinées. Il écrivit quatre pamphlets : autant de guinées, autant de pamphlets.

Parmi les écrits théologiques qui l'ont fait accuser d'athéisme, le premier en date est la *Lettre de Rome*, qui prétend démontrer la parfaite conformité du papisme et du paganisme. Cette dissertation allait plus loin que son auteur ne le voulait ou n'osait l'avouer : car elle attaquait le christianisme lui-même dans son origine et dans ses sources. Middleton fut encore plus hardi dans la *Libre recherche sur les faits surnaturels.* C'est là qu'il discuta et battit en brèche les miracles des apôtres et des premiers évêques. Ce livre fit du bruit; Gibbon le cite parmi les ouvrages qui lui ont appris à penser.

Son chef-d'œuvre, c'est la *Vie de Cicéron*, qui, pendant quatre-vingts ans, a été dans toutes les bibliothèques et dans toutes les mains, et qui est aujourd'hui plutôt un modèle de l'anglais de la bonne époque qu'un monument historique. De bons juges placent la prose élégante et coulante de Middleton immédiatement après celle d'Addison.

Les Wesleys. Whitefield.

Vers le commencement du règne de George II, une dizaine de jeunes étudiants d'Oxford s'étaient réunis pour pratiquer en commun la dévotion, et pour s'isoler de la bruyante dissipation de la ville universitaire. Ils jeûnaient deux fois la semaine et recevaient la communion tous les dimanches. On les appelait par dérision les *méthodistes*. Les principaux d'entre eux, John et Charles Wesley, étaient les fils d'un savant et très pauvre ministre. Ils admettaient dans leur familiarité un jeune homme nommé Whitefield, qui avait occupé l'humble situation de garçon d'auberge, et qui payait le prix de son éducation universitaire en servant comme domestique les étudiants riches. Ils ne tardèrent pas à entrer dans les ordres, car ils ne visaient pas à se séparer de l'Église établie. « Voulez-vous être utiles, leur avait dit l'archevêque de Canterbury, n'usez point votre temps et vos forces à disputer sur des points douteux, mais portez témoignage contre le vice qui se montre à découvert, et gagnez les âmes à la véritable sainteté. » Conseil vraiment évangélique, qui fut compris des Wesleys. Une circonstance fortuite montra à John Wesley cette société chrétienne qu'il avait entrevue dans ses pieuses rêveries. Comme il allait évangéliser les habitants de la Géorgie, le bateau qui le portait essuya un ouragan qui le mit en danger. La terreur était grande à bord; lui-même n'était pas exempt d'inquiétude.

Une petite congrégation de Frères Moraves, chassés de leur pays, était sur ce même bateau. Ils priaient, chantaient des psaumes, et attendaient avec sérénité l'issue de cette épreuve, également prêts à vivre et à mourir. Ce fut un trait de lumière pour le jeune ministre, qui proposa les Moraves pour modèles à ses amis. Ce qu'on nous raconte de l'éloquence de John Wesley et de Whitefield semblera presque incroyable à ceux qui ignorent le pouvoir d'une foi ardente, mise en contact avec l'émotion des foules. Les femmes qui entrent en extase pendant que parle John Wesley ; les multitudes comptant parfois cinquante mille individus, qui se pressent pour recueillir les paroles de Whitefield, lorsqu'il prêche en plein air ; les explosions de repentir, les tempêtes d'enthousiasme qui soulèvent ces vastes auditoires, comme les vents soulèvent l'Océan ; les ovations imposantes faites à d'humbles ministres de Dieu ; la canaille de Londres, un ramassis de voleurs et de filles, éclatant en pleurs et en sanglots ; les mineurs du pays de Galles, pauvres créatures incultes qui vivent sous terre, si vivement touchés que Whitefield, tout en leur parlant, voit des larmes silencieuses former des traces blanches sur leurs joues noires, tout atteste la puissance que ces hommes ont exercée par leur parole, et surtout par leur foi ; tout nous rappelle en eux les merveilles qu'on nous raconte des premiers apôtres.

Lorsque Wesley mourut, il laissait derrière lui une société organisée, qui s'élevait à 140 000 membres, avec un corps de près de 600 prédicateurs ambulants, et des maisons dans toutes les villes importantes. Aujourd'hui, c'est par millions que l'on compte les méthodistes répandus dans le Royaume-Uni.

CHAPITRE XXI.

LES HISTORIENS. HUME, ROBERTSON, GIBBON.

Hume. *Histoire des Stuarts.* — *Histoire des origines.* Défauts et qualités d Hume — Robertson. *Histoire d'Écosse.* — *Histoire de Charles-Quint.* — Edward Gibbon. *Décadence et chute de l'empire romain.*

Hume. *Histoire des Stuarts.*

On l'a vu dans de précédents chapitres, les premiers écrivains qui se soient occupés des annales de l'Angleterre ne sont, d'Hollingshed à Raleigh, que des chroniqueurs ou des compilateurs. Ceux de l'âge suivant, Clarendon et Burnet, sont des hommes de parti. David Hume est le premier historien national. Il possédait, de plus que ses prédécesseurs, le talent d'écrire, l'esprit critique et la volonté d'être juste; il avait, en outre, à sa disposition, les vastes ressources de la bibliothèque des avocats d'Édimbourg, dont la surveillance lui était confiée. Avec tous ces dons et ces avantages, il s'attendait à un grand succès et devait s'y attendre. Laissons-le raconter lui-même ses espérances trompées : « J'étais, pensais-je, le seul historien qui ne se fût préoccupé ni du gouvernement du jour, ni de l'intérêt, ni de l'autorité, ni des passions populaires, et, comme le sujet permettait l'accès de mon livre à toutes les intelligences, je m'attendais à un applaudissement universel. Je fus misérablement déçu. Il n'y eut, pour m'assaillir, qu'un cri de reproche et même de haine. Anglais, Écossais, Irlandais, Whigs et Tories, membres de l'Église établie et sectaires, dévots et libres penseurs, patriotes et courtisans, tout s'unit contre l'homme qui avait osé verser une larme sur

Charles Ier et le comte de Strafford. Et, quand la première ébullition de fureur fut passée, chose plus humiliante encore, le livre parut s'enfoncer dans un profond oubli. On en vendit quarante-cinq exemplaires en un an. »

Hume avait-il été aussi impartial qu'il pensait l'être? L'indépendance de ses jugements n'était-elle pas légèrement entamée par ce sentiment d'impatience à l'égard des Whigs, que Hume convient avoir ressenti en écrivant son livre? Son esprit hautain ne s'inclinait pas volontiers devant la force, devant le succès, devant les grosses majorités insolemment victorieuses, devant les ministres qui distribuent des places et des pensions. Il y avait quarante ans que les Whigs gouvernaient : le lecteur français s'étonnera-t-il qu'on soit las d'un ministère de quarante années? Ce qui choquait Hume dans les Whigs, c'était moins leur corruption présente que le fanatisme des Têtes-Rondes, leurs ancêtres. Il haïssait les sectaires de tout l'amour qu'il portait à la liberté et à la raison. Mais, si Hume ne pouvait être un Whig, il avait trop de vertu et de philosophie pour être un Tory de 1760. Il eût été un Tory de l'an 70 avant Jésus-Christ, partisan de la République aristocratique, siégeant au sénat entre Cicéron et Brutus. Il eût recueilli leurs réminiscences littéraires, pris sa part de leurs spéculations philosophiques et professé comme eux la doctrine du portique, tempérée par le scepticisme de la Nouvelle-Académie. Ne s'indigne-t-il pas qu'on ait osé comparer Pym, Hampden et Vane à Brutus, à Cassius et à Caton? « Ceux-ci, dit-il, étaient des hommes cultivés qui savaient le monde et la philosophie. Les autres étaient illettrés et parlaient un jargon mélangé de la halle et de la Bible. » Hume était démocrate à la façon de Voltaire : il voulait qu'on fît le bonheur du peuple en ne lui permettant pas d'y mettre la main.

L'histoire de Hume ne devait donc agréer ni aux Whigs ni aux Tories. Ce n'était pas assez pour les partisans des Stuarts d'obtenir de l'histoire les circonstances atténuantes, et les Whigs ne se seraient pas contentés à moins d'une condamnation sans réserve. Quant à nous, qui sommes des modernes, et, de plus, des étrangers, que louerons-nous dans Hume, et que lui reprocherons-nous? Assurément, nous ne lui ferons pas un crime d'avoir répandu sur l'exécution de Marie Stuart et sur les derniers moments de Chârles Ier un profond intérêt dramatique. Nous ne voudrions pas, fût-ce pour l'amour de la vérité historique, que ces belles pages n'eussent pas été écrites. Nous pardonnons même à Hume la larme versée sur Strafford, quoique ce soit une larme inutile et immorale. Le Verrès du dix-septième siècle, couvert de sang innocent, souillé d'innombrables rapines, le proconsul qui a ruiné et désolé systématiquement la malheureuse Irlande, est devenu, grâce à la légende accréditée par Hume et popularisée par Guizot, une sorte de martyr immolé en holocauste aux passions démagogiques, quelque chose d'aimable et de plaintif, comme la jeune captive d'André Chénier, c'est l'échafaud qui l'a poétisé ; condamné à la prison et à l'amende, il serait resté à sa place, avec Warren Hastings et tant d'autres, parmi les magistrats prévaricateurs et les administrateurs infidèles. Quant au procès des Stuarts, il est aujourd'hui jugé. Chacun admet que ces princes ont tous gouverné contre le génie et les intérêts de la Grande-Bretagne, tant à l'intérieur qu'à l'extérieur. Abandonnant la politique d'Élizabeth, qui avait placé l'Angleterre à la tête de l'Europe protestante, ils recherchèrent l'alliance de l'Espagne, son ennemie traditionnelle, et, quand cette alliance fut perdue sans retour par le caprice d'un méprisable favori, ils se mirent à la remorque et à la solde du roi de France, qui avait repris en Europe cette espèce de dictature catholique autrefois exercée par Philippe II. Au dedans, ils ont travaillé à détruire les libertés anglaises, et le dernier d'entre eux s'est efforcé de ramener l'Angleterre à une religion qu'elle réprouvait. Sur tous ces points, sauf sur le dernier, Hume les justifie ou les excuse. Sans défendre la monarchie absolue, il essaye de montrer qu'elle est un legs des Tudors plutôt qu'une innovation des Stuarts. Tout en accordant sa sympathie à la résistance de Hampden, il a soin de remarquer que la tyrannie de Charles n'est point pesante et que le roi fait bon usage de l'argent procuré par des illégalités. Ainsi, la nation n'est atteinte que dans ses droits, elle ne l'est pas dans sa substance. Ce sont là des arguments qui conviennent mieux à une plaidoirie qu'à une histoire ; en les employant, Hume descend de son siège de juge au banc des avocats, et les Stuarts, qui devraient être ses justiciables, deviennent ses clients.

Histoire des origines. Défauts et qualités de Hume.

Après quelques hésitations, nous avons dû parler de l'histoire des Stuarts avant de remonter avec Hume aux origines de la monarchie. Si nous avons suivi l'ordre dans lequel l'écrivain a composé et publié les différentes parties de son œuvre, au lieu de nous attacher à l'ordre naturel des faits, c'est que nous avons craint de marcher au rebours de la pensée même de Hume et de son talent. L'une et l'autre se transforment à mesure qu'il avance dans ce grand travail, et, par conséquent, à mesure qu'il se rapproche des origines. La sévérité du style s'accentue, la froideur augmente et touche à l'affectation. L'historien ne semble plus viser qu'à la concision, à la dignité, à l'impersonnalité de Thucydide. A peine saisit-on une trace d'émotion, une nuance de mélancolie, lorsqu'il raconte le supplice de Thomas Morus ou la mort de Henry V, ce roi soldat, dont la jeunesse excentrique et sauvage, le règne court, mais glorieux, parlent encore au cœur de l'Anglais. Hume est dur pour les Irlandais, qui ont, à ses yeux, le double tort d'être Celtes et d'être catholiques. Il est sévère pour les puritains, en particulier pour le plus grand de tous, pour Cromwell. Ce Calvin en cuirasse n'est pour lui qu'un charlatan vulgaire. Si les puritains représentent, selon Hume, le fanatisme, l'Église romaine personnifie la superstition. C'est à cette dernière qu'il réserve toutes ses rigueurs. La mort de Thomas Becket et le pieux empressement dont sa dépouille révérée fut l'objet pendant des siècles lui inspirent les lignes suivantes : « Voici un sujet de mortifiantes réflexions pour ceux qu'anime encore l'amour de la renom-

mée, si justement défini la dernière faiblesse des grandes
âmes. Le législateur le plus sage, le génie le plus sublime
qui ait éclairé ou réformé le monde, ne doit jamais s'attendre à recevoir le tribut d'hommages prodigué à de prétendus saints, dont la conduite a été odieuse ou méprisable, et
les efforts pernicieux au genre humain. Le conquérant, cet
autre fléau de l'humanité, non moins digne de notre haine,
peut seul aspirer au même degré de gloire et de célébrité. »
C'est dans le même esprit que Hume raconte les circonstances qui accompagnèrent la conversion des Anglo-Saxons,
dont le récit est si poétique et si attachant dans Augustin
Thierry. Le mémorable calembour du pape Grégoire, les
miracles et la casuistique d'Augustin, la mise en scène de
Laurentius, qui prétend avoir été fouetté par saint Pierre, la
facilité avec laquelle roi et peuple passent et repassent du
christianisme au paganisme et du paganisme au christianisme, tout est exposé sans discussion, avec une ironie glacée, mais contenue, qui ne va pas jusqu'à la raillerie. En
voici un exemple : « Guillaume de Malmesbury attribue la
mauvaise fortune de Lothaire à deux crimes : l'un, d'avoir
été complice du meurtre de ses deux cousins, l'autre, d'avoir
méprisé les reliques. » Hume pense en avoir dit assez pour
qu'on juge et Lothaire, et Guillaume de Malmesbury, et
l'époque qui les avait produits, et la religion qui inspirait
de tels sentiments. Il ne se doute pas qu'en adoptant contre
l'Église ce ton systématiquement hostile et dénigrant, non
seulement il manque souvent de justice, mais se refuse à
lui-même l'intelligence véritable du temps qu'il raconte.
Quiconque hait l'Église voit mal le moyen âge. Lorsque
Hume veut rendre compte de la mission de Jeanne d'Arc, la
façon dont il parle d'elle est acceptable pour tout homme
qui respecte la vertu, le courage et le patriotisme, mais ne
croit pas à l'intervention d'une puissance surnaturelle dans
les affaires humaines. Il suit de là que l'historien ne réussit
à faire comprendre ni le caractère de l'héroïne, ni l'influence qu'elle a exercée sur ses contemporains. Ce caractère et cette influence sont inséparables des croyances qui
ont réellement ému, entraîné, soulevé au-dessus d'elles-

mêmes les âmes du quinzième siècle. Ces croyances, en admettant qu'elles ne tiennent point de place dans le monde de la raison, en tiennent une immense dans celui des faits. Le philosophe a le droit de les combattre, l'historien n'a pas le droit de les ignorer.

Hume prend sa revanche lorsqu'il s'agit de dessiner un caractère purement humain. Si compliquée que soit une âme, il la débrouille en quelques traits, il la peint autant qu'une âme peut être peinte, il la rend visible. Van Dyck et Philippe de Champaigne ont-ils une toile qui vaille ces lignes ? « De la lenteur sans prudence, de l'ambition sans audace, de la fausseté sans adresse et du raffinement sans véritable profondeur. » Le lecteur s'écrie, comme devant un portrait frappant : c'est Philippe II. Que de portraits semblables on citerait ! Quant au récit, on peut le louer sans réserve, et lord Brougham n'exagérait rien lorsqu'il lui attribuait l'*ubertas lactea* de Tite-Live et l'*immortalis velocitas* de Salluste. Veut-on, d'ailleurs, savoir à quel point Hume est grand, que l'on continue, sans être averti, son histoire au delà du livre où il s'est arrêté ; qu'on s'engage imprudemment dans les chapitres bâclés par Smollett. Tout à coup, on se sent abandonné par l'intelligence claire, puissante, libérale, qui répandait la lumière sur l'obscurité des consciences royales et des antichambres ministérielles ; l'esprit singe de son mieux la philosophie, le galimatias joue la profondeur, le style facile du roman à la mode se substitue à cette prose pour ainsi dire gravée, et digne de Thucydide. L'homme qui écrit pour les libraires a pris la place de celui qui écrit pour le genre humain.

Robertson. *Histoire d'Écosse.*

William Robertson, dont l'innocente vie se partage entre les travaux historiques et les soins du ministère sacré, devint un homme influent par le seul ascendant de la vertu. Ses contemporains placèrent ses ouvrages au-dessus de ceux de Hume, mais ce jugement ne sera aujourd'hui ratifié que par ceux qui préfèrent l'orthodoxie au talent.

La préface de l'*Histoire d'Écosse* doit être lue. Elle est modeste et digne ; elle explique combien il était difficile d'écrire cette histoire. La destruction des archives de l'Écosse par Édouard Ier d'Angleterre est une première cause de la rareté des documents. Loin de suppléer à cette lacune, les premiers historiens, jusqu'à Buchanan, sont des compilateurs sans discernement ou des rhéteurs sans conscience. Le règne de Marie Stuart partage les écrivains, comme la nation, en deux camps : les détracteurs passionnés et les amis enthousiastes de cette reine. Ce dualisme survit longtemps à la captive de Fotheringay, et tous les historiens falsifient de leur mieux les faits, afin de les faire coïncider avec leurs vues religieuses et politiques.

Le premier livre suffit à Robertson pour conduire l'histoire d'Écosse depuis les temps les plus reculés jusqu'à l'avènement de Marie. Les institutions nationales sont très bien expliquées, mais l'auteur est faible sur la question des origines. Il s'en tire en déclarant que les souvenirs de l'enfance des nations ne peuvent être recueillis et ne méritent pas de l'être. L'établissement de la Réforme en Écosse est raconté de la façon la plus incomplète, la plus décousue, sans entrer dans le caractère des hommes, ni dans l'exposition des doctrines. Rien que l'oscillation des hauts et des bas de la politique, la succession fastidieuse des faits, année par année. On s'aperçoit bien vite que l'auteur n'est pas plus impartial que ses devanciers. La modération du langage, qui est le fruit de l'éducation, la charité envers les personnes, qui est le devoir du pasteur, la bonté de cœur, qui était naturelle à Robertson, n'ont rien de commun avec la justice historique. Robertson est implacable avec infiniment de douceur et de politesse. C'est ce qu'on appelle en anglais, d'un mot pittoresque, *onesidedness*. Donnons-en un exemple. Marie Stuart est accusée de vouloir rétablir le catholicisme. Sur quelle preuve sera-t-elle condamnée ? Knox assure que les autels qu'on devait relever dans l'église de Saint-Giles étaient déjà prêts. Puis, la reine avait dit un jour qu'elle entendait que la messe fût libre pour ceux qui la voulaient. Enfin, Blackwood, qui travaillait sur les documents de l'archevêque de Saint-André, affirme que la reine désirait « faire quelque chose » pour le soulagement des catholiques. C'en est assez pour que Robertson lui prête des desseins analogues à ceux de Marie Tudor.

Il y a dans ce même homme une disposition romanesque qui lui fait tout pardonner à la beauté et au malheur. Après avoir été sévère jusqu'à l'injustice, il devient indulgent jusqu'à la faiblesse. Cette faiblesse est sensible dans le portrait qu'il trace de Marie Stuart. On a trop vanté ce morceau, qui tient du madrigal et du sermon. Robertson s'attendrit sur Marie Stuart, qui souffre et qui meurt, moins en historien qu'en auteur de roman qui a du regret de tuer son héroïne. Il est vrai qu'il s'est déjà attendri sur Darnley, son mari, qu'elle a fait mourir. « Personne n'aurait regretté, croit-il, ce triste personnage, s'il était mort naturellement ; mais la façon dont il a été supprimé appelle sur lui l'intérêt. » C'est là une pauvre morale et une sensibilité vulgaire, qui rendent Robertson sympathique au commun des lecteurs, mais qui éloignent de lui les délicats.

En général, le récit est froid. La mort de Rizzio, cette scène atroce, passe comme un incident de la vie ordinaire. Il n'y a qu'un trait émouvant : c'est l'apparition de Ruthven, « armé des pieds à la tête, avec cette figure de fantôme que lui avait donné une longue maladie. » Mais c'est bien peu qu'un trait de pittoresque en deux volumes. Robertson ne fait jamais parler ses personnages : il traduit tout ce qu'ils disent dans sa langue de ministre,

Où jusqu'à « je vous hais », tout se dit *posément*.

Histoire de Charles-Quint.

L'histoire de Charles-Quint est précédée d'un tableau de la société européenne pendant le moyen âge. Cette introduction, comme on l'imagine, ne peut plus faire autorité, en raison des progrès accomplis, depuis, par les sciences historiques; mais elle atteste une puissance de généralisation dont l'auteur de l'*Histoire d'Écosse* ne semblait pas capable, et qui est rare chez les Anglais. Le système féodal, les accroissements du pouvoir royal, les résultats des croisades, ceux des guerres d'Italie, la constitution des différents États au commencement du seizième siècle, sont analysés avec clarté et sagacité.

Robertson est moins heureux sur d'autres points. Il n'a pas aperçu l'importance de la grande querelle entre le Sacerdoce et l'Empire, qui n'est, pour lui, que la querelle des empereurs et des papes. Les quelques lignes qu'il consacre à la philosophie du moyen âge indiquent peu de connaissance, et encore moins d'intelligence du sujet. La formation du droit politique des peuples modernes lui a échappé. Il attribue, avec raison, une portée considérable à la résurrection du droit romain, mais il ne voit point, — et comme Anglais il avait moins qu'un autre le droit d'ignorer ce grand fait, — les origines teutoniques du *self-government*. Il ne semble pas avoir compris que le flot barbare, du fond de ses solitudes, avait apporté au monde autre chose que la dévastation et la ruine.

Quant à l'histoire de Charles-Quint, c'est une succession de combats et de traités, où les mouvements politiques, les intrigues des cours et des cabinets sont assez clairement expliqués. Les récits de batailles sont tels qu'on peut les attendre d'un ecclésiastique. Les Espagnols (ou les Suisses, ou les Français), animés par le courage de leur chef, attaquent vigoureusement leurs adversaires, mais l'aile gauche (ou le centre, ou l'aile droite) étant venue à plier, un certain désordre se met dans leurs rangs, et ils sont obligés de fuir, après avoir accompli des prodiges de valeur. Voilà une bataille de Robertson.

Il n'y a ni portrait de Charles-Quint, ni vue d'ensemble sur son rôle. Le héros du livre est absent du livre. Sur son éducation, sur son genre d'existence, ses sentiments intimes, sur sa retraite, rien qui fasse revivre l'homme. C'est l'histoire du règne, ce n'est pas l'histoire du prince, encore moins celle du peuple. Lorsque Robertson veut donner l'idée d'un caractère, il ne sait qu'employer des termes abstraits, nommer des vertus ou des défauts. A peine pourrait-on citer trois ou quatre figures secondaires, Ximénès, Adrien d'Utrecht, Chièvres, qui ont un peu plus de vie. Les jugements sont honnêtes, on sent qu'ils émanent d'un esprit sain, qui n'a point de passions en général, ni d'intérêt dans ce qu'il raconte, et qui, en sa qualité d'Écossais, demeure exempt des exagérations du patriotisme anglais.

L'*Histoire de Charles-Quint* fut publiée en 1795, par lord Sheffield, un an après la mort de l'auteur. Campenon l'a traduite, et les personnes qui ne s'arrêtent point aux fautes de français trouveront cette traduction tolérable. Peut-être est-il bon de prévenir le lecteur que là où Robertson est tiède, Campenon est glacé.

Edward Gibbon.

Gibbon a raconté sa vie dans des Mémoires qui nous paraissent un des modèles du genre autobiographique. La touche en est agréable, finement indulgente ou discrètement satirique. L'auteur s'y moque de lui-même avec une modestie plus spirituelle que sincère. Il juge et peint d'un seul mot, mais d'un mot heureux, les caractères qu'il coudoie et les milieux qu'il traverse. Son père était membre du Parlement et appartenait au petit groupe tory qui se réjouit si bruyamment de la chute de Walpole. Edward Gibbon rappelle cet événement mémorable. « On attendait une ère indéfinie de vertu et de bonheur ; quelques courtisans perdirent leur place, et quelques patriotes leur réputation. » Survint l'insurrection de 1745. Les camarades d'école rossaient Edward Gibbon en l'appelant jacobite : le petit jacobite n'avait pas dix ans. Son enfance maladive et infirme réclamait des soins particuliers, que sa mère ne songeait pas à lui donner. Longtemps après, lorsqu'il cherchait à évoquer le souvenir maternel, sa mémoire lui représentait vaguement une dame majestueuse et parée, qui venait le voir en carrosse à la pension, lui débitait deux ou trois sentences niaisement solennelles, et s'en allait. Sa vraie mère fut une tante peu riche qui vivait dans la maison, l'excellente Catherine Porten. Quarante ans plus tard, il parlait d'elle avec l'effusion d'un cœur égoïste, mais reconnaissant. La plupart des enfants payent en beauté et en gentillesse la peine qu'ils coûtent. Si le pauvre Gibbon avait essayé d'être gracieux, on se serait moqué de lui. Son sourire n'était qu'une grimace, sa bouche un trou au milieu de sa figure; son corps grêle supportait difficilement une tête monstrueuse. En revanche, l'intelligence s'annonçait subtile et précoce.

A Oxford, on ne songeait pas à reprocher à Edward Gibbon son prétendu jacobitisme. « J'ai passé quatorze mois à Magdalen College : ce sont les plus nuls et les plus inutiles de ma vie. » Son *tutor* « se rappelait bien qu'il avait un salaire à recevoir, mais il oubliait qu'il avait un devoir à remplir ». La routine universitaire, les nuits passées à boire et à médire, cette dissipation lourde, assaisonnée de pédantisme et d'excentricités grossières, dégoûtèrent le jeune étudiant. Gibbon, alors âgé de seize ans, imagina de se convertir au catholicisme. Son père l'envoya à Lausanne, chez un ministre protestant nommé Pavilliard. Ce ministre ramena le jeune Gibbon à sa foi première, et fit de lui un homme instruit. Le lieu d'exil devint une seconde patrie, plus aimée que la première. De Lausanne à Ferney, il n'y a qu'une demi-journée de voiture. Gibbon alla visiter Voltaire, qui lui donna une froide et insignifiante audience. *Virgilium vidi tantum*, écrit le futur historien avec un sourire. La vérité est que Voltaire n'était point de cette race de génies qui devinent et caressent le talent naissant.

Ici se place le premier et dernier amour de Gibbon. Suzanne Curchod était la fille d'un pauvre ministre de la frontière française. Gibbon la vit et l'aima. Les critiques et les biographes se sont égayés aux dépens de cet étrange couple. Suzanne était énorme, Gibbon était mince et chétif : dans ce siècle épris de géométrie, on eût cru voir les amours d'une circonférence avec sa tangente. Le père de Gibbon refusa son consentement au mariage. Le jeune homme écrivit à sa fiancée, pour lui notifier ce triste dénouement, une lettre qui se terminait par ces mots : « C'est pourquoi j'ai l'honneur d'être, mademoiselle, votre très humble et très obéissant serviteur. » Suzanne épousa depuis le banquier Necker. Ainsi, la soumission de Gibbon aux volontés paternelles l'empêcha de devenir le père de Mme de Staël.

Après de longs voyages, qui le mirent en relation avec toutes les célébrités européennes, Gibbon revint en Angleterre, où il prit place au Parlement en 1774. N'étant pas accoutumé à ce que lord Brougham appelle l'art de penser debout, il n'osa jamais prendre la parole, et soutint lord North de ses votes silencieux; on l'en récompensa par un siège au conseil de commerce. En 1783, un attrait invincible le ramena vers cette riante prison de sa jeunesse, vers cette Lausanne, à la fois coquette et dévote, où il avait passé de si douces heures et rencontré son meilleur ami. C'est là qu'il aurait voulu mourir, si la révolution ne l'avait chassé de cet asile et forcé à retourner en Angleterre.

Décadence et chute de l'empire romain.

« C'était à Rome, le 15 octobre 1764. J'étais assis et je rêvais au milieu des ruines du Capitole, pendant que les Frères déchaux chantaient les vêpres dans le temple de Jupiter, quand l'idée de raconter le déclin et la chute de la ville éternelle surgit pour la première fois dans mon esprit. » Et vingt-trois ans plus tard, il écrivait dans sa retraite de Lausanne : « Le soir du 27 juin 1787, entre onze heures et minuit, je traçai les dernières lignes de la dernière page, dans une serre située au milieu du jardin. Après avoir posé la plume, je fis quelques tours sous un berceau où allée d'acacias, d'où l'on découvre le pays, le lac et les montagnes. L'air était doux, le ciel serein, les eaux réfléchissaient le disque d'argent de la lune; toute la nature était silencieuse. Je ne dissimulerai pas quelle fut ma première émotion de joie. J'avais recouvré ma liberté, j'avais établi ma réputation, du moins je le croyais. Mais, bientôt, mon orgueil s'humilia, une grave tristesse se répandit sur mon esprit à la pensée que je venais de dire un éternel adieu à un ami de vieille date, à un compagnon aimé, et que, si longtemps que mon histoire dût vivre, la vie de l'historien lui-même ne pouvait être que précaire et limitée. »

Entre ces deux dates, si soigneusement relevées, tient toute la vie littéraire de Gibbon, puisque la *Décadence de l'Empire romain* est toute son œuvre historique. Œuvre de méthode, de patience et de raison plutôt que de génie! On a fait plusieurs reproches au vaste ouvrage de Gibbon. Le premier est de ne pas justifier son titre. En effet, l'empire romain n'a que peu de chose à démêler avec le sujet, qui est, en réalité, l'histoire des quatorze premiers siècles de l'ère chrétienne. On a reproché à l'auteur, — chose infiniment plus grave, — d'avoir diffamé le christianisme. Cette critique vise principalement les fameux chapitres xv et xvi, auxquels nous ajouterons le chapitre xxviii, sur la suppression du paganisme, et le chapitre xxxviii, sur les moines.

Les cinq causes de la diffusion du christianisme sont les suivantes, selon Gibbon : 1° le zèle âpre, inflexible, des premiers chrétiens, zèle qu'ils tenaient des juifs, mais en le débarrassant de l'esprit jaloux, exclusif, de l'ancien judaïsme, plus enclin à cacher la vérité aux gentils qu'à la leur prêcher; 2° la séduisante doctrine de la vie future; 3° le don des miracles, attribué par la croyance populaire à la primitive Église; 4° la pure morale des chrétiens; 5° l'union et la discipline de la république chrétienne, qui en vint à former un État jeune et vigoureux dans l'empire décrépit. Cette énumération a déjà quelque chose d'équivoque, car elle mêle le sacré et le profane, le fait et le dogme, l'humain et le divin, faisant ainsi du christianisme une sorte d'alliage de vérité et d'erreur, de vertu et d'imposture, qui a subjugué le monde autant par ses faiblesses que par ses grandeurs.

S'agit-il du fait merveilleux, point de départ de la religion nouvelle, Gibbon semble reprocher aux philosophes d'avoir ignoré ou méprisé ce fait. Comment Pline, par exemple, si curieux, si crédule, Pline qui donne accueil aux contes les plus absurdes, aux légendes les plus lointaines, aux hypothèses les plus frivoles, comment Pline n'a-t-il point noté la nuit surnaturelle qui couvrit le monde, ou tout au moins la Judée, pendant trois heures, au moment où le Christ expira? Gibbon ne répond pas à cette question. Il espère que le lecteur y répondra lui-même en renversant les termes de la question, et en se disant : Comment le fait serait-il vrai, puisque Pline n'en dit rien?

Gibbon se garde bien d'articuler que la doctrine des chrétiens est le résultat de formations successives, mais il insinue que, si les hérésies n'ont commencé qu'au bout d'un siècle, c'est que les chrétiens pensaient jusque-là comme ils voulaient. Avec Middleton, il se plaît à rattacher à des origines païennes les cérémonies que l'Église fait remonter à son divin fondateur. Il n'accuse nulle part ouvertement l'Église d'avoir varié dans ses enseignements, mais il la montre favorisant, puis proscrivant le dogme du second avènement du Christ. Il ne prend parti pour aucune hérésie, mais il expose les idées des Gnostiques comme s'il voulait se les assimiler. Or, le gnosticisme ne va à rien moins qu'à faire table rase de l'Ancien Testament. Il n'attaque pas de front la question des miracles; mais, après avoir persiflé les miracles modernes, il indique la difficulté de poser les limites de l' « heureuse » période pendant laquelle les miracles se sont produits.

Voyons maintenant d'après Gibbon les chrétiens dans leurs rapports avec la société civile. La malice, quoique voilée, est plus sensible. « Les Pères de l'Église condamnaient les faux cheveux, l'usage des vêtements de couleur, les instruments de musique, les vases d'or et d'argent, les oreillers de plume, le pain blanc, les vins étrangers, les saluts, les bains chauds et l'habitude de se raser, qui est, selon Tertullien, un mensonge contre notre figure et une tentative impie pour corriger l'œuvre divine. » Il n'y a pas un mot, dans cette énumération, qui ne se trouve dans le *De spectaculis* de Tertullien, ou dans la *Pædagogia* de Clément d'Alexandrie. Qui ne sent, néanmoins, que dans une pareille liste où les objets les plus disparates sont rapprochés, sans aucun des développements justificatifs que nécessite chacune de ces prohibitions, se trahit l'intention de montrer ces Pères comme des hommes d'une austérité ridicule, ennemis de tout ce qui fait le bien-être de la vie et le charme des sociétés policées? Passons sous silence des plaisanteries du même goût sur le mariage chrétien, la virginité et l'ascétisme. On en a vu assez pour juger la méthode de l'historien :

On ne peut faire un crime à Gibbon d'avoir ignoré ce que les progrès des recherches historiques ont mis en lumière, plus de cinquante ans après sa mort. Ceux qui voudront mesurer ces progrès n'ont qu'à parcourir les soixante pages que Gibbon a écrites sur les Antonins, et à lire ensuite le volume que M. Duruy leur a consacré.

Lorsque Gibbon n'est pas occupé à défigurer, par ses sarcasmes, les institutions chrétiennes, ou lorsqu'il ne se complaît pas à traduire, au delà de ce que permet la décence moderne, les obscénités de Procope, il peut être mis dans les mains de la jeunesse. Sa narration est agréable, nourrie, bien disposée, son style égal, clair, brillant : c'est un modèle du style orné. Mais il n'y faut jamais chercher ni cette variété de ton qui repose l'esprit, ni cette simplicité fortifiante, ni cette émotion qui intéresse l'âme du lecteur au drame humain, ni cette moralité qui en tire d'éloquentes leçons. « On aurait pu, dit un contemporain, retirer tout l'esprit de Gibbon d'un coin du cerveau de Burke, le monde ne s'en serait point aperçu. » Le mot est humoristique et vrai. Mais, si l'on doit juger l'arbre à ses fruits, les plus utiles serviteurs de l'esprit humain sont peut-être ceux qui exploitent le champ restreint de leurs facultés, et, par la continuité de l'effort, lui font produire davantage qu'aux vastes domaines incultes du génie.

CHAPITRE XXII.

L'ÉLOQUENCE POLITIQUE.

Origines du gouvernement représentatif. Caractère religieux des premiers discours. Aspect des discussions. — L'époque puritaine. — Walpole et Bolingbroke. — Les nouveaux Whigs. — William Pitt. — Chute de Walpole. — Les deux ministères de Chatam. Son dernier discours et sa mort. — Edmond Burke. Ses écrits. Son éloquence. — Wilkes. Les *Lettres de Junius*. — Luttes entre Fox et Pitt. — Sheridan. — Burke et Fox se séparent. Fin de la grande époque oratoire.

A l'époque où nous sommes arrivés, c'est-à-dire pendant la seconde moitié du dix-huitième siècle, l'éloquence parlementaire brille d'un vif éclat. Avant de faire connaître les hommes qui l'ont portée à ce degré de puissance, il semble à propos de jeter un regard sur le passé des institutions qui favorisèrent ce genre d'éloquence chez nos voisins, et sur les commencements mêmes de cette éloquence.

Origines du gouvernement représentatif. Caractère religieux des premiers discours. Aspect des discussions.

La première assemblée qui ressemble à un parlement est celle où sont votées les constitutions de Clarendon (1156). Mais cette assemblée est convoquée par le roi; elle est composée de nobles et d'ecclésiastiques, et enfin, elle n'a rien à voir aux impôts. La concession de la Grande Charte, plusieurs fois révoquée ou éludée, mais confirmée et rendue définitive par les constitutions d'Oxford, a pour conséquence la réunion des barons, à intervalles fréquents, mais irréguliers, pendant le treizième siècle. On les appelle toutes les fois qu'on a besoin d'argent : c'est pourquoi on les convoque souvent. En 1242, ils déclarent au roi Henry III, en propres termes, « qu'ils ne veulent plus être volés ni pillés. » Le roi les prend l'un après l'autre, et n'obtient pas davantage. Il se fâche : sa colère reste sans effet. Il essaye d'un autre argument. « J'ai juré, leur dit-il, de faire la guerre au roi de France, vous voulez donc que je viole mon serment ? — Vous avez aussi juré amitié au roi de France. Que peut vous coûter un serment violé ? » En 1297, il est question pour la première fois des bourgeois et des chevaliers des comtés. Une distinction s'établit entre les représentants des anciens bourgs municipaux et ceux des *shires*, circonscriptions rurales, d'origine purement saxonne. En 1331, les communes forment une assemblée à part. Le bas clergé, représenté par ses *proctors*, en forme une autre. Mais celle-ci ne doit pas tarder à disparaître, tandis que l'importance des communes grandit sans cesse. La raison en est facile à saisir : c'est que les bourgeois se réservent insensiblement le droit de discuter les taxes sur les marchandises. Les considérations d'honneur national commencent à ne plus les trouver indifférents. Les petits-fils de ceux qui refusaient brutalement de l'argent à Henry III, pour la guerre contre la France, accordent volontiers des subsides à Édouard III pour le même motif. Nous les voyons seulement, avant de délier les cordons de la bourse publique, demander un délai « pour prendre le sentiment de leurs constituants. »

Une discussion mémorable, et d'autant plus intéressante pour nous que Shakespeare lui a donné place dans son théâtre, c'est celle qui s'engagea au sujet de la déposition de Richard II. L'évêque de Carlisle fut un des rares opposants. Sir John Hayward, — que Shakespeare a copié à sa façon, — lui prête un discours sensé, où ne manque aucun des arguments de la cause, mais peu entraînant, et dont le début est noyé dans l'érudition. Ce qui est certain, c'est que l'évêque fit un discours, et qu'aussitôt après l'avoir prononcé il fut décrété de haute trahison et conduit à l'abbaye de Saint-Albans. On voit où en était, à la fin du quatorzième siècle, l'immunité parlementaire.

Le premier *speaker* de la Chambre des communes est élu en 1377. A partir de ce jour, l'assemblée populaire a un chef, chargé de parler pour elle, de porter au pied du trône ses vœux, ses doléances, et de faire respecter ses privilèges. Les attributions de cette assemblée ont, d'ailleurs, tellement grandi, ses occupations sont si variées et si absorbantes, que l'indemnité allouée aux membres du parlement, en 1406, est égale à la somme des subsides votés.

Ce n'est pas la parole, mais l'épée, qui décide entre les prétentions rivales d'York et de Lancastre. Pendant cette période sanglante, le Parlement ne fait pas de progrès. Au sortir des troubles, les Tudors travaillent à rendre l'autorité absolue, à l'imitation des princes du continent. Le pouvoir populaire s'humilie devant eux. Les séances du Parlement sont graves, paisibles, religieuses; les discours du chancelier Warham et du cardinal Wolsey, qui lui succède sur le sac de laine, ne sont que des sermons, avec un texte de l'Écriture. Qu'on se figure la vieille salle de Saint-Stephens, les boiseries sculptées, la haute voûte noyée dans l'ombre, le jour faible qui tombe obliquement des vitraux allongés. C'est là que siègent les membres du Parlement : on dirait les moines d'un chapitre ou les Pères d'un concile. La séance commence et se termine par une prière. Ces hommes vivent dans la crainte du Maître d'en haut, et dans la crainte, plus grande encore, de celui qui règne ici-bas.

La Réforme vient passionner ces tranquilles assemblées. Fisher, l'ami de Thomas Morus, étonne de sa hardiesse les échos de Saint-Stephens. « Ce n'est pas le bien de l'Église, mais les biens de l'Église que l'on veut ! » s'écrie-t-il, mettant le doigt sur la plaie. Le duc de Norfolk répond avec impertinence : « Les plus grands clercs ne sont pas toujours les plus sages. » Et Fisher reprend aussitôt : « J'ai connu bien des sots dans mon temps, et je ne puis m'en rappeler aucun qui ait été un grand clerc. » L'évêque de Rochester avait conclu son discours magistral en disant que le mal venait, non de la corruption du clergé, mais du manque de foi dans les laïques. Dans les communes, on relève ce défi. Un avocat de Gray's Inn prononce un long discours contre le clergé romain, avec cette rude et impétueuse franchise que donne à de certaines gens la certitude de plaire au gouvernement. On sait comment l'évêque expia son éloquence.

Ces communes, si âpres contre le papisme, s'inclinèrent devant lui lorsque Marie fut reine. Quarante membres, seulement, conduits par le légiste Plowden, se retirèrent du Parlement. On les mit en jugement, six se soumirent.

Sous Élizabeth, lorsque la Réforme fut de nouveau établie dans le pays, le banc des évêques ne resta pas muet. Nous avons encore les discours de l'archevêque d'York et de l'évêque de Chester dans les journaux de la Chambre des lords, qu'on avait commencé à tenir sous Henry VIII[1]. Cette résistance domptée, tout s'apaisa, tout rentra dans la soumission devant la fille de Henry VIII. En 1575, un certain Wentworth, ayant prononcé un discours hardi sur les privilèges de la Chambre, ses collègues le firent conduire à la Tour. C'est la reine qui ordonna son élargissement. Il eût été difficile à Wentworth d'invoquer l'excuse ordinaire par laquelle les orateurs justifient leurs écarts, la vivacité de l'improvisation : il avoua que sa harangue était composée depuis trois ans.

Ce ne fut pas néanmoins un Parlement méprisable que ce Parlement de la grande Élizabeth, où brillaient à la fois un Cecil, un Fulke Greville, un Francis Bacon, un Walter Raleigh. La parole n'y était libre qu'à condition de se mettre à l'unisson des passions de la souveraine. Mais, en cela, les Chambres avaient pour complice la nation tout entière. S'agit-il de persécuter les jésuites, d'écraser les Irlandais, d'exécuter la sentence, prononcée depuis si longtemps, contre Marie Stuart, le Parlement devance la reine dans cette tâche sanglante, et la couvre de l'assentiment

---

1. Ceux de la Chambre des communes datent seulement d'Édouard VI. Ce sont des procès-verbaux secs et incomplets.

populaire. S'agit-il de coloniser l'Amérique, de développer la marine, de résister à l'Espagne, d'élever une grande puissance protestante en face de la grande puissance catholique, le Parlement — disons-le à son honneur — n'est pas moins prompt à seconder ces vues généreuses et patriotiques.

L'époque puritaine.

Les voix qui s'élevèrent en faveur de la liberté politique et religieuse dans le Parlement de Charles Ier, étaient des voix hardies, parfois insolentes, souvent habiles, presque toujours haineuses. Étaient-ce des voix éloquentes? Il ne semble pas que ces hommes aient possédé les dons oratoires que nous prêtons volontiers aux défenseurs des libertés populaires : la raison majestueuse qui revendique les droits primordiaux, la faconde enflammée qui attise les passions du moment. Pym est un légiste, plein de malice et de ressources. C'est de chicane en chicane qu'il conduit Strafford à l'échafaud. Hampden tient moins de l'avocat que du tacticien parlementaire. *He was not a man of many words*, dit Clarendon. Il parlait peu, ne commençait jamais le débat, mais il avait du poids (le latin *gravis* rendrait mieux l'idée). Quand il avait entendu le débat en entier et observé de quel côté penchait la Chambre, il résumait l'argumentation en quelques mots clairs et pleins de force, de façon à amener l'assemblée où il voulait. S'il voyait la chose impossible, il avait toujours un moyen de provoquer l'ajournement.

Falkland et Sidney, généreuses intelligences, ont traversé le Parlement sans y briller. Le premier, qui avait reçu l'éducation littéraire des hautes classes, porte des traces de bel-esprit et d'euphuisme. Sidney est d'une autre école; mais, plus philosophe qu'orateur, il était mieux fait pour méditer que pour agir, et pour écrire que pour parler. D'ailleurs, les méfiances de Cromwell lui ont fermé la bouche.

Le nom de Cromwell est venu sous notre plume. Dirons-nous que ce maître de la Révolution anglaise fut un orateur? M. Villemain a tenté de le réhabiliter sous cet aspect, mais, à ce qu'il nous semble, sans succès. Hume met sur ses lèvres un langage incohérent et vulgaire, presque risible. D'après lui, non seulement Cromwell n'était pas orateur, mais il était ce que les Latins appellent *infans*. Trop de témoignages contemporains confirment cette appréciation pour que nous la révoquions en doute. Il possédait, comme tous les hommes de cette époque, ce vocabulaire religieux, qui donne un air de famille à tous les discours du temps. Par moments, une pensée forte déchirait, comme un éclair, le nuage théologique, et la brusquerie du commandement accentuait cette lourde phraséologie sectaire.

L'éloquence de Shaftesbury, lorsqu'elle éclate dans la ridicule Chambre haute de Cromwell pour la flétrir, nous fait pressentir, non seulement l'avènement d'un nouveau règne, mais celui d'un nouveau style. Plus de friperie biblique, plus de périodes traînantes comme une robe de ministre. C'est l'éloquence de combat, rapide, ironique, effrontée, faite, à mélange égal, de raisonnement et de satire.

Walpole et Bolingbroke.

Déjà, sous la reine Anne, la politique commence à absorber une grande part de la vitalité intellectuelle du pays. Pourtant les débats de la Chambre ont peu d'écho. Harley et Saint-John, malgré leur talent de parole, sont obligés de mettre la plume à la main pour défendre leur ministère. On met à un haut prix le concours de Swift et d'Addison, bien que l'un ne soit jamais entré dans le Parlement et que l'autre n'ait jamais osé y élever la voix. Sous les Georges, une ère nouvelle va commencer pour le Parlement, et c'est l'honneur de ces princes, bien qu'ils ne l'aient pas cherché, qu'il faille dater de leur avènement l'éveil de la liberté oratoire.

Walpole est premier ministre. Il s'appuie sur la faveur

royale et sur une majorité compacte, acquise et entretenue par des moyens peu honorables. Deux espèces d'ennemis le combattent, le petit noyau jacobite, composé des hommes dont l'influence locale n'a pu être ébranlée par la défaite de leurs idées, et un certain nombre de Whigs mécontents, auxquels Walpole n'a pas su ou voulu faire une part dans la curée. Les Jacobites sont impopulaires ; leur cause est condamnée. L'opposition whig est sans force ; on n'édifie pas un parti sur des rancunes personnelles. Vienne maintenant un homme qui persuade aux Jacobites d'oublier les Stuarts, et qui en fasse les soldats du nouveau torysme, c'est-à-dire du parti aristocratique et conservateur, dont l'avènement aux affaires peut se concilier avec les formes existantes et avec la dynastie régnante ; vienne un autre homme, plus honnête encore qu'habile, qui rappelle aux Whigs combien leur programme originaire diffère de celui de Walpole, et qui les décide à déployer hardiment leur drapeau libéral sur toutes les questions où Walpole se détermine dans le sens de l'arbitraire et du privilège ; qu'enfin, les nécessités de l'intérêt commun, le rapprochement qui naît d'un perpétuel contact, amènent une fusion des deux oppositions, et qu'elles marchent ensemble à la conquête du pouvoir : malgré toutes ses ressources, il faudra que Walpole soit vaincu.

Nous venons de raconter en quelques mots l'histoire du Parlement, de 1725 à 1745. Le premier de ces deux hommes est Bolingbroke, le second est Chatam.

Le lecteur connaît déjà ce merveilleux Saint-John, le maître de philosophie de Voltaire, le patron de Pope, le charmeur de Swift, celui dont les propos de table, au dire de Chesterfield, — un rival jaloux, — auraient pu être imprimés sans retouche, et soutenir l'examen de la plus sévère critique. Il avait failli donner à l'Angleterre un roi dont elle ne voulait pas. Lorsque le Prétendant l'eut désavoué, son parti l'abandonna, mais il n'abandonna pas son parti. Il le détruisit pour le reconstruire. Il alla jusqu'à le proclamer mort, et à l'enterrer solennellement, pour le ressusciter sous un autre nom. Sa brillante éloquence, dont lord Brougham nous a donné une idée, était inutile.

La haine intelligente de Walpole veilla à ce que la place de Bolingbroke restât vide jusqu'au bout dans la Chambre des lords. Mais cet excommunié, ce paria, demeura le véritable chef du torysme rajeuni. A défaut de la tribune qu'on lui enlevait, sa plume magique lui restait : avec elle, il combattit vingt-six ans. Aucun déguisement ne lui coûta, aucun stratagème ne lui échappa pour rendre aux siens la faveur publique. C'est sous son influence que les Tories proposèrent une foule de mesures, qu'ils eussent été les premiers à répudier, si le pouvoir était tombé dans leurs mains. Pour gagner l'armée à leur cause, ils inventèrent l'inamovibilité des officiers. Pour séduire le peuple, ils mirent en avant la liberté de la presse, réclamèrent un Parlement triennal ou même annuel. Rien n'était assez libéral pour ce parti de l'autorité à outrance. Ce sont ces doctrines retentissantes que Bolingbroke mit dans la bouche de ses porte-voix, Marchemont, Skippen, et surtout ce Wyndham, dont les discours faisaient songer Voltaire aux plus beaux temps de la Grèce et de Rome.

Bolingbroke vit tomber Walpole, mais n'assista pas au triomphe final de son parti. Quand ce parti, reconstitué, ranimé, inspiré par lui, saisit le pouvoir, ce fut pour le garder soixante ans.

Les nouveaux Whigs. William Pitt. Chute de Walpole.

En 1730, il y avait déjà dans le Parlement un parti important, ayant pour chefs lord Carteret et Pulteney, et formé des Whigs brouillés avec Walpole. Les élections de 1734 apportèrent un puissant renfort à ce parti. Parmi les nouveaux venus, se trouvait un jeune sous-lieutenant de cavalerie, nommé William Pitt. Il appartenait à cette noblesse de campagne, qu'on tenait presque aussi éloignée des grandes places que la bourgeoisie des villes, et qui n'avait pas, comme cette dernière, la ressource de s'enrichir par le négoce. Pitt se fit rapidement une place parmi les plus ardents ennemis de Walpole. La première fois que le ministre l'entendit : « Il faut museler ce sous-lieutenant-là, » dit-il ; et, en attendant, il commença par le destituer. Walpole essaya de railler la jeunesse de l'orateur. Pitt rendit coup pour coup, et fit allusion à cette maturité de l'âge, que n'accompagnent ni la gravité des mœurs, ni l'expérience ordinaire des cheveux gris. Ce que Pitt apportait de nouveau dans la Chambre, ce n'était pas assurément la science des affaires, ni des plans bien profonds, ni une éloquence complètement formée, c'était l'honnêteté politique. Il sembla qu'avec lui un air plus pur eût pénétré dans le Parlement, où la vénalité, la violence, l'ambition, épaississaient l'atmosphère depuis vingt ans. Sa doctrine, faite de traditions domestiques et de théories puisées à l'Université dans l'étude des anciens, restaurait le véritable whiggisme, dont Locke avait tracé l'idéal philosophique, pour lequel Russell et Sidney avaient porté leur tête sur l'échafaud, et dont le patriotisme est l'âme. Walpole, qui méprisait les idées, comme tous les hommes de son espèce, sentit bientôt combien il est difficile de lutter contre elles, lorsqu'elles ont trouvé un organe comme William Pitt.

C'est à propos de la guerre contre l'Espagne qu'on lui livra la grande bataille. Walpole chercha à diviser ses ennemis. Il en avait, dit-il, de trois espèces : les Tories, les enfants et les patriotes. Nous n'avons pas besoin de dire qui étaient les Tories, petite phalange disciplinée, alors conduite par Skippen. Le nom d'*enfants* s'appliquait aux jeunes Whigs à principes, tels que Pitt et ses amis, Lyttleton et les Grenville. Enfin, les patriotes..... Mais laissons Walpole les définir lui-même : « C'est un mot respectable que le patriotisme, monsieur[1], quand il est compris comme il doit l'être ; mais, depuis quelque temps, on l'a prodigué avec si peu de discrétion, qu'il court le risque de tomber en disgrâce. L'idée même du patriotisme véritable est perdue, et le terme a été prostitué aux plus vilains desseins. Un patriote, monsieur! mais les patriotes poussent comme les champignons !

---

1. Les orateurs doivent, en parlant, s'adresser constamment au *speaker*.

J'en pourrais faire naître cinquante dans les vingt-quatre heures, j'en ai fait éclore je ne sais combien en une seule nuit. On n'a qu'à refuser d'accéder à une sollicitation déraisonnable ou insolente, et il naît un patriote de plus.... Ah! je n'ai jamais eu peur d'en faire, des patriotes!... Mais je les dédaigne, je méprise leurs efforts... Leur vertu, savez-vous ce que c'est? De la malveillance personnelle et de l'ambition déçue. Il n'y en a pas un, pas un, dont je ne puisse dévoiler le but, et de qui je ne puisse vous dire ce qui l'a jeté dans l'opposition. »

Peut-être cette parole familière, brutale, sarcastique, paradoxale, qui déshabille en un tour de main les idéologues, et qui met, pour un instant, les rieurs du côté de la force, suggérera-t-elle aux lecteurs un rapprochement contemporain : nous leur laissons le plaisir et le péril de cette comparaison.

Cette fois encore, Walpole triompha, grâce à la défection inexplicable et inattendue du petit bataillon commandé par Skippen. Mais le ministre avait gagné sa dernière victoire. Les élections de 1741 lui apportèrent une triste et honteuse majorité de seize voix, qui fondit en quelques jours. Enfin, le voilà par terre, ce Walpole tant détesté! Rien n'est comparable à la joie du premier moment, si ce n'est le désarroi qui suivit. Comme il arrive souvent, les coalisés se brouillèrent lorsque vint l'heure de partager le butin conquis en commun. C'est ce qui permit à Walpole d'entrer paisiblement à la Chambre des lords, et peut-être le comte d'Orford aurait-il reparu sur la scène politique, s'il n'était mort en 1745.

Les dix années qui suivent ont peu d'intérêt. Les ministères se succèdent, languissants et déconsidérés. On déserte les séances du Parlement.

Les deux ministères de Chatam. Son dernier discours et sa mort.

Ce fut pendant cette période que le génie de William Pitt s'accoutuma aux affaires, et qu'il en prit le langage. Parlant de ses débuts, un biographe prétend que son éloquence parut plus ornée que celle de Démosthènes et moins prolixe que celle de Cicéron. Mettre Cicéron et Démosthènes aux pieds d'un débutant qui sort du collège, c'est là une infirmité de biographe. A la vérité, la parole de William Pitt, déjà pleine de vigueur et d'élévation, était entachée de quelque emphase. Il s'en guérit dans les discussions serrées qu'il soutint contre un rival digne de lui, Murray, plus tard lord Mansfield. Ce Murray possédait la partie artificielle de l'éloquence. On raconte qu'il étudiait devant sa glace des attitudes oratoires, avec Pope pour conseiller.

Lorsque les Pelhams eurent renversé lord Carteret, Pitt devint le *leader* de la Chambre des communes. On le représente, à cette époque de sa vie, comme joignant la dignité de Wyndham et l'esprit de Pulteney au savoir politique et à la finesse de Walpole. Le roi le haïssait, et cette aversion lui ferma longtemps l'entrée du conseil. Nous n'avons pas à raconter ici comment son immense popularité l'imposa au roi, dont la haine était devenue de la peur ; comment cette popularité lui échappa un instant, parce qu'il regretta l'exécution de l'amiral Byng, sacrifié en holocauste à la vanité nationale ; comment, après s'être retrempé dans l'opposition, il rentra au pouvoir, plus puissant que jamais, et conduisit avec une vigueur, — trop couronnée de succès, — une guerre implacable contre la France. Tout plia devant lui, la mauvaise volonté du roi, l'avarice du Parlement, la paresse de ses collègues jaloux. S'agissait-il de préparer une expédition navale, lord Anson, qui dirigeait l'Amirauté, objectait-il que les vaisseaux ne seraient pas prêts : « Alors je mettrai Votre Seigneurie en accusation ». Et, au jour dit, les vaisseaux étaient prêts. Au Parlement, son autorité était si grande qu'on n'osait lui répondre qu'en son absence, et qu'un jour il lui suffit de regarder son adversaire pour le réduire au silence. Dans cette enceinte, où d'autres avaient dominé par la corruption ou par la force, Pitt exerça, au nom de l'intérêt national, la dictature du talent.

Avec George III, les Tories obtiennent enfin l'ascendant. Pitt a le tort d'entrer dans un ministère mi-parti, qui entame, contre les colonies américaines, la funeste guerre des tarifs. Il a le tort plus grand d'abdiquer un nom illustre et d'entrer à la Chambre des pairs comme lord Chatam. La maladie, qui l'oblige à se démettre en 1768, sauve la gloire de ses dernières années. C'est ici que commence le drame dont l'oppression, puis la délivrance de l'Amérique, sont le sujet, et dont Chatam est le héros. « On voit d'abord l'événement qui s'annonce, les raisonnements, les protestations, les prophéties de l'orateur ; l'événement avance vers son terme. Mille incidents le retardent ou le compliquent ; l'orateur est obligé de changer, de corriger lui-même ses plans, ses projets. On lui répond par les désastres des insurgés et par quelques succès de l'armée royale. Il propose un traité de paix dans la victoire de l'Angleterre ; il en propose un nouveau dans la défaite. Enfin, arrive le dénouement, en dépit du ministère, en dépit de l'opposition, en dépit de lord Chatam, qui l'avait tant de fois annoncé. Il faut s'avouer vaincu, il faut reconnaître l'entière séparation de l'Amérique. C'est alors que l'âme de Chatam, si patriotique, se montre avec une effusion sublime, et il meurt presque en achevant son discours. C'est la tragédie oratoire tout entière[1]. »

Nous ne pourrons en faire connaître que la dernière scène. Nous la restituerons, du moins, dans tous ses détails : « Il était venu à la Chambre, dit un témoin oculaire, soutenu par deux amis, enveloppé de flanelle, pâle et amaigri. Sous sa large perruque, on ne pouvait guère distinguer que son nez aquilin et son œil pénétrant. Il semblait moribond. Pourtant, on n'avait jamais vu figure plus imposante : on eût dit un être d'une espèce supérieure. Il se leva avec lenteur et difficulté, en s'appuyant sur ses béquilles. Alors, élevant une de ses mains, et les yeux tournés en haut, il dit : « Je remercie Dieu de m'avoir permis de venir aujour« d'hui remplir mon devoir, et parler sur un sujet qui a si

---

1. Villemain, *Litt. au dix-huitième siècle.*

« profondément ému mon esprit. Je suis vieux et infirme.
« J'ai déjà un pied, — les deux peut-être ! — dans la
« tombe. J'ai quitté mon lit pour soutenir la cause de mon
« pays, et parler, pour la dernière fois sans doute, dans
« cette Chambre. » Le respect, l'attention, le recueillement
de cette assemblée, avaient quelque chose d'émouvant : on
eût entendu tomber un mouchoir... Il parla d'abord d'une
voix basse et faible, mais, en s'échauffant, son organe
s'éleva, et il fut aussi harmonieux que jamais, éloquent et
touchant plus qu'il ne l'avait été à aucun moment de sa vie.
Il raconta toute l'histoire de la guerre d'Amérique, depuis
le malencontreux impôt du timbre. Il rappela toutes les
mesures auxquelles il s'était opposé, tous les maux qui en
étaient résultés et qu'il avait prédits, ajoutant, à la fin de
chaque prophétie : *And so it proved*, et il en devait être
ainsi![1] « Mylords, continua-t-il, je me réjouis que la tombe
« ne se soit pas encore refermée sur moi. Je me réjouis
« d'être encore vivant pour élever la voix contre le démem-
« brement de cette ancienne et illustre monarchie. Accablé,
« comme je le suis, par l'infirmité, je ne suis pas capable
« d'assister mon pays dans cette périlleuse conjoncture.
« Mais, tant que le sentiment et la mémoire me restent, je
« ne consentirai jamais à priver la royale descendance de la
« maison de Brunswick de son plus bel héritage. Où est
« l'homme qui oserait conseiller un pareil sacrifice? Mylords,
« Sa Majesté a hérité d'un empire aussi vaste en étendue que
« la gloire en était pure. Ternirons-nous l'honneur de cette
« nation par un honteux abandon de ses droits et de ses
« plus belles possessions? Ce grand royaume, qui a survécu,
« dans son intégrité, aux brigandages des Danois, aux in-
« cursions des Écossais, à la conquête normande, qui a dé-
« joué la menace d'une invasion espagnole, va-t-il tomber
« maintenant aux pieds de la maison de Bourbon? Un peu-
« ple qui, il y a dix-sept ans, était la terreur du monde,
« est-il tombé si bas aujourd'hui, qu'il vienne dire à son
« irréconciliable ennemi : Prenez tout ce que j'ai, accordez-

---

1. Coke, *Histoire du Parlement*.

« moi seulement la paix !... Au nom de Dieu, s'il est abso-
« lument nécessaire de se prononcer pour la paix ou la
« guerre, s'il est désormais impossible de conserver l'une
« avec honneur, qu'on fasse l'autre sans hésitation. Je ne
« suis pas, je l'avoue, bien renseigné sur les ressources de
« ce royaume ; mais, sans les connaître, je suis convaincu
« qu'elles sont encore suffisantes pour maintenir ses
« justes droits. Mylords, tout vaut mieux que le désespoir,
« et, s'il faut tomber, tombons du moins comme des
hommes ! »

Lord Chatam se rassied. Richmond se lève pour répli-
quer. Il invite l'illustre vétéran à faire connaître ses plans,
à éclairer l'assemblée et le pays de ses lumières. Chatam
l'écoute avec une profonde attention. Quand Richmond a
fini, il se lève à son tour pour parler, comme un homme
que travaille une grande idée. Effort inutile : il retombe
évanoui dans les bras de son fils, de ses amis, de ses adversaires même. On l'emporte, le débat est ajourné ; on ne pense
plus à cette grande discussion d'où dépend l'honneur de
l'Angleterre, on ne songe qu'au mourant. Quatre jours après,
Chatam n'était plus.

Edmond Burke. Ses écrits. Son éloquence.

Chatam avait rempli presque seul trente années de la vie
parlementaire des Anglais. L'âge suivant voit fleurir Edmund
Burke, Fox, le second Pitt, et Sheridan. Burke est l'aîné de
cette génération.

C'était le fils d'un attorney de Dublin. D'une école de
quakers il passa à Trinity College, et, de là, vint à Londres, où il étudia à Middle Temple. Au lieu de s'adonner à
la jurisprudence, il perfectionna ses études classiques. Il
ambitionna un moment la place de professeur de logique à
l'université de Glasgow. Se figure-t-on ce grand esprit em-
prisonné dans l'école philosophique la plus étroite et la
plus terre à terre qui ait jamais été ? C'est à ce moment de
sa vie qu'il écrivit les *Recherches sur l'origine des idées du*

Beau et du Sublime. Dans cet ouvrage d'esthétique perce déjà sa vocation oratoire.

La *Revendication de la Société naturelle*, qui parut en 1756, était un pastiche de Bolingbroke. L'auteur avait voulu prouver, en empruntant le style du célèbre sceptique, que ses idées devaient conduire logiquement au retour vers l'état sauvage. Tout le livre tient, en effet, dans le raisonnement suivant : dès que l'on rejette, avec Bolingbroke, la religion à cause de certaines erreurs de détails, ou de certains abus auxquels elle a donné naissance, toutes les institutions civiles et la société elle-même doivent être proscrites pour la même raison, si on les soumet au même critérium. Raisonnement bien mal fondé, car la religion est le domaine de l'absolu ; chercher à rectifier ou à améliorer l'absolu serait une impertinence. Tandis que la société humaine est nécessairement fautive et défectueuse ; plus on découvrira ses imperfections et plus on y remédiera, plus l'homme sera heureux.

Tout le monde s'y trompa et prit le livre de Burke pour un ouvrage posthume de Bolingbroke. Maclean, un des oracles littéraires de l'époque, s'écria en plein café : « C'est Harry, je reconnais son pied fourchu. » Or, le pied fourchu appartenait à un candide Irlandais qui sortait d'une école de quakers.

Burke eut d'heureuses rencontres dans sa vie. Deux femmes influèrent sur son esprit et sa fortune ; l'une, dont il fut l'ami, miss Woffington, l'Aspasie du temps ; l'autre, dont il fut le mari, miss Nugent, fille du docteur Nugent, une des femmes les plus accomplies de son siècle. L'étoile d'Edmond Burke lui fit connaître Hamilton et le marquis de Rockingham ; il devint le secrétaire d'Hamilton. Cet Hamilton avait été surnommé *Single speech*, parce qu'il demeura silencieux trente ans pour ne pas perdre la réputation oratoire que son unique succès de tribune lui avait gagnée. Dans une telle maison on devait apprendre à respecter l'art de la parole. Rockingham démêla le talent du jeune Burke, et le fit entrer au Parlement ; il s'y fit le lieutenant de William Pitt et l'aida à obtenir le rappel de l'acte du timbre. A la mort de Townshend, il se trouva le chef de cette phalange que Chatam avait si longtemps commandée. C'est alors que ses nobles facultés se révélèrent dans toute leur plénitude.

Partout où Burke se montrait, impossible de le confondre avec un homme vulgaire. « Supposez, disait Johnson, qu'un embarras de voitures, une pluie soudaine vous oblige à vous réfugier sous une porte avec Burke, et que vous en veniez à échanger quelques mots, vous reconnaîtrez aussitôt que vous avez affaire à un homme supérieur. » N'est-ce là qu'une fantaisie de Johnson? Non, car une anecdote réelle la confirme et en fait une vérité. Un chanoine de province rencontre un jour, dans sa cathédrale, un étranger qui la visite. La conversation s'engage. Le chanoine est fier de faire voir à la fois son église et sa science. Mais l'étranger, avec autorité et douceur, redresse ses erreurs, lui suggère les dates qu'il oublie, montre une richesse de connaissances, une présence d'esprit, une ampleur de vues, une splendeur d'élocution dont le chanoine est ébloui. Il arrive, tout courant, tout ému, à l'auberge, et s'écrie : Il y a ici un homme extraordinaire !

L'homme dont l'esprit était toujours prêt, et qui, dans les choses les plus étrangères à sa propre vocation, pouvait étonner de son savoir ceux qui croyaient les posséder à fond, devait déployer de merveilleuses ressources dans un Parlement. Son éloquence était fleurie, majestueuse, presque poétique ; si quelque chose pouvait l'alourdir et la retarder, c'était le poids de ces ornements dont l'orateur la chargeait, pour obéir à un goût naturel et, pour ainsi dire, national. Les Irlandais se vantent d'une origine milésienne, et, bien que cette généalogie, inventée après coup, fasse sourire, il est certain que l'imagination irlandaise aime la pompe et recherche le pittoresque, à l'égal de l'imagination orientale. Burke fait songer souvent à cette école asiatique, *genus opimæ atque adipatæ dictionis*, dont Cicéron a tracé une définition un peu railleuse, et à laquelle il nous semble avoir lui-même quelquefois sacrifié. Les orateurs ordinaires ont souvent de la peine à élever leur parole à la hauteur du sujet qu'ils traitent ou des événements qu'ils racontent.

Parfois, au contraire, chez Burke, l'expression dépasse l'idée. Une seule phrase servira d'exemple : « Avant que ce lumineux soleil fût entièrement couché, tandis que l'horizon resplendissait encore de son magnifique déclin, à l'autre bout du firmament se levait un autre astre, qui, à son heure, régna dans le ciel. » Ce lumineux soleil, c'est lord Chatam. Mais l'astre qui se lève, comment se nomme-t-il, de son nom terrestre et parlementaire ? Charles Townshend. Orateur de talent, mais Whig sans principes, il s'était fait, par ambition, l'instrument des Grenville. C'est grâce à lui que passa une seconde fois l'acte du timbre, si fatal à l'Angleterre, puisqu'il lui coûta ses colonies d'Amérique. Tel est l'homme que Burke nous présente comme un météore.

Vers 1770, un rival nouveau, qui devait être bientôt un auxiliaire et un ami, vint prendre place au Parlement. Charles James Fox sortait à peine de l'adolescence. Son père, lord Holland, lui avait appris à pratiquer et à aimer ce qu'il avait aimé et pratiqué lui-même toute sa vie, le jeu, la débauche et la mauvaise politique. Tout enfant, on avait vu Charles James risquer à Spa, sur le tapis vert, les guinées que son père lui donnait. Avant d'être homme, il avait eu des maîtresses. Il était à peine majeur quand il prononça son *maiden speech*, empreint du torysme le plus entier et le plus brutal, pour réclamer l'expulsion de Wilkes.

Wilkes. Les Lettres de Junius.

Ce Wilkes était un homme auquel la nature avait donné de grands vices et de grands talents, et qu'elle semblait avoir créé tout exprès pour le rôle de démagogue. De monstrueuses débauches avaient entamé sa fortune : son élection au Parlement acheva de le ruiner. Il essaya de spolier sa femme, mais sans succès. Il visait à l'ambassade de Constantinople, lorsque les Whigs perdirent le pouvoir. Il devint, dans la presse, l'organe de Pitt et de Temple, et publia le *North Briton*, en réponse au *Briton*, qui soutenait les intérêts du ministère. Bientôt le *North Briton* est saisi ; le rédacteur est arrêté, traduit en justice, acquitté, reconduit en triomphe par le peuple. On trouve une arme contre lui dans un ouvrage obscène, *The essay on woman*, qu'il avait imprimé lui-même en secret. Il s'enfuit en France, et on l'exclut du Parlement. Le cadre de ce livre ne nous permet pas de raconter les péripéties de cette vie orageuse, son mandat parlementaire trois fois cassé, trois fois rétabli par le suffrage populaire, ses procès, ses exils, ses incarcérations, les portes de sa prison brisées par le peuple, ses dettes payées également par le peuple, enfin l'idolâtrie arrivée à son paroxysme, Wilkes le débauché, l'émeutier, le banqueroutier, assis dans ce fauteuil du lord-maire, qui est presque un trône, et rentrant, pour n'en plus sortir, dans ce Parlement qui l'avait vomi de son sein.

Pour la première fois dans ce siècle, le sang coula dans les rues de Londres. On s'habituait à dire et à croire que le ministère menaçait la Constitution, sans s'apercevoir que l'excès même des plaintes auxquelles on s'emportait, prouvait assez qu'on jouissait encore de la liberté. Lorsque la troisième élection de Wilkes fut cassée et que le colonel Luttrell, contre toute justice, fut déclaré dûment élu par deux cent quatre-vingt-seize voix contre onze cent quarante-trois, l'excitation fut terrible. C'est à ce moment que parurent les *Lettres de Junius*.

Qu'étaient donc ces lettres, pour répondre si bien à l'état délirant des esprits? Étaient-elles amères, virulentes, passionnées, fiévreuses, frénétiques? Non, elles étaient dédaigneuses et glacées. Lorsqu'un peuple est irrité à ce degré contre son gouvernement, deux sortes d'écrits peuvent lui donner satisfaction : ou des satires personnelles, des invectives sans frein, des caricatures violentes, ou bien une éloquence sombre, contenue, qui donne au plus profond mépris des formes académiques. Les *Lettres de Junius* sont de cette dernière espèce ; de là leur succès. C'est de l'ironie grave, du Beaumarchais attristé, presque sinistre, qui gagne en énergie ce qu'il perd en gaieté. Un sentiment d'intégrité, vrai ou affecté, parcourt ces lettres, et donne au style une dignité extraordinaire. Les personnalités, assaisonnement ordinaire de la littérature politique, y abondent. Cette besogne salit, en général, celui qui l'accomplit bien plus que sa victime. Junius, par une exception étrange, jette de la boue à autrui sans qu'on en voie sur ses mains ou sur son visage.

Chaque jour, l'imprimeur Woodfall recevait les lettres et les imprimait, sans en connaître l'auteur. L'écrivain prenait, pour s'abriter, masque sur masque, pseudonyme sur pseudonyme. Non seulement on ignorait Junius, mais Junius lui-même se dissimulait sous les noms de Vétéran, de Domitien, de Némésis. Bien des gens se mirent à l'affût pour surprendre ce mystérieux inconnu, mais sans succès. Si l'imprimeur connut le secret de Junius, il n'en fit jamais rien paraître, et se laissa courageusement persécuter, comme s'il en eût été l'auteur. On pensait que, le péril passé, la vanité naturelle aux écrivains porterait Junius à se montrer, et qu'il en serait de ce pseudonyme comme de tant d'autres secrets, dont le temps a fini par avoir raison. Les années s'écoulèrent, une génération entière se passa, tous les acteurs qui avaient figuré dans les événements de 1770 moururent l'un après l'autre, et l'ombre, au lieu de se dissiper, s'épaissit autour de l'énigme. Les conjectures se sont multipliées, plus d'un chercheur a cru toucher à la vérité et n'a fait que léguer une difficulté nouvelle à ses successeurs. Junius est le *Masque de fer* de l'histoire littéraire. L'intérêt qui s'attache au problème n'a pas diminué, aujourd'hui que l'auteur des Lettres, de pamphlétaire passionnément applaudi, est devenu un écrivain classique, feuilleté et étudié chaque jour par les jeunes gens qui apprennent à écrire et par les amateurs de beau langage [1].

---

1. Si l'on compare les écritures, c'est celle de Horne Tooke qui se rapproche le plus de celle de Junius. Si l'on regarde au talent, Burke serait le seul Junius possible. Si l'on considère les circonstances, c'est sir Philip Francis qui réunirait le plus de vraisemblances. Mais les autres publications de Horne Tooke n'ont aucune parenté de style avec le merveilleux langage de Junius. Burke a désavoué les Lettres; pourquoi les aurait-il désavouées, une fois le danger passé, puisque ces lettres n'étaient point en contradiction avec ses doctrines ordinaires? Quant à sir Philip Fran-

CHAPITRE XXII.

Lutte entre Fox et Pitt.

Nous sommes en 1782. La colère publique vient de renverser le malencontreux ministère North, qui a signé l'abandon de l'Amérique. A la tête de ses ennemis se trouve le bouillant orateur qui a été un moment le collègue de North au ministère, et qui, destitué pour son indiscipline, s'est jeté dans les bras du parti adverse. Fox devrait entrer au pouvoir, mais George III éprouve pour lui la même aversion que Chatam inspirait à George II. On forme donc un ministère de transition dirigé par lord Shelburne, et où prend place, comme chancelier de l'Échiquier, un jeune homme de vingt-deux ans, entré dans le Parlement depuis un an à peine. Il est vrai que ce jeune homme est le fils préféré de

---

cis, il vivait encore en 1815. Est-il admissible qu'une telle plume se repose quarante ans ? Oserons-nous dire qu'à notre avis le problème a été mal posé? Au lieu d'adopter d'avance tel ou tel nom, et de chercher ensuite à y plier les faits de la cause, il fallait revenir à l'étude même des Lettres et se demander ce que pouvait, ce que devait être Junius, quel intérêt il avait à se cacher si bien, à garder un si long silence. Deux faits nous paraissent certains : 1° L'auteur est mieux informé des choses du département de la guerre que des affaires des autres départements. Évidemment, il en était, il en sortait, ou il était renseigné par quelqu'un qui se trouvait dans une de ces deux situations. J'incline vers la première supposition, parce que, à lire attentivement les lettres, on y découvre, sous le patriotisme, une aigreur, une rancune implacable de fonctionnaire humilié ou congédié. Ces sentiments-là ne passent pas d'une âme dans une autre, ne se communiquent pas, ne se dictent pas. 2° Deux motifs seuls peuvent expliquer le secret prolongé de Junius. Ou une mort prompte est venue sceller ses lèvres, ou il a obtenu des mains de ceux qu'il avait bafoués une place, une pension qui lui a fermé la bouche. Dès lors, il ne pouvait plus se faire connaître sans se déshonorer et se ruiner. Dans la première hypothèse, il faudrait chercher un jeune homme obscur, mais ayant déjà donné des indices de talent, mort vers cette époque. Dans le second cas, il faudrait découvrir si, vers ce temps, les Tories ont fait une conversion importante, soit parmi les nouveaux venus de l'autre parti, soit parmi les mécontents du leur. Le ton des lettres ne permet pas de croire que Junius fût un très jeune homme, mais je n'hésite pas à croire que c'était un homme jeune, ne serait-ce qu'à cause du soin qu'il met à se donner pour un homme d'âge et d'expérience.

lord Chatam. On attend beaucoup de lui : il tiendra plus encore qu'il ne promet. Au bout de deux ans, le ministère Shelburne s'écroule, et telle est la confiance qu'inspire le jeune chancelier de l'Échiquier qu'on lui offre, à vingt-quatre ans, la direction des affaires. Il a la sagesse de refuser. Fox et North, les ennemis de la veille, et aussi du lendemain, réconciliés par l'ambition, forment un ministère de coalition, qui succombe bientôt sous ses propres divisions. On offre de nouveau à Pitt de former un cabinet; cette fois, il accepte. Il prend la suprême direction des affaires de son pays, à un âge où les autres hommes abordent à peine une carrière, et dans des circonstances exceptionnellement défavorables, car il a contre lui une majorité qui grandit d'abord au lieu de diminuer. Singulier premier ministre! Ses cheveux blonds, sa longue taille mince, la fraîcheur de sa joue, sentent encore l'adolescent. Ses ennemis essayent de le troubler, de l'intimider, de l'irriter. Un jour, un seul, il se fâche. « *The silly boy!* » s'écrie plaisamment Sheridan, du ton d'une nourrice qui gourmande un vilain petit garçon. Mais déjà le *silly boy* a repris cette gravité un peu raide, qui sert d'enveloppe à sa vive et juvénile intelligence. Il a le roi pour lui, et le roi a pour lui le peuple. Pitt attend la majorité à sa première faute, et cette majorité, conduite par deux hommes de génie et un homme de grand talent, sans parler des autres, tombe dans le piège que lui tend un ministre de vingt-six ans. C'est elle qui s'emporte, qui perd patience, qui se montre *silly*, en refusant le budget. Un mouvement d'opinion se fait sentir : la majorité de Fox tombe à une voix. Pitt sent son heure venue et dissout le Parlement.

Les nouvelles élections sont un triomphe pour l'heureux jeune homme. Fox lui-même ne réussit à être nommé qu'après un mois de votes successifs, et grâce à l'influence de la duchesse de Devonshire, qui vient elle-même, sur la place, séduire un à un les électeurs et les promener dans sa voiture. Pitt gardera vingt ans le pouvoir saisi dans une heure d'audace. Chaque jour augmentera sa puissance. Il viendra un moment où il obtiendra une majorité de 270 voix, et où son rival ne réussira à grouper autour de lui que 44 votants. Pourtant, dans cette belle vie, dans l'exercice de cette longue et facile dictature, où Pitt est sans cesse porté par le flot de l'opinion, il y a deux moments critiques : la maladie de George III, la paix d'Amiens.

Lorsque le mal qui doit, à plusieurs reprises, troubler la raison du roi, fait sa première apparition, Fox est en Italie. Il voyage jour et nuit, et arrive sur le champ de bataille, exténué, mais prêt à combattre. Pendant la maladie du souverain, qui va gouverner? Le prince de Galles comme régent, ou Pitt comme premier ministre? Le prince de Galles au pouvoir, c'est une véritable révolution politique, c'est le premier ministre ignominieusement chassé, sans espoir de retour. Donc, c'est pour William Pitt la lutte suprême, *the struggle for life*. La grandeur de l'enjeu surexcite les facultés de Fox, mais ne trouble pas la froide raison de Pitt. « L'état du roi est une mort civile », a dit Fox imprudemment. Pitt lui répond, Blackstone[1] à la main : « Il n'y a que deux causes qui puissent amener la mort civile, une sentence légale de bannissement ou l'entrée en religion. Le roi n'est ni exilé, ni moine. Comme la mort naturelle, la mort civile est irrévocable. Si le roi était mort civilement, ce n'est pas la régence qu'il faudrait déférer au prince de Galles, ce serait le trône. »

Puis, le débat s'élève. Pitt, le champion de la prérogative royale, trouve une ressource imprévue dans le droit populaire, invoqué à propos, tandis que Fox, oubliant ce même droit dont il a été si souvent l'éloquent défenseur, de toutes les institutions veut seulement retenir celle qui assure l'hérédité de la monarchie. S'il était besoin d'apprendre aux jeunes gens combien les principes pèsent peu dans la conscience des hommes d'État, combien ils sont prompts et habiles à changer de maximes, suivant les besoins de leur cause, le spectacle que nous présentons ici serait une précieuse leçon. En qui réside la souveraineté, demande Pitt,

---

1. Blackstone est le grand juriste anglais, le plus éminent interprète de la Constitution.

si ce n'est dans le peuple, qui la délègue aux rois? Et qui représente le peuple légitimement, si ce n'est l'assemblée des Lords et des Communes? Donc, lorsque le délégué de la nation est forcé de déposer momentanément l'exercice du pouvoir, l'autorité retourne à celui d'où elle émane et à ses légitimes représentants. « Sommes-nous en Angleterre, sommes-nous en Pologne? » demande Fox avec ironie. « La monarchie est-elle héréditaire, est-elle élective? C'est aux médecins de Sa Majesté à répondre. Quand le roi se porte bien, la monarchie est héréditaire; quand il est malade, elle est élective. » Pitt maintient avec force ses arguments, ainsi défigurés. « Le prince de Galles, dit-il, n'a pas plus de droits à être roi que le premier citoyen venu.... — Que M. Pitt par exemple! » s'écrie-t-on du côté de l'opposition. Pitt, dont l'ambition personnelle est mise en cause, se défend avec une noblesse et une hauteur extraordinaires. On sent, dans ses paroles, non l'ambition vulgaire qui rampe de place en place jusqu'au faîte, non la vanité qui se repaît de gloriole, non la cupidité qui se gorge de pensions, mais cette vocation supérieure qui donne aux hommes rares sur lesquels elle descend un véritable droit au gouvernement.

Heureux ceux qui assistèrent à ces émouvants débats! Un contemporain a essayé de rendre l'impression que produisaient les deux rivaux. Fox avait un débit aisé, charmant. Pitt, sous ce rapport, ne pouvait être loué. L'ardeur, la sincérité de Fox, entraînaient ses auditeurs; la gravité, la dignité de Pitt, les dominaient. L'auteur des Mémoires que nous citons compare Fox à Démosthènes. « Il ne pouvait prétendre à la savante construction des harangues de l'orateur athénien, mais il possédait sa véhémence, sa force d'argumentation, et, de plus que lui, il avait cette ironie si puissante, si large, mêlée de tant de générosité qu'il inondait de ridicule ses contradicteurs et ne compta jamais parmi eux un seul ennemi. Où il était grand, c'était lorsque, après avoir exprimé l'argument de son adversaire avec plus de force que l'adversaire lui-même, il le saisissait avec la vigueur d'un géant, l'écrasait, le foulait aux pieds, le réduisait en poudre. Oh! s'il avait possédé alors cet empire merveilleux que l'Athénien exerçait sur les imaginations ! Pitt, lui, n'avait ni la véhémence de Fox, ni le pouvoir de réfuter par le ridicule. Mais il avait plus de splendeur, plus d'imagination, surtout plus de méthode et de discrétion. Lorsqu'il faisait le magnifique et respectueux panégyrique de la Constitution anglaise, lorsqu'il adjurait solennellement ses auditeurs de l'aider à la défendre, une émotion d'un nouveau genre, plus grave, plus profonde, entrait dans les âmes, et ceux qui avaient donné leurs applaudissements à M. Fox, accordaient leur vote à M. Pitt. »

Pitt, en effet, l'emporta. La régence fut confiée au prince de Galles, mais avec des restrictions qui lui liaient les mains et annulaient son autorité. Restait une difficulté : pour contresigner le décret de régence, il fallait un roi. Question grave pour une nation formaliste. Tout à coup, on apprit que George III avait recouvré la santé et la raison. En réalité, c'était Pitt qui remontait sur le trône.

Sheridan.

Le principal lieutenant de Fox est Sheridan. Après de bruyants débuts dans la vie, il s'était fait connaître comme auteur dramatique et comme directeur de théâtre. A l'hôtel de Devonshire, il se lia avec les sommités du parti whig et devint l'un des rédacteurs de l'*Englishman*. Un an plus tard, il entrait au Parlement. Le jour où il prononça son premier discours, dès qu'il eut fini, il courut à la galerie, et interrogea le vieux Woodfall. « Eh bien ? — Eh bien, dit Woodfall en secouant la tête, ce n'est pas votre vocation, vous auriez mieux fait de vous en tenir au théâtre. » Sheridan se plongea la tête dans les mains, et s'écria au bout d'un instant : « Je sens que c'est là, en moi, et pardieu, cela sortira ! » Pour arriver, il se fit modeste, il écrivit ses discours ; son style était grave et fleuri. Aucune trace de cet esprit pétillant, qui, plus tard, devait rendre son éloquence si charmante et si redoutable. Il s'indignait de voir ses adversaires employer la raillerie, dont il devait user lui-même jusqu'aux dernières limites de l'abus. Peu à peu, il s'habitua à l'improvisation, à la riposte. Une fois sûr de son public, à Westminster comme à Drury-Lane, il devint aussi audacieux qu'il avait été timide. L'amitié du prince de Galles ajoutait à son importance. Bientôt, il fut considéré comme un des *leaders* du parti. Il mit le sceau à sa réputation d'orateur en secondant Burke dans le procès de Warren Hastings. Il l'aida à dévoiler les actes d'oppression et de rapine qui avaient signalé l'administration du proconsul asiatique, et à obtenir la condamnation qui le frappa. Ce fut lui aussi qui se détacha le premier de Burke, lorsque se produisit entre les Whigs un mémorable dissentiment, au sujet de la Révolution française.

Burke et Fox se séparent. — Fin de la grande époque oratoire.

Attentive, hésitante, l'Angleterre assistait, avec un trouble croissant, aux péripéties de cette Révolution, que Mackintosh comparait à un tremblement de terre. A propos d'un bill sur le Canada (février 1790), Fox laissa échapper l'expression d'une ardente sympathie pour nos révolutionnaires. Quatre jours après, Burke répondit en exprimant des sentiments tout opposés. « Les Français, dit-il, se sont montrés les plus grands architectes de ruines qui aient jamais existé dans le monde. Dans l'espace d'un été et d'un automne, ils ont jeté par terre leur monarchie, leur Église, leur aristocratie, leurs lois, leurs finances, leur armée, leur commerce, leurs arts et leurs manufactures. Ils nous ont épargné toute cette besogne, à nous, leurs rivaux, et ils l'ont si bien accomplie que vingt Ramillies et vingt Blenheim n'auraient pu mieux faire... Au dernier siècle, nous étions menacés d'être entraînés par l'exemple de la France dans les chaînes d'un despotisme effréné. Ce danger n'existe plus... Le seul péril que nous courions aujourd'hui, c'est d'admirer et d'imiter les excès d'une démocratie sans raison, sans principes et sans générosité, d'une démocratie pillarde, féroce;

sanguinaire et tyrannique. Je regrette que mon très honorable ami ait cru devoir faire entendre une parole approbatrice en présence de ces événements. J'attribue cette opinion de M. Fox à son zèle pour la meilleure des causes, pour la liberté. C'est avec une peine inexprimable que je suis obligé de constater seulement l'ombre d'une divergence avec un ami, dont l'autorité sera toujours grande à mes yeux et aux yeux de tous ceux qui réfléchissent. Ma confiance en M. Fox est si profonde et va si loin qu'elle est, pour ainsi dire, aveugle. Je n'ai aucune honte d'avouer ce degré de docilité : car, lorsqu'on a bien choisi son guide, ce choix, loin d'opprimer l'intelligence, la fortifie. Celui qui appelle à son aide un esprit d'égale force, double la sienne ; celui qui profite des lumières d'un esprit supérieur s'élève au niveau de son allié. J'ai éprouvé le bienfait d'une telle alliance, et je n'y renoncerai pas légèrement. » Burke, après un magnifique éloge des talents de Fox, ajouta : « Mais j'abandonnerais mes meilleurs amis, et je m'unirais à mes pires ennemis, pour m'opposer à l'introduction d'une démocratie semblable. »

Au moment du renouvellement du Parlement, Burke reproduisit ses idées sur le même sujet, les développa avec plus d'énergie encore, dans les *Réflexions sur la Révolution française*. Ce livre creusait un abîme entre les Whigs anglais et les Jacobins français, entre la liberté et la Révolution. L'ouvrage eut un immense retentissement en Angleterre. « Voilà un livre, dit George III, que tout gentleman doit lire. »

Le débat recommença dans le nouveau Parlement. « Notre alliance est finie, dit Burke en s'asseyant. — Mais non pas notre amitié, dit Fox à demi-voix. — Notre amitié est finie », reprit Burke avec énergie. Fox, cette âme virile, versa des larmes devant la Chambre, et ce fut avec des pleurs dans la voix qu'il fit un dernier appel au cœur de Burke. Mais Burke ne répondit pas à cet appel. Dès lors, la séparation fut complète. Les *country gentlemen*, qui faisaient la force, l'honneur et la gravité du parti, suivirent Burke. Fox s'entêta, et avec lui Sheridan, ainsi que toute la jeunesse ambitieuse naguère groupée autour du prince de Galles. On commença à tourner en ridicule ce Burke qu'on avait admiré jusque-là comme le modèle des orateurs anciens et modernes. On s'aperçut qu'il était emphatique et qu'il était Irlandais. On feignit de s'ennuyer pendant ses discours. Quand il prenait la parole, on désertait en masse. « Burke va parler, disait Sheridan, allons dîner ! »

Cependant, les événements se précipitaient en France, et semblaient donner raison à l'orateur irlandais. Un groupe libéral, conduit par Portland et Wyndham, se rallia à Pitt, qui assistait, presque muet, à cette division de ses ennemis, et laissait grandir le mouvement national vers une guerre contre la France. Bientôt Fox fut dépassé ; en dehors du Parlement, le parti populaire trouva des meneurs plus à son goût, qui ne reculaient devant aucune extravagance. Il y eut des clubs politiques, parodie des clubs français, où le duc de Norfolk répondait au nom du citoyen Norfolk. Conduire à l'émeute, dans les rues de Londres, une populace ivre de gin, était un sport comme un autre, plus violent, plus excentrique, plus nouveau que les autres : les blasés de l'aristocratie s'y adonnèrent avec fureur. C'est un grand seigneur, lord Gordon, qui avait organisé les émotions populaires de 1784 ; c'est encore un grand seigneur, lord Stanhope, qui sert de grand pontife aux républicains, et prononce, dans la Chambre haute, des harangues dignes de Robespierre.

Entre les Whigs raisonnables et les fous furieux, Fox reste presque seul, et toute la nation se groupe derrière Pitt. Mais la guerre se prolonge ; non seulement la Révolution française n'a pu être vaincue, mais elle a vaincu l'Europe, elle s'est vaincue elle-même. Tandis qu'elle respire, sous la tutelle du génie, l'Angleterre, épuisée d'argent, aspire au repos. Il faut faire la paix. C'est ici le moment le plus critique de la vie de William Pitt. Cette paix, si elle devait être sincère, serait un démenti donné à sa politique et le renversement de son œuvre ; mais ce n'est, dans la pensée du ministre, qu'une patriotique perfidie. La paix d'Amiens est une simple trêve, et Pitt, qui entend la violer bientôt, se dérobe au chagrin de la signer. Après le court ministère d'Addington, le dictateur tory rentre au pouvoir. Il meurt, avec ces paroles sur les lèvres : « Que Dieu sauve mon pays ! » Il lègue à d'autres son œuvre, œuvre d'acharnement et de destruction, que Castlereagh et Wellington n'ont que trop bien exécutée. Sa gloire est si grande, sa mémoire est entourée de tant d'enthousiasme, que l'Angleterre ne trouve rien de mieux à écrire que ces mots, sur le piédestal de la statue funèbre de ce grand lord Chatam : « Ci-gît le père de M. Pitt. »

La même année vit disparaître Fox, le rival de Pitt. Burke avait déjà quitté la scène. Sheridan survécut à ses amis, il se survécut à lui-même. Vieilli avant l'âge, usé par les plaisirs, dupe des spéculations où l'avait entraîné son tempérament aventureux, dédaigné du prince qu'il avait servi avec tant de passion, il mourut en 1816, dans la misère et l'oubli. Ainsi finit cette grande génération d'orateurs, qui avait paru vers la mort de Chatam.

CHAPITRE XXIII.

JOHNSON ET LA SECONDE MOITIÉ DU XVIII° SIÈCLE.

Physionomie de Johnson. Sa dictature intellectuelle. — Johnson essayiste et conteur. — *The Rambler. Rasselas.* — Voyage aux îles d'Écosse. — Édition de Shakespeare. — Vies des poètes. — Le théâtre. — Sheridan. *L'École de la médisance.* — Correspondance d'H. Walpole. — Romans fantastiques. — Le roman de mœurs. Miss Burney. — La poésie anglaise, de Pope à Cowper. — Imposture littéraire. Chatterton et Macpherson. — Cowper. *La Tâche. Les Hymnes. John Gilpin.* — Crabbe. — Caractère des œuvres de Crabbe. — *Le Village. Le Registre de la paroisse. Le Bourg.*

Physionomie de Johnson. Sa dictature intellectuelle.

Comme toutes les républiques, la république des lettres a souvent un roi. Ce phénomène se présente deux fois dans l'histoire du dix-huitième siècle anglais. Les quinze premières années du siècle appartiennent à Joseph Addison. Johnson règne de 1760 à 1784. Addison est un monarque constitutionnel, libéral, affable, le chapeau à la main, le sourire aux lèvres. Johnson est un tyran, mais c'est le meilleur des tyrans.

Son apparence était des plus singulières. La scrofule avait dévasté les trois quarts de sa figure. Presque aveugle, un œil à demi fermé, la lèvre tombante et baveuse, la face tout entière crispée par mille tressaillements nerveux, il ne pouvait ni rester en place, ni trouver une attitude convenable. Ses mains tremblantes et maladroites manquaient tous les objets qu'elles voulaient atteindre, et ses membres, dit Chesterfield, étaient sans cesse en guerre les uns avec les autres. « Manger, pour lui, c'était déchirer de la viande ; boire, c'était précipiter du liquide au fond de son gosier. » Ses manières étaient à l'avenant. Il coupait la parole aux plus grands seigneurs, parlait comme il mangeait, à tort et à travers. Il tournait le dos à M. Hume, qu'on allait lui présenter, parce que les opinions religieuses de M. Hume ne lui plaisaient pas, et il écrivait au nègre qui cirait ses chaussures : cher Francis. « Il ignorait, dit encore Chesterfield, les nuances qui séparent la familiarité du respect, et traitait de même ses supérieurs, ses inférieurs et ses égaux ; en sorte qu'avec deux classes au moins sur trois, il était toujours hors du diapason. » Le gentilhomme conclut dédaigneusement : « Est-il possible d'aimer un tel homme? Je ne le crois pas. Tout ce que je puis faire pour lui, c'est de le considérer comme un respectable Hottentot. »

Les arrêts de l'*arbiter elegantiarum* du dix-huitième siècle n'étaient pas sans appel. Non seulement le Hottentot se fit respecter, mais il se fit admirer, il se fit craindre, et même il se fit aimer. Il trôna vingt ans parmi les hommes d'esprit du club de Gerrard-street, et au milieu des femmes séduisantes qui embellissaient le salon de mistress Thrail. On admettait ses préjugés comme des dogmes; on recueillait ses boutades comme des oracles. On se disputait l'honneur de puiser à sa tabatière, ou de le débarrasser de sa canne, une canne aussi célèbre que celle de Voltaire! Ses ennemis étaient des gens perdus, et il suffisait de l'avoir contredit une fois, pour s'assurer une double réputation d'intrépidité et de mauvais caractère.

Avant de s'élever à cette suprématie intellectuelle, par quelles épreuves ne lui avait-il pas fallu passer! Fils d'un petit libraire de Lichfield, qui se débattait contre la misère, il entra à l'Université en qualité de *commoner*. Même dans cette situation inférieure et douloureuse, ses ressources pécuniaires ne lui permirent pas d'aller jusqu'au bout, et il quitta Oxford sans emporter un diplôme. On lui fit épouser la veuve d'un mercier, qui aurait pu être sa mère, mais qui avait huit cents livres d'économie. Mariage de dévouement bien plus que d'intérêt, dont il racheta le ridicule par son pieux et invariable attachement envers celle dont il avait associé la maturité à sa jeunesse. Le petit pécule de mistress Johnson disparut dans une tentative malheureuse pour créer une école. L'école abandonnée, le jeune homme partit pour Londres. Il avait une tragédie dans sa poche, et emmenait avec lui le dernier élève qui lui fût resté, un garçon de dix-huit ans qui se destinait au théâtre. La tragédie s'appelait *Irène*, le tragédien s'appelait Garrick.

Ici se placent dix ans d'obscurité, de luttes et de misères. Johnson, pendant ces dix longues et cruelles années, donna le meilleur de sa jeunesse à ce labeur ingrat et anonyme, à ces mornes et infimes besognes, bien connues de tous ceux qui ont traversé les cercles inférieurs de l'enfer littéraire. Plus d'une intelligence s'oblitère, plus d'un caractère se dégrade dans ces régions, où le talent inconnu coudoie la nullité incurable et résignée. Tout le jour, Johnson compilait, traduisait, revisait, fabriquait de petits vers ou de longs articles, fournissait, au gré du public, du gai, du triste, du joli, du profond. Il couchait dans un grenier, dînait dans une cave pour quatorze sous, battait le pavé des rues de ses semelles trouées, jusqu'à une heure avancée de la nuit, en compagnie de son ami Savage, aussi gueux que lui, mais moins patient et moins chrétien. Savage se répandait en amères invectives contre les hommes et contre la société. Johnson consentait à maudire l'humanité avec son ami, mais il n'était pas de ceux qui trouvent la société mauvaise parce qu'ils ont mal soupé. Il croyait en une monarchie autoritaire, en une Chambre haute et en une Église épiscopale, comme il croyait en un seul Dieu, dont la parole se trouve dans la Bible et les Évangiles. Johnson fut-il soutenu par ses croyances ou par l'énergie native de son caractère? Ce qui est certain, c'est qu'il triompha des épreuves auxquelles succomba Savage. Dans une biographie touchante, il raconta l'histoire de son compagnon de misère, tombé en route ; ce fut son premier succès et l'un de ses meilleurs ouvrages.

Aucun travail n'est perdu pour un bon esprit. Ces innombrables et, en apparence, vaines recherches, dans toutes les directions, auxquelles le condamnait son humble métier de compilateur, aboutirent, en se condensant, au dictionnaire de la langue anglaise, un des principaux titres de Johnson à l'estime du public. Ce travail est faible au point de vue de la philologie, et comment ne le serait-il pas? A cette époque, les racines teutoniques et celtiques n'avaient pas encore été étudiées. A peine commençait-on à soupçonner quelles découvertes réservait à l'avenir ce vaste domaine inexploré des origines de la langue, et quel intérêt national devait s'attacher à ce genre de recherches. La supériorité et l'attrait du dictionnaire de Johnson consistent dans le choix des exemples à l'aide desquels il justifie ses définitions. Ce ne sont pas seulement des citations authentiques, probantes, prises aux bons auteurs, ce sont des passages saisissants ou curieux, qui rappellent une date ou gravent une idée, en sorte que le dictionnaire tout entier est une mosaïque de beautés littéraires ou de souvenirs historiques, et comme la quintessence de l'esprit anglais jusqu'en 1750. On consulte les autres dictionnaires, on peut lire celui de Johnson. C'est par là qu'il l'emporte, même sur le dictionnaire de notre Académie, ce qui a permis de dire assez plaisamment que Johnson avait battu quarante Français.

Johnson, essayiste et conteur. *The Rambler*. *Rasselas*.

De 1750 à 1760, Johnson s'essaya dans le genre qu'avaient mis à la mode Addison, Steele et Bolingbroke. L'*Oisif* (*Idler*) et le *Rôdeur* (*Rambler*) se succédèrent, paraissant régulièrement tous les samedis, et conçus sur un plan à peu près identique. Malheureusement, le docteur n'avait pas les grâces légères qui plaisent dans le *Spectator*. Son style était lourd et solennel, sa morale triste: la satire ne prenait de mordant, sous sa plume, que quand elle s'attaquait aux personnes, et se refroidissait dans ces régions tempérées où avait su la maintenir l'aimable et prudent esprit d'Addison. Néanmoins, le *Rambler* réussit, et l'on ne doit pas s'en étonner. Il est sans exemple, dans l'histoire du journalisme, qu'un esprit entier et violent ne soit pas parvenu à s'imposer au public. D'ailleurs, Johnson n'ennuyait jamais. La raison en est qu'ayant beaucoup à dire, il ne s'arrêtait jamais longtemps à une idée, ne s'attardait à aucun sujet.

Il y avait vingt ans que Johnson écrivait, et il était encore bien loin d'être riche, puisqu'en 1759, pour subvenir aux funérailles de sa mère, il dut écrire en quelques jours le petit conte de *Rasselas*.

Rasselas, prince d'Abyssinie, est élevé selon l'usage du pays, dans une vallée qu'on appelle, sans doute par ironie, la Vallée-Heureuse. Cette vallée est à la fois un Éden et une prison. Les fleurs les plus parfumées, les fruits les plus exquis, y croissent en abondance. Les princes y grandissent dans le faste; un peuple d'esclaves prévient leurs moindres désirs, et c'est par des voluptés nouvelles qu'ils comptent leurs jours. Mais la vallée est entourée de toutes parts par une infranchissable ceinture de montagnes. L'unique et étroite issue par où la vallée communique avec le reste du monde, est fermée par une porte massive; aisée à ouvrir pour ceux qui viennent du dehors, elle défie tous les efforts de ceux qui tenteraient de sortir. Cependant Rasselas, rassasié de respects et de délices, a résolu de s'enfuir. Il essaye vainement de forcer la porte et d'escalader la muraille de rochers. Une tentative pour s'échapper à travers les airs, à la façon d'Icare, échoue piteusement. Le prince fait heureusement la connaissance d'un certain Imlak, qui, avant d'être prisonnier dans la vallée, a parcouru toutes les contrées du monde et raconte son histoire à Rasselas. A eux deux, ils percent la montagne, et, à travers le tunnel, ils s'évadent, emmenant avec eux la princesse Nikasa et Peckna, sa fidèle femme de chambre. Les augustes fugitifs sont d'abord un peu étonnés de n'être plus monseigneurisés par tous ceux qu'ils rencontrent. Peu à peu, ils s'habituent à être traités en simples mortels, et s'en trouvent bien. Arrivés au Caire, leur premier soin est de chercher le bonheur. Où se trouve-t-il? Parmi les bergers? Ils sont trop grossiers. Avec les solitaires? Ils s'ennuient de leur propre solitude. Se rencontrera-t-il donc chez les puissants? Mais le pouvoir est accompagné de mille soucis; ceux qui en sont revêtus dépendent d'un maître plus puissant qu'eux, qui est lui-même le jouet des révolutions. Le bonheur serait-il dans les affections domestiques? Hélas! les pères et les enfants se détestent; la famille est le théâtre de luttes constantes. Le prince et la princesse semblent conclure que le bonheur n'habite pas cette terre, et se préparent à le chercher dans un monde meilleur.

Tel est ce petit conte, dont la lecture ne peut manquer d'être une déception pour des Français, habitués à voir ce genre manié avec supériorité, même par nos auteurs de second et de troisième ordre. A l'occasion de *Rasselas*, on a souvent prononcé le nom de Voltaire : celui de Voisenon eût suffi. Voltaire adorait le café, Johnson s'inondait de thé. *Rasselas* ressemble à *Candide* comme la liqueur favorite de Johnson à celle de Voltaire. Prenez un conte de Voltaire, ôtez-en l'impiété, ôtez-en la malice : il ne reste rien, et vous avez *Rasselas*.

Voyage aux îles d'Écosse. Édition de Shakespeare. Vies des poètes.

Dans son dictionnaire, Johnson avait défini le *pensioneer* un esclave du gouvernement. Il s'était calomnié d'avance. En 1762, le marquis de Bute lui fit attribuer une pension de 300 livres, et Johnson n'en fut ni plus ni moins libre que par le passé. Rien de plus honorable et de plus nécessaire que ces pensions, à une époque où le public ne savait pas assurer l'indépendance de ceux qui l'instruisent ou l'amusent. Mieux valait un quartier de pension régulièrement touché chaque trimestre, dans les bureaux de la cassette royale, que l'industrie des dédicaces, la domesticité des grands, ou le bon plaisir des libraires.

Que pouvait ajouter une pension de 300 livres au torysme intransigeant de Johnson, à son culte du gouvernement autoritaire, à son idolâtrie pour les personnes royales? Intolérant en politique comme en religion, il parlait toujours d'écraser ses ennemis, et ne voulait guère plus de bien aux tièdes de son parti. Si l'un de ces hommes qu'il traitait si brutalement avait eu besoin de son secours, Johnson n'aurait plus vu en lui qu'un frère; il eût vendu son habit pour l'obliger. Sa maison était un hôpital. Il y avait recueilli successivement Levett, le chirurgien des pauvres, mistress Williams, la vieille poétesse aveugle, une Française, Mme Desmoulins, une miss Carmichael. Le nègre Frank complétait la famille adoptive du docteur. Entre les personnes qui la composaient, il y avait souvent des jalousies et des disputes. Johnson les écoutait, les calmait, les consolait; en dépit de sa définition, il était l'esclave de ses pensionnaires.

A ce moment, il avait atteint l'apogée de son autorité littéraire. Lorsque parurent les faux poèmes Ossianiques, qui éblouirent tant de lecteurs, Johnson évoqua l'affaire à son tribunal. A la façon des juges des cours souveraines, il se transporta sur les lieux, parcourut les Highlands et les îles situées à l'ouest de l'Écosse. Au cours de ce voyage, il recueillit des documents, confronta les témoignages, et, finalement, rendit son arrêt, qui déboutait Macpherson de ses prétentions. A partir de ce jour, l'imposteur ne cessa de perdre du terrain et des partisans.

C'est à peu près vers ce temps que Johnson entreprit de donner au public une édition des œuvres de Shakespeare. L'auteur d'*Irène* ne possédait pas les qualités requises pour juger l'auteur d'*Hamlet*. L'édition de Shakespeare, par Johnson, peut prendre place, dans les bibliothèques, à côté du Commentaire de Voltaire sur Corneille.

Le docteur couronna sa carrière en écrivant les vies des poètes anglais. Le plan de l'œuvre excluant Shakespeare, Spenser et Milton, Johnson n'avait plus devant lui que des poètes de second et de troisième rang. Cette fois, il était à la hauteur de son sujet. Les vies de Waller, de Cowley et de Pope, sont particulièrement heureuses. La critique s'y mêle à la biographie dans une juste proportion; les anecdotes sont bien choisies, sagement ménagées; le jugement est sûr, réfléchi, motivé, même quand il revêt une forme dédaigneuse et légère. Le style clair, brillant, incisif, fait de cette lecture un plaisir soutenu.

Johnson mourut en 1784. On regretta cet homme si mal

élevé et si charitable, si brutal et si bon, si grossier et si délicat, si ridicule et si sympathique, si excentrique et si humain. Il n'eut point de successeur, et l'espèce de royauté qu'il avait conquise n'est, depuis, échue à personne. Son rôle fut d'intimider et de contenir les novateurs, et, par là, de retarder la révolution littéraire qui éclata vers la fin du siècle.

Le théâtre.

L'événement le plus curieux, le plus imprévu de l'histoire du théâtre au dix-huitième siècle, fut la résurrection de Shakespeare. On le lisait un peu, on l'admirait beaucoup, on n'osait le jouer. « Que serait-ce, disait Eschine, devenu maître de rhétorique, aux élèves de son école transportés par la lecture d'une harangue de Démosthènes, que serait-ce donc si vous aviez vu et entendu le monstre en personne! » Il y avait un homme à Londres, vers le milieu du dix-huitième siècle, qui éprouvait un regret semblable à l'endroit de Shakespeare. Il était possédé de l'idée de faire marcher et parler sur les planches le monstre que ses contemporains ne connaissaient plus que par ouï-dire. C'était l'acteur Garrick.

Garrick avait du talent, — on disait alors du génie, — il avait du goût, étant lui-même un écrivain distingué. Quand il n'aurait pas composé ses agréables comédies du *Valet menteur* et de la *Petite Demoiselle*, sa passion pour le grand tragique montrerait assez que Garrick n'était pas un sot. Mais il avait les préjugés de son époque. Il ne crut pouvoir hasarder Shakespeare sur la scène qu'en le corrigeant. Son entreprise, du moins, ne ressemblait guère à celle que Davenant et sa bande avaient tentée cent ans plus tôt. Ceux-ci avaient osé refaire Shakespeare, Garrick se contenta de l'émonder. Ils avaient déshonoré le poëte en lui prêtant leurs propres sottises, Garrick retrancha ou adoucit quelques passages au nom de l'effet scénique et de la décence.

Le succès de cette tentative fut immense : c'était l'un des

premiers symptômes du réveil de l'esprit national en littérature. Garrick fut récompensé, de son vivant, par la réputation et la fortune, après sa mort, par une statue à Westminster, et par une épitaphe qui l'égale au maître dont il avait si bien servi la gloire.

A part l'imposture d'un charlatan nommé Ireland, qui, vers la fin du siècle, osa présenter au public de prétendues tragédies inédites du grand poète, il ne paraît pas que cette solennelle apothéose du génie shakespearien ait inspiré à aucun écrivain l'idée de suivre les voies frayées par l'auteur d'*Hamlet* et de *Richard III*. On applaudissait Shakespeare, on imitait Voltaire et Crébillon. Nous sommes stupéfaits d'apprendre que John Home est un des meilleurs tragiques de ce temps-là, et que *Douglas* est sa meilleure pièce. C'est une tragédie comme on en écrivait autrefois dans les collèges. Il n'y avait pas un régent bel-esprit qui n'en cachât une semblable dans son pupitre. L'action est complète en vingt-quatre heures. Les quatre premiers actes se passent devant un château. Au cinquième acte, par une hardiesse que sa conscience dut souvent lui reprocher, Home transporte le lieu de la scène dans un parc, derrière le même château. Cette tragédie entre cour et jardin n'a d'autre mérite que sa parfaite régularité. On n'y rencontre pas un seul trait de naturel, soit dans la description des lieux, soit dans la peinture des caractères. Les personnages sont des ombres qui récitent, sous le ciel de l'Écosse, des lambeaux d'*Œdipe* et de *Mérope*. Ils échangent des sentences et des lieux communs qui ne se répondent point, et, quand ils n'ont pas de confident auquel ils puissent faire part de leurs secrètes pensées, ils en informent le public dans des monologues. La trame est si pauvre, si grossière, si maladroitement tissue, qu'il semble impossible, après cinq minutes de réflexion, de ne pas trouver mieux.

Home s'était engagé, dans son prologue, à aborder successivement tous les héros de son pays. Il ne tint pas cette menace et se réfugia dans les sujets grecs, où la médiocrité trouve, paraît-il, plus aisément à se dissimuler.

La comédie n'était pas tombée aussi bas. D'abord, elle

s'était purifiée. Sur ces mêmes planches, où Congreve avait étalé son scepticisme élégant, où, avant lui, Wycherley et Etherege avaient tenu école d'infamie, Dodsley ouvrait, à son tour, école de vertu. Dodsley, ancien laquais devenu libraire, est une des figures originales et curieuses de son temps. Comme son confrère Richardson régénérait le roman, il prétendait moraliser le théâtre. Il réussit à faire applaudir dans le *Magasin de curiosités* (*Toy-shop*), des préceptes d'honnêteté, mis en dialogue, sans aucune action dramatique, et relevés seulement d'une forte dose de sel saxon.

Le vaste domaine qui s'étend depuis la comédie d'intrigue jusqu'à la farce proprement dite, était exploité, non sans succès. Nous avons parlé ailleurs des amusantes charges de Fielding et de la délicieuse comédie de Goldsmith, *She stoops to conquer*. On peut placer, à côté de cette comédie, le *Légataire* de Colman, et les jolies pièces de Garrick dont nous avons cité les titres. Un autre acteur, Foote, applaudi et redouté pour l'audace aristophanesque avec laquelle il caricaturait les personnages vivants, excellait dans les pièces comiques d'un ordre inférieur. Sa farce du *Maire de Garratt* est restée un des chefs-d'œuvre du genre. Parmi les acteurs qui ont exercé en même temps la profession d'écrivain, il ne faut pas oublier l'étonnant Maclean, qui parut sur la scène jusqu'à l'âge de cent ans, et qui survécut encore sept années à sa retraite définitive, prodigieux trait d'union entre l'âge de Dryden et celui de Byron.

Élevons-nous à la comédie de mœurs et de caractères. La morale y est pure pour une morale de théâtre. On n'y attaque plus autant la vertu des femmes mariées. On cherche, il est vrai, à séduire les jeunes filles pauvres, mais elles ne succombent pas, et c'est le séducteur, repentant et converti, qui finit par tomber à leurs pieds. Une petite somme eût été le prix du déshonneur, une grosse fortune est la récompense de la vertu.

Généralement, l'intrigue est double. On a donc deux jeunes filles, l'une ingénue, l'autre malicieuse ; deux jeunes gens, l'un mélancolique et réservé, l'autre aimable et libertin. A la fin, suivant la loi des contrastes dramatiques, l'écervelé épouse l'ingénue, et l'amoureux timide est uni à l'étourdie. Le libertin et la coquette promettent de se corriger. Ces quatre personnes, qui s'adorent respectivement deux à deux, ont toutes les peines du monde à ne pas s'entendre, dès la première scène. Il leur faut entasser les quiproquos sur les malentendus, les confusions de noms sur les erreurs de personnes, il leur faut encore faire preuve d'un manque de perspicacité peu ordinaire pour arriver à se méconnaître et à se détester momentanément. A la fin du quatrième acte, on découvre un papier, qui transfère la possession d'un nombre considérable de *bank-notes* des mains des méchants à celles des honnêtes gens. A l'acte suivant, tout s'éclaircit, tout s'arrange. Ajoutez, comme personnages secondaires, un homme de loi fripon, une vieille femme ridicule, un père qui raisonne, un oncle qui gronde : vous aurez à peu près tous les ingrédients dont se compose une comédie.

Les meilleurs échantillons du genre sont l'*Héritière*, de Burgoyne, et l'*Américain* (*West Indian*), de Cumberland. L'auteur de l'*Héritière* est ce malheureux général Burgoyne, qui signa la capitulation de Saratoga. La pièce sent son homme du monde. On y retrouve le persifflage de la bonne compagnie, avec cette pointe de philosophie qui caractérise le siècle, et cette affectation de sensibilité qui règne dans les salons, à partir de 1770. Le dialogue est vif, l'observation superficielle, mais vraie ; le vieil Allscrip, cet impudent parvenu, sa fille, miss Allscrip, pauvre cervelle affolée par la vanité, les Blandish, qui se poussent dans le monde par la flatterie, autant de caricatures qui sont bien près d'être des caractères. Quiconque lira cette pièce dans l'élégante traduction de M. Villemain, croira tenir une comédie de Scribe, non une des meilleures, assurément, mais non pas une des plus mauvaises.

Dans l'*Américain*, il y a un caractère et une situation. Le caractère est celui d'un jeune Anglais né aux Antilles, qui débarque à Londres avec une grande fortune. Irascible et bon, candide et passionné, Bellecour a l'innocence du sauvage, avec toutes les notions que l'éducation donne aux gens civilisés. Un rien l'enflamme, un rien l'apaise; il distribue indifféremment les coups de canne et les guinées, fait le bien et le mal dans la même minute, se repent aussitôt qu'il a péché, et pèche de nouveau avant d'avoir fini de se repentir. Don Juan se transforme en saint Vincent de Paul, et saint Vincent de Paul redevient don Juan. S'il n'y avait un peu de ridicule à parler sans cesse des feux du tropique dont on a le sang brûlé, Bellecour plairait beaucoup à la scène. Il a un père, qui le suit, pas à pas, sans se faire connaître. Chaque nouvelle extravagance du jeune homme le désole, chaque trait de bonté le ravit. Cette situation cause de vives émotions aux spectateurs. Cumberland, toutefois, n'en a tiré qu'un parti médiocre. Sheridan va s'en saisir : ce sera la scène la plus dramatique de l'*École de la Médisance*.

Nous voici arrivés au seul grand nom de la comédie anglaise au dix-huitième siècle. Si Cumberland est le reflet de notre La Chaussée, Sheridan est l'égal de notre Beaumarchais.

Sheridan. *L'École de la médisance.*

Un autre chapitre a déjà fait connaître le rôle politique et les talents oratoires de Sheridan. Il nous reste à parler de ses comédies. Dans le *Critique*, il a modernisé la *Répétition* de Buckingham. Les *Rivaux* sont une comédie d'intrigue assez gaie. Sheridan y met en scène l'histoire de son propre mariage avec l'intéressante cantatrice, miss Linley. Foote avait déjà composé une farce sur ce sujet, et Sheridan, sans se gêner, emprunte ce qui lui semble plaisant dans la bouffonnerie de son confrère. C'est là un cas de plagiat peu commun dans l'histoire littéraire : un auteur pillant ceux qui le raillent, au lieu de s'en venger.

Mais il y a longtemps que Sheridan serait oublié, comme auteur dramatique, s'il n'avait écrit l'*École de la Médisance*. Non seulement cette pièce est restée au répertoire, mais nous l'avons vue, il y a une dizaine d'années, fournir, à Londres, une carrière de plus de cent représentations, comme il arrive aux comédies les plus applaudies, dans leur nouveauté. Cette continuité dans le succès s'explique par différentes causes. D'abord, le choix même du sujet. La médisance a été et est encore le défaut favori des hautes classes en Angleterre; non pas la médisance inoffensive et légère, qui effleure d'une plaisanterie des travers et des ridicules réels, mais la calomnie venimeuse et mensongère, telle que Basile l'eût aimée, la calomnie qui a la lettre anonyme pour moyen, et pour dénouement la cour d'assises. Au temps de Sheridan, le mal était plus grand encore; les journaux, aujourd'hui rigoureusement fermés à cet ignoble commerce, ouvraient alors leurs colonnes toutes grandes aux cancans meurtriers du grand monde. Au lieu d'une action *for libel*, avec de forts dommages-intérêts, un échange de balles, sur une pelouse écartée de Hyde-Park, était la conclusion usitée dans ces sortes d'affaires.

Sheridan s'est bien gardé de montrer le côté tragique et répugnant de la médisance. Il a fait ses médisants plus grotesques que malfaisants. Il leur a prêté des mensonges si gais, si énormes, si absurdes, qu'ils ne peuvent faire grand tort. Finalement, il les démasque et les punit, mais toujours d'une façon joyeuse, en les mariant les uns aux autres. En même temps, Sheridan distingue avec finesse les différentes variétés de médisants, depuis la grande dame amoureuse, qui médit pour perdre une rivale, jusqu'au pauvre diable, qui médit pour gagner sa vie. Si celui-là, au dénouement, s'avise de faire une bonne action, il demande humblement qu'on lui garde le secret, « car sa mauvaise réputation est son gagne-pain ». Dans ce concert, mistress Candour et Joseph Surface représentent, l'une, la perfidie féminine, l'autre, l'hypocrisie masculine. Ils ont entre eux un trait commun : ils déchirent ceux qu'ils font semblant de défendre. Lady Teazle n'est pas méchante; mais elle est jeune, elle est moqueuse, elle est spirituelle, et elle est gâtée. Les rires qu'elle excite la grisent, et elle médit pour briller. Quant à sir Benjamin Backbite et à son oncle Crabtree, en quoi diffèrent-ils ? En rien ; c'est ce qui les rend comiques. Ils entrent ensemble, ils sortent en même temps, ils parlent à la fois, ils racontent la même histoire. L'un semble n'avoir été créé que pour donner à l'autre la réplique et le temps de souffler. Ce n'est qu'un médisant en double exemplaire, le médisant par désœuvrement et par sottise. Au cinquième acte, leur unisson merveilleux se dérange ; ces deux instruments, dont l'accord est si parfait, donnent une note différente. Il s'agit d'un duel, duel au pistolet suivant l'oncle, duel à l'épée suivant le neveu. Notez que le duel n'a jamais eu lieu.

Cette peinture fine et gaie de la médisance n'est pas le principal mérite de la comédie. Les deux meilleures scènes sont précisément celles où la médisance n'a rien à voir : la vente de tableaux et la querelle de sir Peter et de lady Teazle.

Charles Surface est le type accompli du mauvais sujet. Certes, on conçoit que l'amour et l'amitié viennent à bras ouverts vers ce joyeux garçon, qui emprunte pour donner, et qui n'est pas plus hypocrite dans le repentir qu'il n'est morose dans la ruine. Et comme il est entouré ! Careless, à peine esquissé, est un caractère : sous le viveur bon enfant, aux allures de gentleman, on devine le parasite, dont la vie d'expédients a desséché l'âme. Le valet, autre faquin, qui se permet d'emprunter comme son maître ! Le juif même n'est pas une caricature ; il est respectueux, convenable, presque propre. Il présente son ami, le brocanteur, comme un gentleman. Charles, n'ayant plus de gage à offrir, propose les portraits de ses ancêtres au brocanteur. A l'encan, la famille Surface, y compris la tante Deborah et le maire de Norwich, avec les aldermen par-dessus le marché ! Tous au plus offrant et dernier enchérisseur ! C'est Careless qui tient le marteau, c'est Charles qui fait valoir chaque peinture. Et qui assiste à cette profanation ? Sir Olivier Surface, le propre oncle de Charles, le vieux nabab, qui a pris le déguisement du brocanteur Premium. Sir Olivier, obligé de cacher son indignation, est aussi plaisant que Charles, qui détruit gaiement, et sans le savoir, ses espérances de fortune. Reste un mauvais portrait, une petite figure rébarbative, pendue au-dessus du sofa. « Oh! celui-là, dit Charles, je ne m'en séparerai pas : c'est mon oncle Olivier. » D'un seul mot, il a regagné son héritage. Qu'on vienne ensuite énumérer ses méfaits à sir Olivier, l'oncle attendri répondra à chaque phrase « : Mais il n'a pas vendu mon portrait! »

Le vieux sir Peter Teazle et sa jeune femme forment un curieux couple. Dans Molière, les vieux maris sont pédants, tristes et durs, en dépit de leur faiblesse. Sir Peter n'est rien de tout cela. C'est un vieil enfant qui se fâche et s'adoucit en un moment. Il est ainsi plus aimable et plus excusable, parce qu'il est plus vrai. Y a-t-il, en effet, rien d'aussi jeune qu'un vieillard amoureux? Dans les maris de Molière se trahit une sensualité qui déplaît. Sheridan a glissé sur ces choses répugnantes. Point de caresses séniles, point de soupirs grotesques; lady Teazle est le joujou, l'enfant gâté de son vieux mari. Du reste, il est difficile de rencontrer plus joli joujou, de voir et d'entendre un oiseau dont le plumage et le ramage soient plus séduisants. Ce n'est pas une grande coquette, c'est une petite étourdie. Elle n'est ni sournoise, comme Agnès, ni menteuse, comme Rosine; elle serait plutôt l'arrière-petite cousine de Rosalinde et de Béatrice, dont elle manie avec grâce la langue agile et railleuse. Elle brave sir Peter en face et s'amuse à le faire enrager, mais elle ne veut ni le désespérer, ni le déshonorer; elle ne pense pas un mot des impertinences qu'elle lui débite, et des énormités qu'elle lui jette à la face. Il le sait, et nous le savons aussi bien que lui. Comme elle n'est coupable, après tout, que d'un peu d'imprudence, il n'y a pas trop de faiblesse à lui pardonner, et le parterre a pour elle les yeux de sir Peter.

Correspondance d'H. Walpole.

Ceux qui ont un faible pour le commérage aristocratique, l'anecdote littéraire, l'indiscrétion d'antichambre, de boudoir, ou même d'alcôve, ceux qui donneraient, avec Mérimée, l'histoire de Thucydide pour les Mémoires de la femme de chambre d'Aspasie, pourront étudier au microscope la société anglaise du dix-huitième siècle dans la correspondance d'Horace Walpole, — un médisant oublié par Sheridan, dans sa galerie!

C'était une pauvre créature que cet Horace Walpole, le fils du grand ministre, l'ami de Mme du Deffant et des philosophes français. Il tenait de la poupée et du maniaque. Sa vie s'est passée à écrire des lettres et à collectionner des curiosités. Quand il colportait des scandales de salon en salon, il croyait faire de la politique, et quand il les racontait dans ses lettres, il croyait faire de l'histoire. Il affichait les opinions d'un régicide, et il avait les habitudes et l'âme d'un courtisan, — si les courtisans ont une âme. Tant qu'il vécut, il évoqua la Révolution française, et, quand elle vint, il se cacha la tête dans ses mains pour ne pas la voir. Il appelle le crime de Damiens « le moins grand de tous les crimes », et il a composé un catalogue des auteurs royaux, où il se montre le commentateur minutieux des moindres particularités relatives aux personnes princières : c'est un Dangeau venimeux. Il nourrit une secrète ambition d'écrivain, mais il s'en cache avec soin comme de sa seule vertu. Son ami Mann l'ayant félicité des connaissances dont il avait fait preuve dans son catalogue des auteurs royaux, il se fâche tout rouge : « Moi? Je ne sais rien! Et comment saurais-je quelque chose? Je passe la matinée au lit, je soupe, je joue au *Loo* jusqu'à trois heures du matin! Où trouverais-je le temps d'apprendre? Je vous en prie, ne me parlez plus de cela. »

Romans fantastiques.

Cet ignorant avait tout lu, ce paresseux travaillait sans cesse, cet impuissant a créé un genre. Singulier genre, il est vrai! Prétentieux et puéril, monstrueux et baroque comme lui-même. Des mœurs de convention, un langage romanesque et maniéré, des caractères qui ne sont que des ombres, des événements fantastiques, des trappes, des souterrains, des fantômes, du terrible et de l'afféterie, Barbe-Bleue poudré à la maréchale : tel est le roman inventé par Walpole. Il ne faut pas oublier que la publication du *Château d'Otrante* est contemporaine du baquet de Mesmer, des rêveries de Swedenborg, des prestiges de Cagliostro et des visions de Cazotte. A une époque où le public, les femmes surtout, recherchaient les émotions avec une sorte de fureur, on lut avidement le roman d'Horace Walpole. Ce médiocre auteur possède un don qui a été refusé à beaucoup d'esprits supérieurs : quoi qu'il écrive, il est amusant. Il avait entrevu le parti que devait tirer du moyen âge l'école historique. Il avait indiqué, en même temps, le rôle que peut jouer la terreur dans le roman. De lui naquit une famille d'écrivains qui ne visait qu'à faire peur, et y réussit.

Parmi ces écrivains, le plus populaire est Anne Radcliffe : ce nom seul réveille tout un monde de terreurs enfantines dont sourit l'âge mûr. Il faut beaucoup d'efforts et, parfois, beaucoup de talent pour obtenir, en littérature, un mince effet. Aussi n'est-il pas permis au critique d'ignorer ou de dédaigner un auteur qui a fait frissonner deux générations, surtout si l'on songe que ces générations avaient vu les échafauds de la Révolution et les champs de bataille de l'Empire. Elles n'en consentirent pas moins à s'intéresser aux héroïnes persécutées de mistress Radcliffe, à trembler dans le souterrain ténébreux ou dans le vieux donjon où la fantaisie lugubre de l'écrivain les tient, jusqu'au dénouement, prisonnières d'un méchant homme. Le sujet est presque invariablement le même, et les événements sont à la fois invraisemblables et vulgaires. Les personnages sont une jeune dame sentimentale et un comte italien, vicieux et cruel, un moine farouche, une femme de chambre bavarde, mais dévouée à sa maîtresse. Enfin, — comble d'honnêteté et de maladresse —, l'auteur, à la fin de son livre, détruisant un à un tous ses effets, croit devoir nous raconter par quels artifices ils ont été obtenus. On ne comptait plus, en 1820, les éditions des *Mystères d'Udolphe* et du *Roman de la forêt*. Si le dernier mot de la gloire littéraire est, comme le dit Boileau, avec une égale platitude de pensée et d'expression, de voir son livre chez le libraire «entouré d'acheteurs», Anne Radcliffe a pu se flatter d'avoir plus de génie que Mme de Staël.

Elle a trouvé de nombreux imitateurs. Lewis, qui devait être plus tard un homme de goût, l'ami de Scott et le conseiller de Byron, écrivit, à vingt ans, le *Moine*, où se trouve, parmi beaucoup d'autres diableries, l'épisode, devenu populaire, de la Nonne sanglante. *Melmoth*, de Mathurine, appartient à la même classe de productions. On y voit le diable sous la forme d'un gentilhomme irlandais du dix-huitième siècle, qui vit sur ses terres et qui cultive. *Frankenstein* clôt la liste. L'auteur en est mistress Shelley, la fille de Godwin et la seconde femme du poète. C'est l'histoire d'un étudiant qui, avec des débris humains, dérobés au cimetière et à l'amphithéâtre, réussit à former un monstre et l'anime à l'aide du galvanisme. Le roman raconte les tourments qui en résultent, et pour l'ambitieux expérimentateur, et pour le malheureux être qu'il a imprudemment appelé à la vie. Ici, l'épouvantable est assaisonné d'un peu de philosophie, mais le mélange n'a rien de plaisant.

Le roman de mœurs. Miss Burney.

Pendant que le cauchemar était élevé à la dignité d'un genre, que devenait l'art des Richardson et des Fielding? Passé en des mains féminines, il n'y avait point dégénéré.

De 1770 à 1780, Johnson visitait souvent une maison située dans cette partie de St Martin's Street qui forme le côté sud de Leicester-square. La maison était déjà célèbre, ayant servi de demeure à sir Isaac Newton. Le Londonien montrait encore avec respect une tour carrée, sur le haut de laquelle l'illustre astronome avait établi son observatoire. En 1770, la maison de Newton était habitée par le docteur Burney et sa famille. Burney était un bon homme; il avait deux religions, le torysme et la musique. Il avait écrit l'histoire de son art, et l'Université d'Oxford l'avait fait docteur pour cet exploit. Toute la journée, il donnait des leçons; le soir, il recevait ses clients et ses amis. Comme ses clients appartenaient au plus grand monde, et que ses amis formaient l'aristocratie littéraire et artistique du temps, on peut aisément se figurer ces réunions. Johnson y rencontrait Burke et Wyndham, les orateurs applaudis, l'auteur Cumberland, le peintre Reynolds, l'acteur Garrick, qui ne dédaignait pas d'employer son merveilleux talent à faire rire les enfants du docteur. Les chanteurs italiens, heureux de se concilier l'homme qui tenait dans ses mains les réputations musicales, donnaient chez lui, sans qu'il lui en coûtât un farthing, des concerts que le plus grand seigneur du royaume n'aurait pu se procurer à prix d'or. C'étaient des piquenique, où l'un apportait son talent, l'autre son esprit, celle-ci sa voix et sa beauté, celle-là son nom et ses diamants. Au milieu de tout ce monde, comment aurait-on remarqué la fille du docteur, Frances Burney? Peu jolie, négligemment parée, silencieuse et timide, son seul confident était un vieil homme de lettres qui n'avait point réussi, nommé Crisp. C'est lui qui reçut certain manuscrit, composé par Frances en cachette, et alla l'offrir aux éditeurs. Un petit libraire de Fleet Street en donna vingt guinées. Six mois après, l'éditeur était riche, et l'auteur était célèbre. Johnson embrassait en pleurant sa petite Fanny, sa petite marchande de types, *his little character-monger.*

Ce succès était en partie justifié. *Evelina* est une histoire touchante. Écrite par une jeune fille, elle pouvait être lue par d'autres jeunes filles. On n'y pleurait pas tout le temps comme dans *Clarisse Harlowe*, on ne s'y égayait pas aux dépens de la morale comme dans *Tom Jones* ou dans *Roderick Random*. Le comique, si abondamment mêlé à l'élément pathétique, ne provenait pas d'une histoire d'auberge, de quelque sale quiproquo nocturne, mais de l'opposition et du rapprochement des caractères. Malheureusement, ces caractères étaient superficiellement observés. Les Shakespeare et les Molière démêlent les travers profonds et durables : les Burney n'aperçoivent que les tics et les grimaces. En réalité, la petite marchande de types n'avait que des pantins à son étalage : mais les pantins étaient amusants.

Passer, sans transition, de l'insignifiance et de la nullité à un piédestal, se voir caressée par Johnson, madrigalisée par Burke, courtisée et choyée par toute l'aristocratie anglaise, il y avait de quoi tourner des têtes plus solides que celle de miss Burney. *Cecilia*, son second ouvrage, marque moins le progrès de son talent que celui de ses prétentions. Fénelon dit quelque part que l'écrivain doit se servir de son style comme un homme modeste se sert de son habit, pour se couvrir. Si le style d'*Evelina* est un vêtement, celui de *Cecilia* est une parure. La jeune romancière s'étudiait à imiter son vieil ami. Le style de Johnson est froid, poli, net, élégant; il convient à la polémique, à la critique, à la satire et à tous les genres dogmatiques. Là où il faut surtout déployer du naturel et de l'imagination, ce style est hors de sa place. Néanmoins, cette application constante de miss Burney à parler Johnson, ne parut pas alors un défaut, et le succès de *Cecilia* dépassa celui d'*Evelina*.

Miss Burney s'étant trouvée chez mistress Delany, un jour que le roi George et la reine Charlotte vinrent la visiter, inspira un vif intérêt à Leurs Majestés, qui ne crurent pouvoir mieux l'encourager qu'en lui accordant la place de *lady assistant-keeper of the robes* (seconde dame d'atours). On n'écrit pas auprès des princes. Le seul genre de littérature qui pénètre dans les cours est celui des mémoires, qu'on griffonne le soir, à la hâte et à la dérobée, pour satisfaire de noires rancunes, ou donner cours à de sottes admirations. Les travaux d'imagination demandent du loisir et du calme. Miss Burney laçait le corset de la reine, et n'écrivait plus de chefs-d'œuvre.

Au bout de cinq ans, elle dépérissait si visiblement que ses amis s'en émurent, et, comme plusieurs d'entre eux occupaient un rang élevé dans l'opposition, peu s'en fallut que la délivrance de miss Burney ne devînt une question politique. Enfin, une consultation de médecins arracha Frances aux bienfaits de ses souverains. Elle quitta Windsor presque mourante : elle devait survivre encore quarante-neuf années.

La reine avait perdu une femme de chambre médiocre,

et l'Angleterre avait retrouvé sa conteuse favorite. Mais miss Burney ne se retrouva pas elle-même. On s'en aperçut lorsqu'elle publia *Camilla*.

Elle était liée, à cette époque, avec un petit groupe de réfugiés français, parmi lesquels brillaient Mme de Staël, Talleyrand, et M. de Narbonne. C'étaient des royalistes constitutionnels. Chassés de France par les excès de la liberté, mis en quarantaine par les purs de l'émigration, au milieu de tous les démentis que leur donnaient les évènements, ils restaient invariablement fidèles à leur chimère politique. Dans cette société, miss Burney rencontra le général d'Arblay. M. d'Arblay était l'ombre de M. de Narbonne, qui était le clair de lune de M. de Lafayette. Miss Burney devint Mme d'Arblay, et suivit son mari en France, lors de la rentrée des émigrés. Le général eût pu aisément se faire réintégrer dans son grade; il posa seulement comme condition qu'il ne servirait pas contre les compatriotes de sa femme. Il n'alla pas jusqu'à exiger que Napoléon s'engageât à ne jamais faire la guerre aux Anglais ; mais le premier consul ne parut pas sensible à la modération de M. d'Arblay, et le général resta hors des cadres. L'idée de poser des conditions à Napoléon fut, vraisemblablement, la dernière conception comique de Mme d'Arblay. Rien n'est plus prétentieux ni plus fade que son roman de l'*Aventurier*, publié en 1815. Il semblait même qu'elle eût désappris l'anglais. Son style n'appartenait plus à l'école de Johnson, mais à celle de Cathos et de Madelon. Elle avait laissé son inspiration, et pour jamais, dans la petite maison de St Martin's Street.

La poésie anglaise, de Pope à Cowper.

Comme dans ces monarchies bien réglées, où le changement de souverain n'amène aucun trouble, et n'arrête pas une seule minute les rouages de la machine politique, il n'y eut, en apparence, rien de changé dans la poésie anglaise après la mort de Pope. La faveur publique se porta, sans hésitation et sans partage, sur les meilleurs disciples de son école, sur les héritiers les plus autorisés de sa tradition poétique. Collins et Thomson sont au premier rang. Collins, esprit universitaire, nourri de lectures classiques, traduit encore les Églogues de Virgile, après Gay, après Philips et tant d'autres. Dans le poème des *Saisons*, Thomson refait à sa manière les Géorgiques. Il y a de gracieux épisodes dans les *Saisons*, comme il y a d'heureuses rencontres dans les *Odes* de Collins, moins faible comme lyrique que comme poète pastoral. Une ode de lui, *How sleep the brave*, survit dans les recueils destinés à la jeunesse.

En dépit de leur succès, Collins et Thomson sentaient vaguement que leur école allait finir, et qu'après eux quelque chose viendrait. Ils étaient las d'eux-mêmes, comme les derniers augures du paganisme expirant. Mais que faire? Comment renouveler cette trame appauvrie, rajeunir ces broderies fanées? Faute d'argent pour acheter un habit neuf, on retourne son vieil habit. Collins n'imagina rien de mieux que de transporter la scène de ses *Bucoliques* au fond de l'Orient. Thomson se faisait de la poésie une idée plus haute. S'il avait osé peindre la nature telle qu'il la voyait, au lieu de copier les paysages des maîtres anciens! Mais le préjugé était plus fort que le sentiment. Chose singulière, Thomson partageait son admiration entre Pope et Spenser; dans le *Château de l'Indolence*, il a cherché à imiter la manière de ce dernier poète. Mais on ne saurait servir deux maîtres, et c'est Pope, en définitive, qui l'emporte sur Spenser.

Thomson s'était arrêté, dans ses timides tentatives, à l'âge d'Élizabeth. Gray remonte jusqu'aux romans du moyen âge et jusqu'aux origines scandinaves et celtiques. Deux petits poèmes, la *Descente d'Odin* et les *Sœurs fatales*, montrent qu'il avait entrevu cette riche source de poésie contenue dans les Eddas. Dans le *Barde*, Gray nous fait assister à l'invasion du pays de Galles par Édouard Ier, et met dans la bouche d'un patriote gallois une prophétie poétique, où se déroule l'histoire future de la Grande-Bretagne, jusqu'au moment où un Tudor, un descendant de la race vaincue, s'assoira sur le trône d'Angleterre. Mais on se ferait de Gray une idée fausse, si on se le représentait exclusivement occupé à ces exhumations. D'ordinaire, il pindarise, comme pindarisaient chez nous Lamotte et Jean-Baptiste Rousseau. Lui aussi, il a son chef-d'œuvre, son morceau de collège : l'élégie écrite dans un cimetière de village. A l'époque où la poésie et la prose avaient un même but, l'expression précise, élégante et noble d'idées communes à tous les hommes, les connaisseurs prononçaient cette élégie « une pièce sans défauts », et ce singulier éloge ne faisait sourire personne.

Impostures littéraires. Chatterton et Macpherson.

Gray n'était pas le premier ni le seul qui se fût aventuré parmi les ruines celtiques et scandinaves. L'évêque Percy publiait ses *Relics of ancient poetry*, et Warton, racontant l'histoire de la poésie anglaise, s'attardait si volontiers dans la question des origines, que la mort interrompait son œuvre, déjà fort considérable, avant qu'il l'eût conduite jusqu'à l'âge d'Élizabeth.

Ce goût croissant pour l'ancienne poésie nationale donna naissance à une industrie, dont le succès même est un symptôme significatif. Pour répondre à l'empressement du public, on fabriqua du vieux. Un jeune homme de Bristol, doué d'un petit talent et d'un immense orgueil, feignit d'avoir trouvé, dans le coin d'une sacristie, des vers qu'il attribuait à un certain Nicolas Rowley. Quelques années plus tard, Macpherson prétendit doter son pays d'un Homère, en publiant les poèmes d'Ossian. La fraude de Macpherson fut moins aisée à démasquer que celle de Chatterton. Elle s'était produite d'abord en Écosse, sous la protection de la vanité nationale, et elle avait déjà gagné du terrain avant que les critiques de Londres eussent pu intervenir. D'ailleurs, Macpherson avait employé, non sans quelque habileté, des matériaux authentiques à la construction de son œuvre apocryphe. Il avait recueilli, dans les Highlands, nombre de traditions locales, de vieilles ballades et de fragments poétiques de toutes sortes, et son imposture eut au moins le mérite d'avoir attiré l'attention sur ces vénérables débris, qui inspirèrent plus tard Walter Scott.

A tous ces faits qui indiquent une nouvelle tendance du public, il ne faut pas oublier de joindre un fait plus important encore, dont il a été question plus haut : l'évocation du grand tragique par Garrick. Walpole, Home, Cumberland, s'éclipsèrent. Ce furent les vivants qui parurent des ombres auprès de Shakespeare ressuscité.

Tous ces signes attestaient un mouvement des esprits. Le génie anglais, plus indépendant que ne l'a été celui d'aucun peuple, supportait avec une extrême répugnance le goût qui lui était imposé. La littérature doit être l'expression du caractère d'un peuple. Or, pas un seul trait du caractère national ne se retrouvait dans la littérature, en particulier dans la poésie qui fleurissait en Angleterre vers 1760. D'abord, cette littérature était toute française, et l'Anglais déteste les choses françaises. Elle était gaie, et l'Anglais est grave; elle était sceptique, et l'Anglais est croyant; elle était correcte, méthodique, froidement élégante, et l'Anglais conçoit la poésie comme un torrent de pensées et de sentiments, qui jaillit d'une source intérieure. Cette littérature d'importation étrangère convenait à quelques esprits, tels que Pope, Bolingbroke, Chesterfield, Hume, Horace Walpole : la nation ne pouvait et ne devait pas s'en accommoder longtemps.

Il est surtout trois sentiments qui n'avaient jamais disparu complètement, et qui se réveillent avec force vers la fin du dix-huitième siècle : la passion de la nature, l'esprit religieux, et le goût des humbles sujets.

L'amour des Anglais pour la campagne est inné chez cette race, et s'est fortifié par l'habitude. Il n'y a point ici un Versailles et un Paris qui aient absorbé l'élément le plus subtil de la vitalité nationale. Les grands passent la moitié de l'année dans leurs terres, où les retiennent une sorte de royauté patriarcale et l'attrait de la chasse. La jeunesse est élevée aux champs, dans ces immenses maisons, ouvertes à l'air et à la lumière, qui s'appellent Eton, Harrow, Rugby. L'aristocratie universitaire rame une partie du jour sur le Cam et l'Isis. Ce n'est pas la faute du boutiquier s'il est attaché à sa boutique ; ce n'est pas la faute du clerc s'il est rivé à son pupitre. Rendez-leur la liberté, ils s'échapperont au loin et ne s'arrêteront pas, comme leurs congénères parisiens, à la première tonnelle des faubourgs, à la première guinguette dansante, chez Lathuille ou chez Ramponneau. Un tel peuple devait se dégoûter avant le nôtre de cette poésie artificielle, qui reposait ses yeux, depuis soixante-dix ans, sur les quinconces et les charmilles peuplés de sirènes de plomb et de faunes de marbre.

Les passions religieuses, usées par un siècle de luttes, s'étaient apaisées et presque endormies, au commencement de l'ère des Georges. La liberté avait enfanté la tolérance, et de la tolérance était née la tiédeur. L'ardente parole des Wesleys fit cesser cette léthargie religieuse. Dans le sein même de l'Église, le vieux ferment calviniste se ranima ; un esprit de rigueur et de pénitence circula à travers toute la nation.

Un poète, Cowper, vint, à ce moment précis, donner une expression pure et touchante à ce double retour vers le sentiment de la nature et vers la vie religieuse.

Cowper. *La Tâche.* Les *Hymnes.* *John Gilpin.*

Personne ne semble moins fait que Cowper pour le rôle de novateur. Il était si timide qu'il ne put se résoudre à prendre possession de son poste de secrétaire de la Chambre des Lords. Les trois quarts de sa vie s'écoulèrent dans des souffrances physiques aussi intenses que celles de Pascal ou de Spinosa. A plusieurs reprises, il devint fou. Dans ses moments lucides, il était harcelé par des doutes et des angoisses, qui torturaient sa conscience. La vue et le contact des foules l'effrayaient, le rendaient nerveux ; il ne se retrouvait qu'à la campagne, au milieu d'un cercle modeste, indulgent et paisible. Jeune, il avait composé, suivant la formule classique, des vers d'amour « à Délia ». Ni Délia ni le public n'en avaient rien su. Il avait cinquante ans quand une dame lui demanda une pièce de vers, en lui imposant ce sujet mesquin, ridicule, ingrat : le *Sofa*. Cowper, au lieu d'une pièce de vers, écrivit un poème, en ajouta cinq ou six autres, du même esprit, et, en souvenir de la circonstance qui l'avait inspiré, donna pour titre à cet ensemble de morceaux, la *Tâche* (the Task). Cette sorte de pensum littéraire était un chef-d'œuvre.

Cowper ne s'en doutait point. C'était un révolté sans le savoir. Sans songer à mal, il avait représenté la nature telle qu'elle se montrait à lui, mais en se conformant aux us et préceptes de l'école descriptive. Il avait raconté ses promenades dans la neige et ses bonnes soirées au coin du feu. Il avait eu soin de mêler à ces peintures quelques morceaux dans le goût du *Rambler*. On dirait des essais de Johnson mis en vers; c'est le même train d'idées, la même morale honnête, mais un peu grognon. Qu'y a-t-il donc de plus, dans ces vers, que dans ceux de tous les contemporains? Il y a l'âme de Cowper.

On se tromperait si l'on en concluait, d'après l'idée que nous avons donnée de son caractère et de sa vie, que cette poésie fût uniformément triste. « Sauvez-moi, dit quelque part Cowper, de la gaieté des gens du monde! » Il avait, quant à lui, ses accès de gaieté enfantine, comme en ont quelquefois les gens souffreteux et mélancoliques. C'est dans un de ces accès qu'il écrivit *John Gilpin*. Lady Austen lui raconta un soir l'anecdote qui fait le fond de l'aventure. Cowper en rit toute la nuit, et, le lendemain, il la mit en couplets. John Gilpin, l'honnête boutiquier qui vient passer une journée à la campagne pour se divertir avec sa famille, et que son cheval mène d'un trait jusqu'à Edmonton, et ramène de même à sa boutique, sans lui permettre de s'arrêter, fait depuis cent ans et fera encore la joie des enfants de tous les âges. Cowper n'était pas de ceux qui mettent leur désespoir en commun avec leur lecteur. Par pudeur autant que par bonté, il garda pour lui ses secrètes souffrances. Néanmoins, l'abattement et la langueur du poète se font jour dans son œuvre. Ses vers, un peu ternes, sans harmonie, sans essor, s'insinuent, avec la grâce des enfants malades, par une sorte de gentillesse affectueuse. Pauvre déshérité, il sait le prix des petits bonheurs, et les fait partager à ceux qui le lisent.

Par exemple, la soirée *at home*. Les rideaux sont tirés, la lampe est allumée, le bois pétille dans la cheminée, le thé fume sur la table. Cependant, un pas résonne dans la rue, un homme s'approche, à travers la pluie, le vent ou la neige. Il apporte les lettres et les journaux, et, avec eux, les échos de la vie civilisée, le dernier duel de Hyde Park, le dernier orage parlementaire, la dernière bataille électorale, la dernière lettre de Junius, le dernier triomphe dramatique ou oratoire de Sheridan, le scandale d'hier ou la mode de demain. Tout à l'heure, on lira tout cela, pendant que les femmes tireront l'aiguille. Aujourd'hui comme alors, c'est l'heure solennelle et douce, où l'Anglais laborieux rentre dans sa maison, — qui est son château fort, dit un vieux proverbe significatif, — pour s'y reposer, y jouir de son modeste bien-être, pour être, tout à son aise, père, fils ou mari. Changez deux ou trois traits, remplacez la lampe par le gaz, dont la lueur est moins intime, mais plus gaie; remplacez l'âtre d'autrefois, avec ses grandes bûches, par une grille étroite où s'entasse une rouge pyramide de coke ou de charbon de terre, le tableau reste identique et la peinture demeure si parfaite, dans sa simplicité, qu'elle fait venir des larmes aux yeux des Anglais.

Voici maintenant Cowper en présence de la nature. Suivons-le et recueillons ses impressions. Entre lui et les coryphées de l'école descriptive, la différence n'apparaît pas d'abord. Le poète descriptif ne peint jamais les tableaux tout faits que lui offre la nature, les objets mêlés et confondus, les existences enchevêtrées les unes dans les autres. Il les sépare, il les classe, il les groupe. Il substitue des abstractions ingénieuses et des généralisations élégantes à cette confusion qui est la vie elle-même. De là ces énumérations, dont la fatigue est sensible à tout le monde, excepté à l'auteur. Cowper n'échappe pas à ce défaut. Dans la *Promenade d'hiver à midi*, il passe en revue les principales espèces de fleurs, et, dans *Le Sofa*, il décrit les essences d'arbres, à peu près comme Homère dénombre les héros qui vont combattre Ilion ou viennent le secourir. Il y a des beautés dans cette description des géants de la forêt anglaise, mais ce sont des beautés d'un ordre classique. Patience, l'originalité va reparaître. L'homme qui s'agenouille dans la neige pour voir pointer la primevère, qui épie patiemment, presque tendrement, l'apparition d'une pauvre petite feuille jaune pâle, sortant du bourgeon, comme un père épie le réveil de son enfant, le poète qui s'arrête au milieu des champs, délicieusement ému par les bruits du soir ou par le silence de midi, n'est pas un émule de Thomson. Il ne cherche pas les grandes scènes de la nature, les paysages d'une beauté sévère et imposante. Les sites qu'il décrit n'ont pas de nom. Donnez-lui un peu d'ombre, beaucoup de soleil, et surtout cette brise salubre, cet air des hauteurs dont s'enivrent les poumons du convalescent, longtemps confiné dans une chambre empestée par les drogues, longtemps privé d'espace et de lumière. Toutes ses jouissances sont mêlées de gratitude, elles se terminent par une élévation vers Celui qui dispense la santé et la joie.

C'est dans le même esprit, et c'est vers le même temps, que Cowper a composé ses hymnes, appelées *Hymnes d'Olney*, en mémoire de la retraite paisible où il acheva sa vie, sous la tutelle dévouée de mistress Unwin. Ces hymnes sont, en général, des actes de foi et d'amour; l'auteur y remercie Dieu des grâces qu'il en a reçues, dans ses tribulations intérieures. La religion qui les anime est pure, sereine et douce. Quelquefois, l'inspiration du poète, fortifiée par les textes sacrés, s'élève, et plane à la hauteur des psaumes de David. On chante encore les hymnes d'Olney. Chaque jour, la pensée du poète monte vers la voûte des temples, portant à Dieu la prière des âmes humbles et croyantes comme la sienne.

Crabbe.

Avec le réveil du sentiment religieux et le retour à la nature, reparaît une autre tendance, inhérente au génie national, le goût des peintures de la vie populaire. Le *Humanum paucis vivit genus*, de Lucain, est une idée romaine : l'individualisme saxon ne s'en accommode point, et, si la Constitution des Anglais est oligarchique, leur littérature ne l'est pas. Richardson avait intéressé le public aux aventures d'une servante; Goldsmith avait montré le pauvre vicaire de Wakefield labourant sa terre et vendant son cheval à la foire; Shenstone, l'humoriste, avait composé, sur les manies et les occupations d'une vieille maîtresse d'école, un petit poëme familier et bizarre, dont toute l'Angleterre savait les vers par cœur, il y a cent ans. Mais Paméla est un ange, et les anges n'appartiennent à aucune classe. Le vicaire est un type de fantaisie, qui se meut au milieu d'événements absurdes. Shenstone songe moins à faire un tableau ressemblant qu'une caricature amusante. Crabbe sera le véritable peintre des mœurs rurales et de la vie populaire.

Il était sorti des rangs les plus humbles du peuple. « La fortune l'avait jeté — il le dit lui-même — sur une côte maussade, qui ne possède pas un vallon heureux, pas un pauvre coin de verdure. » C'est la côte orientale de l'Angleterre, côte nue, plate, sablonneuse, balayée par un âpre vent d'est. D'un côté, le ciel brumeux, la mer grise. De l'autre côté, les *moors*, vastes étendues incultes, couvertes de genêts et de fougères. L'enfant grandit dans la pauvreté. Son père avait servi sur mer, était devenu *saltmaster* : c'était un rude Anglais de la vieille roche. Le petit Crabbe s'habituait à observer le côté triste des choses, sans s'en affecter comme l'eût fait un enfant des villes, nerveux et mélancolique. Son éducation se borna à peu de chose. Pendant plusieurs années, il fut apprenti chez un *surgeon*, sorte de médecin-apothicaire qui prescrit des drogues et qui les vend. Depuis l'âge de dix-huit ans, il a deux choses en tête : son amour pour une jeune fille, qui sera sa femme dix ans plus tard, et la manie de faire des vers. Il lui arrive de n'avoir plus que six pence dans sa poche et de mettre ses habits en gage. C'est l'histoire de Chatterton. Mais Chatterton meurt de faim plutôt que d'accepter le dîner de sa voisine. Crabbe écrit aux hommes en vue et aux grands seigneurs, pour leur demander un secours pécuniaire, de belles lettres ampoulées et respectueuses, qui commençaient tout en bas de la première page, et à la fin desquelles il se disait, de leur Seigneurie, le très humble et très obéissant serviteur. Crabbe aimait l'argent avec une naïveté touchante et une sincérité admirable, comme un homme qui en a été longtemps privé, et qui a souffert de cette privation. Lorsque le chancelier Thurlow lui remit un billet de cent livres pour l'encourager à écrire, Crabbe pensa s'évanouir dans la rue. Lorsque, plus tard, l'éditeur Murray lui compta soixante-quinze mille francs pour une édition de ses œuvres, au lieu de déposer ses billets dans une banque, il courut jusqu'à sa résidence, en province, pour les montrer à son fils. Soixante-quinze mille francs pour quelques vers! Était-ce possible? Lui qui en avait tant brûlé dans sa vie!

La généreuse protection de Burke lui valut les conseils de Johnson et la faveur productive du duc de Rutland. Crabbe publia le *Village* et la *Bibliothèque*. Il sera question plus loin du *Village*. Le second de ces poèmes appartenait à l'école descriptive; c'était l'œuvre d'un des plus mauvais élèves de la classe poétique de Pope, dont Johnson était le sous-maître. Le public de ce temps, qui en était réduit à admirer Churchill et Mason, en attendant Highley et Gifford, fit bon accueil au poème du débutant. Le rêve de Crabbe était d'entrer dans les ordres : rien ne décrasse un parvenu comme la redingote noire du ministre. Le temps était loin où un grand seigneur écrivait à un archevêque : « Mon cher York, ayez l'obligeance d'ordonner le porteur. A vous, Oxford. » Et où le prélat répondait : « Mon cher Oxford, le porteur est ordonné. A vous, York. » Pourtant, de puissants patrons aplanirent les difficultés devant l'honnête Crabbe. Le voilà, dans son petit rectorat, marié à celle qu'il aime, et bientôt père de famille. A travers les réticences et les précautions des biographes, on devine que le pasteur ne plaisait pas à ses ouailles. Les petites gens étaient scandalisées de voir un clergyman qui se moquait des bigots ; le beau monde ne pardonnait pas son origine au fils du *saltmaster*. On trouvait le bonhomme un peu vulgaire. Crabbe n'en avait souci, faisait son devoir, sans plus, composait des romans pour se distraire, et les brûlait en famille quand ils étaient finis. Il y avait vingt ans qu'il vivait de cette vie, lorsqu'il se décida à publier le *Registre de la Paroisse*, le *Bourg*, et enfin les *Contes* en vers. Après quoi, n'ayant plus rien à dire, il se reposa jusqu'aux environs de quatre-vingts ans.

Caractère des œuvres de Crabbe.

Les Anglais appellent Crabbe le poète des pauvres : mauvaise définition. D'abord, Crabbe n'est pas un poète ; il a mis en vers les choses les plus prosaïques du monde, voilà tout. « Le poète, dit Platon, est un être léger, ailé, sacré. » Crabbe est lourd, n'a point d'ailes, et il est impossible de rien découvrir en lui de sacré, si ce n'est son ministère. Point de bouillonnement, point d'enthousiasme, pas d'émotion. Sur ce mot, *poète des pauvres*, on serait tenté de se figurer une âme ardente, une charité tendre, qui pleure sur les maux qu'elle ne peut guérir. Rien de semblable chez Crabbe. C'est un observateur curieux ; il décrit les plaies, mais il ne les panse pas. On sent que le spectacle des misères humaines ne lui fait rien perdre de son appétit, ni de sa belle humeur. C'était là, peut-être, un souvenir de sa première profession : il eût disséqué en sortant de table.

Crabbe n'est pas un poète, et n'est pas davantage un écrivain. Dans la littérature, aussi bien que dans la société, les parvenus se reconnaissent à la fausse idée qu'ils se font de l'élégance. Comme les enfants et les sauvages, ils confondent les verroteries et les pierres précieuses. Pour Crabbe, un jeune homme est un « berger » (*swain*), une jeune fille est une « nymphe » ou une « damoiselle », petites afféteries qui contrastent avec le ton brusque et familier de l'auteur, avec la vulgarité et la nudité des sujets. Crabbe s'est formé tard, et a vécu en province : double difficulté à vaincre pour devenir un écrivain. On sent que la forme littéraire le gêne, comme l'habit du dimanche gêne le paysan. Oh! s'il pouvait le jeter bas, cet habit qui le met si mal à l'aise, et dont il est si fier !

Le Village. Le Registre de la paroisse.

C'est le village : un amas de huttes sordides, qui se serrent sur les côtés de la route. Deux maisons ont un peu plus d'apparence que les autres, celle où l'on boit et celle où l'on prie. Les habitants du village sont de pauvres diables qui se lèvent avant le jour, se couchent, épuisés, dans un mauvais lit, travaillent des semaines pour économiser un shilling. Ils vivent dans le labeur, meurent dans le dénuement. Entrez chez ce vieux paysan qui agonise. Le médecin ne viendra-t-il pas le voir? Pardon : la paroisse le paye pour visiter les pauvres, il faut bien qu'il gagne son argent. Le voici, « affairé, brutal, important, gonflé de lui-même ; la façon dont il entre dit assez combien il est pressé de s'en aller. » D'ailleurs, le patient est perdu. Qu'on aille chercher le vicaire. Bah ! le vicaire passe la matinée à la chasse et la soirée au whist. Que le pauvre homme meure comme il pourra!

Le paysan ne s'amuse-t-il jamais? Si vraiment : le dimanche, quand il est gris, il s'amuse à rosser sa femme. Plus jeune, il s'amuse à séduire les filles, puis, quand elles sont séduites, il les abandonne. Le paysan ne lit-il jamais? Voici la bibliothèque du plus savant et du plus riche : la Bible, le *Voyage du pèlerin*, de Bunyan, la *Clef des songes*, un recueil de recettes médicales et culinaires, deux légendes grossièrement imprimées, le *Juif errant* et *Jack, le tueur de géants*.

Ouvrez le registre de la paroisse. Les baptêmes, les mariages, les enterrements, n'est-ce pas toute la vie humaine?

Tout ce qui s'est passé au village, depuis trois quarts de siècle, tient dans les pages de ce gros livre poudreux. Interrogez-le. Grâce au commentaire du pasteur, rien ne vous échappera. L'histoire de ces gens-là est peu variée, peu édifiante, et peu gaie. Au village, l'amour est ignoble, la mort est banale, *death is commonplace*. Et, au milieu de tout cela, l'imperturbable vers classique, avec ses bergers et ses nymphes ! Tous les types du village défilent devant nous. D'abord, le ministre de la paroisse. Il y a le vicaire riche et jovial : on n'écoute pas ses sermons, mais on reçoit volontiers ses guinées. Il y a le vicaire érudit : celui-là ignore ce qui se passe dans la paroisse, mais vous répétera, mot pour mot, ce qui s'est dit dans le concile de Nicée. Il y a le pauvre jeune vicaire, qui arrive de Cambridge, plein de feu pour la prédication. Il meurt en disant au sacristain : « Crois-tu que je serai sauvé ? » Voici l'aubergiste, gros comme Falstaff et, comme lui, bon vivant, capable de tenir tête aux plus grands buveurs et de conter les histoires salées de la vieille Angleterre. Voici la sèche et terrible veuve, le tyran du village. Enfants, servantes, voisins, tout tremble devant elle. Voici le groupe des débauchés, le marin en bordée, le bellâtre, un *coxcomb* de bas étage, venu de la ville voisine pour éblouir les filles du pays, la vieille demoiselle qui s'est éprise d'un jeune garçon, le vieux fou qui a conduit à l'autel une petite coquette, enfin, le cortège sans fin des Clarisses qui ont pardonné trop vite, et des Paméla qui n'ont pas eu l'esprit d'être vertueuses jusqu'au bout. Nous allions oublier l'enfant du hasard, Richard Monday, auquel on a donné le nom du jour où il a été trouvé. Ne vous apitoyez pas sur ce rusé personnage. Il deviendra sir Richard Monday, gros comme le bras, et mourra à Monday-Place, laissant par testament — munificence inouïe et vraiment digne d'un nabab comme lui ! — huit livres par an à distribuer entre les orphelins du village où il a été élevé par charité.

Où donc est le seigneur du village, celui qui doit donner l'exemple du bien et soulager les misères ? La grande famille du pays est représentée par une vieille femme, qui demeure au loin, et délègue son autorité à un intendant hypocrite, avaricieux et cruel. Un jour, pourtant, elle revient à la résidence de sa famille. Voyez en quel équipage ! « Lentement, les porteurs descendent au caveau, pliant sous le poids du double cercueil de plomb et d'orme, recouvert de velours rouge. » Et Crabbe remarque que la chose est bien dure pour les vers. Quand les pauvres bêtes auront percé toutes ces enveloppes, il ne restera plus rien à manger de Sa Seigneurie. » Est-ce tout ? Non, le glas tinte encore une fois. Qui vient de trépasser ? Le sacristain en personne. Il avait près de quatre-vingts ans ; il avait servi quatre vicaires, creusé la fosse de trois générations : il y tombe à son tour. « Ainsi, voilà le vieux diable mort », dit Crabbe, en guise d'oraison funèbre.

Le Bourg.

Une petite ville rechignée, endormie, avec des faubourgs misérables et sales ; l'odeur du goudron et de la marée trahit un port de mer. Sans la mer, que deviendraient les gens d'ici ? C'est le gagne-pain du pauvre, c'est l'unique attraction des oisifs. A neuf heures du soir, les rues sont désertes ; à peine rencontre-t-on quelques femmes encapuchonnées, qui reviennent de prendre le thé chez leurs commères, précédées d'une servante qui porte une lanterne. Pour tous monuments, une vieille église, une prison, un immense et mélancolique *workhouse*, avec ses allées usées par les pas, et sa grande horloge, qui sonne tristement de tristes heures. « C'est le palais du pauvre, et le pauvre ne le regarde qu'avec horreur. »

Le pinceau vulgaire et énergique de Crabbe peuple la petite ville de figures vivantes. Toujours le même pessimisme. L'*attorney* est un filou, le médecin est un charlatan. L'un vit aux dépens des corps malsains, l'autre aux dépens des cerveaux malades. Jamais les honnêtes gens ne réussissent, jamais les coquins ne se corrigent. Les marchands font banqueroute ; les filles séduites deviennent folles ou meurent de misère, ou tombent plus bas encore. Cette servante d'auberge, qui rêve les triomphes de la scène, ce jeune ouvrier, qui a quitté ses outils pour endosser le pourpoint du prince de Danemark, vont-ils devenir une Siddons, un Kean? Vous connaissez mal Crabbe : il est incapable de vous faire ce plaisir. Le pauvre acteur, après avoir été sifflé dans les plus petits rôles, s'assoira au contrôle pour recevoir les billets. Quant à Ophélie, usée par les larmes, flétrie avant l'âge, elle ira, entre deux tirades, donner le sein à un enfant chétif qui n'aura même pas de nom.

Devant vous, s'élève la *maison de refuge* du bourg : vous y trouverez réunis ce que l'infortune a de plus douloureux et ce que le vice a de plus infâme. Là, le crime hideux, impuissant, grimace son dernier blasphème ; là, s'achève une vieillesse désespérée, qu'aucun repentir ne purifie, qu'aucun espoir n'éclaire.

Le cœur serré, on s'éloigne de cet enfer et de ceux qui l'habitent, mais on ne les oublie pas. Crabbe, en effet, a le don de faire vivre ses personnages ; il n'a pas le don de les faire agir. Dans chacune de ses histoires, il n'y a qu'un portrait, et son œuvre tout entière est une galerie. Son rôle est d'avoir frayé la voie et préparé des types pour les romanciers du dix-neuvième siècle.

CHAPITRE XXIV.

ROBERT BURNS ET WALTER SCOTT.

La pléiade écossaise. — Robert Burns, le poète-paysan. — Génie poétique de Burns. — Walter Scott, expression du caractère écossais. — Enfance et jeunesse de Scott. — Œuvres poétiques. — Les *Waverley Novels*. — La raison, caractère dominant de Scott. — Dernières années et dernières œuvres.

La pléiade écossaise.

A la fin du dix-huitième siècle, il se passe un phénomène nouveau dans l'histoire des esprits. Un petit pays montagneux, en dehors, jusque-là, de la civilisation et du mouvement des idées, prend pour ainsi dire la tête du progrès intellectuel. L'Écosse, qui n'avait produit encore que des brigands et des théologiens, produit des penseurs, des orateurs, des romanciers, des poètes. Ces hommes de talent — et c'est ici que le fait est rare et curieux à noter — ne se contentent pas de marcher sur les traces de leurs devanciers du continent, ils inventent des méthodes, des genres, et jusqu'à des sciences nouvelles. Une philosophie neuve et pratique sort de l'école où avait enseigné Fergusson, où enseigne à son tour le bonhomme Reid et où le suivra Dugald Stewart. Adam Smith pose les vrais principes de l'économie sociale. La haute et philosophique raison de Hume renouvelle l'histoire, qui n'avait été, jusqu'à-lui, qu'un amusement ou un pamphlet. Mackenzie importe la littérature périodique et le roman en Écosse ; il rappelle Smollett avec plus de délicatesse, et Sterne avec plus de mouvement. Blair enseigne l'art d'être éloquent, et prêche d'exemple. Du fond des Lowlands s'élève une voix, à la fois virile et charmante, dont les chansons éclipsent tout à coup la fade et artificielle poésie des salons. Cet homme du peuple, qui chante en poussant sa charrue, c'est Robert Burns, qu'on a quelquefois appelé le Béranger écossais : compliment énorme et immérité pour le chantre de Lisette. Il faut s'arrêter un moment devant le paysan inspiré de l'Ayrshire.

Robert Burns, le poëte-paysan.

Ne craignez pas d'avoir affaire à un faux paysan, à l'un de ces citadins, déguisés en rustiques, comme il y en a tant dans l'histoire littéraire. Burns est un véritable homme du peuple, et homme du peuple il est resté jusqu'au bout, malgré tous ses efforts pour devenir un bourgeois. Son père est le type du paysan écossais : grand, sec, un peu courbé, grave et même triste. Il avait échoué dans toutes ses humbles entreprises. En 1757, il construisit lui-même une petite maison en torchis, et y conduisit sa jeune femme. C'est là que naquit Robert, deux ans plus tard.

À quinze ans, on l'accoupla pour la moisson avec une jolie fille. Elle chantait, et Robert trouvait qu'elle chantait bien. Il composa pour elle une chanson, et apprit ainsi qu'il était poète. Successivement, il fit la cour à toutes les filles du village : autant de *sweet-hearts*, autant de chansons. Pour lui, être amoureux et être poète, c'est tout un. D'ordinaire, il composait dans le patois de l'Ayrshire, et, lorsqu'il écrivait en anglais, glissait dans ses vers une foule de mots qui sentent le terroir. De culture, à vrai dire, il n'en avait point. Le maître d'école lui avait appris à lire. Une vieille femme lui avait raconté les légendes du pays. Puis, il avait lu la vie d'Annibal, celle de sir William Wallace, Paméla, et les poésies de Gray.

Il y avait déjà plusieurs années que les laboureurs de l'Ayrshire répétaient les chansons de leur camarade. Un médecin d'une ville voisine entendit parler des vers de Burns, voulut les connaître, les admira, et les fit admirer à ses amis. Burns fut imprimé, porté aux nues; on l'appela à Édimbourg, pour y jouir de sa gloire. L'Athènes septentrionale était alors dans tout son éclat. Une société aristocratique et lettrée s'ouvrit devant Burns. Aux tables des grands, dans les réunions des beaux-esprits, on écoutait les saillies du paysan. Un jour, dînant chez Blair, il fit l'éloge d'un prédicateur, rival de son amphitryon. Un autre jour, il traita de crétin un clergyman qui dépréciait les œuvres de Gray. On était décidé à lui pardonner toutes les incartades.

Il lui manquait une muse : un bas-bleu s'offrit, répondant au nom prétentieux de Clarinda. Ces sortes d'intrigues consistent surtout dans un commerce assidu de lettres et de billets. Une correspondance s'engagea ; Burns n'y était guère à son avantage. Le paysan s'endimanchait, se donnait de petits airs, écorchait des mots français, feignait la grande passion, lui qui n'avait jamais connu que l'amourette, capricieuse comme le feu follet de son pays natal.

Après tant d'applaudissements et de caresses, que fit l'Écosse de son poète national ? Elle en fit un *excise-man*, ce que le peuple, en France, appelle un rat de cave. Un poste modeste, à Dumfries, dans le *Revenue Office*, assura au poète, non l'aisance, mais le pain. Dumfries est une petite ville ; dans ce cadre nouveau, au milieu de cette bourgeoisie de province, froide, parcimonieuse et guindée, les libres allures du poète déplurent. Lui-même se trouva gêné. Il retourna bien vite aux amours et aux amitiés du cabaret. Une telle vie devait le conduire vers une fin rapide. Il mourut à trente-huit ans. Dans sa dernière maladie, l'incorrigible Burns adressait encore des vers d'amour à la garde qui lui présentait sa tisane.

Génie poétique de Burns.

Si les Anglais ont quelque peine à saisir toutes les nuances de la poésie de Burns, la difficulté est double pour un Français. Le poète-paysan a écrit la plupart de ses compositions dans le dialecte des Lowlands, qui contient environ une moitié d'anglais pur, un quart de mots anglais défigurés, un quart d'expressions locales. Ce n'est, en réalité, qu'un patois, et, comme tous les patois, il est pauvre, lourd, peu maniable, peu propre à la poésie. De ce misérable instrument, Burns tire des effets inattendus. Dès qu'il l'abandonne, son talent le trahit. Il est contraint, il n'ose plus, il se fait plus raisonnable et plus vertueux qu'il n'est. Ce n'est donc pas dans *Tom O'Shanter*, ni dans le *Samedi soir au cottage*, mais dans les *Joyeux mendiants*, dans la *Foire aux dévots*, enfin dans ses chansons, qu'il faut chercher Burns.

La *Foire aux dévots* est une vive satire, non contre la religion, mais contre les mœurs religieuses du pays et du temps. L'auteur y daube les ministres et leurs ouailles, et décrit, avec une verve enragée, les pieux *meetings* où la piété sert de paravent à la débauche. Les couleurs sont encore plus énergiques, les mots encore plus crus, dans les *Joyeux mendiants*. Ces joyeux mendiants forment une bande de gueux, mâles et femelles, qui se réunissent pour rire, chanter, faire l'amour, boire à la santé du diable et au renversement de tout ce qui les gêne. On sent que le poète fait cause commune avec eux. Comme eux, il avait eu souvent une botte de foin pour oreiller; comme eux, il avait plus d'une fois dormi à la belle étoile, soupé d'une pipe et d'une chanson; comme eux, il détestait toutes les tyrannies et toutes les autorités, tous les pouvoirs, légitimes ou non : le roi, le juge, le seigneur, le ministre. Pêle-mêle, il les maudit joyeusement. Burns est ce que nous appelons un révolutionnaire, et il aime, en effet, notre Révolution sans la connaître. Il a même un vers sur Louis XVI qui serait atroce, si le poète n'était un grand enfant, ignorant des faits et à demi inconscient. Si ces choses nous répugnent, que de talent ne fallait-il pas pour les faire accepter du beau monde d'Édimbourg, du rhéteur Blair et de ses amis, de ce clergé qui avait regardé comme un péché l'ennuyeuse tragédie de John Home, et qui, pour ce péché, l'avait rejeté de son sein!

Burns composait ses chansons en conduisant ses bœufs ou en bêchant la terre. Le bruit régulier de la pioche, écorchant le sol ingrat, rythmait sa pensée. En les composant, il les chantait sur de vieux airs, qui avaient déjà accompagné d'autres paroles. Autant de fois la face du ciel change dans une saison, autant de fois, dans le livre de ses chansons, change d'aspect la poésie de Burns. Tantôt c'est le patriotisme qui l'inspire, tantôt le sentiment de la nature; le plus souvent, c'est l'amour. En un clin d'œil et d'un coup d'aile, il passe de la sensualité au mysticisme. A des convoitises diaboliques succèdent des extases dignes du ciel. Tout à l'heure, il se moquait des ministres : le voici à genoux, adorant Dieu dans son véritable temple, au milieu de ses plus belles œuvres, dans le silence et la solitude des champs. Tout à l'heure, il voulait couper la tête des rois : maintenant, il pleure d'avoir renversé, avec sa charrue, le nid d'une souris. Le patois lui fournit des petits mots expressifs, familiers, caressants, d'une douceur enfantine, pour consoler « cette humble camarade, comme lui née de la terre », comme lui sujette à la mort. Hélas! n'est-il pas plus à plaindre qu'elle? Elle ne connaît que la souffrance du moment; il ressent, lui, avec les amertumes du passé, les anxiétés de l'avenir. Ainsi, une conclusion douloureuse et philosophique jaillit inopinément de cette fantaisie à demi puérile.

A tous ces signes, à cette mobilité d'impressions qui fait succéder une vision séraphique à une sensation brutale, on reconnaît un poète, c'est-à-dire une machine nerveuse mieux faite pour sentir que celle des autres hommes. Burns n'a pas écrit un seul vers sans être ému, et c'est en quoi il diffère essentiellement du docteur Johnson, qui n'a jamais écrit un seul vers sous l'empire de l'émotion. Malheureusement, l'auteur des *Jolly Beggars* est condamné à n'être, en raison du dialecte où il a écrit, qu'un poète local, et les Écossais n'ont que trop raison, lorsqu'ils refusent aux Anglais le droit d'admirer Burns. Un poète en patois ne peut être qu'une gloire de clocher.

Walter Scott, expression du caractère écossais.

Si rares qu'aient été les dons naturels de Burns, si haut que le place l'admiration, chaque jour croissante, de ses compatriotes, ce n'est pas à lui qu'appartient la place du milieu dans la pléiade écossaise. C'est sir Walter Scott qui occupe cette place et qui la gardera, en dépit des dédains affectés d'une certaine école. D'abord, il résume tous les nobles esprits que nous venons de passer en revue. Il est historien comme Hume et Robertson, poète comme Gray et Burns, psychologue plus sagace que Reid et romancier plus inventif que Mackenzie. Le génie de l'Écosse revit tout entier en lui-même et dans ses œuvres : il en est à la fois le peintre et le miroir.

L'Écossais est né Celte et l'on s'en aperçoit; il a été pendant mille ans le proche voisin de la race saxonne : on s'en aperçoit aussi. S'il aime à se vanter et à promettre, il justifie parfois sa vanité et tient presque toujours ses promesses. Son humeur est aventureuse; quand les émotions lui font défaut dans son pays natal, il va les chercher au bout du monde. Il prêche encore plus volontiers que l'Anglais; aucun peuple n'a présenté, même dans la conversation familière, un si curieux mélange de solennité et de bonhomie. Comme il aimait autrefois la guerre, il aime aujourd'hui la chicane théologique et juridique. Il a le culte de ses traditions nationales et locales : chroniques, légendes, chansons, tout ce qui lui parle de son passé, de ses luttes avec l'Anglais, et des combats qu'il a soutenus pour la conquête de la liberté religieuse, tout l'intéresse, tout lui paraît bon à conserver. Comme les grands docteurs d'Édimbourg, le dernier maître d'école de village est antiquaire par instinct, et le paysan lui-même aime à conter.

La raison est le trait distinctif de l'Écossais. Voici en quels termes ironiques un spirituel Anglais reconnaît, tout en le raillant, ce privilège national : « La Minerve de l'Écossais est venue au monde tout armée, avec une panoplie complète.

Vous n'êtes jamais admis à voir ses idées dans leur croissance, si toutefois elles en ont une, et si elles ne sont pas bien plutôt ajustées ensemble par un mécanisme d'horlogerie. Vous ne surprenez jamais son esprit en déshabillé ; son petit stock d'idées est toujours en bon ordre et au grand complet. Il apporte toute sa richesse en société, et, gravement, la déballe.... Tout ce qu'il possède, il l'a sur lui. Jamais il ne se baissera devant vous pour ramasser quelque chose qui brille et le partager avec vous : il veut savoir d'abord si c'est du clinquant ou du pur métal... Vous n'êtes jamais là quand il aperçoit une vérité pour la première fois ; son entendement est toujours au zénith, vous ne voyez jamais l'aube, les premières lueurs du matin. Conjectures, hypothèses, pressentiments, vagues intuitions, demi-conscience, clartés incomplètes, instincts confus, conceptions esquissées, n'ont de place ni dans sa cervelle, ni dans son dictionnaire. Orthodoxe ou libre penseur, jamais il n'a connu le crépuscule du doute. Entre l'affirmative et la négative, il n'y a point pour lui de *border*, de territoire neutre, comme sur sa frontière. Il ne vous permet pas d'errer sur les confins de la vérité, de vous perdre dans les détours de la probabilité. Il suit toujours le sentier.... Son goût n'a point de variations, ni sa morale de compromis. Point de milieu : il ne saurait y avoir qu'un mal et un bien. Sa conversation est un livre. Son affirmation vaut un serment. Il arrête une métaphore comme on arrête une personne suspecte, en pays ennemi.... Mettez un éteignoir sur votre ironie, si vous avez le malheur d'être doué sous ce rapport. Rappelez-vous que vous êtes devant la justice : vous avez juré de dire la vérité, toute la vérité, rien que la vérité. »

L'auteur de cette page est Charles Lamb, le plus aimable des esprits faux. En se moquant du bon sens, il fait son métier d'humoriste. Mais le lecteur, s'il veut tirer profit de cette boutade, ne gardera qu'un seul fait de toutes ces épigrammes : c'est que le peuple écossais est le plus sensé de tous les peuples d'origine celtique. Qualités et défauts, tous les traits de la race, y compris cette implacable raison, se retrouvent dans Scott, soit comme les facultés mêmes de son esprit, soit comme des idiosyncrasies nationales qu'il s'est assimilées, *pour se complaire ensuite à les décrire.*

Enfance et jeunesse de Scott.

Scott était le fils d'un procureur d'Édimbourg, qui se piquait d'une noble origine ; ainsi, le sang des vieux chefs, qui jouent un si grand rôle dans ses poésies, coulait dans ses veines. Une maladie d'enfance l'enlève à un milieu sévère et triste, à la discipline presbytérienne et à l'atmosphère enfumée d'Auld Reekie, pour le transporter à la campagne, où il grandit, gâté par une grand'mère qui amuse sa jeune imagination avec les intarissables récits des brigands de la frontière, qu'il transformera plus tard en héros d'épopée. Des souvenirs plus récents sont ceux de la grande levée de boucliers de 1745, et des exécutions sommaires qui avaient suivi la fatale journée de Culloden. Deux de ses parents y avaient perdu la vie. Il se promène, tout enfant, sur ce champ de bataille de Prestonpans, où il conduira Waverley, son premier héros ; il y rencontre un vieux soldat, Dalgetty, dont la figure et le nom même se retrouveront dans la *Légende de Montrose*, pendant que sa tante coquette avec un ami de la famille, qui sera le prototype de l'*Antiquaire*. A huit ans, il rentre à Édimbourg, dans la maison de George Square, assombrie par le puritanisme et la chicane. L'indulgence de sa mère et quelques livres de poésie, qui lui tombent sous la main, adoucissent pour lui ce changement de vie ; il admire sincèrement les froides élégances de Pope, jusqu'au jour où un vieil ami, devinant ses facultés naissantes, lui ouvre les trésors poétiques de Spenser, et sa mémoire enthousiaste s'en remplit aussitôt. Il entre à la *High School* d'Édimbourg ; il brille peu en classe, c'est lui-même qui le confesse ; mais, dans la cour, sa précoce imagination de narrateur groupe autour de lui des auditeurs avides de l'entendre. Il a pour répétiteur, pendant ses études à la *High School,* un jeune ministre presbytérien, rigide et même fanatique, qui pose, sans s'en douter et sans que Walter s'en doute lui-même, devant le futur auteur des *Puritains*. Cependant ses études continuent; il achève de se brouiller avec son professeur de grec par un parallèle irrévérencieux, où il met Homère aux pieds de l'Arioste, et l'helléniste prononce cet oracle, qui, trente ans plus tard, fera sourire le vieux Scott : « *Dunce he is, and dunce he is to remain.* » Il prend plus d'intérêt aux éloquentes leçons de Dugald Stewart, et s'applique surtout, avec succès, à l'étude de l'histoire et de la géographie. Dès cette époque, sa double passion se révèle : un paysage ne le charme que s'il est animé par le souvenir de quelque grand événement, ou s'il est possible de lui donner une sorte de signification morale.

Les classes finies, Scott devient clerc dans l'étude paternelle. Il est assidu aux clubs littéraires qui fleurissent en si grand nombre dans l'Athènes écossaise. Grand marcheur malgré son pied boiteux, il charme ses longues promenades avec un de ses amis par des récits improvisés, et parfois oublie, dans ses vagabondages, le chemin du logis. S'il aime les longues promenades, il ne hait pas les longs repas. L'homme ne serait pas complet si nous n'ajoutions ce dernier trait, car c'est surtout à table que l'on aime à conter et qu'on trouve des auditeurs. Dans l'œuvre de Scott, que de jeunes gens, joyeux ou romanesques, voyageant à l'âge heureux où l'on brave les fatigues, et où l'on chérit les aventures! C'est Mannering, c'est Waverley, c'est Frank Osbaldistone, c'est Darsie Latimer. A la fin d'une rude étape, avec quel plaisir on trouve l'honnête auberge, le feu clair, le dîner copieux arrosé d'une bouteille des Canaries, que l'hôte va chercher lui-même au fond de la cave, et qui a son histoire! De quel appétit on dévore, et de quelle humeur on écoute les saillies de l'hôte et les bavardages de l'hôtesse! Ici, c'est Scott qui est lui-même le prototype de ses héros.

Œuvres poétiques.

Il avait été reçu avocat en 1792. Quelques années plus tard, la protection du duc de Buccleugh, son parent éloigné, lui faisait obtenir la charge de greffier de la Cour des sessions, qui valait 300 livres par an. En 1802, Scott, de concert avec quelques amis, publia un recueil d'anciennes ballades. Il ne s'attribuait d'autre mérite que de les avoir réunies, modernisées et mises en ordre. A cette époque, le goût des vieilles choses commençait à peine. On ne réclamait point, comme nous le faisons aujourd'hui, l'œuvre ancienne dans sa nudité fruste, dans sa naïveté ou sa rudesse. On admettait que la main d'un lettré la mît en état de paraître devant le public, polie, nettoyée, à demi restaurée, et même légèrement embellie. Ce qui serait aujourd'hui un sacrilège était alors un devoir.

Le succès des anciennes ballades encouragea Scott à faire un pas de plus, et à se présenter, non plus comme l'éditeur, mais comme le continuateur des anciens poètes écossais. Le *Lai du dernier ménestrel* parut en 1805; puis se succédèrent, à intervalles inégaux, *Marmion*, la *Dame du Lac*, *Rokeby*, le *Lord des Iles*. A l'époque où il écrivit ces poèmes, Scott touchait à la maturité ; il ne faut donc pas s'étonner d'y trouver déjà son talent complet et sa vocation formée, mais ce n'est pas le talent ni la vocation d'un poète. Traduisez en prose française un de ces poèmes, *Marmion*, par exemple, remplacez la division des chants par celle des chapitres : sauf quelques comparaisons, quelques épithètes homériques, et une certaine animation dans le style aux endroits pathétiques, rien ne rappellera au lecteur qu'il tient entre les mains une œuvre poétique. Il ne restera qu'un petit roman historique, se rapportant aux dernières années du quinzième siècle. Les procédés, ou, — s'il est permis de qualifier ainsi un art qui a enchanté successivement plusieurs générations, — les recettes, avec lesquelles Scott composera plus tard le *Talisman*, *Ivanhoe*, la *Jolie fille de*

Perth, les *Fiancés*, *Anne de Geierstein*, *Quentin Durward*, sont déjà mises ici en usage. Patiemment, pièce à pièce, avec minutie et avec amour, à force d'érudition, et surtout en vertu d'une sorte de divination, Scott reconstitue le cadre féodal où il veut placer son récit. Des douves aux créneaux, il rebâtit les vieilles forteresses qui se reflètent dans les eaux de la Tweed ou du Teviot; il fait flotter les bannières, étinceler les cimiers, onduler les panaches. Dates, paysages, monuments, meubles, armures, tout est authentique. Il s'agit ensuite de peupler ce milieu de figures historiques, mêlées à des caractères de pure invention. Scott est déjà passé maître à ce genre de travail. Jacques, irascible mais bon, libertin mais brave, tenant sa cour dans Holyrood et taquinant son vieux et fidèle Angus, n'est pas moins finement tracé que le Téméraire avec Comines, Louis XI avec son compère Tristan. Quant aux personnages fictifs sur lesquels repose l'intérêt romanesque du récit, leur équipement et leur langage sont irréprochables au point de vue archéologique. Si on les regarde de très près, peut-être s'apercevra-t-on que leur âme n'est pas contemporaine de leur armure, et qu'ils appartiennent, en dépit des apparences, à cette humanité vague et abstraite, où les Chinois de Voltaire se confondent avec les Grecs de Racine. Quelquefois l'âme est absente, et l'armure est vide, comme celles que l'on admire à la Tour de Londres et au Musée d'artillerie.

L'art du futur romancier est surtout sensible dans l'habileté, — devenue depuis un peu vulgaire, — avec laquelle il distribue les différents éléments de l'action, suspend l'intérêt, irrite la curiosité, varie l'émotion. Au sixième chant de *Marmion*, il décrit la bataille de Floddenfield. Un poète apercevrait une mêlée terrible et confuse, une vision sanglante : Scott distingue les moments successifs, les péripéties du combat; il nous laissera croire, un instant, que les Écossais vont gagner la journée, afin de rendre l'anxiété plus grande, le résultat plus saisissant. Il est narrateur, et non peintre.

Comme il le fera plus tard dans ses romans, il mêle le

surnaturel à son récit : ainsi, dans le *Lai du dernier ménestrel*, l'apparition de Michel Scott et les maléfices du nain. Mais il est plus heureux lorsqu'il peut, comme dans *Marmion*, expliquer par des raisons très simples ce qui, pendant un instant, a paru inexplicable. C'est là un trait de nature qui lui est commun avec tous ses compatriotes : superstitieux et sensé, il aime le merveilleux et n'y croit pas. Scott flatte encore une inoffensive manie de ses concitoyens en préludant, par de légères railleries sur les moines et les nonnes, à ses satires, moins mesurées, de l'*Abbé* et du *Monastère*. Ainsi, rien ne manque dans ses poëmes de ce que nous trouverons dans ses romans, pas même la note jacobite, qui se glisse, çà et là, dans un prélude ou un épilogue. La poésie est ce qu'on y rencontre le moins. Serait-il juste, pourtant, de dire qu'on ne l'y rencontre jamais? Comme certains bidets du pays, le vers de Scott a le trot sûr, paisible et régulier, mais n'est pas incapable de fournir à l'occasion un temps de galop. Un homme distingué qui, dans sa jeunesse, a passé plusieurs jours à Abbotsford, raconte l'anecdote suivante. Durant toute une soirée, deux jeunes filles avaient fait écouter d'excellente musique aux hôtes du château. Indifférent, assoupi, Scott ne semblait pas les entendre. Tout à coup, mistress Lockhart prit sa harpe et fredonna le vieux chant de 1745 : *Charlie is my darling*. Les yeux brillants, et brandissant sa béquille, Scott se leva et, avec enthousiasme, d'une voix rude et plus vigoureuse que juste, il entonna le refrain jacobite. Telle est sa poésie, intermittente et capricieuse comme son goût pour la musique. Un nom aimé, un souvenir patriotique la réveille. Le sang des barons du *Border* se réchauffe dans les veines du greffier de la Cour des sessions; une fièvre belliqueuse le secoue et le saisit; il est poëte pendant quelques secondes, à la manière des anciens bardes, qui chantaient avant de combattre, et qui chantaient encore après avoir combattu. C'est alors qu'il écrit le début du *Dernier ménestrel* ou le chant final de *Marmion*. Quelquefois, son émotion est plus douce, plus contenue, plus tendre. C'est un site connu qui se représente à son imagination, avec le cortège de réminiscences qui accompagnent les scènes où notre adolescence a promené ses rêveries. C'est à cette veine qu'appartient l'admirable peinture des Trossachs, au premier chant de la *Dame du lac*. Parfois, enfin, la poésie jaillit du dramatique même de la situation : ainsi, le supplice de Constance de Beverley, dans *Marmion*.

Lorsque parurent les poésies de Scott, Burns n'était plus, Wordsworth et Coleridge étaient encore inconnus et dédaignés, Byron était au collège. Comment n'eût-on pas fait fête au *dernier Ménestrel* et à *Marmion*? Sept ou huit ans plus tard, les choses étaient changées : Byron avait paru dans la carrière. Il n'était plus possible au public d'ignorer où se trouvait la vraie poésie. La foule enthousiaste, qui s'était groupée autour de l'auteur de *Marmion*, l'abandonna pour aller se presser autour de l'auteur de *Childe Harold*. Surpris et attristé de cette indifférence, mais trop sage pour n'en pas reconnaître les vrais motifs, et pour s'enfermer dans un stérile dépit, Scott chercha un autre domaine où ses facultés pussent se déployer plus librement, et où il n'eût pas à redouter de rival. Son amour-propre, bien inspiré, inventa un genre.

Les Waverley Novels.

Dans sa jeunesse, Walter Scott avait songé un instant à composer un roman dans le goût du *Château d'Otrante*, d'Horace Walpole. Par bonheur, ses idées prirent un autre cours, et les œuvres de miss Edgeworth vinrent offrir à son imitation un meilleur modèle. La pensée lui vint de faire pour l'Écosse ce que la célèbre romancière, dont il était le lecteur et l'ami, avait fait pour l'Irlande. Il voulait faire connaître aux Anglais les idées, les mœurs, les paysages et le passé de l'Écosse, afin de détruire des préjugés qu'un siècle d'union politique et administrative avait laissé subsister. Dans cette vue, Scott commença à écrire *Waverley*. Il consulta un ami. Comme celui auquel Spenser avait soumis les premiers chants de la *Reine des Fées*, cet ami répondit en conseillant à Walter Scott de renoncer au genre et à l'ouvrage. En conséquence de cet arrêt, les sept premiers chapitres de *Waverley* dormirent longtemps dans un tiroir : l'échec de *Rokeby* et du *Lord des Iles* les en fit sortir. Scott acheva son œuvre, et la donna au public sans nom d'auteur. *Guy Mannering* et l'*Antiquaire* parurent ensuite avec cette désignation, devenue rapidement populaire, « par l'auteur de *Waverley* », et on donna le nom générique de *Waverley novels* aux œuvres nombreuses qui se succédèrent pendant quinze ans.

Le succès fut rapide, immense, durable. Ni auparavant, ni depuis, aucune vogue n'a égalé celle-là. Contrairement au proverbe, Scott trouva d'abord d'ardents admirateurs dans ses compatriotes. Il avait placé la scène de ses premiers romans au milieu des sites qui leur étaient familiers, et que ces mêmes romans allaient bientôt rendre célèbres ; il intéressait le monde à des légendes et à des traditions locales, qui n'avaient eu jusque-là d'autres interprètes que des maîtres d'école ou de vieilles femmes ; par-dessus tout, il remuait la fibre jacobite, toujours vivace dans le pays d'origine des Stuarts. Le jacobitisme, brasier mal éteint, que pendant cent ans une étincelle rallumait à la moindre occasion, était enfin passé, de la sphère de l'action, dans le domaine plus calme des sentiments et des souvenirs, où les rigueurs du gouvernement ne pouvaient ni n'osaient le poursuivre. Ce fut le premier auxiliaire du succès de Scott ; mais son œuvre avait d'autres mérites, qui la rendaient digne de passer non seulement la Tweed, mais la Manche, et de fixer l'attention du public européen. Scott marchait le premier dans une voie qu'il avait lui-même tracée, et qu'il allait bientôt élargir.

On montre encore, dans la cathédrale de Lincoln, un vitrail auquel se rattache une légende. Le maître verrier avait mis au rebut un châssis, à cause des défauts du verre. Un de ses élèves s'empara du châssis dédaigné, et y peignit, en se jouant, une composition de sa façon. Il se trouva que l'ébauche de l'apprenti était un chef-d'œuvre. Le maître en mourut de jalousie, et le vitrail, aujourd'hui encore, pour la pureté du dessin, la vivacité du coloris, et surtout la profondeur du sentiment, éclipse tous les autres. Ce souvenir fournit à Macaulay une ingénieuse comparaison. Le maître verrier, dédaigneux et jaloux, ce sera Clarendon, Hume, Robertson, ou tel historien de l'ancienne école. L'élève, qui trouve la gloire en utilisant les matériaux rejetés par l'histoire, ce sera Walter Scott. Le roman historique, c'est la moitié de l'histoire, et la meilleure peut-être. « Dorénavant, dit encore Macaulay, on trouvera le règne du premier Stuart, partie dans Hume et partie dans les *Aventures de Nigel*, l'époque de la Restauration, partie dans Clarendon, et partie dans *Old mortality* ». Cette parole est la justification du roman historique. En même temps, elle nous explique, d'avance, pourquoi il a cessé de vivre, quand l'histoire a repris son bien.

C'est à ce genre qu'appartiennent presque tous les romans de Walter Scott, comme on peut s'en convaincre par une rapide revue.

Ni l'antiquité, ni la guerre de Cent ans, qui ont fourni tant de chefs-d'œuvre à Shakespeare, n'ont rien inspiré à Scott. L'antiquité lui était peu familière. D'autre part, il était trop Écossais, ou, si l'on veut, trop peu Anglais pour s'émouvoir au souvenir de Crécy et d'Azincourt. Cependant, un héros anglais remplit deux de ses romans, le *Talisman* et *Ivanhoe*. Le premier de ces récits montre Richard Cœur-de-Lion en Palestine, luttant avec Saladin de bravoure et de magnanimité. Le second met en scène les circonstances romanesques de sa réapparition en Angleterre. On relira longtemps *Ivanhoe*, non seulement à cause de ses péripéties émouvantes et de ses tableaux pittoresques, mais surtout parce que l'auteur y a mis en présence les deux races normande et saxonne, sans rabaisser l'une ni calomnier l'autre. Le roman, un peu lent et monotone, des *Fiancés*, raconte, en y mêlant une fable sentimentale, un épisode des guerres que les Gallois soutinrent pour défendre leur indépendance. La *Jolie fille de Perth* encadre dans des événements historiques un tableau animé des mœurs de la primitive Écosse.

L'histoire de France a donné deux sujets au romancier : l'un et l'autre se rapportent à la même époque, aux règnes rivaux de Louis XI et de Charles le Téméraire, deux caractères dont le contraste séduisait son imagination. *Quentin Durward* est le premier et, de beaucoup, le meilleur de ces ouvrages. Les évènements qui en forment la trame historique sont le massacre de l'évêque de Liège par le Sanglier des Ardennes, et la captivité de Louis à Péronne, qui en est la conséquence. Le roman se termine par le châtiment des Liégeois et la délivrance humiliante du roi de France. Un jeune archer écossais de la garde du roi mêle son humble existence à de grandes destinées. Il devient, sans que la vraisemblance en soit choquée, le témoin et comme le *deus ex machina* d'une situation terrible. Fin, courageux, discret, plus honnête que Gil-Blas et plus modeste que d'Artagnan, Quentin Durward est, si l'on peut dire, le type de l'aventurier vertueux. Dans *Anne de Geierstein*, — une des productions les plus faibles de sa vieillesse, — Scott a entrecroisé les intrigues de Marguerite d'Anjou dans l'exil, avec les phases de la lutte de Charles le Téméraire contre les Suisses. Il nous promène des solitudes alpestres à la cour galante et poétique du roi René, et nous donne, comme tableau final, la mort tragique du duc Charles devant Nancy. Mais un héros sans caractère, une héroïne qui joue au revenant, les pâles amours de ces deux personnages, nuisent à l'intérêt des peintures historiques.

L'*Abbé* et le *Monastère* peignent avec vivacité quelques scènes de la Réforme en Écosse. On lit l'*Abbé* avec plus de plaisir que le *Monastère*, non seulement parce qu'on aime mieux l'aimable et impétueux Roland Græme que le froid et raisonnable Halbert Glendinning, mais parce que l'attrayante figure de Marie Stuart, son séjour à Lochleven, son évasion et sa défaite, suivies d'une nouvelle et plus douloureuse captivité, rendent singulièrement émouvantes les dernières pages de l'*Abbé*. Le *Monastère* renferme, néanmoins, un caractère précieux à recueillir, celui de Piercy Shafton, qui personnifie l'absurde élégance des courtisans d'Elizabeth. La grande reine dont nous venons de prononcer le nom, apparaît dans le *Château de Kenilworth*, avec ses vanités et ses faiblesses. C'est l'implacable fille de Henry VIII, l'énergique et glorieuse souveraine; c'est aussi la vieille fille maniaque, prétentieuse et jalouse. Le moment est bien choisi : on voit naître la faveur de Raleigh, on assiste au tragique déclin de celle de Leicester. Il est fâcheux que, dans *Kenilworth*, l'action principale repose sur un amour sans espoir et, partant, sans intérêt, sur un caractère insipide et languissant. Tressilian, c'est sir Charles Grandison en costume du seizième siècle, c'est le soupirant, irréprochable et transi, qui a été à la mode pendant soixante ans. Les *Aventures de Nigel* pèchent également par l'insignifiance du héros. C'est un jeune Écossais qui, comme beaucoup de ses compatriotes, vient chercher fortune à Londres, sous le règne du premier des Jacques. Usant d'un procédé familier aux auteurs comiques, l'auteur a doublé Nigel d'un valet, et le valet fait oublier le maître. Le Londres de 1610 n'a point de secrets pour Scott, et il est aussi aisé à ses lecteurs de pénétrer avec lui dans les repaires du Temple, qu'il était difficile, alors, aux officiers de justice de s'y aventurer. Jacques est surpris en déshabillé, caressant et comblant son Buckingham, entremêlant un mauvais anglais de latin plus mauvais encore, mélange de Trissotin et d'Harpagon sur le trône.

Nous tournons encore une page des annales d'Angleterre, et nous arrivons à la Révolution. Forçant un peu l'histoire, Walter Scott fait jouer à cache-cache Charles II et Cromwell, dans les labyrinthes du vieux château de Woodstock. Le portrait du Protecteur est tel qu'on peut l'attendre d'un Écossais tory et même jacobite. Walter Scott le jugeait avec les préjugés de son pays, de son parti et de son temps. Pour un motif différent, le romancier ne réussit qu'à demi à décrire l'âge de Charles II, dans *Peveril du Pic*. A cette époque antichrétienne et antianglaise, à ce débordement d'impudeur et d'esprit, il fallait un pinceau moins réservé, une plume moins sage que celle de Scott. Le vieux Lee (*Woodstock*), qui meurt de joie à la rentrée de son prince, l'implacable et glacial Bridgenorth (*Peveril du Pic*), qui sacrifie sa famille à sa foi, présentent les deux caractères du temps, le parfait Cavalier et le pur Tête-Ronde. Mais c'est surtout dans *Old mortality* que le romancier déploie son incomparable talent pour la psychologie particulière du fanatisme, et pour l'étude de ses variétés. Qui oublierait Elspeth, la vieille paysanne prêcheuse et enthousiaste, Habacuc Mucklewrath, qui ressuscite, en quelque sorte, pour maudire, au milieu de leur orgie, les dragons de Claverhouse, surtout Balfour de Burleigh, l'assassin de l'archevêque de Saint-André, l'une des figures les plus vraies, les plus sombres, les plus tragiques qu'un poète ait jamais conçues, qu'un romancier ait jamais fait agir, d'Eschyle à Victor Hugo? La *Légende de Montrose* complète la série des romans qui se rapportent au temps des guerres civiles. C'est un court épisode des luttes soutenues par le « Grand Marquis » dans les Highlands, contre les soldats covenantaires. L'auteur y a esquissé l'officier de fortune au dix-septième siècle, sous les traits, demeurés populaires, du major Dalgetty.

Waverley et *Redgauntlet* racontent les deux expéditions de Charles-Édouard, en 1745 et en 1761[1]. Mais quelle différence entre les deux époques, entre les deux romans! En 1745, le Prince est jeune, aimé, chevaleresque, il marche entouré de poétiques dévouements, il est victorieux, il est presque roi. Même son désastre et sa fuite ont quelque chose d'héroïque et d'extraordinaire. En 1761, vieilli, désabusé, méfiant, il est déjà rembarqué que ses partisans ne sont pas encore tous arrivés au rendez-vous. Même contraste entre les deux romans : autant *Waverley* est amusant et animé, autant *Redgauntlet* est mélancolique et ennuyeux. On dirait que le jacobitisme refroidi de l'auteur a voulu offrir une sorte d'amende honorable aux amis libéraux de son âge mûr.

On peut encore rattacher aux romans historiques la *Fille du Chirurgien* et le *Cœur de Midlothian*. Le premier est un épisode de la conquête des Indes, le second a pour point de départ un sanglant souvenir, tiré des annales de la capitale

---

1. Il est utile de prévenir le lecteur que la présence de Charles-Édouard sur le sol anglais, en 1761, n'est point un fait historique, sérieusement démontré.

de l'Écosse, l'exécution du capitaine Porteous par la populace révoltée. Au cours de ce récit se rencontrent des personnages historiques, le duc d'Argyll et la reine Caroline, que le romancier a traitée avec une rare indulgence, mettant en lumière ses brillantes qualités et laissant dans l'ombre ses odieux défauts.

Restent six romans où l'auteur n'a placé aucun caractère qui appartienne à l'histoire. Ce sont les *Eaux de Saint-Ronan*, la *Fiancée de Lammermoor*, le *Pirate*, le *Nain noir*, l'*Antiquaire* et *Guy Mannering*. Le sujet des *Eaux de Saint-Ronan* est une aventure plus triste qu'intéressante. Heureusement, Scott a groupé autour de ses principaux personnages tous les originaux qui peuplaient, il y a cent ans, une petite ville d'eaux perdue dans un coin de l'Écosse. La *Fiancée de Lammermoor* a inspiré à un grand musicien ses notes les plus tendres, ses accents les plus douloureux. On pourrait reprocher à la *Fiancée* une couleur trop uniformément lugubre, si la présence de Caleb, le fidèle et ingénieux serviteur d'Edgard de Ravenswood, n'égayait l'action. Le *Pirate* offre un charme indéfinissable pour ceux qui aiment à sortir des sentiers battus. La scène est dans les Hébrides. L'action s'encadre dans les paysages gracieusement sévères de ce petit monde étrange et naïf, placé en dehors des routes de la civilisation. L'*Antiquaire* se recommande par la fine peinture des caractères, et *Guy Mannering* par le dramatique des situations. Une scène de l'*Antiquaire* est demeurée classique : c'est celle où un vieux seigneur et sa fille, surpris par la marée montante, sont sauvés par le mendiant Ochiltree. Deux types secondaires de *Guy Mannering*, Meg Merrilies, la sorcière égyptienne, et Dominus Sampson, le pédant excentrique et ingénu, le plus taciturne des hommes qui aient jamais logé un cœur d'or sous un habit noir râpé, sont restés dans toutes les mémoires.

Aucune figure historique, avons-nous dit, ne se rencontre dans ces derniers romans ; mais l'auteur y a prodigué la couleur locale, il y a semé d'innombrables détails qui marquent la date d'une façon précise. Si l'on y regarde de près, on reconnaîtra bien vite qu'il est impossible à la critique de séparer en deux classes distinctes des œuvres visiblement composées d'après les mêmes principes et à l'aide de procédés identiques. Les romans de Scott ne sont pas seulement des romans historiques parce qu'on y voit paraître des personnages tels que Richard Cœur-de-Lion, Louis XI et Marie Stuart, ou parce que les péripéties de l'action se lient intimement aux événements réels de l'histoire, mais parce que ces romans sont la stricte application de la méthode historique au récit d'une fiction. Comme l'historien, Walter Scott indique d'abord ses sources, les classe, les discute; au cours de son récit, il exerce sa critique sur les faits et les hommes, et semble avoir sans cesse pour objectif le mot qui est la devise et la définition même de l'histoire : *ad probandum*. S'agit-il d'un être de pure invention, comme la gipsy de *Guy Mannering*, même luxe de recherches, de commentaires et de pièces justificatives, pour retrouver à ce personnage romanesque un prototype authentique. A défaut de documents, il en invente, et c'est ainsi que le roman est souvent précédé d'une volumineuse introduction, qui est elle-même un roman et où l'auteur, employant toujours sa rigoureuse méthode historique, se met en scène, recueillant de la bouche d'un capitaine Clutterbuck ou d'un docteur Dryasdust, qui n'ont jamais existé, des renseignements, des manuscrits ou des traditions également imaginaires. En cela, beaucoup de romanciers ont imité l'écrivain écossais; mais ce qui n'est, chez la plupart, qu'un puéril trompe-l'œil littéraire, est, chez Scott, l'effet de la vocation historique qui éclate dans les moindres détails.

La raison, caractère dominant de Scott.

Ronsard ne reprochait rien à Bertaut, sinon « qu'il le tenait pour un poète trop sage ». Peut-être le défaut de Scott est-il d'être un romancier trop raisonnable. Chez lui, point de surprises, aucune de ces impossibilités morales, aucune de ces fantaisies étranges où se complaisent certains écrivains, tels que Bulwer et même Dickens; mais aussi peu d'imprévu, les caractères se développent logiquement. Lorsqu'un personnage est introduit pour la première fois, si l'on remarque un air de dureté sur sa figure, soyez sûr qu'il commettra de vilaines actions avant peu, et ne se démentira pas jusqu'à la fin ; si, au contraire, sa physionomie respire la bonté, l'auteur prend par là, vis-à-vis de son lecteur, l'engagement de ne prêter au personnage en question que des actes de générosité et de vertu. Si, dès le début, un caractère est posé comme fanatique, le fanatisme inspirera ses moindres paroles durant tout le récit. La part de l'imagination et du hasard n'est pas beaucoup plus grande dans les évènements que dans les caractères ; rien n'arrive que ce qui peut et doit arriver. Lorsque les situations sont extraordinaires, c'est que le romancier les a trouvées toutes faites dans l'histoire ; il est alors fort ingénieux à en faire sortir l'émotion, et ne laisse rien à glaner derrière lui. Lorsqu'il disserte, ce qui lui arrive souvent, et commente les évènements de son propre récit, ses dissertations et ses commentaires sont toujours marqués au coin du bon sens, et l'auteur y semble bien moins désireux de faire briller son esprit que ses connaissances et sa sagacité.

L'amour est l'âme des romans. Or, l'amour, qu'il vienne de l'imagination ou des sens, fait mauvais ménage avec la raison. Rien ne doit refroidir davantage les peintures de cette passion que le bon sens éminent de Scott. Ses jeunes filles ne sont pas seulement vertueuses, elles sont la vertu même. Jamais une démarche hasardée, jamais un mot de trop. En toute circonstance, elles parlent, elles agissent, comme l'institutrice la plus sévère voudrait voir agir et parler sa meilleure élève. A peine une pointe d'excentricité chez Diana Vernon, un grain de hauteur chez Flora Mac-Ivor. Les jeunes gens sont dignes d'elles. Quoi de plus parfait, par exemple, qu'un Tressilian, si ce n'est peut-être un lord Evandale ? Entre des êtres aussi purs, il ne saurait y avoir que des entrevues édifiantes : on peut les faire lire aux jeunes filles anglaises, même le dimanche.

Si la vertu exagérée des héros et des héroïnes glace les œuvres d'imagination, il est d'honnêtes et sérieuses amours dont le spectacle donnera à tous ceux qui sont restés bons, de douces, de profondes émotions. Telles sont les amours de Butler et de Jeanie Deans dans le *Cœur de Midlothian*. Âpres au travail, durs à la souffrance, invinciblement patients, imperturbablement vertueux, mais d'une vertu humble et pratique, marchant dans la vie comme dans un chemin épineux, sans regarder à leurs pieds saignants et déchirés, mais les yeux fixés sur le but, ils désarment, dans le livre, toutes les ironies, comme ils surmontent, dans la vie, toutes les épreuves, à force de simplicité. L'amour fleurit chez eux, timide mais robuste, comme une plante précieuse sur la fenêtre de l'artisan. Lorsqu'après mille peines, l'auteur les unit, donne à Butler un presbytère et à Jeanie de beaux enfants, on est tenté de l'en remercier comme d'une bonne action. Ici, le sujet était en parfaite harmonie avec les facultés de l'auteur. L'Écosse, qui produit beaucoup de Butlers et de Jeanie Deans, devait mettre aussi au monde un Walter Scott pour raconter leur touchante histoire.

Dernières années et dernières œuvres.

Le secret de Scott avait été si bien gardé qu'en 1827 tout le monde ignorait encore le véritable nom de l'auteur des *Waverley Novels*. La banqueroute d'un éditeur vint soulever le voile. En 1829, dans un grand banquet, Scott accepta publiquement sa gloire Il n'en devait pas jouir longtemps.

La splendeur, toute féodale, dont il s'entourait dans son château d'Abbotsford, tenant table ouverte et donnant l'hospitalité à tout venant, comme ses ancêtres du quinzième siècle, avait entamé sa fortune. Le désastre des entreprises de librairie où il avait engagé ses capitaux pour les grossir, acheva sa ruine. En 1827, il se trouva responsable d'une dette d'environ trois millions, qui correspondraient aujourd'hui au double de cette somme. Rien de plus admirable que le courage avec lequel Scott, vieillissant, fit face à cette effroyable responsabilité. Il ne désespérait pas d'éteindre sa dette à force de travail, et son activité, pendant quelques années, fut telle qu'un jour, ayant terminé un roman le matin, avant le déjeuner, il en commença un autre dans l'après-midi. Le résultat de ce travail forcé fut l'affaiblissement graduel de sa santé, et malheureusement aussi, de son intelligence. Ses dernières œuvres en portent la trace trop visible. Il n'était plus que l'ombre de lui-même lorsqu'il mourut en 1832.

On devait lire, longtemps encore après cette date, les romans de Scott. Après avoir trouvé, en Angleterre même et surtout en France, des représentants presque aussi glorieux que le créateur du genre, le roman historique a disparu ; son tort le plus grave, alors même qu'il était fidèle à la vérité, c'était de transformer les grandes figures historiques en simples comparses, dans un tableau où les personnages d'imagination occupaient le premier plan. C'était le spectacle de la vie humaine vu du fond de la scène, au lieu d'être contemplé, comme il doit l'être, du fond de la salle : les figurants masquent les acteurs, le chœur empêche d'entendre les premiers rôles. Il n'y a pas lieu de regretter le roman historique, si l'on songe qu'il s'est éclipsé devant l'histoire elle-même. Le public, chaque jour mis en goût par des recherches et des découvertes nouvelles, ne pouvait désormais supporter les fictions ; la vérité lui apparaissait ce qu'elle est réellement, c'est-à-dire plus intéressante que le roman. Mais c'est en lisant les œuvres des conteurs qu'il avait pris le culte du passé, et s'était habitué à comprendre les sentiments et les idées, les monuments et les hommes d'une autre époque. Ainsi, Walter Scott avait frayé la route et préparé un public à Macaulay et à Michelet.

CHAPITRE XXV

LES LAKISTES

Débuts de Southey et de Coleridge. — Wordsworth. Ses principes poétiques. L'école du Lac. — Poésies de Wordsworth. L'*Excursion*. — Southey. *Jeanne d'Arc*. Poèmes orientaux. Écrits en prose. — Coleridge, buveur d'opium.

Débuts de Southey et de Coleridge.

Il y avait, à Bristol, en 1794, un groupe de jeunes gens qui rêvaient des choses étranges. A la tête de ce groupe se trouvaient Robert Southey et Samuel Taylor Coleridge. Southey était le fils d'un drapier. Coleridge, élevé à Christ's Hospital avec les enfants pauvres, avait traversé l'Université, puis s'était enrôlé dans un régiment de dragons. C'était un dragon médiocre et singulier. Un jour, comme il était de garde, il ne put s'empêcher de reprendre un officier qui citait de travers un vers de Sophocle, en l'attribuant à Euripide. On ne pouvait faire porter le mousquet à un homme aussi lettré, et on l'obligea à reprendre sa liberté.

Un amour commun de la poésie et de la nature, une commune admiration pour la Révolution française, rapprochèrent Southey et Coleridge. Les deux jeunes républicains, désespérant avec raison d'appliquer leur idéal politique et social dans la mère-patrie, projetaient d'aller fonder en Amérique, sur les bords du Susquehannah, un État nouveau, auquel Coleridge l'helléniste donnait d'avance le nom de *Pantisocratie*, et où tout le monde devait être bon, libre, heureux et sage. Pour partir, il fallait de l'argent : les jeunes gens imaginèrent de donner des conférences. Au commencement, les souscripteurs affluèrent ; mais Coleridge oubliait souvent l'heure de la leçon, et les auditeurs se lassèrent d'être plus exacts que leur professeur. La Providence vint au secours des futurs colons du Susquehannah, sous la forme d'un jeune libraire. Joseph Cottle aimait les vers, en composait lui-même de détestables, et admirait de tout son cœur ceux des autres. Il acheta libéralement à Southey le manuscrit de ses poésies, et escompta, plus libéralement encore, à Coleridge celles qu'il allait écrire. L'amour se mit de la partie pour retenir les enthousiastes sur le sol de la patrie. Un de leurs amis, Lovel le quaker, s'étant marié, une épidémie matrimoniale se déclara parmi les membres de la *Pantisocratie*. Lovel avait épousé une miss Frickers : il fallut une miss Frickers à Southey et à Coleridge. Southey, déjà plus raisonnable, jugea prudent d'attendre pour entrer en ménage. Coleridge, lui, n'hésita pas. N'avait-il pas la promesse de Cottle ? Chaque fois qu'il apporterait cent vers, il recevrait en échange une guinée et demie. C'était, pour un poète, le droit de battre monnaie. Justement, il avait découvert, à Clifdon, une petite chaumière à demi ensevelie sous le jasmin et les roses, et d'où l'on entendait le bruissement lointain de la mer. C'est là qu'il emmena Sarah Frickers, devenue Sarah Coleridge. Deux jours après, Cottle recevait un billet, qui le priait d'envoyer au cottage un certain nombre d'objets aussi vulgaires qu'indispensables, « une boîte à chandelles, deux soufflets, une paire de pantoufles, une Bible, un pot à bière, etc..... ». Cottle s'empressa d'envoyer tout ce qu'on lui demandait, et beaucoup d'autres choses encore, qu'il jugea nécessaires au confort d'un jeune ménage.

De temps à autre, le libraire recevait quelques feuillets du poème impatiemment attendu : *Religious musings*, rêveries religieuses. C'étaient bien, en effet, des rêveries ! Parti du Calvaire, l'auteur aboutissait à la Révolution française. Les scélérats de la Convention lui apparaissaient comme les continuateurs du Christ. Dans un élan de tendresse humanitaire, Coleridge appelait à lui tous les déshérités, tous ceux qui vivent dans l'indigence, dans la honte et dans les larmes. « Patience, leur criait-il, enfants de la souffrance et de la misère! » Grâce à la Révolution, il ne devait plus y avoir ni mendiants, ni prostituées, ni veuves, ni orphelins. Ce dernier trait paraîtra peut-être une sanglante ironie, si l'on songe qu'au moment où Coleridge écrivait, la Terreur était dans son plein. Qu'importait au poète qui versifiait ses illusions sous les ombrages de Clifdon? Il aurait pu dire, à la manière de l'abbé de Vertot : Ma république est faite.

D'ailleurs, il était si heureux dans son cottage! Vivre au milieu des fleurs, écouter le bruit de la mer, entrer en conversation avec le rossignol et l'alouette, avec le scarabée et le papillon, avec le lézard et la cigale, avec tous les hôtes de la solitude, faire des vers à propos de tout, à propos d'un nuage qui passe sur le ciel, à propos d'un vagabond qui s'est reposé devant la porte, penser au lieu d'agir, rêver au lieu de penser, et rêver en tenant dans ses bras la femme aimée, c'était le bonheur même pour Coleridge. Il tirait de toute chose la poésie qu'elle contient. Le mariage a aussi la sienne : il la goûta avidement, et écarta la coupe avant qu'elle fût tout à fait vide. Alors, tout attendri, les larmes aux yeux, l'aimable égoïste s'éloigna, en quête d'émotions nouvelles, n'ayant livré, ni à Cottle, ni à Sarah, ce qu'il leur avait promis. Dans deux vers qu'il a laissé tomber je ne sais où, n'a-t-il pas trahi le secret de sa vie?

> To meet, to know, to love, and then to part,
> Is the sad tale of many human heart!

C'était, en effet, son histoire, et il n'en était pas plus triste.

Wordsworth. Ses principes poétiques. L'école du Lac.

Vers ce temps, Coleridge fit la rencontre d'un homme qui devait exercer sur lui une influence considérable. Son nom était William Wordsworth ; son âge était à peu près celui de Coleridge et de Southey. Comme eux, il admirait la Révolution française, bien qu'il l'eût vue de près. Il se trouvait en France au moment de la chute de Louis XVI. Il avait visité les Tuileries quelques jours après le 10 Août, et le sang des victimes de Septembre aurait pu l'éclabousser. Ses croyances républicaines survécurent à ce spectacle, et il les rapporta intactes en Angleterre. Wordsworth avait un autre culte, celui de la poésie allemande, et il y convertit son nouvel ami. Coleridge l'accompagna même dans un voyage qu'il fit en Allemagne avec sa sœur, en 1797.

Quelle dissemblance entre eux! Coleridge, paresseux, inégal, inspiré ; Wordsworth, patient, méthodique, tenace ; le premier n'ayant d'autre muse que sa fantaisie, le second composant d'après un système. L'enthousiasme, qui débordait chez l'un, s'était creusé chez l'autre un lit profond. De ces deux esprits, il fallait que l'un dominât l'autre. Ce fut le penseur laborieux qui devint le maître du brillant improvisateur.

Wordsworth était pauvre, tellement pauvre qu'il se crut riche lorsque la libéralité posthume d'un ami lui eut assuré 35 livres (875 francs) de revenu annuel. C'est de ces modestes ressources qu'il vécut, avec sa sœur, pendant plusieurs années, dans un humble cottage près du lac de Grassmere. Plus tard, lorsque diverses circonstances, — sans intérêt pour l'histoire littéraire, — eurent fait succéder à sa pauvreté une aisance de plus en plus large, et lui eurent permis d'épouser celle qu'il aimait depuis le collège, Wordsworth changea de résidence, mais ne s'éloigna jamais du petit lac qui devait donner son nom à la nouvelle école poétique. Ce lac ne connaît guère la tempête. Le paysage qui l'encadre un peu étroitement, est doux et mélancolique, et cette mélancolie tendre se change en une sévère tristesse quand l'hiver est venu dépouiller le tronc des chênes et blanchir de neige les pentes gazonnées. C'est dans ce coin ignoré de l'Angleterre que Wordsworth s'enferma pour méditer sur les vrais principes de la poésie. Cette retraite ne rappelle-t-elle pas celle de Descartes, dans son poêle, prisonnier des Allemands et de l'hiver, et, dans cette prison, préparant l'émancipation de l'esprit humain ? Wordsworth prétendait renouveler la poésie, comme Descartes avait renouvelé la philosophie. Son *Discours de la méthode* fut la préface qu'il mit en tête de la seconde édition des *Ballades lyriques*, composées en commun avec Coleridge. Cette préface n'était rien moins que le programme d'une révolution.

Les temps, il faut l'avouer, étaient peu propices à un novateur. Le public d'alors se contentait des chansons à boire du capitaine Morris et des refrains patriotiques de Dibdin. Les esprits enclins à l'opposition trouvaient un régal plus fin dans les épigrammes courtes et acérées de Peter Pindar. On admirait encore les satires de Churchill, dont la hautaine et froide élégance avait paru, aux contemporains de Junius et de Johnson, le dernier mot de l'inspiration; on applaudissait aux débuts de l'Écossais Campbell, dont l'ode sur la bataille de Hohenlinden promettait un lyrique sage, selon le cœur des professeurs et la formule des Académies. C'est à ce moment que le solitaire du Grassmere publia son manifeste.

Après avoir fait table rase de tous les préjugés introduits dans les esprits par un siècle et demi de versification artificielle, Wordsworth remontait aux sources de la poésie. C'est aux champs qu'elle a pris naissance, en présence des beautés de la création : c'est donc aux champs que le poète doit vivre, afin d'être sans cesse en contact direct, en communion intime avec la nature. Les habitants des campagnes ont des idées plus simples, des sentiments plus purs, un langage plus naturel que ceux des villes : le poète doit donc choisir des héros rustiques et s'appliquer à imiter leur langage, non seulement pour donner plus de vérité à ses portraits, mais parce que ce langage est la véritable langue de l'imagination, du cœur et de la raison. Mais, demandera-t-on, en quoi une telle poésie diffère-t-elle de la prose? Et pourquoi, demande à son tour Wordsworth, y aurait-il, entre la poésie et la prose, une différence spécifique, une opposition de nature? La poésie ne se distingue de la prose que par la forme métrique, et c'est beaucoup. Vous pleurez en lisant les dernières lettres de Clarisse Harlowe, et vous savourez l'agonie de Desdémone. C'est la délicieuse musique des vers qui transforme en une jouissance l'émotion pénible des situations les plus douloureuses, qui change une scène d'horreur en un spectacle exquis. Le poète est un homme comme les autres, mais la faculté de sentir est, chez lui, plus intense, le don d'exprimer ses sentiments, plus développé que chez les autres hommes. Sa vocation n'est pas seulement de charmer. Le poète doit redevenir, dans la société moderne, ce qu'il a été dans la société antique : l'instructeur du peuple et le dépositaire de la sagesse, le consolateur et le législateur du foyer domestique.

Il y a, dans ce programme, de nobles idées et des idées justes. Mais il ne faut pas oublier que Cowper, Crabbe et Burns avaient paru avant Wordsworth : Cowper, qui avait ramené le public au sentiment de la nature; Crabbe, qui lui avait appris à s'intéresser à d'humbles existences; Burns enfin, qui avait été, par droit de naissance, ce que Wordsworth s'efforçait d'être, un poète-paysan. Quant à l'illusion démocratique, qui fait de chaque prolétaire un héros et un poète, le temps en a fait justice, dans le domaine des faits aussi bien que dans celui des vers. Quatre-vingts ans de tristes expériences nous ont appris à aimer le peuple d'une autre manière.

Il en est, d'ailleurs, des révolutions littéraires comme des révolutions politiques : il ne faut pas les juger d'après leur programme, mais d'après leurs fruits. Tant valent les œuvres du poète, tant vaut son système.

Poésies de Wordsworth. L'*Excursion*.

Wordsworth s'engage à rendre la nature telle qu'elle est; il s'engage en même temps à mettre en scène les habitants des campagnes, avec leurs véritables sentiments et leur véritable langage. Disons-le d'abord, il n'a tenu qu'une moitié de sa promesse, il n'a justifié que la première partie de son programme. La campagne se trouve dans ses poésies, comme elle ne se trouve, avant lui, dans les vers d'aucun autre poète anglais, pas même dans Cowper. Elle s'y trouve, non seulement avec ses aspects variés, mais avec les parfums qui s'en exhalent, l'atmosphère dont elle nous baigne, les sensations, suaves ou tristes, fugitives ou profondes, dont elle nous pénètre, et tous les sentiments moraux qui en dérivent. Wordsworth n'a point « chanté » la nature, comme on disait autrefois; il ne l'a point décrite à la façon d'un Thomson ou d'un abbé Delille : il l'a peinte, ou, mieux encore, il nous l'a fait voir, écouter, respirer, sentir, comme on sent le contact et la caresse d'un être aimé. Un effort de plus, l'Être universel, tantôt frémissant de vie, tantôt assoupi dans sa force, nous révèlerait, par ses tressaillements mystérieux, par le flux et le reflux de sa sève, la puissante existence dont il est animé, et qui souvent déborde de son sein. Mais la muse spiritualiste de Wordsworth s'interdit cet effort.

Macaulay dit de ce poète qu'il parle de la campagne comme un amant parle de sa maîtresse : n'étant jamais las de son sujet, il ne prévoit jamais de lassitude chez l'auditeur. C'est là une critique fine, qui contient un éloge mérité. Le sentiment de la nature, chez Wordsworth, a l'accent pénétrant de l'amour vrai, comme il en a la monotonie.

Les villageois de Wordsworth ne sont guère plus des villageois que les bergers de Philips ne sont des bergers. Ceux-ci avaient trop d'esprit, ceux-là ont trop de vertu. Il y a deux simplicités : l'une, qui n'est que l'enfance des facultés, alliée à la rudesse des instincts; la seconde, chose rare et exquise, est le parfum des âmes privilégiées, le degré suprême de la grandeur intellectuelle. Un abîme sépare le paysan qui nettoie ses bêtes, fouit la terre, charroie le fumier, ne voyant dans les phénomènes des saisons que des incidents de la culture, et le philosophe qui s'est retiré à la campagne pour y jouir de la splendeur des étés et de l'austérité mélancolique des hivers, des bruits du torrent et du vent, des champs couverts de neige ou de fleurs, de la fraîcheur joyeuse des matinées, de la solennité redoutable de l'orage, de la majesté des soleils couchants. L'un voit, l'autre regarde; l'un entend, l'autre écoute; l'un vit, l'autre sent et réfléchit. En cinquante ans, Wordsworth n'a pas aperçu cette différence. Il s'est obstiné à peupler la campagne de penseurs et de poètes, comme l'antiquité la peuplait de sylvains et de nymphes, le moyen âge d'elfes et d'ondines.

Voit-on paraître dans son œuvre de vrais paysans, ils n'y sont que les accessoires du paysage, comme dans les tableaux du Poussin ou de Corot; ils passent comme des ombres et s'évanouissent au moment où l'on va s'intéresser à eux. Le sentiment est prodigué, la passion absente, toujours absente, systématiquement exclue. Point de mouvement, peu d'action; il n'y a même pas, à vrai dire, de sujet. Un Écossais, marchand de faïences ambulant et garnement de la pire espèce, est converti au bien par la vue d'un noyé au clair de lune, et par le vertueux exemple d'un baudet qui se laisse rouer de coups plutôt que d'abandonner le cadavre de son maître. Cette aventure fournit à Wordsworth un poème en trois chants, intitulé *Peter Bell*. Le *Charretier* est une épopée en cinq chants. Le héros, Benjamin, surpris la nuit dans la montagne par l'orage, avec sa voiture et ses chevaux, recueille en chemin un marin, accompagné d'une femme et d'un enfant. Les deux hommes entrent au cabaret; ils s'y oublient en buvant et en racontant des histoires. Benjamin arrive en retard chez son maître; il est, pour ce fait, grondé et congédié. Il n'y a rien de plus, rien de moins dans ce récit, que Charles Lamb déclarait admirable. Ce singulier sujet ferait les délices d'un réaliste. En le traitant, l'inspiration du poète ne cesse pas un instant d'être pure, rêveuse, séraphique, immatérielle; elle n'effleure pas la terre. Si Raphaël s'était mis en tête de représenter le petit chasseur de vermine, immortalisé par Murillo, c'est dans un style analogue qu'il l'aurait peint.

Comment donner une idée du grand poème de Wordsworth, *l'Excursion?* Ce poème est vide, et tout s'y trouve; ce n'est rien, et c'est une encyclopédie. Dix lignes suffisent pour en indiquer le plan : dix volumes ne suffiraient pas pour exposer et résoudre tous les problèmes qui y sont soulevés.

L'auteur va trouver son vieil ami, l'ancien colporteur, qui a appris la physique en observant la nature, l'économie sociale en parcourant les villes et les villages, la psychologie en s'étudiant lui-même, et la religion en regardant le ciel. Ensemble, ils vont rendre visite à un certain solitaire, qui, ayant perdu sa femme et ses enfants, est allé en France demander des consolations à la lecture des œuvres de Voltaire et au spectacle de la Révolution française. Ni Voltaire, ni la Révolution ne l'ont consolé. Jugeant que là où avaient échoué de pareils remèdes, nul art humain ne pouvait réussir, il s'est retiré dans une sauvage solitude. Ses amis l'en arrachent pour le conduire à la vallée voisine. Là s'engage, avec le pasteur du village, une conversation qui remplit plusieurs chants, et qui est entrecoupée de récits épisodiques. Le pasteur fait l'histoire de tous les défunts qui reposent autour de lui, sous les tertres verts. Chacun de ces souvenirs donne lieu à de pacifiques discussions, d'où se dégage la moralité que comporte toute destinée humaine. On remarquera que le dernier mot reste au pasteur, et que la sagesse philosophique, dont les généreuses mais stériles aspirations remplissent les premiers chants, s'incline, à la fin, devant la sagesse chrétienne. Du haut d'une éminence, le ministre, entouré de sa famille et de ses hôtes, embrasse du regard ce monde étroit qu'il vient d'explorer avec eux; il voit le soleil descendre lentement derrière les collines, et le lac s'illuminer des reflets du ciel embrasé. Son esprit s'élève vers ces clartés spirituelles dont la lumière visible est le symbole et la promesse. Le jour est encore éloigné, où la vérité sera comprise de tous, « où la justice établira son paisible royaume, sur toute la face de la terre ». Et pourtant, que de progrès accomplis depuis l'heure où « la fumée des bûchers troublait le cristal du lac, et où la clameur du vent, le mugissement des cataractes irritées, ne pouvaient couvrir le cri d'angoisse des victimes humaines, offertes en holocauste à Taranis et à Andatès. » Rien ne reste de cet âge cruel; « sauf quelques pierres, le temps a tout balayé! » Les cloches du soir parlent maintenant aux cœurs d'une religion d'innocence et de paix; et, à voir ce paisible coin de terre, on dirait que Dieu a déjà rendu aux fils d'Ève le paradis d'où il a chassé leur mère. « C'est donc, continue le vicaire, un hommage de gratitude que votre pasteur offre en votre nom à tous, pour vous qui venez avec moi vous agenouiller dans l'édifice sacré, et pour vous aussi qui dormez autour de ses murs, oublieux de tous nos soucis, pour tous ces enfants confiés à ma garde, pour ce pays bien-aimé, notre patrie terrestre... Ces roches nues, votre stérile héritage, comme ces champs fertiles qui récompensent votre labeur, la vallée pleine d'ombre comme la cime ensoleillée des monts, les forêts qui frissonnent au vent ou s'endorment dans le calme, les eaux mugissantes ou silencieuses, m'entendent quand je prie, et m'entendent encore quand je me tais, et que ma pensée secrète s'échappe vers toi, Intelligence universelle, d'où descend toute grâce et d'où s'épanche toute bénédiction! »

Le canon de Trafalgar et de Waterloo étouffa cette voix qui prêchait la fin des guerres, et conviait les hommes à se retremper dans la solitude. D'ailleurs, un poète qui fait fi de ses devanciers et se présente à ses contemporains armé d'un système, doit s'attendre à être ardemment combattu. Ce fut, en effet, le sort de Wordsworth. Unanimement, les critiques l'invectivèrent, et, chose plus pénible, le public refusait de le lire. En cinq ans, on n'avait pas vendu cinq cents exemplaires des *Ballades lyriques*. Il fallut quatorze années pour écouler les deux premières éditions de l'*Excursion*. Avec une foi sereine, le poète attendait son heure.

Southey. Poèmes orientaux. Jeanne d'Arc. Écrits en prose.

Southey disait à Wordsworth : « Nos noms ont été souvent réunis l'un à l'autre, *for evil or for good* », c'est-à-dire associés dans la critique comme dans l'éloge ; et Wordsworth, lui dédiant un de ses poèmes, rappelle et confirme cette parole. Aujourd'hui encore, on range Southey dans l'école du Lac.

Nous ne sommes point frappé de cette parenté intellectuelle entre l'auteur de *Jeanne d'Arc* et celui de l'*Excursion*. Après l'héroïne française, Southey choisit pour sujets un prince gallois du douzième siècle et un chevalier arabe qui combat les monstres et les magiciens. S'il descend jusqu'à la prose, c'est pour s'occuper de Nelson et de Wellesley. Ces personnages n'ont rien de commun avec le marchand de marmites, le charretier et le colporteur de Wordsworth. Il est vrai que, chez Southey, le style est souvent simple jusqu'à la trivialité; mais cette simplicité de mauvais aloi est moins le résultat d'un système qu'un défaut de nature. Une imagination ambitieuse et un langage vulgaire, tel est Southey. Chez lui, l'expression suit l'idée, comme Sancho Pança suit Don Quichotte.

L'auteur avait trente ans passés quand parut sa *Jeanne d'Arc;* mais il l'avait écrite à vingt ans. La lecture de ce poëme est insoutenable pour un Français. De son autorité privée, Southey supprime le miracle, et fait de Jeanne d'Arc un précurseur de la Révolution française. La vierge de Domremy n'entend plus ses voix qu'en rêve. Le chagrin d'une de ses amies, dont le mari a été tué à la guerre, lui fait haïr les Anglais. Les conversations d'un militaire, qui traverse le village, éveillent en elle le patriotisme. Rudoyée par ses parents, elle est gâtée par un vieil oncle. Cette amitié donne lieu à de gracieux enfantillages, dans le goût anglais. Inutile de pousser plus loin l'analyse : ce début fait juger du reste. En choisissant ce sujet, le poëte n'avait voulu que donner l'essor à sa jeune chimère républicaine, sans s'inquiéter de savoir ce qu'en souffrirait l'histoire.

L'écrivain qui rejette le surnaturel de la vie de Jeanne d'Arc, fait découvrir et subjuguer le Mexique, au douzième siècle, par le prince Madoc. Une troupe de sauvages gallois, armés d'arcs et de flèches, accomplit les merveilles réalisées plus tard par les meilleurs soldats du seizième siècle, grâce au génie de Cortez et à la supériorité des armes à feu. Dans *Thalaba* et dans *Keama*, Southey a prodigué l'invraisemblable et l'extraordinaire, à l'imitation des fameux contes des Mille et une Nuits. Mais on chercherait vainement, dans ces poëmes, cette finesse et ces traits de naturel qui rendent si aimables les récits de Galland.

Quelques-uns préfèrent la prose de Southey à ses vers. Sa Vie de Nelson est restée classique. Son Histoire de la guerre d'Espagne est un récit clair, rapide, coloré, sinon impartial. Ce n'était pas un sage, planant, comme Wordsworth, au-dessus de la lutte des partis; il descendait dans l'arène, et y rendait les coups avec usure. L'un des fondateurs de la *Quarterly Review*, il a semé, dans les pages de cet important recueil, de nombreux essais où la polémique se mêle à la critique pure. Un esprit enthousiaste et belliqueux anime ces essais, mais le goût y fait souvent défaut. Southey avait beaucoup lu, mais sans discernement. Le trop plein de ses lectures, il l'a jeté pêle-mêle dans le *Docteur*, monument d'érudition confuse et baroque.

Southey a produit beaucoup, et à la hâte : il ne faut ni s'en étonner, ni le regretter. Produisant moins, il n'eût pas fait mieux. Cette effrayante fécondité a, d'ailleurs, une touchante excuse. La plume de Southey faisait vivre trois familles, sans compter des parents et des amis, tombés dans la détresse. Ne fallait-il pas qu'il assurât un foyer à la femme et aux enfants de ce brillant compagnon de sa jeunesse, de ce Coleridge, l'enfant prodigue de l'école lakiste, qu'on attendait toujours, et qui ne revint pas?

Coleridge, buveur d'opium.

Coleridge était naturellement porté au mysticisme; la lecture des poètes et des philosophes allemands aggrava cette disposition naturelle, une fatale habitude la transforma en défaut incurable. En 1797, une prescription médicale, motivée par une indisposition légère, révéla à Coleridge les plaisirs de l'opium. A partir de ce moment, le poète ne s'appartint plus à lui-même. L'argent n'eut plus de valeur à ses yeux que pour lui procurer son narcotique favori. L'amour de Sarah, le souvenir de ses enfants, l'amitié de Southey et de Wordsworth, tout disparut. La vie de Coleridge ne fut plus qu'une continuelle ivresse, avec des alternatives de langueur et d'extase.

Dans ses vers, il essayait de ressaisir ses visions, de traduire ses rêves. Le petit poème inachevé de *Kubla Khan* fut écrit au réveil d'un de ces beaux songes, qui marquent la première période de l'opium ; la pièce intitulée *Découragement* se rapporte à l'un de ces moments d'anéantissement et d'angoisse, qui sont la conséquence et l'expiation de l'ivresse. Avec *Souffrances nocturnes*, nous entrevoyons le châtiment final. Coleridge n'achève plus rien. Il écrit, à plusieurs années d'intervalle, les deux premiers chants de *Christabel*, et ne va pas plus loin. Des *Deux Tombeaux*, il ne donne au public que le dénouement. Son œuvre ne se compose que de fragments ; on dirait un poète ancien, mutilé par le temps, et dont l'érudition moderne a ramassé pieusement les débris : *disjecti membra poetæ*. Tels qu'ils sont, ces fragments sont le meilleur du génie de Coleridge. Incapable de composer un grand tableau, ou de suivre une action dramatique, il avait le don de rendre, d'une façon à la fois originale, exquise et simple, les sensations fines et étranges qui faisaient vibrer son organisme. C'est dans de petites pièces telles que le *Rossignol*, la *Gelée de minuit*, qu'il donne le mieux la mesure de son talent. Le premier chant de *Christabel*, moins fantastique et moins tourmenté que le second, et surtout la *Chanson du vieux marin*, sont ses chefs-d'œuvre, parce qu'en ces deux rencontres, il a su sortir de lui-même et donner à sa sensation une forme objective.

Le vieux marin est un homme du moyen âge, dont le navire a été entraîné dans les mers, encore inconnues, de l'hémisphère austral. Dans un moment fatal, il a tué l'albatros, l'innocent oiseau qui était venu se poser sur le pont et jouer avec les matelots. En punition de ce meurtre, l'équipage endure des souffrances inouïes. Seul, le vieux marin survit et revoit l'Angleterre. Harcelé par ses souvenirs, il les raconte à un adolescent qui se rendait à la noce et qu'il oblige à l'écouter. Le récit terminé, le jeune garçon s'en retourne chez lui, tout songeur, oublieux de la danse. Les tristesses de l'Anglais, les superstitions du moyen âge, les rêveries de la mer, se confondent dans cette courte ballade, où Coleridge se montre ce qu'il est en vérité, le poète de l'obsession. Nul ne sait aussi bien que lui ramener comme un refrain, à travers les péripéties de l'hallucination, l'idée fixe qui la domine. Nul ne sait, comme lui, donner à ses fantômes des contours vaporeux et impalpables, en même temps qu'une réalité saisissante. Il y a d'ailleurs, dans l'esprit de Coleridge, un côté croyant, enfantin, merveilleux, qui s'adapte aisément aux légendes. Il aurait dû naître trois siècles plus tôt, en plein catholicisme : moitié moine mendiant, moitié troubadour, il aurait mis en vers la vie des saints.

Les qualités de la ballade et de la légende deviennent, dans le drame, de graves défauts. Loin de se mouvoir dans la pénombre, les personnages de la scène doivent se présenter à nous sous un rayon de lumière concentrée. De là, l'impuissance de Coleridge au théâtre. Deux fois, il s'y est essayé, il a échoué deux fois. Dans la *Chute de Robespierre*, il a versifié les procès-verbaux de la Convention. L'histoire lui fournissait un drame, il l'a défait et refroidi. Inutile de dire qu'il a lourdement pris au sérieux les petits talents et l'immense vanité de l'incorruptible Maximilien.

Le *Remords* a le même point de départ que la tragédie d'Otway, intitulée *l'Orpheline*. Deux frères aiment la même femme. Alvar est aimé, Ordonio est dédaigné ; Ordonio fait assassiner Alvar. Celui-ci, échappé par miracle, reparaît sous un déguisement, et essaie, pendant cinq longs actes, de faire jaillir, du cœur de son frère coupable, l'étincelle du remords. Ordonio paraît, à plusieurs reprises, sur le point de devenir fou, mais on ne voit point qu'il se repente, si ce n'est à la dernière minute de sa vie. Dans cette pièce, tous les personnages, même les plus secondaires, parlent le même langage, ou plutôt c'est le poète qui parle par leur bouche, c'est Coleridge qui rêve tout haut, qui analyse subtilement les mouvements de son âme, c'est Coleridge qui tressaille et frissonne au contact de la nature extérieure.

Ce paresseux, qui n'achevait rien, qui menait si rarement à terme ses propres idées, a eu la patience singulière de traduire jusqu'au bout l'ennuyeuse trilogie de Wallenstein. Schiller était, comme Coleridge, un insurgé platonique. Dans sa maturité, les folles idées qui lui avaient inspiré les sauvages déclamations de Karl Moor, dans les *Brigands*, se modifièrent. La conception favorite du poète devint l'opposition de la politique idéale et de la politique des princes, quelque chose comme la lutte de Don Quichotte et de Machiavel : de là, les drames d'*Egmont*, de *Don Carlos*, de *Wallenstein*. L'auteur de la *Chute de Robespierre* embrassa cette idée avec ferveur, et voulut la faire goûter à ses compatriotes, en popularisant la fameuse trilogie. Ceux qui sont en état de juger le poète allemand aussi bien que le poète anglais, assurent que Coleridge a ajouté des beautés à son modèle.

On ne ferait pas connaître Coleridge tout entier si l'on ne parlait ici de l'étonnante façon dont il causait. Dans la conversation, son esprit jetait des lueurs qui éblouissaient les contemporains. Dans la maison de santé du docteur Gillman, on venait voir le lion en cage, qui donnait aux visiteurs le spectacle de ses prostrations douloureuses et de ses magnifiques réveils. Quand il parlait, on ne se lassait point de l'écouter. Autant d'auditeurs, autant de dupes : on eût rempli un salon d'hommes distingués, en y réunissant les dupes de Coleridge, Bowles, Cottle, de Quincey, Lamb, et bien d'autres. Ils étaient deux fois ses dupes, dupes des fusées oratoires qui faisaient croire à son génie, dupes des bons sentiments qu'il affichait. Tandis que Southey, par son labeur assidu, faisait vivre la famille de Coleridge en même temps que la sienne, le poète extorquait à ses amis quelques guinées pour les prétendus besoins de sa femme et de ses enfants, et il s'empressait de consacrer ces guinées à l'achat de son poison habituel. Pris sur le fait, il avouait, pleurait, se repentait, et comme il avait le repentir éloquent et sympathique, on lui donnait encore de l'argent : avec cet argent, il courait chez le marchand d'opium. Ses lettres sont abjectes ; c'est la rhétorique hypocrite et pleurnicheuse du mendiant lettré, qui veut attendrir « un généreux bienfaiteur ». Le génie n'est peut-être jamais tombé si bas.

CHAPITRE XXVI.

LORD BYRON.

Byron. Ses premiers vers. — Les deux premiers chants de *Childe Harold*. — *Lara. Le Corsaire. Manfred.* — *Don Juan.* — Séjour de Byron sur le continent. Liaison avec Shelley. Œuvres de ce poète. — Mort de Byron. Son influence. — Thomas Moore. — Les Mélodies irlandaises. — Lalla Rookh. — Keats et Savage Landor. — Fin de l'école classique. Triomphe final de Wordsworth.

Byron. Ses premiers vers.

Il y avait dix ans que Wordsworth, Southey et Coleridge luttaient contre l'hostilité des critiques et l'indifférence du public. Lentement grandissaient ces humbles renommées quand parut, au firmament poétique, un météore dont la lueur éblouissante rendit invisibles, pour un temps, tous les astres secondaires. Un jeune homme de vingt-deux ans venait de publier le *Pèlerinage de Childe Harold*.

Ce jeune homme s'appelait Byron. A sa naissance, les fées l'avaient comblé, mais une méchante fée, qu'on avait sans doute oublié d'inviter au baptême, était venue après ses sœurs et avait ajouté à chaque don une malédiction qui le gâtait. Il était lord, mais il était pauvre; il était beau, mais il était difforme. Si les femmes admiraient ce front de marbre, sur lequel se jouaient des cheveux bruns et frisés, les gamins couraient après lui dans Haymarket, en se moquant de son pied-bot. Son nom était illustre, mais il y avait des taches sur ce nom. Les Byron étaient connus dans l'histoire locale pour leurs dérèglements sauvages et leurs passions effrénées, qui les avaient emportés plus d'une fois jusqu'au crime. L'ivresse et la débauche avaient tué le père de Byron. Sa mère, caractère inflexible et altier, essayait de briser, par la violence, la violence de l'enfant. La mère ne cédait jamais, jamais l'enfant ne pliait. Du moins, le diamant use le diamant : les Byron étaient d'une essence plus dure. Cette lutte se continua à travers des privations étonnantes, orgueilleusement supportées, jusqu'au moment où la mort d'un parent apporta à Noël Byron, avec un titre, une fortune embarrassée, des châteaux en ruines, de vastes domaines inaliénables et grevés d'hypothèques. A l'école de Harrow, on remarqua l'étrange humeur du jeune garçon, ses accès d'indolence et de passion, la fureur de ses haines et de ses amitiés, son goût farouche pour la solitude, son entraînement pour les exercices du corps, que les Anglais aiment à l'égal des Grecs, et où il voulait briller, en dépit de sa difformité.

A peine sorti de l'Université, il publia un volume de vers intitulé : *Heures de paresse.* C'étaient des réminiscences de collège, mêlées aux premières langueurs amoureuses de l'adolescence. De çà et de là, une rodomontade juvénile trahissait le futur Titan. On sentait que le tout avait été versifié dans l'amour de Pope et la crainte de Johnson, deux sentiments où l'on élevait alors tous les jeunes Anglais. La Revue d'Édimbourg, alors à son début, se signalait par ses tendances puritaines et démocratiques. Elle se serait peut-être montrée indulgente envers un écolier; mais un lord ne devait pas trouver grâce devant elle. Le recueil de Byron fut brutalement jugé et sommairement exécuté. Byron éprouva une de ces fureurs dont il avait le privilège héréditaire. Il publia, en réponse, la virulente apostrophe : *Bardes anglais et critiques écossais.* Il y frappait indistinctement, aveuglément, ses ennemis, ou ceux qu'il croyait tels, éclaboussant toute une génération littéraire pour punir l'offense d'un seul.

Les deux premiers chants de *Childe Harold.*

Ce scandale avait eu quelque retentissement, à cause du rang de l'auteur. Mais il était oublié quand Byron donna au public les deux premiers chants de *Childe Harold*. Le héros du poème est un jeune Anglais, rassasié de plaisirs et dégoûté de l'existence. Il quitte son foyer, visite le Portugal et l'Espagne, séjourne à Lisbonne, où les débris du despotisme et de l'inquisition le remplissent d'indignation, s'arrête pour méditer et pour maudire Napoléon sur le champ de bataille de l'Albuera, que venait d'arroser le sang de trois nations; à Séville, il assiste aux courses de taureaux et oublie sa mélancolie en regardant les señoras en mantille, qui jouent de l'éventail. De là, il passe en Grèce. Dans la plaine de Marathon, au milieu du Parthénon, ruiné par les siècles, par les Turcs et par lord Elgin, il évoque les glorieux souvenirs de l'antique Hellade, belliqueuse et libre. Il reçoit aussi l'hospitalité des Albanais, assiste à leurs danses, écoute leurs chants, et s'enivre de cette poésie amoureuse et guerrière.

Un critique sévère aurait pu faire observer que le poème, n'ayant pas de sujet, ne devrait pas avoir de héros. A quoi bon nous expliquer minutieusement toutes les nuances du caractère de Childe Harold, alors que ce caractère ne doit se traduire par aucun acte, ni se trouver aux prises avec aucune situation? Mais qu'importaient au public ces objections de professeur? Il était ému, que lui fallait-il de plus? Le goût naturel de l'Anglais pour les voyages, l'attraction particulière qu'il éprouve, du fond de ses brumes, pour les pays du soleil, enfin l'intérêt passionné qui s'attachait à cette mémorable guerre de la Péninsule, tout conspirait pour assurer le succès de *Childe Harold*. L'Angleterre était engagée dans un duel à mort avec un ennemi qu'elle détestait et qu'elle admirait, avec une sorte de géant que sa haine grandissait encore, et en qui elle voyait le dieu de la guerre ou le génie du mal. Dans ces heures solennelles, les nations n'ont pas seulement besoin d'un général, elles ont besoin d'un poète. L'Angleterre avait trouvé son Tyrtée dans ce boiteux, capable de maudire Napoléon en termes dignes de lui. Cette voix, qui sonnait comme un clairon, prenait, pour peindre la beauté féminine, les accents voilés et pénétrants d'un luth; en sorte qu'elle faisait vibrer, l'une après l'autre, dans le cœur des jeunes gens, les deux nobles passions qui les exaltent, les femmes et la gloire.

Et la Grèce, qui avait songé à elle avant Byron? Nous, qui avons appris à connaître les Grecs modernes, et qui ménageons judicieusement notre sympathie à la prétendue famille de Miltiade et de Démosthènes, nous ne pouvons aisément nous figurer ce que fut cette brillante aurore du philhellénisme, lorsque Byron fit apparaître aux yeux de l'Europe, comme en un tableau magique, la Grèce enchaînée, assise et pleurant sur des ruines, dans l'attente d'un sauveur.

On se disputa les exemplaires du poème et les portraits du poète. On voulut connaître les moindres particularités de sa vie. Les jeunes gens prétendirent s'habiller comme Byron, porter, comme lui, la cravate dénouée et flottante. Peu s'en fallut qu'ils ne feignissent tous d'avoir un pied-bot.

Deux ou trois années s'écoulent; tout est changé. Ceux qui encensaient Byron le montrent au doigt, ou s'éloignent de lui avec horreur. Le triomphateur de la veille est devenu un paria. Qu'est-il arrivé dans ce court intervalle? Le poète a-t-il publié un nouvel ouvrage, indigne de sa gloire, et qui l'ait fait descendre de son piédestal? Non. Il a fait une chose fort simple : il s'est marié. A en juger d'après ses créations poétiques, Byron se faisait de la femme une idée singulière. Moitié odalisque, moitié sylphide, instrument de libertinage et de poésie, elle devait avoir des sens et des ailes, réunir toutes les complaisances et toutes les délicatesses. Lady Byron était une Anglaise, pénétrée de ses devoirs et de sa dignité; elle sortait d'une famille experte au maniement des écus, mais où l'on n'avait compté jusqu'alors ni criminels, ni poètes. Au bout de peu de temps, une violente incompatibilité se déclara, les époux se séparèrent bruyamment. Une sorte d'obscurité, qui planait sur les torts du mari, favorisa la formation d'une légende effroyable, grossie par les stupides commérages des salons. Depuis, un grand nombre d'écrivains se sont complu à exhumer les pièces de ce procès, ont essayé de percer le mystère, les uns par goût du scandale, les autres dans la pensée, un peu niaise, de réhabiliter la vie privée d'un grand poète. Oiseuses recherches! lady Byron se fût montrée moins rigide, moins orgueilleuse, moins Anglaise, Byron n'en restait pas moins Byron, c'est-à-dire un homme affligé, comme Rousseau, du délire de la persécution, révolté par instinct, malheureux par vocation, impitoyablement acharné à sa propre destruction. Il faut laisser aux bonnes âmes la consolation d'imaginer un Byron assidu à la Chambre des Lords, heureux en ménage, régulier à son club, président des banquets agricoles, portant des toasts, assistant au service le dimanche dans son banc seigneurial, faisant tout haut la prière devant ses gens, et composant le soir, au coin du feu, — comme Racine lorsqu'il avait mangé la carpe en famille ou joué à la procession avec ses enfants, — des chefs-d'œuvre d'une décence irréprochable. Si ce Byron-là eût existé, nous n'aurions ni *Childe Harold* ni *Don Juan*, ni surtout *Manfred*.

Lara. Le Corsaire. Manfred.

On voudrait ignorer bien des détails de la vie de Byron. Malheureusement, sa personnalité et son génie sont si bien confondus qu'il n'est pas possible au critique de les séparer. L'auteur ne cesse de se refléter dans son œuvre, de s'incarner dans son héros. Tantôt, comme dans *Childe Harold*, il lui prête ses impressions de touriste, ou le souvenir de ses bonnes fortunes; tantôt, comme dans *Lara, le Corsaire, Manfred*, il lui attribue les aventures qu'il rêvait pour lui-même, les émotions exquises ou terribles qu'il aurait voulu ressentir. Il n'est pas surprenant que ces personnages se ressemblent entre eux, étant tous l'image d'un même homme. Hautains, sarcastiques et sombres, tous ont aimé et n'aiment plus, sauf le Corsaire. Tous, excepté Childe Harold, ont versé le sang. Tous recherchent le péril, tous ont un commun dégoût de la vie, un commun mépris pour l'humanité. Cette aversion atteint son paroxysme dans le Corsaire, qui vit, par profession, en hostilité constante avec la société, et dans Manfred, qui ne peut supporter un entretien de quelques minutes avec un chasseur de chamois, sur une cime sauvage des Alpes.

Ils ont tous le don de subjuguer les femmes. Les beautés de Séville essaient de consoler Childe Harold. Kaled a quitté sa famille, son pays, les vêtements de son sexe, pour se faire, moins la maîtresse que la servante de Lara. Le Corsaire est aimé de deux charmantes créatures, et Manfred paraît avoir inspiré à sa sœur une passion incestueuse. Enfin, dernier trait de ressemblance, ils ont tous un secret et n'aiment pas qu'on les interroge. A peine devine-t-on, en lisant les dernières strophes de Lara, que le héros de ce poëme est un meurtrier. Manfred est le seul qui fasse quelques confidences au lecteur : encore ces confidences sont-elles si obscures qu'elles laissent subsister tout entière l'énigme de sa vie. A côté de ces caractères, et en opposition avec eux, Byron n'a pas daigné placer d'autres figures. Les personnages qu'il n'a point faits à sa ressemblance ne sont que des comparses ou des caricatures. Dans ceux de ses poëmes où son reflet n'est pas visible, les héros ont, il est vrai, un sexe, une nationalité, un costume, mais n'ont point un caractère. Leur physionomie extérieure est assez fortement accusée pour inspirer les arts ; leur silhouette se grave pour toujours dans l'imagination. Tout le monde voit Mazeppa, emporté par sa monture sauvage, Bonnivard, chargé de chaînes, dans le souterrain de Chillon, et le terrible Giaour, campé sur son cheval noir de jais. Mais Bonnivard n'est pas le Bonnivard de l'histoire, le prieur patriote, l'énergique champion de l'indépendance genevoise, c'est un prisonnier quelconque, Marchialy, Latude ou Silvio Pellico. Le Giaour et Mazeppa ne sont que des figures équestres, dans un paysage admirable. Le cheval y tient sa place, et fait tort au cavalier dans l'attention du spectateur ; s'il fallait, à tout prix, chercher un caractère dans Mazeppa, on le trouverait plutôt chez l'animal que chez l'homme.

Comme les héros de Byron, ses héroïnes sont des épreuves différentes d'un même type. Les hommes sont tous ce que Byron aurait voulu être : les femmes sont toutes ce que n'était pas lady Byron. Qu'elle s'appelle Julia, Haydée, Kaled, Gulnare, Médora, les traits ne changent guère, et l'âme ne change pas. Courageuses comme des lions, fragiles comme

des fleurs, elles supportent des années de souffrances, quand
Il est là. S'Il s'éloigne, s'Il est infidèle, s'Il a succombé, le
chagrin les tue en une nuit. Elles vivent d'une caresse et
meurent d'un regard sévère. De l'aube au crépuscule, du
soir au matin, elles ne savent qu'aimer.

L'uniformité des caractères est-elle rachetée par la variété
des situations, par l'intérêt dramatique du récit? Ce genre
d'intérêt ne se rencontre pas dans les vastes compositions
du poète, dans celles que nous considérons comme ses chefs-
d'œuvre. L'action est nulle dans *Childe Harold*. *Manfred*
semble l'épilogue d'un drame perdu. *Don Juan* présente des
passages saisissants; on verra tout à l'heure quelles raisons
en gâtent l'effet. Dans des poèmes de moindre importance,
Byron a jeté d'émouvantes scènes. Le second chant du *Corsaire*, l'agonie de Lara, la course effrénée de Mazeppa, la
révolte de l'équipage anglais dans l'*Ile*, divers épisodes du
Giaour et de la *Fiancée d'Abydos*, démontrent que Byron possédait la puissance dramatique; mais il ne la possédait que
par éclairs. Dans son œuvre, on ne voit jamais une passion
naître et grandir, on n'assiste pas au développement des
événements, qui s'enchaînent et s'enfantent les uns les autres. Byron, avec le coup-d'œil d'un peintre de génie, saisit
une attitude, un regard, une minute de terreur ou d'extase,
en grave l'émotion dans son vers nerveux et souple. Cette
émotion nous traverse, aiguë, rapide : rien ne la suit.

Avec ces facultés incomplètes, l'auteur de *Marino Faliero*
et des *Deux Foscari* ne pouvait être un grand dramaturge.
Prendre l'âme d'un spectateur, une âme médiocre, usée,
molle, indifférente, d'homme ou de femme du monde, l'arracher à son milieu, à sa vie machinale et rampante, au train
journalier de ses ennuis mesquins et de ses plaisirs vulgaires,
l'échauffer au feu des grandes passions, l'intéresser à des
personnes qui n'ont jamais existé, ou qui n'existent plus depuis
des siècles, faire pleurer sur les souffrances du roi Lear ou
sur le meurtre des enfants d'Édouard, celui qui n'a peut-
être jamais donné une larme à la mort de ses proches, le
dominer par la progression des scènes, au point d'en faire
sa proie et de lui enlever son libre arbitre, c'est le don et

l'art des maîtres. Ce don, Byron ne l'avait pas reçu ; cet art, il ne l'avait pas étudié. Ses tragédies, pleines de beaux morceaux lyriques, sont sans mouvement et sans vie. L'auteur avait, quand il les écrivit, répudié la patrie de Shakespeare pour adopter celle d'Alfieri.

Point de variété dans les caractères, une action nulle, ou obscure, ou invraisemblable, voilà tout ce que nous rencontrons jusqu'ici dans Byron. Où donc est le grand poète ? Nous répondons : dans le sentiment et l'expression du beau. A cet égard, jamais poète n'a été doué comme Byron. Il n'y a pas une seule laideur dans son œuvre, et, si on peut lui faire un reproche, c'est d'avoir prodigué la beauté et d'en avoir revêtu le crime lui-même. Le Satan de Milton conserve, au fond de l'abîme, les traits de l'archange, et, comme lui, les hautains et sinistres héros de Byron ressemblent à des dieux tombés. Aux femmes, il donne la beauté véritable, celle des formes. Quels qu'aient pu être les caprices de ses nuits, imitées de l'Arétin, il n'a jamais, dans ses vers, dégradé l'objet de son culte, en substituant à la Beauté absolue ces divinités de fantaisie, ces reines d'un jour, la grâce, l'élégance, et jusqu'à la laideur mystérieuse ou provocante. Toutes les formes de l'art lui étaient familières ; mais son intelligence classique s'ouvrait surtout aux œuvres de l'art ancien, art simple et heureux, souvenir d'un temps où l'humanité était moins vieille et moins triste. Avec quelle piété tendre et quelle émotion contagieuse Byron baise les restes mutilés de la statuaire antique, sans jamais séparer ces chefs-d'œuvre de la nature au milieu de laquelle ils ont été conçus, sans leur retirer un rayon du soleil qui les éclaire ! C'est que, comme il l'a dit dans un vers étrange, sans aimer moins l'homme, il aime davantage la nature. Aussi préfère-t-il aux imposants souvenirs de l'histoire et aux magnificences de l'art, les aspects sublimes de la solitude. Comme son Manfred, il s'y plonge avec passion, il s'y retrempe avec délices.

Wordsworth et Coleridge aiment aussi la nature, mais combien leur amour est différent ! Donnez-leur un jardin, un verger, un bouquet d'arbres où nichent des rossignols, un pont rustique, le cimetière du village avec ses monticules verdoyants, l'église et sa vieille tour saxonne, d'où s'échappe, matin et soir, la tendre et vague mélodie des cloches. Ajoutez-y, pour les jours de tristesse, un vallon étroit, avec un petit torrent et quelques sapins. Surtout, n'oubliez pas le lac aux eaux transparentes, et amarrez une barque à la rive : toute la poésie anglaise s'est promenée sur cette barque pendant cinquante ans. Qu'importe à Byron le lac immobile, miroir du ciel, symbole de pureté? Il faut qu'il s'élève vers la région où se forment les orages, d'où se précipitent les cascades, d'où descendent lentement les glaciers. Un instinct le pousse vers les lieux hauts. Il ne s'arrête qu'à la dernière cime, lorsqu'il voit sous ses pieds une nappe de nuages, ou un chaos de pics-blancs qui semblent les flots d'une mer, figée en plein tumulte. Quand il descend des grandes Alpes, quand il cesse de respirer l'air subtil et vif des hauteurs, il se baigne dans les brises vivifiantes de l'Océan.

Jamais, depuis que la nappe étincelante s'étend sous l'immensité lumineuse, caressant les lointains promontoires et faisant aux archipels une ceinture d'argent, jamais poète n'a si bien rendu la fascination des flots tranquilles. Jamais, depuis que l'Océan ronge ses rivages, la majesté de ses puissantes colères n'a trouvé un pareil interprète. « Que sont, s'écrie-t-il, — apostrophant l'abîme au quatrième chant de Childe Harold, — que sont ces lourds Léviathans de chêne, ces redoutables escadres qui foudroient les cités bâties sur le roc, épouvantent les nations, et font trembler les rois dans leurs capitales? Que sont-elles, sinon des jouets, pour toi?... Tu balaies, comme des flocons d'écume, l'orgueil des Armadas et les épaves de Trafalgar!... Dix mille flottes te sillonnent, sans que tu gardes la trace de leur passage. L'homme, qui jalonne de débris la terre, voit son pouvoir s'arrêter sur tes bords... Tes rivages sont des Empires; les peuples y passent de la liberté à la servitude. Tout y change : toi seul ne changes point. Le temps n'imprime point de ride sur ton front d'azur. Tel t'a vu l'aube de la création, tel tu te déroules devant nous, image de l'éternité, glorieux miroir où se reflète la face divine, dans le calme comme dans la tempête, dans le bouillonnement des mers de flamme comme dans les eaux glacées du Pôle ! » Ainsi, le génie de Byron, vaste et orageux comme la mer elle-même, lutte de grandeur avec ce qu'il y a de plus grand sous le ciel, et touche parfois les extrêmes limites du sentiment humain. C'est par là qu'il mérite de s'asseoir dans le groupe sacré que forment, à part des autres hommes, Eschyle, Dante et Shakespeare.

Don Juan.

A côté des dons qu'il a déjà montrés, Byron déploie dans *Don Juan* des qualités nouvelles. Comme le *Corsaire*, ce poème renferme des scènes émouvantes, par exemple, la lente agonie des compagnons de Don Juan, au second chant, et la ville turque prise d'assaut par Souvarow, au huitième. Si vantée qu'ait été la grande page de la tempête, elle ne le sera jamais assez : elle égale, ou plutôt elle surpasse, les plus magnifiques descriptions de *Childe Harold*.

Nous avons dit de quelle touche ardente et pure Byron peint ses héroïnes. A ce musée cosmopolite, *Don Juan* ajoute deux types charmants, l'Espagnole et la Grecque, Julia et Haydée. Julia, ce n'est plus la femme de l'Orient, humble, dévouée, passive, dont un seul sentiment remplit l'âme : c'est l'Occidentale, complexe, nuancée, changeante, moqueuse et passionnée dans la même minute, qui pleure et qui ment, éblouissante de malice et d'audace lorsque, surprise par son mari, elle le mystifie, irrésistiblement touchante dans la lettre d'adieu qu'elle écrit à son amant.

Quant au héros, il a seize ans lors de ses débuts, et, Dieu merci, il n'est pas blasé. Byron sentait qu'à cet âge on n'a pas encore acheté le droit de maudire la société, ni l'amour, ni la vie. Aussi a-t-il donné à son Don Juan des sens neufs et un cœur jeune. Hardi, humain, généreux, on doit l'aimer, et on l'aime. Fils d'un ivrogne et d'une femme savante, entouré de confesseurs terribles et de précepteurs ridicules, il grandit dans la crainte de l'enfer, jusqu'au moment où une jeune dévote, mariée à un vieux mari, lui donne une première et involontaire leçon d'amour. Cette liaison se termine par un scandale, et, tandis que Julia entre au couvent, Juan se prépare à courir le monde, accompagné de trois valets, d'un gouverneur et d'un épagneul. Un naufrage le débarrasse de tout cet équipage, et le jette nu, épuisé, mourant, sur une île de l'Archipel. C'est là qu'il est trouvé, recueilli, tendrement aimé par Haydée. Le retour de Lambro le pirate, père de la jeune fille, interrompt ces amours et sépare les deux amants. Juan, vendu comme esclave, est acheté par une sultane qui l'a remarqué. Conduit dans le harem sous un déguisement féminin, il y traverse des aventures peu édifiantes, dont le résultat est d'accroître son expérience, et d'ajouter quelques noms à une liste qui doit devenir si longue. Aidé d'un Anglais, il s'échappe du sérail et rejoint l'armée russe, au moment où elle va donner l'assaut à Ismaïl. Il se signale si bien dans l'action que Souvarow, enchanté de son courage, le charge d'aller porter la nouvelle de la victoire à l'impératrice de Russie. Don Juan reçoit le plus brillant accueil à la cour de Catherine II. De là il se rend à Londres, et l'hospitalité des beautés britanniques comble ses vœux, si elle ne les dépasse. Le poème aurait pu se continuer longtemps encore ; mais le poète était las, encore plus que son héros, et peut-être pour les mêmes causes.

Cette courte esquisse de *Don Juan* suffit à montrer quel en est le défaut. L'œuvre est une série d'épisodes qui n'ont d'autre lien entre eux que l'identité du principal personnage. A chaque chant, il faut oublier les figures qui remplissaient le chant précédent, et faire connaissance avec de nouveaux visages. Il est vrai qu'on peut adresser la même critique à deux poèmes épiques, que l'on ne discute plus, à l'*Odyssée* et à l'*Énéide*. Il est un autre défaut qui choque bien davantage la foule des lecteurs, le grand public, premier et dernier juge des œuvres de l'esprit : c'est la continuelle intervention de l'auteur dans son récit. Brisant comme à plaisir sa narration au point le plus intéressant, il y jette une réflexion, un souvenir, une épigramme. L'hypocrisie des hautes classes anglaises, où les vers de ses confrères en poésie, font généralement les frais de ces petits intermèdes, dont quelques-uns, pris en eux-mêmes, sont des chefs-d'œuvre d'impertinence et de raillerie. Mais le lecteur éprouve une sorte d'impatience en voyant qu'on se joue de sa curiosité. Le charme est rompu ; l'état artificiel et précaire où le tenait l'émotion est détruit. Le voici réveillé, refroidi, rendu à lui-même : il faut, pour le reprendre, qu'on fasse de nouveau sa conquête. Lorsqu'au second chant de *Don Juan*, les derniers survivants du naufrage, n'ayant plus ni une goutte d'eau, ni un lambeau de toile, ni un débris d'aviron, râlent, en proie au délire de la faim, de la fièvre et du désespoir, le poète plaisante encore, et nous sommes près de le maudire, ingrats envers l'art sublime qui nous a conduits à ce comble d'émotion.

Séjour de Byron sur le continent. Liaison avec Shelley. Œuvres de ce poète.

A la suite de ses démêlés avec sa femme, Byron avait quitté l'Angleterre, sans esprit de retour. Après avoir résidé quelque temps en Suisse, il habita successivement plusieurs villes du nord de l'Italie et se fixa enfin à Venise. Son séjour en Suisse nous a valu *Manfred*, et c'est vers le même temps qu'il écrivit les deux derniers chants de *Childe Harold*. Il y promenait son héros à travers les pays qu'il venait de visiter, du champ de bataille de Waterloo à celui de Morat, de la tombe de Marceau à celle de Pétrarque, pour venir enfin noyer sa rêverie dans la solitude du Colysée et dans l'immensité de Saint-Pierre, en présence des souvenirs de Rome républicaine et de Rome chrétienne. Le troisième chant s'ouvre et se termine par quelques vers à sa fille, Ada Byron, qu'il ne devait pas revoir : page exquise de pureté et de tristesse, page unique dans son œuvre, et que pouvait seule inspirer la douloureuse tendresse d'un père, à jamais séparé de son enfant.

A cette époque, il achevait *Don Juan* et composait d'autres poèmes moins importants, où se trahit la fatigue du génie.

« Je ne suis plus ce que j'étais! » s'écrie le poète en terminant *Childe Harold*. On ne prend pas au sérieux cet aveu pénible, venant après les vers les plus magnifiques qu'il ait écrits. Mais cette décadence, sensible pour lui seul, devait bientôt devenir manifeste à tous les yeux. Ses habitudes de débauche avaient pris une sorte de régularité fatale. Même dans cette Italie, si facile et si légère, même dans cette Venise, capitale de la corruption et de la galanterie, ses orgies étonnaient. A défaut d'une affection légitime, sa liaison avec la Guiccioli le retint quelque temps sur cette pente ; mais la Guiccioli avait bien des rivales obscures et éphémères. Elles lui prenaient, non le cœur de Byron, mais sa vie même et son génie, qu'elle aurait voulu sauver.

Du fond de son exil, du milieu de ses plaisirs, Byron prétendait jouer un rôle politique et exercer une influence sur l'opinion de son pays. Il avait fondé, dans cette vue, un journal, le *Libéral*. Ce mot, devenu aujourd'hui une épithète incolore et bénigne, une cocarde dont tous les partis s'affublent la veille de la bataille, et qu'ils foulent aux pieds le lendemain de la victoire, était le mot de ralliement des sociétés secrètes et l'épouvantail des vieilles monarchies, récemment restaurées, et alors dans toute la ferveur du renouveau. Pour être aidé dans sa tâche, Byron fit venir d'Angleterre un homme hardi, spirituel et actif, qui avait déjà marqué sa place dans la presse militante : son nom était Leigh Hunt. Malgré ce précieux concours, le *Libéral* échoua. Les deux associés se séparèrent brouillés. Byron avait, à son bord, le commandement hautain, comme son héros Conrad, et Leigh Hunt manquait des qualités requises pour jouer le rôle du page auprès de Lara journaliste. De retour à Londres, il se vengea par de cruelles indiscrétions.

L'inspirateur de Byron, à cette époque de sa vie, était un autre poète dont il avait fait la rencontre sur le continent. On ne saurait dire ce qui les attira l'un vers l'autre. Fut-ce l'analogie de leurs destinées ou le contraste de leurs caractères ? Shelley était riche, sa famille était ancienne. Il s'était fait chasser de l'Université en publiant une déclaration d'athéisme. Un mariage au-dessous de sa condition le brouilla avec sa famille. Il habita successivement différentes villes du nord de l'Angleterre avec sa jeune femme et ses petits enfants, vivant de son travail et en vivant fort mal, mais savourant, avec le dilettantisme d'un futur millionnaire, cette pauvreté volontaire et artificielle. Il retrouva sa fortune le jour où il divorça avec celle qui avait été l'ange et la muse de sa jeunesse. La Cour de la chancellerie ne jugea pas que ce philosophe fût en état d'élever ses enfants, et lui en refusa la tutelle. Froissé de cette mesure, il s'exila comme Byron. Bien qu'il fût plus jeune de quatre années que l'auteur de *Childe Harold*, son esprit était, en apparence, plus mûr et plus grave. Byron avait une immense envergure comme poète, mais son esprit était court en philosophie et en religion. Shelley lui imposa par la rigueur de ses raisonnements et par la hardiesse de ses conclusions, par un certain déploiement de métaphysique, accompagné d'un ton solennel. Shelley était un pur Saxon, cachant ses déceptions sous un froid orgueil, doucement mais invinciblement entêté. Byron tenait de son origine celtique l'humeur changeante et passionnée, l'irritabilité sauvage, l'instinct de la révolte plutôt que l'esprit révolutionnaire. Cette fois encore, le Saxon devait se faire le maître du Celte et lui imposer ses idées.

Byron n'était que sceptique; Shelley lui apprit ce que c'est qu'un athée en règle. Cependant, le nom d'athée ne convient pas exactement à Shelley. Il n'était pas de ceux qui doutent, ni de ceux qui nient : il croyait en un Dieu, et le haïssait. On s'était trompé pendant six mille ans. C'était Satan, c'était Ahrimane, c'était le mal qu'on avait intronisé là-haut en croyant déifier le bien. Au premier chant de la *Révolte de l'Islam*, — confuse, mais puissante allégorie, — l'humanité, représentée par une femme, au lieu d'écraser du talon la tête du serpent, le réchauffe dans son sein et soigne ses blessures. Certes, les rois sont des monstres, suivant Shelley, et il est bon de les tuer, mais il ne faut pas oublier que leur tyrannie n'est qu'un reflet de la tyrannie d'en haut, la plus détestable de toutes, puisqu'elle est l'origine et la raison des autres. Si Shelley avait eu le bonheur d'être Français et de vivre en 1793, il eût été Saint-Just, il aurait envoyé des pères de famille à l'échafaud, en pleurant de tendresse sur la future humanité. Malheureusement pour lui, l'Angleterre de ce temps tenait à ses vieux préjugés. Bien loin de se laisser gouverner par Shelley, elle ne lui permettait même pas de gouverner sa famille.

Shelley se réfugia dans l'allégorie : il couvrit ses théories d'un riche manteau poétique ; on le toléra, parce qu'il était inintelligible, parfois, on l'admira. Bien des gens, las de déchiffrer ses énigmes philosophiques, dont le dernier mot était si amer, s'arrêtèrent aux charmants détails de l'enveloppe, cueillant des fleurs dans les jardins pendant que les initiés pénétraient dans le temple. C'est ainsi que la *Reine Mab*, la *Sorcière de l'Atlas*, et surtout *Alastor*, ce petit poème si gracieux dans sa bizarrerie, ont trouvé infiniment plus de lecteurs que Shelley ne comptait de disciples.

Talent inégal et capricieux, Shelley est surtout un lyrique. Le mot d'inspiration, si souvent vide de sens, lorsqu'on l'applique aux poètes ordinaires, doit être pris — remarque Macaulay — dans son sens le plus littéral lorsqu'il s'agit de celui-ci. Une sensation s'empare de Shelley : sa poitrine se gonfle, son cerveau s'allume, tout son être vibre à l'unisson, et la poésie s'épanche comme un flot. Prenons un exemple. Au déclin d'un paisible et glorieux jour d'été, le chant de l'alouette, — cette note claire, joyeuse, triomphante, qui éclate dans la sérénité du soir, — fait tressaillir Shelley. Rien n'est plus hardi que le chant de l'alouette, si ce n'est son vol. Elle monte si droit dans le ciel que son ascension semble une chute. En même temps, son vol, qui ne trahit aucune lassitude, éveille l'idée d'une vie sublime et libre, exempte de l'erreur, affranchie de la souffrance. Elle monte encore, elle entre dans le rayonnement des feux du couchant ; son petit corps s'illumine, et resplendit comme une étoile. Elle monte toujours, elle a disparu, et les yeux du poète se fatiguent encore à la suivre. Il questionne avec avidité le mystérieux plongeur de l'infini, « le contempteur du sol » où nous rampons. Qui es-tu? D'où viens-tu? Quels mondes étranges, quels nouveaux cieux, quelles amours ineffables nous redit ton chant? Dis-moi seulement la moitié de tes secrets, si mon cœur peut les contenir, et « le monde m'écoutera comme je t'écoute. » Ce retour sur lui-même, ce mélancolique ressouvenir de son impuissance marque la fin de l'inspiration. Elle ne s'arrête pas brusquement, mais se termine par une lente et solennelle décroissance, comme un son d'orgue, qui meurt en se prolongeant.

Shelley, fougueux ennemi du mariage, contre lequel il écrivit son poème d'*Hélène et Rosalinde*, avait été, avant trente ans, marié deux fois. Il s'était fixé à Rome. Dans une excursion en mer, il fut assailli par un gros temps, et le yacht qu'il montait se perdit dans le golfe de la Spezzia. Le cadavre du poète fut rejeté sur le rivage; Byron, assisté de Leigh Hunt, le brûla solennellement, suivant le rite antique. Les cendres furent recueillies dans une urne, et déposées non loin du fameux tombeau de Cecilia Métella.

Mort de Byron. Son influence.

Le soulèvement de la Grèce ranima un instant Byron. Il se croyait né, non pour chanter, mais pour agir. Quelle plus belle occasion de déployer les qualités de l'homme de guerre, qui sommeillaient en lui? Il se jeta dans Missolonghi, alors assiégé par les Turcs, pour aider les Grecs de son argent, de ses conseils et de son bras. Il avait compté sans la fièvre paludéenne, qui ne pouvait épargner une constitution ruinée par les excès. Il mourut le 19 avril 1824, et son corps fut rapporté en Angleterre. « Ce fut un moment douloureux, dit Macaulay avec émotion, lorsque, la cérémonie achevée, le funèbre cortège commença à s'ébranler lentement, et se dirigea vers le Nord, tournant le dos à cette abbaye de Westminster, où sa place était marquée. » Mais qu'aurait pu ajouter cette glorieuse sépulture à la popularité, désormais immense, de Byron? Cette popularité avait, depuis longtemps, franchi le détroit, et s'était répandue sur le continent. Nos poètes, petits et grands, adressaient des épîtres à Byron, et s'honoraient de l'imiter. Lamartine traduisait, en un magnifique langage, les dissertations poétiques de *Childe Harold*. Alfred de Musset copiait le persifflage de Don Juan, en l'assaisonnant d'impertinence française. On se formait, d'après Byron, un nouvel idéal du poète. Ce n'était plus, comme autrefois, le familier des princes, l'amuseur du grand monde, le courtisan, plus ou moins désintéressé, des jolies femmes. C'était un être à part, voué à des souffrances sans nom et à des infortunes sans exemple. En imagination, il avait commis les crimes les plus rares, savouré les monstruosités les plus exquises. Il avait été brigand, pirate ; il avait pris d'assaut des couvents de religieuses ; il avait été l'assassin de son frère, l'amant de sa sœur. Entre temps, il redressait les abus, jugeait les rois, et menaçait Dieu sur son autel. C'était le proscrit de la vieille société, le prophète de la nouvelle.

Nature hautaine, mais sans pédantisme, Byron était insensible à la vanité de former des disciples. Comme Manfred, il préférait vivre seul sur une cime. Il eût été le premier à rire s'il avait vu ses plagiaires transformer en règles de conduite les traits de son caractère ou les hasards de son existence, s'il avait vu des jeunes gens, gras et frais, d'extraction bourgeoise et de mœurs régulières, se traîner à travers la vie comme des Titans blessés, maudissant leur mère, qui n'avait envers eux d'autre tort que de les avoir un peu gâtés. Byron, sans l'avoir cherché, se trouva le chef posthume d'une école qui le compromit par ses excès. Lui, l'aristocrate, le classique par excellence, devint le drapeau des romantiques et des révolutionnaires.

La réaction vint. Elle fut tellement violente, que la profession de poète en fut discréditée pour un demi-siècle, et que la poésie elle-même faillit devenir un objet de ridicule. Byron souffrit de ces représailles du bon sens autant que ses adversaires en profitèrent. Ces heures de fièvre sont passées depuis longtemps. L'esprit humain est rentré dans son lit ; il y coule paisiblement, en dépit de ceux qui voudraient, de nouveau, l'en faire sortir. Le temps a accompli son travail. La partie caduque de l'œuvre Byronienne s'est flétrie : restent cent pages immortelles. Dans *Childe Harold*, la course de taureaux, la dédicace à Ada Byron, la veille de

Waterloo, le Gladiateur mourant, l'invocation à l'Océan ; dans le *Corsaire*, le second chant, et surtout la première entrevue de Conrad et de Gulnare ; la mort de Lara, les plaintes de Bonnivard, le supplice de Mazeppa, les deux premiers chants de *Don Juan* presque entiers, l'introduction du *Giaour*, divers passages de *Manfred*, notamment le dialogue du héros avec la sorcière des Alpes et l'apparition d'Astarté sur la Jungfrau, voilà ce qui est assuré de vivre autant que la pensée humaine.

Thomas Moore.

Rien n'a plus efficacement contribué à protéger la mémoire de Byron que sa biographie, écrite par Thomas Moore. C'est un ami qui défend son ami, c'est un poète qui fait connaître un poète, c'est un habile écrivain qui ajoute à l'intérêt des événements le charme de son récit. Moore a écrit, dans des conditions presque semblables, une vie de Sheridan qui se recommande par les mêmes qualités. Modeste et consciencieux avocat, il ne cherche jamais à briller aux dépens de son client, et pourtant, si un homme avait le droit de se sentir supérieur à l'humble tâche du biographe, c'était l'auteur de Lalla Rookh.

Moore est, sinon le plus grand, du moins le plus aimable des fils de l'Irlande. Quoique d'une famille peu riche, il avait reçu une excellente éducation. En quittant l'université de Dublin, il vint à Londres. Son début dans les lettres fut une traduction d'Anacréon, plus brillante que fidèle. L'opposition, jalouse de recruter les jeunes talents, lui ouvrit ses salons ; grâce à la protection du prince de Galles, il obtint un poste dans le gouvernement des Bermudes. Les malversations d'un sous-ordre, sans compromettre en rien l'intégrité du poète, impliquèrent pour lui une responsabilité pécuniaire, dont un labeur obstiné, pendant sa longue et fructueuse carrière, suffit à peine à le dégager.

Cet homme, si recherché pour son aménité, dont le sourire était si cordial, la conversation si bienveillante, n'en a pas moins été un satirique redouté. Il a composé un grand nombre de *Lampoons*. L'usage des *Lampoons* a, depuis longtemps, disparu des mœurs politiques. C'était alors, avec la caricature, l'arme favorite des partis : elle servait mieux leur haine que la grosse artillerie des discours parlementaires. Ardent libéral, Moore poursuivit de ses moqueries le prince Régent, qui avait renié les idées et les amis de sa jeunesse, et lord Castlereagh, cet autre apostat, cet Irlandais qui s'était fait le persécuteur de l'Irlande. Jamais victimes ne furent moins intéressantes. Moore, d'ailleurs, sut être ingénieux et délicat dans un genre qui n'avait été, jusqu'à lui, qu'indécence et grossièreté : il éleva le *Lampoon* à la hauteur de l'épigramme.

Ce don de la raillerie agréable brille à chaque page d'une œuvre, aujourd'hui trop oubliée, de Thomas Moore : *la Famille Fudge à Paris*. Fudge est une sorte d'espion politique que le gouvernement anglais entretient à Paris, pendant les premières années de la Restauration. Dans les lettres de ce personnage, l'auteur décrit, avec une fine ironie, le triomphe de la réaction cléricale et royaliste. Mistress Fudge fait alterner, dans sa correspondance, les divagations sur le chapitre de la toilette avec des recettes de cuisine. Miss Fudge, tête farcie de romans à la mode, entretient une liaison de sentiment avec un inconnu qu'elle prend pour le roi de Prusse, alors présent à Paris dans le plus strict incognito. Finalement, le monarque déguisé se trouve n'être qu'un boutiquier sentimental. C'est la note satirique qui caractérisera l'auteur des *Snobs*, avec moins de mordant, mais plus de naturel, et avec un élément historique dont les années, en s'écoulant, ne feront qu'accroître la valeur.

Les Mélodies irlandaises.

Moore aimait passionnément son pays, non pas de cet amour actif, énergique, militant, qui inspire la verve agressive de Swift ou la brûlante éloquence d'O'Connell, encore moins de celui qui met les armes aux mains de Robert Emmett et d'Edward Fitzgerald, mais d'un amour douloureux, invincible, tel que devait le ressentir cette âme douce, mais obstinée. Quand on lit la chanson intitulée *le Paysan à sa maîtresse*, on se demande si le pauvre Irlandais s'adresse réellement à sa compagne ou à sa patrie. La femme qu'il serre contre son cœur semble n'être qu'un symbole, et c'est l'Irlande qui est vraiment sa bien-aimée. Noble Irlande! C'est ainsi qu'elle apparaît toujours à Thomas Moore : une figure plaintive et charmante. Elle sourit, et elle pleure ; Dieu l'a faite si gaie, et ses tyrans l'ont rendue si triste! De là cet arc-en-ciel qui luit sur sa face. Parfois, l'absence efface les contours de l'image chérie ; sans être infidèle, Moore est oublieux. « Oh! ne blâmez pas le poète, s'écrie-t-il quelque part, s'il s'abandonne aux doux rêves du plaisir, s'il cherche à oublier les maux qu'il ne peut guérir! » Tout à coup, une nouvelle injure ou une trahison nouvelle réveille son patriotisme. Moore est debout, les yeux étincelants, la colère aux lèvres : est-ce là le doux poète qui, tout à l'heure, s'endormait dans les voluptés? Sa voix résonne, stridente et belliqueuse comme un appel aux armes. Mais l'éclair a brillé, le tonnerre a grondé, tout rentre dans le calme. Un son de harpe s'est fait entendre, prolongé, harmonieux, mélancolique : le cri de vengeance meurt dans un chant d'amour.

Tels sont les sentiments variés qui s'épanchent dans les Mélodies irlandaises. Chacune de ces mélodies est très courte : un souvenir historique, une impression, une image suffit à la remplir. Tantôt c'est une légende des vieux saints nationaux, tantôt une réminiscence des luttes héroïques; c'est une malédiction adressée à quelque renégat, une larme sur la tombe d'un défenseur de la liberté; c'est un site de l'Irlande, la riante vallée d'Ovoca, le lac morne de Glendalough, « au-dessus duquel n'a jamais plané l'alouette », et dont les profondeurs mêmes sont désertes. Parfois, c'est un appel à la femme aimée, dont la personnalité reste voilée. Souvent aussi, le poète donne à sa rêverie passionnée une forme objective, et la place dans la bouche d'un jeune garçon amoureux. Plus souvent encore, ce n'est qu'une fantaisie, une émotion fugitive, un rien fragile et charmant.

Il en polit l'expression, en cisèle le contour et le transforme en un joyau poétique.

Aidées de la musique, ces mélodies sont restées dans la mémoire du peuple. Les plus humbles connaissent ces chants, et les répètent. Un étranger vient-il à citer devant eux les premiers vers d'une mélodie populaire, aussitôt leurs yeux brillent, et l'air aimé vient de lui-même sur leurs lèvres. « Un jour, avait dit Moore, inspiré par un lointain souvenir classique, un jour, celui qui t'opprime écoutera tes chants, et pleurera. » La prédiction s'est réalisée. Ni le sang d'Emmett, ni la parole de Grattan et d'O'Connell, n'ont donné la liberté à l'Irlande. Moore l'a consolée et a entouré son front d'un nimbe poétique, qui ne pâlira pas.

Lalla Rookh.

Les Irlandais, avons-nous dit à propos de Burke, se targuent d'une antique origine orientale. A l'époque où le mystère planait encore autour des vestiges de l'écriture Ogham, et où les Tours-Rondes se dressaient comme autant d'énigmes de pierre, une certaine école voulait que l'Irlande eût été primitivement colonisée par des sectateurs de Zoroastre. La sévère critique moderne a fait justice de ce rêve archéologique. Pourtant, tout n'était pas illusion dans cette fable. Le vaste courant d'eau chaude qui, venant des Antilles, enveloppe l'Irlande, et les brises tropicales, qui voyagent à la surface du *Gulf-Stream*, attiédissent l'atmosphère de l'île. De là cette éclatante verdure d'où Erin a tiré son surnom. De là aussi, ces alternatives de mollesse et d'exaltation, ce je ne sais quoi que l'Irlandais prenait pour une réminiscence des pays du soleil. A ce point de vue, Moore est plus asiatique encore que Burke, et, lorsqu'il écrit Lalla Rookh, il retourne dans sa vraie patrie.

Des quatre petits poèmes qu'il a intercalés dans ce roman, deux ont pour théâtre les bords de la mer Caspienne, les montagnes du Turkestan et de l'Afghanistan. Ils se rapportent à la période où les Guèbres luttaient, pour conserver l'indépendance, contre leurs conquérants arabes. Sur ce fond historique, vaguement indiqué, se détachent des figures héroïques et tendres, chevaleresques et voluptueuses, jetées au milieu des aventures les plus terribles, sans rien perdre de leur suave langueur et de leur poétique élégance. A côté de ces êtres purs et délicats, Moore a voulu placer des créatures féroces et méchantes. Aux duos d'amour, il entendait faire succéder de larges et puissantes scènes dramatiques. En effet, le dénouement des *Adorateurs du feu*, et surtout celui du *Prophète voilé de Khorassan*, ne manquent pas de grandeur. Lorsque Mokhana, le faux prophète, assiégé dans son dernier refuge par le Calife, empoisonne dans un banquet ses misérables adorateurs, et, soulevant le voile d'argent qui le cache, leur montre sa hideuse et grimaçante laideur, lorsqu'il se précipite lui-même dans un bain de feu qui le dévore en une seconde, nous devrions éprouver de l'horreur, et nous ne ressentons que du plaisir. Il nous semble que nous venons d'assister, non à l'épilogue d'un drame, mais à la scène finale d'un opéra. La magnificence du décor et l'attrait de la musique nous rendent insensibles à la fin tragique des personnages. Jamais le poète ne peut se résoudre à inspirer un sentiment pénible. Il groupe les cadavres avec art, il enlève à la mort ce qu'elle a de rebutant et de lugubre, il répand du charme sur l'agonie de deux pestiférés. S'il met en scène une sorcière, il se garde bien de lui prêter l'infernale cuisine de Macbeth. Sa magicienne n'emploie, dans ses incantations, que le suc des fleurs. Du sein d'un nuage odorant, elle évoque des esprits dont la forme est adorable, le chant plus adorable encore.

Moore est fait pour peindre les objets gracieux. Il excelle à placer les femmes de l'Orient au milieu de la nature splendide qui leur sert de cadre. Il les dispose sous un rayon de lune, qui revêt leur beauté d'une pâleur surnaturelle et divine. Il conduit leurs danses, au rythme voluptueux et lent; il leur souffle d'exquises mélodies, qu'accompagne le bruit de l'eau parfumée, retombant dans sa vasque de marbre. La tentation du jeune guerrier, dans le *Prophète voilé*, et la fête des roses, dans la *Lumière du Harem*, sont des modèles de ce genre. Ce dernier poème est peut-être le chef-d'œuvre de Moore. Il y donne librement sa vraie note : une mélancolie légère y voile, comme d'une gaze à demi transparente, les ardents caprices du harem.

Les Néo-Grecs. Keats. W. Savage Landor.

Ici se présente une attrayante figure, qui offre plus d'un trait de ressemblance avec André Chénier. Comme notre compatriote, Keats est mort jeune; comme lui, il aimait la Grèce. Son vers est caressant et pur, ardent et chaste, comme celui d'André Chénier.

L'enfance de Keats se passa dans une boutique, son adolescence dans une officine où l'on préparait des drogues : il fut, ainsi que Crabbe, apprenti chirurgien. Le petit cénacle révolutionnaire, dont Shelley était le poète, Leigh Hunt l'homme d'esprit, et Goodwin le pontife, s'ouvrit devant le jeune débutant. En acceptant de tels amis, il acceptait en même temps leurs nombreux ennemis. Lorsqu'il publia son *Endymion*, un critique l'exhorta à retourner à son pilon d'apothicaire. Dans les colonnes de la *Quarterly Review*, Gifford rendit un arrêt aussi sévère, mais plus cruel, parce qu'il était mieux motivé. Deux ans plus tard, lorsque Keats eut succombé à la pthisie, Shelley crut, et Byron feignit de croire que la critique du *Quarterly* l'avait tué. On traita Gifford d'assassin. La vérité est qu'on ne meurt pas d'un article. Les Revues assomment, mais ne tuent pas.

Endymion n'était ni un chef-d'œuvre, ni une œuvre ridicule : c'était une forêt de sentiments et d'idées. Rien n'est plus beau qu'une forêt vierge, si on pouvait seulement y pénétrer. Keats aimait la Grèce comme son Endymion aime la lune, à travers l'espace et de très loin. Homère lui avait envoyé quelques rayons à demi décomposés par le traducteur Chapman. Ce n'était pas assez pour le guider au milieu d'un monde mort depuis trois mille ans. Aussi a-t-il méconnu l'esprit de la mythologie antique. Il a assombri les riantes fictions des Grecs, en y mêlant d'ineffables tristesses, de mystérieux enchantements. Ses Naïades et ses Dryades sont des Ondines et des Willies ; son Endymion lui-même est un chevalier errant, un Don Quichotte en chlamyde. En croyant découvrir l'hellénisme, il avait découvert le moyen-âge.

Quant à son autre poëme, *Hyperion*, Keats n'eut pas le temps, ou n'eut pas le courage de le finir. Nous avons seulement trois chants, dont les deux premiers n'ont point de rapport avec le troisième. On devine confusément que le poëme, dont le point de départ est la défaite et l'exil de Saturne, devait avoir pour sujet la révolte des enfants de la Terre. Le choix de ce sujet indique l'influence de Shelley sur l'esprit de Keats : la tendresse pour les Titans était une des inoffensives manies où se complaisait l'auteur du *Prométhée délivré*. Dans le chaos d'*Hyperion* éclatent, çà et là, des lueurs poétiques. C'est l'effrayante immobilité de Saturne, pétrifié dans sa douleur divine ; c'est le vol silencieux d'Hyperion à travers la nuit ; c'est Apollon recevant la divinité : « il lui semble que son être va mourir, mais au lieu du frisson de la mort, c'est la flamme d'une vie supérieure qui circule tout à coup dans ses membres. En même temps, son corps s'illumine, et la science des choses se précipite comme un torrent sous son front. »

Rien ne pouvait sauver le malheureux poëte. Le dévouement d'un jeune peintre, qui l'accompagna en Italie, adoucit ses derniers jours. « Je sens les violettes qui poussent au-dessus de ma tête, » disait Keats. Il voulait dire qu'au printemps il reposerait dans le cimetière protestant de Rome, délicieuse retraite où les fleurs cachent les tombes. Il mourut, en effet, au mois de février 1821. Il avait vingt-six ans.

Walter Savage Landor, l'auteur des *Helléniques*, n'a de commun avec Keats que le goût et le sentiment des choses grecques. Ce ne sont pas les années qui lui ont manqué pour traduire ses rêves ou pour corriger ses défauts de jeunesse. Il est mort presque nonagénaire, sans avoir mûri. Vie, talent, fortune, il a tout usé et s'est usé lui-même au service des paradoxes les plus malsains. A quarante-cinq ans, il fondait un prix de régicide, sous la forme d'une pension promise à la « veuve de celui qui aurait tué un despote ». A plus de quatre-vingts ans, il se faisait condamner en justice, pour avoir calomnié une jeune dame. Les Anglais auxquels, par exception, a été refusé le sens commun, se trouvent si dépaysés parmi leurs compatriotes qu'ils prennent, d'ordinaire, le parti de s'exiler. Landor ne manqua pas à cette règle, et presque toute sa vie s'est écoulée sur le continent.

Les Conversations Imaginaires des hommes de lettres et des hommes d'État, sont le seul ouvrage de Landor qui se fasse lire encore, bien que gâté plus qu'à demi par d'inconcevables saillies de mauvaise humeur et d'injustice. Esprit délicat, mais incomplet, imagination brillante sans le contrepoids du jugement, Landor n'a jamais donné toute sa mesure, ne s'est jamais bien connu ni pleinement possédé lui-même, et n'a laissé derrière lui que des parcelles poétiques, de spirituelles boutades, de gracieuses fantaisies, mieux placées dans l'écrin des albums littéraires que dans ses propres œuvres.

Fin de l'école classique. Triomphe final de Wordsworth.

Toute génération littéraire a ses retardataires comme elle a ses avant-coureurs. Campbell compose, avec Rogers, l'extrême arrière-garde de l'école descriptive. Campbell, dont nous avons déjà mentionné une ode fameuse, était l'auteur des *Plaisirs de l'Espérance*. Ce poème obtint, dès qu'il parut, le genre de succès qui ne fait jamais défaut à la banalité agréable. A son tour, Rogers écrivit les *Plaisirs de la Mémoire*. Banquier et poète, mais plus banquier que poète, il appartenait à cette classe de littérateurs qui donnent à dîner. Quant à ses vers, « ils sont, — écrivait Hazlitt, — laborieusement contournés et consciencieusement inintelligibles. » Le bonheur de Rogers et de ses pareils, c'est qu'il se rencontre toujours des lecteurs, fiers d'avoir aisément compris ce que l'auteur ne comprend guère lui-même.

L'école de Pope expirait avec Rogers. Le byronisme, compromis par les excès des byroniens, était rapidement tombé dans le ridicule. La génération qui venait était plus sage et moins batailleuse que la précédente. Son mot d'ordre devait être : plus de guerre extérieure, apaisement dans les luttes des partis politiques, tolérance religieuse, liberté commerciale. Cette génération aimait les joies du foyer; un couple auguste, naïvement épanoui dans sa beauté et dans son bonheur, allait bientôt donner l'exemple de la simplicité et des vertus domestiques. La noble passion des Anglais pour la campagne et pour les animaux se réveillait plus vive que jamais. On délaissait les belles dames de Reynolds et de Gainsborough, mais on ne se lassait point d'admirer les paysages de Landseer, ces chiens, ces chevaux au regard intelligent et humain, couchés ou bondissant sur le gazon velouté des parcs.

C'est à ce moment que Wordsworth et ses amis virent enfin venir à eux les hommages des critiques et la foule des lecteurs. Southey, qui s'était signalé par son ardeur, et même par sa violence, dans les polémiques littéraires et politiques, Southey, que les railleries de Byron avaient illustré plus peut-être que ses écrits, fut le premier à recueillir les fruits de ce revirement d'opinion. En récompense des loyaux services rendus à la cause des Tories, Canning lui avait fait donner la dignité de poète lauréat, quand elle devint vacante à la mort de Pye. Lorsque Southey mourut à son tour, Wordsworth lui succéda, et exerça encore pendant sept ans cette royauté platonique. Le Nestor de la poésie anglaise s'éteignit doucement en 1850, plein de jours, entouré de respects. Sa longévité lui avait permis de voir disparaître ses adversaires et ses rivaux. Le temps avait passé au crible ses œuvres, pour en dégager la partie sereine et incorruptible. L'utopiste, le réformateur avait disparu : il ne restait que le peintre passionné et minutieux de la nature, le grave et religieux interprète des voix de la solitude.

CHAPITRE XXVII.

CRITIQUES ET HUMORISTES.

Naissance des Revues. — Hazlitt. — Charles Lamb. Les *Essais d'Élia*. — Études sur Shakespeare. — De Quincey. — Un humoriste militant : Douglas Jerrold.

Naissance des Revues.

Au début de ce siècle, une transformation de l'essayisme était devenue nécessaire. Le public, chaque jour plus avide de connaître et de juger, était difficile à satisfaire. Avec moins de loisirs, il avait plus d'exigences. Le livre était trop long ; l'essai d'Addison, de Bolingbroke, de Johnson, était trop court et trop léger. Un rapide tableau de mœurs, une allégorie, une vérité piquante à mettre en relief, l'élégante démonstration d'un théorème moral, voilà tout ce que comportait l'essai d'autrefois. Les contemporains de la reine Anne, de Walpole et de George III, n'avaient jamais songé à demander davantage. Impossible de faire entrer dans ce cadre étroit l'étude d'une question philosophique, religieuse, politique, littéraire ou sociale, avec ses antécédents historiques et ses conséquences logiques, avec le cortège de preuves, d'exemples, d'hypothèses, de réfutations accessoires, qui l'accompagnent, avec toutes les faces du problème et toutes les pièces du procès. L'esprit de recherche et d'analyse avait besoin d'un nouvel engin. Cet engin, aussi indispensable aux grandes batailles intellectuelles du dix-neuvième siècle que l'artillerie l'avait été aux mêlées internationales du seizième, la Revue le mit au service de l'intelligence. L'Écosse, qui nous avait déjà donné l'économie politique, la philosophie expérimentale et le roman historique, fut le berceau de la première Revue. C'est dans la citadelle même du torysme, dans la vieille ville jacobite d'Édimbourg, que quatre ou cinq jeunes libéraux, tous destinés à la célébrité, fondèrent le nouveau recueil périodique, qui porte encore le nom de *Revue d'Édimbourg*. Cette Revue, aujourd'hui rédigée par des ministres d'État et des membres du Conseil privé, commença par étonner les gens graves de ses audaces. Ce n'est pas la Revue qui a changé de principes ni de langage, c'est le monde politique, dont le centre de gravité s'est déplacé. Il y avait alors un grand chancelier d'Angleterre qui s'appelait lord Eldon. C'était la quintessence du conservatisme, la crainte faite homme et assise sur le sac de laine : crainte de l'émancipation des catholiques, crainte de la réforme électorale, crainte de voir toucher à la procédure de Justice et d'Équité, aux lois sur la chasse, aux lois sur la presse, au timbre et au *Test;* toutes ces craintes résumées en une seule, la crainte de voir John, lord Eldon, perdre sa situation de Lord chancelier. L'existence de la Revue ne fut, pendant longtemps, qu'un duel avec lord Eldon; mais, si elle n'avait eu d'autre raison d'être que de taquiner un chancelier, elle aurait disparu avec lui, elle aurait vécu ce que vivent les pamphlets, l'espace d'une session ou d'un ministère. Elle a duré, au contraire, non seulement parce qu'elle apportait une forme nouvelle en littérature, mais parce qu'elle représentait, en politique, un grand parti. « Le whiggisme, a dit finement Bagehot, n'est pas une doctrine, mais un caractère. » Patience, dignité, droiture, mépris de la révolution et amour du progrès; une hardiesse calme, un tour d'esprit à la fois raisonneur et pratique, par-dessus tout le sang-froid; pour faire ombre au tableau, une certaine dose de pédantisme et d'entêtement : tels sont les traits de ce caractère, et tels sont aussi ceux de la primitive *Revue d'Édimbourg*. Jeffrey en était le directeur, écrivain médiocre et fécond, heureusement doué pour le gouvernement d'une république littéraire. Jusqu'à lui, l'éditeur d'un recueil périodique était l'homme qui imprime et qui vend les exemplaires de ce recueil : Jeffrey fit voir qu'un éditeur peut être l'âme, l'unité morale d'une phalange d'écrivains dévoués à la même tâche.

Il faut reconnaître, dans Francis Horner, le type de ces jeunes Whigs imberbes devant lesquels s'inclinaient les têtes grises. A vingt ans, il ennuyait déjà ; à vingt-cinq, il parlait de refaire l'*Instauratio magna* de Bacon ; à trente, il avait, dans les couloirs du Parlement, un cercle d'auditeurs et d'admirateurs. Lorsqu'il mourut, avant quarante ans, tous les partis le pleurèrent machinalement, sans que personne pût dire s'il avait eu du talent, et s'il eût été utile au pays dans les grandes fonctions publiques.

Sidney Smith était à la fois l'homme d'esprit et le théologien de la Revue. A ce dernier titre, ses facultés étaient mises rarement à contribution. Le mysticisme n'était pas le côté faible des jeunes *reviewers*, et ils ne se risquaient pas volontiers sur le terrain des controverses religieuses. Chez Sidney Smith, le théologien n'a pas nui à l'homme d'esprit ; mais l'homme d'esprit a fait quelque tort au théologien. Il appartenait à cette classe d'honnêtes gens qui vont réduisant chaque jour davantage la part de l'infini et du mystère dans la religion, afin de la rendre plus accessible et plus confortable. Le jour où ils croient avoir réussi, il ne reste plus, de la religion, qu'une morale rationaliste, agrémentée de deux ou trois dogmes. La vie de Sidney Smith se partagea longtemps entre une paroisse sauvage du Yorkshire, dont il était le chef spirituel, et les salons de Londres, dont il était une des lumières. On appréciait ses talents de causeur, on admirait plus encore ses faciles, railleuses et brillantes improvisations dans la Revue. On l'a comparé à Swift : la comparaison n'est pas juste, mais c'est beaucoup, pour l'honneur de Smith, qu'elle n'ait pas paru impertinente.

Henry Brougham est le plus éminent de cette génération qui aida Jeffrey à fonder le grand recueil libéral. On le retrouvera bientôt au premier rang des orateurs. Dans la Revue, il se montrait comme publiciste et comme critique littéraire. Ses essais ont une allure impétueuse et parfois théâtrale. Comme il est sujet à l'émotion, il est sujet à l'erreur, mais un sentiment noble et passionné de la beauté vivifie sa critique. Comme Fox, comme Burke, comme Sheridan, comme tous les hommes vraiment grands de ce parti, Brougham ne répond pas exactement à la définition du whiggisme. Il a trop de sève et de flamme, il est trop lui-même pour être un Whig sans défaut. C'est au second rang des orateurs et des écrivains qu'il faut chercher ce type estimable. Si l'on envisage les Whigs à un point de vue purement littéraire, on les reconnaîtra aussi aisément à leur style qu'on reconnaissait le quaker d'autrefois à son chapeau et à son habit. Ils n'abordent une question que s'ils sont certains de la circonscrire et de la dominer. Ils sont bons ménagers de leurs idées, ils en savent le compte exact et les rangent en bon ordre. Ils ne créent pas de locutions, ne frappent pas de mots, ne se laissent pas entraîner hors du sentier de la dialectique par ces images décevantes, par ces feux follets du style, qui égarent Carlyle ou Michelet. La poésie même, pour les Whigs, n'est qu'une noble distraction. Elle est tenue d'être raisonnable tout aussi bien que la prose, et ne s'en distingue que par un tour plus élégant et plus orné. On conçoit donc que les rédacteurs de la *Revue d'Édimbourg* fussent peu disposés à accueillir favorablement la nouvelle école poétique, dont Wordsworth était le chef, et dont nous avons esquissé ailleurs les tendances.

Les Tories, jusqu'alors, écrivaient peu, disputaient plutôt qu'ils ne discutaient. Ils se contentaient de boire à la santé du roi, et de hausser les épaules aux arguments de leurs adversaires. Lorsqu'ils se mêlèrent à leur tour d'avoir des principes et d'employer, pour les défendre, les mêmes armes que les Whigs, ils fondèrent à Londres la *Quarterly Review*, à Édimbourg le *Blackwood's*, destinés à faire concurrence à la *Revue d'Édimbourg*. Les Lakistes trouvèrent accès dans ces deux recueils. Le premier directeur de la *Quarterly*, Gifford, mauvais poète, homme d'esprit, critique fin, mais dédaigneux et dur, favorisait l'école de Pope, dont il était un des derniers tenants ; mais, à ses côtés, écrivait Southey, qui n'était plus révolutionnaire qu'en poésie. Le *Blackwood's* était rédigé par Lockhart et Wilson. L'aimable Lockhart, gendre de Walter Scott, partageait les sentiments d'estime et d'amitié que l'auteur de *Marmion* portait à l'auteur de *l'Excursion*. Wilson, auquel on doit le *Procès de Marguerite Lindsay* et plusieurs autres œuvres, où revit l'ancienne Écosse, pittoresque et populaire, appartenait au même groupe. Il vint se fixer sur les bords du Windermere, pour mieux jouir de la société de ses amis.

La *Revue d'Édimbourg* elle-même ne devait pas toujours bouder la nouvelle école. Fondée pour préconiser le progrès légitime en politique, elle ne pouvait combattre indéfiniment le progrès en littérature. Il est, d'ailleurs, un terrain sur lequel les deux partis ne manquent jamais de se rencontrer. Libéraux et conservateurs se donnent la main dans les questions où le patriotisme est engagé : or, la révolution littéraire qui s'accomplissait présentait un caractère essentiellement national.

Il ne s'agissait plus, en effet, hâtons-nous de le dire, de populariser le *credo* étroit, paradoxal, et même quelque peu chimérique, des Lakistes. Ceux-ci n'avaient été que les précurseurs du mouvement. Ce qu'on voulait, c'était un retour aux véritables traditions du vieux génie anglais, déjà deux fois réveillé, par Chaucer et par la pléiade shakespearienne. Cette réforme empruntait aux circonstances parmi lesquelles elle se produisait une opportunité singulière. A ce moment même, Napoléon faisait jeter à la mer le sucre et le café de provenance anglaise. L'Angleterre, de son côté, jetait à la mer nos poètes et nos philosophes. C'était une réponse au blocus continental, et, plus tard, ce fut la continuation de Waterloo.

Vers le même temps, la France essayait aussi une réforme littéraire. On peut appliquer ici, en le retournant, un mot célèbre du duc de Liancourt : ce n'était pas une révolution, c'était une émeute. Émeute d'écoliers irrités contre leurs maîtres. On s'inquiétait peu des tendances héréditaires de l'esprit national. On tolérait Corneille, qui est un peu Castillan ; on exhumait Ronsard, qui est à moitié Grec ; on déifiait Gœthe, qui est plus qu'Allemand. On proscrivait les vrais Français, ceux qui ont élevé le bon sens jusqu'à l'éloquence, et la raison jusqu'au génie, Racine, Bossuet, Voltaire. Cette tentative devait échouer, et elle échoua.

Tout autre était la révolution, ou plutôt la restauration anglaise. Opportune, logique, nationale, elle était, de plus, habilement conduite par de vigoureux esprits autour desquels se forma bientôt non plus une coterie, mais un vaste public. Aux grandes Revues se joignirent les *Magazines*, où, sous une forme plus légère et plus libre, de fins humoristes firent la campagne en volontaires : parmi ces critiques indépendants, brilla surtout Charles Lamb. Des conférences très applaudies vinrent augmenter la popularité des néo-shakespeariens ; le plus justement fêté de ces *lecturers* fut Hazlitt.

Hazlitt.

Son Cours de 1818 est une date dans l'histoire littéraire. Avec moins de retentissement et d'éclat que M. Villemain, à la Sorbonne, le professeur anglais a exercé sur le goût de son public une influence plus durable et plus profonde. Que ce mot de professeur ne trompe personne : il ne s'agit point d'un enchaînement de vérités, présentées dans un ordre didactique et aboutissant à une conclusion rigoureuse, mais d'une causerie moitié familière, moitié enthousiaste, sur des sujets parfaitement connus de l'auditeur. Lorsque Hazlitt entretenait l'élite de la société anglaise de Chaucer et de Spenser, de Shakespeare et de Milton, de Pope et de Cowper, de Chatterton et de Burns, il n'avait pas la prétention de découvrir ces écrivains, mais d'apprendre à les juger, ou plutôt à les sentir, d'une façon nouvelle, et il le faisait avec conviction, mais avec modestie, et surtout avec cette finesse et cette bonne humeur qui font accepter les nouveautés en littérature.

Hazlitt commence par exposer ses vues générales sur l'origine, la nature, et les vrais principes de la poésie. Il la définit l'imitation de la nature. Il la définit encore le langage de l'imagination et de la passion. Combinez ensemble ces deux définitions, et la poésie sera le don de traduire le monde vrai, mais le monde vu par les yeux de la passion et de l'imagination. Sortant des généralités, Hazlitt se hâte d'appuyer sa théorie par des exemples. Pour lui, les types principaux de la poésie sont Homère, la Bible, Dante, et, on est affligé d'ajouter, Ossian. Sauf ce dernier nom, sauf cette admiration malencontreuse, qui eût été en 1780 une faiblesse et n'était plus en 1818 qu'une excentricité, que de hardiesses utiles, que de points de vue nouveaux dans cette introduction! Pour la première fois, un Anglais restituait à Dante son véritable caractère de visionnaire sublime et sombre, soumettait la Bible à la critique humaine, en définissait la poésie étroite et aride, mais ardente et forte, envisageait Homère face à face, sans l'intermédiaire infidèle de Chapman ou le secours perfide de Pope.

Hazlitt parle de Wordsworth avec estime, de Coleridge avec émotion, de l'école Lakiste avec indulgence et sympathie; mais il est aisé de voir qu'il n'attend pas d'elle le renouvellement de la poésie anglaise. En s'inclinant devant le sentiment profond qui anime l'auteur de l'*Excursion*, le critique ne veut pas s'enfermer avec lui dans le cercle resserré où Wordsworth emprisonne son inspiration. Non, la mission du poète ne consiste pas à extraire le sublime de l'âme d'un colporteur, ou des sensations d'un charretier pris par l'orage. La tâche que s'est donnée Hazlitt, c'est de replacer sur leur piédestal les quatre grands poètes nationaux : Chaucer, Spenser, Shakespeare, Milton. Le premier a peint les choses telles qu'elles sont; le second les a peintes telles que nous les rêvons; le troisième, telles que nous les voudrions; le quatrième, enfin, telles qu'elles devraient être. Chaucer est donc le poète de la réalité, Spenser, le poète de la fantaisie, Milton, le poète de la raison et de la foi, Shakespeare, le poète de la passion, ou plutôt le poète de la nature tout entière. Parfois sévère envers ses contemporains, Hazlitt inaugure, en ce qui touche le grand tragique, le système de l'admiration à outrance. Mais il est juste de reconnaître que son étude abonde en aperçus ingénieux et féconds. Aux critiques venus après lui, chaque ligne d'Hazlitt a fourni un chapitre, chaque page, un volume.

Hazlitt a cherché les sources du comique comme il avait cherché et trouvé celles de la poésie. Cette seconde partie du Cours de littérature est plus faible que la première ; elle a, surtout, moins de portée. Il faut laisser au maître de philosophie de M. Jourdain, ou à ses modernes héritiers, le soin et l'amusement de découvrir l'origine commune des larmes et du rire. Vraie ou non, la découverte importe peu à la critique littéraire. « C'est une étrange entreprise, a dit Molière, que de faire rire les honnêtes gens. » C'en est une plus étrange encore que d'expliquer aux auteurs comiques pourquoi ils font rire les honnêtes gens, ou aux honnêtes gens pourquoi ils rient.

Charles Lamb. Les *Essais d'Elia*.

Charles Lamb était un doux, modeste et méthodique employé de la compagnie des Indes. Il n'était pas le premier, et n'a pas été le dernier, qui ait griffonné des vers, ou ébauché un drame, entre les feuillets d'un registre in-folio. Il n'y eut qu'un évènement dans la vie de Lamb : ce fut le jour où les directeurs de la compagnie, — puissants personnages, aussi profondément oubliés que leur humble employé est aujourd'hui célèbre, — convoquèrent devant eux leur subordonné pour lui adresser quelques compliments et lui accorder, avec sa retraite, une pension convenable. De ce jour, Lamb, délivré de la banque, n'appartint plus qu'aux lettres.

Deux affections remplissent le cœur de Charles Lamb, sa sœur Mary Ann, et son ami, le poète Coleridge : deux admirations remplissent son esprit, Londres et Shakespeare.

On connaît déjà Coleridge ; quant à Mary Ann, elle mérite une place privilégiée parmi ce groupe aimable et touchant de mères, de sœurs et d'épouses, qui ont partagé, inspiré ou protégé le travail de l'écrivain ou de l'artiste. Dans les *Essais d'Élia*, Lamb a peint Mary Ann sous les traits de la cousine Bridget. Trait bizarre : dans ce portrait tracé par une main si aimante, il n'est, pour ainsi dire, question que des défauts du modèle. C'est que Lamb appartient à l'école de la raillerie sentimentale. Il se moque volontiers de lui-même, et Mary Ann, c'est encore lui-même.

L'amour que Lamb portait à son poète favori et à sa ville bien-aimée, est aussi profond et plus enthousiaste. Pour lui, il n'y a rien qui soit absurde ou faible dans Shakespeare, rien qui soit laid ou dénué d'intérêt dans Londres. Comme on l'eût étonné et indigné, si on fût venu lui dire que Londres était une ville maussade, sans monuments, un amas de maisons noires, sous un ciel gris! Et il aurait eu raison de s'indigner. Londres est encore, et était surtout alors, plein de types et de curiosités. Imaginez une de ces vieilles maisons où rien ne disparaît de ce qui a servi, et où chaque objet devient un souvenir, une relique. Supposez qu'au lieu d'une maison, c'est une ville d'un million d'âmes, et figurez-vous enfin que Lamb est le gardien de ce musée : une sorte de cicerone, fin, bavard, fantasque et attendri.

Charles Lamb a le sentiment de la nature à peu près au même degré que Boileau. Il raconte une promenade à la campagne, faite de compagnie avec sa sœur : l'excursion à la campagne est de rigueur dans une série d'essais de ce genre. Lamb, au cours de ce petit voyage, ne semble pas remarquer qu'il y ait autour de lui de l'eau, du gazon et des arbres. A Londres, le moindre coin de verdure le ravit; il découvre des paysages inédits entre Temple Bar et Cheapside. Ce qu'il aime mieux encore, ce sont les vieilles pierres. Elles lui parlent, elles lui font mille confidences qu'elles ne font point à d'autres. Allez avec Lamb dans Southsea House, la maison de banque abandonnée. Pour vous, c'est un grand bâtiment vide, qui sent le moisi et le renfermé, et qui n'a même pas la poésie de la ruine. Lui, ressuscite, dans les couloirs et les escaliers déserts, un peuple bourdonnant de commis et de clients affairés; il replace à leur pupitre des employés-fantômes, avec leurs tics, leurs inflexions de voix, leur posture favorite, leurs passions et leurs faiblesses, plus vivants qu'ils n'ont jamais été. Lamb vous conduit au Temple : même miracle. Voilà toutes les perruques autrefois célèbres qui se réveillent, se mettent à frétiller, et à secouer des aphorismes latins et des plaisanteries juridiques, qui feraient tressaillir de joie dans sa tombe le vieux Blackstone.

Lamb a dit quelque part : « Je suis né au milieu de la foule, et j'aime la foule. » Il a fait encore cet aveu : « Une multitude de figures réjouies, attendant, vers six heures, l'ouverture du parterre, à Drury-Lane, me fait dix mille fois plus de plaisir que tous les troupeaux de moutons qui broutent bêtement les prés d'Arcadie ou l'herbe d'Epsom. » Le dimanche, il n'est plus lui-même. Ce jour-là, la vie de Londres s'arrête, son cerveau cesse de penser. S'il va respirer un peu d'air pur à la campagne, il ne veut pas s'écarter des bords de sa chère Tamise. Hors de Londres, sa verve languit. Le voyage à Margate est long et insipide. La vue de la mer est pour lui une déception : il avait espéré mieux ou autre chose.

Lamb se montre encore à son désavantage, lorsqu'il peint des caractères imaginés, au lieu de reproduire des types observés. Rien n'est plus forcé que l'histoire de l'aveugle Jackson et de ses filles, qui, pour lui faire illusion sur leur indigence, feignent de prendre un banc de bois pour un riche sofa, et un verre d'eau claire pour une coupe d'excellent Bordeaux. Les portraits de Lamb valent mieux que ses tableaux. Il est plus heureux encore quand il décrit ses propres sensations. Alors, il n'imite plus ni Théophraste, ni La Bruyère, ni Addison; il ne traîne plus le boulet du paradoxe; il est lui-même, et il est charmant. C'est alors qu'il écrit ces souvenirs moitié touchants, moitié risibles, de Christ's Hospital, où le pauvre enfant fût élevé par charité, et où il recevait. avec une si maigre nourriture, de si copieuses corrections. Sainte avarice de la pauvreté, humbles plaisirs, chers projets longtemps caressés, médités, discutés, et qu'on abandonnait avec un soupir; longues stations devant l'étalage où resplendissaient le vieux bouquin ardemment convoité, la tasse de

Chine dont on était secrètement épris; plus tard, cette première stupeur de la liberté retrouvée, après trente-six ans d'esclavage, et cet embarras d'un homme trop riche, qui se voit tout à coup quatre ou cinq mille francs à dépenser chaque année; voilà ce que Lamb a senti et raconté avec une candeur et une verve, une malice et une bonhomie admirables. Il a écrit sur les parents pauvres, sur les petits ramoneurs, sur la Saint-Valentin, sur la veille du jour de l'an, sur la mélancolie des tailleurs, sur l'inconvénient d'être pendu; il a parlé de tout, mais c'est de lui-même qu'il a parlé le mieux.

Études sur Shakespeare.

On range Charles Lamb parmi les critiques, et jamais homme n'a été plus complètement dénué du sens critique. Il a des sympathies et des antipathies; les livres sont ses amis ou ses ennemis. C'est ainsi qu'au lieu de juger Shakespeare avec son goût, il s'est fait un goût d'après Shakespeare. A toute heure, Shakespeare le hante; il est tout imprégné de Shakespeare. Que lui voulait donc Shakespeare? Qu'y avait-il de commun entre le commis de la compagnie des Indes, le paisible bourgeois de Londres, et les transports de Roméo ou les fureurs d'Hamlet? Dans cette vie régulière, dans cette âme tranquille, Shakespeare, c'était l'imprévu, la passion, l'aventure, la tempête. Shakespeare, en un mot, c'était l'imagination de Lamb, qui n'en avait pas.

Il est tellement jaloux de son poète, qu'il s'impatiente de le partager avec les comédiens et le public. L'idolâtrie du dix-huitième siècle pour Garrick l'irrite, et sa mauvaise humeur sert de point de départ à des observations excellentes sur ce qu'on pourrait appeler le côté extérieur et le côté profond des caractères de Shakespeare. Selon lui, Shakespeare joué n'est qu'un vulgaire dramaturge : lu et médité, il redevient ce qu'il est réellement, le grand poète, le sublime écrivain qui illumine d'un éclair les abîmes intérieurs. Un peu plus, Lamb solliciterait, comme les Puritains de 1645, un acte du Parlement pour interdire la représentation du drame, sous le prétexte que le vrai théâtre du drame, c'est l'âme humaine.

L'auteur des *Essais d'Élia* a consacré de courtes notices aux prédécesseurs, aux contemporains et aux successeurs de Shakespeare. Ces notices, faibles et incomplètes, sont loin de mériter la réputation qu'on leur a faite. Mais il ne faut pas oublier qu'avant lui on ignorait ou l'on dédaignait les poètes de l'époque d'Élizabeth, sauf peut-être Fletcher et Massinger. L'un des premiers, Lamb révéla au public les noms et les œuvres de Marlowe, de Marston, de Dekker, de Webster, de Heywood. Ceux qui vinrent après lui firent mieux, allèrent plus loin, trouvèrent davantage : mais il avait frayé la route. C'est par là que Lamb a été l'un des plus utiles coopérateurs de la réforme littéraire, heureusement tentée par ses amis, et qui ramena le génie anglais à ses vraies sources.

Lamb s'est essayé dans le roman et au théâtre. N'insistons pas sur *Rosamonde Grey*, œuvre enfantine qui désarme la critique à force de maladresse. La naïveté y côtoie la niaiserie, et l'invraisemblance y conduit à l'absurde. Les *Contes shakespeariens*, écrits dans un âge plus mûr, avec la collaboration délicate et discrète de Mary Ann, ont beaucoup plus d'agrément, mais l'invention et le naturel y font toujours défaut. Le drame de *John Woodville* est un faible pastiche des maîtres du dix-septième siècle. Une comédie, sifflée à Drury-Lane en 1806, complète le bagage dramatique de Charles Lamb.

De Quincey.

S'il faut considérer les *Confessions d'un mangeur d'opium* comme une véritable autobiographie, voici l'histoire de Thomas de Quincey. Laissé, par la mort prématurée de ses parents, à la garde de trois ou quatre tuteurs, il prend en dégoût la maison d'éducation où il avait été placé, et s'en échappe. Le voilà, courant le monde, à dix-sept ans, avec quelques guinées dans sa poche. Les guinées sont bientôt épuisées, et le jeune voyageur arrive à Londres sans ressources. Là, il se trouve, pendant six semaines, en proie à toutes les horreurs de la faim, sans autre asile qu'une maison déserte et démeublée, sans autre lit qu'un tas de vieux papiers, sans autre nourriture que les débris d'un petit pain d'un sou, qui forme le déjeuner du matin d'un pauvre diable poursuivi par les recors, sans autre compagnie qu'une enfant également affamée et à moitié idiote, sans autre consolation que la sympathie d'une fille des rues, qui exerce, en toute innocence, le plus honteux des métiers. Il est inutile de raconter comment se termine cette équipée enfantine, et comment le jeune homme rentre en relation avec ses amis. Une si cruelle et si longue abstinence laisse des traces profondes dans l'organisme débile de Thomas de Quincey. Quelques années plus tard, pour calmer ses souffrances, il s'avise de prendre de l'opium, et en vient, par degrés, à absorber, nous assure-t-il, jusqu'à sept ou huit mille gouttes de laudanum. Ses sensations sont alors un mélange du paradis et de l'enfer. Las d'acheter ses jouissances par d'effroyables douleurs, il prend la résolution de secouer le joug fatal, et réussit à s'affranchir progressivement de l'opium, au prix des peines physiques les plus intenses. Son livre est le récit de ses joies et de ses tortures, de son esclavage et de sa délivrance.

Ceux qui croiraient y trouver des révélations sur les mystérieuses voluptés de l'opium, seraient pleinement déçus; la chaste plume de Quincey ne leur réserve, à cet égard, aucune satisfaction. L'opium grandit et idéalise pour lui tous les objets. Un visage agréable se revêt d'une beauté raphaëlesque; une musique médiocre devient une harmonie céleste; l'ivresse de tous les parfums de la terre se concentre dans l'odeur d'une rose qu'il tient à la main. Les fumées de Londres, chassées par le vent du soir et éclairées par le soleil couchant, sont une mer de sang et d'or, qui flamboie autour de lui. Ses facultés sont décuplées, les entraves de la matière disparaissent. Les sensations refusées à notre lourde et grossière nature, de Quincey les éprouve : il bondit, il flotte, il ondule, il voltige, il a le poids d'un papillon, la force d'un géant, les rêves d'un dieu. Et, pendant tout ce temps, il se promène dans Oxford-street, il est assis dans son fauteuil, près de sa fenêtre, ou dans une stalle, à Covent-Garden.

De Quincey s'abusait sur les effets de son narcotique. Même avant que l'usage immodéré de l'opium eût détruit en lui l'équilibre de l'âme et du corps, c'était un rêveur, disons le mot, un visionnaire. L'importance qu'il attache à des circonstances sans valeur, ses effusions de sensibilité à propos d'un rien, ce dégoût invincible de l'action, qui lui fait préférer le jeûne du fakir au travail régulier dont s'achète le pain quotidien, sont les traits distinctifs d'une race d'hommes, très commune sous toutes les latitudes et dans tous les temps. Ils passent, d'ordinaire, sans avoir été utiles à personne et sans avoir rien créé. De Quincey aurait passé comme eux, s'il n'avait possédé le don magique de fixer ses contemplations. A des perceptions fausses, à un jugement malsain, à une imagination sans contrôle, se joignaient en lui un goût très pur, un sentiment artistique sincère et une rare puissance d'expression. Sa phrase est souple, brillante, délicatement colorée; elle n'hésite jamais devant aucun obstacle, et le suit partout où il lui plait de la conduire, avec une précision et une docilité somnambuliques. L'invocation à l'opium a le souffle, l'émotion, l'accent religieux des belles hymnes de Cowper. Scott ni Dickens n'ont point de tableau de genre plus achevé que l'épisode du Malais, pauvre vagabond oriental, que les hasards de la vie ont jeté sur le seuil du rêveur anglais, et en qui il reconnaît un membre de la grande confrérie, un adorateur de l'opium. Le rêve de la bataille perdue laisse une impression indéfinissable. Lorsque Virgile raconte l'incendie de Troie, il vient un moment où, dans le ciel rouge, au-dessus de la ville en feu, se dessinent soudain les ombres gigantesques des dieux. L'image est à peine indiquée, elle s'arrête interrompue avec le vers, un de ces vers frustes, inachevés, qui sont une beauté de plus pour les vrais admirateurs du poète. Ceux qui ont le bonheur de sentir ces choses comprendront, sans la discuter, la bataille perdue de Quincey. La terre tremble, des multitudes s'entrechoquent, noyées dans la poussière et la fumée. Çà et là, quelques clameurs, furieuses ou déchirantes, éclatent à travers le grondement confus du combat. On avance, on recule, tout est perdu. De quoi donc s'agissait-il? On ne sait, et pourtant on ressent une sympathie douloureuse, une angoisse profonde, comme si le sort de l'humanité tout entière était attaché au gain de cette bataille. C'est le rêve dans toute sa confusion, c'est la poésie dans toute sa splendeur : le génie de Thomas de Quincey est dans ce contraste.

Un *humouriste* militant : Douglas Jerrold.

Rien ne s'opposera mieux à l'indolence morbide de Thomas de Quincey que l'excitabilité parfois maladive de Douglas Jerrold.

A l'époque où les affaires publiques intéressaient chaque jour une classe plus nombreuse de citoyens, les humoristes politiques devaient fleurir. Nous choisissons Douglas Jerrold comme le type de cette classe, non seulement à cause de sa brillante collaboration de dix-huit années au plus spirituel des journaux satiriques, mais parce qu'il personnifie au plus haut degré, par un don, ou, si l'on veut, par une fatalité de naissance, la forme la plus belliqueuse de l'*humour*. Peu de figures sont aussi sympathiques que celle de cet homme excellent, qui a passé sa vie à guerroyer. A douze ans, il était *midshipman* (aspirant) sur les vaisseaux du roi, et rêvait déjà la gloire lorsque le dénouement définitif de l'épopée napoléonienne le rendit à d'autres luttes. Son père, directeur du théâtre de Sheerness, était ruiné. Pour venir en aide à sa famille, Douglas Jerrold se fit ouvrier imprimeur, et ne tarda pas à demander des ressources au travail littéraire. Il produisit sans relâche des pièces de théâtre, dont l'une, *Suzanne aux yeux noirs*, est restée au répertoire et ne manque jamais son effet sur le parterre anglais. D'autres, plus oubliées, ne sont pas inférieures à celle-là. Faisant allusion à ces pittoresques et énergiques peintures de la vie populaire, Jerrold avait le droit de dire : Mon domaine est humble, mais il est bien à moi. Il aurait dû faire fortune ; mais sa destinée était d'être pillé et dupé.

En 1841, lorsque parut le *Punch*, Jerrold fut un des plus mordants interprètes du malin bossu. C'était alors une ère nouvelle dans l'histoire de la moquerie : la caricature personnelle, le *lampoon* indécent et cruel, avaient fait leur temps. On demandait aux écrivains d'envelopper de poésie leur malice, et d'y joindre une leçon morale. Le moindre incident du jour fournissait un thème à de charmantes fantaisies. Les ouvriers qui reconstruisaient le Parlement s'étant mis en grève, Jerrold proposa que les honorables représentants achevassent eux-mêmes le bâtiment. « Pourquoi les membres du Parlement et les coucous seraient-ils les seuls animaux qui ne fabriquent pas eux-mêmes leur nid? » Développant son idée avec une ténacité digne de Swift, il distribuait à tous la besogne, suivant leurs talents, et cette distribution était une fine critique des aptitudes et des défauts de chacun.

Plus souvent encore et plus volontiers, Jerrold obéit à sa vocation de moraliste. On se souvient encore, à Londres, du succès qu'obtinrent les lettres de M. Punch à son fils. Dans ces lettres, M. Punch, avec une infatigable ironie, expose la doctrine du bonheur égoïste. A la dernière page, on apprend qu'une application maladroite de ces principes a conduit sur l'échafaud Punch junior. Mais, par un sentiment de famille qui l'honore, le jeune homme se fait pendre sous un pseudonyme. « A l'heure qu'il est, écrit paisiblement M. Punch, sa mère le croit ambassadeur près l'une des cours étrangères. » La préface de ces lettres est une parodie des dédicaces d'autrefois. L'œuvre est « respectueusement dédiée » au lord-chambellan, pour remercier ce personnage de l'immense service qu'il a rendu à Punch en ne s'occupant jamais de lui.

En Angleterre, on n'est pas obligé d'être grave pour être profond, et Shakespeare a appris à ses compatriotes qu'un bouffon peut être un philosophe. Personne ne méconnut la portée des satires de Jerrold. On le trouvait parfois trop franc et trop amer, mais il y avait, nous semble-t-il, plus d'ardeur que d'amertume dans cette passion du bien qui l'animait. C'est cette passion qui le conduisit un soir, sous des haillons d'emprunt, dans le *workhouse*, ce purgatoire de la misère, dont il voulait étudier de près les indicibles tristesses. Dans la fine et touchante biographie qu'il lui a consacrée, son fils écrit : « Comme il avait été sur la mer orageuse, il devenait grave toutes les fois qu'il entendait souffler le vent. » Bénis soient ceux, ajouterons-nous, qui gardent de leurs souffrances passées une active sympathie pour ceux qui souffrent ! Jerrold aimait le peuple, et cet amour se changeait en colère contre ceux qui l'écrasent, le corrompent ou l'exploitent. Beaucoup diront que c'était encore une duperie. Cependant, le peuple récompensa son champion, en groupant un million de lecteurs autour du journal qu'il a fondé, et qui, de progrès en progrès, est devenu, sans conteste, la plus puissante des feuilles démocratiques du samedi.

Philarète Chasles avait appelé Lamb le dernier des humoristes : sir James Hannay réclame ce titre pour Douglas Jerrold. La vérité est qu'il y a toujours eu et qu'il y aura toujours des humoristes, aussi longtemps qu'il existera une Angleterre. C'est chez eux qu'il faudra chercher, tant qu'elle vivra, la quintessence et la fleur de son génie.

CHAPITRE XXVIII.

HISTORIENS ET PHILOSOPHES.

Rénovation des sciences historiques. — Henry Hallam. — Macaulay; sa vocation d'historien. — *Histoire d'Angleterre.* — *Essais* de Macaulay. — Thomas Carlyle. — Influence de l'Allemagne sur la philosophie anglaise. — Jeremy Bentham et son école. Éducation de John Stuart Mill. — *La Logique* de Stuart Mill. — *Traité sur la liberté.*

Rénovation des sciences historiques.

La littérature s'était retrempée par une sorte de travail intérieur, par un retour vers son passé : il n'en fut pas de même pour l'histoire. L'impulsion vint du continent. Le docteur Thomas Arnold, longtemps directeur de la grande école de Rugby, et dont l'enseignement a laissé des traces ineffaçables, non seulement dans cette maison, mais dans le système pédagogique des Anglais, entreprit et conduisit jusqu'à la seconde guerre punique une Histoire romaine, composée d'après les idées de Niebuhr. Ces mêmes idées furent, sinon réfutées, du moins rectifiées en ce qu'elles ont de trop absolu, par un autre écrivain, sir G. Cornwall Lewis. L'Allemand avait fait justice des fables qui ont si longtemps entouré le berceau de la race latine. Là où les monuments font défaut, il prétendait y suppléer par une sorte de divination; il allait même jusqu'à préférer, comme guide, son propre sens historique à des monuments vagues et mutilés. Lewis réduit les prétentions de la fatuité germanique, avec ce bon sens anglais qu'aiguise encore le maniement des affaires. Le passage d'une langue à une autre est, pour certaines idées, comme pour certains livres, une épreuve souvent salutaire. Lorsque les Français traduisent un penseur allemand, ils l'obligent quelquefois à être clair. A son tour, quand l'Angleterre emprunte un système à l'Allemagne, elle lui impose son tour d'esprit utilitaire ; elle le débarrasse de ses visées ambitieuses et de ses excroissances parasites.

Dans leurs études sur l'histoire grecque, les Anglais dépassèrent leurs maîtres. On ne possédait encore que le livre de Mitford, œuvre estimable, mais écrite d'après les données anciennes, et, de plus, pénétrée du torysme le plus rétrograde. Un ingénieux et patient érudit, Connop Thirlwall, démêla les textes authentiques des documents fabuleux, et fonda sur l'ethnographie et la philologie la primitive histoire grecque. Mais le sens critique n'est pas tout l'historien : le sens moral et le sens politique lui sont également nécessaires pour retrouver la vraie physionomie des hommes et tirer une leçon des événements. Le critique sait se débarrasser d'un vers apocryphe d'Hésiode ou rétablir un passage de Pindare torturé par le scholiaste. Le moraliste, doublé du politicien, peut seul fixer la véritable valeur de telle page de Thucydide, qui cache, sous une froideur hautaine, les passions du partisan. Ce don de juger les jugements de l'historien était échu en partage à George Grote.

Son Histoire de Grèce, en douze volumes, est un des plus grands efforts de ce siècle. La façon dont Grote a classé et contrôlé les légendes de l'âge héroïque n'est pas, sans doute, définitive, mais l'esprit qui l'a guidé devra présider à toutes les recherches ultérieures. La réhabilitation des sophistes est un honnête et courageux paradoxe, qui a mis à néant une vieille erreur de la justice historique.

Grote ne possède pas ce style magique qui ranime une civilisation disparue ; mais il a réussi à se faire une âme d'Athénien du cinquième siècle avant notre ère, autant que la chose était possible à un banquier de la Cité, élève de Jeremy Bentham et de James Mill. Son seul tort est d'avoir vu la démocratie athénienne avec les yeux d'un homme qui vivait dans une société aristocratique, et qui en connaissait trop bien les misères.

Henry Hallam.

Si l'ordre et la méthode, la proportion des parties, l'exactitude matérielle, la clarté du langage, la gravité des jugements, la moralité irréprochable des intentions, étaient les seuls mérites d'un livre, la *Littérature de l'Europe*, de Hallam, serait un des chefs-d'œuvre de l'esprit; mais on a droit d'attendre autre chose de l'historien littéraire. Il doit faire revivre les œuvres et les hommes, et Hallam n'est capable que de graver sur des tombes d'élégantes épitaphes. Ce qu'il y a de plus précieux dans son livre, c'est la table des matières, ou plutôt, le livre lui-même n'est qu'une table des matières bien faite, un registre commercial admirablement tenu. Tous les cent ans ou tous les cinquante ans, Hallam arrête ses comptes, établit la balance des profits et des pertes, dresse le bilan de l'esprit humain, à une idée près. Ce plan embrasse, avec les œuvres littéraires proprement dites, les progrès de l'instruction générale, les trouvailles scientifiques, les polémiques entre savants, la fondation des écoles et des académies. La découverte de la circulation du sang tient autant de place qu'une tragédie de Racine. D'un bout de l'Europe à l'autre, Hallam se promène, cueillant successivement les philosophes, les orateurs, les historiens, les poètes, comme on cueille différents fruits, suivant les saisons. Mais tel écrivain s'est distingué dans plusieurs genres, dans tous les genres à la fois; quel homme embarrassant! Point: Hallam le découpe en autant de morceaux qu'il y a de compartiments dans son ouvrage. C'est ainsi que nous avons quatre Bossuets, le théologien, le sermonnaire, le philosophe, et l'historien. Nous avons trois Lockes, le métaphysicien, le publiciste, et le pédagogue. Nous avons deux Fénelons, deux Barrows, etc. Les hommes de talent sont traités comme les bons élèves d'une institution : le jour des récompenses venu, les meilleurs ont des prix dans toutes les facultés.

Le génie humain, pris en général, ne s'accommode guère

de ces divisions. Il a, en effet, de soudaines et irrégulières floraisons, suivies de longues périodes de mort et d'anéantissement. Il ne fleurit pas partout à la fois. Ici, il est à son apogée; ailleurs, la barbarie n'a pas encore dit son dernier mot; ailleurs encore, la décadence se prépare et s'annonce. Dans un même pays, une période de cinquante années voit la fin d'une école et le commencement d'une autre. Qu'importe au bon Hallam? Il poursuit son chemin avec sérénité, enchanté de la belle ordonnance de son œuvre, toujours calme, toujours exact[1]. Il ne cite jamais, discute peu, analyse d'une manière vague et lointaine, et réserve tout son art pour le jugement et ses considérants. Rarement il s'égaye; mais, s'il ne copie pas les façons impertinente de nos critiques du dix-huitième siècle, il leur emprunte leurs procédés et leurs opinions. Il se croit à l'abri de toute erreur lorsqu'il répète, après Laharpe, que Boileau a ouvert la voie aux poètes satiriques. Toujours d'après Voltaire et Laharpe, il donne le pas à Racine sur les modernes, et, non content de lui immoler Corneille et Shakespeare, il lui attribue le second rang, après Virgile, parmi les poètes de tous les temps, indiquant par là d'une façon assez claire qu'il place Virgile au-dessus d'Homère, de Pindare et des grands tragiques grecs. Pour Hallam, de même qu'il n'y a rien en France avant le dix-septième siècle, il y a peu de chose en Angleterre avant le dix-huitième. Ce n'est pas le règne d'Élizabeth, mais celui de la reine Anne, qui marque l'apogée de la littérature.

Ces idées étaient déjà arriérées à l'époque où Hallam écrivait. Un grand changement s'était opéré dans le goût, mais l'historien eût cru déroger en y acquiesçant. Homme de tradition, esprit obstiné et timide sous sa gravité de ministre et son aplomb de professeur, il n'enregistrait que les faits accomplis, ne s'inclinait devant les révolutions que quand elles avaient au moins cinquante ans de date. Celles dont il avait été le contemporain le trouvaient hostile ou indifférent.

---

1. Excepté, toutefois, lorsqu'il lui arrive de faire pleurer, à la première représentation d'*Esther*, le grand Condé, mort depuis trois ans.

Dans toutes ses œuvres, il s'est arrêté à distance respectueuse de l'époque où il a vécu. Il n'a conduit son histoire littéraire de l'Europe que jusqu'au seuil du dix-huitième siècle. Dans son *Histoire constitutionnelle d'Angleterre*, il a poussé jusqu'au règne de George II. Macaulay a dit de cet ouvrage : « C'est le livre le plus impartial que j'aie lu. » Il faut voir surtout dans cette phrase la déférence d'un talent heureux envers le vénérable devancier dont il avait effacé la popularité. Nous avons vu, d'ailleurs, d'où vient l'impartialité d'Hallam. Il est toujours facile d'être impartial quand on n'est jamais ému. Sous cette réserve, n'hésitons pas à rendre justice à cette saine raison, qui embrasse sans effort de vastes périodes de l'histoire, en saisit le caractère général et domine les détails, comme elle plane au-dessus des partis.

L'*Aperçu sur l'état de l'Europe pendant le moyen âge* est moins une histoire qu'une dissertation. Il a paru en 1848 : cette date indique assez ce qui manque à l'ouvrage. Alors commençaient ces fouilles qui ont mis au jour des siècles jusque-là sans histoire. L'archéologie et la paléographie entr'ouvraient à peine leurs trésors. Hallam n'a donné, et ne pouvait donner, que le résumé des recherches faites avant lui. Il n'est pas de ceux qui éclairent, par de lumineuses conjectures, la route de leurs successeurs.

Macaulay, sa vocation historique.

Macaulay avait vingt-sept ans, lorsqu'un article sur Milton, publié dans la *Revue d'Édimbourg*, fit sa réputation d'un seul coup. Un *nobleman*, qui appartenait au parti libéral, et qui disposait de plusieurs sièges au Parlement, le marquis de Lansdowne, fit offrir au brillant écrivain le bourg de Calne. Une fois à la Chambre, Macaulay devint bientôt un des premiers orateurs de son parti, et échangea le bourg pourri de Calne contre la représentation de grandes et influentes cités, comme Leeds et Édimbourg. Avant quarante ans, il était secrétaire d'État de la guerre.

Il n'y eut qu'un échec dans cette belle vie : ce fut le jour où les électeurs d'Édimbourg, blessés de la hauteur avec laquelle Macaulay avait répudié certains préjugés routiniers, certains intérêts égoïstes dont on voulait le faire l'avocat, lui retirèrent leurs suffrages. Macaulay sentit cette défaite en homme qui n'a jamais connu que le succès. Quatre ans après, la grande ville, repentante, faisait amende honorable et offrait à l'orateur le dédommagement d'une élection triomphale. Enfin, en 1857, Macaulay était élevé inopinément à la pairie, honneur d'autant plus cher qu'il n'était ni sollicité, ni prévu.

Tout est facile dans le talent de Macaulay, comme dans sa carrière. Nul n'a possédé à un plus haut degré ce don de penser debout, qui est toute l'éloquence, d'après la définition de lord Brougham. Son improvisation, égale et rapide, faisait l'admiration des auditeurs et le désespoir des *reporters*. Ce n'était point, comme notre Berryer, un torrent qui tantôt jaillit en nappe, tantôt se brise en écume, mais un large fleuve puissant, régulier, limpide. Jamais sa claire intelligence ne s'égarait dans une déduction; jamais sa mémoire ne lui refusait un fait, ni une date. Pendant des heures, de son cerveau à ses lèvres, sans interruption comme sans effort, s'épanchait le flot paisible et continu de ses pensées. La foule, qui admire cette merveilleuse ampleur oratoire, croit à un don spécial chez l'homme qui la possède. Elle procède, en réalité, de l'ordre dans lequel sont, d'avance, rangées les idées, de la netteté et de l'enchaînement des opinions de l'orateur, du vaste réservoir de connaissances dont il dispose, enfin d'une profonde étude des ressources du langage et de ce goût inné qui choisit l'expression forte ou l'image vraie, parmi toutes celles qui flottent dans sa pensée.

La plume à la main, Macaulay improvisait encore, avec la même aisance et le même bonheur. Aussi sa phrase garde-t-elle, dans le livre, ce mouvement, cette rapidité, ce je ne sais quoi de frémissant qui est la vie de l'éloquence, ou plutôt l'éloquence même. Avec cette facilité sans exemple, que n'aurait pu être Macaulay? Il aurait pu marquer sa place parmi les poètes. Ses *Chants de l'ancienne Rome* témoignent d'une délicate sensibilité, d'une imagination à la fois riche et sévère. Homme d'État, il eût pu monter sans peine du second rang au premier ; il eût été Cobden ou Gladstone, s'il n'avait préféré être Macaulay. Comme orateur et comme critique, il avait donné mieux que des promesses. Hautes ambitions, talents déjà épanouis, il sacrifia tout à sa vocation d'historien, si bien qu'il en était venu à bénir sa déconvenue électorale d'Édimbourg, qui lui assurait des loisirs pour la continuation de son œuvre.

Il est vrai qu'il se faisait de l'histoire et de la mission de l'historien une idée singulièrement élevée. Jusqu'à lui, l'histoire enregistrait les batailles et les traités, racontait avec une dignité imperturbable les grandes scènes de la vie nationale, les morts royales, les tragédies de palais, l'élévation et la chute des cabinets. Elle mêlait à ses récits quelques portraits de rois et de reines, et ne dédaignait pas de descendre jusqu'aux ambassadeurs et aux généraux d'armée. Les portraits occupaient, dans les historiens modernes, la place qu'avaient tenue les discours dans les historiens anciens. Ces morceaux étaient travaillés avec soin : l'écrivain y mettait toute sa coquetterie, y dépensait tout son art. Quant à la description des mœurs, quant à la peinture des lieux où les événements historiques s'étaient passés, personne n'y songeait. On ne daignait pas nous apprendre comment avaient vécu ces innombrables et silencieuses générations de bourgeois, de marchands et d'artisans, sans nom dans l'histoire, mais non sans intérêt pour nous, leurs petits-fils. Dans ce domaine négligé de l'histoire, un genre nouveau s'était créé : le roman historique, cultivé par d'éminents écrivains, en France et en Angleterre. Entre le roman historique et l'histoire, entre ces deux provinces d'un même empire, régnait une frontière idéale, mais sévèrement gardée, comme entre deux pays étrangers et même ennemis. Le Suisse Sismondi avait écrit une lourde et ennuyeuse histoire des Gaulois. Avec les matériaux qui n'avaient pu lui servir, avec ces restes de l'histoire, souvent plus précieux que l'histoire elle-même, il composa un petit roman. C'est ainsi que maître Jacques — la comparaison est de Macaulay — ne permet pas que l'on confonde en lui le cocher et le cuisinier. Suivant qu'il ôte ou remet sa souquenille, vous avez affaire à un homme différent. Macaulay prétendait introduire la vérité et la critique dans le roman, l'émotion et le pittoresque dans l'histoire, sans avoir à changer de souquenille. Il voulait être à la fois sir Walter Scott et Henry Hallam, et quelque chose de plus encore.

Ici, une comparaison est peut-être nécessaire. Qu'est-ce qu'un numéro du *Times* ? N'est-ce pas l'histoire d'une journée de l'Europe, avec le récit et la critique de tous les événements, petits ou grands, qui ont signalé les vingt-quatre dernières heures. On a calculé combien il faut de mains pour fabriquer une épingle, mais qui calculera combien il faut d'intelligences pour fabriquer un numéro du *Times* ? Cette tâche, à laquelle suffit à peine une légion d'écrivains, l'historien doit la remplir à lui seul ; il en remplit une plus difficile encore. Sa mission, en effet, est de raconter, non quelques heures, mais de longues années de la vie sociale. La distance des événements est, pour lui, une cause d'erreur que le journaliste ne connaît pas. Enfin, les faits disparates que, dans le journal, une simple ligne noire sépare, l'historien a le devoir de les enchaîner. Homme d'État, puisqu'il doit comprendre et juger les hommes d'État, orateur, puisqu'il fait parler les orateurs, jurisconsulte, puisqu'il explique les changements de la législation, financier pour apprécier les questions fiscales et budgétaires, familier avec tous les aspects de la littérature, puisque la littérature est l'expression de la société, philologue, géographe, ingénieur, tacticien, diplomate, navigateur, mécanicien, topographe, statisticien, économiste et philosophe, son premier devoir est d'être universel.

Il suffirait, semble-t-il, de comprendre ainsi l'histoire pour y renoncer à jamais. Après avoir défini les qualités nécessaires à l'historien, qualités dont la réunion, dans une seule intelligence, semble une impossibilité, Macaulay entreprit de montrer qu'il les possédait toutes, et y réussit.

Histoire d'Angleterre. Essais de Macaulay.

Macaulay s'était proposé d'écrire l'histoire de l'Angleterre moderne, depuis la chute des Stuarts et l'établissement de la liberté jusqu'à l'époque contemporaine. A mesure que les années s'écoulaient et que l'œuvre prenait des dimensions plus considérables, l'écrivain réduisait tristement son ambition. Après avoir espéré conduire son récit jusqu'à l'avènement de George III, il n'osait plus se proposer, comme dernier terme, que la mort de la reine Anne. Il lui fut à peine donné d'atteindre celle de Guillaume III. L'histoire d'Angleterre de Macaulay n'est donc, en réalité, que l'histoire de la Révolution de 1688. L'immense intérêt qui s'attache à cette courte période, comprise entre la ligue d'Augsbourg et la paix de Ryswick, diminue nos regrets. Venu après Burnet, après Hume, après Lingard, après Fox, après Mackintosh, Macaulay a fixé définitivement, et pour jamais, l'histoire des événements mémorables qui ont assuré la grandeur et la liberté de son pays.

Il faut ajouter que dans ses Essais, écrits à différentes dates et publiés presque tous par la *Revue d'Édimbourg*, Macaulay a touché successivement à toutes les époques de l'histoire nationale. Or, il ne pouvait toucher à un sujet sans le traiter à fond, ou, du moins, sans y laisser la trace lumineuse de ses investigations. Avec ses deux articles sur le premier Pitt et son article sur lord Holland, le père de Fox, on recomposera toute l'histoire politique et parlementaire de 1752 à 1780. Les articles sur lord Clive et Warren Hastings forment un admirable récit de l'établissement de la puissance anglaise dans l'Inde jusqu'en 1785. Les études sur Milton, sur Byron, sur Mme d'Arblay, sur le Dr Johnson, sont moins des morceaux de critique que des chapitres détachés d'une histoire littéraire qu'il eût écrite mieux que personne. Même dans ses discours, il a semé d'intéressantes réminiscences historiques, toujours écoutées avec respect et méditées avec fruit, lorsqu'il empruntait des exemples au passé pour instruire le présent. Ainsi, il obéissait à son exclusive et absorbante vocation d'historien, alors qu'il semblait lui être infidèle. Il n'est pas possible de passer ici en revue l'œuvre de Macaulay et d'en tirer toutes les leçons qu'elle renferme. Il est, dans ce monument si vaste, deux morceaux qui peuvent s'isoler de l'ensemble. Ils ne sont pas plus parfaits, sans doute, que le reste, mais ils donnent mieux, croyons-nous, l'idée de cette merveilleuse universalité de Macaulay : c'est l'étude sur Warren Hastings et le troisième chapitre de l'histoire d'Angleterre.

Ce Warren Hastings, que les hyperboles irlandaises de Burke ont, un instant, transformé en un vulgaire criminel, fut, en réalité, un des plus utiles serviteurs de l'Angleterre. Général d'armée, administrateur, financier, pour apprécier ses actes, il fallait une compétence aussi variée que la sienne. Il fallait une connaissance approfondie des lois, des mœurs, des paysages et de l'histoire de l'Inde. Il fallait surtout l'art consommé de peindre les émotions humaines. Aucun de ces mérites, aucun de ces dons ne manque à Macaulay. Quelle succession de tableaux dans ce dramatique récit! C'est d'abord le petit paysan, ambitieux et pensif, qui erre, nu-pieds, dans les prairies de Daylesford, caressant un rêve confus de grandeur future sur les ruines mêmes de la maison où sa famille a longtemps brillé; puis, c'est l'humble scribe de la Compagnie des Indes s'élevant par degrés au rang suprême; c'est ensuite Marianne Imhof, la femme d'un aventurier allemand, dont l'amour de Hastings fait une sultane; c'est la redoutable salle du Conseil : cinq hommes assis autour d'une table verte, et, dans cet étroit espace, autant de tempêtes concentrées, autant de passions grondantes qu'il s'en est jamais déchaîné dans la vaste et tumultueuse enceinte de nos assemblées délibérantes ; c'est Hastings, assiégé dans un palais de Bénarès, avec une poignée d'hommes, par un peuple en fureur, et, loin de s'humilier, élevant son orgueil et son audace au-dessus du péril; c'est enfin le spectacle de Westminster, au jour où s'ouvrit le procès de l'ancien gouverneur, sans oublier l'épilogue, l'ovation tardive, presque posthume, faite à Hastings octogénaire par la Chambre des communes.

Encore plus intéressant et plus varié est le tableau de l'Angleterre à la fin du règne de Charles II, qui remplit le troisième chapitre de l'histoire de Macaulay. Nous ne parlons pas de l'immense labeur auquel l'écrivain a dû se livrer avant de tracer une seule ligne sur le papier, du prodigieux amas de documents qu'il a dû remuer, annales, mémoires, biographies, chansons, pamphlets, almanachs, estampes, archives nationales et locales, correspondances imprimées ou inédites, manuscrits de toute espèce et de toute provenance : c'est une œuvre de patience, et tout homme en est capable. Mais quel autre que Macaulay marcherait aussi légèrement sous un pareil fardeau? A peine ce fatras traverse-t-il son esprit, il s'en débarrasse, il l'oublie. Il va maintenant nous décrire les objets et les hommes, non pas en compilateur moderne, qui a péniblement réuni des faits, des noms, des dates, des chiffres, mais en contemporain. qui nous apporte une impression fraîche et vivante. Il vient de Whitehall; il a saisi au passage les commérages et les chuchotements de l'antichambre. Il a assisté au lever du roi, il a entendu un bon mot de Charles II. Il a vu Dryden trôner dans son fauteuil, au café de Wills. Il s'est diverti, en vrai *cockney*, à regarder ce brave gentilhomme de province, qui se débat au milieu de Fleet Street contre les provocations des filles, les avances des boutiquiers, les coups de coude des bretteurs, les larmoyantes supplications des mendiants et le contact fangeux des chiens errants, pendant que les carrosses à six chevaux le couvrent de boue, et qu'un porteur d'eau maladroit inonde la dorure ternie de son habit, taillé à l'ancienne mode. Au lieu d'un long commentaire, il trouve, sans le chercher, le mot vrai, vif, caractéristique, qui vient aux lèvres de celui qui a *vu;* les officiers des vaisseaux : « des *gentlemen* qui ne sont pas marins, ou des marins qui ne sont pas des *gentlemen* »; la milice : « des garçons de charrue conduits par des juges de paix ». Les portraits les plus achevés de la galerie sont ceux du *squire* de campagne et du *clergyman* de village : le premier, si rude, si ignorant, si vulgaire dans ses mœurs et dans ses plaisirs, mais si brave, si fidèle, si sensible à l'honneur; le second, d'abord une sorte de domestique dans la maison du premier, humble et docile souffre-douleur, réduit à épouser une femme de chambre en retraite ou une maîtresse congédiée; plus tard, quand il a acheté par tant de misères la possession d'une petite cure de village, labourant sa terre et plaçant ses filles en condition. C'est pourtant cet homme-là qui fait l'opinion, apprend au peuple ce qu'il doit croire de Dieu et penser du roi : sans son appui, la société ne peut marcher, le gouvernement ne peut vivre. Il faut être un maître, il faut être Macaulay pour dessiner une semblable caricature et l'élever ensuite au niveau de ce qu'il y a de plus respectable et de plus touchant.

L'auteur mêle, dans son histoire, le comique et le pathétique, comme ils sont mêlés dans la vie humaine et dans les drames de Shakespeare. Burnet égaye de ses rodomontades et de ses indiscrétions les anxiétés du prince d'Orange, engagé dans la plus périlleuse des entreprises. Dans l'autre camp, le niais du drame est le prince George de Danemark, qui ne sait que répéter trois mots français : Est-il possible? et chez qui la bêtise n'exclut pas la traîtrise, puisque après avoir dîné avec Jacques il monte à cheval pour aller baiser la main de Guillaume. Macaulay n'oublie pas le saignement de nez de Jacques, saignement de nez providentiel, qui, suivant les catholiques, sauva la vie du roi et faillit sauver la monarchie. Même lorsqu'il fait le portrait de Guillaume, l'historien ne fera pas grâce à son héros d'un trait ridicule, et n'omet pas de dire que sa maîtresse, Élizabeth Villiers, « louche horriblement ». Macaulay aperçoit les moindres détails, et les reproduit tels qu'il les voit, mais sans leur donner plus de relief et de conséquence qu'ils n'en ont, sans rattacher, comme tant d'autres, les grands effets aux petites causes.

Après cela, demandera-t-on s'il est impartial? Il l'est, si l'impartialité consiste à n'avancer que des faits exacts, à faire, dans les fautes des hommes, la part de l'erreur et celle du repentir, à tempérer la sévérité du juge par l'indulgence du philosophe. Mais, si elle consiste à ne point avoir d'opinion, nous respectons et nous admirons trop Macaulay pour lui demander cette impartialité-là. Nous défions, d'ailleurs, quiconque lira l'histoire de ces temps de n'être pas plus whig que l'historien lui-même.

Thomas Carlyle.

On expie toujours le tort d'avoir amusé le public. Du vivant même de Macaulay, une réaction se produisit contre ce qu'on pourrait appeler l'histoire pittoresque et raisonnable, écrite avec les grâces du romancier et les tempéraments de l'homme d'État. L'homme qu'on opposait à Macaulay, et qui le détrônait, était né presque en même temps que lui, mais il était arrivé plus difficilement et plus tard à la gloire. En lui-même et sur sa route, il n'avait rencontré que des obstacles. C'était un paysan écossais, honnête, rude, et quelque peu hargneux, nommé Thomas Carlyle. Son père avait été maçon, puis fermier. Dans les veines de Thomas coulait le sang des anciens Covenantaires. Il commença sa carrière en traduisant la géométrie de Legendre et le *Wilhelm Meister*, de Goethe. Il écrivit aussi dans la *Revue d'Édimbourg*. Jeffrey, qui la dirigeait encore, voulut faire passer Carlyle sous le niveau commun, et le façonner d'après ce type d'écrivain-gentleman, qui fleurit dans les recueils de ce genre. Jeffrey avait fort à faire. Le talent de Carlyle dépassait l'alignement : barbe, cheveux, caractère et style, tout, en lui, était broussailles. Ce jeune homme avait à choisir entre deux partis : endosser l'uniforme de la *Revue*, rogner ses griffes et sa crinière, user et polir ses ongles au frottement de la médiocrité sage, ou bien se retirer dans la solitude, pour y laisser croître librement son originalité. Il s'arrêta à ce dernier parti, et s'enferma, avec la jeune femme qu'il venait d'épouser, dans une maison isolée, au fond du Dumfriesshire. Son goût inné pour le laid l'avait porté à choisir un endroit dépourvu de beautés naturelles, et dont le principal mérite était d'être situé à plusieurs milles de toute habitation. Là, outre la compagnie matérielle de mistress Carlyle, il vécut dans l'intimité des philosophes allemands. Il entassa dans son cerveau, comme dans une bibliothèque en désordre, des trésors d'érudition dont il ne devait jamais se rendre complètement maître. Lorsqu'il sortit de sa retraite, au bout de six ans, entre Carlyle et les idées de son temps le divorce était complet, définitif, irrémédiable. Carlyle apportait à Londres le manuscrit d'un livre baroque, qui eut quelque peine à trouver un éditeur, le *Sartor resartus*, aujourd'hui le plus lu de tous ses ouvrages. C'est l'histoire et la doctrine d'un prétendu philosophe allemand, nommé Tufelsdröck. La biographie de ce grand penseur est placée au milieu du volume, simplement parce que le bon sens voudrait qu'elle servît de préface : c'est un procédé à la manière de Sterne, pour faire connaître au lecteur qu'on a de l'esprit. Le professeur Tufelsdröck n'appartient à aucune des espèces actuellement existantes sur le globe. Son éducation, ses amours, ses voyages, ses doutes et ses découvertes, tout reste à l'état de légende crépusculaire. Tufelsdröck n'est pas un être vivant, ce n'est qu'un prétexte qui permet à l'écrivain écossais de dire son mot sur les enfants naturels, sur la pédagogie germanique, sur les crises psychologiques de la vie et sur les couchers de soleil au cap Nord. La théorie du costume, dont Tufelsdröck est censé l'auteur, fournit à Carlyle un prétexte meilleur encore pour nous offrir une métaphysique et une philosophie de l'histoire. L'homme est un animal vêtu ; nos institutions, nos codes, nos symboles religieux, sont autant de vêtements que nous portons tour à tour, suivant le climat, la saison, la mode, et surtout suivant notre fantaisie. Les législateurs et les philosophes sont des tailleurs, qui nous fabriquent des institutions sur mesure, ou nous font endosser des systèmes tout faits. L'idée n'est pas neuve, puisqu'elle sert de point de départ à Swift dans le *Tale of a tub*. Elle serait plaisante, si l'auteur la développait en deux cents lignes. Carlyle y consacre cinq cents pages, et bâtit une tour de Babel sur une simple farce.

Si le *Sartor resartus* est le plus curieux des livres de Carlyle, la *Vie de John Sterling* est le moins arrogant et le plus humain. Combien ce récit vrai est supérieur à la biographie imaginaire de Tufelsdröck! Ce n'était pas un génie que Sterling, mais c'était une âme d'élite. Fils d'un journaliste irlandais qui remplissait alors les colonnes du *Times* de ses colères, moitié ridicules, moitié terribles, et que les contemporains avaient surnommé Sterling le Tonnant, la vie du pauvre John n'est qu'une succession de velléités et d'expériences, d'illusions et de regrets, couronnée par une mort précoce et touchante. Carlyle, le robuste Carlyle, a raconté avec une tendre pitié la destinée de cette noble et inquiète intelligence. Dans la *Vie de Sterling*, comme dans le *Sartor resartus*, nous assistons à cette crise du doute qui désole l'existence intime de chaque homme. Dans les deux cas, elle se dénoue heureusement. Mais combien d'hommes, après avoir descendu la pente avec Carlyle, jusqu'au fond de l'abîme, n'auront pas la force de remonter avec lui sur l'autre bord, et n'accepteront pas le panthéisme chrétien, mélange de la Bible et de l'Hégélianisme, que Carlyle leur offre en compensation des vieilles formules foulées aux pieds!

Les conférences de Carlyle accrurent sa bruyante notoriété. On se pressait pour l'entendre, lorsque, semblable aux voyants farouches de son pays natal ou aux prophètes de l'ancienne loi, il dénonçait l'égoïsme utilitaire, la religion machinale, la corruption hypocrite, et prédisait la submersion de l'aristocratique Angleterre sous les flots d'une démocratie aveugle et irritée. Ces excentricités amusent, bien plus qu'elles ne surprennent, dans une ville où, tous les soirs, au milieu de plusieurs réunions, les Millenaires annoncent la fin du monde pour la semaine prochaine.

Dans une série de lectures, intitulées le *Culte des Héros*, Carlyle a exposé sa conception de l'histoire et sa méthode historique. La philosophie allemande a ramené les évolutions de l'humanité à certaines lois : chaque époque a son idée qui la domine et qui la mène. Carlyle transforme l'idée en un sentiment, et il incarne ce sentiment dans un homme : c'est le héros. Il vient parmi nous avec une mission de l'Infini ; il est porteur d'un évangile, approprié aux besoins de son temps. On devine si cette théorie ouvre la porte au despotisme ! Ce n'est plus sur un trône, mais sur un autel qu'il convient de placer le missionnaire céleste.

Quelles applications Carlyle a-t-il faites de sa doctrine ? De quels exemples l'a-t-il appuyée ? Les héros qu'il a choisis sont Cromwell et Frédéric II. Si l'on admet — ce que nous nions absolument — que l'idéal puritain, glorifié par Carlyle, soit le meilleur qu'on puisse proposer aux sociétés d'ici-bas, Cromwell en serait l'expression la plus impure et la plus équivoque. Pendant deux siècles, les partisans de la monarchie ont détesté en lui le régicide, les amis de la liberté ont maudit l'autocrate. Carlyle s'est vanté de l'avoir décroché du gibet où il était si longtemps demeuré suspendu : peut-être sera-t-il nécessaire de l'y replacer, dans l'intérêt de la morale historique. Mais ce qu'il faut louer sans réserve, c'est le travail préparatoire auquel s'est livré Carlyle, ses patientes investigations, la consciencieuse sagacité avec laquelle il interprète les documents et jusqu'aux plus futiles débris, cette divination qui ressuscite, non plus la physionomie extérieure d'une époque, mais les drames intérieurs de l'âme.

Les mêmes mérites se retrouvent, au plus haut degré, dans l'histoire de Frédéric II. L'écrivain avait visité minutieusement tous les champs de bataille ; il avait pénétré dans tous les détails de l'administration et de la stratégie. Pourtant, l'œuvre reste lourde et manquée, parce qu'il y a incompatibilité entre l'auteur et le sujet. Carlyle le savait. Il écrivait à Varnhagen von Ense : « Que diable avais-je à faire avec votre Frédéric ? » Et l'Allemand avait trop de sens et de méchanceté pour le contredire.

Dans la pensée de Carlyle, l'*Histoire de la Révolution française* devait, sans doute, être une démonstration *a contrario* de la grande théorie. Point de révolution salutaire et légitime sans un héros qui la guide : or, la nôtre n'en a point. Elle n'offre aux yeux du penseur écossais que des multitudes affolées, sanguinaires, conduites par de vaniteux sophistes. L'admirateur des puritains est sans pitié pour les jacobins. C'est ici le chef-d'œuvre de la carrière historique de Carlyle : il a réussi à calomnier 93. Du reste, il haïssait la France, qui ne le lui rendait pas. Les éloges exagérés, venus de ce côté du détroit, ne l'avaient point désarmé. En 1870, il écrivit au *Times* une lettre, restée fameuse, dans laquelle il invitait les Anglais à laisser passer la justice de M. de Bismarck. La cause germanique était, pour lui, la cause même de la civilisation et du progrès. Depuis ce moment, sa carrière parut terminée. Enfermé dans sa petite maison de Chelsea, autrefois solitaire, maintenant enveloppée par la grande ville, qui s'étend comme une inondation, il n'admettait plus auprès de lui que quelques rares disciples, auxquels il distribuait ses dernières ruades, respectueusement reçues. Il y a deux ans à peine (février 1881), cet homme singulier est descendu dans la tombe; il avait quatre-vingt-cinq ans. Il a paru, depuis sa mort, des *Réminiscences* qui n'ajouteront ni à sa gloire posthume, ni à la considération de l'éditeur.

Carlyle n'était pas né avec cet heureux don d'exprimer sans effort les pensées les plus profondes, les sentiments les plus délicats, au moyen des mots les plus simples. N'ayant pas de style à lui, pour s'en donner un, il tourmentait, de cent façons différentes, la langue et sa pensée. Ces contorsions sont pénibles à contempler : on n'aime pas à voir un être pensant dans de pareilles postures. Dans ses meilleurs moments, il écrit comme Michelet, c'est-à-dire d'une manière excessive et violente, disant toujours plus qu'il ne veut et qu'il ne doit. Dans l'excentricité de Carlyle, pour quelle part entre le tempérament, le génie de l'homme, pour quelle part l'effort et la préméditation, on ne pourra jamais le dire. Il y a deux espèces de charlatanisme : l'un, qui consiste à flatter son époque, l'autre, qui consiste à la heurter de front. « Je suis un taureau sauvage », a dit Carlyle de lui-même. Nous n'aimons pas cet aveu. C'était à nous à le découvrir. Puisque vous l'affirmez vous-même, c'est que vous n'êtes ni si sauvage, ni si taureau que vous le dites. Ne l'oublions pas d'ailleurs, c'est un Allemand greffé sur un Celte; il ne saurait donc exercer une influence durable sur le génie anglais. Que restera-t-il de ce grand révolutionnaire, qui n'a, Dieu merci, ni fait ni inspiré aucune révolution? Peu de chose, l'écho affaibli des oh! oh! que ses ouvrages ont fait naître en paraissant. Il n'a donné au monde ni une méthode, ni un livre, ni une vérité. Il ne lui a légué que cinq ou six élèves, prétentieux et bruyants héritiers de ses défauts.

Influence de l'Allemagne sur la philosophie anglaise.

En 1825, ce n'était plus vers la France que se tournaient les jeunes intelligences éprises de spéculations philosophiques. La France était alors occupée à détruire l'œuvre du siècle précédent. Les Cousin, les Royer-Collard, les Jouffroy, et, au second rang, les Laromiguière, les de Gérando, les Rémusat, les Damiron, naturalisaient chez nous la psychologie de Reid, et la mélangeaient avec la métaphysique de Kant, puis remontaient de Kant jusqu'à Platon, et fabriquaient, de ces morceaux disparates, habilement joints ensemble, une sorte de radeau sur lequel la philosophie française a vécu près de trente ans, d'une vie provisoire et précaire. On ne lisait pas — et si on l'avait lu, on ne l'eût pas compris — le vrai penseur de l'époque, Maine de Biran, esprit obscur et profond, qui a creusé de quelques pieds, sous le sol, le puits où se cache la vérité. Auguste Comte portait l'uniforme de l'École polytechnique, et Saint-Simon mourait, ignoré de tous, dans un grenier. Qui eût pu deviner alors l'immense influence réservée à leurs écrits et à leurs idées?

La pensée allemande était donc devenue l'école de la pensée anglaise. Un groupe de jeunes gens, les Sterling, les Morris et quelques autres, prenaient souvent le chemin de Highgate, où demeurait le docteur Gillman, l'hôte, l'ami, le gardien de Coleridge. Dans le jardin du docteur, qui ressemblait au jardin d'Académus comme le ciel de Londres ressemble au ciel de l'Attique, Coleridge, vieilli avant l'âge, dissertait sur le Sujet et l'Objet avec des regards errants, des dodelinements de tête, une solennité pontificale de geste et de diction qui ravissait les jeunes auditeurs, et dont s'égayaient quelques profanes. C'était quelque chose que d'avoir entrevu l'Allemagne à travers le nuage d'opium qui enveloppait toujours la personne et les idées de l'auteur de *Christabel*. Les traductions passionnées de Carlyle rendirent palpable la pensée des Allemands. On la comprit mieux encore, et on en profita davantage, lorsque la claire et éloquente raison de sir W. Hamilton l'épura en la commentant. Un pèlerinage philosophique à Iéna ou à Weimar consacrait celui qui l'avait entrepris, et parfois le transformait : témoin John Austin, qui partit économiste et revint poète. Quelques-uns, au risque de s'y perdre, se laissaient entraîner au courant Hégélien. D'autres s'arrêtaient au panthéisme poétique de Gœthe et de Novalis. Le plus grand nombre refusaient de dépasser l'idéalisme du grand penseur de Kœnigsberg.

Alors comme aujourd'hui il y avait, en Angleterre, une race d'esprits vigoureux et dociles, véritables Whigs de la philosophie, qui allient sans effort l'esprit de discipline à l'esprit d'indépendance. Jamais la foi ne les opprime, et la raison ne les tourmente jamais. Ils s'attachent à rendre l'une pratique, et l'autre obéissante. Le problème qui nous semble insoluble leur paraît, à eux, résolu d'avance. Ils s'y cantonnent pour la vie, ils s'y établissent avec toute leur famille, ils en font leur champ d'expériences et leur forteresse. Ils vivent familièrement avec les aspects les plus formidables de l'Infini, avec tous les monstres de l'abîme, et croient les avoir apprivoisés. La récompense de leur vie est la sérénité avec laquelle ils jettent l'ancre dans un port imaginaire. Ce tempérament produit des professeurs et des ministres de l'Évangile. Professeurs, ils ne doutent pas devant leurs élèves, ne semblent jamais inquiets de leur chemin. Ministres, ils réduisent la part de la métaphysique et de la controverse, pour se consacrer à l'exégèse et à la morale. A la fois professeur et ministre, Whateley, qui devint archevêque de Dublin après avoir enseigné l'économie politique, est le modèle de cette classe d'hommes. On trouve encore sa *Logique* dans les mains des jeunes gens qui aspirent aux honneurs de la cléricature. Whateley assure modestement qu'il n'a point exercé d'influence par ses écrits. Soit, mais son esprit est l'esprit même de l'Église. C'est un autre

Paley, avec une droiture, une élévation, une délicatesse, que Paley n'a point connues.

Jeremy Bentham et son école. Éducation de John Stuart Mill.

Les hommes qui, comme Whateley et Sidney Smith, veulent rendre la religion raisonnable et commode, sont des utilitaires sans le savoir. Arrivons à l'école utilitaire proprement dite. L'utilitarisme procède de Hume et d'Adam Smith, mais il date de Jeremy Bentham. Après la métaphysique négative de Hume, il n'y avait plus qu'un pas à faire pour la bannir des recherches humaines comme une science sans but, dont le nom seul est une offense au bon sens: Bentham fit franchir ce pas à ses disciples. Le dix-huitième siècle avait écarté l'idée du bien, que la conscience nous découvre, et demandé successivement à tous les sentiments de l'âme un point d'appui pour la morale. Les benthamistes s'arrêtent à l'idée de l'intérêt, non point l'intérêt de l'individu, mais celui de l'espèce. La fin de l'homme, d'après leurs idées, n'est pas de se préparer en vue d'une vie future, mais d'améliorer les sociétés d'ici-bas, si tristement défectueuses. Le benthamisme est donc une doctrine complète qui embrasse tout l'homme, et qui n'aspire à rien moins qu'à supplanter l'idéal chrétien dans le monde. Cette doctrine a son législateur dans Bentham, qui dénonce les abus de la loi, devenue un amas de monstruosités puériles; elle a son économiste dans Ricardo, qui s'efforce d'établir les vrais principes régulateurs du crédit et du commerce; enfin, elle a son logicien dans James Mill. Indépendamment des utopies à longue échéance, qu'elle caresse dans ses livres, elle a tout un programme de réformes immédiatement applicables, et, pour le défendre, l'école fonde, en 1825, la *Westminster Review*, qui introduit, pour la première fois, le radicalisme politique, et commence par refuser à l'aristocratique et libérale *Revue d'Édimbourg* le droit de soutenir les vraies idées démocratiques. Qui charge-t-on de cette mission scandaleuse?

Un enfant de dix-sept ans. Il est vrai que c'était un enfant prodige.

L'éducation de John Stuart Mill est une des choses les plus étonnantes d'un siècle qui a vu tant de choses étonnantes. Dès qu'il put parler, il balbutia du grec. A l'âge où l'on lit Don Quichotte, Gulliver et Robinson Crusoé, il avait lu six dialogues de Platon, parmi lesquels le *Théétète*. A douze ans, il composait, avec Tite-Live et Polybe, une histoire romaine, où il mettait en relief la supériorité du parti populaire. Il réduisait la rhétorique d'Aristote en tableaux synoptiques, et se familiarisait avec la logique du maître. Il possédait déjà presque tout ce que l'antiquité nous a laissé. En revanche, à dix-huit ans, il ne connaissait ni la Bible, ni Shakespeare. Qui avait présidé à cette éducation? Le père de l'enfant, James Mill. Écrivain de mérite, Mill était l'esprit le plus sec, le plus absolu, le plus tyrannique de l'école, et le plus froidement enragé contre toutes les religions, naturelles ou révélées. Il avait fait de sa femme une ménagère silencieuse, il voulait faire de son fils un automate pensant, une machine à raisonner : c'est pourquoi il l'élevait dans l'ignorance de Dieu et dans l'intimité d'Aristote. C'était une expérience. Si l'expérience réussissait, tous les jeunes gens devaient être, dans deux ou trois générations, semblables au jeune Mill; car l'école n'admettait pas que les hommes naquissent avec des facultés inégales. Ce que John avait pu faire, tous pouvaient le faire à son exemple. Si le père avait là-dessus quelques faiblesses, le théoricien lui imposait silence. Le succès fut complet, puisqu'à dix-sept ans la machine produisait des articles de *Revue*. Seulement, la machine souffrait.

Il est bien peu d'existences qui n'aient leur crise intérieure. Beaucoup se rappelleront, avec émotion, une page où Jouffroy raconte les doutes qui l'assaillirent, certaine nuit mémorable, dans sa petite chambre de l'École normale. Il vient une heure où l'âme, exclusivement nourrie de croyances, réclame des raisons et des faits : c'est l'histoire de bien des hommes. Mais si l'âme, au contraire, n'a reçu que des faits et des raisons, un moment arrive où elle veut, quoi qu'il en coûte, sentir, aimer et croire : c'est le cas de John Stuart Mill, et, s'il est plus rare que celui de Jouffroy, il n'est ni moins douloureux, ni moins instructif. Avant vingt-cinq ans, le jeune homme était dégoûté de la vie, dégoûté de la science, dégoûté de lui-même ; une sorte de nausée intellectuelle le portait à rejeter tout ce qu'il avait appris. A ce moment, il lut les poètes, surtout Wordsworth : il en fut consolé. Dans l'aridité de son intelligence, desséchée par la géométrie et la dialectique, jaillirent des sources profondes, et, autour d'elles, germèrent des oasis de poésie et d'affection. Il se rapprocha des Morris et des Sterling, ces âmes tendres et enthousiastes. Peut-être se trouvait-il déjà sur les confins de cette sphère d'attraction, où rayonne, comme un mystérieux aimant, l'idéalisme chrétien, lorsqu'une seconde influence s'établit sur sa vie, et le rejeta pour jamais dans le domaine de la négation.

La vie privée des grands esprits n'appartient au public, pour en tirer d'utiles leçons, qu'après un certain laps de temps écoulé, et, bien que Stuart Mill se soit livré lui-même, dans son autobiographie, publiée presque au lendemain de sa mort, nous nous obstinerons à respecter les délais d'usage. Il nous suffira de dire qu'une femme aimée, mise par cet amour même dans une situation équivoque plutôt que coupable, et frappée d'un ostracisme qui n'était qu'à demi mérité, communiqua à Stuart Mill l'aigreur dont elle était remplie. En passant dans cet esprit, habitué à maximer ses pratiques — aurait dit Montaigne — et à remonter des conséquences aux principes, cette aigreur se changea en système. Le philosophe se vengea en philosophe. Il détruisit, ou crut détruire, les notions sur lesquelles reposait une société dont les membres féminins ne rendaient pas de visites à mistress Taylor.

La Logique de Stuart Mill.

La gymnastique cruelle et prématurée à laquelle John Stuart Mill s'était soumis dès son premier âge, avait eu, du moins, un résultat : elle avait donné à ses facultés une flexibilité inamissible. James Mill a réussi, en réalité, à donner à notre siècle son premier logicien. Nul, depuis Bacon, n'a aussi profondément analysé le procédé d'induction, et notre contemporain a, sur ce point, dépassé, en précision comme en sûreté, le chancelier du roi Jacques. Bacon, pourtant, doit rester le plus grand. Il offrait une méthode d'investigation à des sciences qui n'étaient pas encore nées; il marchait à la découverte d'un pays inconnu. Stuart Mill se présentait comme le législateur d'un pays découvert et conquis. L'expérience est faite, la méthode est jugée par les résultats déjà obtenus : il reste à perfectionner l'instrument, à en régler, à en généraliser l'usage, à l'appliquer aux sciences qui, jusqu'ici, n'ont pas paru se prêter à son emploi.

Le rôle de la science se borne, suivant Mill, à enchaîner des faits, coordonnés ou successifs, mais entre lesquels il refuse de percevoir un rapport de cause à effet. Un corps n'est qu'un amas de phénomènes. De la cause qui produit ces phénomènes, de la substance même de ce corps, nous ne savons rien, et ne pouvons rien savoir. Du coup, s'écroulent la vénérable théorie de la définition et la non moins vénérable théorie de la preuve. En effet, nos définitions n'atteignent jamais les choses, elles ne consistent qu'à les nommer et à ranger, en regard de ces noms, les propriétés qui existent ou manquent dans les choses. Quant à l'antique syllogisme, fourbi par Aristote, caressé par le moyen âge, restauré par Port-Royal, c'est une formule vide. En effet, la conclusion est contenue dans les prémisses, et, comme la philosophie de Mill rejette les vérités nécessaires, les axiomes, les postulats, ces prémisses ne sont jamais que l'affirmation de faits généraux, précédemment acquis par l'induction, et le syllogisme ne sert qu'à les répéter en les particularisant, c'est-à-dire en les ramenant là où l'induction les a pris. Un piétinement sur place, ou même un pas en arrière, voilà le syllogisme, tel qu'il sort des mains dédaigneuses du logicien positiviste !

On éprouve quelque peine à voir ainsi humilié cet antique engin de la pensée. Cette exécution, si hardie, est-elle juste?

Est-elle définitive? Il serait prématuré de répondre à cette question. Si la philosophie du vingtième siècle traite, avec un égal mépris, les vérités innées et les vérités révélées, c'en sera fait du syllogisme. Son rôle — rôle secondaire et effacé — consistera à saisir telle vérité particulière, placée en dehors de notre atteinte, et que nous ne pouvons aborder directement. La déduction ne sera que l'écho, la servante de l'induction.

Dès à présent, on peut admettre, avec Stuart Mill, que le syllogisme a été l'instrument d'une stérile tyrannie intellectuelle. Ce fut l'erreur d'un âge d'ingénieuse barbarie, de lui reconnaître une sorte de vertu créatrice. Adapté aux besoins d'une science qui prétendait descendre des lois aux faits, il ne convient plus à la science qui veut remonter, et qui remonte, des faits aux lois.

Traité sur la liberté.

La *Logique* est le plus important des ouvrages de Stuart Mill, mais le plus populaire est, assurément, le petit *Traité sur la liberté*. La liberté dont il s'agit — l'auteur prend soin de nous en instruire dès la première ligne de l'introduction — n'est pas cette liberté morale, chimère favorite des métaphysiciens. Le titre véritable de l'œuvre serait : Des relations de l'individu avec l'État. Grave problème, dans lequel se confondent presque toutes les questions que notre époque discute avec passion. Le temps n'est plus où le citoyen considérait l'État comme un maître, un ennemi, dont les intérêts étaient opposés aux siens. L'État n'est plus qu'un mandataire, mais ce mandataire est trop souvent oublieux de son origine, infidèle ou tracassier. A mesure que la loi devenait moins sévère, l'opinion est devenue plus tyrannique. A l'oppression des sujets par leur prince a succédé l'oppression des minorités par les majorités. Le droit des minorités, comme celui des individus, demande à être défini : c'est à quoi s'attache le philosophe, et quel bienfait pour nos sociétés modernes s'il eût réussi ! Le principe sur lequel il fait reposer le Code social, est celui de la légitime défense. Le gouvernement ne doit jamais intervenir pour faire le bien par la force; il n'intervient légitimement que pour empêcher le mal. Théorie séduisante, mais qui ne rend raison, ni de l'impôt, ni de la prestation, ni du service militaire, ni de l'obligation de servir comme juré ou comme témoin, devant les tribunaux; théorie qui transforme en criante injustice l'instruction obligatoire, l'expropriation pour utilité publique, les monopoles et privilèges de toutes sortes, concédés ou affermés par l'État en vue d'un service public. On dira qu'à côté des devoirs naturels il y a les charges directement consenties ou implicitement reconnues par les membres d'une même société. Mais, si ces charges deviennent lettre morte, si le pacte est violé par ceux mêmes qui sont appelés à en profiter, quelle sera la sanction, et jusqu'où s'étendra l'autorité du pouvoir, pour faire respecter le contrat social et punir les délinquants? La difficulté est reculée, elle n'est pas résolue.

Il y a dans la société une autre justice que celle des tribunaux ordinaires. L'opinion a sa jurisprudence, sa police, ses jurys femelles, qui se réunissent sans mandat, siègent sans relâche et jugent sans preuves. Ces jurys distribuent toutes sortes de pénalités, depuis le simple « air froid » jusqu'à l'explosion publique de dégoût et d'indignation. Ici, le philosophe nous semble à la fois bien subtil et bien naïf. S'écarter silencieusement d'un homme qui se dégrade lui semble un châtiment trop sévère. Lui montrer la faute qu'il commet et la réprobation à laquelle il s'expose, lui paraît une action légitime et méritoire. Reste à savoir de quel air le coupable accepterait la leçon. Stuart Mill veut que l'homme soit toujours libre de se faire du mal. Il croit tout sauver par la distinction qu'il établit entre les torts qui atteignent autrui, et ceux dont l'auteur est en même temps la victime. Comme s'il y avait eu dans le monde, depuis qu'il existe, une seule faute dont les conséquences aient été strictement limitées à celui qui l'a commise! En revanche, on ne peut qu'applaudir, quand Stuart Mill assure sur ses véritables principes la liberté de penser. « Poursuivre une opinion, c'est proclamer notre infaillibilité. » La thèse est lumineuse, les exemples sont hardiment choisis, la discussion est précise, vigoureuse, éloquente, autant que l'abstrait peut l'être : car Stuart Mill met autant de sévérité à se refuser les images que Carlyle d'intempérance à les prodiguer.

Le philosophe a consacré les dernières années de sa vie à attaquer la propriété. C'est par là qu'il a heurté le plus d'intérêts, et soulevé le plus de colères. Pour diminuer un peu l'horreur qui s'attache, en France, aux ennemis de la propriété, il est nécessaire d'ajouter que, dans le pays de Stuart Mill, la législation qui régit la propriété foncière n'a pas changé depuis le temps du roi Jean : elle s'est seulement compliquée, de siècle en siècle. La terre est dans les mains de trois cent mille personnes et ne peut en sortir. Un sixième du pays est en jachère, et n'appartient à personne ; un autre sixième est planté de bois qu'on n'exploite point ; le quart de l'Angleterre n'est qu'un terrain de chasse pour l'amusement de quelques privilégiés. Dans ces conditions, en présence d'une population qui s'accroît et d'une classe agricole qui crie famine, on trouvera peut-être qu'il était permis au penseur de se préoccuper de l'avenir.

En 1871, disparut, avec John Stuart Mill, le plus glorieux représentant, le produit le plus accompli du benthamisme. L'autre champion de l'école, l'historien Grote, l'avait précédé de quelques années dans la tombe. Avec l'aide de Charles Buller, de William Molesworth et de quelques autres, la mission de Grote avait consisté à défendre, devant le Parlement, les applications politiques et sociales du benthamisme. Ce fut l'âge d'or du radicalisme anglais. Trop purs pour consentir à des alliances équivoques, trop peu nombreux pour rêver le pouvoir, trop philosophes pour le regretter, ces hommes ont légué à leurs successeurs une cause presque gagnée. Pas une de leurs idées qui ne soit aujourd'hui, ou passée dans le domaine des lois, ou inscrite au programme des libéraux les plus modérés La doctrine de Bentham offre ce spectacle unique, d'une école ensevelie dans sa victoire. Le benthamisme triomphe, et il n'y a plus de benthamistes.

CHAPITRE XXIX.

LE PARLEMENT ET LE JOURNALISME.

L'éloquence politique au dix-neuvième siècle. Lord Brougham. — Daniel O'Connell. — Disraëli. — Origines et progrès des journaux politiques — Grandeur du *Times*. Nouveau développement des journaux.

L'éloquence politique au dix-neuvième siècle. Lord Brougham.

On a vu ce que peut être l'éloquence naturelle, dans Fox et dans les deux Pitt, surtout dans le premier. Leur culture intellectuelle ne dépasse pas ce qu'on doit attendre de jeunes gentilshommes de province, qui ont profité de leur séjour à l'Université. Leur école, c'est le Parlement. Le goût des affaires, l'amour du pouvoir ou l'instinct du succès, la passion du bien et du grand, sont leurs maîtres d'éloquence, et leur apprennent à bien dire. Burke est déjà d'une autre race. Il est soucieux du style, amoureux de la forme; les mots ont une harmonie qui le berce, la phrase oratoire, une musique qui l'enivre. L'éloquence n'est pas seulement, pour lui, le moyen de faire triompher la vérité ou son parti : elle est l'art sublime à l'aide duquel l'orateur, comme le poète, comme l'artiste, s'enchante lui-même et jouit de sa propre inspiration. Burke est un rhéteur, mais sa rhétorique disparaît sous l'ardeur de son patriotisme et l'élévation de sa philosophie. L'âge suivant, qui s'étend depuis la mort de Pitt jusqu'au *Reform Bill* de 1832, appartient à l'éloquence artificielle. Canning, qui a honoré les derniers jours de puissance de son parti, est moins un orateur qu'un homme du monde, habile et bien disant; pourtant, il a, lui aussi, sa rhétorique, qui consiste à négliger les points d'affaires, pour amuser et séduire. Erskine, Mackintosh, Henry Brougham, sont de purs rhéteurs; Quintilien les eût avoués pour les meilleurs disciples de son école, et il aurait, sans doute, donné la place d'honneur au troisième. Ce sera — pour éviter d'inutiles redites — le seul que nous étudierons.

Au point de vue de l'influence réelle et des résultats accomplis, le rôle de lord Brougham est modeste. Il s'est élevé avec véhémence contre l'esclavage; néanmoins, personne ne songe à dépouiller Wilberforce de sa gloire, pour en gratifier lord Brougham. Il a prononcé plusieurs grands discours en faveur de la réforme électorale; cependant, le principal ouvrier de cette grande œuvre demeure incontestablement lord John Russell. Sur l'éducation populaire, sur l'assistance publique, sur l'émancipation des catholiques, sur l'abolition des tarifs, sur toutes les questions qui, pendant trente ans, ont passionné le parti libéral, il a été l'interprète le plus autorisé, le plus disert de ce parti; mais, en aucune circonstance, il n'a eu la première initiative ni prononcé le dernier mot. Les Brougham n'inventent rien : leur mission est de traduire en périodes cicéroniennes, et de ranger dans un ordre savant les idées des autres. Supposez qu'il n'ait pas existé, il n'y a rien à changer à l'histoire d'Angleterre, de 1800 à 1850.

Brougham est le disciple respectueux des anciens. Il a écrit, sur leur éloquence, une docte et ingénieuse dissertation. Ses discours sont composés d'après les mêmes règles que les Catilinaires ou les Verrines. Exposition, division, narration, confirmation, réfutation, récapitulation, tout s'y trouve. S'il omet une de ces parties, c'est qu'il a, pour le faire, une raison prévue et recommandée par l'auteur du *De Oratore*, ou l'auteur de l'*Institution oratoire*. Brougham polit l'exorde et caresse la péroraison. Il y a l'exorde tiré des circonstances : « On ne peut s'empêcher de se rappeler qu'il y a vingt ans, dans cette même salle, etc., etc. » Il y a l'exorde modeste : on doute de ses forces, on craint de compromettre par son insuffisance la plus grande et la plus juste des causes, etc. (Discours pour la reine Caroline). Il y a jusqu'à cet exorde étrange, qui consiste à refroidir volontairement un auditoire passionné, en lui proposant, au moment où il attend avec impatience des faits et des sentiments, une ennuyeuse dissertation philosophique, dont l'esprit semble en contradiction avec l'intérêt de la cause. Salluste a mis un exorde de ce genre dans la bouche de César : *Omnis homines, Patres Conscripti, qui de rebus dubiis consultant,* etc. Brougham a un exorde tout pareil : il se présente pour défendre un journaliste, et, afin de rassurer les bourgeois timorés du jury, il débute par une consciencieuse diatribe contre la licence de la presse. Les péroraisons sont moins variées. Après avoir ramassé ses arguments en un faisceau, le rhéteur anglais adjure ses auditeurs de sauver l'humanité, la morale, le trône et l'autel, la Constitution britannique, nous avons failli ajouter les dieux immortels, tant ces artifices de langage sentent l'antiquité !

Tout cela est un peu puéril. Ce qui l'est moins, ce qui est propre à lord Brougham, c'est le système d'après lequel il range ses arguments. Dans le procès de Caroline, s'agit-il de discuter, devant la Chambre des lords, les témoignages produits par l'accusation pour convaincre d'adultère la malheureuse reine, on n'aperçoit d'abord que confusion dans le discours de l'avocat. A-t-il classé ces témoignages par ordre d'importance? Nullement. A-t-il suivi les dates? Pas davantage. S'est-il préoccupé de cet enchaînement logique que notre esprit établit, comme de lui-même, entre des faits analogues? Moins encore. Dates, circonstances, individus, il intervertit, il brouille tout, comme à plaisir. Sous ce désordre apparent, on découvre un ordre secret : d'abord, les faits prouvés contre la reine, mais qui n'établissent à son détriment que des fautes légères, de l'imprudence et de l'indiscrétion; en second lieu, les faits douteux ou frivoles, qui s'évanouissent à l'examen; puis, les faits qui prouvent péremptoirement l'innocence de la princesse, par les contradictions de ses accusateurs, et qui, par leur caractère de lumineuse évidence, emportent non seulement la conviction des auditeurs, mais leur profonde et ardente sympathie. Si la reine Caroline n'avait été d'avance acquittée par l'opinion, un tel plaidoyer aurait pu beaucoup pour la sauver.

La défense de Leigh Hunt offre un exemple, encore plus remarquable, d'argumentation progressive et de gradation oratoire, parce que le ton s'échauffe et s'élève à mesure que les raisons changent de nature et grandissent en autorité. Les châtiments corporels étaient alors en usage dans l'armée anglaise, et plusieurs voix, dans la presse, avaient protesté contre cette pénalité humiliante, qui abrutit le coupable au lieu de le réformer, et qui déshonore une profession dont l'honneur est le ressort. Leigh Hunt n'était coupable que d'avoir reproduit, dans les colonnes de l'*Examiner*, des observations publiées à ce sujet par une feuille de province. Ce qui rendait son cas dangereux, c'est qu'un autre journaliste, M. Cobbett, venait d'être condamné pour une virulente attaque contre la même loi. Comment concilier la défense de Leigh Hunt avec le respect de la chose jugée? Brougham exprime d'abord sa vive réprobation contre les excès du journalisme. On a condamné M. Cobbett : on a sans doute bien fait. Si Leigh Hunt a eu la pensée d'exciter une classe de citoyens à la révolte contre une loi de l'État, on le condamnera et on aura encore raison. Mais quoi ! n'y a-t-il pas une distinction à faire? Ne peut-on critiquer un article du code militaire sans battre en brèche la discipline? Ici, l'avocat se couvre d'un nom estimé, celui de sir Robert Wilson. Ce brave officier, dont nul ne songe à contester le patriotisme et la compétence, recherchant les causes qui s'opposent au recrutement de l'armée anglaise, découvre trois raisons qui écartent les jeunes gens du drapeau : la perpétuité du service, l'insalubrité des climats coloniaux, enfin, l'usage des châtiments corporels. Ce n'est pas Brougham, c'est sir Robert qui décrit avec une mâle énergie les effets dégradants du fouet, et le jury ne peut manquer d'être ému par cette éloquence militaire. Mais l'avocat feint de ne pas remarquer l'impression qu'il a fait naître, car il est censé ne plaider qu'une question de légalité. Voici, en apparence, la seule conclusion qu'il tire de la première partie de son plaidoyer : ce que sir Robert Wilson a pu faire, sans malice comme sans danger, pourquoi Leigh Hunt ne l'aurait-il pas fait avec la même pureté dans les intentions, la même innocuité dans les résultats ? Non seulement cela peut être, mais cela est. A une démonstration générale et indirecte succède une démonstration directe et particulière, qui établit l'innocence de l'article incriminé, par les termes dans lesquels il est conçu, par le caractère du journaliste qui l'a publié, par l'effet que cette publication a produit. Brougham se sent alors assez fort pour prendre l'offensive. Chaque jour, dit-il, les soldats assistent au supplice de leurs camarades. Ils voient les chairs déchirées, les côtes mises à nu, le sang qui coule. Ils entendent les cris de douleur, les sanglots de honte; ils contemplent la victime, qui se relève flétrie pour toute l'existence, et ils retournent à leur quartier, sans murmure, sans dégoût, sans émotion. Mais, qu'un journaliste vienne à décrire l'affreux spectacle, qu'il risque seulement un froid commentaire de la loi, qu'il y fasse, d'un seul mot, une lointaine allusion, la discipline est menacée, les lois sont en péril, l'armée est sur le point de se dissoudre ! L'orateur poursuit le développement de cette idée avec une vigueur d'ironie qui rappelle les plus belles harangues de Tite-Live. Qu'on essaye maintenant de se mettre à la place du juré pendant cette plaidoirie. Il passe successivement par plusieurs états d'esprit, qu'on peut indiquer ainsi : 1° l'accusé est probablement coupable; 2° il est possible que l'accusé soit innocent; 3° l'accusé est innocent; 4° l'accusation portée contre lui n'est pas seulement fausse, elle est stupide, monstrueuse, attentatoire aux droits primordiaux de l'Anglais. En rendant son verdict, il est fier de sauver, une fois de plus, la Constitution de 1688. En même temps, il se retire, convaincu que le fouet est le système de pénalité militaire le plus dangereux pour la bonne composition, l'esprit et la discipline des troupes, que les ennemis de l'armée aient jamais pu imaginer.

Il est une qualité oratoire que les Romains appellent *gravitas* : c'est celle qui donne à l'éloquence son autorité. Cicéron s'étonne que des hommes, moins heureusement doués par la nature et moins bien munis des ressources de l'art, possèdent mieux que lui le don d'imposer aux auditeurs. Il ne voit pas d'où procède la *gravitas* : c'est l'homme qui apparaît dans l'orateur, c'est le caractère qui se fait sentir sous le talent. Là est la force de lord Brougham. Une honnêteté généreuse, un bon sens passionné, un libéralisme vrai, bouillonnent en lui, se font jour à travers les pompes factices de son style, et remplissent les formes vides de sa rhétorique. Lorsque sa phrase, solennelle, pesante, embarrassée d'incises, de mots explétifs et de formules parlementaires, après avoir lourdement oscillé comme une massue, s'abat enfin sur l'adversaire, elle le renverse et l'écrase.

Daniel O'Connell.

Sortons de l'enceinte des assemblées délibérantes et cherchons, sur son théâtre naturel, cette éloquence libre, spontanée, vivante, qui s'épanouit à la face du soleil, au milieu des beautés de la création. C'est là, quand la rhétorique artificielle des parlements s'use et s'appauvrit, que vient se retremper le génie oratoire.

Nous sommes en 1843. Le jour se lève sur une vaste plaine dont le nom rappelle quelque grand souvenir, cher au cœur des patriotes irlandais. Là, le sang a coulé pour la liberté ; là, s'est livrée une des dernières batailles, dans la lutte sacrée pour l'indépendance nationale. Dès l'aube, de longues files de *cars* amènent des familles avec les provisions nécessaires pour la journée. Les chevaux, dételés, broutent l'herbe des prairies. L'immense foule se fractionne, pour se grouper autour de grossiers autels où l'on célèbre le sacrifice de la messe. La vapeur de l'encens flotte dans les airs et monte vers le ciel, avec les accents solennels du chant romain. Les paroisses lointaines arrivent l'une après l'autre, leurs curés en tête. Les bannières vertes se déroulent au vent : on y voit les insignes de la religion unis au *shamrock*, à la fleur symbolique de l'Irlande. Les yeux se mouillent, les cœurs tressaillent, le chant national, *Erin go bragh*, naît de lui-même sur les lèvres.

Sur un tertre, visible à tous les regards, un homme paraît. On baise les bords de son manteau, on se dispute ses mains pour les embrasser. Il a dépassé le milieu de la vie ; dans ses yeux brille ce mélange de finesse, de rêverie et d'enthousiasme, qui caractérise la race celtique. C'est Daniel O'Connell, le tribun, ou plutôt le roi de l'Irlande ; non pas un de ces rois modernes, tenus en échec par un parlement et en tutelle par un ministère, mais un roi-pontife des anciens âges, qu'entoure une atmosphère de religieux respect. Il a sa police : les buveurs d'eau, enrégimentés et assermentés par le père Matthews. Il a son budget : le *rent*, un impôt volontaire, dont le rendement, en une seule année, dépasse un million. Sa cassette, comme celle de Louis XIV, ne connaît pas la distinction de la liste civile et du Trésor public. Il y puise indifféremment, pour soutenir sa propagande politique ou pour faire face aux besoins de sa fastueuse et hospitalière existence.

Il ouvre la bouche, un profond silence s'établit. C'est un Anglais qui va décrire ce grand spectacle. « Une fois, à ma vue, le géant s'offrit; — l'air libre l'entourait, le ciel sans limites lui servait de toit. — Sous ses pieds, s'étendait une mer d'hommes, — dont chaque lame déferlait au loin l'une sur l'autre. — Songez qu'aucun clairon n'aurait pu envoyer son retentissement — seulement jusqu'au milieu du cercle immense. — Bientôt monta, en grossissant, une note sonore — comme la vibration argentine qui s'échappe d'un clocher. — Distincte et claire, portée par les ondes aériennes, — elle glissa comme glisserait un oiseau. — Lancée jusqu'aux derniers confins du vaste auditoire, — elle jouait, en passant, avec toutes les passions déchaînées : — tantôt soulevant un tumulte, tantôt apaisant des murmures; — et les sanglots ou le rire lui répondaient à son gré. — C'est ainsi que j'appris quelle infinie variété de notes, — pour exciter ou pour calmer, possède l'harmonieuse voix humaine. — C'est ainsi que me fut tout à coup révélée la grande vie antique, — avec ses orages, et que je devinai, — au pied du roc où se tenait debout Démosthènes, — la mobile Athènes, roulant ses vagues bruyantes. » (Bulwer)

Quel usage a fait Daniel O'Connell de cette puissance merveilleuse, placée entre ses mains? On peut répondre hardiment : il ne s'en est servi que pour le bien. O'Connell était un tribun, non un émeutier. Lorsque le Parlement institua une enquête au sujet des *meetings* où sa parole s'était fait entendre, on ne put relever qu'un seul fait. Après l'une de ces assemblées, la foule, en se retirant, avait renversé la charrette d'une marchande de pain d'épice. Voilà le seul désordre qu'O'Connell ait jamais causé dans son pays. Un souvenir personnel semble avoir guidé sa carrière. En 1793, chassé de Saint-Omer avec les vénérables instituteurs de sa jeunesse, il se rencontra, sur le bateau qui le ramenait en Angleterre, avec deux jeunes patriotes irlandais, les frères Sheares. Ces jeunes gens avaient eu l'honneur d'approcher Danton et de courtiser Théroigne de Méricourt. L'un d'eux montrait avec orgueil un mouchoir trempé, le 21 janvier, dans le sang du tyran. L'élève des jésuites de Saint-Omer détourna les yeux avec dégoût. Jamais il n'oublia le chiffon sanglant des frères Sheares : « Il n'est pas de révolution, disait-il trente ans plus tard, qui vaille une goutte de sang humain! »

La première moitié de sa vie a été consacrée à obtenir l'émancipation des catholiques. C'était un acte de justice sociale, une question de morale publique, dont la solution n'importait pas moins à l'honneur de la Grande-Bretagne que l'abolition de l'esclavage. Dans la seconde partie de sa carrière, c'est vers l'autonomie irlandaise, telle qu'elle existait avant l'année 1800, que tendent les efforts d'O'Connell. Sur ce point, la cause de l'Irlande est encore pendante. Remarquons-le, d'ailleurs : dans son dernier discours devant la Chambre des communes, avec cette clairvoyance mélancolique des mourants que la popularité abandonne, et qui dédaignent la popularité, il osa reconnaître que les plaies de l'Irlande étaient des plaies sociales, et qu'elles ne pouvaient être guéries par des remèdes politiques.

Le pàtriotisme de clocher ne suffisait pas à remplir l'âme d'O'Connell. Sur toutes les questions qui agitent notre temps, il professait une doctrine, il favorisait une solution : c'était toujours la plus simple, la plus large, la plus libérale. Suffrage universel, libre échange, paix religieuse, égalité sociale, il était l'apôtre éloquent et le serviteur infatigable de toutes les bonnes causes.

Disraëli.

Les hommes qui ont dirigé la politique anglaise, depuis un demi-siècle, n'étaient pas tous éloquents : ni Russell, ni Robert Peel, ni Palmerston, ni Cobden, n'ont été considérés comme tels par leur génération. Celui-ci, causeur spirituel, familier et quelquefois brutal, se faisait écouter et craindre. Celui-là triomphait de tout, même de son impuissance oratoire, par l'autorité des faits et des chiffres, méthodiquement entassés dans sa merveilleuse mémoire. Tel autre, insensible au ridicule, s'imposait par la patience invincible avec laquelle il se dévouait à une idée, tantôt grande et tantôt puérile. Tel, enfin, dominait les assemblées par le prestige de l'expérience, l'aplomb du rang, l'ascendant d'une volonté forte. Tous ces hommes, à des degrés divers, ont possédé les talents du *debater*, si précieux dans les assemblées délibérantes, et qui font la force du Parlement anglais. Tous savaient parler, aucun n'était orateur. Ce titre ne convient qu'à trois hommes : John Bright, Gladstone et Disraëli. Les deux premiers sont encore debout. Seul, Disraëli est justiciable de l'histoire; mais elle le jugera mieux lorsqu'elle n'aura plus à le séparer de l'infatigable et illustre adversaire dont le nom demeure uni au sien. Il est des couples de rivaux politiques aussi difficiles à disjoindre que les couples rendus fameux par leur amitié : Gladstone et Disraëli forment un de ces couples. Essayons cependant de considérer à part l'aîné de ces jumeaux ennemis.

Disraëli était romancier et orateur. Ses œuvres d'imagination ont largement profité de sa popularité politique, et n'y ont rien ajouté. Qui pourrait dire, cependant, si ce n'est pas le romancier qui a constamment et secrètement dirigé l'homme d'État?

Le meilleur roman de Disraëli, le voici. Un jeune homme, fils d'un simple littérateur et petit-fils de marchands juifs, porteur d'un nom qui trahissait cette origine caractéristique, après s'être compromis par l'excentricité de son radicalisme, imagine de s'attacher à la cause conservatrice, qui le dédaigne. Son premier discours, hérissé de rodomontades prétentieuses, soulève des éclats de rire. « Je m'assois, dit-il, mais je vous forcerai un jour à m'écouter. » Ce jeune homme se donne pour tâche de devenir l'oracle et le chef de l'aristocratie la plus exclusive que le monde ait vue, et il se tient parole à lui-même. Nous le retrouvons trente-cinq ans plus tard : il est premier ministre et s'appelle lord Beaconsfield. Il a galvanisé le vieux torysme, et va jouer à Berlin, devant l'Europe surprise, les Castlereagh et les Metternich. A son retour, le peuple de Londres dételle ses chevaux, et le traîne en triomphe.

Ce roman-là, Disraëli ne l'a pas écrit, mais il l'a réalisé, et ses autres romans n'en sont que des reflets et des fragments, surtout les deux derniers, *Lothair* et *Endymion*. C'est pour lui une façon commode et sûre d'écrire ses Mémoires, sans s'exposer à être convaincu de malice ou de vanité. Il mêle, dans une confusion volontaire, ses chimères et ses souvenirs, les portraits historiques et les êtres de pure invention. Il décrit avec complaisance les belles demeures de l'aristocratie, tantôt dans leur splendeur solitaire, tantôt dans leur animation joyeuse, les parcs peuplés de daims et vastes comme des forêts, les galeries pleines d'objets d'art, l'argenterie massive, qui étincelle sur les vieux dressoirs d'ébène, les grandes réceptions, les dîners d'apparat, l'hospitalité cordiale et magnifique qui caractérise la haute vie anglaise. Quand il est rassasié de luxe et de faste, il dévoile avec minutie les intrigues parlementaires qui font et défont les cabinets. Il montre à nu l'anxiété des ambitions suspendues à ces combinaisons frivoles; et, parfois, il en fait sortir l'émotion. Il aime encore à peindre les conspirateurs de toutes sortes, prétendants, jésuites et *carbonari*. Ces pouvoirs occultes, ces puissantes machines qui s'agitent dans l'ombre, amusent son imagination. Il feint de prendre au sérieux l'époque où le libéralisme jouait, dans toute l'Europe, le rôle d'intéressant proscrit et de héros de roman persécuté. Disraëli n'oublie jamais de mêler les femmes à toutes ces menées: il va jusqu'à personnifier la mystérieuse Marianne, dont le nom a longtemps servi de signe de ralliement aux rêveries républicaines de toutes les races. Quant à l'auteur, il se drape, il se déguise, il s'idéalise de cent façons : c'est tantôt la sagesse en cheveux gris, qui distille des sentences, tantôt la jeunesse ambitieuse, qui s'avance dans la vie, avec les battements de cœur de l'inexpérience. Lothair ne sait pas vouloir; il est le jouet de mille influences qui se disputent sa vie. Endymion, contenu, patient, tenace, dominera le monde. Ainsi, Disraëli nous livre son secret : il faut vouloir. C'est la maxime favorite de ceux auxquels tout a réussi.

Donc, il a *voulu* gouverner, et il a gouverné. Mais pourquoi souhaitait-il le pouvoir? Quelle mission — aurait dit Carlyle — apportait-il du fond de l'Infini? En simple prose, quelles idées cherchait-il à faire prévaloir? La réponse est simple : Disraëli n'a point d'idées. Est-il nécessaire d'en avoir lorsqu'on dirige un parti qui fait profession d'immobilité? Cependant, si tory que l'on soit, on se trouve quelquefois dans la nécessité de faire quelque chose. Dans ce cas, on revient en arrière : c'est ainsi que l'année 1875 vit le réveil de l'Angleterre de 1815, dont la morgue hautaine avait intimidé les chancelleries. Ou bien on dérobe un article au programme du parti libéral : c'est ainsi qu'en 1867 les Tories ébauchèrent une réforme électorale. Ce qui appartient en propre à Disraëli, ce sont ses fantaisies de poète et d'artiste. Il change en duché le marquisat de lord Abercorn, parce que ce noble pair était déjà duc, sous un autre nom, dans le roman de Lothair. Mais c'est surtout l'Orient qui le fait rêver. Un jour, il entre dans Chypre en conquérant, pour s'apercevoir, bientôt après, que sa conquête est onéreuse et malsaine. Un autre jour, il pose sur la tête de sa souveraine, un peu étonnée, le diadème du Grand-Mogol. Sauf ces caprices, Disraëli, dans ses différents ministères, n'a vécu que d'emprunts ou de réminiscences.

En analysant le romancier, en esquissant l'homme d'État, nous avons, d'avance, fait connaître l'orateur. En effet, une politique d'audace et de progrès demande une éloquence large et entraînante; une politique de négation et de défensive inspire une éloquence spirituelle et dédaigneuse. Le sarcasme est l'arme favorite du réactionnaire : Disraëli l'a maniée toute sa vie, sans jamais se blesser et sans manquer jamais son but. La parole de cet homme redoutable et rare était plus souple, plus précise et plus sûre que n'est la plume des écrivains les plus exercés, et il trouvait, en improvisant, ces grâces d'expression, cette diction fine et nuancée, et jusqu'à cette pondération savante des périodes, qui fait la perfection du style académique. Son ironie n'était jamais laborieuse, puisqu'on la voyait éclore, avec un sourire, sur les lèvres de l'orateur; mais elle n'était jamais négligée, parce qu'il avait l'heureux don de donner à ses moindres paroles une politesse achevée. Avec l'âge, elle se tempéra d'une sereine indulgence pour les œuvres de la jeunesse, et cette voix, qui avait dominé les orages du Parlement, enchanta les fêtes de la littérature et de l'art.

Origines et progrès des journaux politiques.

Le journalisme politique est né des âpres luttes de partis qui ont signalé, en Angleterre, la fin du dix-huitième siècle. Le *Morning Post* fit ses débuts en 1772, si l'on adopte la date donnée par James Grant, dans son *Histoire de la Presse*, de préférence à celle qu'indique l'Annuaire de Mitchell. Le premier numéro du *Times* vit le jour le premier janvier 1788, mais le vénérable journal paraissait déjà, avant cette époque, sous le titre de *Daily universel Register*. Le fondateur de la feuille était un M. Walter, esprit intelligent, mais chimérique. Il était l'inventeur d'un système d'imprimerie appelé système *logographique*, et qui consistait à fournir au compositeur, au lieu de caractères isolés, des mots complets ou des syllabes finales. M. Walter n'avait créé son journal que pour expérimenter et populariser son système. Mais les journaux, comme les livres, ont leur destin : *habent sua fata...* La logographie échoua, et le *Times* vécut.

Les feuilles publiques étaient alors soumises à l'impôt du Timbre ; mais, comme le prix du papier était modéré, les frais d'impression peu considérables, les frais de rédaction à peu près nuls, la vente et l'abonnement suffisaient à couvrir les dépenses, et le produit des annonces constituait, pour ces entreprises, un bénéfice net. Le *Times* contient, dans son premier numéro, cinquante-sept annonces. Il y avait un journal, le *Daily Advertiser*, qui ne publiait que des annonces et s'arrogeait, sur le marché, une sorte de monopole. Pour s'affranchir de cette tyrannie, ou plutôt pour la tourner à leur profit, les débitants de boissons et les marchands de comestibles firent paraître une nouvelle feuille, le *Morning Advertiser* (1795). Les sociétaires s'engageaient à acheter le journal chaque matin et à lui porter toutes leurs annonces : ce fut là l'origine de la fameuse association des *Licensed Victuallers*, qui joue un rôle considérable dans les élections. Une pensée analogue inspira à quelques imprimeurs de Londres la fondation du *Globe*, en 1802. Si l'on ajoute à cette liste le *Morning Chronicle*, que devait, un peu plus tard, illustrer la collaboration de Lamb, d'Hazlitt et de Coleridge, on aura le tableau à peu près complet des feuilles existantes au commencement de ce siècle.

Tout était modeste dans ces journaux primitifs. Le *Times*, à ses débuts, se composait de quatre pages in-folio, à deux colonnes l'une, et le tirage quotidien de 4,000 exemplaires, auquel atteignait le *Morning Post*, vers le temps de la mort de Pitt, semblait un maximum impossible à dépasser. On ne trouve, dans les journaux d'alors, ni le *leading article*, ni les correspondances étrangères, ni la revue des livres nouveaux. Le compte rendu détaillé des séances du Parlement remplissait les colonnes du journal. On y joignait les nouvelles de la littérature et du monde, rédigées dans un style que le journaliste s'efforçait de rendre piquant, et assaisonnées de personnalités plus ou moins agressives, en harmonie avec l'esprit de ce temps-là. La critique dramatique faisait alors ses débuts. Elle était encore peu sûre d'elle-même, témoin le jour où un jeune *reporter*, racontant une représentation d'*Othello*, crut pouvoir encourager l'auteur, et lui conseiller quelques coupures. Cet article devint légendaire, lorsque le journaliste, sous le nom de lord Campbell, fut chancelier d'Angleterre.

Peu à peu s'introduisit l'usage de présenter quotidiennement au public un sommaire des principaux événements, survenus ou connus depuis la veille, à l'intérieur du royaume ou à l'étranger. Le journal osa dire, chaque matin, son avis sur les questions du jour, et le motiva en termes aussi étudiés qu'un discours parlementaire ; on eut ainsi comme une seconde représentation nationale, plus hardie, parfois plus éloquente, et souvent plus sincère que l'autre, bien qu'elle ne tînt ses pouvoirs que d'elle-même. En jugeant les livres, le journal se fit le moniteur du goût public et l'arbitre de la république littéraire. Enfin, l'essai, réduit à sa forme la plus légère, la plus rapide, la plus mordante, vint ajouter le prestige de l'*humour* à tous les moyens d'attraction dont le journalisme naissant disposait déjà.

Grandeur du *Times*. Nouveau développement des journaux.

Comment le *Times*, feuille insignifiante au moment où le second de la dynastie des Walter commença son long règne, devint-il, en peu d'années, non seulement l'organe le plus important de l'opinion en Angleterre, mais le premier journal du monde ? Par la supériorité de ses informations et le perfectionnement de son outillage matériel. Walter, en dépit des entraves administratives, malgré la difficulté et la lenteur des communications, rendues encore plus lentes et plus difficiles par la guerre, organisa, à travers le continent, un vaste système de correspondances, grâce auquel le *Times* fut mieux renseigné qu'aucun cabinet européen. Ici se place un grand fait, aussi considérable, dans l'histoire du journalisme, que la découverte de Gutenberg dans celle de l'esprit humain. Le 29 novembre 1814, le *Times* parut, pour la première fois, imprimé par une machine à vapeur. De ce jour, rien ne s'oppose plus à la diffusion, pour ainsi dire indéfinie, des journaux. A toutes les chances déjà réunies en faveur du *Times*, se joignit un élément infaillible de succès : la persécution gouvernementale.

Dès cette époque, le *Times* visait moins à se faire le porte-voix d'un parti qu'à interpréter l'opinion du pays, non dans ses caprices éphémères, dans ses nuances superficielles, mais dans ses tendances profondes et durables. Au commencement de ce siècle, l'âme du peuple anglais ne contenait qu'un seul sentiment : la haine de Napoléon. Le docteur Stoddard, rédacteur en chef du *Times*, donnait à cette haine son expression la plus violente et la plus passionnée. Si le système logographique de M. Walter le père avait encore été en usage dans l'imprimerie du *Times*, il aurait fallu clicher les mots *corsican scoundrel* (gredin corse), pour faciliter la composition des articles du docteur ; car il ne se passait pas de jour sans que ces mots sortissent plusieurs fois de son bourbeux encrier. On ne lui persuada jamais que les canons de sir Arthur Wellesley eussent fait plus de mal à l'Empereur que les articles du *Times*. Ni la défaite, ni l'exil, ni la mort, ne désarmèrent Stoddard : il fallut que M. Walter lui retirât la plume des mains.

Ce Walter est un véritable Anglais : calme, froid, résolu, attaché à ses intérêts, mais invinciblement fidèle à ses principes. En 1845, lorsque la création trop rapide des chemins de fer et la fièvre de spéculation qu'elle alluma, causèrent la ruine de tant de capitalistes, John Walter refusa les colonnes du *Times* à des annonces qui l'enrichissaient. On calcula que le sacrifice dut s'élever quelquefois à cinquante mille francs par jour.

Depuis le moment où le Bill de 1852, en appelant à la dignité électorale des catégories nombreuses de citoyens, a brusquement élargi le cercle de la vie politique, on peut suivre les progrès rapides et continus du journal le *Times*. En 1834, on vendait dix mille exemplaires, en 1844 vingt-huit mille, et le tirage des autres journaux de Londres ne dépassait ce chiffre que de dix mille. En 1854, au moment de la guerre de Crimée, la proportion est plus étrange encore. Le tirage des journaux réunis est tombé à vingt-six mille : le *Times*, à lui seul, vend cinquante-huit mille exemplaires, et menace d'absorber tout le journalisme anglais.

Depuis quinze ans, les choses ont changé de face. Le *Daily News*, qui a eu pour premier rédacteur en chef Charles Dickens, et qui a longtemps attendu la popularité promise à ses débuts, s'est fait enfin une place considérable dans la presse, le jour où les radicaux ont été assez forts pour partager avec les vieux Whigs la direction du parti libéral. A côté du *Morning Post*, organe respecté de l'aristocratie, les masses conservatrices ont trouvé un énergique interprète dans le *Standard*, dont le tirage quotidien dépasse, à l'heure présente, un quart de million. D'autres feuilles, également recherchées pour la vigueur de leur rédaction politique ou la multiplicité de leurs informations, sont entrées en partage de la faveur publique. Elles entretiennent sur le continent des correspondants qui sont de véritables ambassadeurs auprès des nations étrangères. On a vu, en Afrique, un correspondant du *Daily Telegraph* commander une armée et gagner des batailles.

La grandeur même de ces journaux les défend contre les basses influences et la tentation des gains infimes. Depuis que la presse a cessé d'être persécutée, elle a désappris la violence. Aucun article n'est signé, et, dans certaines feuilles, la personne de l'écrivain est absolument inaccessible au public. Les attaques contre les individus étant très rares et peu graves, le duel étant proscrit par les mœurs aussi bien que par les lois, l'anonymat n'a rien qui porte atteinte à l'honorabilité du journaliste, et personne ne peut le soupçonner de se dérober, derrière un nuage, aux conséquences de ses écarts. Tous les *leaders* ont à peu près la même longueur et présentent le même aspect. Une grave uniformité d'apparence et de ton règne dans tout le journal, et n'est point troublée par la frivolité du roman-feuilleton. Le journal n'est pas le piédestal d'une vanité individuelle, mais la tribune d'un parti. Par lui, chaque matin, une fraction de la nation surveille, éclaire, avertit ses mandataires. Comme pour mieux faire comprendre ce caractère, il reste ouvert à toutes les communications du dehors : depuis les grands personnages du royaume jusqu'aux individus les plus obscurs et les plus humbles, tous voient leurs suggestions accueillies, enregistrées et discutées. Telles sont les pratiques qui ont fait, de la presse anglaise, la plus indépendante et la plus honorée du monde. Ainsi est parvenue à son comble cette puissance salutaire que nous avons vue si chétive et si modeste à ses débuts.

CHAPITRE XXX.

LE ROMAN MODERNE.

Les femmes auteurs. — Godwin. James. Harrison Ainsworth. Th. Hook. Romans orientaux. Romans maritimes et militaires. — Bulwer Lytton. — Romans sociaux. — Romans historiques. — Romans fantastiques. — Le style et l'art chez Bulwer. Ses dernières œuvres. — Débuts de Thackeray et de Dickens. — Thackeray journaliste satirique. — *La Foire aux vanités.* — *Pendennis. Henry Esmond. Les Newcome.* Thackeray historien et conférencier. — Charles Dickens. — L'imagination chez Dickens. — La sensibilité chez Dickens. — Portée morale de l'œuvre de Dickens. Son influence. — Épilogue.

Les femmes auteurs.

Les Saxonnes, plus indépendantes et plus énergiques que leurs sœurs du continent, ont marché les premières à la conquête des professions intellectuelles, que les hommes s'étaient réservées. Aussi, l'anglais est-il la seule langue où le nom d'auteur possède un féminin. On a vu, au dix-huitième siècle, miss Burney s'emparer de l'héritage de Richardson. Avant elle, la mère de Sheridan avait écrit des romans très goûtés ; après elle, les femmes auteurs deviennent légion. Aujourd'hui, leur armée égale presque en nombre celle des littérateurs de notre sexe. Leurs talents et leurs aptitudes varient ; rien ne ressemble moins à miss Edgeworth que lady Blessington, et rien ne rappelle miss Austen dans mistress Trollope. Néanmoins, elles offrent un trait commun : c'est qu'à la différence des bas-bleus du continent, elles ont conservé leur sexe en littérature. Ce qu'elles observent, les hommes ne l'auraient pas vu ; ce qu'elles sentent, les hommes ne l'auraient point senti ; ce qu'elles disent, les hommes ne l'auraient pas dit de la même façon. Un économiste se lamentait à l'idée qu'une seule goutte d'eau pût gagner l'Océan sans avoir servi à fertiliser un coin de terre. Combien ne serait-il pas plus triste qu'une seule pensée humaine pût aller se perdre dans cet autre océan, sans fond et sans rivage, où s'engloutissent toutes les intelligences, sans avoir instruit ou consolé d'autres âmes ! Si les femmes anglaises n'avaient pas écrit, que de choses utiles et que de choses exquises perdues sans retour !

On a beaucoup lu autrefois *Simple Histoire*, de miss Inchbald, et il est probable que les œuvres de Maria Edgeworth ont encore leur place marquée dans la bibliothèque de beaucoup de jeunes filles. Miss Edgeworth est moins une romancière qu'une institutrice, mais une institutrice aussi sensée que délicate, exempte de cette exaltation romanesque et de cette vertu artificielle, trop souvent inséparables de l'emploi. Miss Edgeworth a, de plus, un autre mérite qu'elle partage avec lady Morgan : elle a peint le paysan irlandais, non pas tel que le connaissait le parterre anglais, mais tel qu'il est, avec son *humour* native, sa spontanéité touchante, son ignorance et ses préjugés, et, malgré tout, irrésistiblement sympathique.

Lady Blessington a esquissé, avec la finesse d'une femme

du monde, les mœurs de la société où elle vivait. Sans effort, d'un style spirituel et facile, elle a raconté les petites misères des heureux ; elle a effleuré leurs ridicules de sa moquerie bienveillante et légère. Mistress Trollope s'égaye aux dépens des petits bourgeois qui font des efforts désespérés pour se glisser dans le grand monde, ou pour en singer les manières. Sa verve, bien qu'un peu grossière, est communicative ; ses vieilles filles, surtout, sont inimitables.

Bien autrement profond est le talent attrayant et austère de Jane Austen, qui se serait peut-être élevée plus haut que miss Burney et miss Edgeworth, si elle eût vécu plus longtemps. Miss Austen a placé la scène de ses romans en province, dans les petits châteaux et dans les maisons de campagne où vit l'aristocratie de second et de troisième rang, ce qu'on appelle la *gentry*. L'auteur a fait ressortir la droiture, l'esprit religieux, l'inébranlable solidité morale de cette classe, qui a sauvé l'Angleterre dans des circonstances critiques. Par contre, elle a mis en relief les défauts et les préjugés qui font ombre au tableau. Dans ses romans, pas de catastrophes, pas d'événements, jamais de sang, à peine quelques larmes. Les héroïnes de miss Austen ne sont pas des anges : elles ont des faiblesses, les expient, et s'en corrigent. Premières amertumes de la vie, souffrances d'un jeune orgueil blessé, tortures secrètes de l'amour méconnu et trompé, tout ce qu'un cœur de jeune fille garde et contient d'émotions, miss Austen osa et sut, la première, le dévoiler.

Le drame intérieur devient plus poignant dans Charlotte Brontë, qui a écrit sous le nom de Currer Bell. *Jane Eyre* rappelle la *Paméla* de Richardson, et vaut mieux. Paméla est une femme de chambre, Jane est une institutrice. Si Paméla devient si aisément une dame, c'est qu'elle n'a jamais été une véritable servante. Jane est le type de la jeune Anglaise pauvre et bien élevée. Elle saurait descendre aux soins les plus humbles ; en même temps, rien n'est plus noble que son intelligence, rien n'est plus délicat que son cœur. Le maître de Paméla se décide brusquement à l'épouser, lorsqu'il ne peut triompher de sa vertu. M. Rochester passe de la convoitise brutale à l'amour vrai, par mille nuances insensibles. Paméla ne peut aimer son maître, ou, si elle l'aime, c'est une sotte. Jane aime M. Rochester, et, lorsqu'elle est sûre de cette vérité, elle se décide à fuir. Fuite admirable, dont les douloureux détails restent gravés à jamais dans la mémoire attendrie de ceux qui l'ont lue! La vertu a causé le départ de Jane, le dévouement la ramène, lorsqu'elle apprend que M. Rochester est aveugle. Sa récompense n'est pas d'avoir un carrosse et de trôner dans le banc seigneurial, mais de consoler celui qu'elle aime. Ce beau livre est l'œuvre d'une enfant timide, fille d'un vicaire de campagne, qui avait grandi dans la pauvreté et dans la solitude.

Notre village, par miss Mitford, est encore un de ces ouvrages où l'on respire le parfum de la femme, l'*odore di femina*, — nous prenons le mot dans un sens bien différent de celui où l'entendait le héros de Mozart. Le village anglais n'est pas un amas de maisons misérables et sales, jetées sur les deux côtés de la route ou serrées autour d'un vieux clocher massif; c'est un petit monde qui a, comme le grand, sa hiérarchie, ses événements, ses scandales et ses bons exemples, ses jours de deuil et ses jours de fête, ses comédies et ses drames. Wordsworth et Crabbe ont décrit le village, mais Wordsworth met des ailes à ses paysans, Crabbe n'a de verve que pour peindre la misère et le vice. L'un est trop poète, l'autre ne l'est pas assez. Miss Mitford donne à ses peintures une couleur plus vraie, voilant à demi le mal et n'exagérant jamais le bien. Lorsque les passions fermentent dans la cité rustique, elle se réfugie dans le vaste silence des champs et du ciel, elle se repose sur le sein de cette nature endormie, mais vivante, qui enveloppe le village de sérénité et de poésie.

Godwin. James. Harrison Ainsworth. Th. Hook. Romans orientaux. Romans maritimes et militaires.

Les romanciers sont nombreux. Parmi plusieurs centaines de noms, sept ou huit à peine ont survécu. Le plus ancien en date est Godwin, écrivain fanatique, dont les utopies révolutionnaires ont exercé autour de lui une certaine influence.

L'absurdité en cheveux blancs prend un air vénérable. Godwin vécut assez vieux pour être l'oracle d'un petit cercle de jeunes gens, destinés à mourir jeunes ou à devenir sages. Quant à lui, sa monomanie était inguérissable. Le roman de *Caleb Williams* révèle une sorte de puissance psychologique; son mérite, si c'en est un, est de nous transporter dans ce monde d'horreurs et d'angoisses où nous fera vivre l'auteur d'*Eugène Aram*. Un honnête homme fuyant devant un criminel et poursuivi par lui, comme le coupable l'est d'ordinaire par la justice, forme le singulier sujet de ce récit.

Scott avait laissé beaucoup à glaner derrière lui, dans les différents domaines où s'était exercée son activité. Les anciens souvenirs et les mœurs locales de l'Écosse fourniront la matière de simples et attrayants récits à Galt et au professeur Wilson. D'autres imitèrent les grandes allures du roman historique. James fut le plus fécond et, pendant quelques années, le plus populaire d'entre eux. Écrivain sans goût, romancier sans invention, historien sans profondeur, compilateur monotone et bavard, il court à la surface des événements et ne décrit que le dehors des hommes et des choses. Il n'a dû son succès qu'à l'attrait d'un genre dont il n'était pas le créateur, et dont il contribua à dégoûter le public, lorsque, après avoir copié Scott, il en vint à se copier lui-même.

Le roman historique eut son dernier regain de vogue avec Harrison Ainsworth (mort en janvier 1882). En choisissant pour théâtre d'une action dramatique le château de Windsor et la tour de Londres, Ainsworth était sûr d'éveiller dans l'imagination populaire des souvenirs émouvants et d'ardentes curiosités. Un dessinateur de génie, Cruikshank, tripla le succès en donnant aux grandes scènes et aux types principaux de l'œuvre une forme visible. On était las, jusqu'à la nausée, des amoureux de haute lignée et des héros de salon : Ainsworth descendit jusqu'aux héros de grand chemin, jusqu'aux pirates de la Tamise. Son *Jack Sheppard* tint en balance la popularité de l'*Olivier Twist*, de Dickens, et, dramatisé, traduit, sous cent formes diverses, fit brillamment le tour de l'Europe.

Théodore Hook, Horace Mayhew, Albert Smith, ont exploité la veine qui a fait, chez nous, la fortune de Paul de Kock et d'Henri Monnier : les vanités inénarrables du petit monde, les raouts de l'arrière-boutique et les élégances de la banlieue, les stupidités qui forment le fond de la conversation ordinaire, la bêtise humaine en robe de chambre et la vulgarité en costume de gala. La vérité, pour ces auteurs, c'est le réalisme ; leur comique, c'est le grotesque à outrance, leur esprit, la charge sans mesure. Ce qui les relève, c'est l'*humour*. Au-dessous des Lamb et des de Quincey, ils forment une couche inférieure d'*humourists*, et, si leur public est plus grossier, il est aussi plus nombreux.

La conquête des Indes par l'Angleterre, à la fin du dix-huitième siècle, ouvrit l'Orient à l'imagination de ses écrivains, en même temps qu'à l'activité de ses hommes d'État. L'éternel héros du roman d'aventures, reproduction de plus en plus affaiblie de *Tom Jones* ou de *Roderick Random*, se renouvela en changeant de nationalité et de théâtre. Parmi ces récits orientaux, *Vathek*, *Anastasius* et *Hadji-Baba* sont ceux qui obtinrent le plus de vogue. William Beckford, qui avait longtemps vécu dans notre pays, écrivit et publia d'abord en français le petit roman de *Vathek*, dont la philosophie ironique fait songer à *Zadig*. Un jeune despote, après avoir épuisé tout ce que la cruauté peut ajouter au plaisir, se résout à vendre son âme à Éblis pour que le prince du mal lui accorde, en retour, de nouvelles jouissances. Le compatriote de Shakespeare reparaît sous le disciple de Voltaire pour raconter cet épisode, où il a semé des traits d'une effrayante originalité, oubliés par Dante et par Milton.

Si l'auteur du *Giaour* avait écrit des romans en prose, il eût écrit *Anastasius*. C'est l'histoire d'un Grec renégat, qui, pour échapper aux conséquences d'un grand crime, est obligé, comme Lara, d'abjurer sa religion et de fuir sa patrie. *Hadji-Baba* est d'une couleur plus gaie. Le personnage principal est un barbier persan, en qui revivent quelques traits de son immortel confrère de Séville. L'auteur, Maurier, avait longtemps résidé en Orient. La connaissance des lieux et des mœurs donne à ses descriptions, comme à ses récits, un naturel, une précision, un charme, qui font défaut chez les autres écrivains dont nous venons de parler. Après mille vicissitudes, Hadji-Baba est amené à Londres, ce qui permet au joyeux Persan de juger la société anglaise avec une malicieuse finesse.

Les longues guerres contre Napoléon avaient ravivé l'esprit militaire, qui, chez nos voisins, s'attache de préférence aux choses navales. A la tête des romanciers maritimes se place, sans conteste, le capitaine Marryatt, chez lequel on ne peut guère louer que l'intarissable invention. A force de courir les mers, le marin britannique devient quelque peu hâbleur; cette disposition à la gasconnade, si rare chez les écrivains de race saxonne, s'accuse au plus haut degré chez Marryatt. Parmi les romanciers militaires, nous citerons un Irlandais, Charles Lever, l'amusant et facile auteur de *Harry Lorrequer*.

Il serait inutile de pousser plus loin cette nomenclature. Quelques instants passés auprès de trois grands écrivains, montreront mieux le roman anglais sous ses aspects variés.

Bulwer Lytton.

La famille d'Henry Bulwer était une des plus anciennes de l'Angleterre; elle se piquait de mêler, dans sa généalogie, les premiers chevaliers normands aux descendants des rois de mer scandinaves. Cette origine patricienne marque d'un caractère ineffaçable la personne, les manières, les sentiments et les écrits de Bulwer. Une mère intelligente et un vieux château gothique sont ses précepteurs, et ces premières leçons décident de sa vie. Après un brillant passage à l'Université, il publie *Pelham*, et ce coup d'essai est accepté comme un coup de maître. Dans *Pelham*, Bulwer se montre déjà philosophe et satirique; mais, à vingt-trois ans, la philosophie n'est pas encore bien profonde, ni la satire bien amère. *Pelham* plaît par ce je ne sais quoi de facile, de jeune et d'heureux, qui se rencontre quelquefois dans les premières œuvres du talent et que la maturité laborieuse ne ressaisit plus. Ce roman porte sa date. La façon légère dont *Pelham* nous présente son père et sa mère, peignant l'un comme un bohème de qualité et l'autre comme une coquette sans cervelle, n'obtiendrait pas de nos jours le même succès qu'alors. Byron avait mis l'impertinence à la mode, et tous les auteurs s'efforçaient d'être impertinents.

Bulwer entra au Parlement en 1831. L'heure était favorable pour un jeune réformateur. Il prit sa part dans les débats qui préparèrent le fameux *bill* de 1832. L'œuvre personnelle de Bulwer, comme législateur, se borne à l'introduction de deux *bills* : l'un diminuait l'impôt sur les journaux, l'autre reconnaissait l'existence de la propriété littéraire. Bulwer persuada aussi au Parlement d'instituer une enquête sur l'état du drame en Angleterre. Une commission fut nommée à cet effet. Le rapport de cette commission, dont Bulwer était le président, n'enfanta point de Shakespeare, mais le député de Lincoln rendit un service plus réel à l'art national en composant les drames applaudis de *Richelieu* et de la *Dame de Lyon*.

Ministre des colonies pendant deux ans, dans le cabinet de lord Derby, Bulwer n'a été, et ne pouvait être, qu'un homme d'État de troisième rang. Son élévation à la pairie, sous le nom de lord Lytton, a été bien moins la récompense de ses services politiques que le couronnement de sa carrière littéraire et la consécration donnée à un vieux nom historique. Son extrême libéralisme confinait, par certains points, au républicanisme, et s'inclinait cependant devant le dogme de la monarchie et le principe d'une Chambre des lords héréditaire. Cette contradiction rendait Bulwer peu propre à la politique militante. Il se serait d'ailleurs reproché d'avoir sacrifié aux vanités du pouvoir, les heures qu'il devait à sa vocation de romancier.

Cette vocation s'est déployée dans des genres si divers, qu'il est nécessaire de classifier ses romans afin de les juger. On peut distinguer les romans historiques, les romans fantastiques, les romans à thèse philosophique ou sociale, enfin les romans satiriques ou romans de caractères. Doué d'aptitudes variées, il eût pu être historien, moraliste, poëte, orateur ou philosophe; chacune de ces facultés, ou plutôt de ces velléités, donnait naissance, tour à tour, à une œuvre d'imagination qui se colorait de sa préoccupation du moment. Ses études l'avaient-elles porté vers le moyen âge ou l'antiquité, il écrivait les *Derniers Jours de Pompéi, Rienzi, Harold,* le *Dernier des Barons.* Se passionnait-il pour la solution des problèmes sociaux, *Devereux, Maltravers, Soir et Matin, Eugène Aram,* traduisaient, sous une forme moitié narrative, moitié démonstrative, ses chimères réformatrices. Sa curiosité l'entraînait-elle vers les sciences occultes, et en particulier vers les mystères du magnétisme et du mesmérisme, il composait *Zanoni* et *Une étrange Histoire,* où le rêve et la dissertation tiennent une place égale.

Romans sociaux.

Voici la thèse soutenue par Bulwer dans ses romans sociaux, la voici dans les termes où il la pose lui-même : l'homme entoure d'égards le vice et la corruption habituels, tandis qu'il poursuit et atteint, avec une sévérité extrême, un acte de violence isolé. Ce traitement inégal est-il juste? Le romancier se pose la question, et la résout négativement. Il veut que la loi s'adoucisse pour les excès de la passion et du désespoir; il veut aussi que l'opinion, à défaut de la loi, flétrisse le vice opulent et prospère.

Byron détestait, ou affectait de détester également les hommes et la société. Bulwer méprisait la société, mais il aimait les hommes. Peut-être, au point de vue de la logique, l'avantage devrait-il rester à l'auteur de *Manfred* sur l'auteur de *Soir et Matin.* Car, si la société ne vaut rien, c'est qu'apparemment l'homme, qui l'a faite, vaut peu de chose. Mais, s'il y a une contradiction chez Bulwer, elle tient à la générosité de son esprit. Il appelait les hommes de sa génération des hermaphrodites malades, mais il aurait voulu atténuer leur difformité et soigner leur maladie. Il souhaitait ardemment que sa moquerie fût un fer rouge, et qu'elle eût le pouvoir de guérir.

Parmi les ouvrages de ce groupe, *Eugène Aram* tient un rang à part. Dans un vieux journal de 1759, Bulwer avait trouvé l'histoire sommaire d'un personnage singulier, qui avait joint à une culture admirable une perversité profonde. Pendant que tout le monde révérait sa science et sa vertu, il avait assassiné un de ses semblables pour s'enrichir; il avait tenté également de se défaire de sa femme. De ce monstre peu intéressant, Bulwer fit son héros, qui, du roman, a passé sur la scène. Aram, au milieu du cimetière, guettant l'énigme de la tombe, ou sondant du regard la mystérieuse profondeur des nuits étoilées; Aram, aimé sans avoir rien fait pour l'être, et rendant à celle qui l'aime, en échange de son affection, une pitié douloureuse; Aram, enfin, gardant son secret jusqu'à l'échafaud, s'empare de l'imagination, qu'il fascine et effraie. Ceux qui ont vu, dans ce rôle, le grand acteur Irving, n'oublieront plus cette figure pâle et souffrante, ces longs vêtements usés, qui sentent l'austérité et la misère, cet assassin philosophe qui tue avec le sang-froid d'un bourreau, et meurt avec la sérénité d'un martyr.

Idéaliser le crime, c'était un tort grave, en dépit des plus hautes intentions; c'en était un plus grave, peut-être, d'avoir frayé la voie au roman criminaliste. Le sillon ouvert par Bulwer s'est creusé à la profondeur d'une ornière, et, dans cette ornière, s'est embourbée une grande partie de la littérature romanesque de notre temps. Depuis *Eugène Aram*, combien de hautains criminels, de meurtriers sublimes! Serait-il juste, cependant, de faire lord Lytton responsable des excès de ses copistes? Qu'y a-t-il, d'ailleurs, de commun entre l'étude d'une belle âme, gâtée par une seule pensée mauvaise, et les procès-verbaux de cour d'assises, les rapports de police, qui font depuis vingt ans les délices du bas public?

Romans historiques.

Les romans historiques de Bulwer diffèrent de ceux de sir Walter Scott, à peu près comme le *Cinq-Mars* d'Alfred de Vigny diffère des *Trois Mousquetaires* d'Al. Dumas.

Scott emprunte à l'histoire la toile de fond, le décor, les accessoires ; il place au second plan les grandes figures historiques. Bulwer emprunte à l'histoire le héros, les péripéties, le dénouement, tout enfin : il met l'histoire elle-même en roman. C'est là une usurpation, et l'on est toujours puni d'avoir usurpé. Ici, pour le romancier, le châtiment est d'ennuyer. Dans les romans conçus d'après cet ambitieux système, le dénouement est connu d'avance. D'ordinaire, le roman ne plaît que par la peinture de la vie privée, et les grands hommes ont peu de vie privée ; ils n'ont pas le droit d'aimer, ils n'ont pas le temps de vivre : leur tâche est de combattre et de gouverner. De là, le peu d'intérêt qui s'attache aux personnages de Harold, de Rienzi et de Warwick. Le quatrième roman historique de Bulwer a pour titre et pour sujet les *Derniers Jours de Pompéi*. Pour composer ce roman, Bulwer s'est départi de son système, et il s'est donné tort à lui-même en écrivant son chef-d'œuvre. Pressentant, en quelque sorte, le résultat de travaux récents, l'auteur a restitué la vie provinciale au premier siècle de notre ère. Pompéi est une Rome en miniature, avec ses arcs de triomphe, son cirque et son théâtre, ses temples et ses mauvais lieux, son Forum rétréci, où se combattent, pour de minces objets, les passions populaires et les vanités patriciennes, ses chrétiens qui s'agitent dans l'ombre, secte farouche et mal connue. C'est une arène où se rencontrent les talents et les convoitises de toutes les races, le Grec fin, éloquent et brave, l'Égyptien qui cache, sous sa mystérieuse gravité et sous l'emphase sacerdotale, des ruses d'esclave et des appétits de panthère. Au milieu de ces haines et de ces amours, apparaît Nydia, une Mignon aveugle, en chlamyde blanche, l'une des plus pures visions qui aient jamais rafraîchi l'imagination d'un poète. Arrive enfin le cataclysme final. Bulwer a épuisé les ressources de la palette littéraire pour en peindre tous les aspects. Son habileté suprême a consisté, surtout, à en varier l'effet sur les personnages de son drame ; en sorte que, sauvées ou perdues, toutes ces destinées reçoivent un dénouement différent dans la catastrophe commune.

Romans fantastiques.

Zanoni et Margrave, le héros d'*Une étrange histoire*, se ressemblent par ce point, que, chez l'un comme chez l'autre, l'amour de la vie éteint tout sentiment. La conséquence de cet égoïsme, c'est que le lecteur ne s'intéresse pas plus à eux qu'ils ne s'intéressent eux-mêmes à l'humanité. Le merveilleux qui remplit ces ouvrages, est d'un meilleur aloi que celui d'Ann Radcliffe. L'auteur des *Mystères d'Udolphe* cherche à nous effrayer par des procédés matériels, dont il est heureux de dévoiler, à la fin du volume, le grossier mécanisme. La terreur que fait naître l'auteur de *Zanoni* est, de sa nature, subtile, impalpable ; elle est autour de nous, ou plutôt en nous. Elle se compose d'une série infinie de phénomènes, qui commence au simple malaise et se termine à l'hallucination, à la folie. C'est ce frisson qui glace jusqu'à la moelle des os le plus intrépide, ce sentiment inavoué qui nous empêche de regarder derrière nous, de peur d'y voir l'invisible. Aussi bien, l'homme veut avoir peur. La passion du surnaturel semble grandir avec le progrès des sciences positives, soit par une réaction contre ce progrès, soit parce que la science elle-même a ses enfants perdus, ses insatiables chercheurs d'aventures, qui font des razzias dans l'inconnu, en attendant la vraie et solide conquête. Supposer le problème résolu est une méthode permise au savant, à plus forte raison au romancier. Tout ce que l'on peut craindre pour Zanoni et pour Margrave, c'est qu'ils ne descendent au rang des vulgaires magnétiseurs. Qui sait si, dans un quart de siècle, *Une étrange histoire* sera encore une histoire étrange ?

Le style et l'art chez Bulwer. Ses dernières œuvres.

Aucun des caractères de Bulwer n'a vécu, parce que ce sont moins des caractères que des formules, habillées en gentleman. Ces touches de nature, ces simples détails, qui donnent tant de prix aux peintures de la vie intime, ne se rencontrent point dans lord Lytton. Sa phrase est trop noble, trop ornée d'antithèses, trop chargée d'intentions philosophiques, pour servir de véhicule aux idées de Brown, de Smith, de Johnson, ou de tel autre membre de cette classe moyenne que Bulwer méprisait si cordialement. Souvent il veut être familier, plaisant, bon homme : il n'y réussit que pour un instant. Sa phrase le ramène bien vite dans l'empyrée; par elle, il est voué au sublime, condamné au grand. Avec la même ampleur de style qu'il a peint deux villes dévorées par le Vésuve, il décrit les symptômes de la migraine ou le cauchemar de l'indigestion.

Philosopher à propos de rien, tirer une immense leçon d'un tout petit fait, a été une des affectations de l'époque littéraire à laquelle appartient Lytton. Il y a échappé moins que les autres. S'il descend des hauteurs où l'enchaîne sa phrase, c'est pour se complaire dans un de ces vertueux enfantillages, tels que l'épisode du pot de fleurs dans *Les Caxtons*, ou l'histoire du docteur Riccabocca dans *Mon Roman*, prenant la place d'un galopin mis en pénitence. Il y a, dans tout écrivain anglais, un Berquin qui sommeille, et que réveille la vue d'une *nursery*.

Si l'on veut être équitable envers Bulwer, il faut le juger, comme il eût sans doute demandé à l'être, sur ses grandes scènes, telles que la mort de Rienzi et surtout la catastrophe qui termine les *Derniers Jours de Pompéi*. Le seul défaut de ce merveilleux tableau, c'est sa perfection même. Ni l'artiste n'a voulu laisser échapper un effet de lumière, ni l'historien une des phases de l'événement, ni le moraliste un trait de vertu ou de lâcheté, ni le rhéteur une antithèse, ni le dramaturge une attitude théâtrale. C'est le chaos réglé par un maître de la mise en scène : il n'y manque qu'un peu de désordre.

Les *Parisiens* et *Kenelm Chillingly* sont les deux dernières œuvres de Bulwer. Dans l'une, il a peint notre brillante décadence, qu'il observait depuis de longues années, d'un œil sympathique, mais pénétrant. Dans l'autre roman, toutes les carrières sont successivement passées en revue et dédaignées par le héros. Kenelm Chillingly ne serait-il pas le dernier-né de cette génération de dégoûtés et de mélancoliques, dont René et Obermann sont les aînés?

Débuts de Thackeray et de Dickens.

Lord Lytton appartient à un autre âge que le nôtre, il est le contemporain des *dandies*, le disciple des romantiques, l'ennemi des bourgeois. Rien, au contraire, dans les œuvres de Thackeray et de Dickens, ne rappelle l'époque de Schiller et de Gœthe, de Chateaubriand et de Byron. Leur vogue coïncide avec le triomphe des classes moyennes, que le premier admire, dans le présent comme dans le passé, et que le second bafoue sans pitié. William Makepeace Thackeray fait partie, dès sa naissance, de cette élite bourgeoise qu'une respectabilité déjà ancienne, ou le prestige des fonctions remplies, ou le privilège de la fortune, autorise à frayer avec les hautes classes. Son père et son grand-père avaient occupé des postes dans l'administration des Indes : c'est dire qu'il était riche. Aussi put-il traverser Charter-house et Cambridge en travaillant comme un fils de famille, sûr du lendemain. Charles Dickens est fils de bourgeois tombés, qui se débattent pour remonter à la surface; il voit son père à la prison pour dettes, sa mère ouvrant une école où ne vint jamais aucune élève; lui-même passe deux années de son adolescence à coller des étiquettes sur des pots de cirage. De ses commencements, Thackeray gardera l'indolence heureuse, la sensibilité facile, la bonté à fleur de peau. Dickens, sauf dans les moments de *geniality* et d'abandon, reste plus âpre; sans être fermé à l'émotion, il a l'épiderme plus dure. Quand on a été mordu par la misère, oublie-t-on jamais le contact de cette dent aiguë?

A vingt-trois ans, Thackeray est caricaturiste, Charles Dickens est *reporter*. Tous deux vivent au milieu d'un monde léger, remuant, moqueur, bien placés pour tout voir et pour s'amuser de tout. Dickens achève son éducation dans la tribune des sténographes, et Thackeray termine la sienne en courant les musées de l'Europe. Une circonstance curieuse rapproche un instant leurs destinées. Dickens, en publiant sous le nom de Booz les *Pickwick Papers*, venait de rencontrer le succès. Il cherchait un dessinateur, pour donner une forme aux types qu'il avait créés. Un matin, un grand garçon, à figure ouverte et spirituelle, vint frapper à sa porte, lui apportant trois esquisses. Dickens les refusa. Éclairé par ce refus, Thackeray ne tardait pas à abandonner le crayon pour la plume.

Thackeray, journaliste satirique.

Pendant douze ans, sous des noms divers, le futur auteur de *Vanity Fair* remplit de sa prose les petits journaux. Il fit partie de ce brillant groupe du *Fraser's magazine* que Maclise a représenté dans un dessin fameux. Ils sont là, tous, les écrivains ou les amis de la maison, réunis autour d'une table, qui n'est pas celle de la rédaction; Fraser, l'intelligent imprésario, le besoigneux et spirituel Maginn, l'excellent Lockhart, Crofton Crooker, le Père Prout, le plus étonnant prêtre que l'on ait connu depuis Rabelais. Coleridge représente l'éloquence et la poésie, Lamb, l'esprit et le paradoxe, Prout, l'érudition fantaisiste et polyglotte, le comte d'Orsay enfin, le génie de l'élégance et le dilettantisme suprême. Michel-Ange Titmarsh, — tel est le pseudonyme de Thackeray, — occupe une place modeste dans cet immortel souper littéraire.

Sous le nom du « collaborateur gras, » il écrivit aussi dans le *Punch*, ce charmant journal dont le frontispice est, à lui seul, un chef-d'œuvre, et dont un seul dessin en dit plus sur les mœurs anglaises que tout le fatras des Revues. Thackeray se dépensait en nombreux articles, où il continuait sa vocation de caricaturiste. Sa seule prétention semblait alors de faire rire. Le rire est une chose honnête, saine et fortifiante, et ceux mêmes qui ne rient plus doivent admettre la légitimité, la nécessité du rire. Mais, si le rire est bon, le ricanement est mauvais. Thackeray ricana pendant dix ans. Dans les *Esquisses irlandaises*, dans les *Esquisses parisiennes*, dans le *Voyage fantastique* à Constantinople et au Caire, il n'y a qu'un *cockney* de Londres, qui veut tout voir, ne sait rien et se moque de tout. C'est une bévue continuelle, un contre-sens volontaire et prolongé. Comme les Pyramides prêtent bien au ridicule! Quelle bonne grâce, chez un Anglais, à se moquer de l'Irlande misérable et affamée! Quel délicieux sujet de gaieté que cette heure solennelle de notre histoire, où le cercueil de Napoléon entra aux Invalides, parmi les acclamations d'un million d'hommes!

En cherchant, le talent trouve sa voie. Dans le *Livre des Snobs*, Thackeray tient déjà sa cible favorite, la vanité. Il était plus naturel peut-être de rire aux dépens de M. Snob que de s'égayer sur les Pyramides, l'Irlande ou Napoléon. Cette nouvelle série eut du succès, même en France, où une branche de la famille de M. Snob est établie et où elle prospère. La facilité avec laquelle Thackeray personnifie un travers ou un ridicule, lui donne un nom, une figure, l'habille, des souliers au chapeau, le fait parler, manger, danser, prêcher, grasseyer, zézayer, bégayer, ânonner, la ténacité avec laquelle il reprend et achève les types par des touches successives, devaient peu à peu le conduire au genre qui serait exclusivement et définitivement le sien. Déjà, sous le moqueur avait percé le moraliste; sous le moraliste, le romancier allait se faire jour.

La Foire aux vanités.

Lorsque parurent les premières livraisons de *Vanity Fair*, le nom de Thackeray était presque inconnu du public. Longtemps avant le dénouement, il était célèbre, et mis de pair avec les plus grands : on le comparait à Fielding, on l'égalait à Dickens.

Le satirique s'annonçait dès la première page. L'ouvrage portait ce sous-titre : *Roman sans héros*. C'était déjà un sarcasme contre l'amoureux qui florissait dans les fictions romanesques de cette époque, insipide réédition de Lovelace ou de Grandison. Si le livre n'a point de héros, en revanche, il a une héroïne dans la personne, infiniment séduisante, de Rebecca Sharp, plus familièrement Becky. Miss Becky est née dans un grenier de Soho, d'un père artiste et d'une mère dont la profession n'est pas bien définie. La misère lui apprend à compter, son père lui apprend à jouer de la guitare, les amis de son père lui apprennent à plaire. Dressons son bilan, au moment où elle part pour la conquête du monde : une jolie figure, cette finesse qui devine la société avant de la connaître, quelques bribes de savoir, ramassées dans le pensionnat où elle a été élevée par charité, pas de famille, pas d'argent, rien qu'une amie, une seule amie, mais c'est la fille d'un banquier! Cette amitié est le point de départ des ambitions de Becky. Par quoi commencera-t-elle? Par la vertu? Pourquoi pas? Elle est capable d'être vertueuse aussi sérieusement et aussi longtemps que Paméla, si elle y trouve son profit. Elle perd sa première bataille : pareil accident est arrivé à de grands capitaines. Elle ne parvient pas à galvaniser le frère de son amie, le gros Joseph Sedley, auquel sa timidité et sa balourdise font une cuirasse. Mais, peu à peu, après bien des tâtonnements et quelques écoles, Becky trouve son chemin. La fausse ingénue se transforme en une franche coquette. Avec le théâtre où elle le déploie, son aplomb grandit. Pas à pas, on la voit monter en grade, on suit sa carrière comme celle de Napoléon. Beaucoup de lecteurs sont tentés de s'intéresser à elle pour tout de bon. Pourquoi? Parce que Thackeray a peint une charmeuse qui est vraiment charmante; il veut qu'on subisse l'attrait de Becky, et on le subit. On lui découvre des qualités, on lui cherche des excuses. Coquette, ambitieuse, intrigante, égoïste fieffée, soit; mais comme elle est vaillante et gaie! Comme elle est amusante! Avec elle, point de scènes, de larmes, ni de cris; impossible de faire le mal avec un plus délicieux sourire sur les lèvres. L'auteur semble presque partager l'entraînement général. Il a pour elle de petits mots caressants, il dévoile sa coquinerie exquise avec mille précautions, comme on découvre un enfant endormi; il ne touche à sa

Becky, à ce joli bijou dangereux, qu'avec des tendresses d'amant, de père ou d'inventeur. Veut-il, toutefois, que nous soyons ses dupes? Non certes. Dès les premières pages du roman, l'héroïne a débuté par un acte de froide et insolente ingratitude : nous sommes avertis. De temps à autre, un éclair de satire vient illuminer jusqu'au fond cette basse nature, mercenaire et bohême, cette âme de fille, uniquement éprise de la force. Le jour où son mari se fâche et jette brutalement à la porte son amant, elle le trouve beau. Un jeune homme admirait tout haut ce trait, devant l'auteur même de la *Foire aux vanités* : « C'est vrai, dit Thackeray, quand j'ai eu trouvé cela, j'ai donné un grand coup de poing sur la table, et je me suis dit : voilà une idée de génie! » Et le naïf grand homme avait raison. On sent, en fermant le livre, un indicible dégoût pour Becky et pour toutes les Beckys de la terre, une égale envie d'être heureux à la manière du bon Dobbin et de la tendre Amélia.

Nous n'avons rien dit des personnages secondaires. Chacun d'eux ferait, à lui seul, la fortune d'un roman. Si l'on ajoute que la *Foire aux vanités* est écrite d'un style qui a fait ranger Thackeray parmi les maîtres de la langue, que la verve y pétille, et que l'esprit y étincelle à chaque ligne, on commencera peut-être à se faire une idée de la surprise et de l'admiration qui saluèrent, en 1848, l'apparition du chef-d'œuvre.

Pendennis. *Henry Esmond*. *Les Newcome*. Thackeray, historien et conférencier.

Au brillant auteur de *Vanity Fair* la critique reprochait deux choses : d'écrire sans un plan régulier et de calomnier la nature humaine. Le premier reproche s'adressait à l'artiste, le second atteignait l'homme même. Dans *Pendennis*, Thackeray fit voir qu'il savait composer un récit, dans les *Newcome*, qu'il pouvait représenter la vertu angélique, la perfection morale, et donner à la bonté des traits plus imposants que ceux du faible et naïf Dobbin. Malheureusement, le résultat obtenu n'est pas toujours en raison du talent déployé, ni de la candeur des intentions. Il y a un bonheur dans les œuvres littéraires. Tel auteur qui, avec un livre imparfait, arrive à la gloire du premier coup et comme en se jouant, échoue dans un second effort, plus patient, plus réfléchi, plus mûr, plus profond. *Pendennis* et les *Newcome* semblent pâles auprès de la *Foire aux vanités*. En revanche, dans *Henry Esmond*, Thackeray s'éleva plus haut qu'il n'avait encore monté. Cette fois, il s'était abandonné au penchant qui l'entraînait vers l'attrayante époque de la reine Anne. Le plan qu'il avait suivi était le meilleur de tous, le seul naturel, le seul vrai, celui qui consiste à suivre l'histoire entière d'une âme, depuis son éclosion jusqu'à son épanouissement. Henry Esmond est un orphelin de bonne famille. Il est recueilli dans la maison d'un parent noble et riche. Ce parent a une jeune femme, et la maltraite; le jeune Esmond s'attache à sa bienfaitrice, lady Castlewood, parce qu'elle est bonne et parce qu'elle souffre. C'est à cet amour, longtemps silencieux, parfois obscurci, un moment infidèle, qu'il demandera, après mille tristesses et quelques défaillances, la félicité tranquille de son âge mûr. Il raconte lui-même l'histoire de son amour, qui est l'histoire de sa vie. Bolingbroke, Addison, Atterbury, traversent l'action sans y prendre part. Ils font partie du milieu où vit Esmond, comme les chaises à porteurs, les cafés du temps, les joueurs de boules et les nouvellistes de Saint-James's. L'histoire ne s'étale point, n'envahit jamais le roman; elle l'imprègne tout entier, le pénètre d'un parfum subtil. Thackeray éteint volontairement sa brillante ironie, pour s'accommoder au langage de l'époque et aux allures réservées de son héros. Il répand ainsi sur son œuvre le charme indéfinissable de ces teintes brunes, que donne le temps aux vieux portraits des grands maîtres.

Mais l'intérêt du roman est dans le caractère de lady Castlewood. Aucune littérature n'en présente un plus noble, ni plus charmant. Rivale de sa fille sans le vouloir, et peut-être sans le savoir, nous savourons ses tortures, dont son cœur héroïque garde le secret, et qu'Esmond est trop modeste pour deviner. Quel doux rayonnement autour de cette chaste figure ! Avec quelle pudeur délicieuse Thackeray n'a-t-il pas décrit le passage de l'amitié maternelle à l'amour ! Une femme a tenté le même sujet, et n'a pas si bien dit.

Par ses études sur le dix-huitième siècle, Thackeray était devenu le contemporain d'Addison et de Steele, de Swift et de Pope. Il en profita pour peindre leurs portraits d'après nature. En matière de biographie rétrospective, l'*humour* est un guide agréable, mais peu sûr. La forme de Thackeray est toujours piquante, imprévue, caractéristique, mais sa sensibilité trop vive, son esprit trop prompt, exagèrent ou dénaturent les hommes et les objets. Pourquoi faire de Swift un modèle accompli du génie infortuné, une figure qui se lamente et se désespère à la façon des damnés du Dante ? Ceux qui ont lu le dix-septième chapitre de cette histoire, trouveront peut-être que Swift, aimé de deux femmes, caressé des ministres, porté en triomphe par un peuple entier, fut, en somme, plus heureux qu'il ne méritait de l'être. Les lectures sur les quatre Georges obtinrent un succès encore plus franc. L'Anglais aime qu'on lui parle de ces princes : en effet, c'est lui rappeler que, pour mériter la liberté, il a subi des souverains médiocres. Thackeray ne les ménagea point. Il ne ménageait pas davantage l'aristocratie, à laquelle il avait emprunté, d'ailleurs, presque tous les scélérats de ses romans. « Au dix-huitième siècle, disait-il, c'est sur la bourgeoisie que je compte pour sauver l'Angleterre. » Et la bourgeoisie de 1850 applaudissait, en toute simplicité.

Rien ne manquait à la réputation de Thackeray, élargie et consacrée par plusieurs tours en province et en Amérique. C'était alors une physionomie familière, et c'est aujourd'hui un souvenir cher à tous les hommes de lettres qui ont atteint ou dépassé le milieu de la vie. Qui ne l'a vu se promenant dans le *hall* du *Reform Club*, ou griffonnant dans un coin de la bibliothèque de l'Athenæum ? Qui a oublié cette haute taille, cette tête prématurément blanchie, cet air pénétrant, majestueux et bon ? La douleur était venue visiter son foyer. Il reportait sur ses deux filles l'affection dont il n'avait pu combler la compagne choisie de sa jeunesse. Il était tellement père qu'il lui en restait un excès de paternité à répandre sur les enfants des autres, et il aimait tant les enfants qu'il considérait que le dernier mot du génie était de leur plaire.

Le 24 décembre 1863, la veille de Noël, on trouva Thackeray mort dans son lit. Il était encore jeune, assez jeune, suivant les paroles de Dickens, pour que la mère qui avait prié près de son berceau, pût veiller sur son dernier sommeil.

Charles Dickens.

Dickens, avons-nous dit, était sténographe et *reporter*. Sa profession l'obligeait à se transporter souvent en province, à de grandes distances, partout où il y avait un important discours à recueillir. Les seules heures qui lui appartinssent étaient celles qu'il passait sur l'impériale de la diligence, en route pour Exeter, Norwich ou Birmingham. Le bruit des roues a sa cadence, le galop des chevaux a son rythme, le plaisir d'aller vite a sa poésie, qui tantôt berce, et tantôt excite une jeune intelligence. Le claquement du fouet, la fanfare triomphale du conducteur à l'entrée des villages, la succession rapide des arbres et des maisons, des champs et des bois, des vallons et des collines, sous un gai soleil, sous un ciel rayé de pluie, sous un clair de lune voilé de brouillard, le roulement de la voiture glissant sur la neige ou grondant sur les pavés, Dickens sentait tout cela comme s'il eût été lui-même l'âme de la lourde machine de bois et de fer, s'excitant à gravir les montées, se lançant à toute vitesse sur les pentes, ivre de mouvement et de bruit. Un corps, placé dans une voiture en marche, participe à sa vitesse : les facultés mentales de Dickens subissent la même loi [1].

---

1. Charles Dickens a décrit toutes ces sensations dans le voyage de Tom Pinch au début de *Martin Chuzzlewitt*.

CHAPITRE XXX.

De temps en temps, la diligence traverse une ville ou un village, les maisons s'entassent, les édifices se dessinent sur le ciel, les rues s'allongent, populeuses, bourdonnantes, affairées. Le jeune voyageur, placé sous la bâche de la diligence, pénètre dans le fond des maisons, dans l'ombre des boutiques, dans l'âme des passants, surprend la vie dans toutes ses attitudes diverses. Telle face, entrevue une seconde derrière une vitre, lui raconte un poème de souffrances, ou lui révèle un abîme de méchanceté. Tous ces inconnus posent pour Dickens; ils jouent, devant lui, le grand drame qu'il écrira tout à l'heure.

Ces voyages en diligence ont été, pour cet homme étrange, ce que sont, pour les autres, les années de collège. Dickens, en effet, n'avait pas eu d'éducation classique; ce n'est pas lui qui eût pu s'écrier :

> Qui nous délivrera des Grecs et des Romains?

Ni les Grecs ni les Romains ne lui avaient rien fait. Il avait peu fréquenté les consuls, encore moins les archontes, ayant vécu, jusqu'à l'âge de vingt-cinq ans, avec les décrotteurs, les journalistes et les conducteurs de diligence. On ne lui avait pas farci la cervelle d'un idéal mort depuis deux mille ans; les marbres du Parthénon n'étaient pas pour lui de précieuses reliques, mais de vieilles choses cassées. Il n'eut pas à secouer des entraves qu'on ne lui avait jamais mises, à désapprendre des règles de goût dont il ne soupçonnait pas l'existence. Les Anglais ont une langue pour la prose, une autre langue pour les vers; les Français ont des mots nobles, des mots bourgeois, des mots populaires : car la démocratie qui coule, dit-on, à pleins bords, n'a pas encore envahi le dictionnaire. Dickens faisait table rase de toutes ces distinctions. Il n'avait pas ce respect des mots qui paralyse les lettrés, et que nous poussons parfois jusqu'à l'imbécillité. Les mots! il les menait rudement, les forçant à marcher aussi vite que sa pensée, et sa pensée allait comme l'éclair. Du reste, il les trouvait toujours assez bons, s'ils rendaient une impression ou une image. Pour lui, tout était neuf, tout était vierge dans un monde dont les recoins avaient été minutieusement explorés, et, comme il ignorait ce que les autres avaient vu, il disait à sa façon ce qu'il avait vu lui-même, ou inventé tout seul.

Le *Monthly Magazine* inséra des essais du jeune Dickens. En 1836, parurent les premières livraisons de *Pickwick*; on en vendit à peine cinquante exemplaires. Vers le cinquième numéro, l'introduction de Sam Weller, le domestique de M. Pickwick, changea la face des choses : de cinquante exemplaires, le tirage monta, en quelques semaines, à quarante mille, et le nom de Boz fut dans toutes les bouches. L'auteur avait vingt-cinq ans.

L'imagination chez Dickens.

Il serait sans intérêt de suivre, de triomphe en triomphe, pendant les trente-quatre années qui suivirent, la carrière de Charles Dickens. Les détails biographiques n'ont de prix que s'ils contribuent à faire connaître l'histoire d'un talent. Or, le talent de Dickens n'a pas d'histoire. Tel il nous apparaît dans son premier roman, tel nous le retrouvons dans son dernier discours : le même homme, avec les mêmes idées, les mêmes sensations et les mêmes phrases. On ne le voit point croître ni mûrir. Le déclin seul est visible et commence de bonne heure, en sorte que les vingt dernières années de sa vie sont inutiles à sa gloire. D'où vient cette particularité? De la nature même de son esprit. Dickens possède, portées au comble, les deux facultés littéraires qui atteignent leur apogée dans l'homme aussitôt que son développement est complet : l'imagination et la sensibilité. La troisième faculté, celle dont un nouveau progrès doit marquer chacun de nos jours, parce que, chaque jour, elle perfectionne ses outils et emmagasine de nouvelles acquisitions, le jugement, est, chez Dickens, manifestement inférieur aux autres facultés.

Dickens ne dirige pas son inspiration, il est mené, emporté par elle. Un sujet s'impose à lui : il le traite. Mille détails s'offrent à la fois à son esprit : il les accepte tous. S'il entre dans un magasin d'antiquités, il aperçoit, d'un coup d'œil, tous les objets qui tapissent les murailles, encombrent le plancher, pendent du plafond, s'entassent dans les bahuts ou débordent des comptoirs. Il faut que sa phrase traduise cette vision universelle et rapide. Si une première volée de mots ne suffit pas, vite une seconde décharge, puis une troisième. Quoique la langue en contienne quarante mille, on a peur que les munitions ne viennent à lui manquer. L'auteur redouble, appuie vingt fois sur le même trait, frappe de plus en plus fort; rien ne l'avertit qu'il a épuisé son sujet, dépassé le but, exagéré et faussé une impression vraie. Il s'arrête enfin, et, calmé, soulagé pour ainsi dire, reprend le fil de son récit.

On a reproché à Dickens d'être vulgaire. Comment ne le serait-il pas? Il ne faut pas l'en défendre, il faut l'en glorifier : c'est sa vulgarité même qui est son originalité, puisque son mérite consiste à faire couler la poésie et jaillir l'émotion des êtres les plus humbles et des choses les plus banales. Donnez à lord Byron l'horizon des grandes Alpes ou les tempêtes sauvages de l'Océan; donnez à lord Lytton la fin d'une dynastie qui s'écroule dans le sang, une bataille où cent mille hommes combattent de chaque côté, deux grandes cités englouties par un volcan : ces scènes gigantesques sont nécessaires pour exciter leur imagination, pour éveiller leur enthousiasme. Dickens resterait froid devant de pareils spectacles, mais il devient lyrique pour décrire une boutique de vieux chiffons, un enfant estropié, une dinde de Noël, un bol de punch. Certaine vitrine de charcutier ou de confiseur pendant la nuit de Christmas devient un hymne en l'honneur de la Nativité. Une jolie fille vient-elle à passer dans la cour d'un procureur, les arbres inclinent leurs branches maigres pour la bénir, les oiseaux chantent, le jet d'eau, qui tombait découragé dans sa vasque moussue, se met à gazouiller joyeusement, les pavés sont fiers de la porter, et les vieilles lettres d'amour, oubliées dans les tiroirs, s'émeuvent à son approche. Toby Veck, le pauvre commissionnaire, a un ennemi, le vent; il a aussi des amies, les cloches. Les bonnes cloches lui parlent familièrement, l'avertissent, le consolent. Le vent lui joue de mauvais tours, lui donne de furieux assauts. Il guette le pauvre vieux au coin de la rue ; parfois, il se jette sur lui avec tant de violence qu'il le manque. Alors, il revient sur ses pas et l'attaque traîtreusement par derrière ; il lui retrousse sa veste jusqu'aux épaules : on dirait qu'il va la lui arracher. Ce même vent fait mille folies, mille gamineries. Il joue, la nuit, dans les bas côtés de l'église, essaye l'orgue, dégringole quatre à quatre l'escalier du clocher, déchiffre en ricanant les inscriptions menteuses du cimetière. C'est un lutin de Shakespeare, un polisson du Strand : il a l'allure malicieuse et fantasque du premier, la brutalité du second.

Telle est l'imagination de Dickens. Elle extrait, pour la consolation de notre âge prosaïque, une poésie de tous les résidus de la civilisation. On va voir le magicien opérer, dans le monde moral, les mêmes métamorphoses.

La sensibilité chez Dickens.

Comme *humourist*, l'auteur des *Pickwick papers* reste bien au-dessous d'Addison, de Lamb et de Thackeray. Il ne nous donne jamais ce plaisir, où la vanité a sa part, de retrouver dans le roman nos propres observations, raffinées, approfondies, ornées de tout le brillant que peut y ajouter l'art d'un excellent écrivain. Dickens tire tout son comique, comme le reste, de son propre fonds. Il invente des créatures bizarres, dont le langage, le costume, les gestes, les attitudes et les raisonnements ne rappellent aucun des types de la vie réelle. Plus ces personnages s'éloignent de la vérité, plus il les trouve drôles ; c'est sur leur invraisemblance qu'il compte pour faire naître la gaieté. On rit en lisant Thackeray, parce qu'on se souvient d'avoir rencontré plus d'un Dobbin et plus d'un Sedley. On rit en lisant Dickens, parce qu'on ne se rappelle pas avoir rien vu qui ressemble, de près ou de loin, à M. Micawber ou à M. Jingle.

Dickens n'est qu'Anglais par le rire : c'est par les pleurs

qu'il est humain. Cette sensibilité qui déborde dans ses romans, cherchons-la où elle se manifeste d'ordinaire, dans la peinture de l'amour. Chez lui, l'amour est d'abord un jeu, plus tard un devoir, jamais une passion. Au commencement, c'est un jeu innocent et charmant, auquel s'amusent les enfants de seize à vingt ans, dès qu'ils ont dit adieu à la dernière poupée, au dernier soldat de plomb. Après le mariage, tout change. On s'aime pour s'aider, se consoler, se dévouer. C'est un saint contrat, fondé sur la communauté des épreuves, entre deux êtres égaux en droits, en intelligence, en énergie, en grandeur morale. Ils marchent appuyés l'un sur l'autre, forts de leur affection, endurcis aux souffrances, aux privations et aux insultes. Si quelque mauvaise passion se glisse au foyer conjugal, si quelque chose vient détruire cette harmonie, le cœur est brisé et on en meurt. Dans les romans de Dickens, comme chez les sauvages ancêtres de la nation anglaise, l'adultère est puni de mort.

Dora est la première femme de David Copperfield. C'est une enfant, et une enfant gâtée. Elle ne fait que sautiller et gazouiller; elle ne sait rien qu'être charmante; elle tient de l'oiseau et du joujou. Elle éclate de rire quand elle a un ordre à donner, joue avec son domestique de douze ans, et oublie tout, excepté d'embrasser son mari. Dieu n'a pas permis que Dora grandît, qu'elle devînt une femme, une épouse, une mère. Il faut qu'elle disparaisse, qu'elle cède la place à une autre femme, qui sera la véritable compagne de Copperfield. Exécution nécessaire, mais douloureuse, que plus d'un lecteur français ne pardonnera pas au romancier.

L'amour tient plus de place dans les fictions que dans la vie réelle. Nos intérêts, nos affaires, nos manies, nos plaisirs mêmes envahissent l'espace que lui réservent trop libéralement les conteurs. Dickens conserve aux passions humaines leur proportion vraie. Le meilleur de son âme, le plus pur de son talent, il le réserve pour peindre les enfants et les gens du peuple. Un petit garçon donne son nom au roman d'*Olivier Twist*; une petite fille, Nell, est l'héroïne du *Magasin d'antiquités*. L'enfance de David Copperfield remplit un tiers de l'ouvrage. Tous trois sont orphelins. David est fils de bourgeois, mais son père est mort, sa mère est remariée; on ne le maltraite pas, on le comprime, on l'étouffe, on le délaisse. Puis, viennent les misères de la pension, les punitions stupides, les camarades méchants, le pédantisme, la sottise, la brutalité des maîtres. Nell est née dans un rang plus humble; son angélique gentillesse s'épanouit dans une sombre boutique, au milieu d'une foule de vieilles choses tristes et laides. Avec Olivier, nous descendons encore : impossible de descendre plus bas. Voici le fond même de l'abîme social, le lit de vase où viennent s'échouer les épaves de tous les naufrages. Venu au monde dans un *workhouse*, Olivier n'a ni une Peggotty, comme David, pour le consoler et le recueillir, ni un Kit, comme Nell, pour prévenir ses moindres volontés. Il n'a pas la vitalité de David, la foi sereine de Nell. Il est si découragé de vivre, si las de souffrir, si lamentablement faible, dénué, craintif et malade! A la tyrannie du bedeau et de la matrone succède celle du patron. Plus tard, tombé dans un antre de Whitechapel, on lui apprend le métier de voleur. Si des mains vraiment charitables ne se tendaient vers lui, que deviendrait-il? On frémit en pensant que plusieurs ont commencé comme lui, qui finissent comme Bill Sykes, l'assassin.

Dickens sait ce qui se passe dans l'âme de tous ces enfants. Son cœur se gonfle de tous les chagrins qui rendent si dures les années de collège ou d'apprentissage. Avec eux, il a froid, il a faim; il joue, il espère, il prie avec eux. Il couve pendant de longs mois l'attente d'un jour de plaisir ou d'une heure de liberté. Il ressent les angoisses d'un petit être de dix ans, perdu dans la campagne ou dans l'immensité de Londres. Il a peur de la nuit, peur des coups, peur des personnes froides ou méchantes. Ce sont les sensations d'un enfant, analysées par un penseur, exprimées par un poète.

La pitié de Dickens s'étend à la seconde enfance du vieillard, à l'éternelle enfance de l'idiot. Cauchemars, hallucinations, rêves maladifs, perceptions incomplètes, raisonnements tronqués, idées fixes et idées noires, idées fausses et idées folles, divagations et radotages, Dickens traduit toutes les infirmités intellectuelles, tous les phénomènes d'une raison obscurcie ou défaillante, avec une effrayante fidélité.

Quant aux pauvres, il les aime trop pour les peindre absolument tels qu'ils sont; il les défigure à force de les idéaliser. Les riches ayant pris pour eux tous les vices, il ne leur reste plus que les vertus. Le mineur Stephen est un modèle d'héroïsme et de sainteté; Toby Veck, le commissionnaire du coin, est un ange de résignation et de patience; Peggotty est un Vincent de Paul en jupon troué. Souvent Dickens, pour mieux faire ressortir leur beauté morale, les accable de laideurs physiques. Comme si ce n'était pas assez des rigueurs du sort, il leur prête des traits grotesques, des manières ridicules, des infirmités repoussantes; il leur refuse la faculté d'exprimer leurs bons sentiments et leurs nobles pensées. Puis, tout à coup, il les revêt d'une telle splendeur de vertu, qu'il nous force à pleurer d'admiration devant ces pauvres déshérités.

Portée morale de l'œuvre de Dickens. Son influence.

On a accusé le romancier d'exciter les classes à se détester les unes les autres. Dickens répondait qu'il prêchait, au contraire, la fusion et l'égalité des classes; mais c'est précisément là ce que ne veulent point les privilégiés. Toute sa vie, Dickens a pris le parti des faibles et fait la guerre aux abus. Cette guerre a été heureuse en plus d'une rencontre. Dans *Bleak-house*, il a dénoncé la justice, trop compliquée, trop lente, trop chère. Or, depuis quelques années, on a commencé à réorganiser les tribunaux; l'époque où l'on remaniera la procédure n'est pas loin. Dans *Olivier Twist*, il s'est élevé avec indignation contre cette charité administrative, qui sépare le mari de sa femme, la mère de son enfant, ôte à l'homme la propriété de son travail et la gestion de ses forces, emprisonne le pauvre pour crime d'indigence. Le temps lui a donné raison : si le vieux système est encore debout, il est condamné par tous et presque abandonné dans la pratique.

Dickens veut réformer, non seulement les institutions, mais les mœurs; il s'attaque aux défauts natifs de la race. M. Greatgrind (*Les Temps difficiles*) représente, dans sa sécheresse impitoyable, cette école qui nie l'idée, dédaigne le sentiment et s'agenouille devant le fait. Il est durement puni de son infatuation. M. Dombey est un prince du négoce : ses bureaux sont un palais, ses commis une armée, sa conscience et son livre de caisse sont en bon ordre; il ne permet pas autour de lui une erreur d'un dix-millième, en arithmétique ni en morale. Il n'y a pas de principicule allemand, pas de despote oriental, dont l'orgueil s'élève à la hauteur du sien. A la fin, femme, enfants, fortune, tout lui échappe; la banqueroute ternit son blason commercial. L'orgueil de M. Dombey se brise et se résout en larmes. Le pire de toute la galerie, c'est M. Pecksniff. Il donnerait des leçons à Tartuffe, à Blifil, à Joseph Surface, à tous les hypocrites connus. Comme tous les autres arts, l'art de tromper les hommes a fait de grands progrès depuis un siècle. Pecksniff est presque aussi fort que M. Greatgrind en statistique et en économie politique. Au besoin, il peut citer les poètes, il arrange, en artiste, des tableaux de famille, au milieu desquels il se fait surprendre, formant le centre d'un groupe attendrissant.

Dickens n'a pas corrigé ses compatriotes ; mais c'est beaucoup de s'être fait accepter comme réformateur, et enterrer à Westminster, par un peuple de Greatgrinds, de Dombeys et de Pecksniffs. Sur ce mot de réformateur, qu'on ne s'imagine pas un de ces logiciens qui poussent leurs principes à outrance, sans se soucier des blessures qu'ils ouvrent et des ruines qu'ils accumulent. Religion et politique, chez Dickens, tout vient du cœur; il puise son radicalisme dans l'Évangile; il rêve la réconciliation des cultes comme la fusion des classes, une société nouvelle, fondée sur la charité, et, avant tout, chrétienne. Matin et soir, il dit ses prières; il écrit pour ses enfants une vie du Sauveur, où il accepte tous les mystères et tous les miracles. Chaque jour, s'accentue ce caractère religieux. A son lit de mort, lady Lovelace fait appeler l'auteur de *David Copperfield* pour la soutenir dans le terrible passage, et, parlant au-dessus de sa tombe entrouverte, le doyen Stanley consacre l'épithète d' « apôtre du peuple », qui lui avait été donnée de son vivant. Ainsi finit l'homme qui avait commencé par les lazzis de *Pickwick*.

Épilogue.

Nous sommes parvenus au terme de cette longue revue d'œuvres et d'écrivains. La biographie d'un homme vivant n'a point de dénouement : de même, l'histoire d'une langue que le cinquième environ de l'humanité emploie à ses besoins journaliers et à l'expression de ses idées, ne saurait aboutir à une conclusion, ni donner lieu à un jugement d'ensemble. Tout au plus, un œil exercé pourrait-il apercevoir quelques-uns des signes de la période nouvelle où nous entrons. Aussi bien, le génie anglais semble se reposer. Au Parlement, les grandes voix s'éteignent. Disraëli n'est plus, Bright se tait, Gladstone parle de retraite. Pendant les trente dernières années, plus d'un discuteur habile, plus d'un parleur fécond s'est révélé : aucune réputation oratoire n'a surgi. Dans les sciences historiques, dans le champ de la philosophie politique, comme dans celui de l'esthétique, même rareté d'hommes nouveaux. Il y a longtemps que le public est familiarisé avec le nom de Ruskin, avec celui de Bagehot, même avec celui de Froude.

Depuis la mort de Wordsworth, Tennyson tient le sceptre de la poésie anglaise. Les *Idylles du roi*, fragments d'une épopée brisée, ruines d'un édifice qui n'a jamais été achevé, ont fait de lui le contemporain de l'époque chevaleresque. Une sorte de crépuscule légendaire entoure son œuvre, où la morbidesse moderne se cache sous les formes gothiques. Browning écrit encore, mais sa compagne Elizabeth, un des plus purs talents de ce siècle, a disparu depuis bien des années, emportant avec elle la meilleure moitié de la gloire poétique attachée au nom de Browning.

L'Église d'Angleterre continue à fournir aux diverses branches de la critique des travailleurs patients et érudits, au progrès moral et économique ses plus intelligents apôtres, à la société ses ornements les plus sévères. Elle ne produit pas d'orateurs, et, s'il fallait retrouver la postérité d'Adhelm, de Grosthead et de Latimer, nous irions la chercher dans ces libres enceintes où s'épanouit l'individualisme religieux, sur les pelouses des parcs de Londres, sur le *common* des plus humbles villages, où, chaque dimanche, soixante mille prédicateurs improvisés jettent à tous les vents les éclats d'une éloquence inculte et passionnée.

La scène anglaise vit, comme par le passé, des emprunts qu'elle fait à la nôtre. Notre théâtre est immoral et spirituel. Les Anglais suppriment avec soin l'immoralité, et l'esprit s'évapore en passant d'une langue à une autre : on devine ce qui reste, après cette double opération. On ne trouverait quelques traces d'originalité que dans certaines farces grossières, jouées et composées par un acteur excentrique, dans les robustes mélodrames qui mettent en relief les mœurs et les types de l'Irlande, enfin, dans les fantaisies délicates, mais artificielles, de M. Gilbert. Le roman, au contraire, maintient, sinon sa supériorité, du moins sa fécondité. Un écrivain féminin, qui présente, avec notre grande romancière, quelque chose de plus que l'analogie d'un prénom, a brillé quelques années et prématurément disparu. George Elliot, le pénétrant auteur de *Middlemarch*, a porté la psychologie jusqu'aux limites de l'ontologie. De rares facultés d'observateur et de satirique ont permis à Anthony Trollope d'ajouter à la célébrité d'un nom déjà populaire. Wilkie Collins et miss Braddon se plaisent à faire peur. On découvre, chez l'un, quelques traits de l'imagination de Dickens, gâtés, le plus souvent, par une exagération maladive ; l'autre, en cherchant le drame vulgaire, a rencontré plus d'une fois des types neufs et des conceptions puissantes. Sous ses formes diverses, le roman demeure l'hôte du foyer. Soit qu'il apporte aux âmes simples le régal des émotions terribles auxquelles elles ne seront jamais conviées, soit qu'il reflète, comme une eau dormante, les épreuves légères et les tranquilles bonheurs dont leur vie est faite, il est toujours attendu comme un ami, béni comme un consolateur.

Depuis le milieu de ce siècle, la langue s'est quelque peu affaiblie. L'exemple des journaux du continent a introduit dans le langage des publicistes une certaine afféterie. D'autre part, les dernières élections ont marqué l'avènement d'une race de politiciens médiocrement instruits et peu soucieux des formes littéraires. Leur faconde brutale et négligée déforme et alourdit le vocabulaire oratoire des Chatam, des Brougham, des Disraëli. La vulgarité et l'affectation ne sont pas les seuls dangers qui menacent la langue. Le sort d'un idiome qui sert aux relations quotidiennes de plus de deux cents millions d'êtres humains, ressemble à celui des dalles que pressent, en une journée, des milliers de pas et de roues : l'usure en est rapide. Les générations de mots et de locutions se succèdent ; l'argot, qui s'infiltre par la littérature populaire, arrive à se faire imprimer, pendant que le progrès fiévreux des sciences verse, chaque jour, dans la langue, des centaines de mots composés à la hâte, et de toute provenance.

Pourtant, ces signes n'ont rien d'inquiétant, parce que le peuple anglais, pris dans son ensemble, ne présente aucun symptôme de décadence : loin de là. Dans la fabrication des vêtements, dans la décoration des demeures, dans tous les arts qui servent à embellir la vie, à encadrer de richesse et d'élégance la personne humaine, tout révèle l'amélioration du goût. La passion de la musique, qui doit marcher de pair avec le don de la poésie, se cultive et s'éclaire. En même temps, l'Anglais conserve les qualités natives que nous avons observées tant de fois, au cours de cette histoire. Dans l'État, dans l'Église, dans la famille, même esprit d'indépendance, même respect de l'autorité. La nature est toujours profondément sentie et sincèrement exprimée. La santé et la gaieté, facilement entretenues, sur une terre salubre et sous un ciel dont la sévérité est un bienfait, par un soin intelligent de l'éducation physique, contribuent à chasser les chimères malsaines, les penchants corrupteurs, toutes les honteuses épidémies mentales qui désolent les nations soi-disant favorisées du soleil. Religion et poésie, à ces deux sources incessamment ouvertes, le génie national se retremperait au besoin. Si ces sources elles-mêmes tarissaient, si jamais la littérature de l'Angleterre venait à disparaître, la moralité de l'espèce humaine baisserait aussitôt de plusieurs degrés. Bannissant donc les comparaisons jalouses, sans fermer les yeux à des leçons nécessaires, souhaitons des floraisons nouvelles et de glorieuses moissons à ce noble génie anglais, dont le triomphe est le triomphe même de la conscience.

TABLE DES MATIÈRES.

CHAPITRE PREMIER. — Les Origines : période celtique.

Les Cymris. Leur origine. Dialectes celtiques. — Conquête romaine et culture latine. — Écrivains latins d'origine bretonne. — Les bardes du sixième siècle. — Les Celtes et le génie anglais....... 1

CHAPITRE II. — Les Origines : période saxonne.

Caractère des Saxons. — Langue saxonne. — Poésies primitives. — *Le lai de Beowulf.* — Les Saxons chrétiens. — Cædmon. — Le roi Alfred et son temps. — Décadence après Alfred............ 13

CHAPITRE III. — Les Origines : période normande.

La conquête. Caractère des Normands. — Culture normande. Les Universités. — Les Anglais et la scolastique. — Les chroniqueurs. — Les poètes. — Poèmes gallois du douzième et du treizième siècle... 26

CHAPITRE IV. — L'âge de Chaucer.

La langue des vaincus reparaît après deux siècles d'oubli. — Modifications de l'ancien saxon. — Premiers écrivains anglo-saxons. Layamon; *l'Ormulum, l'Ancren Riwle.* Robert de Gloucester, Laurence Minot. — Le premier prosateur anglais : Mandeville. — Pierre le Laboureur. — Wyclif. — Vie de Chaucer. — Œuvres diverses de Chaucer. — *Les contes de Canterbury.* — Poésies de Gower.. 41

CHAPITRE V. — DE CHAUCER A SPENSER. — LA RENAISSANCE ET LA RÉFORME.

Stérilité littéraire du quinzième siècle. Les héritiers de Chaucer : Occlève, Lydgate, Barklay. — Sir John Fortescue. — Les poètes écossais. *Le Cahier du roi.* — Skelton. — L'imprimerie en Angleterre. — Wyatt et Surrey. — Sir Thomas Morus. *L'Utopia.* Œuvres de polémique religieuse. — *The Book of common prayer.* — Cranmer et Latimer. — Roger Ascham. Travaux pour polir la langue..... 61

CHAPITRE VI. — L'AGE D'ELIZABETH. LES POÈTES : SPENSER.

Règne d'Elizabeth ; son influence sur les lettres. — Sackville : *Le miroir pour les magistrats.* — L'Euphuïsme. — Sir Philip Sidney. — Vie d'Edmund Spenser. — *La Reine des Fées*............ 83

CHAPITRE VII. — L'AGE D'ELIZABETH. LES PROSATEURS : BACON.

Sir W. Raleigh. Sa vie. Son *Histoire universelle.* — Vie de Bacon. — Classification de ses œuvres. — Bacon historien et moraliste. — Philosophie de Bacon. — Les théologiens. Hooker. — *L'Anatomie de la mélancolie,* de Burton..................... 97

CHAPITRE VIII. — ORIGINES DU DRAME.

Les *Miracle Plays.* — Les Moralités. — Les *Interludes*, Heywood et Bale. La Réforme. — Comédies et tragédies régulières. — Les théâtres primitifs. Le public. Les acteurs. — Naissance du drame national. — Lyly et Marlowe................................. 115

CHAPITRE IX. — SHAKESPEARE.

Ce qu'on sait de la vie de Shakespeare. — Shakespeare en 1586. Ses lectures et ses modèles. — Aspect général du drame shakespearien. — Classification des pièces de Shakespeare. Leur authenticité. — Drames de fantaisie et d'aventures. — Le Merveilleux. *Le Songe d'une nuit d'été. La Tempête.* — Le Comique. *Les joyeuses Dames de Windsor.* — Tragédies romaines. — Drames historiques. — *Roméo et Juliette. Le roi Lear. Macbeth. Othello. Hamlet.* — Poèmes et sonnets. — Histoire de la gloire de Shakespeare.. 134

CHAPITRE X. — LE DRAME. — CONTEMPORAINS ET SUCCESSEURS DE SHAKESPEARE.

Ben Jonson. — Ses tragédies. — Ses comédies. — Ses Masques. — L'école de Jonson. Chapman. — École de Shakespeare. Dekker. Beaumont et Fletcher. Webster. Heywood. — La décadence. Massinger, Ford et Shirley... 189

CHAPITRE XI. — DE SHAKESPEARE A MILTON.

L'école de Spenser. — Les deux Herbert. — Commencements de l'école française. Waller. — Cowley et Denham.................. 206

CHAPITRE XII. — LA LITTÉRATURE SOUS LA RÉPUBLIQUE.

Les puritains et le théâtre. — Satires contre les puritains. *Hudibras*. — Le journal de George Fox. — Bunyan. *The Grace abounding. The Pilgrim's progress.* — Les modérés. R. Baxter le presbytérien. J. Taylor. — Les modérés (suite). Fuller. Isaac Walton. Sir Thomas Browne.................................. 220

CHAPITRE XIII. — JOHN MILTON.

Milton est-il un puritain? — La légende de Milton. — La vie de Milton. Son éducation, son mariage et ses voyages. — Rôle politique et utopies. — Vieillesse de Milton. — Poèmes de jeunesse. L'*Allegro. Le Penseroso. Comus.* — *Le Paradis perdu*; son rang parmi les épopées. — Analyse du poème. — Défauts et beautés du *Paradis perdu*. — *Le Paradis retrouvé. Samson Agonistes.* — Gloire posthume de Milton........................... 239

CHAPITRE XIV. — LE THÉATRE SOUS LA RESTAURATION. — DRYDEN.

Charles II et sa cour. — Renaissance du théâtre. — Tragédies d'Otway et de Rowe. — La comédie. — Congreve. — Dryden. Ses débuts. — *Annus mirabilis.* — Satires politiques. *Absalon et Achitophel.* — Poèmes religieux. *Religio laici. The Hind and the Panther.* — *Mac-Flecknoe.* — Poésies diverses............ 267

CHAPITRE XV. — PROGRÈS DES LUMIÈRES. — HISTOIRE ET PHILOSOPHIE.

Clarendon et Burnet sont-ils des historiens? — Les philosophes: Hobbes et Locke. — Écrits politiques de divers auteurs. — Hommes d'État et orateurs. — Prédicateurs et théologiens. — L'érudition. — Fondation de la Société royale................. 295

CHAPITRE XVI. — Addison. — Les Essayistes et les Épistolaires.

Définition de l'Essayisme. — Histoire des journaux avant l'époque de la reine Anne. — Débuts d'Addison et de Steele. — Le *Tatler*. — Le *Spectator*. — Le *Caton* d'Addison. — Addison ministre. Sa mort. — Bolingbroke. — Les écrivains épistolaires. — Lady M. W. Montague. — Lord Chesterfield........................ 307

CHAPITRE XVII. — Swift.

Swift à l'Université et chez sir W. Temple. — Le *Conte du Tonneau*. — *La Bataille des livres*. — Swift journaliste. — Les *Voyages de Gulliver*. — Swift patriote irlandais. Les *Lettres du Drapier*. — Derniers écrits. Mort de Swift. — Le docteur Arbuthnot. 327

CHAPITRE XVIII. — Pope et son école.

Un poète de douze ans. — Poèmes pastoraux. — *The rape of the lock*. — Caractère de Pope. — *Essay on criticism*. Les *Satires*. La *Dunciade*. — *L'Essai sur l'homme*. — Jugement sur Pope. — Les victimes de Pope. — Autres petits poètes. — Matthew Prior ; Gay. *L'opéra du Gueux*. *L'Hermite*, de Parnell................ 343

CHAPITRE XIX. — Les romanciers.

Caractère et rôle politique de Daniel de Foë. — Son système littéraire. Œuvres d'imagination. — *Robinson Crusoé*. — Parallèle entre Fielding et Richardson. — Romans de Fielding. *Tom Jones*. — *Roderick Random* et l'œuvre de Smollett. — Vie et caractère de Richardson. Son premier roman, *Paméla*. — *Clarisse Harlowe*. — *Sir Charles Grandison*. Influence de Richardson sur la littérature. — Goldsmith. Ses comédies ; ses poèmes. Le *Voyageur*. Le *Village abandonné*. — Le *Vicaire de Wakefield*. — Lawrence Sterne. *Tristram Shandy*. *Voyage sentimental*............... 365

CHAPITRE XX. — Philosophes et théologiens du dix-huitième siècle.

Berkeley et Clarke. — Hume. Sa vie. — Philosophie de Hume. Sa mort. — Philosophie écossaise. — Théologiens et prédicateurs. — Les Wesleys. Whitefield................................. 390

CHAPITRE XXI. — Les historiens. Hume, Robertson, Gibbon.

Hume. *Histoire des Stuarts.* — *Histoire des origines.* Défauts et qualités de Hume. — Robertson. *Histoire d'Écosse.* — *Histoire de Charles-Quint.* — Edward Gibbon. *Décadence et chute de l'Empire romain*.. 404

CHAPITRE XXII. — L'éloquence politique.

Origines du gouvernement représentatif. Caractère religieux des premiers discours. Aspect des discussions. — L'époque puritaine. — Walpole et Bolingbroke. — Les nouveaux Whigs. — William Pitt. — Chute de Walpole. — Les deux ministères de Chatam. Son dernier discours et sa mort. — Edmund Burke. Ses écrits. Son éloquence. — Wilkes. Les *Lettres de Junius*. — Lutte entre Fox et Pitt. — Sheridan. — Burke et Fox se séparent. Fin de la grande époque oratoire............................... 419

CHAPITRE XXIII. — Johnson et la seconde moitié du dix-huitième siècle.

Physionomie de Johnson. Sa dictature intellectuelle. — Johnson essayiste et conteur. — *The Rambler. Rasselas.* — Voyage aux îles d'Écosse. — Édition de Shakespeare. — Vies des poètes. — Le théâtre. — Sheridan. *L'École de la médisance.* — Correspondance d'H. Walpole. — Romans fantastiques. — Le roman de mœurs. Miss Burney. — La poésie anglaise, de Pope à Cowper. — Impostures littéraires. Chatterton et Macpherson. — Cowper. *La Tâche. Les Hymnes. John Gilpin.* — Crabbe. — Caractère des œuvres de Crabbe. *Le Village. Le Registre de la paroisse. Le Bourg*... 447

CHAPITRE XXIV. — Robert Burns et Walter Scott.

La pléiade écossaise. — Robert Burns, le poète-paysan. — Génie poétique de Burns. — Walter Scott, expression du caractère écossais. — Enfance et jeunesse de Scott. — Œuvres poétiques. — Les *Waverley Novels*. — La raison, caractère dominant de Scott. — Dernières années et dernières œuvres.............. 482

CHAPITRE XXV. — Les Lakistes.

Débuts de Southey et de Coleridge. — Wordsworth. Ses principes poétiques. L'école du Lac. — Poésies de Wordsworth. *L'Excursion.* — Southey. *Jeanne d'Arc.* Poèmes orientaux. Écrits en prose. — Coleridge buveur d'opium........................... 505

CHAPITRE XXVI. — LORD BYRON.

Byron. Ses premiers vers. — Les deux premiers chants de *Childe Harold.* — *Lara. Le Corsaire. Manfred.* — *Don Juan.* Séjour de Byron sur le continent. Liaison avec Shelley, œuvres de ce poète. — Mort de Byron. Son influence. — Thomas Moore. — Les *Mélodies irlandaises.* — *Lalla Rookh.* — Keats et Savage Landor. — Fin de l'école classique. Triomphe final de Wordsworth........ 520

CHAPITRE XXVII. — CRITIQUES ET HUMORISTES.

Naissance des Revues. — Hazlitt. — Charles Lamb. Les *Essais d'Elia.* — Études sur Shakespeare. — De Quincey. — Un humoriste militant : Douglas Jerrold.................................. 546

CHAPITRE XXVIII. — HISTORIENS ET PHILOSOPHES.

Rénovation des sciences historiques. — Henry Hallam. — Macaulay, sa vocation d'historien. — *Histoire d'Angleterre.* — *Essais* de Macaulay. — Thomas Carlyle. — Influence de l'Allemagne sur la philosophie anglaise. — Jeremy Bentham et son école. Éducation de John Stuart Mill. — *La Logique* de Stuart Mill. — *Traité sur la liberté*... 563

CHAPITRE XXIX. — LE PARLEMENT ET LE JOURNALISME.

L'éloquence politique au dix-neuvième siècle. Lord Brougham. — Daniel O'Connell. — Disraëli. — Origines et progrès des journaux politiques. — Grandeur du *Times.* Nouveau développement des journaux.. 589

CHAPITRE XXX. — LE ROMAN MODERNE.

Les femmes auteurs. — Godwin. James. Harrison Ainsworth. Th. Hook. Romans orientaux. Romans maritimes et militaires. — Bulwer Lytton. — Romans sociaux. — Romans historiques. — Romans fantastiques. — Le style et l'art chez Bulwer. Ses dernières œuvres. — Débuts de Thackeray et de Dickens. — Thackeray journaliste satirique. — *La Foire aux vanités.* — *Pendennis. Henry Esmond. Les Newcome.* Thackeray historien et conférencier. — Charles Dickens. — L'imagination chez Dickens. — La sensibilité chez Dickens. — Portée morale de l'œuvre de Dickens. Son influence. — Épilogue........................ 605

7125. — Imprimerie générale A. Lahure, 9, rue de Fleurus Paris.

www.ingramcontent.com/pod-product-compliance
Lightning Source LLC
Chambersburg PA
CBHW050130240426
43673CB00043B/1617